„Every bit doth almost tell my name.“

LITERARISCHE STUDIEN

Herausgegeben von Heinrich F. Plett

Band 6

PETER LANG

Frankfurt am Main · Berlin · Bern · Bruxelles · New York · Oxford · Wien

Jan-Mirko Maczewski

„EVERY BIT DOTH ALMOST TELL MY NAME“

Computergestützte Übersetzungsforschung am Beispiel von Shakespeares Sonetten im Deutschen

PETER LANG
Europäischer Verlag der Wissenschaften

Die Deutsche Bibliothek - CIP-Einheitsaufnahme

Maczewski, Jan-Mirko:

„Every bit doth almost tell my name.“ : computergestützte Übersetzungsforschung am Beispiel von Shakespeares Sonetten im Deutschen / Jan-Mirko Maczewski. - Frankfurt am Main ; Berlin ; Bern ; Bruxelles ; New York ; Oxford ; Wien : Lang, 2002
(Literarische Studien ; Bd. 6)
Zugl.: Göttingen, Univ., Diss., 1999
ISBN 3-631-38020-8

D 7 Göttinger Philosophische Dissertation
ISSN 0935-4085
ISBN 3-631-38020-8

www.peterlang.de

Vorwort

Bevor Shakespeare, seine Sonette und ihre deutschen Übersetzungen in den Blick der durch den Einsatz des Computers unterstützten, literaturwissenschaftlichen Analyse kommen, möchte ich einigen Menschen und Institutionen danken, die eine besondere Rolle bei der Erstellung dieser Arbeit gespielt haben.

Diese Arbeit wurde durch ein Stipendium der Niedersächsischen Graduiertenförderung unterstützt, ohne das die Fertigstellung weder in der kurzen Zeit noch in diesem Umfang möglich gewesen wäre. Ich danke Herrn Reinhard Weltz für die unkomplizierte Betreuung. Die von mir konzipierte und erstellte Software TRANSLYROSCOPE verwendet beispielhaft Daten der „CELEX Lexical Database (Release 2)“ des Centre for Lexical Information, P.O. Box 310, NL-6500 AH Nimwegen.

Herrn Prof. Dr. Armin Paul Frank ist für die Übernahme der Erstkorrektur aus der Sicht der „literarischen Übersetzungsforschung“ zu danken. Frau Prof. Dr. Klenk danke ich für die Übernahme des Koreferats; sie las die Arbeit hauptsächlich unter computerlinguistischer Perspektive. Ich danke der Shakespeare-Bibliothek München, der Bibliothek des SFB 309 und der Göttinger Staats- und Universitätsbibliothek. Den Herren Leon Burnett, PhD, Harald Kittel, PhD, Prof. Dr. Fritz-Wilhelm Neumann und Priv.-Doz. Dr. Thomas Rommel danke ich für anregende Gespräche und motivierendes Miteinander.

Für die Durchsicht von einzelnen Kapiteln bzw. des gesamten Manuskripts danke ich Telse Hartmann, Harriet Maczewski und Horst Walter sowie meinen Eltern für ihre Unterstützung und besonders meiner Frau Harriet für ihre espritvolle, beständige Gesellschaft. Schließlich möchte ich auch dem danken, aus dessen Fülle ich weiß, daß all mein Wissen und Forschen Stückwerk ist. Möge die hiermit vorgelegte Arbeit ein brauchbares Stück Werk sein.

Jan-Mirko Maczewski *Hamburg, November 2000*

Über Fragen und Anregungen freue ich mich. Sie erreichen mich am besten per E-Mail: jmaczewski@gmx.de.

Inhaltsverzeichnis

1. Einleitung

Diese Arbeit erkundet das Feld der computergestützten Übersetzungsforschung. Ihr Ziel ist es, für Übersetzungsstudien beliebigen Umfangs geeignete Methoden und Werkzeuge zu entwickeln, die sowohl signifikante Erleichterungen bei Alltagsarbeiten bieten als auch neue literarische und linguistische Erkenntnisse zum jeweils untersuchten Textkorpus erschließen.

Nicht die computergestützte Erstellung von Übersetzungen, sondern die computergestützte *Analyse* dieser Texte steht somit im Zentrum des Interesses. Derartige Projekte sind sowohl von Seiten der Computerlinguistik, der Maschinellen Übersetzung (MÜ) wie auch der literarisch orientierten Übersetzungsforschung angefordert worden. NEUBERT hat beispielsweise die Relevanz konkreter empirischer Untersuchungen hervorgehoben, die Schwierigkeiten aufdecken könnten, die bislang hinter Abstraktionen verborgen geblieben seien:[1]

> Emphasis is laid on the need for empirical research into the data culled from existing translations, parallel and background texts, diverse linguistic and encyclopedic as well as specialist reference works [...].[2]

Der Computerlinguist und MÜ-Forscher HUTCHINS nennt folgende Probleme, die auch Literaturwissenschaftlern vertraut sind, als künftige Herausforderungen in seinem Spezialgebiet: die syntaktische und semantische Mehrdeutigkeit von Texten, ihre mittels komplexer semantischer Netzwerke verwobenen Ebenen und die Schwierigkeit, all diese Informationen konsistent zu formalisieren und zu kodieren.[3] Schließlich haben A. P. FRANK und Team darauf hingewiesen, daß Fragen, die bei der Analyse von Übersetzungen geklärt werden müssen,

> require for their solution at least a set of correlated concordances for the source text and all target texts. While we now have access to the necessary electronic data-processing equipment, the development for our specific purposes of special strategies for its use will take time.[4]

Diese Arbeit geht von der These aus, daß die moderne Informationstechnologie einen bedeutenden Beitrag zur detaillierten literarischen und linguistischen Analyse von Übersetzungen leisten kann.

Ziel der Arbeit ist erstens, den Kontext des Computereinsatzes theoretisch zu untersuchen. Daher klärt Kapitel 2, was in dieser Arbeit unter „Übersetzungsforschung" und was unter „Computerunterstützung" verstanden wird. Diese Erörterung soll der oft kritisierten theoretischen Dürftigkeit von Arbeiten entgegenwirken, die Neue Medien für philologische Zwecke einsetzen. Die Modellierung der bisher nicht computergestützten Aktivitäten im Blick auf die Softwareerstellung versucht, Über-

[1] Siehe NEUBERT 1992: 63-64.
[2] NEUBERT 1992: 55.
[3] Siehe HUTCHINS 1986: 18.
[4] FRANK, A. P. 1986: 348.

setzungsforschung nicht anhand des Materials, sondern anhand der Prämissen des Übersetzungsforschers[5] zu klassifizieren. Dieser legt seiner Arbeit – so argumentiert Kapitel 2 – entweder eine Form der dort explizierten Identitäts-, Äquivalenz- oder Korrelationshypothese zugrunde. Die Erörterung der Hypothesen geht von der letzteren aus, die auch im folgenden vertreten wird.

Ohne diese vorgeschaltete Analyse, die bereits ein erstes Ergebnis der Arbeit ist, könnte der in Kapitel 3 diskutierte Forschungsstand zur computergestützten Übersetzungsforschung und zu dem hier untersuchten Korpus weniger präzise und knapp diskutiert werden. Auch die Darstellung der elektronischen Aufbereitung der Texte, die in Kapitel 4 erfolgt, beruht auf den in Kapitel 2 explizierten Annahmen.

Der in Kapitel 3 vorgelegte Forschungsüberblick zeigt, daß das Forschungsgebiet noch vergleichsweise wenig erkundet ist. Daraus ergibt sich als zweites Ziel, einen Beitrag zu der Erforschung von geeigneten Formalismen zur Textaufbereitung zu leisten. Die Arbeit konzentriert sich dafür auf die ausführliche Diskussion der Möglichkeiten anhand einer Fallstudie.

Wie der Forschungsüberblick zeigt, treten derartige Überlegungen in der computergestützten Literaturwissenschaft häufig hinter der Zielsetzung zurück, schnell Ergebnisse zu einem bestimmten Korpus zu gewinnen. Dieses Verfahren führt zu unbefriedigenden Ergebnissen: Oft können die erstellten Programme und Ressourcen nicht oder nur nach beträchtlichem Konvertierungsaufwand weitergenutzt werden, und die Aussagekraft der elektronisch gewonnenen Ergebnisse ist unklar.

Daher beschäftigt sich Kapitel 4 grundsätzlich mit den Möglichkeiten, Texte so zu kodieren, daß die Prinzipien des Kodierers nachvollziehbar und die erstellten elektronischen Materialien möglichst unabhängig von nationalen und technischen Eigenheiten sind. Diese Eigenschaft soll sich sowohl auf die erstellte Software als auch auf das mit ihrer Hilfe aufbereitete Korpus übertragen. Die ausführliche Diskussion der Aufbereitung trägt ihrer Relevanz für die Auswertung Rechnung, die ROMMEL im Fazit seiner Arbeit folgendermaßen charakterisiert hat:[6]

> Die Bedeutung von Textauszeichnungen [...] sowie grundsätzliche Überlegungen zu Form, hierarchischer Struktur und Position sowie Vergabetechnik von *tags* wird in zunehmendem Maße als relevant für die computerunterstützte Textanalyse erkannt. In diesem Bereich liegt einer der wichtigsten Hauptschwerpunkte zukünftiger Arbeiten, die sich mit der Standardisierung und damit einhergehend der Überprüfbarkeit individueller Analysen auseinandersetzen.

Kapitel 4 diskutiert in diesem Sinn mögliche Kodierungsformalismen für die Unterstützung der Übersetzungsforschung, wobei das klassifizierte Material vom einzelnen Buchstaben eines Texts bis zur literarischen Figur reicht. Die Vorschläge zur Integration international normierter bzw. dokumentierter Kodierungsverfahren antworten aus-

[5] Der Lesbarkeit halber wird im folgenden auf die explizite Nennung grammatisch femininer Formen verzichtet, wenn ein morphologisch maskulin markierter Begriff als Klassenbegriff gebraucht wird.
[6] ROMMEL 1995: 380.

führlich auf die immer wieder an elektronisch unterstützte Studien herangetragene Frage nach der Aufbereitung der Texte und der dabei vorgenommenen Interpretation.

Angesichts der grundlegenden Bedeutung derartiger Überlegungen wird bewußt über die in der der Fallstudie tatsächlich realisierten Kodierungsverfahren hinausgegangen. Kapitel 4 dokumentiert daher zum einen die Erfassung und Aufbereitung des Korpus, das in Kapitel 5 exemplarisch ausgewertet wird, und diskutiert zum anderen weitergehende Überlegungen zur Textkodierung.

Am Schluß des jeweiligen Abschnitts wird die Software vorgestellt, die für die Kodierung des jeweiligen Aspekts entwickelt und eingesetzt wurde. Die unter dem Namen TRANSLYROSCOPE zusammengefaßten Programme (mit den prosaischeren Namen PREP_0 bis PREP_4) habe ich als Analysewerkzeug für lyrische Texte und ihre Übersetzungen konzipiert und in VISUAL BASIC und ACCESS unter WINDOWS 95 realisiert. Die elektronische Datenhaltung erfolgt datenbankbasiert unter Verwendung eines relationalen Datenmodells und nicht dateibasiert wie in den meisten computergestützten philologischen Projekten.[7] Diese technologische Grundlage ist entscheidend für die Effizienz und Leistungsfähigkeit der entwickelten Aufbereitungs- und Auswertungssoftware.

Wie im vorigen Abschnitt anklingt, muß eine Arbeit, die sich wie die vorliegende als „Schnittstellenarbeit“ zwischen Philologie, Linguistik und Informatik versteht, aus der Sicht „eingefleischter Literaturwissenschaftler“ vergleichsweise „technische“ Themen erörtern, die für „eingefleischte Linguisten“ oder „eingefleischte Informatiker“ schon ziemlich „literarisch“ oder „ästhetisch“ erscheinen. Wenn alle Beteiligten derartige Eindrücke äußern, ist die Intention der Arbeit erreicht, die auf eine Verknüpfung der Bereiche zum Nutzen der Übersetzungsforschung abzielt.

Nach dem Gewinn für die Übersetzungsforschung fragt Kapitel 5 anhand exemplarischer Auswertungen des aufbereiteten Korpus. Ziel ist es hier, Aussagen über die Praxistauglichkeit des gewählten Ansatzes und der auf dieser Grundlage realisierten Software zu gewinnen.

Einfache Auswertungsmöglichkeiten bestehen in der vollständigen Dokumentation der Textgrundlage oder der Erstellung „interlinearer“ Übersichten, die alle Texte je Gedichtzeile in chronologischer Reihenfolge gruppieren und rhythmische Auffälligkeiten hervorheben. TRANSLYROSCOPE kann einen Index aller im Korpus verwendeten Worte zusammenstellen. Ein Übersetzungsindex dokumentiert, wie welche Segmente übersetzt wurden und stellt sowohl den unmittelbaren Kontext als auch die Auslassung eines Segments übersichtlich dar. Diese Daten werden exemplarisch genutzt für eine Detailanalyse der Bildlichkeit des Anfangs von Sonett 2. Sie werden mit bestehenden Ansätzen zur Analyse von Reimlexik verknüpft und so weiterentwickelt, daß für das gesamte Korpus ein Index zur Reimlexik und statistische Auswertungen abgerufen werden können.

---

[7] Siehe Kapitel 2.

Zur Aufspürung zielseitiger Abhängigkeiten wird ein Verfahren eingesetzt, das auf der Berechnung des PEARSONschen Korrelationskoeffizienten beruht und ohne aufwendige Vorkodierung einsetzbar ist. Zum Schluß des Kapitels werden zwei experimentelle Verfahren erprobt: Das erste soll Aufschlüsse über die Beachtung der Wortreihenfolge der Vorlage in den abhängigen Texten geben. Das zweite versucht, den von REID vorgeschlagenen Ansatz des *corporate text* zu operationalisieren und ausgehend von den Übersetzungen Aufschlüsse über das Original bzw. dessen Rezeption in der Zielkultur zu gewinnen.

Die Textgrundlage besteht aus William SHAKESPEAREs Sonett 2 und 116 in vier englischen Fassungen und in 21 deutschen Übersetzungen von 1787 bis 1887. Die diskutierten Aufbereitungs- und Auswertungsverfahren werden exemplarisch an dem „Kometenschweif"[8] von Sonett 2 durchgeführt. Der Kometenschweif um Sonett 116 wird zuätzlich hinzugezogen, um das neue Verfahren zur Ermittlung zielseitiger Abhängigkeiten mit Hilfe des PEARSONschen Korrelationskoeffizienten anhand eines weiteren Falles zu erproben.

SHAKESPEAREs 1609 veröffentlichte *Sonnets* gehören zu den am häufigsten ins Deutsche übersetzten Werke der Weltliteratur. Die Übersetzungsforschung sieht sich angesichts der seit 1787 kontinuierlich – und seit 1990 wieder besonders stark – anwachsenden Zahl auszugsweiser oder vollständiger Übertragungen vor ernste methodische und technische Probleme gestellt: Wegen des großen Textumfangs von 154 Originaltexten in gegenwärtig mehr als 40 vollständigen Übersetzungen besteht ohne Computerunterstützung nur die Möglichkeit, entweder einen „Kometenschweif" eines Sonetts und einer beträchtlichen Anzahl seiner Übersetzungen gründlich zu untersuchen oder mehrere Sonette in weniger Übersetzungen bei geringerer Detailgenauigkeit zu betrachten.[9] Diesem Dilemma, das auch der bisherige Forschungsstand zu den Übersetzungen der *Sonnets* widerspiegelt, kann mit Computerhilfe ein Teil seiner Schärfe genommen werden.

Im unmittelbaren Bezug auf die 1970 von BORGMEIER für Sonett 2 ohne Computerunterstützung durchgeführte Detailstudie zeigt sich, welche einzeltext- und welche korpusspezifischen Ergebnisse durch die Computerunterstützung erhärtet werden können und auch, wo die Grenzen der elektronischen Unterstützung liegen. Es bleibt späteren Untersuchungen vorbehalten, vollständige Übersetzungen im Längsschnitt zu vergleichen und die in dieser Arbeit entwickelte Software auf andere Strophenformen und Gattungen anzuwenden und ggf. zu erweitern.

---

[8] Das Wort „Kometenschweif" bezeichne „Übersetzungen, die zumidest dadurch zusammenhängen, daß sie jeweils auf denselben Grundtext bezogen sind." (FRANK, A. P. 1989: 191; Siehe auch FRANK, A. P. 1992b: 381).

[9] Siehe BORGMEIER 1970: 9. Dieses Dilemma liegt allen Komentenschweifstudien zugrunde. A. P. FRANK 1989: 79 stellt in diesem Sinne fest, daß es bei Kometenschweifstudien grundsätzlich zwei Möglichkeiten gibt: „entweder aus einem Kometenschweif nur ganz wenige Übersetzungen auszuwählen, sie aber mehr oder minder als ganze Werke darzustellen, oder aber alle Übersetzungen eines Kometenschweifs unter einem hochgradig selektiven Aspekt zu behandeln."

Die übersetzungskritische Auswertung folgt dem von BAKER geforderten korpusorientierten Ansatz.[10] Die große Zahl von Übersetzungen wird daher nicht sequentiell behandelt, wie in bisherigen Abhandlungen zur Übersetzung der SHAKESPEAREschen Sonette, sondern nach thematischen Kriterien zusammengefaßt und untersucht. Da der Schwerpunkt der Arbeit auf der Entwicklung von Computerunterstützung für derartige Studien liegt, diskutiert Kapitel 5 Möglichkeiten sinnvoller Auswertungen, die als Ausgangspunkte für künftige Rezeptionsstudien dienen können, ohne zu beanspruchen, eine rezeptionsgeschichtlich auch nur annähernd vollständige Analyse vorzulegen.

Wenn die theoretische Diskussion und die für die Aufbereitung und Auswertung entwickelten Verfahren und elektronischen Hilfsmittel künftige übersetzungsanalytische Studien unterstützen können, ist das Hauptziel der Arbeit erreicht.

Der Anhang dokumentiert alle analysierten Sonette und ihre Übersetzungen im Volltext. Zahlreiche Tabellen und Grafiken bieten die Ergebnisse der Auswertungen (z.B. interlineare Übersichten zu Sonett 2 und 116, Wort- und Übersetzungsindex), auf die in Kapitel 5 Bezug genommen wird, leicht zugänglich dar. Die zahlreichen Materialien können somit auch als Grundlage für Folgestudien dienen. Schließlich werden die maßgeblichen technischen Grundlagen (Formeln, Datenmodell, Vorgehensweise bei der Texterfassung und Ergebnisse der Textaufbereitung) im Detail dokumentiert.

---

[10] Siehe z.B. BAKER 1995: 233-38.

2. Voraussetzungen

2.1. Textbegriff

Diese Arbeit geht Sie mit H. J. FRANK und LUDWIG[11] davon aus, daß es möglich ist, sinnvolle Aussagen über die Strukturen der Ausdrucks- und Inhaltsebene lyrischer Texte zu machen, ohne einen ontologischen Strukturalismus vertreten zu müssen. Die Interpretation der Texte erfolgt unter Verwendung begrifflicher Hilfsmittel und Analysetechniken, die breite Anwendung in theoretisch unterschiedlich fundierten Zweigen der Literaturwissenschaft gefunden haben, in diesem Jahrhundert jedoch vor allem von Wissenschaftlern geprägt wurden, deren Forschungsrichtung als „strukturalistisch" bzw. „formalistisch" zu bezeichnen ist.[12]

Ausgehend von den Beobachtungen mikrostruktureller Phänomene zielt die Untersuchung auf die Erkenntnis segmentübergreifender makrostruktureller Zusammenhänge ab. Die Beziehungen von Worten und Wortgruppen eines Texts zu seiner Metrik, seiner Syntax und Semantik werden als Ausprägungen der Mikrostruktur eines Texts angesehen. Als Teile der Makrostruktur werden dagegen die syntaktischen Relationen der Sätze im Satzgefüge angesehen, die Relationen der Verszeilen im Sonett sowie die Verbindungen von Segmenten über Verszeilen und Sätze hinaus, die beispielsweise durch Leitmotivik oder Reimlexik entstehen. Im Übergangsbereich zwischen Mikro- und Makrostrukturen befindet sich zum einen die linguistisch definierte Struktur des Satzes und zum anderen die metrisch definierte Struktur der Verszeile.

Für die behandelten Texte ist zum einen die zeitgenössische Funktion und das Verständnis der Gattung „Sonett" in der ausgangs- und zielseitigen Literatur und Kultur von zentraler Bedeutung sowie zum anderen die innerhalb der Gattung verwendeten Konventionen des Kommunizierens über Liebe, über die geliebte Person, über den Tod und über diese Kommunikation selbst.

2.2. Übersetzungsbegriff

Das Wort „Übersetzung" bezeichnet bekanntlich sowohl eine Handlung als auch ihr Ergebnis.[13] Um diese Mehrdeutigkeit zu vermeiden, wird die Handlung im folgenden als „Übersetzen", ihr Ergebnis jedoch als „Übersetzung" bezeichnet. Übersetzen wird erst durch das Vorhandensein eines Ausgangstextes AT in einer Ausgangssprache AS möglich. In diesem Sinn kann der Zieltext ZT zu recht als „ontologisch unvollständig" bezeichnet werden.[14] Im Unterschied zu nicht übersetzten Texten liegt für Form und Inhalt jedes ZT mit dem AT ein vollständig objektsprachlich formuliertes Modell vor.

---

[11] Siehe FRANK, H. J. ²1993; LUDWIG ²1981.

[12] Es erscheint nicht erforderlich, über die Begriffe hinaus auch die anfangs eng mit ihnen verknüpften Normen der „Verfremdung" eines Textes in der formalistischen bzw. der „Harmonie des ausgewogenen Ganzen" eines Textes in der strukturalistischen Theorie vorauszusetzen.

[13] Siehe dagegen LIEDTKE 1997. Er betont, daß „Übersetzen keine Handlung" (S. 29) bzw. daß die Vorstellung von Übersetzen als Handlung „schlicht falsch" sei (S. 31). Er geht von einem hier nicht vertretenen, engeren Verständnis des Begriffs *Handlung* aus (siehe z.B. S. 30f)).

[14] Siehe KOPPENFELS 1985: 140. Ebenso siehe z.B. LEVÝ 1969: 160; FRANK, A. P. 1992c: 2; 1992: 371.

Jeder ZT kann daher erst unter Bezug auf den ausgangs- und den zielseitigen Kontext der Ausgangssprache AS und der Ausgangskultur AK sowie der Zielsprache ZS und der Zielkultur ZK in angemessener Weise interpretiert werden.[15]

Inwiefern das Übersetzen oder eine Übersetzung als „literarisch" oder als „nicht-literarisch" bzw. als „technisch" klassifiziert werden sollte, ist umstritten.[16] In Bezug auf Übersetzungen entspricht die Diskussion über diese Frage der Erörterung von Kriterien für die Literarizität von Texten innerhalb einer Kultur.[17] Sie ist daher vor allem eine texttheoretische und keine übersetzungstheoretische Frage.

Wenn die – wie auch immer im einzelnen definierte – Dichotomie „literarischer" und „nicht-literarischer" Texte auf die Beschreibung des Übersetzens ausgedehnt wird, ist deshalb zu fragen, inwiefern sich die texttheoretische Klassifizierung der Texte überhaupt auf das Übersetzen auswirkt. Wenn dies belegt werden soll, muß eine übersetzungstheoretisch begründete Verbindung zwischen Literarizität und Übersetzen postuliert werden, gemäß der die Tätigkeit des „literarischen" Übersetzens von der des „nicht-literarischen" unterschieden werden kann, ohne daß dabei das Material eine Rolle spielt. Es müßte also unabhängig davon, ob ein Text als „nicht-literarisch" oder „literarisch" eingestuft wurde, festgestellt werden können, ob der Text auf „literarische" oder „nicht-literarische" Weise übersetzt wurde. Diese Möglichkeit setzt jedoch nicht nur Kriterien für die Literarizität von Texten, sondern auch für die Litera-

---

[15] Ich fasse hierbei die ausgangs- und zielseitige Literatur (AL und ZL) unter den Oberbegriff der AK und ZK, da die Diskussion über Literarizität und Medialität nicht Gegenstand dieser Arbeit ist.

[16] Bei im Detail durchaus unterschiedlichen Argumentationsgängen plädieren beispielsweise JAKOBSON 1992: 150f, FRANK, A. P. 1992d: 2 und SNELL-HORNBY ^{2}1994: 18 für eine derartige Unterscheidung, wobei SNELL-HORNBY weitere Differenzierungen anführt. KITTEL/POLTERMANN 1998: 423f sehen SCHLEIERMACHERS Vortrag als Ausgangspunkt dieser Haltung.

Bekanntlich trennt SCHLEIERMACHER zwischen dem „Dolmetscher", der „sein Amt in dem Gebiete des Geschäftslebens" ausübe, und dem „eigentliche[n] Uebersetzer", dessen Texte „vornämlich [...] dem Gebiete der Wissenschaft und Kunst" entstammten (SCHLEIERMACHER 1813: 209). Das Übersetzen von Geschäftstexten sei „fast nur ein mechanisches Geschäft" (1813: 211), das – so darf man wohl folgern – theoretisch durch den Einsatz geeigneter Hilfsmittel vollständig automatisiert werden könnte. Für literarische und wissenschaftliche Texte gelte das Gegenteil, da für sie kein so fester Bezugsmaßstab gegeben sei wie für Geschäftstexte, sondern insbesondere zwei Maßstäbe: der „Geist der Sprache" und der „Geist des Autors" sich miteinander vermischten (1813: 213f).

Gegen eine solche Differenzierung argumentieren, wiederum mit im Detail unterschiedlichen Argumenten und Folgerungen, denen jedoch der Fokus auf der Handlung des Übersetzens gemeinsam ist, z.B. NEWMARK 1981: 5-6, 127; ORTEGA Y GASSET 1992: 94f; PAZ 1992: 154f (PAZ vertritt die Extremposition, daß Übersetzen immer „literarisch" sei unter Bezug auf JAKOBSONS Behandlung von Metapher und Metonymie) und HATIM/MASON 1997: 2-3.

[17] Dies wird in TOURYs ausführlicher Diskussion des Begriffs „literary translation" besonders deutlich (TOURY 1980, 1995), die zwei Bedeutungen isoliert: erstens „the translation of texts which are regarded as literary in the *source culture*: in an extreme formulation, which has become rather obsolete, *any translation* of such texts [...]" und zweitens „the translation of a text (in principle, at least, *any* text [...]) in such a way that the product be acceptable as literary to the *recipient culture*." (TOURY 1995: 168; Unterstreichungen von mir).

rizität von Handlungen voraus. Beides kann verknüpft werden, wenn die Literarizitätskriterien von Texten auf die einer Handlung wie „Übersetzen“ ausgedehnt werden können. Dieses behaupten die Advokaten der Differenzierung zwischen „technischem“ und „literarischen“ Übersetzen. Ihr Argument ist, daß „technische“ Texte begrifflich vollständig reduziert werden könnten, nicht aber „literarische“.[18]

Wenn anschließend behauptet wird, daß sich das Übersetzen „technischer“ Texte vom Übersetzen literarischer Texte unterscheide, so entspricht dies der Wiederholung der texttheoretischen Ausgangsposition, ohne daß ein unterschiedliches Übersetzensverständnis postuliert wird: „Nicht-literarisches“ Übersetzen heißt dann, begrifflich reduzible Texte zu übersetzen, während „literarisches“ Übersetzen begrifflich irreduzible Texte betrifft. Über die eigentliche Handlung des Übersetzens wird keine Aussage gemacht. Sie bleibt offensichtlich unverändert und wird nur von dem jeweils übersetzten Text beeinflußt.[19] Damit zeigt sich, daß die übersetzenstheoretisch gemeinte Differenzierung zwischen „literarischem“ und „technischem“ Übersetzen auf die texttheoretische Differenzierung zurückführbar ist.[20]

Anstelle einer materialbezogenen Differenzierung der Übersetzungsforschung wird im folgenden versucht, eine theoriebezogene Differenzierung zu entwickeln, die auf die Prämissen des Übersetzungsforschers abstellt. Die Differenzierung stützt sich auf die im folgenden dargelegte These, daß sich grundsätzlich drei Ansätze der Übersetzungsforschung unterscheiden lassen, deren Prämissen als „Identitäts-“, „Äquivalenz-“ und „Korrelationshypothese“ bezeichnet werden. Tabelle 2-1 bietet einen schematischen Überblick über diese Prämissen der Übersetzungsforschung.

Übersetzen wird gedacht als:	**Transfer des AT**	**Neuschaffen des ZT nach dem Modell des AT**
Das Verhältnis von AT und ZT wird gedacht als:	Identität in bezug auf Form und Inhalt/Wirkung des AT	
	Äquivalenz in bezug auf Inhalt/Wirkung des AT	
		Korrelation von AT und ZT hinsichtlich Form, Inhalt/Wirkung
„Bedeutung“ wird gedacht als	„Referenz“	„Differenz“

Tabelle 2-1: Schematischer Überblick über Ansätze des Übersetzens und der Übersetzungsforschung

[18] Siehe z.B. SCHLEIERMACHER 1813: 211-14. KOLLER 1981: 275 und ^{4}1992: 153 greift diese Unterscheidung auf und baut sie aus. Als Differenzierungskriterium wird stets der Einfluß der Form des Textes auf sein Thema angeführt: Ist er vernachlässigbar, kann mit KOLLER ^{4}1992: 153 von „pragmatischen“ Texten, ist sie nicht vernachlässigbar, von „literarischen“ Texten gesprochen werden.

[19] Ein Übersetzungsforscher, der von dieser Prämisse ausgeht, vertritt die unten vorgestellte Substitutionshypothese der Übersetzungsforschung und neigt daher dazu, nur „nicht-literarische“ Texte als „übersetzbar“ anzusehen.

[20] So z.B. TOURYs Differenzierung des Übersetzens in „linguistically-motivated“, „textually-dominated“ und „literary“ (TOURY 1995: 170f), in der „literary“ über die Literarizitätskriterien der Zielkultur definiert wird „from the point of view of the *literary* requirements of the recipient culture“.

Grundsätzlich stehen sich die zwei, im folgenden (unter Annahme der Korrelationshypothese) ausführlich diskutierten Auffassungen des Übersetzens gegenüber, denen unterschiedliche Auffassungen über die Entstehung von Bedeutung entsprechen: Übersetzen wird einerseits als Transfer des AT in eine ZS und ZK gedacht und andererseits als Neuschaffen eines ZT nach dem Modell des AT.[21]

Wenn ein Transferverständnis zugrunde gelegt wird, kann der Übersetzungsforscher von zwei Hypothesen ausgehen. Die stärkste – und laut A. P. FRANK auch älteste[22] – ist die Identitätshypothese: Der Forscher überprüft den ZT auf Identität mit dem AT. Etwas schwächer und nach FRANK auch jünger ist die Äquivalenzhypothese, bei der der Forscher nicht alle möglichen, sondern nur ausgewählte Aspekte von ZT und AT auf Identität hin untersucht. Äquivalenz wird dabei in einem stark mathematisch orientierten Sinn als Substitution gedacht, als Veränderung mindestens eines Aspektes unter Beibehaltung mindestens eines anderen.

Das Transferverständnis beruht auf der Annahme, daß sprachliche Bedeutung durch Referenz auf außersprachliche oder universalsprachliche Sachverhalte konstituiert wird. Dem Übersetzer und dem Übersetzungsforscher, der diese Auffassung vertritt, geht es darum, die Referenzrelation des AT in bezug auf seine „Form", seinen „Inhalt" oder seine „Wirkung" als Invariante beim Übersetzen konstant zu halten.

Wird Bedeutung dagegen als „Vorstellungsbild" gedacht, das aus der Differenz sprachlicher Bezeichner zu anderen sprachlichen Bezeichnern entsteht, so kann der AT nicht mehr als „Invariante" verstanden werden, die theoretisch von allen Lesern in gleicher Weise wahrgenommen werden kann.[23] Somit gibt es keinen Grund mehr, von der Identitätshypothese oder der mathematisch verstandenen Äquivalenzhypothese im Sinne einer Substitutionshypothese auszugehen, weil ZT und AT gleichermaßen als eigenständige Texte bzw. „Vorstellungsbilder" (s. u.) betrachtet werden müssen, für die jeweils verschiedene Interpretationen gleichermaßen gültig sein können.

Übersetzen wird dann als Neuschaffen des AT als ZT in der ZS/ZK denkbar, wobei die Art des Bezuges beider aufeinander nicht *ex ante*, sondern erst *ex post* bestimmt werden kann. Der Übersetzungsforscher untersucht daher, welche Korrelationen hinsichtlich welcher Maßstäbe zwischen beiden Texten bestehen oder nicht bestehen. Wenn auch in diesem Zusammenhang von der Untersuchung von Äquivalenzen die Rede ist, so handelt es sich um eine vom obigen Verständnis verschiedene Auffassung: Sie ist nicht mathematisch-referentiell fundiert, sondern versteht Äquivalenz im Sinne von Korrelation. Beide Auffassungen werden in den folgenden Abschnitten ausführlich diskutiert.

---

21 Sicherlich finden sich auch zahlreiche Mischformen, um die es hier jedoch nicht geht.

22 Siehe FRANK, A. P. 1990a: 11.

23 So z.B. FRANK, A. P. 1992a: 257, für den der AT eine „Invariante" ist und die ZT „Variablen".

2.2.1. Übersetzen als Transfer

Im etymologischen Sinn indogermanischer Sprachen ist Übersetzen eine grenzüberschreitende Aktivität, in deren Verlauf ein Agent ein Objekt von einem Ort an einen anderen transferiert. Nach Abschluß der Aktivität ist das Objekt bis auf seine geographische Position unverändert geblieben.[24]

Wenn diese Vorstellung auf das Objekt „Übersetzung" und den Agenten „Übersetzer" übertragen wird, ergibt sich die Vorstellung von Übersetzen als Transfer des AT in eine ZS und ZK. Am Ende des Transfers ist der AT in der Form des ZT in der ZS/ZK angekommen. Am Anfang des Transfers steht die Interpretation des zu übersetzenden Gegenstands: Die Segmente des AT werden innerhalb ihrer Mikro- und Makrokontexte semasiologisch analysiert und interpretiert. Mit DE SAUSSURE ist dabei zwischen dem sinnlich wahrnehmbaren Segmentkörper, dem *signifiant* (Bezeichner, s.u.), und dem durch ihn bezeichneten Konzept, dem *signifié* (Vorstellungsbild, s.u.), zu unterscheiden. Entgegen einer verbreiteten Annahme denkt DE SAUSSURE sowohl den Bezeichner als auch das mit ihm in einer *langue* arbiträr verknüpfte Vorstellungsbild als psychische Einheiten, die in der Wahrnehmung einer Person ein sprachliches Zeichen konstituieren. Deshalb ist die Übersetzung von *signifié* mit „Bezeichnetem" oder „Referent" im Deutschen mißverständlich, weil beide Termini auch auf einen – von DE SAUSSURE nicht gemeinten – außersprachlichen Gegenstand oder Sachverhalt verweisen können.[25] Um diese unzutreffende Assoziation zu vermeiden, wird der Terminus „Vorstellungsbild"[26] im Sinne HUMBOLDTs gebraucht, der von einem „‚Geistesbild'„ spricht.[27] Mit FRAWLEY wird zwischen der Intension und der Extension des *signifié* unterschieden und angenommen, daß die Intension die Extension beeinflußt.[28] Diese Unterscheidung wird mit der BENJAMINschen Hypothese verknüpft, nach der die „Art des Meinens" – worunter mit FRAWLEY die Intension der sprachlichen Ausdrücke zu verstehen ist – „das Gemeinte" beeinflusse und mit ihm verschmelze,[29] wobei es sich um die Extension eines Ausdrucks handelt.[30] Diese Differenzierung er-

---

[24] So z.B. bei den Verben „übersetzen", „transferre", „to translate", „traduire".

[25] Siehe BUSSMANN ²1990: 133, GIPPER 1966: 21; WELTE 1993: 23.

[26] Mit OGDEN/RICHARDS 1923 wäre von *thought*, mit FREGE von „Sinn" zu sprechen, wobei FREGE den „Sinn" eines Bezeichnenden als „objektiv" auffaßt und eine „subjektive" „Vorstellung" davon ergänzt. Er scheint dabei von Objektivität in Bezug auf das Sinnpotential eines Zeichens innerhalb einer *langue* und von Subjektivität in Bezug auf das individuelle Verständnis des Zeichens als Teil einer *parole* auszugehen (FREGE ⁷1994: 42-45). Nach der hier vertretenen Auffassung konstituiert beides die Interpretationsergebnisse.

Die übersetungstheoretische Literatur spricht diesbezüglich von *thought* (DRYDEN 1992: 21), ‚Geistesbild' (HUMBOLDT 1909b: 137), „dem Gemeinten" (BENJAMIN 1961b: 61, 65), *conceptual information* (JAKOBSON 1992: 147), *semantic representation* (BELL 1991: 59) oder „Inferent" (FRANK, A. P.; siehe Fußnote 32; FRANK, A.-P. 1990b: 53).

[27] HUMBOLDT 1909b: 137. ZAPF 1991: 191 spricht von der „Bedeutungsvorstellung".

[28] FRAWLEY 1992: 21-24; 21 „intension fixes extension."

[29] BENJAMIN 1961b: 61. „Und zwar ergänzt sich in ihnen [den Sprachen] die Art des Meinens zum Gemeinten."

[30] Siehe BENJAMIN 1961b: 61f; 65f. Verwirrend ist – insbesondere aus linguistischer Sicht, wo gegenwärtig kaum mehr zwischen „Sinn" und „Bedeutung" differenziert wird –, daß BENJAMIN „Sinn"

möglicht es, beim Vergleich der Texte die Worte intensional, Phrasen jedoch extensional aufeinander zu beziehen (vgl. Abschnitt 3.7).

Mit HUMBOLDT wird dabei angenommen, daß jede *langue* eine eigenständige Sicht auf die außersprachliche Wirklichkeit entwickelt und insofern eine sprach- und kulturspezifische „vermeinte Wirklichkeit“ erschafft, die WEISGERBER in ausdrücklichem Bezug auf HUMBOLDT als „sprachliche Zwischenwelt“ bezeichnet hat.[31] In dieser sprachlichen Zwischenwelt, und nicht außerhalb von ihr, sind die leserspezifisch interpretierten Vorstellungsbilder der sprachlichen Zeichen eines Texts zu lokalisieren.[32]

Die Transfervorstellung des Übersetzens läßt sich gemäß Abbildung 2-1 visualisieren („Vb“ stehe als Abkürzung für „Vorstellungsbild“),[33] wobei das „Hinüberbringen" als Transferphase und die onomasiologische Analyse als Synthesephase bezeichnet werden.

Inwiefern es überhaupt möglich ist, Vorstellungsbilder aus einer sprachlichen Zwischenwelt in eine andere zu transferieren, ist eine zentrale Frage der kontrastiven Semantik und damit nicht Gegenstand dieser Arbeit, die von dieser Möglichkeit ausgeht. Wenn sie mit der Existenz einer – bislang noch nicht formulierten[34] – universalen

---

und „Bedeutung“ genau entgegengesetzt zu FREGE verwendet: BENJAMINs Verständnis des „Sinns“ eines Bezeichners ähnelt dem, was FREGE als „Bedeutung“ bezeichnet: die extensionale Bedeutung eines Bezeichners, „das Gemeinte“. Die intensionale Bedeutung des Bezeichners stellt für BENJAMIN den wesentlichen Gehalt der „Art des Meinens“ dar, in FREGEs Worten handelt es sich dabei um den „Sinn“ des Bezeichners.

Dies wird exemplarisch in dem von BENJAMIN diskutierten Vergleich der Bezeichner „Brot“ und „pain“ der deutschen und französischen Sprache deutlich (1961: 61). Benjamin behauptet daß „das Gemeinte zwar dasselbe“ sei, „die Art, es zu meinen, dagegen nicht“. Dies entspricht den Schlußfolgerungen, die FREGE aus der – innersprachlichen – Diskussion der Bezeichner „Morgenstern“ und „Abendstern“ zieht. FRAWLEY leitet daraus die Unterscheidung zwischen der Intension und der Extension ab.

[31] WEISGERBER ^{3}1962: 71f, 74, 76.

[32] Daher erübrigt sich der von A. P. FRANK wiederholt eingebrachte Vorschlag, in bezug auf „literarische“ Texte anstelle von „Referenten“ von „Inferenten“ zu sprechen, weil der Begriff „Referent“ auf eine außersprachliche, der Begriff „Inferent“ jedoch auf eine sprach-textlich „vermeinte“ Wirklichkeit verweise (siehe FRANK, A. P. 1988: 487, 495; 1989: 5, 9, 80, 260; 1990a: 16, Fußnote 17; 1990b: 53): Schon die „Referenten“ beziehen sich auf die sprachlich vermeinte Wirklichkeit der sprachlichen Zwischenwelt (siehe z.B. FRAWLEY 1992: 21-24. Dort heißt es: „[R]eference occurs in a projected world,“ und FRAWLEY spricht von der „necessity of the mentally projected world of information.“)

[33] WEISGERBER ^{3}1962: 74-76 spricht vom „Gedankengebilde“.

[34] Siehe LEWIS 1992: 78 „While attractive in theory, genuine interlinguas proved difficult to construct in practice“; DELABASTITA 1993: 33 „Operational universal semantic theories [...] do not exist.“ Mit BENJAMIN ist der Grund darin zu sehen, daß eine derartige Intersprache nicht als weitere, nur umfassendere natürliche Sprache, sondern als kategorial davon verschieden zu denken ist (BENJAMIN 1961b: 65-67 bezeichnet eine solche Sprache als „die[...] reine[...] Sprache, die nichts mehr meint und nichts mehr ausdrückt, sondern als ausdrucksloses und schöpferisches Wort das in allen Sprachen Gemeinte ist [...].“ Anders als in allen menschlichen Sprachen träfe in dieser

Semantik begründet wird, die aus jeder sprachlichen Zwischenwelt gleichermaßen zugänglich ist und eine Intersprache IS und Interkultur IK impliziert, fragt sich, inwiefern beim Übersetzen überhaupt eine eigenständige Transferphase angenommen werden muß und nicht bereits allein der Prozeß von AT-, AS- und AK-bezogener Interpretation und ZT-, ZS- und ZK-bezogener Synthese den übersetzerischen Transfer konstituieren.[35] Der während des Transfers durchquerte zwischensprachliche Bereich wurde deshalb in Abbildung 2-1 nur gestrichelt eingezeichnet.

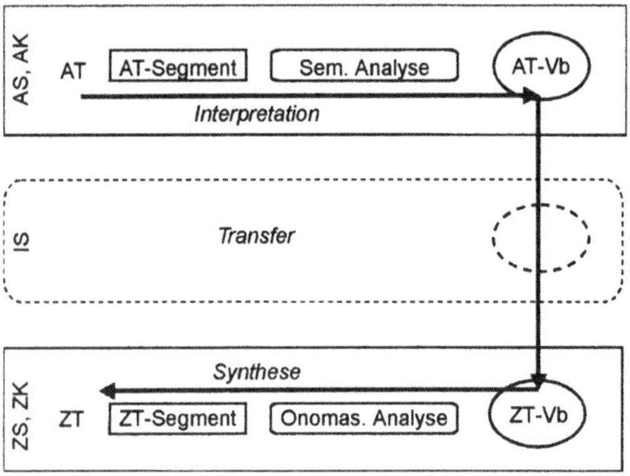

Abbildung 2-1: Schematische Darstellung von Übersetzen als Transfer

Die etymologisch naheliegende Analogie zum Transfer außersprachlicher Objekte unterstützt die Annahme, daß es theoretisch möglich sei, den übersetzerischen Transfer sprachlicher Zeichen „unbeschadet" durchzuführen.

Wenn ein Übersetzungsforscher Übersetzen in diesem Sinne als Transfer versteht, kann er also entweder die Identitäts- oder die Äquivalenzhypothese vertreten (in den folgenden Abschnitten werden die beiden Hypothesen näher erörtert). Der Übersetzungsforscher versucht in beiden Fällen, den Transferprozeß nachzuvollziehen und die Veränderungen zu überprüfen, denen der AT im Verlauf dieser Handlung

---

Sprache „endlich alle Mitteilung, aller Sinn und alle Intention auf eine Schicht, in der sie zu erlöschen bestimmt ist." (S. 67)).

[35] Beispielsweise nehmen die Pioniere der MÜ ausnahmslos eine Transferphase an. Ebenso z.B. NIDA/TABER 1969: 484, die von „Analysis", „Transfer" und „Restructuring" sprechen. Die entgegengesetzte Auffassung entspricht einer Verstärkung der These, daß AT- und ZT-Vorstellungsbilder bis auf ihren sprachlichen Kontext, der in Abbildung 2-1 durch ihre vertikale Position angedeutet wird, identisch seien. Sie wird in der Abbildung durch die horizontal gleich positionierten und identisch geformten Ellipsen veranschaulicht. Diese Meinung vertreten z.B. WILSS 1977: 72, BELL 1991: 58 (Grobübersicht auf S. 46) und BARNWELL 1986: 17. Die Analyse nennt BARNWELL „Exegese", WILSS „Verstehensphase". Die Synthese wird von BARNWELL als „Umstrukturierung", von WILSS als „Rekonstruktionsphase" bezeichnet.

unterzogen wurde. Die Annahme, daß das Objekt den Transfer „unbeschadet" überstehen könne, wird dabei oft als Forderung nach „Treue" gegenüber dem AT zu einer ethischen Maxime übersetzerischen Handelns erhoben. Wenn allerdings nicht auch die Frage nach der Erfüllbarkeit dieser Maxime gestellt wird, wird die Handlungsanweisung als Aussage über einen bestehenden Sachverhalt mißverstanden.

2.2.1.1. Die Identitätshypothese

Ein Übersetzungsforscher, der die Bezeichner und Vorstellungsbilder aller ZT-Segmente auf Identität mit den Bezeichnern und Vorstellungsbildern der AT-Segmente überprüft, vertritt die Identitätshypothese. Sie fordert, daß sowohl Bezeichner als auch Vorstellungsbilder der AT-Segmente vollständig mit den Bezeichnern und Vorstellungsbildern übereinstimmen sollen, die von den Segmenten des ZT evoziert werden. A. P. FRANK charakterisiert diese Auffassung folgendermaßen: „Die ideale literarische Übersetzung müßte [...] eine totale Übersetzung sein."[36] TOURY hat diese Annahme als *idealized concept of translation* bezeichnet.[37] Versteht man darunter ein unerreichbares Ideal, so entspricht dies der allgemeinen Auffassung, gemäß der kein ZT dieses Ideal erreichen kann, da bereits die Bezeichner zweier verschiedensprachlicher Texte unbestrittenermaßen variieren.[38]

Angesichts der eingestandenermaßen nicht gegebenen Existenz einer „wahren Übersetzung" fragt sich, inwiefern diese Vorstellung von Übersetzen und Übersetzung überhaupt den Gegenständen angemessen ist, die üblicherweise als Übersetzung bezeichnet werden, denn diese genügen offensichtlich nicht dem Kriterium der Identität mit dem AT. Dieses erfüllt nur der AT selbst (und selbst der nicht vollständig, wie im folgenden gezeigt wird). Wenn allerdings der AT selbst seine einzige „wahre Übersetzung" sein soll, als was sind die ZT einzustufen? Sind ZT dann überhaupt „Übersetzungen"? Die Identitätshypothese beschäftigt sich nicht mit derartigen Fragen, sondern beharrt auf der Forderung, daß der ZT gemäß der Identitätshypothese mit dem AT zusammenfallen müsse.

Somit ist festzustellen, daß die Identitätshypothese deskriptiv nicht adäquat ist: Jedes ausschließlich durch Identität und Invarianz in Bezug auf den AT gekennzeichnetes Übersetzensverständnis schließt genau diejenigen Texte aus der Betrachtung aus, die es vorgibt zu analysieren: die üblicherweise „Übersetzung" genannten ZT. Dies bestätigen insbesondere die identitätshypothetischen Untersuchungen, die stets eine Vielzahl von „Abweichungen" eines ZT gegenüber seinem AT aufdecken und daher keinen Text als Übersetzung im Sinne der Identitätshypothese bezeichnen können. Selbst ein hypothetischer ZT, der – kontrafaktisch – „mit dem Original zusammen-

---

[36] FRANK, A. P. 1988: 496, siehe auch S. 495.

[37] TOURY 1995: 168. NEWMAN 1994: 4694 verortet dieses Verständnis in der umgangssprachlichen Intuition über das Verhältnis zwischen AT und ZT.

[38] Siehe z.B. HUMBOLDT 1909b: 129, BELL 1991: 6. Auf den zitierten Satz von A. P. FRANK folgt dementsprechend die Aussage „Das ist offensichtlich unmöglich." (FRANK, A. P. 1988: 496).

[fällt]",[39] kann die Identitätshypothese nicht erfüllen, weil auch eine solche „Kopie-Übersetzung" unausweichlich als veränderter AT deutbar ist. Er wurde nämlich unter Bezug auf den früher erstellten AT geschrieben und eröffnet allein deshalb schon neue Deutungsmöglichkeiten in einem – maßgeblich durch den AT – veränderten Sprach-, Literatur- und Kulturkontext.[40]

Um die Identitätshypothese weiterhin aufrechterhalten zu können, kann daher nur noch versucht werden, die Rahmenbedingungen zu verändern. Übersetzen wäre dann ausschließlich als Interpretation des AT zu definieren ohne die Phasen des Transfers und/oder der Synthese.[41] Damit wird jedoch der Rezeptionsvorgang des ZT, der unausweichlich stattfindet, ausgeblendet und durch den Rezeptionsvorgang des AT ersetzt.[42] Unter dieser Prämisse wird Übersetzungsforschung kaum Aussagen über die ZT, sondern fast nur über den AT – genauer: über eine bestimmte Interpretation des AT durch den Übersetzungsforscher – machen.[43]

---

[39] Siehe Jacob GRIMM: „Eine treue Übersetzung eines wahren Gedichts ist unmöglich, sie müßte, um nicht schlechter zu sein, mit dem Original zusammenfallen." (zitiert nach FRANK, A. P. 1992c: 3; Hervorhebung im Text; auf die literaturtheoretische Diskussion über „wahre" Dichtung, wird hier nicht eingegangen).

[40] Dies zeigt Jorge Louis BORGES' Kurzgeschichte von „Pierre Menard, Übersetzer des *Don Quichote*" (z.B. in BORGES 1994: 35-45) auf literarische Weise, indem der fiktive Übersetzer den AT in der AS Wort für Wort identisch als AT „übersetzt" bzw. kopiert. Wie die Kurzgeschichte zeigt, bestehen allein wegen der unterschiedlichen Erscheinungszeit des ersten und zweiten AT jedoch zahlreiche Varianzen zwischen den Texten, so daß das Identitätsparadigma auch auf diesen Extremfall nicht anwendbar ist.

[41] Diese Auffassung liegt beispielsweise dem Plädoyer für interlineare Übersetzungen zugrunde (siehe BENJAMIN 1961b: 69; GOETHE 1857: 327 „Eine Übersetzung, die sich mit dem Original zu identifizieren strebt, nähert sich zuletzt der Interlinearversion [...]" (diese Passage ist in der STÖRIGschen Anthologie (GOETHE 1973) nicht enthalten).

Das Ziel des Übersetzens wird dann darin gesehen, nicht nur den AT, sondern auch die AS und AK möglichst unverändert zu lassen bzw. die ZS und ZK der AS und AK „anzunähern". Somit wird nicht nur die „Bewahrung des Originaltextes", sondern auch die „Bewahrung des Originalkontextes des Originaltextes" gefordert, also die Identitätshypothese noch ausgeweitet. Dies kann auch in dem Bestreben geschehen, die ZS und ZK möglichst umfassend durch die lexikalischen und grammatischen Strukturen der AS, durch die literarischen Modelle der AK und durch den AT als Aktualisierung beider zu bereichern (siehe SCHLEIERMACHER 1813: 244f; HUMBOLDT 1909b: 131f).

[42] Zielseitige Normenverletzungen werden daher in Kauf genommen und sogar als erforderlich angesehen, um die Zielseite der Ausgangsseite anzunähern. Aufgrund der unausweichlich stattfindenden zielseitigen Synthese muß das Ergebnis jeder identitätshypothesenbezogenen Untersuchung sein, daß der jeweils untersuchte ZT – selbst dann, wenn er ein kopierter AT ist – die vollständige Identität mit seinem AT-Modell verfehlt. Dies gilt insbesondere auch für interlineare Übersetzungen, die hinsichtlich leserbezogener Kriterien stark vom AT differieren und – wie jeder ZT – schon auf der Ausdrucksebene mit dem AT nicht übereinstimmen können und daher zahlreiche alternative Deutungsmöglichkeiten bieten.

[43] Siehe FRANK, A. P. 1989: 4 „Denn wer den ‚Ausgangstext' als Beurteilungsmaßstab einer Übersetzung zugrundelegt, wird überwiegend ‚Fehler' finden. [...] [die Aufdeckung der ‚Fehler'] setz[t] stets die persönliche Verständnisweise und gegebenenfalls Übersetzungskonzeption des Übersetzungs*kritikers* voraus." (Hervorhebungen im Text).

ORTEGA Y GASSET stellt daher fest:

> We must begin by correcting at the outset the idea of what a translation can and ought to be. Should we understand it as a magic manipulation through which the work written in one language suddenly emerges in another language? If so, we are lost, because this transsubstantiation is impossible.[44]

Die Folgerung, daß Übersetzen grundsätzlich unmöglich sei, ist auf dieser Grundlage unzulässig.[45] Richtig ist die Folgerung, daß nicht Übersetzen, sondern Übersetzungsforschung unter dieser Prämisse grundsätzlich unmöglich ist, weil sie in der Interpretation des AT aufgeht. Somit zeigt sich auch, daß niemals „der AT", sondern immer eine Interpretation des AT übersetzt bzw. vom Übersetzungsforscher analysiert wird.[46]

Ein deskriptiv adäquateres Verständnis des Übersetzens wie auch der Übersetzungsforschung muß daher neben der Invarianz auch Varianzen von AT und ZT zulassen. Dies stimmt mit der Intuition überein, daß weder AT oder ZT noch einzelne Segmente beider als „vollständig gleich in jeder Hinsicht" angesehen werden können, sondern allenfalls als „gleichwertig" hinsichtlich einer oder mehrerer Bezugsgrößen. Dabei impliziert die Gleichwertigkeit hinsichtlich einer Bezugsgröße oft die Ungleichwertigkeit hinsichtlich einer anderen:[47] Form und Inhalt verschiedener Texte lassen sich nicht sämtlich invariant halten.

Im Englischen kann dieses Verständnis von Gleichwertigkeit auch als *equivalence* bezeichnet werden. In der deutschsprachigen Übersetzungswissenschaft ist es üblich geworden, „Äquivalenz" analog zum englischen Verständnis zu gebrauchen und spezifischere Definitionen vorzuschlagen.[48] Wie im Englischen ist somit auch im Deutschen zwischen einem mathematischen und einem nicht mathematisch geprägten Verständnis des Begriffs zu unterscheiden.

Um diese Unterscheidung im folgenden zu erleichtern, wird ausschließlich das mathematisch orientierte Äquivalenzverständnis als solches bezeichnet. Gemäß dieser Hypothese kann der ZT (bzw. Segmente des ZT) den AT (bzw. Segmente des AT) im

---

44 ORTEGA Y GASSET 1992: 109. Genaugenommen ist es bereits unmöglich, alle möglichen Betrachtungsweisen eines Textes zu kennen, hinsichtlich derer die Identitätshypothese Übereinstimmung fordert.

45 Siehe JAKOBSON 1992: 146: „from time to time attempts are made to sever the Gordian knot by proclaiming the dogma of untranslatability."

46 Siehe z.B. FRANK, A. P. 1989: 5, 79.

47 Siehe LOTMAN 1972: 125; TURK 1988: 90.

48 Kurz dazu: STOLZE 1994: 94f. Ausführlicher: SNELL-HORNBY 1990: 80f; ^{2}1994: 14, die anhand von Wörterbüchern zeigt, daß der Äquivalenzbegriff in der deutschen Übersetzungsforschung zunächst im Rahmen der Beschäftigung mit automatischen Übersetzungsverfahren unter Bezug auf die formale Logik eingeführt wurde. Dies entspricht der von WILSS1977: 159f diskutierten These, die REISS/VERMEER 1984: 128 durch den Verweis auf die Fachsprache der Elektrotechnik nur unwesentlich modifizieren.
Dem ist entgegenzuhalten, daß bereits lange vor der Verfügbarkeit von Computern SCHOPENHAUER in bezug auf Übersetzungen von Äquivalenz spricht (s. Seite 34, Fußnote 81).

mathematischen Sinn „äquivalent“ substituieren: Die Äquivalenzhypothese wird im Sinne einer *Substitutionshypothese* verstanden.

Wenn jedoch ein nicht mathematisches Verständnis von Äquivalenz im Sinne unscharf gedachter „Gleichwertigkeit“ vorausgesetzt wird, meint Äquivalenz nicht mehr Substitution, sondern „nur“ noch die Bezogenheit der Texte aufeinander. SNELL-HORNBY merkt an, daß die Bezeichnung „Äquivalenz“ für dieses Verständnis von Äquivalenz „allerdings kein geeigneter Begriff“ sei.[49] Zur Füllung des begrifflichen Vakuums schlage ich den Begriff der Korrelation vor.[50] Eine nicht im mathematischen Sinne verstandene Äquivalenzhypothese wird daher als *Korrelationshypothese* bezeichnet.

In beiden Fällen überwindet das nicht mehr identitätsfixierte Verständnis der Übersetzungsforschung die zentrale Beschränkung der Identitätshypothese, weil die „vollständige Gleichheit in jeder Hinsicht“ nicht mehr als Regel-, sondern als Extremfall angesehen wird. Der Äquivalenzbegriff in der Form der Substitutions- wie auch der Korrelationshypothese ermöglicht es daher, Varianz und Invarianz als Phänomene eines einzigen Vorgangs, also als zwei Aspekte einer einzigen Handlung zu fassen.[51] Deshalb ist der Versuch, die Identitätshypothese unter der Maske der „vollständigen Äquivalenz“ wieder einzuführen, theoretisch absurd und in der Diskussion verwirrend.[52]

---

[49] SNELL-HORNBY ²1994: 16.

[50] Die Rede von Korrelation und Korrelat soll, wie der von A. P. FRANK vorgeschlagene Terminus „Verknüpfungen“ (1989: 193) „aprioristische Festlegungen“ (1989: 193) vermeiden. A. P. FRANK verwendet den Begriff „Korrelation“ bei der Diskussion zielseitiger Abhängigkeiten (1989: 260) beiläufig in dem hier gemeinten, weiten Sinn, der es ihm gestattet, von „positiver“ und „negativer“ Korrelation nicht in normativer, sondern in deskriptiver Hinsicht („Übernahme“, „Meidung“) zu sprechen.

Der Begriff der „Korrespondenz“ wird nicht gebraucht, weil er bereits in der Bedeutung der Äquivalenz zweier Segmente in bezug auf eine *langue* gebräuchlich ist (z.B. KOLLER 1979: 183f; WOTJAK 1982: 114) und dabei dem mathematischen Substitutionsverständnis nahezustehen scheint (WOTJAK 1982: 114 spricht beispielsweise von Korrespondenz „im Sinne von Entsprechung").

[51] Kritik an diesem Doppelaspekt formulieren – aus dezidiert „literarischer“ Sicht – z.B. STEINER 1975: 261 und FRANK, A. P. 1988: 494. Sie halten ihn für theoretisch problematisch, wenn nicht gar logisch widersprüchlich. TURK 1988: 89-91 stellt dagegen zu recht seine Leistungsfähigkeit heraus.

[52] Siehe BELL 1991: 6: „the idea of total equivalence is a chimera“. Vertreter der Idee „vollständiger Äquivalenz“ berufen sich beispielsweise auf JÄGER 1975. In WOTJAK 1982: 113-15, 117f (insbesondere im vorletzten Absatz auf S. 115) zeigt sich in beispielhafter Weise, daß die vorausgesetzte Möglichkeit der „totalen Äquivalenz“ der Annahme der Identitätshypothese entspricht. Die anschließende Konzentration des Autors auf die „partielle Äquivalenz“, deren Bedenken „[u]ngleich gewichtiger“ (S. 115) sei, gesteht implizit die Unerfüllbarkeit der Identitätshypothese ein.

In der hier eingeführten Terminologie sind WOTJAKs Überlegungen nicht mit dem Begriff „Äquivalenz“ zu bezeichnen, sondern mit dem der „Identität“, denn das hier vertretene Verständnis von „Äquivalenz“ zeichnet sich gerade dadurch aus, daß es stets nur „partielle Identität“ und gar nicht „totale“ Identität meint. WOTJAKs Überlegungen können somit präziser als die Untersuchung eines ZT auf „totale Identität“ bzw. „partielle Identität“ mit seinem AT bezeichnet werden.

2.2.1.2. Die Äquivalenzhypothese als Substitutionshypothese

Unter Bezug auf das mathematische Verständnis von Äquivalenz scheint sich auf den ersten Blick eine bereits erprobte begriffliche Möglichkeit zu bieten, Varianz und Invarianz als zwei Aspekte einer einzigen Operation zu verstehen: Mathematische Gleichungen können durch bestimmte Operationen – beispielsweise durch Multiplikation mit einem bestimmten Faktor – „äquivalent" umgeformt werden, so daß ein „umkehrbar eindeutiger" Zusammenhang zwischen Ausgangs- und Zielgleichung besteht. Die Äquivalenzrelation ist bekanntlich reflexiv, symmetrisch und transitiv.[53] Die Anwendung einer Umkehrungsoperation, beispielsweise die Division durch denselben Faktor, mit dem zuvor multipliziert wurde, führt daher wieder zur Ausgangsgleichung. Mathematische Äquivalenz liegt also genau dann vor, wenn die (mathematisch eindeutig definierte) Bedeutung einer Gleichung durch die ausgewählte Operation nicht verändert wird: Die äußere Form der Gleichung hat sich verändert, ihr Inhalt ist gleichgeblieben.

Unter Zugrundelegung des mathematischen Äquivalenzverständnisses kann Übersetzen von Texten als „Umkodieren" einer oder mehrerer Textebenen bei Invarianz mindestens einer anderen Ebene verstanden werden.[54] Abbildung 2-1 (Seite 24) veranschaulicht diese analog zur Mathematik gedachte Annahme, indem die Ellipse des AT-Vorstellungsbildes, die die Inhaltsebene symbolisiert, vertikal verschoben wird, nicht aber ihre horizontale Position oder gar ihre Form verändert. DRYDEN führt in diesem Sinn aus:

> for thought, if it be translated truly, cannot be lost in another language; but the words that convey it to our apprehension (which are the image and ornament of that thought), may be so ill chosen, as to make it appear in an unhandsome dress, and rob it of its native lustre. There is, therefore, liberty to be allowed for the expression; neither is it necessary that words and lines should be confined to the measure of their original[55]

Der Übersetzungsforscher, der von diesem Übersetzensverständnis ausgeht, nimmt an, daß zwischen AT und ZT eine solche Äquivalenzbeziehung im mathematischen Sinn besteht und erforscht, welche ZT-Segmente als Äquivalente für welche AT-Segmente substituiert wurden. Dies kann er nicht tun, ohne Bedeutung referentiell zu denken bzw. eine universale Semantik anzunehmen, nach der eine von allen natürlichen Sprachen aus zugängliche Intersprache denkbar ist, in der Vorstellungsbilder sprachunabhängig betrachtet werden können. Was unter dem Inhalt eines Texts bzw. den Vorstellungsbildern zu verstehen ist, die DRYDEN mit *thought* bezeichnet und als invariante Größen proklamiert, ist Gegenstand theoretischer Debatten und literarischer Interpretation und deshalb oft nicht eindeutig zu klären. Viele Übersetzungsforscher scheinen an eine Mischung aus dem *langue*-bezogenen Bedeutungspotential eines

---

[53] Siehe BORTZ [5]1998: 20.

[54] Siehe REISS 1976: 100f. Sie argumentiert für je nach Texttyp unterschiedliche Invarianten. Damit löst sie sich einerseits vom mathematischen Modell, das keinen ähnlich externen Einfluß für Äquivalenz kennt, behält es aber andererseits innerhalb eines Texttyps bei.

[55] DRYDEN 1992: 21.

Wortes und seinem *parole*-bezogenen Potential als Ausdruck des „Wesens“ bzw. „Geistes“ eines Texts oder gar Autors zu denken: DRYDEN spricht neben *thought* auch vom *genius and sense* des Autors, GOETHE vom „reine[n] vollkommene[n] Gehalt“ des Texts, JAKOBSON von der *entire conceptual information contained in the original.*[56] Im Vorgriff auf die folgenden Überlegungen erscheint es sinnvoll, neben der lexikalischen Bedeutung auch die pragmatische Funktion des Texts, also auch seine Wirkung auf die Rezipienten als seinen Inhalt anzusehen.

Stark mathematisch geprägte Forscher wie LEIBNIZ, DESCARTES und die Pioniere der MÜ haben vorgeschlagen, den Aspekt des „Geistes“ eines Texts oder Autors und überhaupt den Einfluß potentiell relevanter Deutungskontexte, also pragmatische Überlegungen, auszublenden. Sie betrachten daher allein sprachenpaar-, nicht aber textpaarspezifische Beziehungen zwischen den Segmenten von AT und ZT. Sie setzen auf der Wortebene an und gehen, wahrscheinlich in Analogie zu den Zahlen, davon aus, daß für jedes Wort, das sie als Zeichenfolge auffassen, eine kontextfrei bestimmbare Bedeutung angebbar ist.[57] Dann erscheint es plausibel, wie beispielsweise DESCARTES vorschlägt, anhand dieser Bedeutungen ein mehrsprachiges Lexikon zu erstellen, das als Übersetzer fungieren könnte.[58] Entsprechend verfahren die Vertreter des von WILSS als „linguistisch“ bezeichneten Äquivalenzverständnisses, die davon ausgehen, daß „die sprachlichen Universalien wahrscheinlich kognitive Universalien“ seien.[59]

Übersetzen wird in diesem Fall mathematisch als Transpositionsfunktion zwischen zwei Sprachen formulierbar, die einem Wort w_{AS} umkehrbar eindeutig das Wort w_{ZS} zuordnet (SNELL-HORNBY spricht diesbezüglich vom „Denkschema der Transkodierung“, LADMIRAL von *transcodage*),[60] so daß für alle w_{AS} und w_{ZS} gilt, daß *Äquivalent* $(w_{AS}) = w_{ZS}$ und *Äquivalent* $(w_{ZS}) = w_{AS}$ ist, wobei im Zuge des Übersetzens die Ausdrucksebene der AS durch die Ausdrucksebene der ZS substituiert wird. Woher das Wissen um die zusammenzugruppierenden Worte kommt, ist angesichts der bislang nicht vorgelegten universalen Semantik Gegenstand wissenschaftlicher Untersuchungen, die insbesondere von der kontrastiven Linguistik durchgeführt werden.[61]

Dieses Verständnis von Äquivalenz greift allerdings zu kurz, wie nicht zuletzt die Experimente der MÜ gezeigt haben: Die ZT der entsprechend programmierten Maschinen dokumentieren, daß die sprachtheoretische Annahme, die Bedeutung der Worte analog zur Bedeutung von Variablen in der Mathematik kontextfrei definieren zu

---

[56] DRYDEN 1992: 31; GOETHE 1975: 548; JAKOBSON 1992: 147. Im Kontext der deutschsprachigen Übersetzungsforschung sehen KITTEL/POLTERMANN 1998: 421f BREITINGER als ersten Vertreter dieser Auffassung an.

[57] Siehe OETTINGER 1960: 110; MOUNIN 1964: 16; HUTCHINS 1986: 21; KOLLER [4]1992: 90.

[58] MOUNIN 1964: 16 zitiert DESCARTES 1913: 77: „Mettant en son dictionaire en seul chiffre qui se rapporte à *aymer, amare, lieben, philein*, et tous les synonymes le livre qui sera écrit avec ces charactères pourra être interprété par tous ceux qui auront ce dictionnaire."

[59] WILSS 1977: 173.

[60] SNELL-HORNBY [2]1994: 16; LADMIRAL 1981: 284.

[61] Siehe KOLLER [4]1992: 217-24.

können, im allgemeinen nicht zutrifft. Eine solche Definition könnte, wenn überhaupt, nur für Realia gelten,[62] ist jedoch selbst in diesem Fall nicht immer möglich.[63]

Die Einbeziehung des Kontexts, der sowohl aus dem ZT selbst besteht als auch aus seinem literarischen und kulturellen Kontext, ist also unbedingt erforderlich.[64] Wenn der theoretische Kern der Äquivalenzhypothese beibehalten werden soll, ist das Bestehen einer Äquivalenzbeziehung[65] demnach stets in bezug auf einen zu spezifizierenden Kontext anzugeben, hinsichtlich dessen eine Beziehung zwischen zwei Segmenten $s_{x.a}$ und $s_{y.b}$ angenommen wird, die sich hinsichtlich mindestens einer Bezugsgröße unterscheiden, hinsichtlich mindestens einer weiteren Bezugsgröße jedoch übereinstimmen.

Die Angabe der Bezugsgröße oder des ausgewählten Kontextes als nähere Qualifizierung der Äquivalenz, die in der Literatur übereinstimmend gefordert wird,[66] macht in diesem Zusammenhang angesichts der Vielzahl möglicher Bezugsgrößen und Kontexte Sinn. Im mathematischen Kontext ist sie allerdings unsinnig, da Äquivalenz dort anhand einer einzigen, universal geltenden Bezugsgröße bestimmt werden kann und entweder vorliegt oder nicht. In der Vielzahl möglicherweise relevanter Kontexte, die eingestandenermaßen insbesondere bei als ‚literarisch' klassifizierten Texten zu beachten, aber bereits für fachsprachliche Texte nicht zu vernachlässigen sind, liegt jedoch ein großes Problem für das mathematisch orientierte Äquivalenzverständnis, das auf der Annahme beruht, daß für ein AT-Segment genau ein relevanter Kontext und innerhalb dieses Kontextes genau eine Bedeutung bzw. ein „kommunikativer Wert"[67] isoliert werden und während des Übersetzen invariant gehalten werden kann.[68]

---

[62] Laut LEISI hat erstmals HUMBOLDT diese Auffassung vertreten (LEISI ^{2}1985: 24). Im unmittelbaren Zusammenhang mit übersetzungswissenschaftlichen Fragen vertritt Humboldt diese Position in dem Vorwort zu seiner Übersetzung des *Agamemnon* (HUMBOLDT 1909b: 129).

[63] So z.B. bei dem deutschen Wort *Atlas*: Es ist bereits als Teil der Realia mehrdeutig, weil es als Eigenname sowohl das Atlasgebirge in Nordwestafrika, hochglänzendes Seidengewebe in Atlasbindung als auch den Titan bezeichnen kann, der laut HOMER die Säulen trägt, die Erde und Himmel auseinanderhalten. Darüber hinaus kann es auch die in einem Buch zusammengefaßte Sammlung von graphischen Tafeln aus einem Wissensgebiet (geographischer, medizinischer Atlas) oder den ersten Halswirbel bezeichnen, der den Kopf eines Lebewesens trägt (siehe *Duden Universalwörterbuch*; das Beispiel stammt aus BARNWELL 1986: 23, wo allerdings nicht auf die Mehrdeutigkeit von *Atlas* als Eigenname eingegangen wird).

[64] Dies ist vor allem mit textlinguistischen Überlegungen begründet worden (siehe z.B. CATFORD 1965: 27, 35; NEUBERT 1982, 1983; NEUBERT/SHREVE 1992).

[65] KOLLER ^{4}1992: 16 spricht von einer „Übersetzungs- (oder Äquivalenz-)relation".

[66] Siehe KOLLER ^{4}1992: 215.

[67] JÄGER/MÜLLER 1982: 44 unter Bezug auf JÄGER 1975. Dieser Begriff bezieht die pragmatischen Kontexte und damit auch explizit die „kulturellen" Kontexte eines Textes ein. Die von KENNY, D. 1998b: 78 als „Befreiung" der Übersetzungsforschung bewertete text- und kulturspezifische Relativierung des Äquivalenzbegriffs beispielsweise durch KOLLER 1979 und PYM 1995: 157f läßt sich auf die alte Forderung nach „Wirkungsgleichheit" von AT und ZT zurückführen.

[68] KADE 1968b: 75 postuliert beispielsweise „Eins-zu-Eins-Beziehungen auf der Textebene" innerhalb eines vorgegebenen Kontexts, wobei er mit „Textebene" die Inhaltsebene der Texte meint; siehe auch DOHERTY 1979.

In der MÜ und der Computerlinguistik versucht man, für diese Aufgabe leistungsfähige Desambiguationsalgorithmen zu entwickeln. Dies geschieht in der Annahme, daß es für jeden „äquivalent" umgeformten AT genau eine „äquivalente" Übersetzung geben müsse. Aufgrund der mathematischen Analogie, bei der die inverse Äquivalenzumformung einer Gleichung wieder zur Ausgangsgleichung führt, müßte es dann möglich sein, jeden „äquivalent" übersetzten ZT durch „inverses Übersetzen", durch Rückübersetzung, wieder in seinen AT zu überführen.[69] Dies ist aber selbst für Texte, die als ‚nicht-literarisch' klassifiziert werden, nicht die Regel.[70]

Der Fokussierung auf eine „richtige" Lösung steht eine beträchtliche Zahl von Kontexten und „Übersetzungseinheiten" (*units of translation*) gegenüber, die als entscheidend für die Bestimmung übersetzerischer Äquivalenz angeführt werden.[71] 1994 spricht SNELL-HORNBY diesbezüglich von einem „Wildwuchs von Äquivalenztypen,"[72] den WILSS bereits 1977 konstatierte, als er von einem „hypostasierten Äquivalenzbegriff" sprach.[73] Die Vielfalt der vorgeschlagenen Übersetzungseinheiten kann als Hinweis darauf interpretiert werden, daß es häufig nicht möglich ist, einen einzigen Kontext und eine einzige Interpretation eines Segments zu favorisieren oder verschiedene Kontexte und Interpretationen aufeinander zu reduzieren,[74] zumal oft die Überlagerung mehrerer Kontexte und Interpretaionsmöglichkeiten weitere „Übersetzungseinheiten" und Deutungsmöglichkeiten schafft. Das unerschöpfliche Interpretationspotential und die inhärente Mehrdeutigkeit vereiteln somit das Verständnis von Übersetzen als Äquivalenzumformung im mathematischen Sinn, das auf umkehrbar eindeutige Zuordnungen von Zeichen und ihren Interpretationen angewiesen ist.

Im Rahmen literarisch orientierter Fallstudien geht beispielsweise LEITHNER-BRAUNS nach diesem Ansatz vor. Das in dieser Arbeit analysierte Korpus betrachtet BORGMEIER 1970 teilweise unter dieser Prämisse; er läßt z.B. im unten diskutierten Fall von *brow* (2.1) allein „Braue" als deutsches „Äquivalent" gelten.

[69] Siehe z.B. WILSS 1977: 189, wo die deskriptive Übersetzungsanalyse mit der Untersuchung des Verhältnisses einer „Rückübersetzung" des ZT zum AT abgeschlossen wird. NEWMARK 1985: 296 übersetzt einen seiner Meinung nach hervorragend gelungenen Ausschnitt eines ZT in die AS zurück und stellt diese Übersetzung dem Vierzeiler des AT gegenüber (Der AT ist Sonett 87 von SHAKESPEARE, der ZT GEORGEs Übersetzung).

[70] Siehe KOLLER ^{4}1992: 191 und 202: „Dies wird auch durch Experimente bestätigt: Rückübersetzungen führen in den meisten Fällen nicht zurück zu einer mit dem AS-Text identischen Fassung (es sei denn, es handle sich um stark normiert Ausdrucksmuster wie *Rauchen verboten/No smoking*). [...] Kennzeichnend für das Verhältnis Original – Übersetzung ist außerdem, daß *zu einem Originaltext verschiedene Übersetzungen* möglich sind, die durchaus als kommunikativ äquivalent beurteilt werden können." (Hervorhebungen im Text). Ebenso WILSS 1977: 189f, der außerdem betont, daß unklar ist, wie eine „hohe Übereinstimmung" der Rückübersetzung mit dem AT einzuschätzen ist.

[71] Siehe KOLLERs oft erwähnten und kontinuierlich angewachsener Katalog von Kontexten, den *scenes and frames* Ansatz von VANNEREM/SNELL-HORNBY 1986: 189-91 und die Aspektliste von GERZYMISCH-ARBOGAST/MUDERSBACH 1998: 30.

[72] SNELL-HORNBY ^{2}1994: 15.

[73] WILSS 1977: 157.

[74] Siehe KOLLER ^{4}1992: 134.

Wenn Übersetzungsforschung von der als Substitutionshypothese verstandenen Äquivalenzhypothese ausgeht, eröffnet die implizit benutzte Analogie Perspektiven, die – wie die obigen Überlegungen zeigen – dem Gegenstand in wichtigen Aspekten nicht angemessen sind. Insbesondere bestehen grundsätzliche Zweifel an dem Verständnis von Übersetzen als umkehrbar eindeutigem Prozeß im Sinne einer mathematisch „äquivalenten" Transposition.[75] LADMIRAL spricht in diesem Sinn von der *‚illusion terminologique' assimilant la traduction à un pur et simple transcodage.*[76]

Als mathematisches Analogon wäre vielleicht eher an eine Funktion zu denken, die mathematische Äquivalenz gerade nicht erhält. Dies gilt beispielsweise für die Quadratwurzelfunktion. Nachdem sie auf eine Gleichung angewendet wurde, kann nicht mehr zurück auf die vorherige Gleichung geschlossen werden, weil ihr Ergebnis immer genau zwei Werte umfaßt, von denen keiner „äquivalenter" als der andere ist: Die Quadratwurzel der Zahl 4 ist die Wertemenge {-2; 2}. Beide Werte „sind" „die Quadratwurzel". Um sie in einer Rechnung zu verwenden, können sie nicht gleichzeitig, sondern immer nur anstelle des anderen eingesetzt werden.

Dieses Dilemma ist dem Übersetzer wohl bekannt, denn in der Analyse- und Synthesephase bieten sich jeweils mehrere Möglichkeiten, von denen eine einzige ausgewählt werden muß. Übersetzen unterscheidet sich vom mathematischen Wurzelziehen *n*-ten Grades allerdings bereits insofern, als weder die Anzahl noch die Bedeutung der Werte im vorhinein feststeht oder mit vergleichbarer Präzision angebbar ist. Außerdem ist Übersetzen keine formelhaft beschreibbare punktuelle Zuordnungsoperation, sondern geschieht ausgehend vom AT und der AS und AK in der Synthesephase innerhalb der von ZT, ZS und ZK geprägten Strukturen. Es gibt daher keine Funktion, die das übersetzerische Wurzelziehen umkehren könnte wie die Quadrierung die Quadratwurzel in der Mathematik. Der Übersetzer muß jeweils im Einzelfall entscheiden, durch welche onomasiologische Extrapolation er es im ZT erreichen kann, daß die von ihm gewählten Elemente der Wertemenge, die die Interpretation des AT ergab, auch durch Interpretation des ZT gewonnen werden können. Jedes schließlich in den ZT eingesetzte Segment muß daher einen Kompromiß darstellen und auch etwas einbringen, das nicht im AT gefunden werden kann. Auf diesen ZT-orientierten Aspekt, der bei dem Verständnis von Übersetzen als Transfer (vgl. Abbildung 2-1) vernachlässigt wird, ist im folgenden ausführlicher einzugehen.

Insgesamt ergibt sich, daß Übersetzenshandlungen, wie sie die Übersetzungsforschung beschäftigen, im mathematischen Sinne keine Äquivalenzumformungen sind,[77] weil die Relation zweier durch Übersetzen verknüpfter Segmente $s_{x.a}$ und $s_{y.b}$ weder symmetrisch noch transitiv und daher auch nicht umkehrbar ist.

---

[75] Siehe SNELL-HORNBY ²1994: 15: „die Entlehnung [des Äquivalenzkonzepts] aus den exakten Wissenschaften hat sich als Illusion erwiesen."

[76] LADMIRAL 1981: 284.

[77] KOLLER ⁴1992: 201 stellt in diesem Sinne fest: „Die *Unidirektionalität* ist ein primäres Kennzeichen der Übersetzung" (Die Aktivität „Übersetzung" wird in dieser Arbeit als „Übersetzen" bezeichnet).

Da selbst nicht äquivalenzerhaltende mathematische Operationen, z.B. die hinsichtlich einiger Aspekte besser geeignete Wurzelfunktion, nur als unzureichende Modelle dienen können, sind Alternativen zur Annahme der als Substitutionshypothese gedachten Äquivalenzhypothese zu erkunden. DRESSLER stellt in diesem Sinn bereits 1974 fest, daß der Äquivalenzbegriff in der Übersetzungsforschung eingesetzt werden könne, „sofern man unter Äquivalenz einen intransitiven und asymmetrischen Begriff" verstehe.[78]

2.2.2. Übersetzen als Neuschaffen

Unter diesen Voraussetzungen kann Übersetzen nicht mehr als einmaliger, linear von der Ausgangs- zur Zielseite verlaufender Transfer gedacht werden. Mindestens in der Synthesephase ist ein Einfluß von ZK, ZS und ZT einzuräumen und so der Vorstellung „textbezogener", „kommunikativer" Äquivalenz Rechnung zu tragen. In Abbildung 2-1 wäre dies visualisierbar, wenn der Pfeil vom ZT-Segment bis zum ZT-Vorstellungsbild zurückgeführt würde. Dadurch könnte der sich mehrfach wiederholende Syntheseprozeß[79] angedeutet werden, in dessen Verlauf es unausweichlich ist, daß ein ZT-Gedankengebilde entsteht, das mit dem AT-Gedankengebilde nicht mehr vollständig übereinstimmt, weil es für den ZT-Leser stets auch ZK-, ZS-, und ZT-seitige Einflüsse reflektiert, die das AT-Gedankengebilde nicht aufweist.[80]

Dies liegt zum einen an der unterschiedlichen Wirklichkeitsstrukturierung der natürlichen Sprachen, deren kulturspezifischer lexikalischer Bestand und deren grammatische Regeln bekanntlich die Explizierung oder Verdeckung bestimmter Merkmale eines AT-Gedankengebildes erzwingen können.[81] Über die sprachliche Strukturierung hinaus sind beim Übersetzen auch textbezogene Makrostrukturen zu berücksichtigen, die selbst dann, wenn es in der zielseitigen *langue* und Kultur objektsprachliche Elemente gibt, die ein dem AT-Gedankengebilde ähnliches ZT-Gedankengebilde evozieren könnten, die Integration eines solchen Elements vereiteln können.[82]

---

[78] DRESSLER 1974: 62.

[79] LADMIRAL 1981: 286 spricht vom „*feed-back* herméneutique" und „deux phases de la lecture-interpretation puis de la réécriture."

[80] FRANK, A. P. 1992b: 370f, 384 betont in diesem Sinne, daß das Konzept „literarischer Übersetzung" weit genug gefaßt sein sollte „to include re-creation" bzw. „‚receptive re-creations' (or, perhaps better, ‚re-creative responses')".

[81] Siehe BARNWELL 1986: 76, 122: JAKOBSON 1992: 149: „Languages differ essentially in what they *must* convey [...]." (Hervorhebung im Text). Unter Verwendung eines mathematisch gedachten Äquivalenzbegriffs formuliert SCHOPENHAUER 1939: 601 (§299):

> Nicht für jedes Wort einer Sprache findet sich in jeder andern das genaue Aequivalent. Also sind nicht sämmtliche Begriffe, welche durch die Worte der einen Sprache bezeichnet werden, genau die selben, welche die der andern ausdrücken; wenn gleich Dieses meistens, [...] der Fall ist; sondern oft sind es bloß ähnliche und verwandte, jedoch durch irgendeine Modifikation verschiedene Begriffe.

[82] Dieses Zusammenspiel von *langue* und *parole* illustriert A. P. FRANK am Beispiel des *cousin* in John STEINBECKS Kurzgeschichte „The Murder" (1988: 487-90). In der deutschen ZS kann das *langue*-spezifisch mit *cousin* bezeichnete Gedankengebilde entweder geschlechtsspezifisch

Diese Interaktion von *langue* und *parole* führt beispielsweise im Fall der Reimworte dazu, daß entweder Segmente, die dem AT-Gedankengebilde aus Sicht der ZS und ZK am nächsten kommen, nur unter Verletzung von wichtigen Makrostrukturen der *parole* eingesetzt werden können oder daß der umgekehrte Fall gilt und ein innerhalb der *parole* verwendbares Segment die Strukturen der ZS und ZK verletzt bzw. dem AT-Gedankengebilde erhebliche Veränderungen beibringt.[83]

In jedem Fall muß der Übersetzer unter Berücksichtigung mikro- und makrostruktureller Zusammenhänge eine von meist mehreren Alternativen auswählen, die in der Regel nur schwer vergleichbar sind. Der Zwang, eine einzige Alternative auszuwählen, führt unweigerlich dazu, daß einzelne AT-Gedankengebilde und ihre Anordnung und damit der gesamte AT verändert werden.

Daher ist auch „normbrechendes" Übersetzen,[84] wie es SCHLEIERMACHER und BENJAMIN in Bezug auf die ZS und ZK fordern, als Teil der übersetzerischen Entscheidungsfreiheit (und oft genug ja auch Entscheidungsnot) anzusehen. Grundsätzlich ist zu berücksichtigen, daß eine normbrechende Übersetzung die Gefahr der Unverständlichkeit vergrößert. Dies betrifft insbesondere ausdrucksebenenbezogene Normverletzungen, die durch direkte Übernahme beispielsweise der Lautung oder grammatischer Aspekte herbeigeführt werden. Inhaltsebenenbezogene Normverletzungen können dem Leser demgegenüber zumindest die Reflexion darüber ermöglichen, daß der ZT ein nach ZS- und ZK-Maßgabe unsinniges Gedankengebilde hervorruft. Da jeder Leser versucht, Sinnzusammenhänge herzustellen, wird er somit gezwungen, sich mit dem Medium, in dem der ZT formuliert ist, also mit der ZS und der ZK, zu beschäftigen.

---

markiert als „Base", „Kusine", „Vetter" oder „Cousin" oder aber weiter gefaßt als „Verwandtschaft" objektsprachlich formuliert werden. Die für den Textzusammenhang hoch relevante Unsichtbarkeit des Geschlechts, die mit der Information der engen verwandtschaftlichen Beziehung einhergeht, ist nur in einer Zwischensprache wie der Intersprache als „Base-oder-Vetter" denkbar, in dieser Form jedoch nicht im lexikalischen Bestand der ZS und ZK verankert. Die onomasiologische Analyse bei der Synthese kann deshalb nur solch ein ZT-Segment aufspüren, das beim ZT-Leser unausweichlich ein Gedankengebilde evoziert, das nicht mit dem AT-Gedankengebilde identisch ist.

Der Übersetzer muß sich daher für einen Kompromiß entscheiden. Wenn er aufgrund des Gesamttextes die *langue*-spezifisch nicht anzufechtende Entscheidung fällt, *cousin* denotativ korrekt mit „Vetter" zu übersetzen, wird die *parole*-Struktur der anfänglichen Verhüllung und späteren, überraschenden Enthüllung zerstört. Der ZT-Leser liest die Geschichte dann nämlich von vornherein aus einer Perspektive, die nur derjenige haben kann, der Autor, Übersetzer oder bereits Leser der Kurzgeschichte gewesen ist.

[83] Siehe z.B. GOTTSCHED 1733 in NAGEL 1985: 76, GIPPER 1966: 45-50; für die Texte der Fallstudie z.B. BORGMEIER 1970: 136, 77, wo die „[...] Tatsache [...], daß die deutschen Wörter (oder Wendungen), welche die direkte Entsprechung der englischen Reime darstellen, durch reimliche Inkongruenz für den Versschluß ungeeignet sind," hervorgehoben wird.

[84] TOURY 1995: 167 bezeichnet dies als *irregular*; KOLLER ^{4}1992: 122f spricht von „normabweichenden" Texten.

Hierbei ist zu berücksichtigen, inwiefern dies auch dem AT-Leser abverlangt wird: Im Beispiel des englischen Wortes *cousin* würde eine normbrechende Übersetzung wie „Vetter-oder-Base" beispielsweise besondere Aufmerksamkeit auf einen Tatbestand lenken, der im AT absichtlich nicht herausgestellt wird, um später um so überraschender enthüllt zu werden.

Des weiteren ist im Einzelfall zu erwägen, inwiefern ein ZT-Leser, der weder der AS mächtig, noch mit der AK vertraut ist, überhaupt in der Lage sein kann, die vom Übersetzer intendierte Weltsicht der AS und der AK wahrzunehmen, und nicht vielleicht gezwungen wird, sie aufgrund der ZS- und ZK-Normenverletzung als „sinnlos", „falsch" oder als „Übersetzungsfehler" einzustufen. Die von KOLLER konstatierte Tatsache, daß Übersetzungen im allgemeinen „verständlicher als das Original" seien,[85] legt die Vermutung nahe, daß die Mehrzahl der Übersetzer versucht, derartige Reaktionen der ZT-Rezipienten zu vermeiden, und im Zweifelsfall eher normerhaltend als normbrechend übersetzt. Diesbezüglich ist auch die Übersetzerausbildung zu berücksichtigen, während der sehr viel Wert auf die Klarheit und Verständlichkeit des ZT für die intendierten ZT-Leser gelegt wird.[86]

Aufgrund der unausweichlichen Veränderungen während der Synthesephase erscheint es nicht plausibel, von einem einzigen, während des Übersetzens unveränderlichen Vorstellungsbild auszugehen. Dieses müßte sich in der Tat in einer IS befinden und die in AT und ZT objektsprachlich formulierten Gedankengebilde in sich enthalten, also deren Prototyp im BENJAMINschen Sinne sein.[87] Aufgrund der kategorialen Verschiedenheit der Intersprache fragt sich allerdings, wie dieses Gebilde natürlichsprachig zu formulieren wäre, wenn nicht in der literaturwissenschaftlichen Metasprache. Jede objektsprachliche Formulierung birgt jedoch neuartige Interpretationsmöglichkeiten und Vorstellungsbilder, wie sich im Verlauf der Synthesephase deutlich zeigt.

Aus der Sicht der Übersetzungsforschung scheint es deshalb sinnvoll, nicht ein einziges Gedankengebilde vorauszusetzen, das unverändert transferiert werden kann, sondern von zwei unterschiedlichen Gedankengebilden auszugehen, von denen das eine dem anderen gegenübergestellt wird. Die Aufgabe des Übersetzungsforschers besteht dann darin, die Beziehung beider Gedankengebilde zueinander zu untersuchen, ohne einem von beiden Priorität einzuräumen. Als „Übersetzung" können dann auch alle diejenigen ZT bezeichnet werden, die gemäß des Verständnisses von Übersetzen als Transfer nicht als „Übersetzungen im engeren Sinn" eingestuft werden, sondern nur in einem „weiteren Sinn" (der jeweils unterschiedlich spezifiziert wird) als „Transposition", „Nachdichtung", „Umdichtung" usw. anzusehen seien.[88] TOURY

---

[85] KOLLER [4]1992: 123.

[86] Siehe z.B. BARNWELL 1986: 18: „2.4.3 Eigenschaften einer guten Übersetzung. 1. Genauigkeit [...] 2. Klarheit [...] 3. Natürlichkeit [...]".

[87] Siehe BENJAMIN 1961b: 68f.

[88] Aus der Fülle der Begriffe seien einige beispielhaft herausgefriffen: *version*, *metaphrase* und *paraphrase* (z.B. DRYDEN), „Version" (z.B. A. P. FRANK), *imitation* und *version* (LEFEVERE 1975: 76) sowie „Umdichtung", „Übertragung" und „Nachdichtung" (z.B. DEDECIUS 1973: 443). In

lehnt – wie auch HERMANS[89] – derartige Differenzierungen ab, da sie von den Kernfragen der deskriptiv orientierter Übersetzungsforschung wegführten:

> Using such a label ["'adaptation', *Umdichtung* or anything of the kind"] would only blur the whole issue, which is precisely one of 'why' and 'wherefore' [...][90]

Die Notwendigkeit dieser Unterscheidung entfällt, wenn auch auf der Inhaltsebene Varianzen zugelassen und damit AT und ZT als zwei eigenständige Texte angesehen werden. Zwischen diesen Texten kann dann keine mathematische Äquivalenzbeziehung im Sinne der Substitutionshypothese bestehen, sondern „nur" eine Äquivalenzbeziehung im Sinne der Korrelationshypothese postuliert werden.

2.2.2.1. Die Äquivalenzhypothese als Korrelationshypothese

Die als Korrelationshypothese verstandene Äquivalenzhypothese besagt zunächst nicht mehr, als daß die von einem Übersetzungsforscher analysierten, verschiedensprachigen Texte zueinander in einer Beziehung ontologischer Abhängigkeit[91] und vollständiger gegenseitiger Vertretung[92] stehen. TOURY hat diese Ausgangsannahme als *equivalence postulate* bezeichnet.[93] Welcher Art diese Beziehungen sind, hinsichtlich welcher Segmente, Mikro- und Makrostrukturen, sprachlicher Normen, literarischer Modelle oder kultureller Konzepte sie angenommen werden können, klärt der Forscher bei der Untersuchung.[94] KOLLER definiert diese Ausgangshypothese der Übersetzungsforschung wie TOURY unter dem Namen der Äquivalenz:

---

bezug auf die im folgenden untersuchten lyrischen Texte formuliert JAKOBSON einprägsam „poetry is by definition untranslatable. Only creative transposition is possible: [...]" (JAKOBSON 1992: 151). Dies entspricht SCHOPENHAUERs Aussage: „G e d i c h t e kann man nicht ü b e r s e t z e n , sondern bloß umdichten; welches allezeit mißlich ist." (SCHOPENHAUER 1939: 602). HOLMES 1970: 91-94 entwickelt ein ausdrücklich nicht normatives Klassifikationsschema, in dem er die Grundpole *interpretation* und *poetry* unterscheidet und Gedichtübersetzungen als *prose translation*, *verse translation (metaphrase)*, *imitation*, *poem ,about' poem* oder als *poem inspired by poem* klassifiziert. Die letzten drei Typen faßt er selbst bereits zusammen (HOLMES 1970b: 93). Die Differenzierung zum *metapoem* begründet er durch die Priorität, die *interpretation of the original* für den Übersetzer des *metapoems* gehabt habe. Es fragt sich somit, was HOLMES unter *interpretation* versteht und weshalb ein *metapoem* mehr zum Pol „Interpretation" neigt als ein *poem inspired by poem*. Schließlich geht ein als *poem inspired by poem* klassifizierter ZT sicherlich von einer Interpretation des AT aus, wie HOLMES selber behauptet, da er annimmt, daß übersetzte Gedichte sich ausschließlich auf den AT beziehen und keinerlei eigenständigen Weltbezug aufweisen (siehe die Skizze auf S. 94, wo „the world" nur auf den AT, nicht aber auf den ZT einwirkt).

[89] Siehe HERMANS 1986: 38.

[90] TOURY 1995: 167.

[91] Siehe Fußnote 14 (S. 18) zur „ontologischen Unvollständigkeit" von Übersetzungen.

[92] Ein Text steht als Ganzes für den anderen: Der deutsche ZT vertritt den englischen AT, der in der ZS nicht verstanden werden kann.

[93] TOURY 1980: 113.

[94] Siehe TOURY 1980: 47; KOLLER 1995: 196. REISS stellt in diesem Sinne fest: „Äquivalenz ist ein flexibler Begriff für eine Relation zwischen einem AT und einem ZT, die bei jedem Text (und

1. (Übersetzungs-)Äquivalenz bedeutet zunächst nur, daß zwischen zwei Texten eine Übersetzungsbeziehung vorliegt; man würde deshalb besser von *Äquivalenzrelation* statt nur von Äquivalenz sprechen. 2. Die Verwendung des Äquivalenzbegriffs setzt die Angabe von *Bezugsrahmen* voraus. 3. Als ZS-*Äquivalente* werden sprachliche/textuelle Einheiten verschiedener Art und unterschiedlichen Ranges und Umfangs bezeichnet, die zu AS-Elementen in einer durch Angabe des/der Bezugsrahmen(s) spezifizierten Äquivalenzrelation stehen.[95]

Im unmittelbaren Anschluß betont Koller noch einmal: „Der Begriff der Äquivalenz sagt dabei noch nichts über die *Art der Beziehung* aus: diese muß zusätzlich definiert werden."[96] Es fragt sich, weshalb diese Offenheit nicht auch begrifflich reflektiert und, wie KOLLER im ersten Teilsatz formuliert, nur davon gesprochen werden sollte, daß „eine Übersetzungsbeziehung" vorliegt.[97]

Die Rede von Äquivalenz impliziert im normalsprachlichen Gebrauch stets eine Klassifizierung der Beziehung als in irgendeiner Hinsicht „gleich", wobei die Vorstellung der „Gleichwertigkeit oder Wertgleichheit" zweier Dinge, Aussagen oder Mengen evoziert wird.[98] In der übersetzungswissenschaftlichen Fachsprache wird der Begriff „Äquivalenz" in genau diesem Sinn eingesetzt (siehe die Diskussion der mathematisch orientierten Äquivalenzhypothese im Sinne der Substitutionshypothese).

Das mathematisch orientierte Äquivalenzkonzept wird jedoch entscheidend erweitert: Varianz zwischen AT und ZT wird nicht nur bei den Bezeichnern, sondern auch bei den Vorstellungsbildern als zulässig angesehen.[99] Die Integration inhaltlicher Varianz[100] führt dazu, daß anstelle der Fokussierung auf eine einzige „äquivalente"

---

jedem seiner Elemente in seinem Beitrag zum Sinn dieses Texts) eine Neuordnung der Relevanz aller jener Fakroten erfordert, die den Übersprozeß beeinflussen.

[95] KOLLER ^{4}1992: 215.

[96] KOLLER ^{4}1992: 215.

[97] Allein diese Grundannahme liegt auch der Definition von Äquivalenz zugrunde, die REISS 1984: 88 vorlegt. Nach ihr ist „Äquivalenz ein flexibler Begriff für eine Relation zwischen einem AT und einem ZT, die bei jedem Text (und jedem seiner Elemente in seinem Beitrag zum Sinn dieses Texts) eine Neuordnung der Relevanz aller jener Faktoren erfordert, die den Übersprozeß beeinflussen." Die Flexibilität dieses Äquivalenzverständnisses (siehe auch REISS 1984: 84 „Äquivalenz ist keine 1:1-Entsprechung") findet in der Korrelationshypothese ihren Ausgangspunkt.

[98] Siehe Duden Universalwörterbuch: 134.

[99] Mit der Einführung des Begriffs der „kommunikativen" oder „dynamischen Äquivalenz" wird die inhaltliche Varianz gelegentlich mit dem Hinweis als zulässig bezeichnet, daß erst sie die Wahrung übergeordneter Invarianzen ermögliche. Die damit bewirkte Auffächerung des Äquivalenzbegriffs führt zu einer Erweiterung über den mathematischen Sinn hinaus. An CARTELLIERIS Aufsatz läßt sich beispielsweise verfolgen, wie das mathematisch verstandene Konzept von Äquivalenz (CARTELLIERI 1979: 21) durch diese Annahme verändert und schließlich von der in dieser Arbeit als Korrelationshypothese bezeichneten Denkhaltung abgelöst wird (CARTELLIERI 1979: 22). Siehe auch LEVÝ 1969: 18f zu „Variabilität" und „Invariabilität" beim Übersetzen.

[100] Diese Integration ist, wie oben gezeigt, auf der Grundlage des transfer bezogenen Übersetzensverständnis nicht möglich, da diese Veränderungen normativ ausgeschlossen werden, indem ZT, die im Vergleich zum AT Varianzen auf der Inhaltsebene aufweisen, entweder als „Quasi-Übersetzungen" aus dem Gegenstandsbereich der „Übersetzungen" ausgegliedert werden oder, indem

Bedeutung von einer Menge potentiell korrelierender Bedeutungen ausgegangen wird. Dies impliziert, daß nicht nur Gleichheitsbeziehungen, sondern auch Gegensätzlichkeits- und Ähnlichkeitsbeziehungen zu untersuchen sind. Um die naheliegenden Mißverständnisse, die sich durch die Verwendung des Begriffs „Äquivalenz" ergeben, auszuschließen, wird im folgenden von Korrelation und Korrelat gesprochen, wobei Korrelation für „Äquivalenz im korrelationshypothetischen Sinn" und Korrelat für „Äquivalent im korrelationshypothetischen Sinn" stehe.

2.3. Übersetzungskritischer Ansatz

Diese Arbeit setzt mit der Korrelationshypothese die schwächste Ausgangshypothese voraus und betreibt „textbezogene Übersetzungswissenschaft."[101] Abbildung 2-2 bietet einen schematischen Überblick über den zugrunde gelegten Ansatz. Im Vergleich zu Abbildung 2-1 zeigt sich, daß sowohl AT als auch ZT in Übereinstimmung mit dem Übersetzensverständnis als eigenständige Texte wahrgenommen werden.

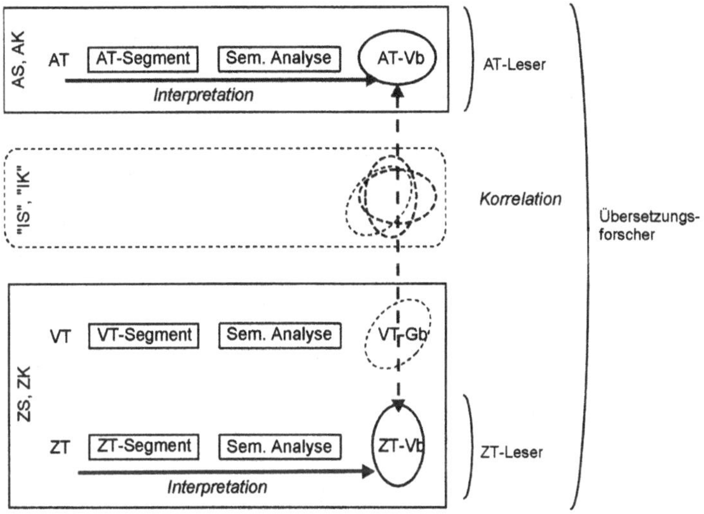

Abbildung 2-2: Schema korrelationsbezogener Übersetzungsforschung

Jeder ZT „erschafft" den AT „neu", denn jeder ZT ist – wie auch sein AT und ggf. vorhandene Vorgängerübersetzungen (VT) – in dem Kontext seiner eigenen Sprache und Kultur interpretierbar.

Als Ergebnis deuten die unterschiedlich stark gedrehten Ellipsen die unterschiedliche Struktur der jeweiligen Vorstellungsbilder und damit ihre inhaltliche Vari-

---

die inhaltliche Varianz als Invarianz (und damit als Äquivalenz) hinsichtlich eines anderen Aspekts, beispielsweise der Pragmatik, definiert wird.

[101] KOLLER [4]1992: 126.

anz an.[102] Ihre Überlagerung im zwischensprachlichen Zwischenraum der IS veranschaulicht, daß sie auch in formaler Hinsicht nicht bereits *ex ante* als deckungsgleich vorausgesetzt werden. Vielmehr kommen die im Verlauf des Übersetzens erfolgten Übersetzerentscheidungen und die dann wahrnehmbaren Überschneidungen und Differenzen erst durch das Erstellen von Korrelationshypothesen *ex post* in den Blick.

In einer Redeweise von Mitarbeitern des Göttinger Sonderforschungsbereiches 309 „Die literarische Übersetzung" (1985-1996), kurz SFB 309, schreibt die vorliegende Arbeit „innere Übersetzungsgeschichte" anhand einer „corpusorientierten Kometenschweifstudie".[103] Die ebenfalls im SFB 309 geprägte Bezeichnung dieses Ansatzes als „transferorientiert"[104] wird nicht übernommen, um mißverständnisverursachende Interferenzen mit dem gerade nicht gemeinten etymologischen Transferverständnis des Übersetzens (vgl. Abschnitt 2.2.1) zu vermeiden.[105]

Ähnlich wie der von SNELL-HORNBY vorgeschlagene „integrative Ansatz" mit „Multiperspektivität", der „systemische" *variational approach* von HEWSON/MARTIN und der Ansatz des Göttinger SFB arbeitet auch die vorliegende Untersuchung von Beginn mit einer mehrfach aufgefächerten Perspektive, die sowohl den AT als auch den ZT und eventuelle VT innerhalb ihres sprachlichen und kulturellen Kontextes betrachtet und auf dieser Grundlage Hypothesen über mögliche Korrelationen aufstellt. Damit ist auch eine weitgehende Übereinstimmung mit dem von TOURY propagierten „zielliterarischen Ansatz" (*target oriented approach*) gegeben,[106] auch wenn gelegentlich das Gegenteil behauptet wird.[107]

---

[102] SCHOPENHAUER 1939: 601 veranschaulicht dies durch gleichgroße Kreise auf identischer Höhe, die sich weitgehend, aber nicht vollständig überlappen, weil ihre Mittelpunkte an horizontal unterschiedlichen Positionen liegen.

[103] FRANK, A. P. 1989: 191; 1992b: 381; HULPKE/KLOSS/TOTZEK 1994: 32.

[104] Z.B. FRANK, A. P. 1990a: 11f „C2". In der Literatur hat sich, falls die Arbeit des SFB überhaupt rezipiert wird, daher das vom SFB propagierte Epitheton „transferorientiert" bzw. *transfer-oriented* eingebürgert. TIRKKONEN-CONDIT/LAFFLING 1993: 6 erliegen dem naheliegenden Mißverständnis und charakterisieren den Göttinger Ansatz deshalb fälschlich als abgeschwächte Variante der Identitätshypothese, die auf einem im etymologischen Sinn transferorientierten Verständnis von Übersetzen beruhe.

[105] In den Veröffentlichungen des SFB wird der Transferbegriff nicht in dem oben erläuterten etymologischen Sinn verwendet: Man wendet sich entschieden gegen die häufige Praxis, tatsächlich nur ein Objekt, nämlich den AT und dessen Gedankengebilde, zu betrachten und alle aus dem ZT analysierbaren Gedankengebilde an diesem Modell zu messen. *De facto* wird die Eigenständigkeit der Gedankengebilde von AT und ZT zugestanden, denn die SFB-Studien untersuchen niemals ein einziges, sondern stets mindestens zwei Objekte: einen AT und einen ZT, meist zusätzlich dazu noch frühere ZT und nicht übersetzte Texte der AS und ZS. Außerdem wird besonderes Augenmerk auf ZT-interne Makrostrukturen und den Einfluß von Vorgängerübersetzungen unter dem Stichwort der „zielseitigen Abhängigkeiten" (FRANK, A. P. 1989: 192; s.u.) verwendet.

[106] TOURY 1995: 36, Fußnote 8 verweist auf die beträchtlichen Gemeinsamkeiten.

[107] Z.B. FRANK, A.-P. (1990a: 12); TIRKKONEN-CONDIT/LAFFLING 1993: 6.
Beide, SFB 309 wie auch TOURY, gehen von der Korrelationshypothese aus. Das Mißverständnis betrifft daher sowohl die Sicht des SFB-Ansatzes als auch das Verständnis von TOURYs Ansatz. Es liegt vermutlich darin begründet, daß TOURYs Ansatz den Korrelationsaspekt nicht im Namen

Die zentrale übersetzungskritische Aufgabe, deren Ergebnisse mit elektronischer Hilfe archiviert werden sollen, besteht gemäß des Ansatzes in der Bestimmung und Klassifikation der Korrelationen, die zwischen Textsegmenten verschiedener Texte beobachtet werden können. Es geht dabei um eine deskriptive Aufnahme der zwischentextlichen Relationen zwischen AT und ZT sowie innerhalb der ZT auf den verschiedenen Mikro- und Makroebenen und um die Offenlegung der Annahmen, auf deren Grundlage die Zuordnungen vorgenommen werden.[108] Um eine möglichst sorgfältige Hypothesenbildung und -begründung zu ermöglichen, werden neben AT und ZT auch die gegebenenfalls vorhandenen Vorgängertexte VT und zeitgenössische Wörterbücher in die Untersuchung einbezogen.

Im Anschluß an diese erste textpaarbezogene Bestandsaufnahme von Korrelationshypothesen werden die gesammelten Daten auf merkmals-, text- und korpusspezifische Charakteristika und Übersetzensstrategien hin ausgewertet, wobei auch nicht elektronisch gespeicherte Beobachtungen einfließen. Dabei geht es zum einen um die Untersuchung von Relationen, die zwischen mehreren ZT und ihrem AT bestehen. Zum anderen geht es aber auch um die „zielseitigen" Beziehungen, die zwischen zwei und mehreren ZT innerhalb des Korpus aller ZT bestehen. Darüber hinaus werden korpusweit sprachliche Figuren und literarische Modelle untersucht. Die generative und normative Frage des „guten", „treuen", „richtigen" oder „angemessenen" Übersetzens und seiner Möglichkeit steht in diesem Kontext im Hintergund, da deskriptiv nach der Art der in einem ZT dokumentierten Übersetzerentscheidungen gefragt und dann versucht wird, erklärende Hypothesen aufzustellen.

Im weiteren Sinne rezeptionsorientierte Forschungen, die die Interaktion der Übersetzungen mit der Zielliteratur und dabei auch die zielseitigen Selektionskriterien für die zu übersetzenden ausgangsseitigen Texte untersuchen, werden nicht durchgeführt. Auch der Versuch, allgemeine Kriterien einer ‚Translationalität' von Texten zu gewinnen, bleibt späteren Forschungen vorbehalten, die weitere Korpora mit übersetzten und auch nicht übersetzten Texten berücksichtigen können.[109]

Die zur Kodierung verwendeten Formalismen werden in Kapitel 4 erörtert. Dort werden auch die theoretischen Annahmen, die der Kodierung zugrunde liegen, expliziert, und es wird unumwunden eingeräumt, daß die elektronisch erfaßten Beobach-

---

trägt, ihn aber doch explizit einschließt (TOURY 1995: 36) und andererseits der SFB den Korrelationsaspekt in der mißverständlichen Formulierung als Transferaspekt hervorhebt und dabei den zielseitigen Aspekt nicht betont, aber voraussetzt.

[108] Dies ist erforderlich, weil die Relationen nicht *per se* beobachtbar sind, sondern immer nur in Bezug auf theoretische Annahmen (siehe LUHMANN 1994: 28 „Relationen lassen sich nicht beobachten, sondern nur erschließen").

[109] Die Crux einer derartigen Generalisierung ist dabei mit der vergleichbar, die entsteht, wenn Kriterien für die ‚Literarizität' von Texten gesucht werden: Jedes zunächst vor allem in deskriptivem Sinn formulierte Kriterium erhält sofort auch eine normative Funktion. In der Übersetzungstheorie ist dies am Beispiel des sogenannten Äquivalenzkriteriums unmittelbar einsichtig. Außerdem kann jedes Kriterium, das notwendigerweise ein theoretischer Term ist, nur in Bezug auf seine Theoriesprache objektsprachlich verwendet werden.

tungen keine größere oder geringere „Objektivität" beanspruchen können, als andere übersetzungskritische Untersuchungen, da sie stets die Interpretation eines Übersetzungswissenschaftlers dokumentieren. In ihrer Gesamtheit beanspruchen sie jedoch, die Erkenntnisse des Forschers oder Forschungsteams vollständiger und präziser dokumentieren zu können als dies nicht computergestützten Studien möglich ist. Die Verpflichtung, alle Segmente aller Texte gemäß der Kodierungsformalismen zu kategorisieren, erzwingt zum einen die oft angemahnte Explizierung und Überprüfung der Hypothesen, die diesen Formalismen zugrunde liegen,[110] und zum anderen einen einheitlichen Blick auf alle Texte, da auch diejenigen Passagen berücksichtigt werden müssen, die nicht notwendigerweise im AT „interessant" oder „schwierig zu übersetzen" erscheinen und auch nicht auf Anhieb die Aufmerksamkeit des Forschers erregen. Dies führt, wie beispielsweise BARTSCHT und GÖSKE nach entsprechend durchgeführten Fallstudien feststellen,[111] zu neuen Erkenntnissen über die Übersetzensstrategien.

2.4. Computerunterstützung

Bevor im folgenden ein Konzept zur elektronischen Unterstützung von Übersetzungsforschung gemäß der Korrelationshypothese entwickelt wird, ist zu klären, was unter „Computerunterstützung" insbesondere im literaturwissenschaftlichen Kontext zu verstehen ist.

2.4.1. Grundbegriffe

Die Unterstützung von Arbeitsprozessen durch einen „Computer" meint den Beitrag sowohl der Hardware des einzelnen Rechnerarbeitsplatzes als auch der Software, die auf der Hardware abläuft. Insofern wäre präziser von Informationstechnologie (IT) zu sprechen, die eingesetzt wird, um Arbeitsprozesse effizienter zu gestalten. Da sich jedoch auch der metonymische Gebrauch von „Computer" im Sinne von IT im allgemeinen eingebürgert hat,[112] werden die Terme „Computer" und „Informationstechnologie" im folgenden als Synonyme gebraucht.

Der Nutzen der IT besteht entweder darin, daß bisherige Tätigkeiten leichter und schneller erledigt werden können, oder darin, daß neuartige Informationen und evtl. sogar Verfahren zur Erhebung dieser Informationen bereitgestellt werden, durch die neue Aufgabenfelder abgedeckt werden können. In der Fachsprache ist diesbezüglich von operativen und informationellen Systemen die Rede: Operative Systeme

---

[110] KOLLER nennt dies als wesentliche Aufgabe der „wissenschaftlichen Übersetzungskritik" (KOLLER ^{4}1992: 127).

[111] Siehe BARTSCHT 1986: 135f sowie GÖSKE 1990: 6, der sich explizit gegen das Verfahren der AT-seitig bedingten Vorselektion wendet, das z.B. LAMBERT/GORP 1985: 46-49 propagieren und auch FRANK, A. P. 1989, 193f, 1990: 257, letzterer allerdings eher als Hilfsmittel, wenn eine vollständige Korrelation aller Segmente nicht durchführbar ist.

[112] Z.B. im Namen der 1997 gegründeten elektronische Zeitschrift *Computerphilologie*, und in den Bezeichnungen *Computer Assisted Translation* (CAT), *Computer Aided Design* (CAD).

unterstützen die Erledigung standardisierter Prozesse auf Sachbearbeiterebene,[113] die Unterstützung betrifft administrative und distributive Aufgaben.[114] Informationelle Systeme, englisch *Decision Support Systems* (DSS) genannt, sind im Gegensatz dazu auf die Unterstützung von Informations- und Analyseaufgaben (von Planungs- und Kontrollprozessen) zugeschnitten, die ein bestimmtes Thema betreffen und in der Regel nicht vollständig standardisierbar sind.[115] Nur von informationellen Systemen kann ein inhaltlich relevanter Beitrag zu literaturwissenschaftlich interessanten Fragestellungen erwartet werden. Gleichwohl können auch operative Systeme die literaturwissenschaftliche Arbeit erleichtern, indem man zeitaufwendige Arbeiten an sie delegiert.

Der Beitrag des Computers besteht in jedem Fall darin, sehr viele Daten schnell und präzise nach frei vorgebbaren Verfahren zu verarbeiten.[116] Zu Informationen werden die Daten erst durch die Interpretation des Anwenders,[117] der dann Entscheidungen fällen kann.[118] Wenn der Computer einen Beitrag zur Entscheidungsunterstützung leisten soll, ist daher stets ein Konzept zur Datenintegration erforderlich, das für die Auswertungen einen integrierten, strukturierten und konsolidierten Datenbestand bereitstellt.[119]

Man unterscheidet zwischen der theoretischen Strukturierung der Daten – der logischen Datenorganisation – und ihrer physischen Strukturierung auf einem Datenträger – der physischen Datenorganisation. Beide Aspekte sind idealerweise unabhängig voneinander realisiert.[120] Die logische Datenorganisation kann entweder datei-

---

113 Siehe FENSEL/ERDMANN 1998: Kap. 2, S. 5f.

114 Siehe MERTENS [*et al.*] [5]1998: 45f; in diesem Fall kann auch von „horizontaler" Integration gesprochen werden.

115 Siehe MERTENS [*et al.*] [5]1998: 45f; die Einführung eines solchen Systems erfordert die „vertikaler" Integration von Planungs- und Kontrollprozessen.

116 Ein solches Verfahren wird, wenn es unabhängig von einer spezifischen Programmiersprache formuliert wurde, als Algorithmus bezeichnet. Seine Implementierung in einer bestimmten Programmiersprache wird „Programm" genannt. Die Daten, die durch ein solches Programm verarbeitet werden, sind maschinell verarbeitbare Zeichen, die aus der Sicht des Benutzers Objekte oder Beziehungen zwischen Objekten bezeichnen können.

117 Siehe MERTENS [*et al.*] [5]1998: 56.

118 Diese grundlegende Differenzierung wird gelegentlich vernachlässigt und kann dann zu falschen Erwartungen hinsichtlich der Möglichkeiten der Informationstechnologie führen (siehe MIALL 1995).

119 Siehe FENSEL/ERDMANN 1998: Kap. 2, S. 9 sowie MERTENS [*et al.*] [5]1998: 57.

120 Einzelne Daten wie beispielsweise das aus mehreren alphabetischen Zeichen zusammengesetzte Wort eines Textes heißen Datenelemente oder -felder. Mehrere solche Datenfelder, die inhaltlich verbundene Informationen enthalten (beispielsweise ein Wort eines Textes, seine Wortklasse und normalisierte Form), werden zu Datensätzen zusammengefaßt. Alle gleich strukturierten Datensätze bilden eine Datei oder Tabelle. Eine Datenbank umfaßt in der Regel mehrere, miteinander verknüpfte Tabellen, die über ein Datenbankmanagementsystem (DBMS) abgefragt werden können. Die weitaus meisten DBMS unterstützen die Abfragesprache SQL, die den Abruf von Daten, die bestimmten Kriterien genügen sollen, sehr einfach ermöglicht (siehe KAMMER 1995: 108, Fußnote 216).

oder datenbankbasiert erfolgen.[121] Eine dateibasierte Datenhaltung paßt den Aufbau der Datei einer bestimmten Fragestellung an. In der Datei ist dann eine spezifische Sicht (*View*) des Benutzers auf die Daten erfaßt. Die physische Speicherung der Datei erfolgt, indem die Daten von dem Programm, mit dem sie erfaßt wurden, nach einem bestimmten Schema kodiert und anschließend mit Hilfe des Betriebssystems auf ein Speichermedium geschrieben werden.[122]
Die dateibasierte Datenorganisation bietet also grundsätzlich nur ein geringes Maß an Flexibilität und führt darüber hinaus zur Erstellung hochgradig redundanter Datenbestände, deren Integrität nur mit erheblichem zusätzlichen Aufwand aufrechtzuerhalten ist.[123]

---

[121] Eine präzise und knappe vergleichende Darstellung findet sich, unter besonderer Berücksichtigung geisteswissenschaftlicher Belange, beispielsweise in BURNARD 1992: 11-15.

[122] Zur Veranschaulichung sei folgendes Beispiel genannt, für das im Rahmen dieser Arbeit eine elektronische Lösung entwickelt wurde: Für jede Art von Übersetzungsforschung sind interlineare Übersichten über den verwendeten AT (idealerweise über mehrere relevante Ausgaben des AT) und die ZT sehr nützliche, aber zeitaufwendig zu erstellende Hilfsmittel. Die Erstellung einer interlinearen Übersicht kann bei der Analyse von Gedichten im wortwörtlichen Sinn interlinear erfolgen, muß also nur die numerisch zusammengehörigen Gedichtzeilen untereinander, idealerweise in chronologischer Reihenfolge, anordnen und nicht auch die korrelierenden Worte übereinander gruppieren.

Eine einfache Umsetzung dieses administrativen Arbeitsprozesses kann darin bestehen, daß die interlineare Übersicht durch zeilenweise Eingabe der Texte per Hand als Datei eines Textverarbeitungsprogramms erzeugt wird (so verfährt z.B. Waltraud BARTSCHT (siehe Forschungsüberblick)). Die Computerunterstützung betrifft dann nicht den eigentlichen Prozeß „Erstelle interlineare Übersicht", sondern beschränkt sich auf die Unterstützung der Eingabe, Archivierung und ggf. Ergänzung des Endergebnisses. Die Einarbeitung eines weiteren Textes erfordert daher neben der Eingabe des neuen Textes auch die neue Ausrichtung der bisherigen Übersicht, die ja an die ersten beiden Texte angepaßt war. Zwar erleichtert der Computer diese Aufgabe im Vergleich zur völligen Neuerstellung der Übersicht per Schreibmaschine deutlich, von einer IT-Integration ist aber kaum zu sprechen, da der Computer erst ganz am Ende des Arbeitsprozesses zum Einsatz kommt. Daher ist der Anteil manueller Arbeit am gesamten Prozeß vergleichsweise hoch, was noch deutlicher wird, wenn eine Veränderung der Grundstruktur gewünscht wird, beispielsweise die Texte nicht mehr in chronologischer, sondern in alphabetischer Reihenfolge aufgeführt werden sollen. Letzteres erfordert die vollständige, manuelle Sortierung der bereits erfaßten Daten in einer neuen Datei. Das Erstellen einer neuen Datei empfiehlt sich auch dann, wenn zusätzlich zum Text Informationen verarbeitet werden sollen, die beispielsweise die graphische Auszeichnung der Worte, ihre normalisierte Schreibung oder syntaktische Angaben enthalten. Diese Informationen müssen direkt in die Textdatei eingefügt werden, um später abrufbar zu sein (siehe KAMMER 1995: 101). Um nur die für eine spezifische Fragestellung interessanten Informationen sichtbar zu machen und irrelevante Informationen auszublenden, muß jeweils eine eigene Datei erzeugt werden.

[123] Siehe z.B. BARNBROOK 1996: 51-56, 82f, 104f oder FARINA 1986: 376 als Beispiele für derartige, durch die dateibasierte Datenhaltung induzierte Redundanzen. Für die exakte Wiedergabe der Texte erstellt FARINA eine Datei einschließlich der sogenannten Steuerzeichen (*control codes*), durch deren Einsatz der Schreibstil u.ä. kodiert wird. Die Analysesoftware benötigt jedoch einen steuerzeichenfreien Text, so daß eine eigenständige Datei erstellt wird. Alle Änderungen in dem einen Text müssen nun auch in dem anderen vollzogen werden.

Die datenbankbasierte Datenhaltung verringert diese Schwierigkeiten erheblich, da grundsätzlich zwischen Daten und ihrer Gruppierung in Ergebnisdateien unterschieden wird. Anders als bei der dateibasierten Datenhaltung ist jedoch ein beträchtlicher Entwicklungsaufwand erforderlich: Zunächst ist ein Datenmodell zu entwickeln, das die Erfüllung der fachlichen Anforderungen sicherstellt. Das Datenmodell beschreibt auf einer abstrakten, von einem konkreten DBMS unabhängigen Ebene, welche konzeptionellen Einheiten (Entitäten, *entities*) in der Datenbank mit welchen Eigenschaften (Attributen, *attributes*) erfaßt werden und in welchen Beziehungen (Relationen, *relations*) diese Einheiten zueinander stehen. Die Erarbeitung dieses Modells setzt neben IT-Kenntnissen Expertenwissen über die zu modellierenden Wirklichkeitsausschnitte voraus. In einem zweiten Schritt wird dieses Modell in das formale Schema eines Datenbankmodells überführt, das von einem bestimmten Datenbanksystem unterstützt wird. Erst dann kann eine auf dem Datenmodell basierende Datenbank erstellt werden.

Grundsätzlich lassen sich hierarchische, relationale und objektorientierte Datenbankmodelle unterscheiden,[124] von denen das relationale, das auch in dieser Arbeit verwendet wird, die vergleichsweise größte Flexibilität bei vergleichbar geringem Einarbeitungsaufwand bietet. Das für TRANSLYROSCOPE entwickelte Datenmodell ist am Anfang des Anhangs in Abbildung 7-1 und 6-2 dargestellt. Es wird in Kapitel 4 diskutiert. Das Datenbankmodell, das die konkrete Umsetzung des Datenmodells im DBMS ACCESS97 dokumentiert, ist im Anhang im Anschluß an das Datenmodell dargestellt.

Die Speicherung der Daten geschieht analog zur dateibasierten Datenhaltung nach Kodierung durch das DBMS über das Betriebssystem des Rechners. Zur Veranschaulichung stellt Abbildung 2-3 die datei- und datenbankbasierte Datenhaltung schematisch gegenüber.[125]

---

[124] Ein konziser Überblick findet sich in MERTENS [*et al.*] [5]1998: 66-72. Eine ausführliche Darstellung des relationalen Modells ist unter Berücksichtigung literaturwissenschaftlicher Belange 1995 von Manfred KAMMER vorgelegt worden (siehe KAMMER 1995: 101-07), weshalb es an dieser Stelle nicht weiter expliziert zu werden braucht.

DOEDENS 1994: 25 lehnt alle bisher entwickelten Datenbankmodelle als ungeeignet für die Aufnahme von Texten ab und entwickelt ein eigenes Modell. Seine Kritik am relationalen Modell bezieht sich auf den angeblichen Informationsverlust in bezug auf die Relationen zwischen einzelnen Daten und die umständliche Implementierung. Den nur stichwortartig vorgebrachten Einwänden stehen die im folgenden erwähnten Überlegungen und tatsächlich durchgeführten Projekte, einschließlich dieser Arbeit, entgegen.

[125] Die Darstellung modifiziert die Abbildungen aus MERTENS [*et al.*] [5]1998: 60; FENSEL/ERDMANN 1998: 5-6 und 5-16. Als Beispiel für das Potential der datenbankbasierten Datenhaltung sei die Erstellung einer interlinearen Übersicht aufgegriffen, die oben bereits mit dateibasierter Datenhaltung diskutiert wurde.

Das Datenmodell (vgl. Anhang, Abbildung 6-1) erlaubt die Speicherung der Information, daß ein Verfasser, der unter keinem bis mehreren Pseudonymen schreibt, der Autor mindestens eines Textes ist. Jeder Text enthält endlich viele Abschnitte, die ihrerseits endlich viele Verszeilen mit endlich vielen Worten enthalten. Für jedes Wort ist die Information abrufbar, in welcher Zeile und an welcher Position es innerhalb der Verszeile steht. Wenn die als Dateien erfaßten AT und ZT automatisch in die Datenbank eingelesen werden, wird für jedes Wort ein eigener Datensatz ange-

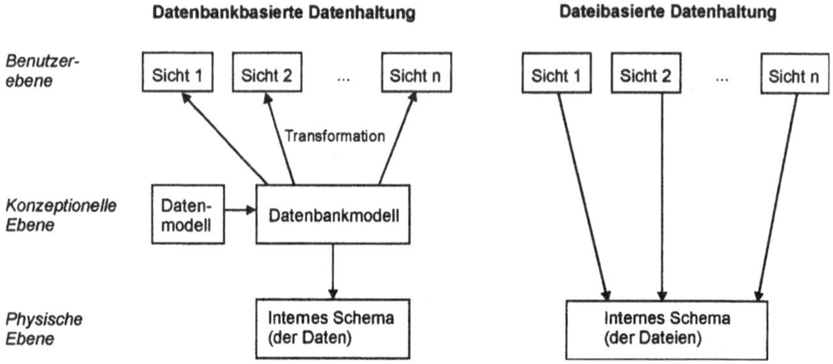

Abbildung 2-3: Datenbank- und dateibasierte Datenhaltung im Vergleich

Grundsätzlich ist also die datenbankbasierte Datenhaltung der dateibasierten in den meisten Bereichen (z.B. Datenintegrität, Vermeidung von Redundanzen, Flexibilität der Auswertung) weit überlegen. Ihr Nachteil besteht darin, daß diese konzeptionelle Überlegenheit erst nach einer im Vergleich zur dateibasierten Datenhaltung deutlich komplexeren Entwicklungsphase ausgenutzt werden kann, in der geeignete Daten- und Datenbankmodelle sowie Datenbankabfragen und ggf. Exportfunktionen konzipiert und in einem bestimmten DBMS realisiert werden müssen. Im Blick auf sprachbezogene Einsatzzwecke relationaler Datenbanken faßt BURNARD treffend zusammen

> A major perceived weakness of most current database systems based on SQL is their lack of direct support for textual data. [...] This [...] is to a large extent an inherent characteristic of the relational model. This is not to say that textual data cannot be handled by relational systems: only that it provides no particular facilities for doing so. Textual objects, as discussed above, have several properties that make them difficult

---

legt, der die Angaben „Zeilennr" und „Wortnnr" in den entsprechend benannten Attributen aufnimmt.

Alle Auswertungen oder Änderungen greifen auf diesen einen Datensatz zu und sind damit immer auf dem neuesten Stand. Um die zeilenweise interlineare Übersicht zu generieren, werden alle Worte gemäß ihres Ursprungstextes zeilenweise zusammengefaßt und aufsteigend nach Zeilennummer und Ursprungstext sortiert, was eine Standardoperation von DBMS ist.

Zur Vereinfachung der Bedienung wurde diese Abfrage in TRANSLYROSCOPE realisiert. Sie kann dort durch den Aufruf des Menüeintrags „Auswertung | Interlineare Übersicht" per Mausklick generiert werden (s. Abschnitt 4-2). Eine weitere Vereinfachung stellt der automatisch erfolgende Export der Übersicht aus der Datenbank in eine Datei im Format der weitverbreiteten Textverarbeitung *Word* dar, wobei auf Wunsch die Zeilen in beliebigen Intervallen numeriert werden können und, nach entsprechender Aufbereitung, rhythmisches *interplay* automatisch markiert werden kann. Auf ähnliche Weise können weitere Arbeitsprozesse wie beispielsweise die Erstellung eines Wortformenindex oder einer Konkordanz als Abfrage gestaltet und von Menüs aus abrufbar gemacht werden, ohne daß die einmal erfaßten Daten erneut eingegeben werden müßten.

> to fit into regular tables without considerable fragmentation and consequent complexity of programming.[126]

Während bis zum Ende der 80er Jahre ökonomische und technologische Ein schränkungen den Einsatz von Datenbanken für anspruchsvolle linguistische Zwecke erschwerten,[127] bestehen seit spätestens Mitte der 90er Jahre keine derartigen Hemmnisse mehr: Die technologische Weiterentwicklung von Hard- und Software, ver bunden mit gesunkenen oder annähernd gleich gebliebenen Anschaffungskosten, ermöglicht es auch Privatpersonen, leistungsfähige Computer systeme zu erwerben. Die technischen Verbesserungen ermöglichen die systematische, themen orientierte Integration größter heterogener Datenbestände in einem sogenannten Data Warehouse.

Zur Analyse des dort akkumulierten Datenbestands haben sich computer gestützte Verfahren unter dem Oberbegriff des Online Analytical Processing (OLAP) und des Data Mining bereits im Einsatz bewährt, deren Zweck die Ermittlung potentiell signifikanter Zusammen hänge ist und deren Vorgehen in hohem Maße kon zeptionell erfolgt, indem beispielsweise seman tische Kriterien wie Hyponymie, Mero nymie nicht mehr ausge blendet, sondern als Grund lage des *Knowledge Discovery in Databases* (KDD) eingesetzt werden.[128]

Die Nutzung dieses Potentials für die Analyse von komplexen nicht numerischen Daten, wie beispielsweise Texten, erfordert jedoch, wie BURNARD betont und auch DEROSE und KAMMER hervorheben, besondere Vor überlegungen, da dieses Material zunächst gemäß der gewünschten Datenstruktur segmentiert werden muß, um elektronisch verarbeitet und schließlich wieder e ntsprechend den Gewohnheiten der Nutzer extrahiert und dargestellt werden zu können.[129]

2.4.2. Computerunterstützung der Literaturwissenschaft

Als Disziplin im Schnittbereich von Literatur und Linguistik kann die Übersetzungsforschung besonders von dem Potential der Informationstechnologie profitieren. Insbesondere erscheint es sinnvoll, hochgradig formalisierbare operative Prozesse sowie

---

126 BURNARD 1992: 14.

127 HARRIS 1986: 469-70 und BURNARD 1986: 150-51 weisen übereinstimmend auf die hohen Speicher- und Rechenzeitkosten sowie die komplizierte Programmierung hin.

128 Siehe FENSEL/ERDMANN 1998, Kap. 2-4.

129 Siehe DEROSE 1993: 126: „Database viewers support all these operations but still have a display quality too impoverished for dealing with documents.“; STIGLEMAN geht sogar davon aus, daß der Einsatz für literaturwissenschaftliche Zwecke die Datenbanken grundsätzlich überfordere (1993: 70). ROMMEL 1995: 67 scheint dies ebenfalls zu implizieren. Das Argument der angeblichen Starrheit der Datenbanken entfällt jedoch, wenn nicht auf vorgefertigte Lösungen zurückgegriffen wird, sondern – wie stets, wenn ein neues Anwendungsgebiet durch die Datenbanktechnologie unterstützt werden soll – ein spezifisches Datenmodell erarbeitet und geeignete Unterstützung programmiert wird.

informationelle Prozesse, die von mathematisch ermittelbaren Kennzahlen beeinflußt werden, durch Computereinsatz zu automatisieren bzw. zu unterstützen.[130]

In den Literaturwissenschaften werden seit der Verfügbarkeit elektronischer Rechenanlagen computergestützte Verfahren eingesetzt, die die Texterstellung und die Textanalyse[131] erleichtern. Ein umfangreicher, präzise recherchierter und kommentierter Überblick über die theoretischen Modelle und praktischen Realisierungen, die bis Anfang der 90er Jahre vorgelegt wurden, findet sich in ROMMELs Dissertation.[132] Die literaturwissenschaftlichen Anwendungsmöglichkeiten der IT betreffen, wie seit den 80er Jahren wiederholt festgestellt wird, vor allem operative Prozesse im Vorfeld der eigentlichen philologischen Arbeit.[133] Neben der Unterstützung bei Texterstellung, -beschaffung und -recherche generieren die informationellen Systeme zur Korpus- und Textuntersuchung Grundlagen für die eigentliche literarkritische Arbeit. Allein der

---

[130] Siehe ZWAAN 1987. DUGAST 1985 und MIALL 1990, 1995 fordern weitergehende Ansätze, die darauf abzielen, die Entscheidungen des Forschers elektronisch zu simulieren, indem beispielsweise der Akt des Lesens modelliert wird und dann vom „künstlich intelligenten" System entsprechende Entscheidungen gefällt werden. Es erscheint allerdings äußerst fraglich, inwiefern so komplexe und theoretisch wie praktisch wenig erforschte Prozesse wie Schreiben und Lesen in absehbarer Zeit elektronisch simuliert werden können. Neben der technologischen Rückständigkeit stellt sich die grundsätzliche Frage, inwiefern eine derartige Simulation literarkritisch überhaupt relevant ist.

Insgesamt kommt der Vorschlag daher der Forderung gleich, wieder die „ursprünglichen" nicht IT-gestützten Interpretationsverfahren zu verwenden – warum nicht ohne Unterstützung von IT, wenn IT diese Verfahren doch nur simulieren soll?!

Mehr als die Integration der Informationstechnologie in operative Prozesse und die Unterstützung der Beantwortung themenorientierter Fragen anzustreben, erscheint unrealistisch. Wer dies erwartet (und dann vielleicht den Computer auch als Konkurrenten fürchtet), wird enttäuscht werden, denn die Interpretation von mehrfach strukturierbaren Daten und das Erkennen möglicher Deutungshorizonte bleibt auf absehbare Zeit eine Domäne des Menschen (siehe dazu, insbesondere in Hinsicht auf auf geisteswissenschaftliche Arbeit, z.B. SCHANZE 1989: 113f).

[131] Die Analyse einzelner Texte und ganzer Textkorpora wird zum einen durch operative Systeme unterstützt, die die Suche nach Stichworten und Stichwortkombinationen in umfangreichen Datenbeständen dem Computer übertragen. Informationelle Systeme ermöglichen darüber hinaus die Erstellung von merkmals-, text- oder korpusbezogenen Sichten (z.B. Indizes und Konkordanzen) und Kennzahlen (z.B. Worthäufigkeiten). Die Beschränkung auf Stichproben, die für beide Systeme aufgrund der hohen Kosten für Prozessoren und Speichermedien und ihrer vergleichsweise geringen Leistungsfähigkeit noch bis in die 80er Jahre unvermeidbar war (HOCKEY 1980; KENNY 1980: Kap. 12), ist durch den technologischen Fortschritt überwunden worden.

[132] Siehe ROMMEL 1995: 26-88. Auch BUTLER 1985: 12-35 bietet einen gut gegliederten Überblick. Die dort angedeutete Entwicklung der Internettechnologie hat sich in Deutschland ab Mitte der 90er Jahre auch außerhalb von Insiderkreisen vollzogen, so daß mittlerweile aufgrund der allgemeinen Verbreitung insbesondere der Dienste E-Mail und WorldWideWeb (WWW) von einer signifikanten Computerunterstützung der operativen Arbeitsprozesse gesprochen werden kann, die die fachliche Kommunikation sowie die Textbeschaffung, -übermittlung und -recherche betreffen (siehe FELDMANN/NEUMANN/ROMMEL 1997; MACZEWSKI 1996). Im ökonomischen Bereich ist außerdem seit Mitte der 90er Jahre eine starke Ausbreitung der Data Warehouse- und Data Mining-Technologie zu beobachten (FENSEL/ERDAMANN 1998: 2-1), die auf die gestiegene Leistungsfähigkeit von Datenbanksystemen und der Netzwerktechnologie zurückzuführen ist.

[133] Siehe DUGAST 1985: 222; ähnlich HAENELT 1987: 23.

Mensch kann jedoch literarkritisch interessante Erkenntnisse aus diesen Materialien gewinnen. Daher gilt J. B. SMITHs bekanntes Fazit, daß

> [T]he computer is simply amplifying the critic's powers of perception and recall in concert with conventional perspectives. [...] some applications of the concept can be viewed as a lateral extension of Formalism, New Criticism, Structuralism, and so forth.[134]

Die computergestützt durchgeführten Auswertungen eines Datenbestands, der bestimmte Texte elektronisch abbildet, sind daher nicht als eigenständige Interpretationen des Rechners, sondern selbst als Daten zu verstehen, die der Interpretation des Forschers, der sie erstellen ließ, bedürfen.[135] Die Interpretation hängt von der literarkritischen Ausgangsposition ab.

Wenn der Forscher auf statistische Kennzahlen zurückgreift, müssen diese in sein Konzept von Literaturwissenschaft integriert werden,[136] um Aussagekraft zu erhalten.[137] Es ist dabei insbesondere zu berücksichtigen, daß jede statistische Untersuchung eines Einzeltextes oder -korpus den Maßstab zur Interpretation ihrer Daten selbst generieren muß. Darin besteht das grundlegende Problem der Aussagekraft literarischer Statistiken. Wenn es nicht bedacht wird, werden Häufigkeitsbetrachtungen zum Selbstzweck. Diese Entwicklung ist jedoch nicht der IT anzulasten, sondern als eine mögliche literaturwissenschaftliche Arbeitsweise anzusehen, die erheblich älter ist als die Möglichkeit, sie durch Computereinsatz zu unterstützen. LEECH[138] bezeichnet sie als

> the 'train-spotting' or 'butterfly-collecting' attitude to style. This is the frame of mind in which the identification, classification, and labelling of specimens of given stylistic devices becomes an end in itself, divorced from the higher goal of enriching one's appreciation and critical understanding of literature.

Da der Einsatz von Computern das „Schmetterlingssammeln" beträchtlich erleichtert, ist es nicht verwunderlich, daß er auch zu solchen Zwecken eingesetzt wird. Wenn jedoch weitergehende Aussagen angestrebt werden, muß eine klare Vorstellung von den Fragen und den statistischen Maßstäben existieren, die zu ihrer Beantwortung herangezogen werden.[139]

---

[134] SMITH 1978: 327.

[135] Siehe LENOBLE 1986: 569; DUGAST 1985: 225. Diesen Unterschied verwischt z.B. MIALL 1995: 209: Er bezeichnet die erfaßten Daten als Informationen und versteht darunter „physical elements of text (words and some of their elementary relationships)."

[136] Siehe ROMMELs Diskussion von DOLEŽEL in ROMMEL 1995: 43f.

[137] Siehe LENOBLE 1986: 569 „Les vrais problèmes surgissent lors de l'interprétation de ces listes. [...] D'ailleurs tout les chiffres veulent-ils toujours dire quelque chose pour un chercheur en littérature?"

[138] LEECH 1969: 4.

[139] THOMSON 1989 und BALL 1994 haben auf weitere Schwierigkeiten bei der statistischen Analyse von syntaktischen Strukturen aufmerksam gemacht, die selbst dann bestehen, wenn zusätzliche syntaktische Informationen zur Verfügung stehen.

Wenn diese mit der Textaufbereitung verknüpften Überlegungen bei der Entwicklung von elektronischen Hilfsmitteln vernachlässigt werden, besteht die Gefahr, daß Arbeitsprozesse und Fragestellungen elektronisch unterstützt werden, deren Funktion und Aussagekraft innerhalb der Zielwissenschaft ungeklärt ist. In diesem Sinne deute ich die 1993 durch OLSEN erneut angestoßene Debatte um die Anwendungsmöglichkeiten der computergestützt gewonnenen Ergebnisse und die Ziele des Computereinsatzes: Sie zeigt, daß nur in wenigen Fällen Arbeitsprozesse durch Einsatz von Computern unterstützt wurden, die bereits Teil der Literaturwissenschaft waren. Meistens scheinen in umgekehrter Reihenfolge zuerst Hilfsmittel und Verfahren der Informationstechnologie auf textuelle Daten angewendet und erst danach gefragt worden zu sein, welche Interpretationen diese Daten ermöglichten. MIALL behauptet sogar, daß

> It is clear that the advent of computers has so far had almost no impact on the mainstream activities of producing, reading, or studying literary texts.[140]

In Hinsicht auf die Texterzeugung und -rezeption ist dieses Urteil, wie die obigen Überlegungen zeigen, insofern zu präzisieren, als Computer zwar nicht selbständig Texte produzieren, lesen oder untersuchen können, gleichwohl aber die Produktion von Texten und im Fall von hypermedialen Dokumenten auch ihre Rezeption unterstützen. Die spezifisch literaturwissenschaftliche Rezeption wird außerdem durch die Verfügbarkeit von korpusbasierten Nachschlagewerken und den Kommunikationsmöglichkeiten der Internettechnologien in signifikanter Weise erleichtert.

Allerdings liegen diese Arbeitsprozesse eher im Vorfeld der Literaturkritik und sind in den weitaus meisten Fällen nicht mit dieser Arbeit identisch. Insofern unterstützt die Informationstechnologie bisher in der Tat Randbereiche der Literaturwissenschaft: die von MIALL und anderen stets genannte Text- und Editionserstellung und die Autorschaftsforschung.[141] Aus heutiger Sicht ist darüber hinaus die Unterstützung bei der Recherche nach und der Beschaffung von Texten sowie das computergestützte Durchsuchen von Nachschlagewerken und umfangreichen Textkorpora zu nennen. In Erweiterung des Begriffs der „Lexical Text Analysis" wäre daher von „Lexical Corpus Analysis" zu sprechen, die durch Computereinsatz unterstützt wird.

Es ist daher plausibel, die IT insbesondere für Korpusanalysen einzusetzen.[142] Solange allerdings „nur" der Umfang des berücksichtigten Materials erweitert wird,

---

[140] MIALL 1995: 202. HAENELT 1987: 22 formuliert noch zurückhaltender: „Noch immer ist eine dem Forschungsstand der traditionellen Geisteswissenschaften und der Computerlinguistik angemessene EDV-Unterstützung nicht geglückt."

[141] Siehe MIALL 1990: 2-3; FELDMANN/NEUMANN/ROMMEL 1997: 136-37; PAVLSICAK/ROSS/HENRY 1997: 10, die zwar auch von „lexical analysis" und „stylistic comparison" als Anwendungsgebieten sprechen, aber im folgenden nur Projekte aus dem Bereich Autorschaftsforschung und Editionserstellung diskutieren.

[142] Siehe CORNS 1991; OLSEN 1993; ROMMEL 1997: 102f; FELDMANN 1997: 137 und, explizit für die Übersetzungsforschung, BAKER 1995: 233-38. Die bereits erfolgte Integration der IT in die in erster Linie administrativen und distributiven Prozesse (z.B. Durchsuchen der *English Poetry* CD-ROM

stellt sich weiterhin die inhaltliche Frage, inwiefern die eigentlichen Arbeitsprozesse des Literaturwissenschaftlers (das „studying" der Texte, das MIALL zuletzt anspricht) überhaupt durch Computereinsatz unterstützt werden können. Der Erfolg der computergestützten Autorschaftsforschung kann nicht als Gegenbeispiel angeführt werden,[143] da die vom Computer unterstützten Arbeitsprozesse bereits vor der Verfügbarkeit von Rechenmaschinen ansatzweise ersonnen und sogar manuell durchgeführt wurden. Die Integration des Computers in diese von vornherein stark statistisch orientierten Arbeitsverfahren gestaltete sich daher theoretisch vergleichsweise einfach und lieferte zufriedenstellende Ergebnisse. Es sollte auch berücksichtigt werden, daß die eingesetzten Verfahren auf „sehr rudimentären sprachlichen Faktoren" beruhen, die für stilistisch-literarische Fragestellungen als „unzulänglich" einzuschätzen sind.[144]

Der Aufbereitung der Daten (engl. *preprocessing*) mit linguistischen und literarischen Informationen kommt deshalb eine zentrale Bedeutung zu, weil auf diese Weise komplexere Informationen elektronisch abgefragt werden können. Wenn also literarisch relevantere Daten erfaßt werden, können diese mit elektronischer Hilfe verwaltet und ausgewertet werden. Die Vorkodierung ist erforderlich, weil der Computer nur eingesetzt werden kann, um im Datenbestand bestehende Muster und ggf. Variationen zu erkennen (*pattern matching*) und deren Distribution zu bestimmen sowie ggf. weitergehende statistische Kalkulationen durchzuführen. Am Anfang der Entwicklung computerbasierter Hilfsmittel steht daher die Bestimmung der Anforderungen des späteren Anwenders, nach denen die Daten modelliert und Möglichkeiten zu ihrer Auswertung bereitgestellt werden. Dieses Thema behandelt Kapitel 3.

Grundsätzlich ist anzumerken, daß die Erörterung der Vorkodierung und die Entwicklung geeigneter Formalismen von literaturwissenschaftlichen Studien oft vergleichsweise kurz kommt und *ad hoc* vorgenommen wird, da die literarischen und nicht die „technischen" Überlegungen in den Vordergrund gestellt werden. Diese Vorgehensweise führt zu idiosynkratisch kodierten und daher oft nur schwer wiederverwendbaren Datenbeständen.

Selbst die Auswertung der erstellten Daten ist oft problematisch, weil grundlegende Themen wie die Unterscheidung von typographischem Wort und lexikalischer Wortform und die Rolle der Negation oft vernachlässigt werden. Der noch immer weitaus häufigste Fall der Vorkodierung besteht in der Erfassung der typographisch erkennbaren Worte.[145] Eine Differenzierung zwischen Worten und Wortformen, eine Bestimmung der Grundformen und ihrer Wortarten findet nur selten statt.

---

nach bestimmten Schlüsselworten) läßt erwarten, daß durch Einbeziehung weiterer Informationen qualifizierte Ergebnisse zur Verfügung stehen, die ohne IT-Einsatz nicht erbracht werden könnten.

[143] Z.B. SPILLNER 1996: 256. Jüngste Beispiele, z.B. die Enttarnung von Joe KLEIN als Autor des anonym veröffentlichten Romans *Primary Colors*, finden sich in HOLMES 1998.

[144] SPILLNER 1996: 255.

[145] Siehe ZAMPOLLI 1994: 23: „[...] the computational treatment has been performed on units identified, mainly if not exclusively, at the graphical level." CALZOLARI/ZAMPOLLI 1991: 278; ROMMEL 1997: 102; MIALL 1995: 202.

Deshalb können aus dem bereitgestellten Material zwar zahlreiche Indizes, oft aber keine Konkordanzen erstellt werden, die nach Wortart differenzieren und auch Wortformen, die auf zwei Worte verteilt sind, richtig zuordnen.[146] Die Vernachlässigung der Differenzierung zwischen Worten und Wortformen schmälert außerdem die Präzision der Statistiken auf der Wortebene.[147] Auf dieser Ebene ist auch die Erfassung von „substantiellen Varianten" zu berücksichtigen, die bei scheinbar demselben AT doch zu unterschiedlichen Übersetzungsvorlagen führen.[148]

Ein weiteres Problem stellt insbesondere im Französischen und im Englischen die Negation dar, die in automatisch generierten Auswertungen auf der Wort(formen)ebene nur als Prä- oder Postifx den betreffenden Worten zugeordnet wird, nicht aber als Negationspartikel. Da die Negation sowohl einzelne Worte wie auch ganze Phrasen und Sätze betreffen kann, müssen für eine präzise Behandlung auch diese größeren syntaktischen Segmente erfaßt und klassifiziert werden können. Michel LENOBLE hat darauf hingewiesen, daß aufgrund der problematischen Integration der Negation auf der Wortebene Statistiken und Indizes, die allein diese Daten verwenden, weitgehend unbrauchbare Ergebnisse lieferten.[149] Diese Hinweise zeigen, daß die Entwicklung von Kodierungsformalismen, die literaturwissenschaftlichen Ansprüchen genügen, keineswegs trivial ist und *en passant* im Vorfeld einer „rein empirischen" Studie diskutiert werden könnte, sondern eine grundlegende, oft unterschätzte Herausforderung darstellt. Darauf haben jüngst auch PALISCAK/ROSS/HENRY in ihrer – auf die USA beschränkten – Untersuchung des Einsatzes von IT in den Geisteswissenschaften hingewiesen:[150]

> Less widely acknowledged is the intellectual effort required to design and create sets of machine-readable data. [...] [The] transformation of the source material into a database requires deep unterstanding of its structure and of itself consitutes a major intellectual achievement.

2.5. Textauswahl

Um die Integration der Computerunterstützung in die Alltagsarbeit der Übersetzungsforschung umfassend erkunden zu können, wird das im folgenden vorgestellte Sonett 2 von William SHAKESPEARE und eine Auswahl der zwischen 1787 und 1887 erschienenen deutschen Übersetzungen ausgewählt.

Dieses Korpus ist ein zeitlich wie literarisch sinnvoll abgrenzbares Subkorpus aller bislang vorgelegten Übersetzungen der *Sonnets*. Es deckt eine Fülle typischer

146 Z.B. wird die auf die Grundform „aufheben" zurückgehende Wortform „hob auf" in dem Satz „Er *hob* das Geschenk nicht *auf*." nicht als solche erkannt, sondern „hob" als Verb getrennt von der Präposition „auf" erfaßt.

147 Eine gute, beispielreiche Behandlung dieser Problematik bietet BARNBROOK 1996: 54-63.

148 Siehe S. 110 für die Möglichkeiten, substantielle Varianten mit dem CES zu erfassen, und S. 112f zum Verfahren in der Fallstudie.

149 Siehe LENOBLE 1986: 571.

150 PALISCAK/ROSS/HENRY 1997: 25. Ebenso ROMMEL 1995: 380. SCHANZE 1989: 111f bezeichnet diesen Aufgabenkomplex als „„Übersetzungsproblem"".

Übersetzensfälle ab und wurde bereits ausführlich auf nicht-computergestützte Weise analysiert. Als praktischer Vorteil kommt die geringe Länge des zu untersuchenden Textabschnitts hinzu, der bei den SHAKESPEAREschen Sonetten in erster Linie aus einem einzelnen Sonett besteht.[151]

Die Erfassung des Materials in elektronischer Form nimmt deshalb vergleichsweise wenig Zeit in Anspruch, und die Verfahren der elektronischen Aufbereitung und Auswertung, die im Mittelpunkt dieser Arbeit stehen, können mit großer Detailgenauigkeit diskutiert werden.[152] Um einige Auswertungsverfahren weitergehend zu untersuchen, wird mit Sonett 116 auf eines der in der AK wie ZK bekanntesten *sonnets* zurückgegriffen.

2.5.1. Der AT

Der AT ist Teil der 154 Sonette umfassenden Sammlung SHAKESPEAREscher Sonette, die erstmals 1609 von Thomas THORPE unter dem Titel *SHAKE-SPEARES SONNETS. Neuer before Imprinted* in London veröffentlicht wurde. Zwei der 154 Sonette finden sich in abweichender Fassung bereits in einer Anthologie von 1599, und die Zirkulation von weiteren, nicht mehr identifizierbaren, da in verlorenen Handschriften aufgezeichneten Sonetten ist seit 1598 belegt.[153] Die von THORPE besorgte Quarto-Ausgabe Q, von der 13 Exemplare erhalten sind, ist seit ihrer Restitution durch Edmund MALONE im Jahre 1780 der einzige allgemein anerkannte Referenztext. Mit Ausnahme von Sonett 2, von dem zwei unterschiedliche Fassungen vorliegen, gibt es keine substantiellen Varianten einzelner Sonette.[154]

Unter Berücksichtigung der anderen Werke SHAKESPEAREs nimmt man an, daß die *Sonnets* wahrscheinlich ab 1590 entstehen. In dieser Zeit beherrscht die erst wenige Jahrzehnte zuvor durch Übersetzung aus dem Italienischen und Französischen in die elisabethanische AK eingeführte Sonettform in einzigartiger Weise den lyrischen Ausdruck. Im zeitgenössischen Kontext der zahlreichen Sonettsammlungen stehen SHAKESPEAREs *Sonnets* auf Ausdrucks- und Inhaltsebene zwischen den Extremen von WATSONs formaler und inhaltlicher Experimentierfreude einerseits und SPENSERs Bewahrung der überlieferten Form und Thematik andererseits. Konkrete Einflüsse der Zeitgenossen auf SHAKESPEAREs Sonette konnten kaum nachgewiesen werden.[155]

SHAKESPEARE benutzt das von SURREY eingeführte Reimschema *abab cdcd efef dd*, dessen sich die meisten elisabethanischen Autoren bedienen. Bis auf zwei vernachlässigbare Ausnahmen (126 und 145) folgen alle Sonette diesem Schema.

---

[151] Siehe unten, S. 55.

[152] Mit PATTON 1987: 58f und DOORSLAER 1995: 247f wird somit eher in quantitativer als in qualitativer Hinsicht selektiert, um den Beitrag der Informationstechnologie zur Analyse des somit gewonnenen Korpus gründlich untersuchen zu können.

[153] In Francis MERES' Bericht in *Palladis Tamia* (MERES 1598: 2O1ᵛ-2O2) und JAGGARDs Sammlung *The Passionate Pilgrim* (JAGGARD 1599); diese Quellen werden in fast jedem Text zur Geschichte der Sonette angeführt (siehe ROLLINS 1944: 328) und finden sich auch fast durchgängig in den Vor- oder Nachworten der deutschen Übersetzer.

[154] Siehe WELLS/TAYLOR 1987: 444.

[155] Siehe SCHABERT ^{3}1992: 646-52; SPILLER 1992: 170.

Diese formale Beständigkeit ist angesichts der durchaus üblichen Variationen im literarhistorischen Kontext als bewußte Entscheidung des Dichters für eine vergleichsweise einfach und klar strukturierte Ausdrucksebene anzusehen.[156] Dies zeigt auch der zurückhaltende Einsatz lautlicher Effekte, die sich vor allem auf alliterierende Wortverknüpfungen und den Reim beschränken. Die Beachtung zeilenübergreifender formaler Einheiten wie des Quartetts tritt gegenüber der inhaltlichen Strukturierung zurück, was formal durch gelegentlich erfolgende Enjambements angedeutet und durch die jeweils neu zu bestimmende und oft vielfältig mögliche Gruppierung der Verszeilen zu größeren Einheiten deutlich wird. Das *couplet*, die letzten beiden Verszeilen, bildet stets eine eigenständige Ausdrucks- und Inhaltseinheit.

Die innertextliche Differenz und Interdependenz metrischer und inhaltlicher Strukturen ist auch in intertextueller Hinsicht zwischen der Thematik und Formensprache des Petrarkismus und der SHAKESPEAREschen Sonette zu beobachten. Das Äußerungssubjekt der Sonette wendet sich bekanntlich nicht an eine idealisierte Geliebte höheren Standes, sondern sowohl an einen Geliebten wie auch an eine Geliebte und lotet die Beziehungen dieser drei Personen zueinander aus. Die Geliebte ist niederen Standes als das Äußerungssubjekt, der Stand des Geliebten ist unklar.

Im Gegensatz zu den Sonettzyklen SIDNEYs und DANIELs, die die einzelnen Sonette in einer zwar losen, aber doch wahrnehmbaren Struktur anordnen und dadurch eine narrative Entwicklung nachvollziehbar machen, fehlt den SHAKESPEAREschen Sonetten eine derartige, alle Sonette stringent thematisch ordnende Struktur. Zwar lassen sich zusammenhängende Untergruppen bilden, allerdings ist ihre Bestimmung bis auf wenige Ausnahmen[157] nicht weniger umstritten ist als ihre von THORPE besorgte Anordnung in Q. Dies belegt die seit der zweiten, 1640 erschienenen Ausgabe der *Sonnets* bis in die Gegenwart andauernde Debatte über eine „bessere“ oder sogar „richtige“, „eigentliche“ Anordnung der Sonette, an der sich stets auch Übersetzer beteiligt haben.[158] Die zahlreichen Neuordnungsversuche belegen neben der Theorieabhängigkeit der Textkonstitution auch die enormen Schwierigkeiten, die Sonette in einer narrativ konsistenten Reihenfolge anzuordnen. Keiner der Vorschläge konnte die in Q vorgeschlagene Reihenfolge ablösen, da er stets neue Probleme aufwarf und immer nur in geringem Maße mit anderen Vorschlägen übereinstimmte.[159]

Die 154 SHAKESPEAREschen *Sonnets* bilden somit keinen narrativ stringent durchkomponierten Zyklus mit Eröffnung, Abschluß und klaren Verbindungslinien, wie dies bei modernen Sonettzyklen und – bei lockererer Verbindung – auch in den

---

[156] Siehe NOWOTTNY 1952: 76-78; SPILLER 1992: 159f, 169.

[157] Als unumstrittendste Gruppen sind die am Anfang stehenden, sogenannten Hochzeitssonette 1 bis 17 und die am Ende befindlichen Sonette 153 und 154 anzusehen. Nur selten wird die Grobeinteilung der *Sonnets* in die Gruppe der Sonette an den Geliebten (1-126) einerseits und die Gruppe der Sonette an die Geliebte (127-152) andererseits hinterfragt.

[158] Siehe z.B. die ausführliche Dokumentation der Vorschläge in ROLLINS 1944: 74-116.

[159] Eigene Recherchen, die die von ROLLINS erfaßten 25 Umordnungen auf Gemeinsamkeiten und Unterschiede untersuchten, ergaben, daß insgesamt die Anordnung von Q bestätigt wird, da in der Regel Gruppen mehrerer, in Q bereits aufeinander folgender Sonette, umgeordnet werden, aber nur selten neue Gruppen aus Sonetten gebildet werden, die in Q weit verstreut sind.

genannten elisabethanischen Zyklen der Fall ist. Es ist daher sehr schwierig, „repräsentative“ Sonette oder „Schlüsselsonette“ zu bestimmen, die eine selektierende Kometenschweifstudie bevorzugt analysieren sollte. Dem einzelnen Sonett kommt wegen des Fehlens einer einheitlichen Struktur der Sammlung eine größere Bedeutung zu. Ina SCHABERT stellt fest:

> Als besonders ergiebig haben sich Untersuchungen von Einzelsonetten erwiesen, da Verallgemeinerungen und Schematisierungen über das Gesamtwerk meist sehr widersprüchlich bleiben und berechtigte Kritik hervorrufen.[160]

Da in dieser Arbeit die Entwicklung elektronischer Hilfsmittel und ihre Integration in die Übersetzungsforschung im Zentrum steht, ist eine Beschränkung auf ein einziges, exemplarisch analysiertes Sonett sinnvoll. Die Wahl dieses Sonetts fällt leicht, da – wie der Forschungsüberblick zur Übersetzungskritik der *Sonnets* im Deutschen zeigt – Sonett 2 und seine deutschen Übersetzungen ohne Computerunterstützung bereits ausführlich untersucht wurden. Die vorliegende Arbeit wählt daher ebenfalls das zweite Sonett zu ihrem Gegenstand, das somit in denkbar enger Verbindung zur nicht-computergestützten Übersetzungsforschung betrachtet werden kann.[161]

Sonett 2 gehört zu den sogenannten *procreation sonnets* 1 bis 17, einer der wenigen kaum umstrittenen Untergruppen der *Sonnets.* Diese Sonette fordern den Angesprochenen zur Zeugung eines Kindes auf und stehen deshalb in einer adhortativen Sprechsituation. Das Äußerungssubjekt spricht sich nicht, wie in den meisten anderen Sonetten, selbst aus, sondern es spricht einen Mann an, dessen bewundernswerte Schönheit es voraussetzt. Darüber hinaus sieht es die Vergänglichkeit seiner Schönheit als gegeben an und malt sie in drastischen Bildern aus. Das damit evozierte Dilemma der Bewahrung der jetzt noch bestehenden, aber bald vergangenen Schönheit löst das Äußerungssubjekt durch den Appell zur Fortpflanzung – von der Ehe oder Heirat wird jedoch, anders als viele Kommentatoren behaupten,[162] nicht gesprochen.
Nicht die Verherrlichung der Schönheit oder des Ehestandes ist also das primäre Anliegen dieser Gedichte, sondern die Ermahnung, sie durch Zeugung eines Nachkommen weiterbestehen zu lassen. Den personifizierten Feind „Zeit“ kann in diesem Fall also nicht der Dichter durch lyrische Verewigung der Schönheit im Gedicht besiegen, sondern nur der angeredete Schöne durch biologische Verewigung.[163] Um dies zu ver-

---

[160] SCHABERT 1992: 653. Siehe auch BORGMEIER 1970: 10f; TARLINSKAYA 1984: 93f.

[161] Siehe insbesondere Abschnitt 2.6.2 (S. 91-93) zu einer Diskussion von BORGMEIERS Dissertation (BORGMEIER 1970).

[162] Z.B. SPILLER 1992: 152, WOLPERS 1968: 77. WOLPERS behauptet sogar: „Der Dichter drängt ihn zu heiraten, damit er durch natürliche Fortpflanzung seine Vollkommenheit erhalte.“ Tatsächlich ist allein von der „natürlichen Fortpflanzung“, nicht aber von Heirat die Rede.

[163] Nach HEINRICH entstammt dieser Appell zur biologischen Fortpflanzung – ohne Beteiligung des Sprechers –einer mittelalterlichen Konvention, die zur SHAKESPEARES Zeit noch geläufig war (HEINRICH 1992: 52); allerdings führt HEINRICH außer einem Zitat aus *Venus and Adonis* keine Belege an. Innerhalb des zeitgenössichen Petrarkismus wie des Petrarkismus überhaupt ist das Thema durchaus ungewöhnlich (siehe SPILLER 1992: 152, 157).

deutlichen und den Angeredeten zu einer entsprechenden Tat zu bewegen, malt Sonett 2 die Konsequenzen aus, die aus der Nichtbeachtung einerseits und aus der Beachtung dieses Plädoyers andererseits entstehen.

In Übereinstimmung mit dem italienischen Schema gliedert sich das Sonett argumentativ in Oktave und Sextett: Die Oktave malt die Folgen der – im Sinne des Sprechers – falschen Lebensführung aus, das Sextett das Ergebnis der seiner Ansicht nach richtigen Lebensführung. Die falsche Lebensführung besteht in der Entscheidung gegen Nachkommenschaft. Sie führt zu einer doppelten Niederlage: erstens gegenüber der Natur, die diese Schönheit hervorbrachte, aber auch wieder vergehen läßt (*deep trenches in thy beauty's field, totter'd weed, deep sunken eyes*),[164] und zweitens gegenüber der menschlichen Gesellschaft und ihren moralischen Obligationen (*all-eating shame and thriftless praise*).[165] Die richtige Lebensführung besteht in der „Anwendung der Schönheit" (*beauty's use*). Sie erfüllt die gesellschaftlichen Erwartungen (was zu *much more praise* für den „Anwender" führt) und läßt die naturgegebene Schönheit über den Tod des Angeredeten hinaus fortbestehen. Der doppelten Niederlage wird also der doppelte Sieg und sogar die Unsterblichkeit des Angeredeten bzw. „seiner" Schönheit gegenübergestellt.[166]

Die Bildersprache unterstützt diese Argumentation und verknüpft Oktave und Sextett. Bilder aus der Natur rahmen das Sonett ein. Allerdings wird nicht die Schönheit des Angesprochenen gepriesen, sondern die zerstörerische Macht der unsichtbaren Zeit über diese Schönheit drastisch ausgemalt, wobei der personifizierte „Feind Zeit" (*forty winters, old*) typische ZK-Attribute des Todes trägt: Kälte (*winters, cold*) und Leblosigkeit (*tatterd weed, deep sunken eyes*). Die Augen des Angesprochenen, die gemäß der zeitgenössischen Konvention als *stars* oder *suns* den Sprecher eines Sonetts alles andere als kalt lassen, sind erloschen. Es bleibt jedoch nicht bei dieser naturbedingten Zerstörung seines Körpers: Das Eingeständnis dieser Tatsache vor der menschlichen Gesellschaft zerstört auch die Erinnerung an ihn und seine Schönheit (*all-eating shame*). Das drastische Epitheton *all-eating* evoziert die Vorstellung des gefräßigen Todes, der insbesondere in der Form von Würmern, die niedrig in der elisabthanischen *chain of being* stehen und den Toten fressen, in den Prokreationssonetten und auch in anderen zeitgenössischen Gedichten als Strafe der angeredeten Person für ihre Weigerung, den Willen des Sprechers zu erfüllen, ausgemalt wird.[167]

---

164 Alle Zitate beziehen sich auf die Fassung von Sonett 2 in BOOTH ^{2}1978: 4.

165 NOWOTTNY 1952: 77f sieht diesen zweiten Aspekt als *modulation* des ersten.

166 Die Tatsache, daß er nach dieser Logik „seine" Schönheit wie auch sein Kind von den Vorfahren geerbt hat, die Schönheit also gar nicht „seine", sondern die seiner Vorfahren ist, wird ebenso ausgeblendet wie die Unsicherheit der Vererbung (EICHHOFF 1903: 69 hebt letzteres besonders hervor). Dem Angesprochenen wird damit als Ursprung der Schönheit geschmeichelt.

167 Siehe KRIEGER 1964: 118, Fußnote 1; SPILLER 1992: 158. MARVELL formuliert diesen Gedanken in „To His Coy Mistress" 21ff drastischer: „[...] I always hear / Time's wingèd chariot hurrying near: [...] Thy beauty shall no more be found [...] then worms shall try / That long-preserved virginity [...]". In BRATHWAITs „Time's Anatomy, Displayed in Six Distinct Subjects" 162 wird dieser Gedanke in Verbindung gebracht zur religiösen Vorstellung der Hölle: „[...] where cruel worms shall eat thy heart-strings out [...]".

Implizit wird somit deutlich, daß die Wahrnehmung von Schönheit abhängig von der sprachlich-gesellschaftlichen Kodierung dieses Konzeptes ist: Schönheit wird nicht als von der Natur verliehene Eigenschaft ihres „Besitzers" sondern auch als Interpretation der Betrachter gedacht. Diese außerhalb des Besitzers liegende Definitionsmacht nutzt der Sprecher des Gedichtes, um im zweiten und dritten Quartett die seiner Ansicht nach „falsche" der seiner Meinung nach „richtigen" Definition der Schönheit gegenüberzustellen, wobei er sich selbst hinter der Passivkonstruktion *then being asked* und der in direkter Rede wiedergebenenen Antwort des Angesprochenen verbirgt, wie seine interpretierenden Deutungen belegen. Der Sprecher nimmt dem Angesprochenen damit jegliche Möglichkeit, sich auf eine naturgegebene Schönheit zu berufen.

Das Sextett greift die Bildbereiche in umgekehrter Reihenfolge auf. Der in indirekter Rede wiedergegebenen mißlungenen Rechtfertigung vor der Gesellschaft setzt es die in direkter Rede formulierte, dem Angesprochenen in den Mund gelegte, gelungene Rechtfertigung entgegen, die auf den Nachkommen verweist. Dem Tadel wird das Lob gegenübergestellt. Der syntaktisch unübersichtliche, vom Sprecher zur weiteren Unterstützung seines Plädoyers eingeschobenene Nachsatz *Prooing his beautie by succession thine* leitet zur Überhöhung dieses zentralen, paradoxen Arguments im epigrammatischen *couplet* über. Dort erbt der Nachkomme nicht die als Besitz (*livery*, *treasure*) des Angesprochenen charakterisierte Eigenschaft der Schönheit, sondern der Nachkomme erweist sich als der wieder neu geschaffene (*new made*) Angesprochene. Der Sprecher droht dem Angeredeten also zum einen mit dem natürlichen Verfall der Schönheit und auch ihrer Zerstörung durch Nichterfüllung gesellschaftlicher Normen und lockt ihn zum anderen mit der Möglichkeit der Bewahrung der Schönheit nicht nur vor der menschlichen Gesellschaft sondern sogar vor dem „Feind Zeit", dem Tod. Der doppelten Niederlage wird also ein doppelter Sieg gegenübergestellt, wobei das Couplet sowohl den Bereich der Gesellschaft wie auch den der Natur umfaßt und die Gesamtaussage konzentriert und ins Ewige überhöht.

Das Sonett wirkt wie ein Plädoyer des Sprechers gegenüber dem Angeredeten. Sprachliche Finessen und metaliterarische Reflexionen werden dem Erreichen des rhetorischen Zieles untergeordnet bzw. zugunsten der Botschaftsübermittlung eingesetzt. Die argumentative Zweiteilung wird im Reimschema *abab cdcd efef gg* nicht reflektiert, wohl aber in der Reimlexik (*lies – eyes*, *use – excuse*, *mine – thine*, *old – could*) und damit auch, wie bereits angesprochen, in der Leitmotivik. Die rhythmische Gestaltung unterstützt den Argumentationsgang durch sinnvolles *interplay*, also bedeutungstragende Abweichungen vom metrischen Schema des fünfhebigen Jambus:

dig deep trenches,
small worth,
deep sunken eyes,
his beauty [...] thine,
new made [...] old,
blood warm [...] cold.

Lautliche Phänomene werden bis auf den gezielt eingesetzten Reim kaum eingesetzt, so daß der Alliteration *dig deep trenches* und der Epanalepse *where all* [...] *Where all* [...] besondere Wirkung zukommt. Sie dienen zur hörbaren Evozierung der zerstörerischen Kraft der Natur und der bohrenden Anfragen der durch Passivkonstruktion undeutlich-drohend als „Gesellschaft" angedeuteten Instanz, vor der sich der Angesprochene rechtfertigen muß. Die Vagheit ermöglicht auch eine christliche Deutung im Sinne des Jüngsten Gerichts, die durch den Anklang an das ‚Gleichnis von den Silbergroschen' (Mt 25.14-30; *treasure of thy lusty days*, *beauty's use*) gestützt wird.[168]

Syntaktisch ist die Oktave in zwei durch temporale Adverbien eingeleitete Quartette (*When* [...] *Then* [...]) gegliedert, in denen der Hauptsatz jeweils erst am Ende des Quartetts steht. Dadurch erreicht der Sprecher, daß der Zuhörer aufmerksam auf die drastische Ausmalung der als falsch dargestellten Lebensführung achtet, während er stets den Beginn des Hauptsatzes erwartet. Diese Struktur kehrt sich im Sextett um: Das dritte Quartett setzt mit dem als rhetorische Frage formulierten Hauptsatz ein und schließt abhängige Sätze daran an. Das Couplet umfaßt zwei Aussagesätze, die die Botschaft des Sprechers ohne die Komplexität der vorhergehenden Konstruktionen transportieren. Bis auf das Enjambement im Zuge der direkten Rede (2.10f; *contre-rejet*), das sowohl den Eindruck von Authentizität erzeugt wie auch die grenzüberwindende Kraft der vom Sprecher favorisierten Lösung veranschaulicht, fällt das Verszeilenende mit den Satzschlüssen zusammen.

2.5.2. Die ZT

Die *Sonnets* sind das nach *Hamlet* am häufigsten ins Deutsche übersetzte Werk SHAKESPEAREs und damit auch eines der am häufigsten ins Deutsche übersetzen Werke der Weltliteratur überhaupt.[169]

Zur detaillierten Analyse wurden ZT aus dem ersten Jahrhundert der übersetzerischen Rezeption ausgewählt, die als eigenständige Publikationen veröffentlicht wurden und alle *Sonnets* berücksichtigen.[170] Ergänzend wurden alle auszugsweisen Übersetzungen berücksichtigt, die dem Erscheinen der ersten vollständigen Übersetzung im Jahre 1820 durch Karl LACHMANN vorangehen.

Es handelt sich dabei um die allerersten, in Prosa gegebenen Übersetzungen von 56 Sonetten durch Johann Joachim ESCHENBURG, die als Teil seiner Monographie *Ueber W. Shakspeare* 1787 erschienen, um die 1803 in der Zeitschrift *Polychorda* unter dem Pseudonym „K." veröffentlichten Übersetzungen von 26 Sonetten durch Karl Friedrich Ludwig KANNEGIESSER und die im Nachlaß von Ludwig TIECK gefundenen, erst in diesem Jahrhundert publizierten Übersetzungen der Sonette 1, 2 und 18.

---

[168] Siehe BOOTH 1978: 137; HEINRICH 1992: 53.

[169] Siehe HEINRICH 1992: 51f.

[170] Bei den als eigenständige Werke publizierten Übersetzungen von LACHMANN und KRAUSS, die drei bzw. 27 Sonette unübersetzt lassen, wurden Ausnahmen von dieser Regel gemacht.

Tabelle 2-2 (siehe folgende Seite) führt alle ZT des Korpus in einer nach dem Ersterscheinungsjahr geordneten Übersicht auf,[171] die außerdem das im folgenden für jeden Text verwendete Kürzel und Angaben über weitere Auflagen der Übersetzungen als eigenständige Publikationen macht.[172] Das Sternchen hinter dem Namenskürzel signalisiert, daß der ZT bereits in BORGMEIERs Studie (s. Kapitel 3) ausführlich betrachtet wurde. Ein Sonderfall stellt die Aufnahme der Bearbeitung von Sebastian RODERICHs ZT durch Max MOLTKE dar: Dieser ZT, der eine Bearbeitung von RODERICHs Übersetzung ist, wird vor allem wegen seiner Einsetzbarkeit als eindeutiger Testfall für die Überprüfung der mathematischen Verfahren zur Bestimmung von zielseitigen Abhängigkeiten in das Korpus aufgenommen.

Das Korpus bietet zum einen die Möglichkeit, bisherige Beschränkungen der Übersetzungsforschung durch Computereinsatz teilweise zu überwinden und die Integration der Informationstechnologie in einer von der Korrelationshypothese der Übersetzungsforschung ausgehenden Untersuchung zu testen. Zum anderen ermöglichen die Besonderheiten des Korpus und ihre bereits erfolgte Untersuchung in der Sekundärliteratur die gegenseitige Überprüfung und Bereicherung von computer- und nicht-computergestützter Übersetzungsforschung.

Der im Korpus erfaßte Zeitraum von 1787 bis 1887 reflektiert die Publikationsschübe der ZT im 19. Jahrhundert, die vor allem in den 20er und 30er sowie den 60er und 70er Jahren liegen.[173] Die letzte Neuübersetzung des 19. Jahrhunderts, 1894 vorgelegt von Alfred von MAUNTZ, erscheint erst 24 Jahre nach der letzten im Korpus aufgenommenen Übersetzung und steht damit zeitlich in der Mitte zwischen dem zweiten im Korpus erfaßten Übersetzungsschub und dem dritten, nicht mehr erfaßten, den YATES ab 1909 mit den ZT von Eduard SAENGER, Stefan GEORGE und Ludwig FULDA ansetzt.

[171] Die Datierung folgt der Bibliographie von LEITHNER-BRAUNS 1995.

[172] LEITHNER-BRAUNS 1995: 296 führt außerdem unter der Nr. 370, meines Wissens nach erstmals, die 1876 als Privatdruck bei Max Bading in Berlin erschienene Übersetzung von M. G. WARBURG mit dem Titel *Sonette von Shakespeare* auf. Dieser ZT wurde nicht berücksichtigt.

[173] Siehe Tabelle 2-2 und Abbildung 4-1. Ebenso YATES 1981: 70f.

Nr.	*Jahr*	*Kürzel*	*Übersetzer*	*Weitere Auflagen im 19. Jh.*
1	1787	EscJ*	Eschenburg Johann Joachim	1806
2	1803	KanK*	Kannegießer, Karl Ludwig Friedrich (als „K.")	keine
3	(1807)[174]	TieL	Tieck, Ludwig	— (Erstveröffentlichung 1922)
4	1820	LacK*	Lachmann, Karl	keine
5	(1825)	TieD	Tieck, Dorothea Sophie	— (Erstveröffentlichung 1992)
6	1826[175]	SchA	Schumacher, Andreas	1828-1830[176]; 1839[177]
7	1834	RodS	Roderich, Sebastian (als „Dr. R. S. Schneider")	(als Nr. 16: 1865 und 1881)
8	1836	RegG*	Regis, Gottlob	keine
9	1836[178]	RicK*	Richter, Karl	keine[179]
10	1840	OrtE	Ortlepp, Ernst	1842[180]
11	1840	WalL	Walesrode, Ludwig Reinhold (als „Emil Wagner")	keine
12	1861	JorW	Jordan, Wilhelm	keine
13	1862	BodF*	Bodenstedt, Friedrich Martin	1866[181], 1873 (2 Ausgaben), 1892
14	1865	MolM	Moltke, Max (Bearbeitung von Nr. 7)[182]	1881
15	1867	GelF	Gelbcke, Ferdinand Adolph	1871
16	1867	SimK*	Simrock, Karl	keine
17	1869	FriH	Friesen, Hermann Freiherr von	keine
18	1870	NeiA	Neidhardt, Alexander	keine (1902)
19	1870	TscB	Tschischwitz, Benno	keine
20	1871	GilO*	Gildemeister, Otto	1876
21	1872	KraF	Krauss, Fritz	keine

Tabelle 2-2: Chronologischer Überblick über die untersuchten ZT nach erstmaligem Erscheinungsjahr

174 Die genaue Entstehungszeit ist unbekannt. Für Sonett 18 setzt KÖPKE 1855: Bd.2, 301 das Jahr 1807 an (ebenso: LÜDEKE 1922: 314, KAHN 1934:140, JANSOHN 1991: 86, LEITHNER-BRAUNS 1995: 288). Abweichend nennt SCHOEN-RENÉ 1941: 62 das Entstehungsjahr 1819.

Die genaue Entstehungszeit der Sonette 1 und 2 ist ebensowenig ermittelbar wie das Datum ihrer Überarbeitungen, die JANSOHN 1991 publiziert hat (siehe JANSOHN 1991: 87). Im folgenden wird JANSOHNs Fassung verwendet. Die dort als nachträgliche Einfügung und als gestrichen markierten Passagen wurden nicht in die elektronische Fassung übernommen.

175 JANSOHN 1993a: 265 gibt 1827 als Ersterscheinungsjahr an.

176 Siehe VINCKE 1881: 262.

177 Siehe ROLLINS 1944: 383.

178 Das von mir eingesehene Exemplar der Universitätsbibliothek Augsburg (Sign. III 9 4° 20) endet mitten in Sonett 109. Der Text von Sonett 116 entstammt JANSOHN 1993a: 272.

179 Weder 1824 (siehe LEITHNER-BRAUNS 1995: 291, JANSOHN 1993: 49-52) noch 1838 und 1839 (siehe ROLLINS 1944: 383) konnten als Erscheinungsjahre verifiziert werden.

180 ROLLINS 1944: 383 gibt 1843 als Erscheinungsjahr an, VINCKE abweichend 1838-1839.

181 In der zweiten Auflage nimmt BODENSTEDT an den hier betrachteten Sonetten jeweils nur zwei formale Änderungen vor: Er ändert die Reihenfolge der Sonette und fügt in beiden Gedichten am Ende der siebten Verszeile einen Gedankenstrich an. In 116 ersetzt der Gedankenstrich den Punkt, der noch in der Fassung von 1862 steht. Aufgrund dieser minimalen Überarbeitungen wurde die Neuauflage nicht als eigenständiger Text erfaßt.

182 MOLTKE 1868: iii: „ich verstand mich dazu, die gedachte Meyer'sche Uebersetzung einer prüfenden und bessernden Durchsicht zu unterziehen, [...] indem ich sie von Zeile zu Zeile sowohl mit dem englischen Urtext als mit anderen Uebersetzungen verglich [...]."

Als Ausgangspunkt des Interesses für die *Sonnets* in Deutschland sehen SCHOEN-RENÉ und ROLLINS A. W. v. SCHLEGELs 1796 in den *Horen* publizierte Äußerung über die *Sonnets*.[183] Sie räumen ein, daß ESCHENBURG den AT bereits 1787 erschloß, indem er um der Vollständigkeit seiner vielbeachteten Monographie *Ueber W. Shakspeare* halber auch eine Auswahl von 56 Sonetten nach MALONEs Text und in deutscher Prosaübersetzung veröffentlichte. Er ließ jedoch keinen Zweifel an der Geringschätzung, die dieser Text zu recht verdiene.[184] Somit ist SCHLEGELs Äußerung das erste Zeugnis, das dieser Auffassung widerspricht.

Als entscheidenden Grund für seine Wertschätzung der *Sonnets* (die SCHLEGEL zusammen mit seiner Interpretation bekanntlich auch in dem Sonett „Shakespeares Sonette und übrige Jugendgedichte" äußerte) führt SCHLEGEL an, daß sie durch tatsächlich erlebte Liebe und Freundschaft inspiriert seien und deshalb Aufschlüsse über die noch viel zu wenig bekannte Person William SHAKESPEARE liefern könnten.

Die damit zum Ausdruck kommende biographische Lesart prägt nicht nur – wie KAHN und SCHOEN-RENÉ behaupten – die bis 1848 erscheinenden ZT, sondern auch die später publizierten Übersetzungen. Nicht die biographische Lesart variiert, sondern ihre Ergebnisse und ihre Zielrichtung: Die ZT der ersten Hälfte des 19. Jahrhunderts erschließen die *Sonnets* als biographische Quelle, um etwas über ihren Autor herauszufinden. Nach 1848 wandelt sich die Zielrichtung: Ausgehend von dem nunmehr entwickelten zeitgenössischen Bild SHAKESPEAREs als Genie und gutem Ehemann, sollten die neuen ZT diesem Bild entsprechen.[185] Dies schien oft nur durch Umordnung der Q-Reihenfolge und eine ausführliche Diskussion der biographischen Spekulationen möglich, an denen sich zeigt, daß die biographischen Lesart offensichtlich weiter großen Einfluß ausübte.

Sowohl der erste Übersetzungsschub wie auch der zweite sind neben einem literarischen und im weitesten Sinne kulturellen Interesse an der Person SHAKESPEAREs auch durch extraliterarische Faktoren begünstigt. In bezug auf den ersten Schub von ZT-Veröffentlichungen stellt GOEDEKE fest, daß zwischen 1815 und 1830 der Markt für Übersetzungen überaus günstig war.

SHAKESPEAREs Werke wurden als Klassiker der neueren Sprachen neben den Werken der alt- und mitteldeutschen Literatur und der Antike bevorzugt übersetzt.[186] Dabei ist auch zu berücksichtigen, daß Übersetzungen englischsprachiger AT aus politischen Gründen besonderes Entgegenkommen von Übersetzern und Kritikern erwarten konnten: Die Ablehnung der französischen Herrschaft kann sich – neben der Wiederbelebung „germanischer" Literatur wie des Nibelungenlieds – auch als Konzentration auf die Übersetzung englischer „germanischer" Autoren artikulieren.

---

[183] Siehe SCHOEN-RENÉ 1941: 3, 24-27; ROLLINS 1944: 380f.

[184] ROLLINS 1944: 379 zeigt, daß ESCHENBURG diese Sicht auch in seiner 1788 veröffentlichten *Beispielsammlung zur Theorie und Literatur der schönen Wissenschaften* vertritt.

[185] SCHOEN-RENÉ 1941: 119-242 führt zahlreiche Quellen (Kritiker- und Übersetzeräußerungen) an, die diese Auffassung stützen.

[186] Siehe GOEDEKE 1985: 573-76.

Die literarische Begeisterung vermischt sich also mit der patriotischen. Diese Verbindung ist auch für den zweiten Schub der Übersetzungen anzunehmen: Nun wird SHAKESPEARE als Teil der deutschen Literaturgeschichte reklamiert, weiterhin über „die romanische Dichtung" gestellt und pauschal als „besser" bewertet.[187]

Der zweite Schub der Übersetzungen fällt auch zusammen mit den Feierlichkeiten zum 300sten Geburtstag SHAKESPEAREs im Jahre 1864, dem Ablauf des Copyrights für die SCHLEGEL/TIECK-Ausgabe von SHAKESPEAREs Werken im Jahr 1865[188] und Uneinigkeiten zwischen Übersetzern, Herausgebern und Verlegern über neue Gesamtausgaben, die dazu führten, daß verschiedene Teams unterschiedliche Editionen besorgten, die alle auch die nicht-dramatischen Dichtungen SHAKESPEAREs enthalten sollten.[189]

Schließlich wirkte der literarische wie ökonomische Erfolg des 1862 erschienenen BODENSTEDTschen ZT[190] als Anreiz für neue Übersetzungen: Elf Jahre später wurde er bereits zum vierten Mal aufgelegt. Je nach Einschätzung des Marktes bot ein weiterer ZT ökonomische Anreize für Verleger wie Übersetzer oder schreckte von der Publikation ab.[191]

Im literarhistorischen Kontext der ZK reicht der betrachtete Zeitraum von der Romantik bis in den Bürgerlichen Realismus. In dieser Zeit spielt das Sonett eine herausragende Rolle. Nach der ersten, durch Übersetzung aus dem Italienischen und Französischen ausgelösten Welle des Sonettschreibens im 17. Jahrhundert, wird das Sonett im ausgehenden 18. und beginnenden 19. Jahrhundert erneut sehr populär und verliert diese Popularität auch im Verlaufe der weiteren Jahrzehnte nicht, sondern wird zur populärsten lyrischen Form des gesamten 19. Jahrhunderts.[192]

Insofern ähnelt der literarische Kontext der ZK dem Kontext der AK zur Entstehungszeit der *Sonnets*. Gleichwohl bestehen gravierende Unterschiede: In der deutschen ZK etabliert sich das petrarkistische Reimschema mit der Gliederung des Sonetts in eine Oktave, die aus zwei Vierzeilern mit denselben umarmenden Reimen *abba abba* besteht, und ein Sextett aus zwei variabel reimenden Terzetten, z.B. *cde cde*, metrisch gefüllt durch fünfhebige Jamben oder Trochäen. Das Sonett wird durch Gottfried August BÜRGERs Gedichte und August Wilhelm SCHLEGELs theoretische Ausführungen, die den Eigenwert der Form – bei jambischer Füllung – betonen, als prestigeträchtigstes und hervorragendstes Modell lyrischen Ausdrucks propagiert[193] und im Laufe des 19. Jahrhunderts in großer Zahl vorgelegt.

---

187 Siehe ASSMANN 1843: 4, GERVINUS 1849: Bd. 2: 318, 419f.

188 PRICE 1920: 471 „Since 1865 this restriction has been removed."; BLINN 1993.

189 KAHN 1935: 68 sieht die Gesamtausgaben allein als Ausdruck des „bürgerlichen" Zeitgeistes nach 1848.

190 Siehe SCHOEN-RENÉ 1941: 205-07.

191 SCHOEN-RENÉ betont die abschreckende Wirkung (SCHOEN-RENÉ 1941: 206, 213).

192 Siehe FECHNER 1969: 29; SCHOEN-RENÉ 1941: 3-5.

193 Siehe A. W. SCHLEGEL z.B. in FECHNER 1969: 337. Friedrich SCHLEGELS schätzt das Sonetts als „die vollkommenste Form für ein romantisches Fragment" (zitiert nach FECHNER 1969: 337).

Die Form der SHAKESPEAREschen Sonette mit alternierendem Reim zweier unterschiedlicher Reimpaare im Quartett lehnt SCHLEGEL als formal wie inhaltlich zu simpel ab. Er wendet sich auch gegen den Einsatz des von ihm als trivial angesehenen, durch Paarreim verbundenen Couplets. Diese sogenannte englische Sonettform setzt sich, wie SCHOEN-RENÉ und YATES bemerken,[194] in der deutschen ZK nicht durch. Daher befinden sich fast alle gereimt abgefaßten ZT des Korpus nicht nur am Anfang, sondern auch am Ende des Jahrhunderts in einem formalen Randbereich der Zielliteratur.

SHAKESPEAREs Sonette werden zunächst der Vollständigkeit des Gesamtwerks halber übersetzt und in der Regel unter biographischen Fragestellungen gelesen, die ebenso wie die entgegengesetzte Position, die die Künstlichkeit und Gewolltheit des Sonetts kritisiert, in dem Verständnis von Dichtung als Erlebnislyrik und authentischem Ausdruck des Sprechers im Zeitkontext verortbar sind.

Dementsprechend häufig findet sich das bekannte WORDSWORTH-Zitat „with this key, Shakespeare unlocked his heart" in den Übersetzerkommentaren.[195] Oft wird auch behauptet, daß SHAKESPEARE, der sich in seinen Dramen hinter den Personen verberge, in den *Sonetten* unverstellt spreche. Die biographischen Spekulationen über „das Genie Shakespeare" erhalten daher neue Nahrung. Außerdem eröffnet die Spekulation über die Autorschaft, die Umstände der Drucklegung und die Anordnung der *Sonnets* sowie über die Identität der angeredeten bzw. einbezogenen Personen ein ganz neues Betätigungsfeld. Selbst Übersetzer, die völlig zu Recht von der Irrelevanz derartiger Spekulationen sprechen (z.B. REGIS, GILDEMEISTER, KRAUSS), können sich der Diskussion und einer eigenen Stellungnahme nicht enthalten. Dies mag auch daran liegen, daß die biographische Lesart der *Sonnets* im Zeitkontext angesichts der Personenkonstellation, angesichts des durchaus „unmännlich" um seine Selbstkonstitution ringenden Äußerungssubjekts und angesichts der oft mehr oder weniger offensichtlich anzüglichen Wortspiele jeden zeitgenössischen Verehrer des „Genius" William SHAKESPEARE, der *a priori* über derartig „niedrige" Empfindungen und Äußerungen erhaben gedacht wird, vor pikante Interpretationsaufgaben stellt.[196]

---

[194] Siehe SCHOEN-RENÉ 1941: 5; YATES 1981: 73.

[195] Die weite Verbreitung dieses Zitats, das in einem *dictionnaire des idées reçues* stehen könnte, zeigt sich unter anderem an dem impliziten und ironischen Bezug, den WILDE in seiner parodistischen Erzählung „The Portrait of Mr W. H." herstellt (z.B. 1993: 160): dort begeht die Hauptfigur Selbstmord, nachdem der sprichwörtliche Schlüssel bzw. das, was die Hauptfigur Cyril Graham darunter versteht, als Fälschung entlarvt wird. Vor dieser Tat verkündet Cyril „that we [...] are almost afraid to turn the key that unlocks the mystery of the poet's heart".

[196] Zwei Beispiele vom Anfang und Ende des betrachteten Zeitraums mögen genügen: LACHMANN, der als erster eine vollständige Übersetzung veröffentlicht, läßt – wie seine Vorgänger ESCHENBURG und KANNEGIESSER – die *Will*-Sonette aus und legt daher strenggenommen keine vollständige Übersetzung der *Sonnets* vor. KRAUSS gibt aufgrund derartiger Erwägungen nur die ersten 126 Sonette, den „süßen Kern", als eigenständige *Southampton-Sonette* und läßt die Sonette an die „dark lady" aus, um endlich auch „die Frauenwelt" für diese Gedichte zu gewinnen.

2.6. Forschungsüberblick

2.6.1. Computergestützte Übersetzungsforschung

Im folgenden werden Überlegungen zur Computerunterstützung von Projekten zur „inneren Übersetzungsgeschichte" eines AT, also zu „intrinsischen Kometenschweifstudien",[197] besprochen. Nach meinen Erkenntnissen legt HARGREAVES 1978 als erste einen Aufsatz in diesem Feld vor: „A Computer-Aided Study of Beckett's Plays and Translations" untersucht *En attendant Godot* und *Waiting for Godot* mit Hilfe von computergenerierten Häufigkeitsstatistiken und Konkordanzen.

Der Einsatz der IT erfolgt nach den Kriterien lokaler Verfügbarkeit und leichter Bedienbarkeit. Das gewählte Verfahren ist dateibasiert und nutzt die Standardsoftware COCOA. Eine individuelle Anpassung erfolgt nicht. Die als wünschenswert erkannte, aber mit COCOA nicht realisierbare Lemmatisierung und Wortartenklassifizierung wird daher manuell durchgeführt. Der Anhang geht auf die Schwierigkeiten der Kodierung der einzelnen Zeichen (insbesondere der französischen Sonderzeichen) und Zeichenstile (z.B. die kursiv gedruckten Bühnenanweisungen) im ASCII-Standard sowie auf den Korrekturaufwand der elektronisch erfaßten Texte ein, der zwar *tedious* und zeitaufwendig, aber zur Gewinnung präziser Ergebnisse unabdingbar sei.[198]

Die Aufgabe des Computers besteht darin, zunächst für jeden Text eine Liste aller Wortformen und ihrer Häufigkeiten anzufertigen; für Worte, die aufgrund ihrer absoluten Häufigkeit ausgewählt wurden, werden sogenannte KWIC (Keyword-in-context) Konkordanzen generiert. Zusätzlich ihren Frequenzlisten und Konkordanzen erhält HARGREAVES während des Projektes Paul A. FORTIERs lemmatisierte und nach Wortarten sortierte Konkordanz für den französischen Text.[199] Anhand dieses Modells, das als *tertium comparationis* dient, erstellt HARGREAVES manuell eine entsprechende Konkordanz des englischen Texts.

Die Interpretation der elektronisch gewonnenen Ergebnisse zu Aussagen zu den untersuchten Texten beruht auf der *en passant* eingeführten und nicht begründeten Annahme, daß die absolute Häufigkeit eines Wortes ein Indikator für seine Bedeutungsvielfalt und Relevanz sei.[200] Ohne weitere Begründung geht HARGREAVES davon aus, daß relevante (*significant*) Worte mindestens zwanzigmal im Text vorkommen.[201] Erst dann, wenn mindestens drei „Äquivalente" entdeckt werden, wird ein Wort in den Texten überhaupt genauer untersucht.[202]

---

[197] FRANK, A. P. 1989: 191.

[198] Siehe HARGREAVES 1978: 38-41.

[199] Beide Konkordanzen scheinen übereinzustimmen, da HARGREAVES keine Abweichungen anführt. Siehe HARGREAVES 1978: 26.

[200] HARGREAVES 1978: 28 „It was discovered, that high-frequency words presented the widest variety of meaning, since through use, the meanings multiply. The polysemic words were given special consideration"; 30 „Each of the significant items was considered."

[201] HARGREAVES 1978: 28 „The new lists were then compiled, one for each language, of all the words occurring at least twenty times, since according to the correlation suggested above, they were the most likely to have several meanings."

[202] Siehe HARGREAVES 1978: 28.

Die dem Textvergleich zugrundeliegende, im Text nicht explizierte These besagt, daß „Äquivalente“ in AT und ZT mit gleicher absoluter Häufigkeit auftreten. Wenn aber zwei „Äquivalente“ wie beispielsweise *chapeau* und *hat* dreiundfünfzig- bzw. vierundfünfzigmal in AT bzw. ZT vorkommen,[203] stellt HARGREAVES die weitere Untersuchung ein. Die somit durchgeführten Untersuchungen ergeben, wie aufgrund der Voraussetzungen nicht anders zu erwarten, allein *langue*-spezifische Bedeutungsverschiebungen.[204]

Der übersetzungskritische Ansatz tritt gegenüber den Überlegungen, die sich auf den Einsatz der IT beziehen, in den Hintergrund und muß daher aus den im Text verstreuten Hinweisen rekonstruiert werden. Eine Thematisierung des von HARGREAVES betrachteten Extremfalls von Übersetzen – die Erstübersetzung eines AT durch den Autor des AT – findet nicht statt. Es scheint jedoch unterstellt zu werden, daß es sich um ‚dasselbe‘ Werk handele – nur eben in sprachbedingt verschiedenen „Einkleidungen“.

Übersetzen wird daher – in Nachfolge DRYDENs – als Umkleiden gedacht, was HARGREAVES vielleicht auch wegen der personalen Identität von Autor und Übersetzer naheliegend scheint. Die Übersetzungsforscherin geht somit von der Substitutionshypothese der Übersetzungsforschung aus. Alle zwischen AT und ZT beobachteten Differenzen werden, wahrscheinlich auch aufgrund der personalen Identität von Autor und Übersetzer, nicht dem Übersetzer angelastet, sondern als sprachbedingt begriffen.[205] Diese Akzeptanz sprachbedingter Unterschiede macht die Annahme der gleichen absoluten Frequenz der „Äquivalente“ besonders begründungsbedürftig.

Diese Spannung wirkt sich auf das Äquivalenzverständnis aus: Einerseits scheint HARGREAVES Äquivalenz kontextunabhängig, andererseits aber auch als kontextabhängig zu denken. Sie setzt Äquivalenzbeziehungen zwischen Worten aus AS und ZS als gegeben voraus und nimmt an, daß sie sowohl dem Übersetzer wie auch dem Übersetzungsforscher bekannt sind: „The [...] words in each language were compared with their equivalents in the translation.“[206] Auf den hypothetischen Charakter der Beziehungen wird nicht eingegangen – insbesondere nicht auf den Übergang von der kontextunabhängigen, *langue*-bezogenen Sicht der Texte zu der kontextabhängigen, *parole*-bezogenen Sicht im übersetzungsbezogenen Analyseteil.[207]

Die Äquivalenzen werden auf der Wortebene von AS und ZS für lemmatisierte Nomen und Verben mit Häufigkeitsindex festgestellt und dann im Kontext von AT und ZT anhand der flektierten Verben bzw. deklinierten Nomen betrachtet. Der immanente Widerspruch wird auch daran deutlich, daß die übersetzungskritische Analyse die Bedeutung von Sätzen und Phrasen betrachtet,[208] die computergenerierten Listen aber nur Zeichenketten auf der Wortebene anführen. Letztere nutzt HARGREAVES als

---

[203] Siehe HARGREAVES 1978: 29 „French List“.
[204] Siehe HARGREAVES 1978: 32-35.
[205] Siehe HARGREAVES 1978: 32-35.
[206] HARGREAVES 1978: 28.
[207] Siehe HARGREAVES 1978: 32-35.
[208] Siehe HARGREAVES 1978: 33f.

Hinweispunkte für ihre nicht computergestützte Analyse der Worte im Phrasen- und Satzkontext, ohne allerdings auf die Durchdringung der Mikro- und Makrostrukturen einzugehen.[209]

Insgesamt ist HARGREAVES vergleichsweise kurzer Aufsatz darauf ausgerichtet, den Nutzen der (in ihrem Fall noch lochkartengestützten) IT für die Übersetzungsforschung zu erweisen. Die Idee, mit Hilfe von statistischen Kennzahlen Aussagen über die Beziehungen der Texte zueinander zu machen, ist allerdings theoretisch unzureichend verankert und liefert kontrastive Erkenntnisse über die Sprachen, in denen die Texte formuliert wurden, nicht aber über die Texte oder über Übersetzensstrategien. Es ist zu fragen, inwiefern die als einflußreich erkannten Makrostrukturen nicht auch bereits elektronisch erfaßt werden sollten, um präzisere Ergebnisse zu gewinnen oder um den Aufwand der nachträglichen, manuellen Konkordanzerstellung zu reduzieren. Daher wäre sowohl die Klassifizierung der Wortformen nach Wortart als auch die Angabe ihres Lemmas anzustreben. Darüber hinaus ist zu überlegen, ob die Einbeziehung des Kontextes nicht auch in den kodierten Einheiten reflektiert werden sollte.

Hinsichtlich der einzeltextbezogenen Verknüpfung von absoluter statistischer Häufigkeit mit inhaltlicher Relevanz sind grundsätzliche Bedenken vorzubringen, die einerseits auf die problematische Verknüpfung von Gedankengebilden mit Wortformen verweisen und andererseits betonen, daß in vielen Fällen Worte oder Phrasen eines Texts, die als inhaltlich relevantes Leitmotiv anzusehen sind, in expliziter Form nur vergleichsweise selten oder sogar überhaupt nicht an der Textoberfläche sichtbar werden. Außerdem kann nur die Annahme der Identitätshypothese begründen, daß bei der Analyse der absoluten Häufigkeiten nur Worte mit unterschiedlichen Häufigkeiten, nicht aber auch Worte gleicher Häufigkeit untersuchenswert sind.

Schließlich ist die seit den 60er Jahren geführte Diskussion des bereits erwähnten *mundane words*-Ansatzes der Autorschafts- und Stilstudien zu nennen, der als Antithese zum HARGREAVESschen Ansatz verstanden werden kann und nicht literarisch, sondern linguistisch und statistisch argumentiert, daß die am häufigsten in einem Text vorkommenden Worte gerade am wenigsten Bedeutungspotential aufweisen, einen Autor aber durch Einsatz statistischer Verfahren eindeutig identifizieren können.

Hier böte sich also eine interessante Möglichkeit, den statistischen Fingerabdruck des AT- Verfassers, der in dem von HARGREAVES betrachteten Sonderfall mit dem Autor des ZT identisch ist, im multilingualen Raum zu vergleichen. HARGREAVES geht nicht diesen Weg, obwohl die von ihr im Anhang veröffentlichten Listen Artikel und Partikel als häufigste Wortformen anführen.[210] Ihr geht es um die Bedeutungen, die mit Wortformen verbunden sind, weshalb sie in Übereinstimmung mit klassischen semantischen Ansätzen Nomen und Vollverben betrachtet. Allerdings berücksichtigt sie nicht das bereits angesprochene Problem der Negation, so daß die Qualität der Ergebnisse erheblich beeinträchtigt wird.

---

[209] HARGREAVES 1978: 33 „*chose* on its own is vague and needs the support of the rest of the sentence [...].“

[210] Siehe HARGREAVES 1978: 42f.

1984 berichtet ABERCROMBIE über ein von ihm entwickeltes Programm, das er als Unterstützung des von TOV und WRIGHT geleiteten Projekts zur Erforschung von griechischen Bibelübersetzungen, insbesondere der Septuaginta, entwickelt hat. Das Programm soll die Erstellung interlinearer Übersichten erleichtern, indem es alle „formal äquivalenten“[211] Worte automatisch einander zuordnet und dem Forscher somit einen Teil der Korrelationsarbeit abnimmt: Er muß nicht mehr alle Worte korrelieren, sondern braucht nur noch den Vorschlag des Rechners zu korrigieren. TOV/WRIGHT weisen 1985 ausdrücklich auf den Nutzen der neuartigen elektronischen Unterstützung ihrer Arbeit hin.[212] Das von ABERCROMBIE entwickelte Programm arbeitet dateibasiert und differenziert nicht zwischen Worten und Wortformen. Jedes Wort wird in einer eigenen Zeile erfaßt.

Das zugrunde gelegte Äquivalenzverständnis, das in der hier eingeführten Terminologie als Substitutionshypothese zu bezeichnen ist, wird nicht diskutiert, sondern als bekannt vorausgesetzt.[213] Die automatische Korrelation erfolgt durch Konsultation einer Lexikondatei, die alle als äquivalent eingestuften Wortpaare enthält. Sie umfaßt mit den Personennamen eine Untergruppe der Realia und enthält auch Substantive und Verben.[214] Beim Einsatz der Software wird vorausgesetzt, daß größere Abschnitte des AT und ZT während der Vorkodierung in eine einheitliche Reihenfolge (in diesem Fall die Einteilung des AT in Kapitel und Verse) gebracht wurden und daß der ZT sich sehr eng an der Wortreihenfolge des AT orientiert.[215] Unter diesen Bedingungen kann die automatische Zuordnung erwartungsgemäß hohe Erfolgsraten aufweisen.[216] ABERCROMBIEs Algorithmus prüft für jedes ZT-Wort zunächst, ob es im Lexikon eingetragen ist. Wenn dies der Fall ist, wird das im Lexikon abgelegte Äquivalent bestimmt. Nun vergleicht das Programm, ausgehend von der aktuellen Position im AT, alle AT-Wörter innerhalb eines 12 Worte umfassenden Fensters[217] und notiert bei Übereinstimmung den relativen Abstand des AT-Worts vom ZT-Wort. Kann kein Äquivalent gefunden werden, wird das Wort an der aktuellen AT-Position unter Vorbehalt als Äquivalent gekennzeichnet.

Die erste und meines Wissens nach bisher einzige Dissertation zur Erkundung der Möglichkeiten von computergestützter Übersetzungsforschung reicht BARTSCHT 1986

---

211 ABERCROMBIE 1984: 125.

212 Siehe TOV/WRIGHT 1985: 159.

213 Siehe ABERCROMBIE 1984: 131-35.

214 Siehe ABERCROMBIE 1984: 133. Der Rückgriff auf Realia nimmt den HOFLANDschen *anchor word*-Ansatz (siehe HOFLAND 1995) vorweg.

215 ABERCROMBIE 1984: 128; 126 „Old Greek translations from some Hebrew text were for the most part literal; the word order of a good portion of the Greek text follows the Hebrew closely; and modern editions of most books habe the same chapter and verse divisions in the Greek and Hebrew texts. The creation of a rudimentary alignment can thus be accomplished by reading each verse of both texts word by word into the memory of the computer [...].“

216 ABERCROMBIE 1984: 137 „In most cases, verses have but one minor problem needing correction or additional symbols, though many verses are „correct“ and need no changes.“

217 Siehe ABERCROMBIE 1984: 134. Das Programm überprüft also ggf. die sechs dem aktuellen AT-Wort vorhergehenden und nachfolgenden Worte.

an der Universität von Texas unter dem Titel *Computer Analysis of Multiple Translations: An Alternative Method for Literary Interpretation* ein. BARTSCHT untersucht drei von ihr selektierte Passagen aus GOETHEs *Märchen* in fünf englischen Übersetzungen.

In den ersten vier Kapiteln der Arbeit wird die geschichtliche Entwicklung der Informationstechnologie und die Versuche ihrer Anwendung auf literarisches Material ausführlich dokumentiert[218] und die Vernachlässigung der Unterstützung von übersetzungskritischen Untersuchungen festgestellt.[219] Den Aufsatz von HARGREAVES kennt BARTSCHT nicht; die Beiträge von ABERCROMBIE und TOV/WRIGHT faßt sie wahrscheinlich – sie nennt sie nicht explizit – als „isolated comparisons of biblical translations“[220] zusammen.

Der Einsatz der IT erfolgt nach dem Kriterium der schnellen und einfachen Beherrschbarkeit. BARTSCHT beschränkt sich deshalb auf die Benutzung der Textverarbeitung *WordPerfect*, da sie weder Konkordanzsoftware (sie erwähnt das Programm BYU Concordance) noch die speziell für Textauswertungen konzipierten Programmiersprache SNOBOL als „very suitable for my particular purpose“ erachtet.[221] Im Zuge der Arbeit wird deutlich, daß der Anteil des Computers an der Arbeit der Übersetzungsforscherin auf die Funktionen „Suchen“, „Gehe zu“ und „Erstelle Wortformenindex“ der von ihr benutzten Textverarbeitung beschränkt bleibt,[222] weshalb selbst die operativen Arbeitsprozesse nur in bezug auf die Texterfassung und -administration elektronisch unterstützt werden. Die einzige informationsgenerierende Tätigkeit des Rechners besteht in der Ermittlung der Gesamtwortzahl eines Texts, die BARTSCHT durch Aufruf des entsprechenden Menüpunkts der Textverarbeitung durchführen läßt.

Die logische Datenhaltung erfolgt naheliegenderweise dateibasiert, der Computer wird fast ausschließlich als Schreibmaschine benutzt: BARTSCHT entwickelt keine algorithmische Sicht der unterstützten Arbeitsprozesse.[223] Sie betont daher zu recht, daß sie die vollständige Kontrolle über die Informationstechnologie behält.[224] Allerdings fragt sie nicht danach, wie bei Beibehaltung der Kontrolle das Potential der IT für weitergehende Unterstützungsleistungen genutzt werden könnte.

---

218 Siehe BARTSCHT 1986: 15-94.

219 BARTSCHT 1986: 94: „But to my knowledge, translations of imaginative secular literature have never before been systematically analyzed.“

220 Siehe den Forschungsüberblick in BARTSCHT 1986: 94.

221 BARTSCHT 1986: 102f.

222 BARTSCHT 1986: 106: „Then the 'search' and 'move' funtions of the word processor were used to select the features marked during the compilation of the master text samples."

223 Sie spricht noch nicht einmal von der Programmierung eines Makros, das als Instantiation eines solchen Algorithmus den Rechner zur automatischen Erstellung einer der vielen von ihr manuell angelegten Listen veranlassen könnte ROMMEL 1995 nutzt und dokumentiert diese Möglichkeit ausführlich in seiner Studie zu Byrons *Don Juan*.

224 BARTSCHT 1986: 103: „To be sure, the computer is still only a very efficient tool that must be controlled by the scholar."

Die Erfassung und Aufbereitung der Texte erfolgt daher vollständig manuell. Eine Darstellung des dabei zugrunde gelegten Formalismus muß aus den diesbezüglichen, im Text verteilten Äußerungen rekonstruiert werden: BARTSCHT setzt bei der Erfassung der Wortformen eines Texts an, indem sie den Zeichenbestand erfaßt.[225] Obwohl sie sich der Relevanz einer Differenzierung zwischen Wortform, Wort und Lemma bewußt ist,[226] nimmt sie diese nicht in ihrem Datenbestand vor.

Während der Erfassung führt die Forscherin bereits einen Vergleich aller ZT- und AT-Wortformen durch, die ihrer Meinung nach korrelieren. Abhängig vom Ausgang dieses Vergleichs, der als erster Teil der Aufbereitungsphase anzusehen ist, werden die ZT-Wortformen in den Auswertungslisten entweder nicht verändert, vollständig großgeschrieben oder mit einer Tilde am Wortanfang versehen. Die Großschreibung kennzeichnet alle diejenigen ZT-Wortformen, die nach BARTSCHTs Verständnis des AT als *extraneous* einzustufen sind. Die vorangestellte Tilde dient der Markierung von „inexact translations". Wenn AT-Wortformen in einem ZT unübersetzt blieben, wird die Zeichenkette „[ ]" an der horizontalen Position der AT-Wortform und an der vertikalen Position des jeweiligen ZT eingefügt.[227]

Der diesem Vergleich zugrundeliegende Kodierungsformalismus wird nicht expliziert, aber implizit anhand der Ergebnisse des Vergleichs ersichtlich, die BARTSCHT in der manuell erstellten, interlinearen *Master List* dokumentiert, die alle Texte vertikal in chronologischer Reihenfolge und horizontal in Abschnitten von „short clauses or phrases" anordnet. Diese vorkodierte Anordnung nutzt BARTSCHT, um weitere Übersichten zu erstellen:[228] Zunächst erstellt sie eine Liste aller der AT-Wortformen, die ein ZT ausläßt, zweitens eine Liste aller im Vergleich zum AT hinzugefügten ZT-Wortformen und drittens eine Übersicht aller ZT-Wortformen, die sie als „inaccuracies and mistranslations" klassifizierte. Der Anteil des Computers an der Erstellung dieser Listen bleibt zunächst unklar, beschränkt sich jedoch offensichtlich auf die Suche nach den markierten Wortformen. Die Listen der ausgelassenen AT- und der „ungenauen" ZT-Wortformen ergänzt die Übersetzungsforscherin um Angaben zu den „correct German words and their English translation."[229]

BARTSCHT stellt weitere Listen zusammen: Als Grundlage für inhaltliche Untersuchungen soll ein mit Hilfe von *WordPerfect* generierter, alphabetisch sortierter Wortindex dienen, der allen AT-Wortformen der Wortklassen Nomen, Verb und Adjektiv ihre ZT-Korrelate zuordnet.[230] Die Wortformen werden nicht oder nur „teilweise" lemmatisiert. Dies erschwert jedoch die spätere Auswertung erheblich.

---

[225] Siehe BARTSCHT 1986: 104. Die deutschen Umlaute werden in ihren Umschreibungen erfaßt, weil die nationalen Sonderzeichen nicht zur Verfügung stehen. Schriftstil und andere layoutbezogene Merkmale der Wortformen werden nicht erfaßt

[226] Siehe BARTSCHT 1986: 51.

[227] Siehe BARTSCHT 1986: 104f.

[228] Siehe BARTSCHT 1986: 105f.

[229] BARTSCHT 1986: 106.

[230] Im Unterschied zur bisherigen Kodierungspraxis werden alle Abweichungen der ZT-Korrelate von den AT-Wortformen dadurch gekennzeichnet, daß die abweichende ZT-Wortform von eckigen

Alle Listen bilden die Grundlage für die Auswertung, die als „empirical basis" für die Bewertung (*evaluation*) der Übersetzungen dienen soll. Dafür erstellt BARTSCHT zum einen Kennzahlen, die angeben, in welchem prozentualen Verhältnis die Anzahl der ZT-Wortformen, die als abweichend von den AT-Wortformen markiert wurden, zur Zahl aller Wortformen des jeweiligen ZT und auch zur Gesamtzahl der AT-Wortformen steht. Außerdem vergleicht sie die Anzahl von Worten pro Satz in allen Texten, die sie mit L. A. SHERMAN als typisches Merkmal „of any writer's personal style" ansieht, das in verschiedenen Sprachen unterschiedlich ausgeprägt sei und bei der Übersetzungsforschung berücksichtigt werden sollte.[231]

Um die Analyse der ZT zu erleichtern, erstellt Bartscht eine nach Übersetzer und Abweichungsart geordnete Übersicht aller betroffenen ZT-Wortformen. Über die ursprüngliche Kodierung hinausgehend, unterscheidet sie innerhalb der Klasse der mit der Tilde markierten „inaccuracies" zwischen „expressions, variants" und „semantic errors". Ihre Darstellung des Kodierungsformalismus, der dieser Einteilung zugrunde liegt, enthält implizit den von ihr vorausgesetzten übersetzungskritischen Ansatz:

> Words that were translated entirely wrong, in my opinion, I classified as semantic errors. All other words that seemed to differ from current usage were listed as variant expressions; phrases that were worded differently but conveyed a similar meaning as the original came under the same category. When a word did not literally translate from the German but was appropriate to the situation (such as "bridge" for "Bogen"), I did not code it as a variant.[232]

Bereits in diesem Ausschnitt wird deutlich, daß BARTSCHT ausschließlich AT-orientiert vorgeht. Tatsächlich liegt die Substitutionshypothese, also die mathematisch verstandene Äquivalenzhypothese, ihrer Arbeit zugrunde. Dies zeigt sich zum einen daran, daß sie von der Disambiguierbarkeit der Bedeutungen ausgeht und Rückübersetzungen als Korrektiv angibt.[233] Zum anderen wird es auch daran deutlich, daß BARTSCHT nicht von Variationen oder verschiedenen Korrelationsmöglichkeiten spricht, sondern von *inaccuracies* oder *omissions* und möglichen Begründungen für diese Beobachtungen weder innerhalb der ZS noch innerhalb des ZT nachspürt.
Die Bestimmung der *‚accurate equivalents‘* wird nicht thematisiert, sondern als bekannt vorausgesetzt. Semantische Überlegungen entfallen, und der Leser erfährt erst im Verlauf der Arbeit, daß wohl *The Consolidated Webster Encyclopedic Dictionary* als alleiniger Maßstab zur Bestimmung der Äquivalenz herangezogen wird.[234] Äquivalenz besteht für BARTSCHT genau dann, wenn das von ihr als Korrelat zum AT-

Klammern eingerahmt wird. Die AT-Wortformen werden je nach Wortklasse gar nicht oder aber leicht verändert: Verben werden mit der Begründung, sie dann im AT leichter erkennen zu können, in ihrer konjugierten Form belassen. Nomen und Adjektive werden auf den Nominativ zurückgeführt; ihr Numerus wird nicht verändert (Siehe BARTSCHT 1986: 108f.).

[231] Siehe BARTSCHT 1986: 65. SHERMAN wird nach BAILEY 1969 zitiert und findet sich nicht im Literaturverzeichnis.

[232] BARTSCHT 1986: 108.

[233] Siehe BARTSCHT 1986: 108, 114, 119; ZT-spezifische Listen der „inaccuracies" S. 217ff.

[234] Siehe BARTSCHT 1986: 114, 119, 126.

Segment identifizierte ZT-Segment mit „the modern dicitonary meaning" des Lemmas dieser Wortform übereinstimmt. Als „modern dictionary meaning" setzt sie die erste im Lexikon aufgeführte Bedeutung an.

Die linguistischen Grundlagen der Segmentierung der Texte in Worte und Phrasen, der Wortartenklassifikation und der syntaktischen Strukturierung werden nicht expliziert. Insbesondere wird die Segmentierungsproblematik nicht reflektiert, was dazu führt, daß bei der Korrelation der AT- und ZT-Segmente sowohl Worte als auch Phrasen aufeinander bezogen werden. Dies steht in Spannung zu Teilen der Arbeit, die allein vom Wort ausgehen („Words [...] can be isolated, compared, and counted. Their numerical relationships can be calculated."[235]) und statistische Aussagen auf dieser Oberflächenebene der Wortformen als unmittelbar relevant für literaturwissenschaftliche Erkenntnisse ansehen.[236] Problematisch ist auch, daß eine Definition des zugrundegelegten Konzepts des Wortes weder in bezug auf BARTSCHTs Perspektive noch in bezug auf die von *WordPerfect* gezählten Worte erfolgt. Schließlich bleibt auch die Problematik des Stichprobenziehens in literarischen Texten bzw. die Bestimmung der Repräsentativität der gewählten Passagen ungeklärt.[237] Bartscht weist nur darauf hin, daß sie die drei von ihr untersuchten Passagen aufgrund ihres Einflusses auf die Erzählung und ihrer Ähnlichkeit hinsichtlich der geschilderten Situation (Nacht/ Dunkelheit) ausgewählt hat.[238]

Zusammenfassend bleibt festzustellen, daß BARTSCHTs Dissertation von einem theoretisch in vieler Hinsicht problematischen Ansatz – sowohl in Hinsicht auf die Übersetzungsforschung als auch in Hinsicht auf die Computerunterstützung – ausgeht. Der Computer wird fast ausschließlich als bessere Schreibmaschine eingesetzt und nicht in die Kernprozesse der übersetzungsforscherischen Arbeit integriert. BARTSCHT selbst sieht ihre Arbeit als Vorarbeit für weitere Studien an, allerdings ist die Nutzung der von ihr erhobenen Daten aufgrund ihres herstellerspezifischen Formats und der theoretisch problematischen Erhebung mindestens schwierig zu nennen.

In einem kurzen Aufsatz hat BENDER 1988 auf die Möglichkeit hingewiesen, Übersetzungsforschung durch den Einsatz von lexikographischen Hilfsmitteln, insbesondere von Konkordanzsoftware, zu unterstützen. Der Rechner könne bestimmte, vom Forscher vorgegebene Schlüsselworte in AT und ZT lokalisieren, durch Erstellung von Häufigkeitsstatistiken potentielle Schlüsselworte vorschlagen[239] und so die Identifika-

---

235 BARTSCHT 1986: 10.

236 Siehe BARTSCHT 1986: 114.

237 Anfang der 80er Jahre erörtert beispielsweise KENNY, den BARTSCHT nicht im Literaturverzeichnis aufführt, ausführlich „The Practice of Literary Sampling" (Kenney 1980: 161-68), und auch in HOCKEYs Handbuch findet sich eine entsprechende Diskussion (HOCKEY 1980: 125f).

In beiden Fällen wird Repräsentativität allerdings ausschließlich aus statistischer Sicht definiert und nicht gefragt, inwiefern mathematische Repräsentativität auch in sprachlichen Gegenständen mittels mathematischer Strukturen wie der Normalverteilung oder dem χ^2-Test überprüft werden kann.

238 Siehe BARTSCHT 1986: 103.

239 Siehe BENDER 1988: 93.

tion von Übersetzer- und Epochenstilen erleichtern.[240] Obgleich BENDERs Arbeit mit langfristiger Zielsetzung Teil des SFB 309 war,[241] sind dem ersten Aufsatz keine weiteren Publikationen auf diesem Gebiet gefolgt.

Im wesentlichen wird das von HARGREAVES vorgeschlagene Verfahren propagiert. Auch BENDER differenziert nicht zwischen Worten und Wortformen; anders als HARGREAVES spricht er weder Lemmatisierung noch Wortklassenidentifizierung als wichtige Aspekte der Aufbereitung – und als wichtige Merkmale der anschließend produzierten Indizes und Konkordanzen – an. Eine elektronische Abbildung der Korrelationen zwischen AT und ZT, die BARTSCHT auf sehr elementare Weise vornimmt, wird ebenfalls nicht ins Auge gefaßt. Es erscheint fraglich, inwiefern es auf einer solchen Grundlage möglich ist, Epochen- oder Übersetzerstile zu identifizieren.[242]

Ebenfalls 1988 veröffentlichen SIMONS und VERSAW das *Interlinear Textprocessing System* namens *IT*. Das System besteht aus mehreren Programmen, die die interlineare Darstellung von Texten unterstützen.[243] Die Korrelation erfolgt auf Morphemebene; die Frage der Differenzierung zwischen Worten und Wortformen stellt sich auf dieser Ebene nicht. Die Morphemzerlegung, die grammatische Klassifikation und die Bestimmung der Grundform werden durch Rückgriff auf eine kontinuierlich aktualisierte Datenbank unterstützt.[244]

Die Korrelation erfolgt implizit dadurch, daß die korrelierenden Elemente (AT-Morphem und ZT-Morphem) an identischen Positionen innerhalb zweier korrelierter Zeilen stehen.[245] Somit gibt die Dateistruktur die Korrelation vor, die ausschließlich als 1:1 Relation kodiert werden kann. Es besteht keine Möglichkeit, die Art der Korrelation anzugeben, oder mehrere Elemente als gemeinsam korrelierend zu erfassen. Insbesondere ist es unmöglich, zu bestimmten AT-Morphemen zu springen, ohne nicht vorher alle vorhergehenden Morpheme durchlaufen zu haben.[246] Es besteht keine Möglichkeit, neue Segmente interaktiv einzufügen, und lange Abschnitte können nicht nachträglich hinzugefügt werden.[247] Die Bedienung der Programme erfordert einen hohen Einarbeitungsaufwand;[248] sie erfolgt befehlszeilengesteuert unter MS-DOS.

IT zeigt, wie weit man mit auch einem dateibasierten Ansatz das interlineare Korrelieren unterstützen kann. Abgesehen von zeitbedingten technischen Einschränkungen, wiegt die theoretische wie technische Beschränkung auf den Extremfall der

---

240 Siehe BENDER 1988: 94f.

241 Siehe FRANK, A.-P. 1986: 348 „While we now have access to the necessary electronic data-processing equipment, the development for our specific purposes of special strategies for its use will take time."

242 Die Annahme eines Epochenstils ist in hohem Maße theoretisch begründungsbedürftig.

243 Insofern ähnelt der Aufgabenbereich ABERCROMBIEs Programm, das allerdings nicht erwähnt wird.

244 Siehe SIMONS/VERSAW 1988: 11.

245 Siehe SIMONS/VERSAW 1988: 10f.

246 Siehe SIMONS/VERSAW 1988: „Reference to IT programs, 8.3".

247 Siehe SIMONS/VERSAW 1988: „Reference to IT programs, 8.3".

248 Siehe SIMONS/VERSAW 1988: 4.

unqualifizierten 1:1-Korrelation am schwersten. Sie macht die Nutzung dieser Software für Übersetzungsstudien im Sinne der Korrelationshypothese wenig sinnvoll. Da sowohl AT als auch ZT auf Morphemebene korreliert werden, handelt es sich eher um eine *langue*- als eine *parole*-bezogene Korrelation. Dies wird auch daran deutlich, daß Segmente tatsächlich vorliegender ZT nicht mit den Elementen des AT korrelieren, sondern als „free translation" ausdrücklich unkorreliert erfaßt werden.[249]

1996 habe ich in einem Aufsatz Ergebnisse einer computergestützten Untersuchung des ersten Kapitels von Virginia Woolfs Roman *The Waves* in drei deutschen und zwei französischen ZT vorgestellt.[250] Die Untersuchung erkundet erstmals die Möglichkeit datenbankbasierter Datenhaltung und die Kombination von Spezial- und Standardsoftware. Der Forschungsüberblick enthält keinen der bisher genannten Beiträge, sondern konzentriert sich auf den Stand der Korpuslinguistik und der computergestützten Übersetzungswissenschaft, der – ohne Kenntnis von BAKER 1993 – als sehr günstig für die Entwicklung computergestützter Hilfsmittel für die Übersetzungsforschung eingeschätzt wird.[251]

Anders als bei den Vorgängerstudien nimmt die Diskussion der elektronischen Aufbereitung der Daten für die spätere Verarbeitung (Erfassung, Aufbereitung) breiten Raum ein. Für die Kodierung morphologischer und syntaktischer Eigenschaften und für die Erfassung der Korrelationen wird ein vergleichsweise differenzierter Formalismus eingesetzt: Jeder Text wird als Tabelle einer Datenbank erfaßt und auf der Wort-, der Phrasen- und der Satzebene segmentiert und klassifiziert. Internationale Standards wie TEI (s. folgendes Kapitel) werden allerdings nicht berücksichtigt.

Eine Unterscheidung zwischen Worten und Wortformen erfolgt nicht. Die theoretischen Vorüberlegungen führen zu einer Vorform der Korrelationshypothese, und die auf allen drei Ebenen durchgeführte Korrelation der Segmente wird deshalb ohne Klassifikation der Relation durchgeführt. Sie erfolgt für alle ZT nur in bezug auf den AT und ermöglicht die Korrelation beliebiger ZT-Segmente mit einem AT-Segment. Die „sternförmige" Struktur ist, wie auch die (undokumentierte) interne Datenstruktur den komplexen Anforderungen korrelationshypothetischer Untersuchungen, wie sie in dieser Arbeit angestrebt werden, nur teilweise gewachsen: Die Art der Korrelation kann nicht angegeben werden, und das Datenmodell entspricht nicht den Anforderungen redundanzfreier relationaler Datenhaltung. Die Aufbereitung der Texte erfolgt direkt in den Tabellen der Datenbank und erfordert daher Datenbankkenntnisse.

Das als WINDOWS-Software erstellte PALIMPSEST-Auswertungsprogramm bietet die Möglichkeit, die erfaßten Texte auf benutzerfreundliche Weise ohne Programmierkenntnisse per Mausklick einsehen und auszuwerten zu können. Der

[249] Siehe SIMONS/VERSAW 1988: 24-26.

[250] Siehe MACZEWSKI 1996a.

[251] Im Internet bündelt die Website von BARLOW seit mehreren Jahren aktuelle Informationen zu Korpuslinguistik und Übersetzung (siehe BARLOW 1996). Den zur Zeit aktuellsten gedruckten Überblick über die für die Übersetzungsforschung relevanten Aspekte der Korpuslinguistik hat KENNY, D. 1998a in der *Routledge Encyclopedia of Translation Studies* vorgelegt.

PALIMPSEST BROWSER stellt für ein ausgewähltes Segment der Phrasenebene eines Texts alle mit ihm korrelierten Segmente automatisch „interlinear" abgeglichen dar. Die anderen Auswertungsmöglichkeiten, wort- und phrasenbasierte Indizes und Statistiken, haben sich als nützliche Hilfsmittel für die Übersetzungsforschung erwiesen. Sie stützen die Ergebnisse der nicht-computergestützten Forschung und konnten sie auch ergänzen bzw. modifizieren.[252]

Weit über die Versuche zur Unterstützung intrinsicher und extrinsischer Kometenschweifstudien hinaus gehen die Aufsätze von Mona BAKER.[253] BAKER betont seit ihrem ersten diesbezüglichen Text von 1993 die Relevanz der Korpuslinguistik für die Übersetzungsforschung. Die von ihr vorgeschlagene Terminologie, insbesondere die Differenzierung zwischen *parallel*, *multilingual* und *comparative corpora*[254] prägt die aktuelle Debatte. BAKERs vorrangiges Ziel ist es, ausgehend von umfangreichsten korpuslinguistischen Untersuchungen die ‚Translationalität' (*what translation itself is*)[255] zu erforschen und mit Hilfe von *universal features of translation* zu definieren.[256] Die Definition dieser Eigenschaften soll durch Vergleich mit dem AT und mit den „indigenen", nicht übersetzten Texten der jeweiligen ZS/ZK erfolgen, wobei weder AT/AS/AK noch ZT/ZS/ZK bevorzugt betrachtet werden, da die durch Übersetzen entstandene Relation einer Klasse von ZT zur Klasse der AT und der indigenen Texte untersucht wird. BAKER geht also von der Korrelationshypothese aus. Dementsprechend greift sie TOURYs Überlegungen auf; sie erwähnt allerdings keine der weiteren, im zweiten Kapitel vorgestellten, ähnlichen Ansätze.

Auf dem Weg zu diesem großen Ziel erscheint ihr die Untersuchung von *central questions which have been on the agenda for decades* – sie nennt die Frage der Übersetzungseinheit und der Art der Äquivalenz – durch den Einsatz korpuslinguistischer Verfahren effizienter und zuverlässiger möglich als je.[257] Ähnlich wie die Pioniere der computergestützten Literaturwissenschaft in den 60er Jahren propagiert sie graphemzentrierte statistische Verfahren, die Kennzahlen zum *type/token*-Verhältnis und zur lexikalischen Dichte eines Textkorpus liefern.[258] Anders als jene ist sie an einzeltextspezifischen Auswertungen nicht interessiert und reflektiert insofern die in Kapitel zwei umrissene Entwicklung in der Computerphilologie, die sich ebenfalls von einzeltextbezogenen Forschungen abgewendet hat.

Wie die bisherigen Überlegungen gezeigt haben, können derartige Analysen allerdings für Übersetzungen einen deutlich höheren Erkenntniswert liefern als für nicht übersetzte Texte. Solange jedoch nur die Ebene der Grapheme betrachtet wird, ohne zwischen Worten und Wortformen zu differenzieren, ohne Lemmatisierung und

---

252 Der erfolgreiche Einsatz gab den Ausschlag, die Möglichkeiten der IT-gestützten Übersetzungsforschung in dieser Arbeit ausführlicher auszuloten.

253 Siehe BAKER 1993, 1995.

254 Z.B. in BAKER 1995: 230-35.

255 BAKER 1993: 236.

256 BAKER 1993: 243f.

257 Siehe BAKER 1993: 248.

258 Siehe BAKER 1995: 235-38.

Wortartenbestimmung, geschweige denn weitere syntaktischer Aufbereitung und Repräsentation der Korrelationen innerhalb der Korpora vorzunehmen, dürften die Ergebnisse allerdings vergleichsweise dürftig ausfallen, wie der Blick auf die bisherige Geschichte der Computerphilologie zeigt.

Insgesamt wirkt die entschiedene Ablehnung von intrinsischen, computergestützten Studien überraschend, weil BAKER keine der bereits vorliegenden Studien, die als Grundlagen für die von ihr propagierten verallgemeinernde Arbeiten dienen könnten, anführt und keine ihrer hier aufgeführten Vorgänger erwähnt. Die Korpuslinguistik bzw. die neuartige Übersetzungsforschung soll all dies leisten.[259]

Um diese Forderung erfüllen zu können, sollte jedoch meiner Ansicht nach ein Zwischenschritt eingeschoben werden, der BAKERs Erkenntnisinteresse mit dem ihrer Vorgänger verknüpft, indem Hilfsmittel und Auswertungsverfahren zunächst für überschaubare Korpora entwickelt werden, in denen die Übersetzungsstrategien gründlich analysiert werden können. Erst nach derartigen Anstrengungen, als deren Teil sich die vorliegende Arbeit versteht, wird genügend stringent aufbereitetes Material für Generalisierungen bereitstehen. Dieses Ziel kann nur erreicht werden, wenn geeignete Kodierungsformalismen eingesetzt werden.

Bevor darauf eingegangen wird, ist abschließend anzumerken, daß jede Rechtfertigung des Computereinsatzes, die auf die „größere Wissenschaftlichkeit“ oder „größere Präzision“ des Befundes abstellt,[260] sehr problematisch erscheint. Insbesondere evozieren derartige Behauptungen eine Debatte über den Wissenschaftsbegriff,[261] die wiederum theoretische Probleme impliziert, welche nicht mehr spezifisch die Übersetzungsforschung betreffen. Um eine mögliche Integration von der IT in die Übersetzungsforschung zu erkunden, ist jedoch die theoretische Modellierung der Arbeitsprozesse und die praktische Implementierung der Unterstützung als Kernaufgabe anzusehen. Inwiefern der bloße Einsatz eines Computers eine Veränderung einer wie auch immer definierten „Wissenschaftlichkeit“ bewirken kann, erscheint äußerst fraglich.[262]

2.6.1.1. Formalismen zur Kodierung der Korrelation

Die konsistente Erfassung der Korrelationen zwischen den Elementen aller Texte setzt ein geeignetes Kodierungsschema voraus. Anders als es die fortgeschrittene Entwicklung der Formalismen zur elektronischen Kodierung von Zeichenbestand und Syntax eines Texts vielleicht vermuten läßt, liegen bislang nur wenige Formalismen vor, die dazu verwendet werden könnten, korrelationsspezifische Beziehungen zwischen Seg-

[259] Siehe BAKER 1993: 248; 1995: 223.

[260] HARGREAVES, BARTSCHT 1986: vi.

[261] BARTSCHT erwähnt in diesem Kontext beispielsweise SNOWs These der zwei Kulturen.

[262] Nicht zuletzt BARTSCHTs Arbeit belegt dies deutlich, da die angeblich „wissenschaftlicheren“, „objektiveren“ Daten offensichtlich BARTSCHTs theoretische, „subjektive“ Position reflektieren.

menten verschiedener Texte zu erfassen. Im folgenden werden die entsprechenden Formalismen vorgestellt.[263]

1987 haben BÖDEKER und FREESE eine „Prototypologie“ für die wortebenenbezogene Korrelation von ZT- zu AT-Segmenten vorgelegt, die Realia bezeichnen.[264] Ihre Untersuchung folgt der auch in dieser Arbeit vertretenen Korrelationshypothese insoweit, als semantische Verschiebungen zwischen AT und ZT als unausweichlich angesehen werden.[265] Allerdings ist diese Hypothese nicht konsequent weitergeführt, weil nicht alle ZT-Segmente, die Realia bezeichnen, zu AT-Segmenten in Beziehung gesetzt werden. Insofern wird also dem AT eine mit der Korrelationshypothese nicht vereinbare Priorität eingeräumt, die eher der Substitutionshypothese entspricht.

Die unausweichliche semantische Verschiebung nennen BÖDEKER/FREESE Differenz. Zur näheren Klassifikation schlagen sie fünf „D-Gruppen“ vor, deren gegenseitige Durchlässigkeit und Abhängigkeit vom Ermessen des Forschers nicht verschwiegen wird: Sie werden als „Punkte in einem Kontinuum“ gedacht[266] und zu den sogenannten V-Gruppen in Beziehung gesetzt, die die Vorgehensweise des Übersetzers gemäß der fünf Kriterien „Übernahme des fremden Wortes, Lehnübersetzung, komponentenanalytisches Übersetzen, Veränderung hyponymischer Verhältnisse, assoziatives Übersetzen“ klassifizieren.[267]

---

[263] Selbstverständlich schlägt jeder übersetzungswissenschaftliche Text Voraussetzungen für derartige Formalismen zumindest implizit vor. Allerdings wird nur selten versucht, davon ausgehend ein Kodierungsschema zu erstellen. Dies ist in vielen Fällen auch im Nachhinein schwer, weil das Erkennen von Beziehungen oft als Fähigkeit des Übersetzungsspezialisten vorausgesetzt, die Klassifikation der AT- und ZT-Segmente undiskutiert vorgenommen und nur in besonderen Problemfällen ausführlich begründet wird.

[264] Siehe BÖDEKER/FREESE 1987. Sie führen Ähnlichkeiten mit Kitty van LEUVEN-ZWARTS Dissertation von 1984 an, die für diese Arbeit wegen ihrer Sprache nicht berücksichtigt wurde.

[265] Siehe BÖDEKER/FREESE 1987: 137.

[266] BÖDEKER/FREESE 1987: 143.

[267] Zur ersten D-Gruppe werden alle die Wortformen aus AT und ZT gezählt, die das Kriterium der denotativen und konnotativen Synonymie erfüllen („keine Differenz“).

Die zweite D-Gruppe enthält diejenigen Lexeme, die in „minimale[r] Differenz“ zueinander stehen. „Minimale Differenz“ ist genau dann gegeben, wenn die Lexeme des ZT irgendeiner der fünf V-Gruppen zugeordnet werden können, aber keiner der weiteren D-Gruppen (Siehe BÖDEKER/FREESE 1987: 145. Die historische Bedingtheit dieser Relation wird – im herausgestellten Gegensatz zu synchronischen Ansätzen – berechtigterweise betont).

Die dritte D-Gruppe (siehe BÖDEKER/FREESE 1987: 148-50) umfaßt, ohne, daß dies thematisiert wird, nicht mehr nur Wortformen, sondern auch Phrasen und Sätze, sofern sie – aus der Sicht der AS/AK – als „Erweiterung“ des AT-Segments im ZT aufgefaßt werden können. Im einzelnen wird dazu neben der weitgehenden graphemischen Übernahme eines AT-Segments mit anschließendem erläuterndem Einschub in Form eines Nebensatzes oder einer Apposition („paraphrasierende Übersetzung“) auch die „assoziative Erweiterung“ gezählt, die die im AT geschilderte Wirklichkeit eigenständig ausschmückt.

Den Gegenpart zur dritten D-Gruppe bildet die vierte (siehe BÖDEKER/FREESE 1987: 150f.): Sie umfaßt ZT- und AT-Segmente, bei denen das ZT-Segment eine gegenüber dem AT-Segment signifikant „verengte Bedeutung“ aufweist. Insbesondere werden dazu Auslassungen von geo-

Die Überlagerung von D- und V-Gruppen erschwert die Bestimmung eines einzigen semantischen Kriteriums als Selektionsbedingung für eine D-Gruppe, da neben die semantische Betrachtung noch die daraus abgeleitete Rekonstruktion der Übersetzensstrategie tritt. Außerdem ist es mißverständlich, wenn „Bedeutungsverengung" als Kriterium für die Zuordnung von Segmentpaaren angeführt wird. Präziser erscheint die Definition mittels der ebenfalls angeführten V-Gruppen „komponentenanalytisches Übersetzen" und „Veränderung hyponymischer Verhältnisse."

Die Vermischung von semantischen Beobachtungen und ihren Interpretationen erschwert die präzise Anwendung des Formalismus. Insbesondere ist die Möglichkeit, ein Segmentpaar unterschiedlichen Gruppen gleichzeitig zuordnen zu können, problematisch.

Das Ziel einer klareren Trennung von semantischer Beobachtung und übersetzungsforscherischer Interpretation kann erreicht werden, wenn nicht beides gleichzeitig, sondern eines nach dem anderen durchgeführt wird. Daher wird im folgenden nur die semantische Beobachtung formalisiert und auch sie nur hinsichtlich eines Aspekts, nämlich der Denotation, betrachtet und erst aufbauend auf diesen Daten eine Rekonstruktion der Übersetzerstrategie unternommen.

Einen simpleren, im Anhang zu ihrer Dissertation *ad hoc* eingeführten Formalismus setzt LEITHNER-BRAUNS zur Kennzeichnung der Korrelationsbeziehungen zwischen den Bedeutungen von AT- und ZT-Wortsegmenten ein:[268] Das Zeichen „+" kennzeichnet diejenigen ZT-Wortformen, die nach Einschätzung der Forscherin „das deutsche Äquivalent" zu einem AT-Lexem darstellen, dessen Verwendung „in den

---

graphischen Bezeichnungen und von Firmennamen sowie im Vergleich zur Bedeutung des AT-Segments allgemeinere bzw. spezifischere Bedeutungen des ZT-Segments gezählt.

Die fünfte D-Gruppe, die mit der allgemeinen Bezeichnung „Substitution" etikettiert wird, umfaßt Segmentpaare, deren Bedeutungen im Kontext ihrer Texte in nachweislichem semantischem Widerspruch stehen. Da auch „komponentenanalytisches Übersetzen" explizit unter diese Gruppe gefaßt wird (siehe BÖDEKER/FREESE 1987: 152), ergibt sich eine Überlagerung der Klassifizierungsmöglichkeiten derartiger Segmentpaare sowohl als „verengte Bedeutung" als auch als „Substitution." Als gemeinsamer Nenner erscheint die – nicht explizit so bezeichnete, aber implizit offensichtlich gemeinte – „Fehlerhaftigkeit" der Übersetzung, deren Ursache nicht in Zwängen des ZT, der ZS oder der ZK gesehen wird, sondern auf Seiten des Übersetzers, insofern er den AT aus Unvermögen unabsichtlich falsch versteht oder nachlässig übersetzt.

In der sechsten Gruppe werden alle die AT-Segmente zusammengefaßt, für deren Auslassung im ZT nicht das Unvermögen, sondern eine Strategie des Übersetzers angenommen wird. Dazu wird beispielsweise die thematisch bedingte Nicht-Übersetzung von AT-Segmenten eines Wort- und Sinnfelds oder von ganzen AT-Passagen gezählt.

[268] Siehe LEITHNER-BRAUNS 1994: S. 212-15. Zu Beginn der Untersuchung wird „schön" als „das deutsche Äquivalent" eingeführt, das als Übersetzung von *fair* „in den meisten Fällen" „[m]öglich und semantisch korrekt" sei (S. 102). Eine Diskussion darüber, ob alle behandelten Fälle zu „den meisten Fällen" zählen, und ob zusätzliche Äquivalente wie beispielsweise das im 19. Jahrhundert (aus dem zahlreiche der betrachteten Übersetzungen stammen) populäre „hold" nicht auch mit „+" klassifiziert werden sollten oder wie zwischen „gänzlich unübersetzt" und einer „andere[n], kontextgebundene[n] Übersetzung" unterschieden werden kann, findet nicht statt.

meisten Fällen" „[m]öglich und semantisch korrekt" sei.[269] Eine Differenzierung nach sprach- und textbezogenem Kontext erfolgt nicht.

Stimmt ein ZT-Segment mit dem vermeintlichen Äquivalent des AT-Segments nicht überein, wird aber dennoch eine Beziehung zwischen beiden angenommen, so wird diese Beziehung mit dem Sternchen „*" markiert, das anzeigt, daß „eine andere, kontextgebundene Übersetzung" des AT-Segments gewählt wurde.[270] Diese Kategorie erfaßt somit alle als ‚nicht äquivalent' eingeschätzen Sinnrelationen ohne weitere formale oder inhaltliche Differenzierung. Das Minuszeichen kennzeichnet schließlich die Auslassung eines AT-Segments im ZT.[271]

Die Stärke von LEITHNER-BRAUNS' Formalismus ist, daß er die Entscheidungen der Forscherin übersichtlich und transparent macht. Dadurch wird die in ihrer Studie grundsätzliche Schwäche, ein einziges Wort als „das deutsche Äquivalent" zu wählen, schneller deutlich als in anderen Texten der Übersetzungsforschung.

Speziell für die korrelationsorientierte Reimwortanalyse setzen HULPKE/KLOSS/TOTZEK einen Formalismus ein, dessen Bezugsmaß die „semantische Information" ist.[272] Da der Formalismus auf die Untersuchung der Reimlexik zielt, sind die zu untersuchenden Segmente anhand ihrer Position am Zeilenende eindeutig identifizierbar. Aus den Angaben in den Fußnoten ist ersichtlich, daß die Untersuchung über die Wortebene im hier eingeführten Sinne hinausgeht und die Phrasen sowie gegebenenfalls auch die Satz- und Verszeilenebene mit einbezieht: Alle AT-Reimworte werden auf Karteikarten erfaßt, die nicht nur die Reimworte selbst enthalten, sondern darüber hinaus auch die „zugehörigen Verszeilen – oder auch Sinneinheiten – [... und die] jeweiligen Übersetzungen".[273]

Offensichtlich soll über das einzelne Wort hinaus der relevante Kontext erfaßt werden, ohne ihn zu eng einzugrenzen. Wie die von den Forscherinnen angeführten Beispiele zeigen, läßt sich dazu das in dieser Arbeit verwendete Konzept der Phrase einsetzen. Eine derartige Differenzierung gestattet es, systematisch zwischen Reimwort- und Reimphrasenbeziehung zu unterscheiden.

Anzumerken ist bei HULPKE/KLOSS/TOTZEK, die wie BÖDEKER/FREESE im Göttinger SFB 309 arbeiten, daß die ausschließliche Betrachtung der AT-Reimworte in den Zieltexten ohne gleichzeitige Überprüfung der ZT-Reimworte auf ihre Korrelate im AT dem AT eine Priorität einräumt, die der Korrelationshypothese widerspricht und eher auf die Substitutionshypothese verweist.

Wenn zwei Segmente hinsichtlich des Bezugsmaßstabes weitgehend übereinstimmen („in etwa die gleiche semantische Information" aufweisen), wird angenommen, daß

---

[269] LEITHNER-BRAUNS 1994: 102.
[270] LEITHNER-BRAUNS 1994: 212, 214.
[271] LEITHNER-BRAUNS 1994: 212, 214 spricht davon, das solche AT-Segmente im ZT „gänzlich unübersetzt" blieben.
[272] Siehe HULPKE/KLOSS/TOTZEK 1994: 35-36.
[273] HULPKE/KLOSS/TOTZEK 1994: 35, Fußnote 25.

sie miteinander korrelieren. Unter der „semantischen Information“ einer solchen Reimphrase verstehen die Autorinnen „den semantischen Gehalt, der dem Textzusammenhang [...] sei dies Verszeile oder Sinneinheit, sei dies als Denotation oder Konnotation, entnommen wurde.“[274] Das gemäß dieses weit gefaßten Bezugsmaßstabs bestimmte Bedeutungspotential einer ZT-Reimphrase wird mit allen Segmenten des AT verglichen.

In einer Terminologie der Semantik gesprochen: Eine beliebige Sinnrelation, sei diese nun synonymisch, meronymisch, inkompatibel o. ä., kann die Korrelation konstituieren. Eine Qualifizierung der Relation erfolgt nicht. Der Formalismus betrachtet daher in erster Linie das Bestehen einer Relation.

Das eigentlich untersuchte Phänomen ist somit nicht die Gleichheit, Ähnlichkeit oder Gegensätzlichkeit zweier Segmente, sondern vielmehr der zu vermutende „Einfluß“ von AT-Segmenten auf die untersuchten ZT-Segmente. Es geht also primär darum, herauszufinden, inwiefern der Übersetzer eigenständig „semantische Informationen“ eingefügt haben könnte, die sich nicht im AT lokalisieren lassen.

Wenn zwischen einer ZT-Reimphrase und der im AT an entsprechender Position stehenden Reimphrase eine Korrelation besteht, wird die Reimposition mit „a“ kodiert. Ist dies nicht der Fall, wird aber eine Korrelation mit einer anderen AT-Phrase angenommen, so wird „b“, andernfalls „c“ kodiert (keine Korrelation; die ZT-Reimphrase „kann als ‚erfunden‘ gelten“).[275] Die im Einzelfall angemessene Klassifikation wird durch Diskussion unter den Forscherinnen bestimmt.[276]

BORGMEIER legt 1970 einen nahezu identischen Formalismus in seiner Untersuchung zur Reimlexik deutscher ZT von Sonett 2 vor:[277] In genau umgekehrter Reihenfolge ihres Formalismus nennt BORGMEIER „A. Additionsreimersatz“ (entspricht „c“ bei HULPKE/KLOSS/TOTZECK), „B. Positionsreimersatz“ (entspricht „b“ bei HULPKE/KLOSS/TOTZECK) und „C. Synonymreimersatz“ (entspricht „a“ bei HULPKE/KLOSS/TOTZECK) als „grundsätzlich drei Möglichkeiten“ zur „Neuschaffung der Reimwirkung“.[278]

BORGMEIER verwendet dieses Schema zur Bewertung der ZT. Dabei wird exemplarisch deutlich, daß er von der Identitätshypothese ausgeht:[279] Der „Additionsreimersatz“ stellt seiner Ansicht nach „sicher die schlechteste“ Möglichkeit dar. Der „Positionsreimersatz“ sei allenfalls graduell besser, da er „die sinnvollen Baulinien des Vorbilds stören“ müsse. Schließlich mache selbst der „Synonymreimersatz“ jeden ZT „notwendig in wechselndem Ausmaß schwächer und blasser als das Original.“

[274] HULPKE/KLOSS/TOTZEK 1994: 35.
[275] HULPKE/KLOSS/TOTZEK 1994: 35.
[276] Siehe HULPKE/KLOSS/TOTZEK 1994: 36, Fußnote 26.
[277] Siehe BORGMEIER 1970: 77f.
[278] BORGMEIER 1970: 77.
[279] Siehe BORGMEIER 1970: 77.

Für ihre computergestützte Übersetzungsanalyse verwendet Waltraud BARTSCHT textweit einen ähnlichen Formalismus. Ihr Hauptaugenmerk gilt dabei der Wortebene, auch wenn sie Teilsätze und Phrasen („short sentences or phrases") gesondert betrachtet.[280] Letzere dienen vor allem als Angabe des Kontexts, der angegeben werden muß, um AT-Worte zu behandeln, denen ihrer Einschätzung nach gar kein, ein „ungenaues" (*inaccurate*) oder nur ein „vollkommen falsches" (*entirely wrong*) ZT-Äquivalent zugeordnet werden kann.[281] Weder die Kriterien der Segmentierung noch das zugrundegelegte Bezugsmaß werden ausführlich diskutiert. In der Diskussion der ZT-Varianten wird allerdings nach einiger Zeit *The Consolidated Webster Comprehensive Encyclopedic Dictionary* als Entscheidungsmaßstab angeführt.[282] Darüber hinaus ist von „semantic fidelity" bzw. „semantic errors" die Rede,[283] so daß wahrscheinlich auch in diesem Fall „die semantische Information" als Bezugsmaß dient.

BARTSCHT betrachtet die Gleichheits- und die Ähnlichkeitsrelation. „Ähnlichkeit" wird dabei wie bei HULPKE/KLOSS/TOTZEK als „appropriate in the context of a given situation" definiert.[284] Äquivalenz auf der Wortebene sei dafür nicht erforderlich; dennoch wird die Position, an der ein Element im Referenzlexikon erscheint, als Kriterium zur Entscheidung zwischen Gleichheits- und Ähnlichkeitsrelation genannt.[285] Wenn weder Gleichheit noch Ähnlichkeit konstatiert werden kann, wird von einer Auslassung des AT-Wortes gesprochen. Umgekehrt untersucht Bartscht auch, für welche ZT-Worte keine AT-Äquivalente vorliegen, um – analog zu den c-Reimen, die HULPKE/KLOSS/TOTZEK ermitteln – die Hinzufügungen des Übersetzers aufzuspüren.

BARTSCHT baut keine Kartei auf, weder in Papierform wie HULPKE/KLOSS/TOTZEK noch in elektronischer Form einer Datenbank, die als Grundlage für eine dynamische Generierung von Korrelationstabellen oder -konkordanzen dienen könnte, sondern erstellt manuell das Endergebnis derartiger Arbeitsprozesse: Dokumente einer Textverarbeitung. Dies geht ihr einfach von der Hand und gewährt die als sehr wichtig angesehene Kontrolle über die IT,[286] hat aber den Nachteil, daß nachträgliche Änderungen sehr aufwendig sind und kaum automatisch durchgeführt werden können. Die Korrelation erfolgt aus der Sicht des ZT: Nach jedem AT-Segment werden alle ZT-Segmente gelistet, die zum AT-Segment in Äquivalenzbeziehung stehen.[287] Anders als LEITHNER-BRAUNS läßt BARTSCHT verschiedene ZT-Elemente als Äquivalente zu.

Weit über alle bisher genannten Formalisierungen hinaus geht der von Joseph L. MALONE 1988 vorgeschlagene Formalismus, der nicht weniger als dreizehn Kriterien für

[280] Siehe BARTSCHT 1986: 104f.

[281] Siehe BARTSCHT 1986: 108.

[282] Siehe BARTSCHT 1986: 126. Die Erörterung auf S. 114 spielt höchstwahrscheinlich auf das dort zitierte Beispiel an.

[283] Siehe BARTSCHT 1986: 108, 135.

[284] BARTSCHT 1986: 126.

[285] Siehe BARTSCHT 1986: 126, 114.

[286] Siehe BARTSCHT 1986: 105.

[287] Siehe BARTSCHT 1986: 105.

die Qualifizierung transferspezifischer Segmentbeziehungen einführt und ausführlich diskutiert.

Damit besteht ein grundsätzlicher Unterschied zu den obigen Formalismen, die anstreben, die Fülle möglicher Beziehungen mit möglichst wenigen Begriffen zu beschreiben und teilweise nicht mehr vermerken als allein das Bestehen einer Beziehung. Jene Formalismen beruhen auf einem einzigen Bezugsmaß. MALONE dagegen geht von den vier Bezugsmaßen „Semantik", „Syntax", „Phonologie" und „Phonetik" aus[288] und leitet daraus alle angeblich möglichen Beziehungsarten ab.[289] Die Bezeichnung dieser Beziehungsarten als *trajections* zeigt, daß Malone Übersetzen als mathematische Transpositionsoperationen versteht.[290] Sein stark an mathematischen Abhandlungen orientierter Stil macht deutlich, daß Übersetzen aus mathematischer Sicht definiert werden soll. MALONE behauptet, daß sein Formalismus deskriptiv adäquat sei; er versteht darunter *psychological correctness*.[291]

Wie die Diskussion des Übersetzens im Abschnitt zum übersetzungskritischen Ansatz dieser Arbeit gezeigt hat, setzt die von Malone propagierte Sicht von Übersetzen die Annahme des Monosemiepostulats voraus. Auf die verschiedenen Bezugsmaße angewendet, die MALONE vorschlägt, folgt daraus, daß er, wenn er mathematisch korrekt argumentieren will, annehmen muß, daß sich jedem Segment stets genau ein Wert dieses Bezugsmaßes zuordnen läßt. Dies tut er, gesteht aber Schwierigkeiten bei der Bestimmung im Einzelfall ein. Sein Lösungsvorschlag lautet, zusätzliche Ebenen mit in die Betrachtung einzubeziehen, um so eine eindeutige Zuordnung zu erreichen.[292]

Die Möglichkeit dieser Lösung muß bezweifelt werden, weil MALONE die Bestimmung der Bezugsmaße „der Praxis" anheimstellt (s. u.) und die Intuition des Übersetzers oder Forschers nicht theoretisch rekonstruiert.[293] Die Einbeziehung weiterer Ebenen vergrößert daher die Ungenauigkeit. Gerade die Vielfalt der Bezugsgrößen, deren Bestimmung der Intuition des Forschers überlassen wird, erscheint deshalb als zentrales Problem von MALONEs Formalisierungsversuch. Er selbst gesteht ein, daß die von ihm eingeführten Klassifikationen nicht disjunkt und daher nicht selten aufeinander reduzierbar seien.[294]

---

[288] Siehe MALONE 1988: 3.

[289] Es handelt sich um *trajections*, also um im mathematischen Sinne als Transpositionen definierte Abbildungen. Malone identifiziert fünf Grundabbildungen, unter denen er gegebenenfalls weitere einführt. Im einzelnen spricht er von „Matching (subsuming Equation and Substitution); Zigzagging (Divergence and Convergence); Recrescence (Amplification and Reduction); Repackaging (Diffusion and Condensation); and unpaired Reordering." (MALONE 1988: 15).

[290] MALONE 1988: 15: „A TRAJECTION may be characterized as any of a number of basic plerematic (§0.2.1) translational patterns into which a given source-target pairing may partially be resolved." Der Begriff des „source-target pairing" zeigt klar, daß er derartige Paare ($s_{x.a}$, $s_{y.b}$) annimmt.

[291] Siehe MALONE 1988: 78, 80.

[292] Siehe MALONE 1988: 70-78.

[293] Beispielsweise besteht die Gleichheitsrelation dann, wenn das ZT-Segment für „the most straightforward counterpart available" gehalten wird ("is deemed the most ...") (MALONE 1988: 16, 78).

[294] MALONE 1988: 75: „Divergence implies Amplification, Convergence implies Reduction, Substitution implies Recrescence." S. 80 definiert „Zigzagging (Divergence, Convergence)" und „Substitution" durch „Recrescence", S. 77 thematisiert die Problematik.

Theoretische Stringenz reklamiert er deshalb nicht, beansprucht aber, mit dem Formalismus ein „applied-linguistic heuristic tool-kit" vorzulegen.[295] Er räumt ein, daß „Mißbrauch" (*abuse*) leicht möglich sei, weshalb *reasonable constraints* befolgt werden müßten, um Übersetzungsforschung in seinem Sinn zu einem in der Praxis ertragreichen Verfahren (*useful technique*) zu machen. Damit widerspricht sich MALONE im zentralen Punkt selbst, denn *reasonable constraints* würden ja gerade die theoretische Stringenz durchsetzen, die er „der Praxis zuliebe" ablehnt.

Mit ähnlich umfassendem Anspruch wie MALONE betreiben GERZYMISCH-ARBOGAST und MUDERSBACH die Repräsentation von AT und ZT durch sogenannte semantische Netzwerke und gewichtete Merkmalsmatrizen.[296] Mit Hilfe der Programme ASPECTRA und RELATAN[297] werden die vom Forscher ermittelten Befunde verwaltet und als Tabellen und semantische Netzwerke visualisiert.[298] Der Einsatz von IT wird nicht weiter thematisiert,[299] da die Formalisierung von interpretatorischen Befunden, also die Erarbeitung von Kodierungsformalismen im Zentrum des Interesses steht.

Ziel der Anstrengungen ist es, ausgehend von den semantischen Netzwerken automatische Schlußfolgerungen in Bezug auf die semantischen Strukturen verschie-

---

[295] MALONE 1988: 77. Dessen praktischer Wert bestehe gerade in seiner Vielfalt und Offenheit, die er auf S. 80 beschreibt als „the liberty to select, from the available alternatives, whichever specific trajection or combination of trajections seems useful or appropriate to the situation at hand".

[296] Die Konstruktion der semantischen Netzwerke bezieht sich auf Forschungen der Wissensrepräsentation im Rahmen der Künstlichen Intelligenz, die von BEAUGRANDE/DRESSLER 1981 für die Textlinguistik nutzbar gemacht wurden (GERZYMISCH-ARBOGAST 1994: 55-62). Ein ähnliches Verfahren verwendet NEUBERT bereits 1982, ohne jedoch die Möglichkeit der elektronischen Unterstützung zu erwähnen (NEUBERT 1982: 28, 30f).

[297] Siehe GERZYMISCH-ARBOGAST/MUDERSBACH 1998: 77.

[298] Nach Auffassung der Autoren arbeitet der „wissenschaftliche" Übersetzer beim Übersetzen die drei Methoden „Aspektra" (AT-Analyse), „Relatra" (Formalisierung des propositionalen Gehalts des Texts in seiner Sprache) und „Holontra" (Einbeziehung des kulturellen Kontexts) in chronologischer Reihenfolge durch. Das Ergebnis der Aspektra-Phase ist eine detailliert dokumentierte Einschätzung von Form und Inhalt des AT im Blick auf die zu erfolgende Übersetzung, die als gewichtete „Verstehensmatrix" die Intentionen des Übersetzers und seine Prioritäten unter Angabe von Prozentwerten abbildet (siehe GERZYMISCH-ARBOGAST/MUDERSBACH 1998: 41f).

Als Ergebnis liegt eine zweispaltige Tabelle vor, die jedem Aspektnamen einen Prozentwert zuordnet. Letzterer gibt an, wie wichtig eine Invarianz des Aspektes im ZT erachtet wird. Die Methode Relatra visualisiert den propositionalen Gehalt des gesamten Texts in Form eines „linearen", am Leseprozeß orientierten, und eines „synchron-optischen" Netzes. Nach der wiederum erfolgenden Gewichtung stellt das erhaltene Netzwerk einen weiteren Maßstab für den zu erstellenden ZT dar: die aus ihm mit Relatra extrapolierbare Netzstruktur soll der zuvor ermittelten möglichst nahe kommen. Das Durchlaufen der Holontra-Methode sensibilisiert den Übersetzer schließlich für „systemische" Unterschiede zwischen AS/AK und ZS/ZK, die er gegebenenfalls füllen soll: Bei ‚Lücken' „muß der Übersetzer die Vermittlung zwischen beiden *Systemen* herstellen können, um sie in geeigneter Weise in den Zieltext einzubringen."[298] Als Ergebnis entsteht eine Tabelle, die die sprachlich-kulturell differenten Konzepte mit Hilfe merkmalssemantischer Kategorien formal abzubilden trachtet.

[299] In GERZYMISCH-ARBOGAST/MUDERSBACH 1998 umfaßt der diesbezügliche Abschnitt 3.5 auf Seite 77 noch nicht einmal eine dreiviertel Seite.

dener Texte zu ermöglichen, um so einen Algorithmus für automatische Übersetzungen angeben zu können,[300] der nicht nur einzelne Segmente, sondern Texte als Ganzes berücksichtigt.[301] 1994 sieht GERZYMISCH-ARBOGAST die Netzwerke als „Bewertungsstandard für die ‚Nähe' bzw. ‚Distanz' einer Übersetzung zum Original.[302]

Die generative Zielsetzung verbindet sich also mit einer normativen Ausrichtung am AT und der Forderung der Invarianz der ZT hinsichtlich der am AT ‚gemessenen' Merkmale.[303] Sprach- und kulturspezifische Varianzen werden, solange sie als „bestmögliche" Annäherung bewertet werden, toleriert. Ähnlich wie bei MALONE gibt es also eine ganze Reihe – hier zusätzlich noch auf einer Skala von eins bis einhundert ordinal skalierter – Bezugsgrößen.

Die Bezugsgrößen werden „Aspekte" genannt. Sie bezeichnen „sprachliche und inhaltliche Eigenschaften des Texts."[304] Auch GERZYMISCH-ARBOGAST/MUDERSBACH fordern, daß die Bezugsgrößen disjunkt sind.[305] Anders als MALONE, der die Schwierigkeiten mit diesem Kriterium nicht bestreitet, wird dieses Problem jedoch mit der Forderung nach Disjunktheit auf sich beruhen gelassen.

Kommentierend sei zunächst darauf hingewiesen, daß die von GERZYMISCH-ARBOGAST/MUDERSBACH vorgeschlagenen Formalismen ausdrücklich nicht die Korrelationsbeziehungen zwischen AT und ZT betreffen, sondern die Interpretationen dieser Texte. Die Interpretation des AT steht im Mittelpunkt, auch wenn eingeräumt wird, daß sie nicht eindeutig festlegbar ist. Sie soll im ZT möglichst beibehalten werden. Die Relativierung der Identitätsforderung gemäß der Aspektliste entspricht der REISSschen Relativierung der Äquivalenzhypothese auf texttypenspezifische Kriterien. Die Autoren betrachten ausdrücklich die Erstellung eines ZT gemäß einer einzigen AT-Interpretation. Der Fall von Mehrfachübersetzungen desselben AT unter gegebenenfalls verschiedenen Interpretationen in dieselbe ZS/ZK wird absichtlich ausgeblendet:

> Gemeinsamer Ausgangspunkt [...] war das hier dokumentierte Textverständnis [das als ‚kleinster gemeinsamer Nenner' des AT-Verständnisses aller Übersetzer verstanden werden soll, J-M. M]. *Durch diese Vorgehensweise sollte* – neben der Intention, eine möglichst einheitliche Ausgangs- und Vergleichsbasis zu schaffen – auch *verhindert werden, daß die Möglichkeit differierender Interpretationen des Texts zum zentralen Gegenstand gemacht wird.* Vielmehr sollte auf der Basis eines gesichterten und doku-

[300] Im Text wird von dem „Übersetzungsprogramm" gesprochen, das der Übersetzer abarbeitet. (z.B. GERZYMISCH-ARBOGAST/MUDERSBACH 1998: 118, 155)

[301] Die Visualisierung des propositionalen Gehalts eines Textes erfolgt nach den Kriterien der Prädikatenlogik. Durch Verknüpfung einzelner Worte und Wortgruppen durch Relationen kommt der Kontext eines Wortes und der gesamte Text in den Blick. „Damit ist der Beschreibungskonflikt zwischen Mikro- und Makrostruktur aufgehoben," behauptet GERZYMISCH-ARBOGAST 1994: 66.

[302] Siehe GERZYMISCH-ARBOGAST 1994: 67.

[303] Siehe GERZYMISCH-ARBOGAST/MUDERSBACH 1998: 102f.

[304] GERZYMISCH-ARBOGAST/MUDERSBACH 1998: 50.

[305] GERZYMISCH-ARBOGAST/MUDERSBACH 1998: 103: „*Aspekte* sollen außerdem [...] untereinander disjunkt sein."

mentierten Textverständnisses die konzertierte Schrittfolge am Beispiel unterschiedlicher Sprachkombinationen vorgestellt und diskutiert werden.[306]

Zwar können die vorgeschlagenen Verfahren zur Explizierung der Übersetzer kriterien und des AT bzw. ZT-Verständnisses beitragen, aber dadurch, daß die Mehrdeutigkeit des AT und ZT ausgeblendet wird, ergibt sich ein verkürztes Verständnis. Die Ausblendung betrifft nicht nur die Textebene, auf der, um mehrere ZT mit einem AT vergleichen zu können, ebensoviele AT-Interpretationen wie ZTs erstellt werden müßten, so daß sich unweigerlich das von GERZYMISCH-ARBOGAST/MUDERSBACH vermiedene Problem der „differierenden Interpretationen" stellt. Die Ausblendung von Mehr deutigkeit greift bereits auf Segmentebene, da ASPEKTRA fordert, daß jede Textstelle erstens nur genau einem Aspekt zugeordnet wird[307] und daß zweitens die Aspekte disjunkt sind. Wieso nur 1:1-Beziehungen zulässig sein sollen, ist hochgradig begründungsbedürftig.

Außerdem ist darauf hinzuweisen, daß die Aspektnamen selbst inter pretationsbedürftig sind[308] und die geforderte Disjunktheit daher in den Bereich der Inter pretation verschoben wird. Dies gilt auch für die semantischen Netzwerke, die mit RELATRA erzeugt werden: Sie müssen sprachabhängig interpretiert werden und können nicht allein anhand ihrer Form verglichen werden.[309] Dies widerspricht der ursprünglichen Absicht, gemäß der im „Idealfall", der durch die Anlage der Fallstudie gegeben sei, „die *relationale* Struktur der beiden Text im Sinne einer ‚Isomorphie' (MUDERSBACH/GERZYMISCH-ARBOGAST 1989) identisch" sei.[310] Daher fragt sich, ob sich der beträchtliche Visualisierungsaufwand im Einzelfall lohnt.

Auch die auf die Einerstelle genaue Gewichtung der Aspekte (z.B. ist „Aspekt (11) Sachverhaltsbezug" zu 97% erhaltenswert, „Aspekt (20) Gesundheit" jedoch nur zu 95%)[311] ist interpretationsbedürftig. In geradezu naiv zu nennender Weise wird neben die Möglichkeit einer Nominal skalierung („sehr wichtig, wichtig, weniger wichtig usw.") die der Ordinalskalierung („in Form von *Gewichtungs*zahlen (z.B. von 1 bis 100)") gestellt.[312] Die als Ergebnis erhaltene „Erwartungsbilanz" der AT-Aspekte in bezug auf den künftigen ZT könne anschließend zur quantitativen Be wertung des ZT als Norm gesetzt werden, so daß laut GERZYMISCH-ARBOGAST/MUDERSBACH „durch geeignete Summierung und Mittelwertbildung über die einzelnen Be wertungen der *Aspekte* ein Gesamtgütewert ermittel[t werden kann], der dann als quan titativer Äqui-

---

306 GERZYMISCH-ARBOGAST/MUDERSBACH 1998: 110 (Unterstreichung von den Autoren, Kursivierung von mir). Diese Ausblendung verschiedener AT-Interpretationen impliziert beispielsweise auch A. P. FRANK 1990: 257, der den AT als „Invariante", die ZT jedoch als „Varianten" bezeichnet.

307 Siehe GERZYMISCH-ARBOGAST/MUDERSBACH 1998: 48.

308 Insbesondere z.B. die Aspekte „Sinn pro Zeile" oder „Geschwindigkeit."

309 Siehe GERZYMISCH-ARBOGAST/MUDERSBACH 1998: z.B. 256.

310 GERZYMISCH-ARBOGAST/MUDERSBACH 1998: 144.

311 GERZYMISCH-ARBOGAST/MUDERSBACH 1998: 102f.

312 GERZYMISCH-ARBOGAST/MUDERSBACH 1998: 50.

valenzwert angesehen werden kann."[313] Da dieser Wert, so fragwürdig seine Ermittlung ist, nur in bezug auf das spezifische AT-Verständnis des jeweiligen ZT gilt, wird er erst dann aussagekräftig, wenn er den Vergleich verschiedener ZT ermöglicht. Dies würde aber wieder die absichtlich vermiedene Betrachtung „differierender Interpretationen" des AT voraussetzen!

Insgesamt scheinen die Möglichkeiten des aus der KI übernommenen Konzepts zur Wissensrepräsentation[314] angesichts der Komplexität des betrachteten Objektes an ihre Grenzen zu stoßen. Die Verfahren können als Leitfaden für die Erstellung eines ZT zu einem AT einen wichtigen Beitrag zur Objektivierung des Übersetzens leisten und in ihrer Funktion der Visualisierung von Textinterpretationen auch dem Übersetzungsforscher hilfreich sein. Jedoch sollten auch die Grenzen der formal-begrifflichen Erfassung bedacht werden. Die Vernachlässigung der Varianz von AT-Interpretationen ist ein großes Problem für die Übertragung der Methoden auf die Übersetzungsforschung, da ein konsensisches Verständnis des AT schon innerhalb seiner eigenen Sprache oft nicht erreicht werden kann.[315] Die daher vorgenommene Relativierung der Äquivalenzforderung auf einzelne AT/ZT-Paare untersützt die Annahme der Korrelationshypothese, weil eingeräumt wird, daß jeder ZT versucht, den AT in spezifischer Weise neu zu erschaffen. Nur die Bezogenheit der ZT auf den AT kann demnach vorausgesetzt werden, nicht aber die Qualität dieses Bezuges.

Die von Alexander PANKOW diskutierten *Prinzipien der literarischen Übersetzungsanalyse* beschäftigen sich trotz des vielversprechenden Titels nicht mit der Isolierung potentiell korrelierender Segmente und auch nicht mit der Erarbeitung eines einheitlichen Klassifikationsschemas. Sowohl die Bezeichnungen für Segmente wie auch für ihre Beziehungen werden *ad hoc* eingeführt,[316] die jeweils korrelierten „Sequenzen" bestehen aus Worten, Phrasen und Sätzen, aber auch aus Leitmotiven und Versen. Ausgangshypothese der Untersuchungen ist der „Begriff der Adäquatheit im Sinne ungefährer funktionaler Gleichwertigkeit."[317] Es werden also gar keine Prinzipien erkundet, sondern bereits ein bestimmtes Prinzip vorausgesetzt. Dieses entspricht, wie die Fallstudien belegen, einer teils bis auf die grammatische Form ausgedehnten und daher in die Nähe der Identitätshypothese kommenden Äquivalenzhypothese, die kaum als linguistisch oder semantisch fundiert angesehen werden kann.[318]

---

[313] GERZYMISCH-ARBOGAST/MUDERSBACH 1998: 51.

[314] Siehe Fußnote 296.

[315] Dies zeigt sich selbst bei der von GERZYMISCH-ARBOGAST/MUDERSBACH als konsensensisch vorgestellte AT-Aspektliste auf S. 102f: Die Verfasserin der russischen Übersetzung weist darauf hin, daß der Aspekt „Rhythmus" eigentlich in die Aspektliste aufzunehmen sei. Damit ändert sich das gesamte Aspektgefüge und die Voraussetzung der einheitlichen Basis erweist sich als nicht haltbar.

Dieses Problem mag für die Autoren – ähnlich wie bei HARGREAVES, die Selbstübersetzungen untersucht – auch deshalb als vernachlässigbar erscheinen, weil der Autor des Gedichtes bei der Bestimmung der Aspektgewichtungen anwesend ist.

[316] Siehe PANKOW 1993: 90.

[317] PANKOW 1993: 23f.

[318] Beispielsweise werden in Kapitel 3 „Lexik", „Inhalt" und „Morphologie, Syntax" explizit getrennt behandelt, in Kapitel 4 jedoch implizit und in Kapitel 5 und 6 explizit zusammen. Kapitel 6

Auch umfangreiche Untersuchungen wie Karin KÜENZLENs zweibändige Dissertation *Deutsche Übersetzer und deutsche Übersetzungen Lermontovscher Gedichte von 1841 bis zur Gegenwart: Angaben über das Leben und das literarische Wirken der Übersetzer und Versuch einer kritischen Beurteilung ihrer Übertragungen* enthalten, obwohl man das Gegenteil erwarten würde, nur wenig konkrete Angaben, die es ermöglichen, die auch dort (im Sinne von „Wirkungsgleichheit")[319] vertretene Äquivalenzhypothese über die genannten Normen „des Reproduzierens" und „des Künstlerischen (oder: die Forderung nach Schönheit)" hinaus zu operationalisieren. Der Untersuchung lautlicher und metrischer Strukturen wird – neben biographischen Betrachtungen zu den Übersetzern – ausführlich nachgegangen, die Interpretation der semantischen Beziehungen zwischen den Texten kommt dabei allerdings vergleichsweise kurz. Für die Forscherin, die von einem „objektiven Sinn" des AT ausgeht, den sie erkennen kann und zum Maßstab der Haltung des Übersetzers zum AT macht,[320] sind derartige Fragen schnell zu klären.

Eine solche Auffassung blendet aber die unterschiedlichen Verstehensmöglichkeiten aus, die insbesondere „literarische" Texte auszeichnen. BEAUGRANDE hat in seiner 1976 publizierten Dissertation *Linguistik und poetisches Übersetzen am Beispiel von Rilkes Duineser Elegien* darauf hingewiesen, daß „poetische Texte keineswegs eindeutig"[321] seien, da oft die „Beziehungen der Textelemente zueinander nicht klar erkennbar" seien,[322] und daß die Linguistik gleichwohl einen wertvollen Beitrag zu ihrer Bestimmung und zur Übersetzungsforschung überhaupt leisten könnte. Er geht von der Äquivalenzhypothese aus, weil seiner Meinung nach der Text auf der Ebene des Ganzen als Einheit disambiguierbar ist. Es fragt sich jedoch, warum gerade die Gesamtmenge aller mehrdeutigen Elemente nicht ihrerseits auch mehrdeutig sein sollte; einen Formalismus zur Korrelationskodierung entwickelt also auch BEAUGRANDE nicht, weil es ihm nur um die Gleichheitsbeziehung geht. Als Anhänger der Äquivalenzhypothese versucht er nicht, die von ihm dennoch ausführlich und genau beobachteten Ungleichheiten auf Ebenen unterhalb des Texts, insbesondere auf der Wortebene, zu systematisieren.

2.6.2. SHAKESPEAREs Sonette im Deutschen 1787-1887

Ein vollständiger Forschungsüberblick zur Übersetzung der *Sonnets* ins Deutsche, der auch zeitgenössische Quellen mit einbezieht, kann und soll an dieser Stelle nicht gegeben werden, weil die vorliegende Arbeit primär methodisch ausgerichtet ist. Im folgenden werden deshalb nur die drei Monographien von KAHN, SCHOEN-RENÉ und

---

beschäftigt sich darüber hinaus mit „Tropen und Semantik." Diese Grundlagen werden in den Fallstudien nicht konsistent angewendet, sondern zugunsten einer oft formalistisch anmutenden Betonung der Prosodie und der grammatischen Strukturen vernachlässigt.

319 Siehe KÜENZLEN 1980: 383.

320 Siehe den Überblick in KÜENZLEN 1980: 389.

321 BEAUGRANDE 1976: 13

322 BEAUGRANDE 1976: 15.

BORGMEIER behandelt. Einen umfassenden Überblick über zeitgenössische Quellen zur Interpretation und Übersetzung der *Sonnets* bietet die materialreiche Dissertation von SCHOEN-RENÉ. Die neueren Arbeiten auf diesem Gebiet beschäftigen sich, mit Ausnahme von BORGMEIERs Dissertation, nur noch selten mit den Übersetzungen des 19. Jahrhunderts. Sie betrachten meist zeitgenössische Übersetzungen bzw. führen die Diskussion über die Dichterübersetzungen des 20. Jahrhunderts fort, bei der Stefan GEORGEs Übersetzung im Mittelpunkt des Interesses steht und häufig mit den Texten von Karl KRAUS und Paul CELAN verglichen wird. Längsstudien über alle 154 *Sonnets* finden sich ansatzweise nur in Rezensionen einzelner ZT.

Die erste Monographie, die sich mit der Übersetzung der *Sonnets* ins Deutsche beschäftigt, legt KAHN 1935 vor. KAHN arbeitet unter geistesgeschichtlicher Fragestellung,[323] schreibt also „äußere Übersetzungsgeschichte". Unter Berufung auf die Äußerungen A. W. SCHLEGELs und TIECKs geht er davon aus, daß die *Sonnets* in der ZK „als Stoff [...] mehr denn als künstlerische Form oder dichterischer Gehalt" rezipiert wurden.[324] Die Gestaltung der Übersetzungen, so läßt sich seine These pointieren, sei daher abhängig von der Epoche, in der der Übersetzer schreibe. KAHN geht von drei „internationalen",[325] also nicht auf die ZK beschränkten, Epochen aus, deren Stil den Übersetzungen den Stempel aufgedrückt habe.

Der AT wird als Inbegriff des perfekten Kunstwerks gefeiert,[326] was Kahn schon deshalb nahezuliegen scheint, weil „völlige Meisterschaft der Form" von SHAKESPEARE zu erwarten sei, der „auf dem Höhepunkt einer Entwicklung" gestanden habe.[327] Angesichts dieser Prämissen ist es wenig überraschend, daß KAHNs Untersuchung die Identitätshypothese zugrunde liegt und daß sie auch deutlich expliziert wird.[328] KAHN räumt jedoch gleich im anschließenden Satz ein, daß ein Festhalten am AT zu einem ‚unnatürlichen' ZT führe, verändert aufgrund dieser Einsicht aber nicht seine Ausgangsthese. Als zentrale Konzepte seiner Interpretation von AT und ZT nennt er „Tektonik (die geschlossene Form) und Deklamatorik (die grosse schwungvolle Linie)" als „die zwei wesentlichen Stilbegriffe für Shakespeares Sonette".[329]

Das 19. Jahrhundert unterteilt KAHN, wahrscheinlich orientiert an 1848, in die chronologisch aufeinander folgenden Epochen „Romatik" und „bürgerlichen Realismus", in denen die Übersetzer „romantische" und „bürgerliche" ZT produzierten. Den vorromantischen ZT ESCHENBURGs erwähnt und diskutiert KAHN nicht. Er betrachtet

[323] KAHN 1935: 1f „Uns kommt es auf die grossen Grundunterschiede der National- und Zeit-Stile an."
[324] KAHN 1935: 5.
[325] KAHN 1935: 59.
[326] Siehe KAHN 1935: 26-48.
[327] KAHN 1935: 29.
[328] Siehe KAHN 1935: 21.
[329] KAHN 1935: 31. Er schließt sich damit der maßgeblich von Oskar WALZEL propagierten Forderung an, nach der die Literaturkritik die „Tektonik" des „dichterischen Kunstwerks" (WALZEL 1924: 105) in Anlehnung an die von Heinrich WÖLFFLIN für die Kunstwissenschaft formulierte Stiltypologie untersuchen solle (z.B. WALZEL 1924: 104; siehe RUSTERHOLZ 1996: 369-71).

die ZT ab KanK1803 insbesondere hinsichtlich ihrer rhythmischen und syntaktischen Struktur. Für den „romantischen" Epochenstil, den er in den ZT von LacK1820, TieD1825 und RegG1836 erkennt, sei „die romantische Auflockerung der Form, die Verinnerlichung und Durchsetzung mit Gefühl, die atektonische Line" kennzeichnend. KAHN schätzt den ZT von REGIS als „bewundernswerte Leistung", weil sie „d[en] grosse[n] Schwung, die Pracht und die Frische der Sprache, de[n] Glanz des Verses" beibehalte, obwohl der ZT die Sonette „verinnerlicht und vergefühligt" und den rhythmischen und logischen Aufbau des AT und seinen „Wortlaut" teils stark verändere.[330]

Im Gegensatz zum „romantischen Epochenstil" zeichne den „bürgerlichen", der die zweite Hälfte des Jahrhunderts umfasse, eine durch die Orientierung an der „Masse" bewirkte „Abblassung" der Sprache aus, die „vernünftig" und in klar gegliedertem, „prosaische[n] Erzählton" die „Volltönigkeit der Worte" und „die Musikalität [...] des Originals" verliere.[331] Wie zuvor REGIS' ZT nach KAHNs Ansicht den „romantischen" Übersetzungsstil epitomisierte, verkörpern nun BODENSTEDTs und JORDANs Übersetzungen seiner Einschätzung nach den „bürgerlichen" Stil.[332] Der ZT von SIMROCK wird zum bestätigenden Vergleich und zur Aufdeckung zielseitiger Abhängigkeiten besprochen.

Die grundlegenden Probleme der Übersetzung englischer Lyrik ins Deutsche sieht KAHN in der Silbenarmut der englischen Sprache gegenüber der deutschen und in der unterschiedlichen Funktion der Wortstellung.[333] Die Gestalt und Funktion der Sonettform in AK und ZK thematisiert er nicht. Die von ihm thesenartig am Anfang der Arbeit präsentierte „Typologie der Übersetzungen" bzw. des Übersetzungsstils[334] tritt im folgenden hinter die epochenbezogene Betrachtung zurück.

Aus der hier vertretenen korrelationshypothetischen Sicht ist die von KAHN zugrunde gelegte Identitätshypothese bereits theoretisch kritisiert worden. Die Idealisierung des AT ist in KAHNs Arbeit besonders deutlich. Die wiederholt preisend konstatierte „Stetigkeit und Linearität"[335] des AT widerspricht nicht nur zahlreichen anderen, von KAHN nicht erwähnten AT-Interpretationen, sondern führt auch innerhalb seiner eigenen Arbeit zum Widerspruch: Bei den von ihm abschätzig bewerteten Übersetzungen der zweiten Jahrhunderthäfte bemängelt er die klare Struktur,[336] während er sie bei dem AT als dessen hervorragendes Merkmal preist. Wenn die ZT den logischen Aufbau des AT tatsächlich vereinfachend und „linearisierend" verändern – und das belegen KAHNs sorgfältige Detailuntersuchungen – kann der AT nicht so „stetig" und

[330] KAHN 1935: 60-62.
[331] KAHN 1935: 67f, 81, 84, 111f.
[332] KAHN 1935: 87.
[333] Siehe KAHN 1935: 19-24.
[334] KAHN 1935: 24 unterscheidet fünf „Typen", die deskriptive und wertende Aspekte vermischen: „die mechanisch treue, wissenschaftlich-philologische", „die [...] mit freieren Mitteln [arbeitende]", die „pädagogische oder interpretierende", die „dilettantische" und die „Allerwelts- oder Dutzend-" Übersetzung.
[335] KAHN 1935: 45
[336] Siehe KAHN 1935: 81-84.

„linear“ aufgebaut sein, wie eingangs behauptet. Außerdem fällt auf, daß alle Verständnisschwierigkeiten des AT mit der kulturellen und chronologische Distanz begründet werden. Dadurch werden Verständnisprobleme, die dem AT eigen sind, ausgeblendet. Übersetzerlösungen für solche schwierigen Stellen können daher nicht betrachtet werden. Die Annahme von rein zeitbedingten Interpretationsschwierigkeiten wird ausschließlich auf den AT, nicht aber gleichermaßen für die ZT angewendet.

Ein weiteres in der Annahme der Identitätshypothese begründetes Problem besteht darin, daß neben dem AT auch die ZS/ZK-Konformität des ZT zum absoluten Maßstab erhoben wird.[337] KAHNs Arbeit dokumentiert, daß dadurch unausweichlich – und zum Nachteil der ZT – mit zweierlei Maß gemessen wird. Aufgrund der zusätzlich vorausgesetzten Epochenkategorisierung ist seiner Arbeit in theoretischer Hinsicht der berechtigte Vorwurf der Zirkularität zu machen. Dies hat bereits die zeitgenössiche Kritik getan, und auch KAHNs Nachfolger haben diesen Punkt stets besonders betont.

1941 reicht SCHOEN-RENÉ seine Dissertation *Shakespeare's Sonnets in Germany: 1787-1939* ein, die als „fairly comprehensive survey of Shakespeare's sonnets in Germany“[338] angelegt ist. SCHOEN-RENÉ präsentiert eine immense Materialfülle von zielseitigen Äußerungen zu den *Sonnets* aus dem behandelten Zeitraum (Interpretationen von Literaturkritikern und Übersetzern, Übersetzungen und Rezensionen, Aufsätze zur Übersetzung des AT),[339] die berechtigterweise den Anspruch auf Vollständigkeit erhebt. Die seiner Ansicht nach entscheidenden Passagen der Quellen zitiert er ausführlich in englischer Übersetzung.

SCHOEN-RENÉ untersucht die drei chronologisch bezeichneten *periods* „1787-1850“, „1851-1900“ und „1901-1939“. Sie entsprechen uneingestandenermaßen den KAHNschen Epochen, wobei vor 1800 erschienenen ZK-Kommentare zum AT, insbesondere A. W. SCHLEGELs 1796 in den *Horen* publizierte biographische Deutung der *Sonnets* und ESCHENBURGs auszugsweise Prosaübersetzung von 1787, die erste KAHNsche Epoche in das 18. Jahrhundert ausdehnen. Da SCHOEN-RENÉ ESCHENBURG als *neo-classicist* versteht und erst mit SCHLEGEL den Beginn der „romantischen“ Rezeptionsphase ansetzt,[340] wäre konsequenterweie ein eigener Zeitraum „1787-1796“ einzuführen und der zweite präziser als „1796-1850“ zu bezeichnen.

Als Erkenntnisziel gibt SCHOEN-RENÉ die Erforschung des zielseitigen Bildes von SHAKESPEARE an.[341] Hinter dieser Zielrichtung und der Quellendokumentation tritt die Übersetzungsanalyse der *Sonnets* in den Hintergrund. SCHOEN-RENÉs Arbeit betreibt daher primär äußere Übersetzungsgeschichte. Eine eigene Interpretation des AT oder eine Explizierung seines Übersetzensverstänisses gibt SCHOEN-RENÉ nicht.

---

337 Siehe KAHN 1935: 21f, 62.

338 SCHOEN-RENÉ 1941: 1.

339 Als bereits umfangreiche Grundlage verfügt er, wie Einleitung und Schluß der Arbeit andeuten, über den Materialfundus, den Hyder Edward ROLLINS für seine 1944 publizierte *Variorum*-Ausgabe der Sonette zusammengetragen hatte (SCHOEN-RENÉ 1941: 2, 371).

340 Siehe SCHOEN-RENÉ 1941: „Summary“ 1; 22f, 52.

341 SCHOEN-RENÉ 1941: 2 konstatiert „Thus my work, in a way, becomes a study of the German Shakespeare myth.“

Aus seiner Analyse der ZT wird ersichtlich, daß er die Äquivalenzhypothese vertritt und den *spirit of the original* als Invariante betrachtet.[342]

Eingangs werden die *Sonnets* kurz betrachtet, um Aufschlüsse über sprachlich bedingte Probleme beim Übersetzen ins Deutsche zu erhalten. Wie KAHN erblickt SCHOEN-RENÉ ein Hauptproblem im unterschiedlichen Silbenstand der Sprachen und der dadurch vereitelten Möglichkeit, Wortreihenfolge und männliche Endreime auch im Deutschen beizubehalten.[343] Außerdem behauptet er, daß die Zäsur in der ZK willkürlich sei und das Deutsche *constant enjambement* erfordere.[344]

Als wichtige Ergänzung zu KAHN betrachtet er die formale Gestalt des Sonetts in AK und ZK und weist auf die Spannungen zwischen den beiden „literarischen Modellen" des „englischen Sonetts" der AK einserseits und des „italienischen Sonetts" der ZK andererseits hin.[345] Er ermittelt nur von KANNEGIESSER, WALESRODE und BODENSTEDT explizite Äußerungen zu dieser Thematik.[346] Nur von KANNEGIESSER und BODENSTEDT spürt er ZT auf, die vom SHAKESPEAREschen Sonettschema abweichen und dadurch die Problematik auch formal reflektieren.[347]

Die inhaltliche Übersetzungsanalyse fällt angesichts der ausführlichen Quellendokumentation und des großen Materialumfangs kurz aus. SCHOEN-RENÉ behandelt für die Jahre 1787-1887 anders als KAHN alle auch im Korpus dieser Arbeit enthaltenen ZT und noch einige weitere unvollständige Übersetzungen.[348] Trotz anfänglicher Kritik an KAHNs Arbeit stimmt SCHOEN-RENÉ dessen Beobachtungen – insbesondere in bezug auf die ZT der zweiten Jahrhunderthälfte – weitgehend zu,[349] relativiert KAHNs Urteile jedoch auf der Grundlage des Quellenmaterials als zeitgebunden. Die bezüglich KAHN vorgebrachte Kritik betrifft somit auch SCHOEN-RENÉ.

Für jede Rezeptionsphase, deren Eigenschaften und Bestimmung SCHOEN-RENÉ als bekannt voraussetzt, rekonstruiert er zunächst den zeitgenössischen Kontext der AT-Interpretationen und bespricht anschließend die ZT. Die Gefahr der Zirkularität, die dieses Verfahren birgt, ist dem Autor nicht bewußt. Er stellt unbekümmert fest, daß die ZT der ersten und zweiten Phase die kritischen Haltungen ‚wiedergeben' (*reflect*) bzw. ‚komplizenhaft unterstützen' (*abet*).[350] Im Verlauf der Arbeit zeigt sich jedoch,

342 SCHOEN-RENÉ 1941: z.B. 230f „For like Regis, [...], Gildemeister knows that he can alter Shakespeare's vocabulary as long as he keeps the spirit of the original."; siehe auch S. 15 und „Summary", 3 „[...] the final, satisfying translation has still to be made."

343 Siehe SCHOEN-RENÉ 1941: 14f.

344 Siehe SCHOEN-RENÉ 1941: 14f.

345 Siehe SCHOEN-RENÉ 1941: 5-9.

346 Siehe SCHOEN-RENÉ 1941: 9.

347 Siehe SCHOEN-RENÉ 1941: 56, 212. Während KANNEGIESSER das italienische Reimschema voll umsetzt, erstellt Bodenstedt Mischformen, z.B. 54 *abba cddc ee ff gg*.

348 Eine Ausnahme stellt die erst 1995 erstmals bibliographisch nachgewiesene Übersetzung von WARBURG dar.

349 Siehe z.B. SCHOEN-RENÉ 1941: 209; 199-201 übernimmt ausdrücklich KAHNs Analyse.

350 Siehe SCHOEN-RENÉ 1941: „Summary" 2.

daß SCHOEN-RENÉ nicht weniger als KAHN von festen Epochenkonzepten ausgeht und diese dann in den Gedichten reflektiert findet.[351]

Trotz der heftigen, teils sarkastischen Kritik an KAHNs stilgeschichtlichem Ansatz, weist SCHOEN-RENÉs Arbeit also vergleichbare Züge auf. Sie konzentriert sich allerdings weniger auf theoretische Reflektionen – und deshalb bleibt ihr ihre Nähe zu KAHNs Arbeit wohl verborgen – als auf die möglichst umfassende und präzise Sichtung und Kommentierung der zielseitigen Äußerungen zum AT. Ihr Wert liegt vor allem in dem Erreichen dieses Zieles.

Anders als seine Vorgänger will Raimund BORGMEIER in seiner 1970 publizierten Dissertation nicht äußere, sondern innere Übersetzungsgeschichte schreiben. Da er sich dieses Unterschiedes nicht bewußt ist und KAHN und SCHOEN-RENÉ an seiner eigenen Zielsetzung mißt, kritisiert er ihre Arbeiten heftig als präskriptiv und zirkulär.[352]

BORGMEIER beansprucht, eine nicht zirkuläre, deskriptive Analyse ausgewählter ZT zu Sonett 2 vorzulegen, blendet dabei jedoch ebenso wie seine Vorgänger die Reflektion über seine eigenen Prämissen aus.[353] So ist sowohl seine Begründung, daß Sonett 2 repräsentativ für alle *Sonnets* stehen könne, wie auch seine *ex ante* erfolgende Auswahl der ZT zirkulär: Nach der Behauptung der Repräsentativität von Sonett 2 und der Untersuchung der ZT soll das Schlußkapitel diese Repräsentativität beweisen. Das Ergebnis wird also als Voraussetzung angenommen. Ebenso verfährt BORGMEIER bei der Auswahl der ZT: Die von ihm aus dem Zeitraum 1787-1970 ausgewählten Texte gestatteten als „die 15 bedeutendsten und hervorstechendsten Übersetzungen" das „Erkennen der wesentlichen Züge", welches durch Hinzuziehung der „schlechteren Übersetzungen" „allein eine Überschneidung der Ergebnisse bewirken" würde.[354] Da auch in diesem Fall nicht versucht wird, die Gegenhypothese zu überprüfen, überrascht es nicht, daß BORGMEIERs Ausgangsannahme auch das Endergebnis der Untersuchung ist.

Der Arbeit liegt eine Mischung aus Identitäts- und Äquivalenzhypothese zugrunde, die als Erwartung „totaler Äquivalenz" in bezug auf „die dichterische Aussage" beschrie-

---

[351] Siehe SCHOEN-RENÉ 1941: z.B. 23, 33, 41, 51. Bereits beim ersten besprochenen ZT, EscJ1787, wird dies augenfällig: Der ZT sei „exact, but unpoetical" (S. 52), und der Übersetzer versuche „almost everywhere [...] to ampify and clarify" im Sinne der „formal reasonable logic of eighteenth century Germany" (S. 53). Was mit „exact" und „unpoetical" sowie der „formal reasonalble logic" gemeint ist, bleibt unklar.

Wie BORGMEIER berechtigterweise betonen wird (BORGMEIER 1970: 38), ist Eschenburgs ZT zumindest im Fall des zweiten Sonetts keineswegs semantisch so exakt, wie es nach SCHOEN-RENÉ zu erwarten wäre, sondern weist durchaus Veränderungen auf, die als „poetisch" innerhalb der Poetikkonzeption des Übersetzers deutbar sind.

[352] Siehe BORGMEIER 1970: 14f.

[353] BORGMEIER 1970: 15: „ Die vorliegende Arbeit hat sich zum Ziel gesetzt, ohne in irgendeiner Form durch die Methode des Vorgehens die zu erwartenden Ergebnisse von vornherein zu beeinflussen, im konkreten Fall von Shakespeares Sonett 2 zu untersuchen, welchen Problemen die Übersetzer gegenüberstanden und wieweit sie diese gemeistert haben."

[354] Siehe BORGMEIER 1970: 16f.

ben werden kann: Aufbauend auf einer MÜ-orientierten Äquivalenzdefinition sieht sie die Trennung von Form und Inhalt als Bedingung der Möglichkeit von Übersetzen an, wobei es auf die Invarianthaltung der „außersprachlichen Aussage“ ankomme.[355]

Im Fall von lyrischen Texten sei daher die „Erhaltung der dichterischen Aussage [...] das Kriterium für die Beurteilung einer Gedichtübersetzung“.[356] Für BORGMEIER besteht die dichterische Aussage von Sonett 2 in den von ihm ausführlich analysierten Bildern, die „den rationalen Kern des Gedichts“ bildeten. Da „die Aussage“ des Sonetts „vorwiegend durch die Bilder“ erfolge, fordert er, daß „selbst Veränderungen am Detail der Bilder vermieden werden“ müßten.[357] Dies sei möglich, da sich die *langue*-bedingten semantischen Differenzen in bezug auf Sonett 2 nicht oder nur unwesentlich auswirkten.[358] Da dies auch für die Syntax gelte,[359] stellt BORGMEIER fest, daß „die sattsam bekannte Zwangslage des Übersetzers“ nach HUMBOLDT „gar nicht eintritt.“ Deshalb setzt BORGMEIER seine Interpretation des AT, in Prosa verschriftet als „Beweis“ der Übersetzbarkeit, guten Gewissens absolut und fordert von den ZT Identität in bezug auf die dort beispielhaft erhaltene „dichterische Aussage.“[360]

Wenn somit die Aussage des AT grundsätzlich invariant gehalten werden könne, werfe allein die „technische Differenz der Sprachzeichen,“[361] unter der er die durch die lyrische Form implizierten Zwänge (Silbenzahl, Reimschema, männlicher/weiblicher Endreim, Rhythmus, lautliche Stilfiguren) versteht, Schwierigkeiten beim Übersetzen auf.

Von diesen Problemen sei jedoch allein der Reimzwang ein ernsthaftes Problem, da sonstige rhythmische sowie lautliche Stilfiguren und der Reichtum der AS an Monosyllaba sich – „bei der Übersetzung von Sonett 2“[362] – „nicht negativ“ auswirkten.[363] Daher erwartet BORGMEIER, daß Silbenzahl, Metrum und Reimschema sowie Zäsur und das Zeilenende als Aussageende invariant gehalten werden.[364] Man

---

[355] Siehe BORGMEIER 1970: 13. In Anlehnung an den MÜ-orientierten Aufsatz von SCHEIBE definiert er: „Übersetzung ist [...] ‚Sinnerhaltung bei Wechsel der Sprache.‘„ Unter Sinn faßt BORGMEIER „die Summe der sprachlichen Mitteilungen [...] von konzeptuellen oder dinglichen Inhalten bis zur Evokation von Gefühlen und zum Erzeugen motorisch-rhythmischer Response.“ Erst die Tatsache, diese „außersprachliche Aussage“ „von dem sie tragenden Sprachkörper“ trennen zu können, ermögliche das Übersetzen.

[356] BORGMEIER 1970: 13; 16.

[357] BORGMEIER 1970: 27.

[358] Siehe BORGMEIER 1970: 29 „[So] gibt es zu den originalen Ausdrücken fast stets funktionsgleiche semantische Entsprechungen, deren metaphorische Leistungsfähigkeit ebenfalls mit der der englischen Ausdrücke vergleichbar ist;“ abschließend dazu S. 30: „Im ganzen sind die Bilder des Urtextes, was das Wortmaterial der deutschen Sprache angeht, annähernd exakt zu übersetzen“ (was mit „annähernd exakt“ gemeint ist, wird nicht expliziert).

[359] Siehe BORGMEIER 1970: 30f.

[360] Siehe BORGMEIER 1970: 26, 30.

[361] BORGMEIER 1970: 36.

[362] BORGMEIER 1970: 33.

[363] Insbesondere wehrt er sich gegen die Forderung, die männlichen Reime des AT im ZT nachbilden zu sollen (Siehe BORGMEIER 1970: 35f).

[364] Siehe BORGMEIER 1970: 32-35.

fragt sich, weshalb er unter diesen Bedingungen eine Prosa- und keine Versübersetzung als Maßstab vorlegt.

Im Anschluß untersucht BORGMEIER die ZTs schrittweise je *quatrain* und *couplet* sehr detailliert. Er diskutiert die ZT in chronologischer Reihenfolge und weist auf Abhängigkeiten hin, die im Schlußkapitel erneut thematisiert werden. Dort bringt BORGMEIER auch begründete Einwände gegen die von seinen Vorgängern vorgebrachte These der Epochenabhängigkeit vor,[365] indem er in erster Linie auf die Persönlichkeit des Übersetzers verweist und auf dessen Interpretation des AT, die nicht zuletzt durch Vorgängerübersetzungen beeinflußt werde.[366]

BORGMEIER blendet wohl aus dieser Überzeugung heraus den zeitgenössischen Kontext weitgehend aus, den SCHOEN-RENÉs Arbeit umfassend rekonstruiert.[367] Seine synchronische Übersetzungsanalyse ist daher für historisch bedingte Mehrdeutigkeiten nicht offen, wie sie überhaupt angesichts der Absolutsetzung der eigenen Interpretation alternative Deutungen nicht als solche erkennen kann.[368]

Angesichts der theoretischen Schwächen von BORGMEIERs Arbeit, die auch unabhängig von der Annahme der „totalen Äquivalenzhypothese" bestehen, sind die vielen, von den Rezensenten gelobten Einzelbeobachtungen durchaus auf alternative Interpretationsmöglichkeiten hin zu untersuchen.

Den Anspruch auf Repräsentativität kann BORGMEIERs Arbeit nicht einlösen: Für den AT wurde die Problematik der Repräsentativität eines Sonetts bereits angesprochen. Die *ex ante* durchgeführte Selektion „der besseren" Übersetzungen unterminiert von vornherein die erhobenen Generalisierungsansprüche, zumal gar nicht die Möglichkeit bedacht wird, daß ein Übersetzer seine Strategie im Verlauf der Arbeit am ZT ändert, wie dies beispielsweise ORTLEPP im Vorwort selbst angibt.[369] Deshalb ist selbst bei einem als repräsentativ identifizierten AT immer noch zu fragen, ob denn der untersuchte ZT ebenso repräsentativ für den Übersetzer ist wie der AT für den Autor.

---

[365] Siehe BORGMEIER 1970: 127, 131.

[366] Er widerspricht sich jedoch selbst, indem er gleichwohl einen negativen Epocheneinfluß gelten läßt: BORGMEIER 1970: 131 „Der Einfluß, welchen die Epoche auf die Übersetzung ausübt, ist vor allem negativ."

[367] Dies kritisiert bereits WALCH 1976: 82.

[368] Dies zeigt sich beispielsweise an der von BORGMEIER wiederholt mit Nachdruck verfochtenen Auffassung, daß *brow* in 2.1 mit dem Singular „Braue" zu übersetzen sei. Er konstatiert mit Erstaunen, daß nur die eine Hälfte der von ihm betrachteten ZT diese Lösung wählt, die andere aber das „Klischee" „Stirn" setzt (siehe BORGMEIER 1970: 22, 39, 41, 50, 53, 55f, 60). Da er allein seine Interpretation als „richtig" zuläßt, fragt er nicht, ob es auch andere Gründe als den Irrtum für diese auffällige Zweiteilung geben könnte.

Wie die Besprechung in Abschnitt 5.4 zeigt, ist auf der Wortebene sowohl „Braue" als auch „Stirn" setzbar. Außerdem ist auf der von BORGMEIER so betonten Bildebene die Wahl „Stirn" plausibler und – nicht zuletzt aufgrund des von ihm vernachlässigten AT-Kontextes – deutlich besser zu begründen als die von ihm ohne nähere Begründung favorisierte „Braue".

[369] Siehe ORTLEPP 1840: 360.

3. Erfassung und Aufbereitung der Texte

Dieses Kapitel beschäftigt sich mit der elektronischen Erfassung von Texten in einem parallelisierten Korpus[370] und ihrer Aufbereitung bezüglich der im folgenden skizzierten Aspekte.[371] Die zur Unterstützung entwickelten Programme sind in eckigen Klammern angegeben.

[*Physisch wahrnehmbare Segmentierung*]

Aspekt 1 [PREP_0]: Optische Gestaltung: Zeichenbestand, Layout

Aspekt 2: Akustische Gestaltung: Betonung der Silben (Hebung/Senkung)

[*Syntaktische Segmentierung*]

Aspekt 3 [PREP_1]: Wort: a) Wort <-> normalisierte Wortform („Lexem“)

[PREP_1]: Wort („Lexem“): b) Wortart, Grundform („Lemma“)

Aspekt 4 [PREP_2]: Phrase[372] („Syntagma“)

Aspekt 5: Satz („Teilsatz“ und „Satzgefüge“)

[*Stilistische Segmentierung*]

Aspekt 6: Stilmittel („Textlinguistische Einheiten“, FRANK/SCHULTZE: „Wortgruppe“)

[*Intertextuelle Korrelation*]

Aspekt 7 [PREP_3]: Korrelation von Wortformenbedeutungen

Aspekt 8 [PREP_4]: Korrelation von Phrasenbedeutungen

Aspekt 9: Korrelation von Sätzen

Aspekt 10: Korrelation von Stilmitteln

Die Aspekte stimmen weitgehend mit der Untermenge der ersten acht Normen überein, die FRANK/SCHULTZE als Untersuchungsgegenstand der Übersetzungsforschung identifizieren.[373] Mit WILSS, dessen Segmentbezeichnungen Aspekt 3 bis 6 in Klammern nachgestellt wurden, wird angenommen, daß die funktionell begründete Segmentierung über-einzelsprachliche Geltung besitzt und daher für die Korrelation von AT und ZT (und erst recht von ZT und ZT) geeignet ist.[374] Nach der Erörterung der Kriterien für die Segmentierung und den Formalismen zu ihrer elektronischen Abbildung werden jeweils die zur Unterstützung der Kodierung entwickelten elektro-

---

[370] Siehe BAKER 1995 für eine gründliche Klärung der gebräuchlichen Begriffe für elektronische Korpora. Ein *parallel corpus* (Parallekorpus) enthält korrelierte AT und ZT. Die Website von BARLOW (BARLOW 1997) bündelt Informationen zu „Projects and People“ in diesem Feld.

[371] Im Deutschen werden diese Aktivitäten auch als Kodierung oder Vorkodierung eines Textes bezeichnet, im Englischen als *markup*; inzwischen wird nur noch selten von *encoding* gesprochen. Eine kurze etymologische Analyse des Terminus‘ *markup* bietet BURNARD 1995: 42.

[372] Ich gebrauche den Terminus „Phrase“, weil er sich im Rahmen linguistischer Analysen auch im Deutschen eingebürgert hat. Eine abweichende Wortwahl würde zu unnötigen Verständigungsschwierigkeiten führen, die nicht durch den Einwand zu rechtfertigen sind, daß „Phrase“ in der deutschen Umgangssprache negativ belegt sei (z.B. „Phrasen dreschen“).

[373] Siehe FRANK, A. P./SCHULTZE 1988: Tafel II; die Autoren bezeichnen die Untersuchung dieser Aspekte auf S. 107 als „für die Übersetzungsanalyse sehr förderlich.“

[374] Siehe WILSS 1977: 210f. REISS 1984: 87, die diese Segmente übernimmt, stellt heraus, daß sie auch unabhängig von dem jeweiligen Texttyp gebraucht werden können.

nischen Hilfsmittel vorgestellt. Ihre Namen sind in der folgenden Übersicht in Kapitälchen hinter der Aspektnummer angegeben.

Bevor ein Text in akustischer (Aspekt 2), syntaktischer (Aspekt 3 bis 5) oder stilistischer (Aspekt 6) Hinsicht segmentiert und anschließend klassifiziert werden kann, muß er von der gedruckten in die elektronische Form überführt worden sein. Dieser Transfer wird als Texterfassung bezeichnet. Die Texterfassung ist abgeschlossen, wenn die Gestaltung des gedruckten Texts (Aspekt 1) in elektronischer Form kodiert wurde.

Wie der Forschungsüberblick zur computergestützten Übersetzungsforschung zeigt, ist nicht nur die Aufbereitung eines Texts gemäß der Aspekte 2 bis 10, sondern bereits die Texterfassung gemäß Aspekt 1 keine triviale Aufgabe: HARGREAVES und BARTSCHT gehen explizit auf die Schwierigkeiten ein, die die Multilingualität ihrer Korpora verursacht.[375] Beide verwenden selbstentwickelte *ad hoc*-Formalismen, um diese Probleme zu umgehen. Die jeweils gewählten Insellösungen sind jedoch weder aus technischer Sicht noch aus der Sicht der Übersetzungsforschung befriedigend.

Im folgenden wird in der Reihenfolge der zunehmend interpretationsabhängig angeordneten Aspekte untersucht, inwiefern die philologische Texterfassung auf Unterstützungsangebote der Informationstechnologie zurückgreifen kann und welche Formalismen aus Sicht einer korrelationshypothetisch verstandenen Übersetzungsforschung zur Aufbereitung eingesetzt werden können.

3.1. Texterfassung

Gedruckte Texte können entweder manuell oder durch Nutzung der speziell für diese Aufgabe entwickelten elektronischen Hilfsmittel (Scanner und OCR-Software) in eine elektronische Form überführt werden. In der Regel wird dabei der Zeichenbestand konvertiert, die Gestaltung jedoch nur unzureichend erfaßt; eine manuelle Nachbearbeitung ist unumgänglich. Daher ist es am günstigsten, wenn die Möglichkeit besteht, bereits bestehende elektronische Versionen zu nutzen.[376]

Wenn dies nicht möglich ist, muß die Entscheidung für oder gegen ein computergestütztes Eingabeverfahren vor allem von der Art und Qualität der Vorlage und der zu erfassenden Textmenge abhängig gemacht werden. Entscheidende Kriterien sind die in den Vorlagen zum Einsatz kommende Schrift, der Schriftgrad und der Kontrast der Zeichen.[377]

---

[375] Siehe dazu z.B. auch KAMMER 1989.

[376] Siehe BURNARD 1992: 3: „Before any text can be processed by computer, it must first be converted to a computer-readable form. There are three methods by which this may be done: keying [...]; scanning [...] ; re-use of existing machine-readable resources for other purposes."

[377] Schlechte Druckqualität und die Verwendung von nicht auf die Antiquaschrift zurückgehenden Lettern (z.B. von der deutschen Fraktur) verursachen erhebliche Fehler und erhöhen dadurch den für die manuelle Nachbearbeitung erforderlichen Aufwand beträchtlich.

Auch das Format und die Bindung der Vorlage spielt eine Rolle, da die weitaus meisten Scanner mittlerweile mit der Flachbetttechnik arbeiten und die Vorlage ähnlich wie ein Kopierer per Lichtstrahl abtasten. Wenn die zu erfassenden Vorlagen auf diese Weise nicht kopiert werden können bzw. dürfen, müssen per Fotoauftrag erstellte „Kopien" verwendet werden, deren Qualität

Selbst wenn ein Gutteil der zunächst fehlerhaften automatischen Erkennung durch Trainieren der Erfassungssoftware hinzu„gelernt“ werden kann, erfordert das Training selbst und die nie völlig präzise arbeitende Erkennung einen je nach Vorlage und IT-Unterstützung unterschiedlich großen zusätzlichen Arbeitsaufwand, zu dem auch die Einarbeitungszeit in die Bedienung der elektronischen Hilfsmittel zu zählen ist.[378]

3.1.1. Texteingabe in der Fallstudie

Während der AT in zahlreichen Versionen auf CD-ROM oder im Internet abrufbar vorliegt,[379] ist keiner der ZT elektronisch zugänglich. Nur für den AT ist also die günstigste Möglichkeit der Vermeidung eigener Texterfassung gegeben. Aufgrund der schwierigen Copyrightlage bei der Verwendung von auf CD-ROM zugänglichem Material und den oft ohne Quellenangabe und ohne Angaben zur Kodierung im Internet veröffentlichen *Sonnets*, fiel die Auswahl leicht: Da Q verwendet werden soll, kam allein die von Hardy M. COOK besorgte Fassung in Frage, die zunächst im elektronischen Handapparat des SHAKSPER-Diskussionsforums zum Abruf bereitstand und inzwischen auch per WWW erhältlich ist.[380] Sie ist ausdrücklich für den Einsatz in Forschung und Lehre freigegeben und wurde nach ausschließlich formalen Anpassungen an das für PREP_0 erforderliche Kodierungsformat (vgl. Pflichtenzettel 1 in Abschnitt 7.2) direkt in das Korpus übernommen.

Die ZT sind großenteils selbst in gedruckter Fassung nur schwer zugänglich.[381] Sie sind in Fraktur und häufig mit kleinem Schriftschnitt gedruckt, und die Papierqualität ist nicht zuletzt durch das Alter beeinträchtigt. Um abschätzen zu können, ob eine elektronisch unterstützte Erfassung grundsätzlich lohnend sein könnte, wurde eine Stichprobenstudie mit erheblich verbesserten Bedingungen durchgeführt: Die in den 80er und 90er Jahren dieses Jahrhunderts in Antiquaschrift und guter Druckqualität erschienenen Übersetzungen von Hanno HELBLING und Karl BERNHARD wurden mit einem Flachbettscanner vom Typ HP SCANJET 4 und der OCR-Software OMNIPAGE 5.0 PROFESSIONAL eingelesen. Die durchschnittliche Erfassungszeit eines Sonetts betrug dabei ca. zweieinhalb Minuten, wobei ein ähnlicher Zeitaufwand für die Nach-

---

der Originalvorlage stets mehr oder weniger nachsteht; der Einsatz von Handscannern hat sich bislang nicht bewährt (siehe HUMANIST 11.0230 [1997] und Antworten).

378 Für Texte, die in einer Antiquaschrift in guter Druckqualität vorliegen, kann allerdings davon ausgegangen werden, daß die gegenwärtig zur Verfügung stehenden Hilfsmittel deutliche Vorteile gegenüber einer rein manuellen Erfassung bietet. Vor allem Prosatexte können auf diese Weise effizient in elektronische Form überführt werden.[378] Inwiefern dies auch für lyrische und dramatische Texte gilt, kann im Einzelfall erst anhand einer Stichprobenstudie bestimmt werden, in der die manuelle Eingabe eines repräsentativen Teils der zu erfassenden Vorlagen mit der computergestützten Eingabe verglichen wird.

379 Bereits seit Anfang der 70er Jahre wird angestrebt, ein allgemein zugängliches, elektronisches Korpus aller Werke SHAKESPEARES bereitzustellen (siehe HOWARD-HILL 1973). BOLTON 1990, insbesondere S. 275 bietet einen Überblick und Verweise auf die bis 1990 erschienenen elektronischen Fassungen.

380 Sie liegt in zwei, nur minimal unterschiedlichen Fassungen vor: COOK 1992a und COOK 1992b.

381 Siehe JANSOHN 1993: 251.

bearbeitung anfiel.[382] In ähnlicher oder kürzerer Zeit konnten die Gedichte von Hand eingegeben werden. Dabei konnte auch die Gestaltung der Zeichen zuverlässig erfaßt werden, was bei den gescannten Texten zusätzliche Bearbeitungszeit erforderte. Somit war erwiesen, daß für die in der Fallstudie behandelten Texte, die die gängige Software vor deutlich größere Schwierigkeiten stellen würden, die rein manuelle Eingabe die schnellste Lösung für die Texterfassung war.

3.1.2. Aspekt 1: Zeichenbestand, Layout

Jeder Text, der in elektronischer Form vorliegt, ist in Übereinstimmung mit einem Formalismus kodiert, der erst die computergestützte Bearbeitung und Darstellung des Texts ermöglicht. Insofern kommen also bereits bei der Texteingabe Formalismen zur Textrepräsentation zum Einsatz. Sie werden im folgenden in Übereinstimmung mit der Fachsprache auch als „Formate" bezeichnet.[383] Welches Format in der Fallstudie eingesetzt wird, diskutiert Abschnitt 3.1.4 (S. 110ff) im Zusammenhang mit der dafür erstellten Software.

Für die Zwecke der Zeichenkodierung können Formate erster und zweiter Ordnung unterschieden werden: Ein Format erster Ordnung weist jedem Zeichen einen bestimmten Zahlenwert zu. Jede Software setzt solche Zuordnungstabellen ein, um überhaupt Zeichen verarbeiten und darstellen zu können. Das Problem besteht darin,

---

382 Dieses Ergebnis fällt auch bei Rückgriff auf die neuere Hard- und Software nicht signifikant anders aus. SPEHR 1998 stellt beispielsweise fest: „In der Praxis benötigt man für das Einscannen und die OCR rund zwei Minuten. Mindestens der gleiche Zeitaufwand fällt noch einmal für die Nachkontrolle und Nachbesserung des angeblich fehlerfrei erkannten Textes an. Texterkennung ist trotz aller gegenteiligen Beteuerungen der Software-Hersteller eine aufwendige Angelegenheit."

Ebenso skeptisch gegenüber den Behauptungen von Erfolgsraten nahe 100% äußert sich BELAÏD 1997: 71.

383 MARCOUX/SÉVIGNY 1997: 585 differenzieren zwischen „Format" (engl. *format*) und "Standard" (engl. *standard*), wobei die Unterscheidung darauf abzielt, daß ein Format von weniger Anwerndern akzeptiert wird als ein Standard: Nach dem an spezifische Hard- bzw. Software gebundenen *secret proprietary format* bietet ein öffentlich deklariertes, herstellerabhängiges *public proprietary format* und der daraus hervorgegange *de facto standard* ein jeweils zunehmendes Maß an Akzeptanz und damit Verbindlichkeit. Die größte Akzeptanz und Verbindlichkeit kommt dem *official standard* zu, der nicht nur von der Seite der Hersteller, sondern auch von der Seite der Nutzer, vertreten durch nationale und internationale Normungsinstitute, ratifiziert worden ist. Je größer die Beschreibungsmöglichkeiten und die öffentliche Akzeptanz eines Formalismus ist und je geringer dessen Herstellerabhängigkeit, desto sicherer wird ein danach kodiertes Korpus auch in anderen, zukünftigen Projekten verwendbar sein.

Die Differenzierung von „Format" und „Standard" vermischt jedoch technische und rezeptionsbezogene Kriterien, denn aus technischer Sicht unterscheidet sich ein Standard nicht von dem ihm zugrunde liegenden Format. Im folgenden werden die verschiedenen Formalismen zur Textrepräsentation deshalb sämtlich als Formate bezeichnet und separat geklärt, inwiefern von einem Standard zu sprechen ist.

Um Nachteile beim Austausch und bei der künftigen Nutzung der oft unter erheblichem Aufwand kodierten Texte so weit wie möglich zu vermeiden, sollte deshalb die Texterfassung und -aufbereitung, falls irgend möglich, auf Formate zurückgreifen, die den Status eines *official standard* besitzen.

daß aufgrund der Arbitrarität der Beziehung Zeichen – Zahl grundsätzlich beliebige Zuordnungen vorgenommen werden können.

Der noch heute weit verbreitete ASCII-Standard (ISO 646),[384] den zum Beispiel HARGREAVES und BARTSCHT einsetzen, bietet insbesondere für nationale Sonderzeichen keine einheitliche Kodierung, da neben einigen, hauptsächlich von der Schreibmaschine übernommenen Steuerzeichen (engl. *control characters*; z.B. Zeilenrücklauf) allein den Zahlen Null bis Neun und den Klein- und Großbuchstaben des lateinischen Alphabets sowie den westeuropäischen Satzzeichen feste Zahlenwerte zugewiesen werden.[385] Diese Tatsache erschwert den Datenaustausch erheblich und steht der Erfassung multilingualer Korpora im Wege.[386]

Als gegenwärtig günstigste Lösungsmöglichkeit dieses Problems ist die Nutzung der ISO 8859-Familie anzusehen, die in den 80er Jahren normiert wurden und mittlerweile – nicht zuletzt durch den Einsatz in den WWW-Browsern von Netscape und Microsoft – bewährt und weltweit verbreitet sind: ISO 8859-1, „Latin 1" genannt, weist den Zeichen moderner westeuropäische Sprachen eindeutige Zahlen zu, während ISO 8859-2, „Latin 2" genannt, diese Aufgabe für die Zeichen von mittel- und osteuropäischen Sprachen übernimmt. Die Austausch- und Darstellungsprobleme können daher je nach Zusammensetzung eines Korpus aufgehoben werden oder fortbestehen. Im Korpus der Fallstudie gilt ersteres, da die Texte nicht aus gemäß ISO 8859 geographisch unterschiedlichen Sprachgemeinschaften stammen.

Als endgültige Lösung des Problems tritt das „Unicode" genannte und 1992 in erster Fassung als ISO 10464 verabschiedete Format an, das allen Zeichen aller natürlichen und technischen Sprachen der Welt einheitliche Zahlenwerte zuordnen will.[387]

---

[384] Der *American Standard Code for Information Interchange* wurde 1967 verabschiedet.

[385] Nationale und sonstige Sonderzeichen wie der Gedankenstrich wurden nicht normiert, weshalb in unterschiedlichen Ländern verschiedene ISO 646-Versionen Verbreitung fanden, in denen derselbe Zahlenwert unterschiedlichen Zeichen zugeordnet ist: Der Zahlenwert 92 ergibt in der US-amerikanischen Fassung von ISO 646 die eckige Klammer „[", in der deutschen das „Ö" und in der dänischen Fassung das „Ø"; siehe GAYLORD 1995: 52). Dies ist einfach nachzuvollziehen, indem ein Text mit dem Zeichen „ß" in *Word97* als „MS-DOS Text" gespeichert wird: Beim erneuten Öffnen steht anstelle jedes „ß" ein „á".

BARTSCHT und HARGREAVES entwickeln deshalb eigene Lösungen, die einen erhöhten Dekodierungsaufwand implizieren: BARTSCHT kennzeichnet die deutschen Umlaute durch vorangestellten Doppelpunkt.

[386] Siehe BURNARD 1992: 9: „The treatment of characters other than the 'usual' alphabetic, numeric and punctuation symbols is unlikely to be consistent across different computer programs, let alone different computer systems"

[387] BURNARD 1995: 43 bezweifelt aufgrund des immensen und infiniten Zeichenvorrats natürlicher Sprachen, daß dieses Ziel je erreicht werden kann. Selbst wenn stets ein Restbestand nicht normierter Zeichen verbleiben sollte, erscheint durch Einsatz von Unicode jedoch die weltweite Standardisierung eines beträchtlichen Teils aller gebräuchlichen Zeichen in greifbarer Nähe. Dies ist bereits als entscheidender Fortschritt zu werten.

Die Umsetzung dieses Ziels erfordert einen erheblichen technischen Eingriff, der die elektronische Basis der Zeichenkodierung von vormals sieben bzw. acht auf nunmehr 16 Bit erweitert, so daß

Unicode stimmt in weiten Teilen – insbesondere bei der Kodierung der Zeichen westeuropäischer Sprachen – mit ISO 8859-x überein, konnte diese Formate aber noch nicht ablösen.

Ein Format zweiter Ordnung verschiebt derartige Probleme, indem jedem Zeichen keine Zahl, sondern eine international genormte Bezeichnung zugewiesen wird, anhand der es eindeutig identifizierbar ist und daher auch in verschiedenen Formaten erster Ordnung korrekt abgebildet werden kann.

Seit Mitte der 80er Jahre liegen geeignete „allgemeine Entitätslisten" (engl. *public entity sets*) vor, die den Zeichen einer Sprache feste Bezeichnungen, aber keine Zahlenwerte zuordnen. Beispielsweise definiert die zusammen mit SGML (s.u.) standardisierte Entitätsliste „ISOlat1" die Bezeichnung von Zeichen moderner westeuropäischer Sprachen: die Entity „Ä" bildet beispielsweise das deutsche Sonderzeichen „Ä" ab. Zur Bezeichnung drucktechnischer Sonderzeichen wie typographischer Anführungszeichen bietet „ISOpub" entsprechende Entitätsnamen an. Seit Mitte der neunziger Jahre liegen außerdem Entitätslisten der TEI (s.u.) vor, die Bezeichnungen für Zeichen weiterer Sprachen sowie des internationalen phonetischen Alphabets (IPA) vorgeben.

Angesichts der auch in näherer Zukunft noch nicht endgültig entschiedenen Situation im Bereich der Formalismen erster Ordnung ist der Gebrauch von Standards zweiter Ordnung die sicherste Möglichkeit, den Zeichenbestand eines Texts dauerhaft und eindeutig zu erfassen. In der Fallstudie werden daher alle Sonderzeichen gemäß ihrer Entitynamen in den genannten *public entity sets* erfaßt. Die verbreitete Unterstützung dieser Entitätslisten in Textverarbeitungsprogrammen wie WORDPERFECT und internetbasierter Software allgemein enthebt den Benutzer in der Regel davon, eigenständig nach geeigneten Formaten erster Ordnung Ausschau zu halten, die diese Entitäten in die von ihnen bezeichneten Zeichen umwandeln: Meist genügt die Wahl des betreffenden ISO 8859-Formats in dem Menü „Einstellungen" des jeweiligen Programms.

3.1.3. Aspekt 1: Die Kodierung der Texte

Nachdem der Zeichenbestand eines Texts gemäß einer Entitäsliste erfaßt wurde, liegt der Primärtext elektronisch als Folge von Entitäten vor. Diese Kodierung ist in vielen Fällen nicht ausreichend. HARGREAVES erfaßt beispielsweise auch die typographische Markierung von Zeichen durch Kursivschrift, um zwischen Bühnenanweisungen und

---

statt 2^7=127 bzw. 2^8=256 bis zu 2^{16}=65535 Zeichen mit eindeutigen Zahlenwerten identifiziert werden können.

Diese Umstellung verursacht bei Programmen, die von einer acht Bit breiten Basis als Wert für ein Zeichen ausgehen, technische Probleme. Daher muß mit der Einführung dieses Formats auch die Software überprüft und ggf. überarbeitet werden. Außerdem hat sich herausgestellt, daß 16 Bit nicht zur Normung des Zeichenbestands aller Sprachen der Welt ausreichen, weshalb bereits eine 32 Bit breite Basis als künftige Grundlage ins Auge gefaßt wird. (GAYLORD 1995: 59).

Text der Personen differenzieren zu können. Für das Korpus der Fallstudie bietet es sich ebenfalls an, eine für die Interpretation relevante Auswahl aufgrund des Layouts implizierter Makrostrukturen elektronisch abzubilden, zum Beispiel die Kursivschrift oder Gesperrtschreibung einzelner Worte und die Gruppierung von Gedichtzeilen zu einem Sonett zu erfassen und auch Anmerkungen im Fließtext und am Seiten- oder Textende aufzunehmen.[388]

Grundsätzlich ist bezüglich des Layouts eines gedruckten Texts zwischen der Kodierung typographischer und funktionaler Eigenschaften zu unterscheiden (*presentational* bzw. *logical markup*).[389] Typographische Eigenschaften betreffen die Art und Weise der Zeichendarstellung, berücksichtigen also beispielsweise den Schriftstil, so daß das Zeichen „⁵" als "hochgestellte Fünf in normalem Schriftstil, Schriftart ‚Times New Roman'" kodiert werden kann.

Diese Daten werden allerdings erst dann philologisch relevant, wenn sie mit bestimmten Funktionen verbunden werden können. HARGREAVES interpretiert in diesem Sinn die Kursivschrift als Bühnenanweisung. Sie erfaßt also funktionale Eigenschaften von Zeichenketten über den Umweg der typographischen Eigenschaften. Eine von der Typographie unabhängige funktionale Kodierung ermöglicht es, beispielsweise alle Bühnenanweisungen explizit als solche zu kennzeichnen oder anzugeben, ob eine Zahl – in welcher Schriftart und in welchem Schriftstil auch immer – als Fußnotenzeichen, Seitennummer, Überschriftsnummer usf. fungiert.

Wie COOMBS/RENEAR/DEROSE 1987 mit Blick auf die philologische Arbeit mit elektronischen Texten betont haben, ist es für das Verständnis und die Auswertung eines Texts ist es in der Regel zunächst weniger wichtig, zu wissen, wie Fließtext, Überschriften, Fußnotenzahlen usw. dargestellt werden, sondern daß es sich bei einer gegebenen Zeichenfolge um Fließtext, eine Überschrift, Fußnotenzahl usw. handelt.[390]

---

388 JANSOHNS Auswahl der „ersten deutschen Sonettübersetzungen" (JANSOHN 1993a) vernachlässigt diese Überlegungen beispielsweise gelegentlich: Alle ZT sind typographisch in drei Quartette und ein Couplet gegliedert. Dies entspricht jedoch nicht immer den Originalvorlagen, wie Tabelle 5-2 belegt (RodS1834 und WalL1840 folgen der Gliederung von Q). Auch typographische Hervorhebungen werden nicht immer bewahrt: Beispielsweise ist das Personalpronomen „sie" in SchA1826 2.11 gesperrt gedruckt, in JANSOHN 1993a: 266 jedoch nicht; andererseits bewahrt JANSOHN die Gesperrtschreibung von „dieß" in RegG1836 18.14 (JANSOHN 1993a: 273).

389 Diese Differenzierung ist unumstritten, es werden allerdings unterschiedliche Begriffe benutzt: HOLLOWAY 1987: 3 verwendet beispielsweise die Bezeichnungen „content, structure and presentation"; sie entsprechen in dieser Arbeit „Zeichenbestand", „funktionalen Eigenschaften" und „typographischen Eigenschaften". KAMMER 1995: 43, 49f spricht im Zusammenhang der „logischen Aspekte[...] der Textaufbereitung" von der „speziellen Auszeichnung" durch Schrifstil, die hier als „typographische Eigenschaft" bezeichnet wird, und von der „generellen Auszeichnung" durch Funktion, die hier als Erfassung der „funktionalen Eigenschaften" bezeichnet wird.

390 Siehe COOMBS/RENEAR/DEROSE 1987; DEROSE/DURAND/MYLONAS 1990 und BURNARD 1995. Siehe auch FARINA 1986: 375 und BANZ 1990: 31, der ebenfalls auf die Wichtigkeit der elektronischen Repräsentierung derartiger Merkmale für die philologische Arbeit hinweist.

Erst nach dieser funktionalen, im folgenden auch als "prädikative Kodierung"[391] bezeichneten Textbeschreibung kann die Bestimmung der typographischen Darstellung – vor allem bei lyrischen Texten – als Teil der Textbedeutung relevant werden.

Die Entkoppelung der Kodierung der typographischen Oberflächenstruktur von der Erfassung des generischen Typs einer Zeichenfolge ist in den verbreiteten Textverarbeitungsprogrammen WORD bzw. WORDPERFECT durch die Verwendung sogenannten Format- bzw. Stilvorlagen möglich, aber nicht erforderlich.

Als herstellerunabhängige *official standards* zur prädikativen Kodierung stehen gegenwärtig SGML, die ***S**tandard **G**eneralized **M**arkup **L**anugage* (ISO 8879), und ODA, die ***O**pen **D**ocument **A**rchitecture* (ISO 8613), die ursprünglich ***O**ffice **D**ocument **A**rchitecture* hieß, zur Verfügung.[392] ODA, 1989 drei Jahre nach SGML normiert, umfaßt neben Regeln für die prädikative Kodierung auch Regeln zur Kodierung der typographischen Oberfläche eines Texts. Dieser Formalismus konnte sich bislang im Vergleich zu SGML kaum durchsetzen. SGML wird in nahezu allen Anwendungsgebieten und insbesondere im geisteswissenschaftlichen Kontext eingesetzt.[393]

Im philologischen Bereich kommt SGML besondere Bedeutung zu, da die speziell für die geisteswissenschaftliche Arbeit entwickelten Formate TEI und CES (s. u.) in SGML formuliert sind. ODA ist deshalb für die folgenden Ausführungen nicht relevant.

In technischer Hinsicht ist bei der Kodierung von layoutspezifischen Eigenschaften sicherzustellen, daß diese Informationen nicht als Teil des Primärtextes mißverstanden werden können. Je nach Format erfüllen daher unterschiedliche Zeichenfolgen die Aufgabe, typographische oder funktionale Kodierungen zu kennzeichnen.[394] Sie werden im Englischen *tags* genannt und firmieren auch im Deutschen unter dieser Bezeichnung („der Tag", „die Tags" bzw. „der *tag*", „die *tags*", ausgesprochen als [tääg]).[395] Tags werden in den eigentlichen Text eingefügt und kennzeichnen den

[391] Der englische Fachbegriff ist *descriptive markup*, wobei auch der ursprünglich dafür gebräuchliche Begriff des *generic coding* noch verwendet wird.

[392] Siehe DEROSE 1993: 128. Seit 1997 ist darüber hinaus XML (**E**xtended **M**arkup **L**anguage) in der Entwicklung und seit 1999 allgemein im Einsatz. XML ist als web-optimierte „SGML light" konzipiert (siehe) und soll die *lingua franca* des WWW, HTML (**H**ypertext **M**arkup **L**anguage), die ihrerseits in SGML formuliert ist, ablösen. Besondere Berücksichtigung haben dabei die im Rahmen der TEI erarbeiteten Vorschläge zur Modifikation der Linkverarbeitung in SGML gefunden.

[393] Siehe S. 105.

[394] Die Formate, in denen unterschiedliche Softwarehersteller ihre Texte speichern, sind für ihre Unterschiedlichkeit und Inkompatibilität untereinander und sogar innerhalb verschiedener Versionen desselben Programms berüchtigt; selbst automatische Konvertierungsroutinen gehen oft nur typographisch, nicht aber funktional vor, so daß beispielsweise Fuß- oder Endnoten nicht als solche übertragen werden können.

[395] In deutschsprachigen Texten wird *tag* gewöhnlich als deutscher *terminus technicus* „Tag" ‚übersetzt' (siehe z.B. DIN (^{2}1991: 10f), *Handbuch* WORDPERFECT 8.0, diverse deutschsprachige Internetliteratur, insbesondere HTML-Bücher). Im geisteswissenschaftlichen Bereich ist es auch nicht unüblich, das englische Wort direkt zu gebrauchen und es als solches durch Kursivierung und Kleinschreibung zu kennzeichnen.

Beginn und das Ende metatextueller Informationen. Ein gebräuchliches Beispiel sind die von SGML und den damit erstellen Formaten wie HTML oder TEI populär gemachten spitzen Klammern „<“ und „>“. Zur Kennzeichnung einer Zeichenfolge als Überschrift erster Ordnung müßte in HTML z.B. „<Heading1>Überschrift</Heading1>“ kodiert werden.

Die Struktur der Tags, ihre Integration in den Text und ihre Interpretation wird in einem *markup scheme* („Aufbereitungsschema“) festgelegt, das in einer *markup language* („Aufbereitungssprache“) formuliert wird. Das Aufbereitungsschema definiert also das Format, in dem die Texte kodiert werden. Die Aufbereitungssprache stellt Mittel zur Formulierung und Interpretation unterschiedlicher Aufbereitungsschemata bzw. Formate zur Verfügung.

In Anlehnung an BURNARD lassen sich vier Aspekte unterscheiden, denen ein Format Rechnung tragen muß:[396] Erstens muß die Form der Tags und ihre Beziehung zum umliegenden Text so definiert werden, daß die eindeutige Unterscheidung von Primärtext und Tags sichergestellt ist. Zweitens muß die syntaktische Struktur der Tags vorgegeben und drittens ihre daraus ableitbare Bedeutung eindeutig festgelegt werden. Schließlich muß viertens geregelt sein, welche Kombinationen von Tags zulässig sind, wobei auch die Unterscheidung zwischen obligatorischen und fakultativen Anordnungen möglich sein sollte.[397]

Für die Textkodierung zu übersetzungskritischen Zielen ergibt sich eine klare Hierarchie der Formalismen, auf die zurückgegriffen werden kann: SGML erlaubt die standardisierte Formulierung von Kodierungsformalismen jeglicher Art. Die Richtlinien der TEI, die normalsprachlich und in SGML formuliert wurden, instantiieren ein Format für die Kodierung von Texten für geisteswissenschaftliche Projekte. Als Weiterentwicklung der TEI-Richtlinien für die Anforderungen von mehrsprachigen Korpusstudien mit beliebig vielen Texten beliebiger Gattung ist das ebenfalls in SGML formulierte CES-Format besonders für die Unterstützung der Übersetzungsforschung geeignet.

Der Gebrauch von „Tag" hat den Nachteil, daß diese Zeichenfolge im Deutschen sowohl grammatisch als auch semantisch bereits eindeutig belegt ist. Es scheint so, als ob das derart vorgeprägte grammatische Geschlecht aus dem Deutschen übernommen wird („der Tag"), die Flektion jedoch aus dem Englischen („die Tags" anstelle von „die Tage"). Es könnte daher vorgeschlagen werden, den Terminus „die Marke" als Übersetzung von *tag* zu gebrauchen, da dieser Begriff ohne Schwierigkeiten gebraucht werden kann und im Kontext der Textauszeichnung ohne Verlust an Klarheit oder Entstehen von Mehrdeutigkeit denselben Gegenstand wie englisch *tag* bezeichnen kann.

Da sich jedoch die Rede von Tags bzw. *tags* in der Fachsprache der Textkodierer etabliert hat und klar definiert ist, wird dieser Terminus auch im folgenden gebraucht.

[396] Siehe BURNARD 1992: 45.

[397] Siehe BURNARD 1995: 42.

3.1.3.1. SGML

SGML ist eine Metasprache, die die Formalisierung von drei der vier oben genannten Aspekte, die ein Kodierungsformalismus behandeln muß, normiert:[398] die Kennzeichnung der Tags (Aspekt 1), die syntaktische Struktur der Tags (Aspekt 2) sowie die zulässigen Kombinationen von Tags im Text (Aspekt 4). In SGML ist also die Grammatik eines Kodierungsformalismus beschreibbar. Durch Anwendung dieser Grammatik, die als sogenannte *Document Type Definition* (DTD) elektronisch vorliegt, können alle Dokumente, auf die sie zutrifft, eindeutig kodiert und mit Hilfe eines Programms, eines sogenannten Parsers (engl. *parser*), automatisch auf die syntaktische Korrektheit der Kodierung überprüft werden.

Neben der DTD ist für SGML das bereits angesprochene Konzept der Entität (engl. *entity*) von zentraler Bedeutung: Eine Entität repräsentiert eine beliebig große Menge sequentiell angeordneter Zeichen. Die Flexibilität des Entitätenkonzepts gestattet es, nicht nur nationale Sonderzeichen, sondern auch ganze Texte, Grafiken oder Tondateien als eine Entität zu kodieren und noch in keinem Format normierte Zeichen durch Deklaration einzuführen.

Das dritte entscheidende Konzept von SGML spiegelt den theoretischen Ansatz der prädikativen Kodierung wider: Ein Text wird nicht als Folge von Zeichen, sondern als hierarchisch gegliederte Struktur logischer Elemente (engl. *elements*) aufgefaßt, die zusätzlich sogenannte Attribute (engl. *attributes*) besitzen können, durch die sie einem konkreten Fall näher spezifiziert werden. Je nach Texttyp lassen sich unterschiedliche Elemente identifizieren und Regeln für ihre Kombination angeben, die in der DTD dementsprechend formalisiert werden. Für viele Texttypen gilt beispielsweise, daß ein Element „Fließtext" beliebige Entitäten enthalten kann, aber kein Element vom Typ „Kopfzeile" oder „aktuelle Seitenzahl". Das letztgenannte Element kann durch Wertzuweisung an ein Attribut die aktuelle Seitenzahl der Vorlage erfassen.

Wissenschaftstheoretisch gesprochen, stellt SGML den „Kern" einer Kodierungstheorie dar und die DTDs die an die jeweiligen Anwendungsbereiche angepaßte „Hülle". Da die Setzungen der „Hülle" die Anpassung an ganz unterschiedliche Erfordernisse gewährleisten, wird der Kern der Theorie von Veränderungen abgeschirmt und kann genormt werden. Deshalb können auch so unterschiedliche Textarten wie Telefonbuch, Theaterstück oder Lexikon durch entsprechend spezifizierte DTDs in SGML repräsentiert werden.

Die Kritik an SGML identifiziert entweder theoretische oder praktische Mängel. Theoretischerseits wurde sehr bald das Fehlen des Aspekts 3 kritisiert, also daß SGML als Metasprache nicht sofort einsetzbar ist, sondern die Entwicklung einer als DTD formulierten Grammatik für die zu kodierenden Dokumente voraussetzt. In

---

[398] Die SGML zugrundeliegende Idee der prädikativen Kodierung (*generic coding*) wurde bereits Ende der 60er Jahre von Charles F. GOLDFARB und Team sowie William W. TUNNICLIFFE unabhängig voneinander formuliert und formalisiert. Im Zuge der weiteren Entwicklung entstand eine Sprache zur prädikativen Kodierung von Texten jeglichen Inhalts, einschließlich beliebiger Zeichen sowie Bild- und Tonelemente.

diesem Zusammenhang wurde wiederholt kritisiert, daß auch der Einsatz von SGML die Beschreibung der typographischen Gestaltung eines Texts nicht normiere. Bei dieser Kritik fielen die Interessen der Druckindustrie und der Literaturwissenschaft zusammen, die beide auf eine normierte Beschreibung der typographischen Form eines Texts oft nicht verzichten können. Mit der 1996 erfolgten Normierung von DSSSL (ISO 10179)[399] hat diese Kritik bereits Früchte getragen und trifft nicht mehr.

Von literaturwissenschaftlicher Seite wurde darüber hinaus der theoretische Einwand vorgebracht, daß es SGML aufgrund der strikten Hierarchisierungsvorschriften nicht zulasse, unterschiedliche logische Gliederungen eines Texts gleichberechtigt nebeneinander zu kodieren.[400] Für die Literaturwissenschaft sei deshalb zu befürchten, daß nur eine einzige Sicht (engl. *view*) auf einen Text repräsentiert werden könne.

Wie die Kritiker selbst feststellten, ist diese Sorge allerdings nur teilweise begründet, denn es gibt verschiedene, unterschiedlich stark mit SGML konforme Möglichkeiten zur Lösung dieses Problems.[401] Allerdings implizieren die Lösungsansätze entweder erhöhten Kodierungsaufwand oder den Rückgriff auf nicht verpflichtende SGML-Kodierungstechniken.

Praktische Einwände gegen SGML sind oft mit den theoretischen Überlegungen verknüpft und lassen sich auf Bedenken bezüglich der Komplexität des Formalismus zurückführen. Es besteht die Sorge, daß der Einsatz von SGML sowohl hohe Investitionskosten in Hard- und Software impliziere als auch beträchtliche Einarbeitungszeit erfordere, wenn nicht hohe Fehlerquoten bei der Kodierung in Kauf genommen werden sollten. Von geisteswissenschaftlicher Seite wurden hauptsächlich die letzteren Bedenken geäußert.[402] Angesichts der hard- und softwaretechnischen Fortschritte treffen die technikbezogenen Kritikpunkte inzwischen kaum noch zu. Das heißt auch, daß inzwischen der Aufwand für die Einarbeitung und Fehlerkorrektur deutlich reduziert wurde; Fehler in der Kodierung können durch zahlreiche Programme automatisch bestimmt und dann schnell korrigiert werden.[403]

Für die Entwicklung spezieller DTDs für besondere Textarten ist allerdings eine gründliche Kenntnis von SGML weiterhin unabdingbar. In diesem Fall genügt es jedoch, wenn ein Mitarbeiter eines Teams oder ein Spezialist von außen mit der Implementierung des Gewünschten beauftragt wird. Für viele der geisteswissenschaftlich interessanten Gattungen hat die TEI (s.u.) bereits geeignete DTDs vorgelegt.

---

399 Nach achtjähriger Entwicklungszeit wurde die ***Document Style Semantics and Specification Language*** (DSSSL) 1996 ratifiziert.

400 Siehe den grundlegenden Text von Barnard *et al.* 1988.

401 Siehe Barnard [*et al.*] 1988: 7, 9, 10.

402 Siehe Holloway 1987: 8, 13-14, Wu 1989: 80, Rommel 1995: 126f.

403 Zum Beispiel gestatten weitverbreitete Textverarbeitungsprogramme wie *WordPerfect* (ab Version 7) die automatische Überprüfung der SGML-Kodierung und die Auswertung SGML-kodierter Texte ohne lange Einarbeitungszeit.

Insgesamt überwiegen die Vorteile von SGML deutlich die Nachteile. Das Metaformat zur prädikativen Kodierung vereinigt eine unerreichte Präzision und Flexibilität bei der Textrepräsentation mit weltweiter Verwendbarkeit und Standardisierung.[404]

Dieses Fazit wird, abgesehen von der oben genannten Kritik, von allen Äußerungen gestützt, die bis Anfang der 90er Jahre die künftige Rolle der damals noch nicht etablierten Metasprache erörterten. Dabei wird nicht nur die Rolle von SGML als richtungsweisende Zukunftstechnologie für das Druck- und Verlagswesen hervorgehoben,[405] sondern auch die Bedeutung für anspruchsvolle wissenschaftliche Textkodierung betont.[406] Das Urteil von MacKenzie SMITH, das dem Nutzen von SGML für die Geisteswissenschaften erörtert, ist repräsentativ für diese Sicht:

> How does this apply to humanities scholars? The investment of intellectual effort to create digital versions of texts is of critical importance to scholars. Learning SGML may not be the work of a few hours, but it does provide some security for the future of the texts, so that if you change your mind about the word processor you are using you do not need to start from scratch. Further more [...] the document can be used by a variety of application programs with equal ease: everything from simple printing, to complex textual analysis, to applications that have not yet been thought of.[407]

Tatsächlich hat sich SGML etwa seit der Mitte der 90er Jahre sowohl in der Wissenschaft[408] als auch am Markt[409] endgültig etabliert. Die Formulierung der im folgenden besprochenen Formate TEI und CES in SGML hat – natürlich neben HTML und ihrer Nachfolgerin XML als *lingua franca* des Web, die beide als SGML-DTD formuliert sind, – entscheidend dazu beigetragen[410] und gleichzeitig die Leistungsfähigkeit der

---

404 Siehe SMITH 1987: 171, BARNARD *et al.* 1988: 28 und STIGLEMAN 1993: 75. STIGLEMAN bezeichnet SGML sogar als „the most important structure for humanities texts", was jedoch – zumal angesichts der damals schon weit entwickelten Bemühungen der TEI – etwas zu hochgegriffen erscheint.

405 HOLLOWAY 1987: 1, 13f ist angesichts der Komplexität von SGML zurückhaltend; SMITH, J. M. 1986: 6-9; 1987: 171, 174-75 sieht SGML trotz Kinderkrankheiten als „an extremely powerful tool for full text data base publishing" (SMITH, J. M. 1986: 6); auch WU 1989: 81 erwähnt Schwierigkeiten, spricht aber dennoch von „a new era in electronic publishing", die nun durch Verbesserung der hauptsächlich technischen Probleme zügig herbeigeführt werden solle.

406 Siehe STIGLEMAN 1993: 73.

407 SMITH, M. 1993: 419.

408 Viele Texte sind bereits SGML-konform kodiert (siehe ROMMEL 1995:125; BURNARD 1995 sowie aus einem mehr technischen Blickwinkel MARCOUX/SÉVIGNY 1997). Die von COVER im September 1997 erstellte Liste wissenschaftlicher Projekte, die SGML zur Kodierung einsetzen, umfaßt in gedruckter Form (Times New Roman, 12 pt, einzeilig) 180 DIN A4 Seiten (COVER 1997).

409 Zahlreiche SGML-fähige Programme werden für viele unterschiedliche Zwecke angeboten, Mitte 1997 bot WordPerfect mit der Version 7.0 als erstes namhaftes Textverarbeitungsprogramm SGML-Unterstützung an. (ENSIGNS 1997 veröffentliches Buch mit dem reißerischen Titel *$GML – The Billion Dollar Secret* zeigt jedoch, daß auch gegen Ende der 90er Jahre noch genügend Potential zur Umstellung auf SGML gesehen wurde).

410 Auch HTML, die Sprache, in der alle Dokumente des World Wide Web kodiert sind, ist in diesem Zusammenhang zu nennen, da auch sie als SGML-DTD realisiert wurde.

Metasprache bewiesen. Es erscheint vielleicht etwas pathetisch, aber im Vergleich zu allen vor SGML zur Verfügung stehenden Formalismen wohl gerechtfertigt, wenn BURNARD die Kombination von SGML und DTD als "permanent asset, independent of time, place and personality" preist.[411]

3.1.3.2. TEI

Zehn Jahre früher war kein derartiger Kodierungsformalismus in Sicht: Die Inkompatibilität der verfügbaren Formate und ihre permanente Überarbeitung durch die Hersteller stellte besonders Geisteswissenschaftler, die ihre einmal erfaßten Texte nicht ständig an neue Formate anpassen konnten und wollten, vor große Probleme und veranlaßte zur Gründung der Text Encoding Initiative (TEI). IDE/ SPERBERG-MCQUEEN fassen den damaligen Konsens der Spezialisten drastisch zusammen: „[chaos] was, as several speakers observed, the status quo."[412]

Um diese kontraproduktive Situation zu verändern, wurde die Text Encoding Initiative als interdisziplinäres Projekt unter der Federführung der *Association for Computers in the Humanities* (ACH), der *Association for Computational Linguistics* (ACL) und der *Association for Literary and Linguistic Computing* (ALLC) gegründet. Ziel war es, unter Beteiligung aller geisteswissenschaftlichen Disziplinen einen Kodierungsstandard für alle irgendwann einmal elektronisch zu kodierenden Dokumente zu entwickeln. Damit sollte die Vielzahl bereits existierender, aber unterschiedlicher Kodierungsverfahren reduziert, die maschinelle Verarbeitung der kodierten Dokumente vereinfacht und ihr Austausch erleichtert werden.[413] Weltweit war die TEI damit nach eigener, zutreffender Aussage

> the only systematized attempt to develop a fully general text encoding model and set of encoding conventions based upon it, suitable for processing and analysis of any type of text, in any language, and intended to serve the increasing range of existing (and potential) applications and use.[414]

Die erste, noch vorläufige Fassung des Formats wurde 1991 unter dem Namen TEI P1 veröffentlicht und in der Praxis erprobt.[415] Aufgrund der Rückmeldungen wurde das Format überarbeitet und eine neue, noch immer vorläufige Version TEI P2 von 1992 bis 1993 kapitelweise veröffentlicht. Nach der wiederum einsetzenden Phase der Anwendung und Kritik erschien 1994 als vorläufiger Endpunkt der Entwicklung TEI P3.

---

411 BURNARD 1995:50.

412 IDE/SPERBERG-MCQUEEN 1995: 6. Siehe auch BARNARD/IDE 1997: 622. Zum grundsätzlichen Problem proprietärer Dokumentenkodierung siehe SIEMENS (1998): „It is crucial to understand that some wordprocessors, such as WordPerfect, convert pre-existing input text into a proprietary format, so that if you save an edited file as you normally would, rather than as an ASCII or DOS file, it may be unusable by other software."

413 Siehe z.B. SPERBERG-MCQUEEN/BURNARD 1994: v.

414 SPERBERG-McQueen/BURNARD 1994: v.

415 Siehe SPERBERG-MCQUEEN/BURNARD 1991. Die Zeichenfolge „Px" steht als Abkürzung für engl. *proposal x*.

Der volle Name lautet *TEI P3 Guidelines* und deutet an, daß sich der Formalismus weniger als Standard, denn als Richtschnur zur Textkodierung versteht, so daß jeder Kodierer einen beträchtlichen Entscheindungsspielraum darüber behält, welche Aspekte er nach welchen Kriterien wie formalisieren will.[416] Der im folgenden benutzte Begriff des TEI-*Formats* läßt diese Interpretation ebenfalls zu.

Vereinfacht gesprochen, ist das von der TEI entwickelte Format eine Anwendung von SGML auf die Belange der Geisteswissenschaften.[417] Technisch gesehen, stellt es einen sowohl metasprachlich als auch in Form von SGML-DTDs formulierten Kodierungsformalismus dar, der auch eine Semantik der benutzten Tags deklariert. Die angestrebte Flexibilität der Kodierung bei gleichzeitiger Regulierung konnte durch Nutzung des Konzepts von SGML-„Kern" und DTD-„Hülle" erreicht werden, denn es war „nur" erforderlich, eine „Hülle" von DTDs zu entwickeln, die den philologischen Erfordernissen entsprachen. Somit sind alle vier der oben eingeführten Aspekte eines Kodierungsformalismus im TEI-Format spezifiziert und zu erfassende Texte können ohne zusätzliche Deklarationsarbeit sofort gemäß den Möglichkeiten dieses Formats erfaßt werden.

Der Rückgriff auf SGML hat den vorteilhaften Nebeneffekt, daß zur Bearbeitung TEI-konform erfaßter Texte jede SGML-fähige Software eingesetzt werden kann. Für die operativen Prozesse der Texterfassung und Textauswertung nach einfachen Kriterien fallen daher keine weiteren Entwicklungskosten an. Außerdem ist es aufgrund der gemeinsamen SGML-Abstammung ohne größere technische Schwierigkeiten möglich, TEI-kodierte Texte per *WorldWideWeb* zu veröffentlichen und auszutauschen.

Gemäß der Zielsetzung der TEI sollen alle TEI-konform erfaßten Texte als eigenständige elektronische Publikationen nutzbar sein. Deshalb muß jeder TEI-konform erfaßten Vorlage in Erweiterung der Vorgaben von SGML ein ausführliches elektronisches Titelblatt vorangestellt werden: der *TEI header*. Dieses Titelblatt soll die weltweite Nutzbarkeit des kodierten Texts sicherstellen und enthält deshalb neben bibliographischen Angaben zur verwendeten Vorlage auch eine Kurzbeschreibung des Projekts, in dessen Rahmen die elektronische Fassung erstellt wurde.

In der aktuellen Fassung hält das TEI-Format für fast alle im Rahmen geisteswissenschaftlicher Arbeit zu kodierenden Phänomene Kodierungsempfehlungen und Elemente bereit und ist darüber hinaus auch gemäß individuellen Wünschen erweiterbar. Die Kodierungsmöglichkeiten beschränken sich nicht auf die Erfassung eines Texts, sondern gestatten auch seine Aufbereitung mit interpretativem Material. Aufbauend auf einem stets verfügbaren Grundrepertoire von Regeln und Elementen zur Texterfassung (*general rules* und *core tags*) können bei Bedarf zusätzliche Erweite-

[416] Die Kodierungsvorschläge der *Guidelines* unterscheiden sich in ihrer – explizit deklarierten – Erforderlichkeit (z.B. „required", „mandatory when applicable", „recommended" usf.; siehe SPERBERG-MCQUEEN/BURNARD 1994: 6).

[417] Siehe auch BARNARD/IDE 1997: 623. Der gesamte Aufsatz (BARNARD/IDE 1997) bietet eine konzise Einführung in die TEI.

rungen für einzelne Gattungen (*base tag sets*) oder für spezifische Kodierungsziele (*additional tag sets*) hinzugefügt werden.

Die Kodierungsrichtlinien zur Erfassung von typographischen und funktionalen Eigenschaften, die von Texten verschiedenster Art benötigt werden, finden sich im *core tag set*, während die Kodierungsempfehlungen für Phänomene, die eng an bestimmte Gattungen gebunden sind (beispielsweise Reimart oder Bühnenanweisung) mittels der *base tag sets* erfaßt werden.[418] Kodierungsziele wie die Formalisierung inner- und intertextueller Bezüge oder syntaktischer Strukturen können durch Hinzuziehung eines *additional tag set* wie *linking, segmentation, and alignment* oder *simple analytic mechanisms* kodiert werden.[419]

Seit der Veröffentlichung von TEI P3 hat sich das TEI-Format im geisteswissenschaftlichen Bereich vor allem in Forschungsprojekten durchgesetzt.[420] Dies gilt insbesondere für Projekte, die mehrsprachige Korpora von übersetzten Texten untersuchen,[421] da das TEI-Format auch Regeln zur Erfassung inner- und intertextueller Bezüge innerhalb eines mehrsprachigen Korpus bereitstellt.[422]

Neben den Vorteilen des TEI-Formats sind seit 1987 auch dessen Nachteile deutlich geworden. In der zum einem Gutteil per Internet geführten Debatte[423] wurde vor allem das Konzept der Standardisierung diskutiert. Hard- und softwaretechnische Bedenken, daß TEI-kodierte Texte die Leistungsfähigkeit eines Rechners überfordern könnten, spielen keine Rolle mehr. Sie können angesichts des rasanten technischen Fortschritts zerstreut werden.

Das TEI-Konzept als Ganzes wird äußerst selten in Frage gestellt. Falls dies geschieht, wird bemängelt, daß es seinem Gegenstand nicht gerecht werden könne, da es zu rigide und nicht flexibel genug sei, um die Texte und Phänomene angemessen repräsentieren zu können, die für geisteswissenschaftliche Arbeit relevant seien. Gelegentlich wird auch angeführt, daß jeder umfangreich angelegte Kodierungsstandard nur unnötig mehr Fehleranfälligkeit und Auswertungsaufwand produziere.[424]

---

418 Zur Erfassung der genannten Phänomene kann auf das bereits erstellte *base tag set for verse* oder *base tag set for drama* zurückgegriffen werden; auf die Besonderheiten der Erfassung lyrischer Texte im TEI-Format gehen CHISHOLM/ROBEY 1995 ein.

419 Die gründlichste Einführung bietet die gedruckte Fassung des TEI(-P3)-Standards; per Internet sind auch Kurzfassungen wie *TEI Lite* und *Bare Bones TEI* zugänglich (siehe http://www.tei.org).

420 Siehe die in BARNARD/IDE 1997: 627 publizierte Liste großer Forschungsprojekte, die nach den Richtlinien der TEI arbeiten. Für ältere Kodierungsarten wie TACT oder TUSTEP liegen bereits Konvertierungsverfahren vor, während idiosynkratische Kodierungen individuell angepaßt werden müssen.

421 Siehe z.B. PEDANT (siehe BARLOW 1997); Lingua (BONHOMME 1996) und MULTEXT[/EAST] (siehe BARLOW 1997).

422 Siehe TEI, Kap. 20.

423 Vor allem in den Diskussionsforen HUMANIST und TEI-L.

424 So z.B. LANCASHIRE 1994 und ROMMEL 1995:126-27, der andererseits jedoch die Verwendung umfangreicher Kodierung für aussagekräftige Untersuchungen akzeptiert.

Übereinstimmung herrscht in der Kritik des Standards als zu offen,[425] weil die Umsetzung des Ziels, einen Text aus ganz unterschiedlicher Perspektive kodieren zu können, zu einer unvertretbar hohen Anzahl von Alternativen geführt habe, die es ermöglichten, ein und dasselbe Phänomen auf teils ganz unterschiedliche Weise zu kodieren.[426]

Die Kritik läßt sich also dahingehend präzisieren, daß sich die TEI-Richtlinien selbst aushöhlten und deshalb gescheitert seien, weil sie keine Verbindlichkeit garantieren könnten und Auswertungsverfahren eine große Anzahl gleichzeitig zulässiger Kodierungsarten unterstützen müßten. Dadurch werde sowohl die manuelle Kodierung und Auswertung als auch die Programmierung von Hilfssoftware beträchtlich erschwert.

Da diesem Einwand zuzustimmen ist, kann nicht von fehlender Flexibilität der TEI-Richtlinien gesprochen werden. Gerade diese von der TEI ausdrücklich vorgegebene Alternativenvielfalt stellt das entscheidende Problem dar: Sie gestattet es, unterschiedliche Interpretationen eines Texts so flexibel und gleichberechtigt nebeneinander zu erfassen, daß eine Erörterung der Entscheidungen im *header* erforderlich und daher die automatische Auswertung erheblich erschwert wird.

Es erscheint deshalb oft sinnvoll, sich innerhalb des eigenen Projektes verbindlich auf eine Untermenge TEI-konformer Kodierungen zu einigen, diesen Sub-Standard im elektronischen Titelblatt zu dokumentieren und im folgenden nur speziell darauf abgestimmte Software zu entwickeln. In der Tat sind viele Projekte dazu übergegangen, mit einem nach ihren Bedürfnissen verschärften TEI-Format zu arbeiten. Bei der übersetzungsbezogenen Forschung[427] ist aus dieser Anpassungsarbeit der Impuls zur Entwicklung des CES als Verschärfung der TEI-Richtlinien entstanden.

3.1.3.3. CES

Mitte 1996 wurde eine erste Fassung des Corpus Encoding Standard (CES) im Internet veröffentlicht.[428] Die Entwicklung des CES wird von den EU-finanzierten Projekten EAGLES und vor allem MULTEXT geleitet. Bis Mitte 1998 lag – abgesehen von Konferenzvorträgen[429] – allerdings noch kein gedrucktes Material vor, da der CES noch überarbeitet wurde.

---

[425] Siehe ROMMEL 1995: 126, OLSEN 1997, LANCASHIRE 1994, IDE/VÉRONIS 1996.

[426] OLSEN hat in einer Fallstudie gezeigt, daß dies schon für so simple Phänomene wie Kursivschrift tatsächlich in großem Umfang zutrifft (OLSEN 1997: „I found no less than 6 ways to represent italics [...] which are used in varying ways in different databases without much, if any, consistent distinction."). Die automatische Verarbeitung TEI-konformer Texte wird dadurch, wie OLSEN hervorhebt, sehr erschwert, wenn nicht gar unmöglich gemacht.

[427] Insbesondere handelt es sich um die Großprojekte PEDANT, Lingua und MULTEXT[/EAST], die Übersetzungen unter linguistischen Fragestellungen betrachten.

[428] Siehe IDE/PRIEST-DORMAN/VÉRONIS 1997. Die Adresse der Infoseite lautet http://www.lpl.univ-aix.fr/projects/CES [20.11.97].

[429] Siehe z.B. die *Conference Abstracts* von *ALLC-ACH '96* in Bergen und *ALLC-ACH '97* in Kingston/Ontario.

Der CES stellt es dem Entwickler frei, die Texte eines Korpus als eine große oder mehrere unabhängige Dateien zu erfassen. Die für die meisten Projekte günstige verteilte Erfassung des Korpus wird durch geeignete Strukturen unterstützt, die es erlauben, die einzelnen Bestandteile des Korpus durch eine Steuerdatei logisch zu einem Korpus zusammenzufassen. So können einmal erfaßte Texte auch problemlos in mehreren Korpora eingesetzt werden und doch in einer zentralen Fassung gepflegt werden.

Jegliche Kodierung, die über die typographische und layoutbezogene Erfassung hinausgeht, wird in separaten Dateien abgelegt, die nach bestimmten Regeln mit ihren Bezugstexten verknüpft werden. Damit wird das extreme Anwachsen von Dateien bei Aufbereitung aller Wortformen mit linguistischen Informationen vermieden: Der Primärtext bleibt unverändert, und die Aufbereitungsinformationen können bei Bedarf aus der Aufbereitungsdatei zu jedem einzelnen Element zugeordnet werden.

Somit sind unterschiedliche Kodierungen, die beispielsweise im Falle mehrdeutiger Primärtextelemente („substantielle Varianten") angemessen erscheinen, durch Anlegen einer weiteren Datei erfaßbar.[430]

Eine kritische Rezeption des CES hat noch nicht eingesetzt, da es ja noch keine vorläufig feststehende, gedruckte Formulierung gibt. Für die Zwecke der Übersetzungsforschung ist er jedoch bereits in der gegenwärtigen, noch vorläufigen Form der am besten geeignetste Standard zur elektronischen Materialerfassung, weil er die Vorteile von SGML und TEI nutzt und dabei den gravierendsten Nachteil der zu großen Flexibilität der TEI-Richtlinien vermeidet. Der CES ergänzt die Konzepte der TEI um eine leistungsfähige Struktur zur Erfassung und Aufbereitung mehrsprachiger Korpora beliebigen Umfangs.

Zwar stehen zwar noch Änderungen an Details des CES bevor, insgesamt hat er sich jedoch seit mehreren Jahren in der Praxis bewährt. Daher wurden, auch im Hinblick auf die absehbare Festschreibung des CES in einer nicht mehr stark abweichenden Fassung, die Materialien in diesem Format erfaßt.[431]

3.1.4. Computerunterstützung: PREP_0

Die Überführung der Primärtexte in elektronische Form beginnt mit ihrer Erfassung gemäß des im Anhang in Abschnitt 7.2 abgedruckten Pflichtenzettel 1: Gemäß CES wird für jeden Text eine eigenständige Datei angelegt und zusätzlich eine Steuerdatei für das Korpus, die alle Einzeltexte bündelt. Das Programm PREP_0 ist so konzipiert, daß es alle derart vorkodierten Korpora auf Mausklick in eine Datenbank einspielt.[432]

---

[430] Innerhalb dieser Struktur findet eine oben bereits angesprochene verschärfte Kodierung im Sinne des TEI statt, bei der einer typographischen Eigenschaft wie der Fettschrift nur genau eine Kodierungsart zugeordnet ist. Dies erleichtert die automatische Auswertung bedeutend.

[431] Die Migration von TEI zu CES ist aufgrund der unmittelbaren TEI-Abstammung des CES unkompliziert und insbesondere bei den Projekten einfach, die zwar noch TEI verwenden, aber schon weitgehend mit der im CES standardisierten Verschärfung arbeiten (z.B. PEDANT).

[432] Siehe Abschnitt 7.2 zum Datenbankmodell.

Im Datenmodell (siehe Abschnitt 7.1) nehmen die Entitäten „Verfasser“, „Text“, „Abschnitt“, „Verszeile“ und „Wort“ die Daten auf. Abbildung 3-1 zeigt das Arbeitsfenster von PREP_0.

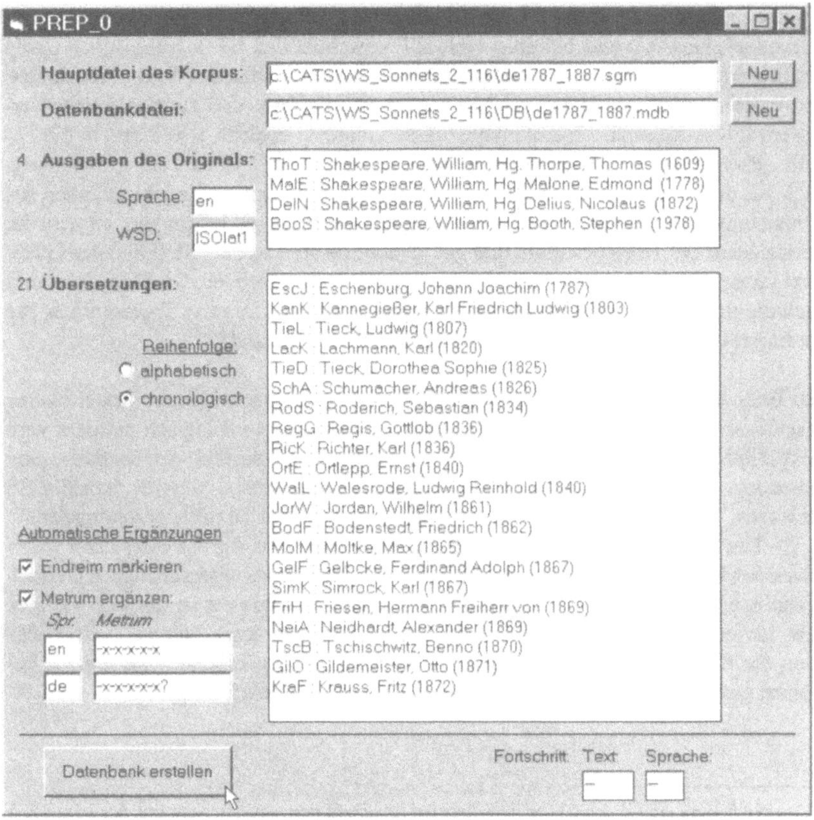

Abbildung 3-1: PREP_0

Nach Angabe der Steuerdatei des Korpus und dem (frei wählbaren) Namen der zu erstellenden Datenbank, zeigt PREP_0 die erfaßten AT- und ZT-Ausgaben an. Die ZTs können wahlweise in chronologischer oder in alphabetischer Reihenfolge aufgeführt

Zur Zeit beachtet PREP_0 nur die für diese Arbeit relevanten <poem n="(korpusweiter Titel)">-Tags, verlangt, daß alle Verszeilen mit ausgeschriebenem Endtag </l> enden und liest die Originaltitel aus dem CES-Vorspann, Abschnitt <biblStruct><analytic><h.title> aus. PREP_0 setzt die Existenz einer Initialisierungsdatei namens „CATC.ini“ im „Windows“-Verzeichnis der Bootpartition voraus, die Aufschluß über die Verzeichnisse und Dateien gibt, die den Zugriff auf das Korpus in dateibasierter Form ermöglichen.

werden. Auf Wunsch können, wie es sich für die Sonette anbietet, die letzten Worte einer Zeile als Endreimworte markiert und jeder Verszeile ein Metrum zugeordnet werden.[433]

Anders als bei den bisher in der Korpuslinguistik durchgeführten Projekten, die jeweils ein Paar von AT und ZT pro ZS betrachten, können mit PREP_0 beliebig viele Editionen eines AT und beliebig viele ZT einschließlich bibliographischer Daten erfaßt werden. Aus dem CES-Vorspann[434] werden die Verfasser-, Text-, Abschnitts- und Wortinformationen automatisch extrahiert. Das Geburts- und Todesjahr eines Verfassers sowie eventuelle Pseudonyme müssen manuell ergänzt, also direkt in die Tabelle „Pseudonym" der Datenbank eingetragen werden. Für jeden Text wird automatisch aus den ersten drei Zeichen des Nachnamens und dem Anfangsbuchstaben des Vornamens ein Kürzel gebildet. Gemäß der bibliographischen Informationen wird der Herausgeber des Texts bestimmt und ggf. getrennt vom Autor als Merkmal der Entität Text vermerkt. Um die weltweite Verwendbarkeit sicherzustellen, wird für jeden Text auch die im CES-Vorspann enthaltene *writing system declaration* übernommen, die die korrekte Ver- und Entschlüsselung der Zeichen sicherstellt.[435]

Die Texte liegen somit elektronisch gemäß der im Pflichtenzettel für die Texterfassung dargelegten Regeln vor. Die typographische Gliederung wird logisch getrennt vom Text selbst erfaßt. Nur offensichtliche Verstöße gegen die zur Zeit der Textabfassung geltenden orthographischen Regeln (eindeutige Druckfehler) werden gemäß CES korrigiert.[436] Ansonsten werden keine Änderungen an den Texten vorgenommen.

Um die Frage nach der bzw. den AT zu beantworten, die ein Übersetzer wahrscheinlich benutzt hat, werden unterschiedliche Editionen als eigenständige AT erfaßt. Wenn in einem solchen AT substantielle Varianten vorkommen, ist für jede Variante bzw. für jede Variantenkombination ein eigener Text anzulegen. Nur auf diese Weise kann die Korrektheit der statistischen Auswertungen gewährleistet und präzise bestimmt werden, welche Varianten welcher ZT wahrscheinlich aufgreift.

---

[433] Die Kodierung erfolgt gemäß der im folgenden Abschnitt vorgestellten Notation. Ein Mausklick auf den mit „Datenbank erstellen" beschrifteten Knopf löst die Überführung des Korpus in die Datenbank aus. Die Fortschrittsanzeige in der rechten unteren Ecke des Fensters gibt Aufschluß über den gerade in Bearbeitung befindlichen Text.

[434] Engl. „CES header", s. Pflichtenzettel 1.

[435] Gemäß des in Pflichtenzettel 1 dargelegten Verfahrens wird für jeden Abschnitt, der hier stets ein Sonett umfaßt, neben dem korpusweit einheitlichen Titel (hier „2" und „116") die ggf. abweichende Überschrift (bei BodF1862 z.B. „95." statt „2") und die typographische Gliederung des Originaltextes erfaßt. Außerdem wird festgehalten, in welcher Sprache der Abschnitt verfaßt wurde.

Alle Worte (zur Definition des Wortes s. Abschnitt 3.3) des Abschnitts als Entitäten erfaßt. Neben der Zeichenkette, die das gedruckte Wort bzw. das Satzzeichen repräsentiert, wird automatisch die Zeilennummer und Position des Wortes innerhalb der Zeile (von links, beginnend mit 1) und auch ein ggf. aktivierter typographischer Stil (z.B. Kursivschrift, Gesperrtschreibung) gespeichert (auch LANCASHIRE 1994 überläßt die Zeilennummerngenerierung dem Computer).

[436] Die ursprüngliche Schreibung bleibt dabei erhalten.

3.2. Aspekt 2: Akustische Gestaltung

Die Erfassung der akustischen Gestaltung eines Texts kann mit der Bestimmung der Silben beginnen und über die Erfassung ihrer Betonung bis hin zur Kodierung ihrer lautlichen Gestalt reichen. Da die in der Fallstudie untersuchten Texte aus unterschiedlichen historischen Sprachstufen stammen, ist zunächst zu klären, inwiefern die zeitgenössische Aussprache heute überhaupt rekonstruierbar ist. Für die ZT bestehen diesbezüglich kaum Schwierigkeiten, wohl aber für die AT. Trotz zahlreicher Rekonstruktionsversuche der elisabethanischen und insbesondere der SHAKESPEAREschen Aussprache konnte bislang keine überzeugende Lösung gefunden werden. Fausto CERCIGIANI beginnt daher seine Untersuchung zu *Shakespeare's Works and Elizabethan Pronunciation* mit der Feststellung,

> that this [the attempt to reconstruct Shakespeare's own pronunciation] is now lost beyond recovery [...]. Indeed, we do not even know how Shakespeare pronounced his own surname [...].[437]

Außerdem gilt insbesondere für den AT, daß er bewußt mehrere Aussprachevarianten einzelner Silben im Textkontext aktualisiert,[438] wodurch die für die Kodierung erforderliche Fixierung weiter erschwert wird. Der Versuch, die zeitgenössische Aussprache zu erfassen, müßte daher mit einem unverhältnismäßig großen Aufwand an Hypothesen begründet werden, um ein noch immer anfechtbares Ergebnis zu liefern.

Gerade die Interpretation von lyrischen Texten ist allerdings auch auf die Berücksichtigung ihrer klanglichen Eigenschaften angewiesen. Daher wäre entsprechend der üblichen Verfahrensweise die gegenwärtige Aussprache zu erfassen,[439] um die metrische Analyse nicht völlig losgelöst von lautlichem Material durchführen zu müssen. Der von Hendrik BIRUS auf dieser Grundlage für die Zwecke der Übersetzungsforschung erstellte vergleichende „Phonemgraph" eines SHAKESPEAREschen Sonetts und seiner Übersetzung durch Karl KRAUS zeigt, daß derartige Betrachtungen trotz der schwierigen Voraussetzungen ergiebig sein können.[440] Die weitgehende Formalisierbarkeit der Auswertungsverfahren erleichtert darüber hinaus die computergestützte Bearbeitung beträchtlich, so daß „Phonemgraphen" wie der von BIRUS vorgelegte automatisch erstellbar wären.

Dieser Nutzungsmöglichkeit wird jedoch in dieser Arbeit nicht weiter nachgegangen. Ich konzentriere mich allein auf die Betrachtung des Verhältnisses von Metrum und Rhythmus der Texte:[441] Für jede Verszeile der Texte zu Sonett 2 wird, mit Ausnahme der Prosaübersetzung EscJ1787, ihr Metrum und ihr Rhythmus erfaßt.

---

[437] CERCIGIANI 1981: 1, §1.

[438] Siehe CERCIGIANI 1981: viii.

[439] Siehe CERGICIANI 1981: viii: „Unlike Chaucer [...] Shakespeare will always be read and spoken in the more or less natural pronunciation of the reader or actor."

[440] Siehe BIRUS 1992: 195.

[441] Siehe REISS/VERMEER 1984: 132 bezeichnen „die Intonation und de[n] Rhythmus der jeweiligen Sprachzeichenmenge" als „charakteristisches Element" der „Textsortenklasse ‚Gedicht'", das über semantische Äquivalenz hinaus „Textäquivalenz" zum AT herstelle oder nicht.

Die verwendete Notation lehnt sich an PRETZEL und H. J. FRANK an[442] und verwendet – auch für die englischen AT wie für die deutschen ZT – nur die zwei Akzentzeichen „x" zur Kennzeichung einer Hebung und „-" zur Kennzeichnung einer Senkung.[443] Es wird also nicht zwischen Haupt- und Nebenakzent(en), sondern nur zwischen *heavy* und *light stress* unterschieden.[444]

Anders als LUDWIG es fordert, werden die Zeichen zur Kennzeichnung von Versakzenten sowohl zur Kennzeichnung des Metrums wie auch der Betonung in der Verszeile eingesetzt.[445] Der Unterschied zwischen beiden Gebrauchsarten wird als bekannt vorausgesetzt; er spiegelt sich im Datenmodell wieder, auf das am Ende dieses Abschnitts eingegangen wird. Zur Angabe des Metrums wird zusätzlich das Zeichen „?" zugelassen, daß in Anlehnung an die *wildcard* bei Computerbetriebssystemen für die möglicherweise auf die letzte Hebung folgende, unbetonte Endsilbe steht, die in der Literaturwissenschaft auch als eingeklammerte Senkung „(x)" kodiert wird.[446]

Im Datenmodell sind der Entität „Verszeile" die Attribute „Zeilennr" und „Metrum" zugeordnet, der Entität „Wort" das Attribut „Versakzent".[447] Damit wird es möglich, Software zu schreiben, die automatisch Fälle des *interplay*[448] hervorheben und die durchschnittliche Silbenanzahl je Wort bestimmen kann, die YATES als seiner Ansicht nach wichtigen Indikator in der Übersetzungsforschung insbesondere bezüglich der *Sonnets* im Deutschen bereits untersucht hat.[449]

Da es in dieser Arbeit auch um die grundsätzlichen Möglichkeiten des Computereinsatzes in der Übersetzungsforschung geht, zeigt der folgende Abschnitt weitere, nicht im Korpus realisierte Möglichkeiten zur Erfassung der klanglichen Gestalt von Texten auf.

Der Klang eines Texts und seiner Segmente wird in der Literaturwissenschaft gewöhnlich kodiert, indem auf die Phonemnotation des IPA zurückgegriffen wird. Sie

---

442 FRANK, H. J ^{2}1993: 25 kennzeichnet in direkter Übernahme von PRETZEL Hebungen mit „X" und Senkungen mit „x".

443 Insbesondere wird also nicht zwischen unterschiedlich starken Betonungen unterschieden (z.B. dem *‚incipient' stress* nach LEECH 1969: 117f; LUDWIG ^{2}1981: 51f geht auf weitere Betonungsmöglichkeiten ein).

444 Siehe LOTZ 1960: 145, der diese Art der Kodierung ausdrücklich für das Deutsche und Englische vorschlägt.

445 Dies entspricht der von H. J. FRANK und LOTZ empfohlenen Vorgehensweise.

446 Eine Zäsur bzw. die in den Sonetten meist weniger deutlich markierte Pause im Zeileninneren wird nicht erfaßt. Sie könnte entweder durch ein eigenes Zeichen oder durch die Eigenschaft „Teilung" in der Entität „Verszeile" kodiert werden, wozu beispielsweise die von LUDWIG ^{2}1981: 64f eingeführte Notation verwendet werden kann: Die Teilung von ShaW1609 2.1 nach der dritten Senkung und vor der dritten Hebung wäre demgemäß als „5+5" zu kodieren.

447 Die Erfassung des Rhyhtmus aller Texte (für den AT ich nur ShaW1609), die direkt in der Tabelle „Wort" vorgenommen wurde, dauerte knapp zwei Stunden.

448 Mit LUDWIG ^{2}1981: 38-40 wird *interplay* im Sinne von WIMSATT/BEARDSLEY 1959: 596 verstanden als die akustische Hervorhebung einzelner Worte durch eine dem Metrum entgegenstehende Betonung.

449 Siehe YATES 1981: 80-82.

erlaubt es, von einem bestimmten Vortrag durch einen bestimmten Sprecher zu einem bestimmten Zeitpunkt zu abstrahieren. Auch wenn natürlich zu berücksichtigen ist, daß die akustische Gestaltung eines Texts entscheidend von dem individuellen Vortrag beeinflußt wird und oft auf signifikante Weise mehrdeutig bleibt, können die philologisch interessierenden Klangphänomene wie Anapher, Alliteration, Assonanz oder Reim auch noch in der phonemischen Kodierung beobachtet werden.

Diese Explizitheit ermöglicht es, die Klangfiguren als *patterns* zu definieren und mit Hilfe von *pattern matching*-Algorithmen computergestützt aufspüren zu lassen. Schon seit der Verfügbarkeit der ersten Computer sind daher Prosodieuntersuchungen mit Computerhilfe durchgeführt worden.[450] Sowohl SHAKESPEAREs *Sonnets*[451] wie auch deutsche Gedichte sind als beliebter Gegenstand derartiger Forschungen anzusehen.[452] Allerdings ist zu beachten, daß diese Studien nicht immer auf einer phonemischen Transkription basieren, sondern statt dessen auf der Grundlage des Zeichenbestandes phonemische Aussagen zu treffen versuchen. Dies ist selbst bei hohem Programmieraufwand oft nur in unzureichender Weise möglich. Die beträchtliche Nähe der deutschen Aussprache zur Schreibung ist daher als ein wesentlicher Grund dafür anzusehen, daß gerade deutsche Texte auch im angloamerikanischen Raum früh besondere Beachtung gefunden haben.

3.2.1. Möglichkeiten zur Kodierung der Lautung

Für die Verarbeitung und Darstellung der Phonemzeichen des IPA auf einem Computer und Drucker ist ein entsprechendes Format erster Ordnung erforderlich. Wenn nicht der Unicode eingesetzt werden kann oder soll, ist man zur Zeit auf Zeichensätze von anderen Anbietern angewiesen.[453] Als überzeugendster Zeichensatz erscheinen die *SIL Encore IPA Fonts*. Sie bilden das IPA vollständig ab, gestatten eine leichte Eingabe der Phoneme über die Tastatur und verursachen keine Probleme bei Darstellung und Skalierung auf Bildschirm und Drucker.[454] Ist ein geeigneter Zeichensatz installiert, kann die Erfassung der phonemischen Gestalt einschließlich der Betonung der Wortform beginnen. Jeder Wortformen kann dabei eine in Silben unterteilte und mit Betonungszeichen versehene phonetische Darstellung zugeordnet werden.

---

[450] Siehe den Überblick in HOCKEY 1980.

[451] Siehe z.B. WRIGHT 1974, LEAVITT 1976.

[452] Siehe z.B. CHISHOLM 1976, LEIGHTON 1976. Als vergleichende Studie, die deutsche und englische Lautungsmuster mit Computerunterstützung untersucht, ist CHISHOLM 1982 hervorzuheben.

[453] Eine aktuelle Übersicht über das Angebot findet sich im Internet unter http://www.gla.ac.uk.

[454] Andere Lösungen können nicht entsprechend überzeugen: der mit Windows 95 gelieferte Zeichensatz „HM Phonetic" ist wie auch der mit WordPerfect bis zur aktuellen Version 8 ausgelieferte Zeichensatz „WP Phonetic" unvollständig; „IPAPhon" von Henry Rogers enthält zwar die Gesamtheit der IPA-Zeichen, allerdings verteilt auf Varianten mit unterschiedlichen Attributen (z.B. [tʃ] nur im Fett-Kursiv-Zeichensatz), und die „SIL IPA Fonts" sind eine frühere Fassung der „SIL Encore IPA Fonts", die durch diese abgelöst wurde.

Für die Unterstützung der Kodierung erweist sich die Ende 1995 veröffentlichte zweite Fassung der CELEX-Datenbank[455] als besonders geeignet, weil CELEX ein weitgehend einheitliches, wenn auch leider nicht vollständig identisches Schema der phonemischen Kodierung sowohl des Deutschen als auch des Englischen ermöglicht und nicht nur diesen Aspekt der Sprachen erfaßt, sondern neben der Lautung auch die Lemmatisierung und die syntaktische Kategorisierung von Wortformen mehrerer Sprachen erlaubt.[456] Die für den Aspekt der Lautung entscheidenden phonemischen Repräsentationen sind in den Formaten SAM-PA, CELEX, CPA und DISC abrufbar. Das DISC-Format ist besonders für die elektronische Kodierung und spätere Auswertung geeignet, weil es als einziges jedes Phonem mit einem einzigen Zeichen eindeutig kodiert, was automatische Auswertungsverfahren und die Konvertierung der Kodierung in einen am Bildschirm und Drucker anzeigbaren Zeichensatz sehr erleichtert. Für das Deutsche hält CELEX phonemische Repräsentationen für gut 365.500 Wortformen vor (Bezugspunkt ist das *Duden Aussprachewörterbuch* von 1974).[457]
Für das Englische bietet CELEX phonemische Transkriptionen für knapp 245.000 Wortformen, die auf der Basis des *Oxford Advanced Learner's Dictionary* von 1974[458] und des *Longman Dictionary of Contemporary English* von 1978 erfaßt wurden.[459]

---

[455] Neben CELEX gibt es eine Reihe weiterer Datenbanken, die für die Unterstützung der Kodierung der Lautung eingesetzt werden können: Für das Deutsche ist insbesondere PHONOLEX zu nennen. PHONOLEX ist eine vom Bayerischen Archiv für Sprachsignale (BAS) im Herbst 1996 erstmals veröffentlichte Datenbank, die deutschen Wortformen phonetische Repräsentationen gemäß SAM-PA zuordnet. Während der Fertigstellung dieser Arbeit erschien im Dezember 1998 das umfangreichere PHONOLEX 2.0 (die aktuelle Fassung ist über „http://www.phonetik.uni-muenchen.de/Bas" zugänglich).

[456] CELEX, auf CD-ROM herausgegeben vom Centre for Lexical Information, Nimwegen, und vertrieben vom *Linguistic Data Consortium* (LDC), lag bei Erstellung dieser Arbeit in Version 2.5 für Deutsch und Englisch vor. Die CD-ROM bietet sowohl für das Deutsche als auch für das Englische neben morphologischen und syntaktischen Informationen eine umfangreiche, einheitliche und ausgereifte Zuordnung von Wortformen und ihren phonemischen Repräsentationen. Die CD-ROM ist leicht zu beziehen und für Zwecke der Forschung und Lehre preisgünstig zu erwerben. Da alle Daten im ASCII-Format leicht zugänglich sind, können sie ohne größeren Konvertierungsaufwand als Datenbank in geeignete Aufbereitungssoftware eingebunden werden.

Die von mir entwickelte Aufbereitungssoftware ist unabhängig von der spezifischen Struktur eines Wörterbuchs. Es ist daher leicht möglich, die Informationen einer anderen Datenbank anstelle oder in Ergänzung zu CELEX heranzuziehen.

Für die Nutzung von CELEX wurde ein Konvertierungsprogramm (namens CELEX toACCESS, dokumentiert in Abschnitt 7.4) erstellt, das die CELEX-Daten in Tabellen einer ACCESS-Datenbank überführt. Damit steht der Aufbereitungssoftware ein gut 50 MB umfassendes elektronisches Lexikon für Deutsch und Englisch zur Verfügung (mit knapp 52.000 deutschen Lemmata und gut 365.500 deutschen Wortformen samt phonetischen Repräsentationen. Für das Englische liegen gut 52.000 zu Lemmata vor, gut 172.000 Wortformen sowie knapp 245.000 phonemische Repräsentationen dieser Formen).

[457] Nähere Angaben zur Verwendung dieses Wörterbuchs in CELEX finden sich im *CELEX German User Guide* (GULIKERS/ RATTINK/PIEPENBROCK 1990): 5-18 - 5-20.

[458] Erste elektronische Fassungen dieses Wörterbuchs wurden von Mitton erstellt und über das Oxford Text Archive per Internet zur Verfügung gestellt (siehe MITTON 1992).

3.3. Aspekt 3: Das Wort

Als „Wort“ wird im folgenden eine Zeichenkette bezeichnet, die Teil des gemäß Aspekt 1 erfaßten Graphemstrom eines Texts ist und von Spatien oder Interpunktionszeichen begrenzt wird.[460] Worte in diesem Sinn, deren englische Fachbezeichnung *token* wäre,[461] sind automatisch identifizierbar. Die von PREP_0 angelegte Tabelle „Wort“ enthält sämtliche Worte aller Texte in der Spalte „Zeichenkette“. Spatien und Interpuntkionszeichen werden ebenfalls als Worte erfaßt. In Anlehnung an den Sprachgebrauch der *Indices zur deutschen Literatur* wird eine ein- oder mehrelementige Menge von Worten, für die eine gemeinsame Grundform rekonstruierbar ist, als „Wortform“ bezeichnet.[462] Abschnitt 3.3.3 erörtert das hier verwendete Verständnis der „Grundform“ einer Wortform. Die Wortform wird nach den in Abschnitt 3.3.1 dargelegten Regeln normalisiert. Die Zuordnung jedes einzelnen Wortes zu mindestens einer Wortform stellt sicher, daß auch unterschiedlich geschriebene Worte, die der gleichen Wortform zuzuordnen sind, durch Bezug auf die normalisierte Wortform ermittelt werden können. Damit entfällt zum einen das Problem, alle Zeichenkettenalternativen überprüfen zu müssen, die das gesuchte Wort möglicherweise enthalten.[463] Zum anderen müssen keine ungenauen Indizes und unpräzisen statistischen Auswertungen in Kauf genommen werden.[464]

3.3.1. Normalisierung

Um eine einheitliche indexikalische und statistische Auswertung sowie eine zuverlässige Lokalisierung aller im Einzelfall gesuchten Worte eines Texts gewährleisten zu können, müssen gleiche Worte nach gleichen orthographischen Regeln erfaßt, also normalisiert werden. Dies betrifft zum einen orthographische Varianten, die nach den

---

459 Nach eigenen Angaben stimmen 90% der Grundformen mit dem COBUILD-Korpus der Universität Birmigham überein. Insbesondere dann, wenn – anders als in der Fallstudie – auch die phonemische Gestalt erfaßt werden soll, wären natürlich auch zeitgenössische sowie gegenwärtig aktuelle Fassungen geeigneter Nachschlagewerke wie WELLS' *Pronunciation Dictionary* ergänzend zu konsultieren.

460 Dieses Verständnis entspricht dem der *Indices zur deutschen Literatur* (DELFOSSE 1989: xv; DELFOSSE 1993: xv-xvi); zu dieser seit 1968 erscheinenden Reihe siehe SCHANZE 1989: 106f.

461 Im folgenden wird in Übernahme der eingeführten Terminologie der *Indices zur deutschen Literatur* der deutschen Terminus benutzt. Damit wird eine größere Präzision im Ausdruck erreicht als bei Verwendung der auch in der deutschen Fachsprache üblichen Unterscheidung zwischen *token* und *type*, die die Differenzierung zwischen Wortform und Grundform nicht terminologisch reflektiert, weshalb stets anzugeben wäre, ob *type* die Wortform oder die Grundform eines Wortes im Sinne der *Indices* meint.

462 Siehe DELFOSSE 1993: xv-xvii.

463 Siehe BARNBROOK 1996: 104, der die übliche Verfahrensweise ausführlich darstellt. Um beispielsweise alle Fundstellen des Wortes *blood* zu ermitteln, sucht er unter anderem nach den Zeichenketten „bloode“ und „blot“. Da *blot* nicht immer auch *blood* meint, muß im Einzelfall überprüft werden, ob es sich tatsächlich um das gesuchte Wort handelt. Dies erübrigt sich, wenn alle Worte bei der Aufbereitung dieser Prüfung unterzogen wurden.

464 Siehe BARNBROOK 1996: 105.

Normen der gegenwärtig verbindlichen Orthographie angepaßt wurden[465] und zum anderen die formal bedingte Großschreibung von Nichtsubstantiven am Satz- und Versanfang oder als Anredepronomen. Historisch oder autorspezifisch bedingte Getrenntschreibungen von Wortformen, die nach den gegenwärtigen Normen nicht mehr beibehalten werden dürfen, werden in ihrem ursprünglichen Zustand belassen und erst im Zuge der Wortformensegmentierung überhaupt als getrennte Worte, die zu einer Wortform gehören, erfaßt.[466]

Im Korpus wird beispielsweise den Worten „ergiebt" und „ergibt" dieselbe Wortform „ergibt" zugeordnet. Metrisch motivierte Elisionen von Vokalen (z.B. „erblühn" oder „erblüh'n" statt „erblühen") werden rückgängig gemacht. Mehrteilige Verben werden als eine Wortform erfaßt: In dem Satz „Wägt nun mein Alter auf [...]" (GelF1867 2.11) wird die unfeste Verbfügung „wägt" und „auf" der Wortform „wägt auf" zugeordnet, deren Grundform das Verb „aufwiegen" ist. Analog werden Kontrakta, denen verschiedene Wortformen zugrunde liegen, diesen Wortformen zugeordnet: Die mehrfach vorkommende Kontraktion von Verbform und Pronomen „es" (z.B. „Wirds" (KanK1803 2.8), „Du's" (KraF1872 2.4)) kann dadurch aufgelöst werden (im Beispiel zu „wird" und „es" bzw. zu „du" und „es"). In den englischsprachigen Texten wird, wie auch im SUSANNE-Schema,[467] das „'s" des sächsichen Genitivs als eigene Wortform erfaßt. Da sowohl mehrere Worte einer Wortform als auch mehrere Wortformen einem Wort zugeordnet werden können, ist sie im Datenmodell als „komplexkomplexe" Beziehung („m : m"-Beziehung) modelliert (siehe Abbildung 7.2).

3.3.2. Wortklassenbestimmung

Bevor Wortformen auf ihre Grundformen zurückgeführt werden können, muß die Wortklasse der jeweiligen Wortform bestimmt werden. Auf der Wortebene ist keine Wortklassenzuweisung möglich, weil Kontrakta (z.B. *ich's* oder *Loue's*) und Mehrwortlexeme (z.B. *deep sunken* oder *hält aus*) dann nicht präzise klassifiziert werden können. Erst auf der Ebene der Wortform kann daher die Wortklasse eindeutig bestimmt werden.[468] Auswertungen wie Konkordanzen sind auf die Wortklassenangaben angewiesen, um nicht der Gefahr ausgesetzt zu sein, syntaktisch unterschiedliche Homographe fälschlicherweise zusammenzufassen.[469] In der literaturwissenschaftlichen Praxis werden gewöhnlich vergleichsweise grobe Raster verwendet wie sie auch in Wörterbüchern zur Wortartenklassifikation eingesetzt werden. Tabelle 3-1 dokumentiert das bei der Kodierung des Korpus der Fallstudie zugrunde gelegte Schema,

---

465 Z. B. *That* → *Tat*, *ergiebt* → *ergibt*, *Louve* → *love*. Die englischsprachige Normalisierung folgt dem *Oxford English Dictionary* (²1989). Die deutschsprachige Normalisierung erfolgt noch nicht nach den Regeln der neuen Rechtschreibreform. Sie bezieht sich auf DUDEN und BROCKHAUS-WAHRIG. Für die Klärung historischer Bedeutungsaspekte der Worte der ZT wurde das DEUTSCHE WÖRTERBUCH hinzugezogen.

466 Siehe DELFOSSE 1989: xv und DELFOSSE 1993: xvi führen beide Arbeitsschritte gleichzeitig durch.

467 Ebenso SAMPSON 1995: §2.64.

468 Siehe DELFOSSE 1989: xv und DELFOSSE 1993: xvi; ENGEL ³1994: 56.

469 Insbesondere gilt dies für die englischen Grundformen von Substantiven und Verben (LAMPRECHT 1986: 109).

das – wie auch die *Indices der deutschen Literatur* – primär nach morphologischen Kriterien verfährt.[470] Die Bestimmung der Wortarten deutscher Grundformen folgt der *Duden-Grammatik*, deren Schema auch den *Indices zur deutschen Literatur* zugrunde liegt.[471]

Nr.	**Wortart**	**Kode**	***Indices d. dt. Lit.***	**GREENBAUM**
1	Verb	V	Verb	verb
2	Substantiv	N	Substantiv	noun
3	Adjektiv	A	Adjektiv	adjective
4	Artikel	ART	Artikel	determiner/pronoun
5	Pronomen	PRON	Pronomen	determiner/pronoun
6	Adverb	ADV	Adverb	adverb
7	Präposition	PREP	Präposition	preposition
8	Konjunktion	C	Konjunktion	conjunction
9	Numerale[472]	NUM	Numerale	numeral
10	Interjektion	I	Interjektion	interjection
11	Sonstige	X	–	–
–	–	–	Abkürzung	–

Tabelle 3-1: Überblick über die Klassifikation der Wortformen

Für die englischen Texte wird die *Oxford English Grammar* von GREENBAUM verwendet.[473] Schwer in eine Wortklasse einzuordnende Grundformen wie insbesondere die Negationspartikel „not“, „nicht“ werden in Anlehnung an GREENBAUM als Wortklasse „X“ kodiert.[474]

[470] Siehe DROSDOWSKI [4]1984: 88, insbesondere Fußnote 1; LAMPRECHT 1986: 73f; GREENBAUM 1996: 90. Die Grammatik von HELBIG/BUSCHA arbeitet dagegen mit einer homogenen Klassifizierung gemäß der Syntax (HELBIG/BUSCHA [18]1998: 19).

[471] Siehe DELFOSSE 1989: xvi und DELFOSSE 1993: xvii. In Anlehnung an die *Duden Grammatik* werden in der Wortklasse „Interjektion“ die von HELBIG/BUSCHA und ENGEL unterschiedenen Klassen „Modalwort“ und „Satzäquivalent“ zusammengezogen. Die von HELBIG/BUSCHA aufgrund von syntaktischen Kriterien bestimmte Wortklasse „Partikel", für die ENGEL eine weitere Ausdifferenzierung vorgeschlagen hat, wird gemäß DROSDOWSKI in die Wortklasse „Adverb", „Präposition“ oder „Konjunktion“ eingeordnet (siehe z.B. DROSDOWSKI 1984: 90, Übersichtstabelle).

[472] Zahlwörter werden als eigene Wortklasse erfaßt, damit das Schema gleichermaßen für deutsche wie für englische Texte einsetzbar ist. Aus systematischen Gründen werden sie oft entsprechend ihrer Verwendung als Substantiv, Adjektiv oder Adverb eingeordnet; im Deutschen werden sie z.B. auch als Unterklasse der Adjektive, als „Zahladjektive", klassifiziert. DROSDOWSKI 1984; HELBIG/ BUSCHA [18]1998: 320-31. Im Englischen werden sie jedoch üblicherweise aufgrund von semantischen Überlegungen als eigene Wortklasse erfaßt, die unterschiedliche Funktionen erfüllen kann. LAMPRECHT 1986: 109; GREENBAUM 1996: 197. Laut GREENBAUM erfüllen sie eine Funktion als *determiner* oder *pronoun*.

[473] Siehe GREENBAUM 1996.

[474] Siehe GREENBAUM 1996: 93.

Alle substantivierten Wortformen werden als Substantive betrachtet. Alle Partizipien werden als Verben und nur in Ausnahmefällen[475] als Adjektive klassifiziert. Adverbial gebrauchte Adjektive werden, wenn sie nicht fast ausschließlich adverbial gebraucht werden, als Adjektive betrachtet.

Im Umfeld des *Natural Language Processing* sind seit langem zahlreiche Verfahren zur automatischen Wortartenklassifikation, dem sogenannten Part-of-Speech-Tagging („POS-Tagging"), verfügbar. Gegenwärtig liegen mehrere unterschiedliche Tagger für die automatische Aufbereitung deutscher und vor allem englischer Texte vor,[476] und die Anzahl bereits aufbereiteter Datenbestände nimmt kontinuierlich zu.

Wegen der noch ausstehenden automatischen Identifikation von Wortformen wird die Aufbereitung auf der Wortebene durchgeführt. Daher muß entweder eine ungenaue Aufbereitung in Kauf genommen oder ein umfangreicheres Kodierungsschema verwendet werden, das Konktrakta und Mehrwortlexeme präzise zu erfassen gestattet. Keines der automatischen Verfahren ist in der Lage, beliebige Textabschnitte so sicher zu kodieren, wie es für die Aufbereitung literarischer Texte erforderlich wäre, so daß der Sinn automatischer Aufbereitung in der Rohaufbereitung langer Texte liegt, die dann zügig nachbearbeitet werden können. Für kurze Texte und auch für die Nachbereitung sehr hilfreich sind aufbereitete Korpora, die allerdings jeweils eigene Aufbereitungsschemata verwenden und in das im Einzelfall eingesetzte Kodierungsformat überführt werden müssen.[477]

Für die Unterstützung der Textaufbereitung in dieser Arbeit wurde das bereits erwähnte CELEX-Korpus ausgewählt, das es als einziges Korpus gestattet, eine beträchtliche Anzahl sowohl englischer (knapp 250.000) als auch deutscher Wortformen (gut 350.000) zwar nicht nach identischen, aber zumindest nach weitgehend ähnlichen Kriterien aufzubereiten.[478] Das verwendete Schema wurde aus den Langenscheidt/ Longman-Wörterbüchern übernommen. Es stimmt mit dem in Tabelle 3-1 explizierten Schema überein, da Numerale als eigene Wortklasse „NUM" kategorisiert sind, keine weitere Wortklasse erfaßt wurde und ähnlich wie in der *Duden-Grammatik* Partikeln unter den Wortklassen „Adverb", „Präposition" und „Konjunktion" erfaßt werden.[479] Zahlreiche Wortarten sind subklassifiziert, so daß zu einzelnen Wortformen, falls angebracht, Flexionsinformationen zur Konjuktion bzw. Deklination abrufbar sind.

---

[475] Wenn kein Infinitiv bildbar ist oder eine extreme semantische Differenz zwischen Verb- und Adjektivbedeutung besteht. S. DELFOSSE 1993: xviii.

[476] Einen knappen, fundierten Überblick bieten EJERHED/CHURCH 1997: 384f.

[477] Die jüngst durch AMALGAM vergleichbar gemachten Tagger für das Englische und die von der EAGLES durchgeführten diesbezüglichen Untersuchungen zeigen in theoretischer wie praktischer Hinsicht, daß die Etablierung eines einzigen Klassifikationsschemas zur Zeit weder für eine Einzelsprache noch für mehrere Sprachen zu erwarten ist. Grundsätzlich wird wohl – trotz eines in vielen Fällen breiten Konsenses – eine Reihe von Fällen aufgrund der auf sie mit gleicher Berechtigung anwendbaren unterschiedlichen (und dann wohl auch inkommensurablen) Theorien nicht einheitlich klassifiziert werden können. Derartige Fälle zeigen sehr deutlich die bereits grundsätzlich gegebene Theorieabhängigkeit jeglicher linguistischer Klassifikation.

[478] Unbedingt zu beachten ist, daß CELEX-*wordforms* in der Terminologie dieser Arbeit den Worten entsprechen. Ein Pendant zu dem hier verwendeten Wortformenbegriff gibt es nicht.

[479] Siehe die vorhergehende Fußnote; *Duden Grammatik*: 91.

3.3.3. Bestimmung der Grundform („Lemmatisierung")

Die Grundform einer Wortform wird in der traditionellen Lexikographie und Editionserstellung als „Schlüsselwort", „Stichwort", „Lemma" oder eben als „Grundform" einer Wortform bezeichnet.[480]

Auf die Bedeutung der Grundformenbestimmung insbesondere für die computergestützte Übersetzungsforschung hat schon HARGREAVES hingewiesen. Für DELFOSSE ist die Lemmatisierung eine „unverzichtbare Forderung", die an die elektronische Edition eines Texts gestellt werden müsse.[481] Bei der Aufbereitung von Sonett 2 konnte die überwältigende Mehrheit der Lexeme des AT und der ZT durch den automatisierten Rückgriff auf die in CELEX abrufbaren Zuordnungen von Wortformen zu ihren potentiellen Lexemen kodiert und damit die anerkanntermaßen präziseste Art der Lemmatisierung realisiert werden.[482]

In Anlehnung an die von DELFOSSE für die *Indices des deutschen Literatur* explizierten Regeln[483] wird folgendermaßen verfahren: Die Grundform von Substantiven, als die auch die substantivierten Wortformen anderer Wortklassen angesehen werden, ist ihr Nominativ Singular, wie er auf den bestimmten Artikel folgt. Die Grundform von Verben ist der Infinitiv Aktiv Präsens. Über das Verfahren der *Indices* hinausgehend, wird zwischen – syntaktisch gesehen – „echten reflexiven", „teilreflexiven" und „unechten reflexiven" Verben sowie analog zwischen „nur reziproken", „teilreziproken" und „reziprok gebrauchten" Verben differenziert.[484] Da dem Reflexivpronomen bei echten reflexiven Verben und bei reflexiv verstandenen teilreflexiven Verben der Stellenwert eines Satzgliedes fehlt, wird das Reflexivpronomen – gegen die Praxis der *Indices* – der Grundform des Verbs zugeordnet.[485] Analog wird mit nur reziproken und teilreziproken Verben verfahren. Adjektive werden auf ihre unflektierte, endungslose Grundform im Positiv zurückgeführt; ausschließlich attributiv gebrauchten Adjektiven wird ihr Nominativ Singular der schwachen Deklination als Grundform zugeordnet. Pronomen werden weniger stark zusammengefaßt als in den *Indices*: Die Personalpronomen werden für jede Person auf den Nominativ Singular zurückgeführt, aber nicht auch für alle Personen zusammengefaßt.

Ebenso wird mit den Possessivpronomen verfahren. Dies ermöglicht die Differenzierung nach den für die Sonette relevanten Grundformen „ich"/„du" und „mein" /„dein", die sonst verwischt werden würde. Die Grundform von Demonstrativ-,

---

[480] Siehe DELFOSSE 1995; MAIER-MEYER 1995: 80. Wie bereits im vorigen Abschnitt betont, ist die grammatische Funktion dieses Schlüsselwortes zur korrekten Bestimmung ebenfalls erforderlich. Im Rahmen der automatischen Textlemmatisierung hat ALLÉN deshalb nicht nur das Schlüsselwort, sondern auch seine grammatische Funktion unter dem Begriff des Lemmas gefaßt (siehe ALLÉN 1978, dessen Ansatz MAIER-MEYER 1995: 82 kurz zusammenfaßt).

[481] Siehe DELFOSSE 1995: 216.

[482] Siehe MAIER-MEYER 1995: 90, die feststellt, daß den regelbasierten Systemen „eine Wortanalyse mit einem möglichst umfangreichen Lexikon in jedem Fall vorzuziehen" sei.

[483] Siehe DELFOSSE 1993: xviii-xxi.

[484] Siehe *Duden Grammatik* 109-111; BUSCHA 64-65.

[485] Daher wird z.B. „sich gelagert" (EscJ1787 2.1) der Grundform „sich lagern" zugeordnet.

Relativ-, Indefinitpronomen und bestimmte und unbestimmte Artikel werden jeweils für alle Geschlechter im Nominativ Singular angegeben, also z.B. „dieser, diese, dieses“ als Grundform von Demonstrativpronomen. Numerale werden analog zu Adjektiven erfaßt, wobei Ordinalzahlen auf Kardinalzahlen zurückgeführt werden. Da auf der Wortformenebene keine Verschmelzungen mehr auftreten, brauchen sie nicht, wie in den den *Indices* vorgeschlagen, als Präpositionen erfaßt zu werden.

3.3.4. Flexionsbestimmung

Zur genaueren Repräsentation und späteren Analyse kann weitergehend die Flexion der Wortformen bestimmt werden. Auch wenn diese Angaben noch nicht in die Aufbereitung von Sonett 2 eingehen, soll doch ein mögliches Kodierungsschema für diesen Aspekt aufgezeigt werden. Unter der Flexion einer Wortform ist ihre im Text realisierte Konjugation, Deklination bzw. Komparation zu verstehen. Diese morphologischen Informationen sind selbst im Textkontext nicht immer eindeutig disambiguierbar und können daher, wie die erste Wortform von Sonett 116 (*Let*), dazu beitragen, die Mehrdeutigkeit eines Texts zu erhöhen. Ein solches Bedeutungspotential ist hochgradig *langue*- und *parole*-spezifisch und stellt den Übersetzer daher in der Regel vor die Entscheidung, nur eine Auswahl von mehreren in AT und auch AS angelegten Möglichkeiten im ZT zu realisieren oder aber aufgrund der Möglichkeiten der ZS und seines ZT dort Mehrdeutigkeit zu schaffen, wo sie im AT oft nicht realisierbar ist.

Für die Übersetzungsforschung ist das Flexionsprofil eines Segmentpaares daher als Indiz für die Übersetzensstrategie interessant. Da insbesondere Ambiguitäten interessieren, sollte das Aufbereitungsschema die Repräsentation von Mehrdeutigkeiten gestatten. Im Sinne der datenbankbasierten Datenhaltung wäre der Entität „Wortform“ ein Attribut „Flexion“ zuzuordnen, das aus allen den in Tabelle 3-2 aufgeführten Zeichen bestehen könnte, die mögliche Flexionen der jeweiligen Wortform zutreffend beschreiben. Die Tabelle setzen das Schema in bezug zu den in CELEX abrufbaren Informationen,[486] die ebenfalls auf Wortformenebene ansetzen[487] und daher zur Unterstützung der Flexionskodierung eingesetzt werden können. Die Übersicht zeigt, daß das CELEX-Kodierungsschema für das Englische und Deutsche (abgekürzt durch „E“ und „D“) nicht immer einheitlich ist (vgl. die Kodierung des Positiv).

[486] Siehe BURNAGE 1990: 4-74 bis 4-79; eine Übersicht findet sich auf 4-78; GULIKERS/RATTNIK/PIEPENBROCK 1990: 5-75 bis 5-84; eine Übersicht findet sich auf 5-84.

[487] Z.B. „bear out“ (Datei „emw.cd", IdNum 6082), „according to“ (Datei „emw.cd", IdNum 461) und „achtest hoch“ (Datei „gmw.cd", IdNum 56407).

Verbformen		
Kategorie	**Attribut**	***CELEX E/D***
Tempus	Präsens	*e/E*
	Präteritum	*a/A*
	Perfekt	–
	Plusquamperfekt	–
	Futur I	–
	Futur II	–
Modus	Indikativ	–
	Konjunktiv	–
	Imperativ	–
Genus	Aktiv	–
	Vorgangspassiv	–
	Zustandspassiv	–
Numerus	Singular_V	*S/S*
	Plural_V	*P/P*
Person	1_Person	*1*
	2_Person	*2*
	3_Person	*3*
Infinite Formen	Infinitiv	*i*
	Partizip	*p*

Substantive, Pronomen, Artikel		
Kategorie	**Attribut**	***CELEX E/D***
Kasus	–	*–/n*
	–	*–/g*
	–	*–/d*
	–	*–/a*
	–	
	–	
Komparation	Positiv	*b/o*
	Komparativ	*c/c*
	Superlativ	*s/u*
Genus	–	*–/m*
	–	*–/w*
	–	*–/s*
Numerus	Singular_N	*S/S*
	Plural_N	*P/P*

Tabelle 3-2: Übersicht über die Kodierung der Flexionsinformationen

3.3.5. Computerunterstützung: PREP_1

Die Zuordnung der Worte eines gemäß PREP_0 erfaßten Texts zu Wort- und Grundformen kann durch Einsatz geeigneter Software erheblich erleichtert und beschleunigt werden. Im TRANSLATOSCOPE-Programm ist dafür der Menüpunkt „Aufbereitung | Wort – Worform“ anzuklicken und ein Text sowie ein Textabschnitt auszuwählen. Abbildung 3-2 zeigt das Aussehen des Bildschirms, wenn der AT in der Fassung Q ausgewählt wurde und das dritte Wort „Winters“ in Bearbeitung ist.

Die Liste in der linken Fensterhälfte stellt den Textkontext dar. Das aktuelle Wort wird, falls möglich, in der Mitte des Fensters angezeigt, damit man stets den unmittelbaren Kontext vor und hinter dem Wort sieht. Per Mausklick kann jedes gewünschte Wort aktiviert werden. Der Rollbalken dient zum schnellen Blättern im Text.

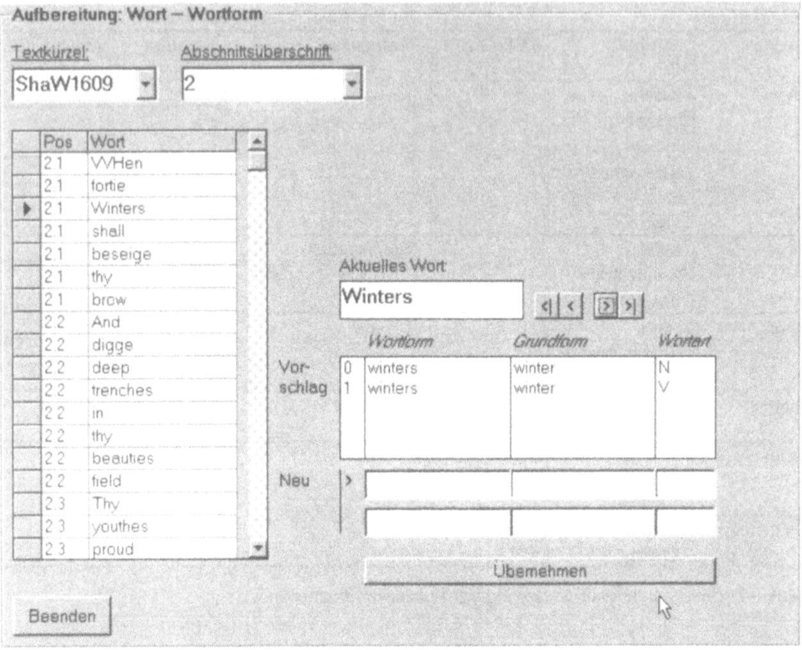

Abbildung 3-2: Computerunterstützung zur Aufbereitung gemäß Aspekt 1

Im rechten Bereich des Fensters befinden sich die Aufbereitungsinformationen: Das aktuelle Wort erscheint in hervorgehobener Darstellung in dem entsprechend betitelten Feld. Rechts davon ermöglichen die Navigationsknöpfe das Blättern zum nächsten („>“), vorigen („<“), zum letzten („>|“) oder zum ersten („<|“) Wort des Abschnitts. Durch Änderung des Text- und Abschnittskürzels kann jederzeit ein anderer Text oder Abschnitt zur Bearbeitung geöffnet werden.

Unterhalb dieser Zeile wird die bisherige Zuordnung des Wortes zu Wortform und Grundform als laufende Nummer „0“ angezeigt. „Winters“ ist also der Wortform „winters“ und der Grundform „winter“ der Wortklasse „Substantiv“ zugeordnet. Laufende Nummern größer als Null bieten weitere Kodierungsvorschläge an, die durch automatische Abfrage des CELEX-Datenbestands gewonnen wurden. In diesem Fall handelt es sich um das Verb „to winter“. Als Vorschläge werden stets zuerst Wortformen und Grundformen aufgeführt, die bereits im Korpus kodiert wurden. Anschließend folgen ggf. weitere Angebote, die durch Konsultation von CELEX ermittelt wurden.

Unterhalb der Vorschläge können neue Zuordnungen eingegeben werden. Da dem aktuellen Wort eventuell zwei Wortformen zuzuordnen sind, wurde entsprechend viel Platz bereitgestellt. Um die Kodierung zu erleichtern, können alle als Vorschlag angezeigten Daten durch Klicken in die Felder eingetragen werden.[488] Sobald die gewünschten Angaben korrekt eingegeben wurden, können sie durch Klicken auf „Übernehmen“ in der Datenbank gespeichert werden. Zur Beschleunigung der Kodierung wird automatisch zum folgenden Wort gesprungen. Wenn keine Neueingaben erfolgen, wird der erste Vorschlag aus dem Vorschlagsfenster übernommen.

Wegen der relationalen Datenhaltung müssen alle Wortformen und Grundformen nur einmal erfaßt zu werden, und Änderungen wirken sich sofort auf alle Vorkommen der Wortform im Korpus aus. Eine Anpassung der Klassifikation ist somit sehr einfach möglich. Wenn alle Abschnitte des Korpus aufbereitet wurden, kann über den Menüpunkt „Aufbereitung | Wortformentabelle erstellen“ eine Tabelle erstellt werden, die alle Texte in normalisierten Wortformen enthält. Diese Tabelle dient zunächst der Kontrolle der soeben beschriebenen Aufbereitung und später als Grundlage für die Korrelation auf der Wortformenebene.

Eine gründliche Überprüfung ist deshalb sehr wichtig: Übersehene oder falsch klassifizierte Worte, Wort- oder Grundformen sind durch erneute Kodierung mit PREP_1 zu berichtigen. Anschließend ist die Tabelle „Wortformen“ erneut zu erstellen. Aus technischen Gründen müssen nun Dubletten, die durch getrennt geschriebene Wortformen mit zusammengeschriebener Grundform entstehen, manuell beseitigt werden,[489] bevor die Tabelle als Bezugstabelle für die Korrelation verwendet werden kann.[490]

---

[488] Ein Klick auf „V“ würde das „V“ in die entsprechende Spalte der Neueinträge kopieren. Das „>“-Zeichen vor der ersten Zeile der Neueingaben zeigt an, daß die Daten in diese Zeile kopiert werden sollen. Wenn auch eine zweite Wortform zugeordnet werden soll, ist das „>“-Zeichen durch Klick auf die Position vor der unteren Zeile dorthin zu verschieben. Wenn ein Vorschlag vollständig übernommen werden soll, beispielsweise der Vorschlag „1“, so kann auch gleich auf die Nummer geklickt werden: Dann werden alle Daten in die gewünschte Zeile eingetragen.

[489] Ein automatisches Verfahren kann nicht angegeben werden, weil die Relation „Wort“ zu „Wortform“ komplex-komplex („m : m“) ist. Selbst die Einbeziehung des nächsthöheren Kontexts, beispielsweise der Phrase, kann nie mit Sicherheit ausschließen, daß eine potentielle Dublette nicht eine absichtliche Wortwiederholung ist. Deshalb ist eine individuelle Prüfung des Einzelfalls erforderlich. Diese Prüfung wird dadurch erleichtert, daß alle potentiellen Dubletten mindestens ein Leerzeichen enthalten. Somit können sie mit Hilfe des DBMS lokalisiert werden. Im untersuchten Korpus handelte es sich bei 12 von 2247 Datensätzen der korrigierten Tabelle „Wortformen“ um potentielle Dubletten, von denen sechs gelöscht wurden: EscJ1787 2.1 „sich gelagert“, LacK1820 2.11 „macht voll“, RegG1836 2.8 „sei hin“, GelF1867 „wägt auf“, NeiA1869 „legtest brach“ und KraF 1872 2.4 „sieht an“.

[490] Um unnötige Redundanzen zu vermeiden, sind zunächst die nur zur Orientierung bei der Dublettenprüfung angegebenen Felder „Textkürzel“ und „Pos“ (enthält Überschrift und Zeilennummer der Wortform) zu entfernen. Um später die Auswertung der Wortreihenfolgen zu erleichtern und alle Datensätze präzise identifizieren zu können, ist anschließend ein Primärschlüssel einzufügen. Ich habe ihn als Feld „Wx_ID“ vom Typ „AutoWert“ realisiert. Er ermöglicht die schnelle Berechnung von der relativen Differenz zweier Wortformen in Hinsicht auf ihre Position in verschiedenen Texten. Innerhalb der Datenbank wird bereits bei der automatischen Erstellung der Tabelle eine einfach-komplexe („1 : n“) Beziehung zwischen der Tabelle „Wortform“ und „Wortformen“ über die Felder „Wt_ID“ und „Wt_IDf“ erstellt.

3.4. Aspekt 4: Die Phrase

Eine Phrase ist ein Textsegment, das aus einer oder mehreren normalisierten Wortformen besteht. Die Phrase bildet eine wichtige Zwischenebene zwischen den Worten und den Sätzen eines Texts.[491] LADMIRAL sieht Phrasen im Zentrum der übersetzerischen Aufmerksamkeit, da sie – anders als einzelne Worte bzw. Wortformen – keine reinen *unités lexicologiques*, sondern *unités de pensée* seien, die als *unités de parole ou de discours* konstituiert würden.[492] Die Phrase steht somit im Schnittbereich der Segmente „Wort" und „Satz". In der übersetzungstheoretischen Literatur werden sie gelegentlich als Pole aufgefaßt, die zur Charakterisierung und auch zur Normierung der Übersetzensstrategie dienen: entweder verfahre ein Übersetzer „wörtlich" oder er übersetze „sinngemäß" im ursprünglichen Sinn von *sententia*.[493]

Im folgenden wird gemäß der übersetzungswissenschaftlichen Korrelationshypothese nicht nach einer einzigen Übersetzungseinheit gefragt, die von allen Übersetzern berücksichtigt wird bzw. werden müßte und daher auch vom Übersetzungsforscher vorrangig analysiert werden sollte. Statt dessen wird angenommen, daß jede „Übersetzungseinheit" in Interaktion mit anderen „Einheiten" steht, also beispielsweise die syntaktische Einheit der Phrase mit rhythmischen Einheiten interagiert.

Die Ausprägung im einzelnen ZT kann der Übersetzungsforscher nicht vorhersehen: Entgegen LADMIRALs Annahme kann es beispielsweise durchaus geschehen, daß ein Übersetzer *unités lexicologiques* übersetzt und nicht *unités de pensée*. Das Ziel der hier erarbeiteten Kodierung ist es, solche Übersetzensstrategien durch einheitliche Kodierung sichtbar zu machen, wie die Abschnitte 3.7.1 und 3.7.2 darlegen: *langue*-bezogene Korrelationen (die zwischen den *unités lexicologiques* angenommen werden) werden auf der Wortformenebene, *parole*-bezogene Korrelationen (die zwischen den *unités de pensée* angenommen werden) auf der Phrasenebene kodiert.

Bevor die Phrasen zweier Texte korreliert werden können, müssen sie als solche gekennzeichnet worden sein. Die theoretische Fundierung eines Schemas zur Klassifikation von Phrasen ist jedoch umstritten.[494] SAMPSON folgert daher, daß sich die Bestimmung von Phrasen gegenwärtig bestenfalls auf *plausible analysis* und den Konsens der Experten stützen könne.[495] Dies wird insbesondere auch in der „literarischen" Übersetzungsforschung vorausgesetzt: Wörter, Phrasen und Sätze werden in der Regel

---

[491] Siehe FRANK, A.-P. 1988: Tafel II, Aspekt 3-5: „Wort", „Wortgruppe", „Satz". WILSS bezeichnet die Phrase als „Syntagma."

[492] LADMIRAL 1981: 284.

[493] Oft wird unter „Satz" eine semantische Struktur im ursprünglichen Sinn von *sententia* als Sinn verstanden (diese Auffassung findet sich z.B. explizit im Vorwort zur zweiten Ausgabe der Bibelübersetzung von WYCLIFF, wie aus BASSNET-MCGUIRE 1980: 46f hervorgeht.)

Im Wissen um diese Verknüpfung läßt sich die Annahme der Dichotomie „Wort – Satz" bis zu CICEROs bekannter Maxime „non verbum de verbo, sed sensum exprimere de sensu, fidus interpres" zurückverfolgen. Sie findet sich beispielsweise wieder in SCHOPENHAUER 1891: 605. Eine linguistische Aktualisierung vertritt CATFORD 1965: 25.

[494] Siehe SAMPSON 1995: §2.14-15.

[495] Siehe SAMPSON 1995: 4; §2.14.

wie selbstverständlich aus den Texten herausgegriffen, klassifiziert und dann zueinander in Beziehung gesetzt.

Im folgenden wird ein Verfahren zur Segmentierung eines Texts in Phrasen textweit nach expliziten, einheitlichen Kriterien vorgeschlagen. Dabei liegt es auf der Hand, daß jede Phrase nur unter Berücksichtigung des Wort-, Satz- und Textzusammenhanges identifiziert werden kann. Es ist auch einsichtig, daß innerhalb eines Texts verschiedene Möglichkeiten zur Abgrenzung und Funktion einer Phrase gleichzeitig nebeneinander bestehen können und daß diese Fülle ihrerseits eine wichtige Aussage des Texts enthalten kann. Keiner der bisher für Korpora vorgeschlagenen Kodierungsformalismen läßt jedoch die Kodierung und Auswertung von Mehrdeutigkeiten zu.[496] In solchen Fällen muß daher im Kodierungsprotokoll angemerkt werden, welche Möglichkeit weshalb kodiert wurde und welche weiteren Möglichkeiten bestehen.

Zur Bestimmung von Phrasen hat GREENBAUM 1996 eine detaillierte „Grammar of Phrases“ vorgelegt, die für das Englische fünf Phrasentypen identifiziert.[497] Da die Identifikation anhand der Wortklassen *noun*, *verb*, *adjective*, *adverb* und *preposition* erfolgt, kann diese Typologie auf andere Sprachen ausgedehnt werden, wenn die innere Phrasenstruktur entsprechend angepaßt wird oder von vornherein nur die Gesamtphrase erfaßt wird. Sie ist für die Übersetzungsforschung besonders interessant.[498]

Im folgenden wird deshalb vorgeschlagen, Phrasen als Objekte zu kodieren, deren innere Struktur nachträglich erfaßt werden kann, aber nicht muß. Eine ähnliche, bewußt grobe Segmentierung hat BELL unter Rückgriff auf HALLIDAYs funktionale Grammatik bereits in die übersetzungstheoretische Diskussion eingeführt und für die Zwecke der Übersetzungsforschung fruchtbar gemacht.[499] BARNBROOK verwendet die Klassifikation HALLIDAYs im Rahmen „monolingualer“ Textanalyse.[500]

Phrasen werden demnach gemäß ihrer Funktion im Satz (Subjekt, Prädikat, Komplement)[501] oder ihrer Funktion bei der Verknüpfung von Sätzen (Konjunktion) klassifiziert. In bezug auf die Übersetzungsforschung bestehen Berührungspunkte zu den funktional orientierten Arbeiten von NORD, GERZYMISCH-ARBOGAST u.a., wozu

---

496 Dies mag theoretisch auch mit dem Wunsch oder vielleicht sogar der Annahme der grundsätzlich möglichen Disambiguierbarkeit aller sprachlichen Äußerungen zusammenhängen. Für eine Berücksichtigung des vollen Potentials natürlicher Sprachen ist diese Engführung allerdings, wie oben dargelegt, problematisch. Dies betrifft auch die von HALLIDAY implizit vorausgesetzte Binarität bei sprachlichen Phänomenen, die dadurch deutlich wird, daß HALLIDAY häufig von "entweder oder" spricht, wo mindestens im literarischen Bereich "sowohl als auch" angebrachter erscheint.

497 Siehe GREENBAUM 1996: 203-304.

498 Siehe MACZEWSKI 1996.

499 Siehe BELL 1991: 52, 56; 135f.

500 Siehe BARNBROOK 1996: Kap. 6.

501 Der Begriff „Komplement“ ist angesichts seiner spezifischen Verwendung im Rahmen CHOMSKYscher Transformationsgrammatiken mißverständlich. HALLIDAY versteht darunter alle Arten von „Ergänzungen“ des Prädikats, beispielsweise adverbiale Ergänzungen, nicht aber das direkte Objekt des Verbs.

insbesondere auch die in der vorliegenden Arbeit nicht vertiefte Analyse von Thema-Rhema-Strukturen zu zählen ist.[502]

Im Sinne einer induktiven Erkundung werden im folgenden Möglichkeiten erörtert, um grundlegende Aspekte der Phrasensegmentierung und -klassifikation elektronisch erfassen. Somit sind zunächst nur die Prinzipien, die in den ersten drei Kapiteln der *Functional Grammar* dargelegt werden, zu berücksichtigen. In HALLIDAYs Terminologie gesprochen, folgt die Phrasensegmentierung im Sinne der Kodierung von „Gesamtphrasen" (s.o.) dem *minimal bracketing*-Ansatz: Dabei werden *ranked constituents* erfaßt, nicht aber *immediate constituents*, was *maximal bracketing* implizieren würde. Abweichend von SUSANNE werden somit Phrasen, die durch Kommata, Konjunktionen oder Präpositionen verknüpft sind, nur in ihrer Gesamtheit als Phrase erfaßt.

Die Frage, nach welchen Kriterien Wortformen einer Phrase zugeordnet werden, wird in der Übersetzungsforschung und auch von BELL nicht näher erörtert, sondern oft als bekannt vorausgesetzt. Sie ist jedoch nach TOURY von entscheidender Relevanz. In Anlehnung an GREENBAUMs „Grammar of Phrases" erscheint folgendes Vorgehen sinnvoll: Konjunktionen und Interjektionen, die Sätze verbinden bzw. keine Funktion im Satz haben, werden als eigenständige Phrasen kodiert. Zu Verbphrasen wird neben der finiten Verbform[503] und einem Hilfsverb auch der grammatische Prädikatsteil gezählt. Bei *phrasal verbs* wird der lexikalische Prädikatsteil nur dann als Teil der Verbform kodiert, wenn er nicht als substantivischer Teil bei Vollverben und kopulaähnlichen Verben steht, sondern als Partikel, Präfix, Adjektiv, Adverb oder als Reflexivpronomen als zum Verb gehörig angesehen wird.[504] Verbphrasen beschränken sich – in Abweichung vom CHOMSKYschen Ansatz – auf diese Wortformen und umfassen ihrerseits weder Nominal- noch Präpositionalphrasen, die vom Valenzrahmen des Prädikats gefordert werden.

Zur Illustration sei die Präpositionalphrase „in thy beauty's field" (2.2) genannt, die ohne weitere Substrukturierung als „Gesamtphrase" erfaßt werden soll. Gemäß des detaillierteren SUSANNE-Schemas wäre sie als Präpositionalphrase zu kodieren, die sich aus zwei Nominalphrasen zusammensetzt, von denen eine im sächsischen Genitiv steht.[505] In der üblichen Klammernotation ergäbe sich (bei Weglassen der Phrasentags) „[in [[thy [beauty]'s] field]." Diese Segmentierung ist für interlinguale und interliterarische Korrelationen jedoch zu detailliert, da auf der jeweils anderen sprachlichen Ebene Varianzen unvermeidlich sind. In bewußter Vereinfachung des – von SAMPSON ausdrücklich nicht für den interlingualen Einsatz konzipierten – Phrasenbegriffs des SUSANNE-Schemas könnten daher die *immediate constituents* einer Phrase und ihre Anordnung nicht eigens gekennzeichnet, sondern nur die Phrase insgesamt (die SAMP-

---

502 Diese Thematik ist bekanntlich – neben der funktionalen Phrasenklassifikation – der Schwerpunkt der zweiten, grundlegend überarbeiteten Auflage von HALLIDAYs *Functional Grammar*, auf die im folgenden zurückgegriffen wird.

503 HALLIDAY bezeichnet sie als *finite*; CHOMSKY trennt sie in der Government and Binding-Theorie als *inflection* ("INFL") ab und versteht sie als Kopf der eigenständigen *inflectional phrase* ("IP").

504 Siehe HELBIG/BUSCHA: [18]1998: 536-38.

505 Siehe z.B. N03:0240h-k im SUSANNE-Korpus.

SON als *constituent* bezeichnet) als Textsegment identifiziert und anschließend klassifiziert werden. Dies gestattet es, ZT-Lösungen wie z.B. „in Deiner Schönheit Feld", „in deine schöne Stirn" oder „im Schönheitplan" ebenfalls als Präpositionalphrasen zu kodieren und anschließend mit den anderen Phrasen zu korrelieren.

Nachdem ein Text gemäß diesen Regeln in Phrasensegmente eingeteilt ist, kann jedoch noch nicht zur Klassifikation der Phrasen übergegangen werden, weil der Satzkontext, in dem die Phrasen stehen, untersucht werden muß. Insbesondere ist zu klären, inwiefern zusätzlich zu den an der Textoberfläche realisierten Phrasen weitere Phrasen als nicht explizit realisierte Textbestandteile anzunehmen sind. In SUSANNE werden derartige Elemente *ghost nodes* genannt, die *Extended Standard Theory* (EST) CHOMSKYscher Prägung bezeichnet sie als *empty categories*.[506] Sie sind für die Übersetzungsforschung unmittelbar relevant, weil ihre Realisierung an der Textoberfläche („s-structure") zwar sprachabhängig ist, ihre Existenz in einer rekonstruierten Tiefenschicht („d-structure") jedoch sprachunabhängig und gemäß unterschiedlicher linguistischer Theorien nachgewiesen werden kann. Unterschiede zwischen AT und ZT oder ZT und ZT, die allein die Phrasenstruktur der Textoberfläche betrachten, greifen daher zu kurz, wenn sie nicht die Tiefenstruktur in die Betrachtung miteinbeziehen: Es kann als Konsens gelten, daß der im Textkontext aktualisierte Valenzbereich des Prädikats mindestens die Existenz einer Subjekt- und oft auch ein oder mehrerer Objektphrasen impliziert,[507] die an der Textoberfläche nicht immer explizit realisiert sein müssen. Zur Kennzeichnung dieser Phrasen hat sich die Zeichenkette „PRO" eingebürgert. Unter Einführung weiterer Annahmen können weitere, ausschließlich in einer Tiefenstruktur realisierte Elemente wie Spuren (*traces*) von Nominalphrasen, die durch Transformation bewegt wurden, (re)konstruiert werden.[508]

Als Beispiel sei der Nebensatz *then being asked* (ShaW1609 2.5) genannt. Zusätzlich zu den in der Oberflächenstruktur erkennbaren Phrasen „Then" und „being asked", die die Funktion der Konjunktion und des Prädikats übernehmen, ist eine Subjektphrase und eine Phrase zu ergänzen, die das Agens der Passivkonstruktion expliziert. Wenn diese, nur in der Tiefenstruktur realisierten Segmente des Satzes mit „[PROx]" gekennzeichnet und ihre Bezeichner, falls rekonstruierbar, im Anschluß angefügt werden , erhält man in der Klammernotation „[then] [[PRO1: you]] [being asked] [[PRO2: by X]]". Erst eine solche Rekonstruktion schafft die Grundlage für eine präzise Korrelation auf der Phrasenebene: Im Vorgriff auf den diesbezüglichen Abschnitt 3.7.2 veranschaulicht Tabelle 3-3 die dann möglichen Korrelationen. Aufgrund der explizit gemachten PRO-Formen wird erkennbar, daß die Personalpronomen „dich" und „du" aus EscJ1787, BodF1862 und NeiA1869 das implizite [PRO1: you]-Segment des AT explizit machen.

[506] GEEST/JASPERS 1991: 29.

[507] Im Rahmen der UG entspricht dies dem *extended projection principle*, das die syntaktische Realisierung lexikalischer Information verlangt, und dem *predication principle*, nach dem alle Sätze ein Subjekt haben müssen. (HAEGEMAN 1991: 59; GEEST/JASPERS 1991: 29)

[508] Siehe GEEST/JASPERS 1991: 40-43.

Satz	Kürzel	Korrelation auf Phrasenebene			
Then being askt	ShaW	then	[PRO1]	[PRO2]	being asked
Fragt man dich alsdann	EscJ	alsdann	dich	man	fragt
Wenn einst [...] sie fragen	KanK	wenn		sie	fragen
Gefragt dann	WalE	dann	[PRO1]	[PRO2]	gefragt
wenn Du von den Leuten / Gefragt wirst	BodF	wenn	du	von den Leuten	gefragt wirst
Und würdest du [...] / [...] gefragt	NeiA	und	du	[PRO2]	gefragt würdest

Tabelle 3-3: Korrelationsmöglichkeiten auf der Phrasenebene nach der Ergänzung der PRO-Formen

Derartige Übersichten ermöglichen es, zu erforschen, inwiefern ein Übersetzer dazu neigte, Informationen, die im AT grammatisch implizit enthalten sind, im ZT zu explizieren oder implizit zu lassen und welche Möglichkeiten insgesamt im Korpus der ZT gewählt wurden.

Eine an der Oberflächenstruktur verharrende Aufbereitung kann diese Fragen nicht beantworden, sondern müßte die im Beispiel genannten Pronomen dagegen als „mit keinem AT-Segment korreliert" erfassen. Dies widerspricht jedoch der auch dem Nicht-Linguisten bewußten Tatsache, daß für den Satz *then being asked* sehr wohl ein Subjekt und ein Komplement bestimmt werden kann wie die angeführten ZT belegen. Auch in der sich als dezidiert „literarisch" verstehenden Übersetzungsforschung greift diese Analyse, denn beispielsweise weist A. P. FRANK darauf hin, daß sich ein Übersetzer entschieden habe, „the understood subject" des AT im ZT zu lexikalisieren.[509] Derartige Entscheidungen können durch eine entsprechende Textaufbereitung auf Phrasenebene, die auch PRO-Phrasen kodiert, der automatischen korpusweiten Abfrage zugänglich gemacht werden.

Die nunmehr bestimmten Phrasen werden gemäß HALLIDAY funktional klassifiziert. Tabelle 3-4 führt die von BELL eingesetzten Tags auf, die um den Tag „&" für Konjunktionen und Interjektionen, die nicht Satzgliedstatus haben, erweitert wurden.

Tag	Funktion der Phrase im Satz
S	Subjekt
P	Prädikat
C	Komplement
A	Ergänzung
&	Konjunktion oder Interjektion

Tabelle 3-4: Übersicht über die funktionale Klassifikation der Phrasen

Die Funktion einer Phrase wird rein syntaktisch betrachtet. So wären beispielsweise alle klassifizierten Subjekte syntaktische, nicht aber notwendigerweise auch logische Subjekte. Zur Klassifizierung der logischen Aspekte, beispielsweise auch der literarisch relevanten Differenzierung zwischen direktem und indirektem Objekt, zwischen temporalen und modalen Ergänzungen, schlägt das SUSANNE-Schema im Zusam-

[509] Siehe FRANK, A. P. 1990: 253.

menhang mit der Kodierung von „logical grammar" ein umfangreiches Klassifikationsschema vor,[510] das jedoch in dieser Arbeit noch nicht eingesetzt wurde.

Die Subjektfunktion im Satz kann eine Nominalphrase erfüllen, deren Kopf ein Substantiv oder ein substantivisches Pronomen im Nominativ enthält,[511] oder ein Subjektsatz oder eine Infinitivkonstruktion. Die Prädikatsfunktion kann nur eine Verbphrase erfüllen. Die Komplementfunktion dagegen kann sowohl von einer Nominalphrase, deren Kopf nicht im Nominativ steht, als auch von einer Präpositionalphrase oder einem Objektsatz sowie einer Infinitivkonstruktion erfüllt werden. Abweichend von BELL und CHOMSKY wird auf dieser Ebene gemäß HALLIDAY noch keine Differenzierung zwischen Objekt und Komplement des Prädikats vorgenommen.[512] Die Funktion von Ergänzungen können nur Präpositional- und Adverbialphrasen übernehmen, wenn bereits für alle Komplemente, die das Prädikat aufgrund seiner Valenz fordert, geeignete Phrasen vorliegen. Phrasen, die für einen grammatisch korrekten Satzbau erforderlich wären, an der Textoberfläche aber nicht explizit realisiert sind, werden als [PRO]-Phrasen (siehe oben) nachträglich eingefügt. Für alle Varianten finden sich Beispiele in den untersuchten Texten.

Zur genaueren Erfassung der Funktion einer Phrase im Satz bietet das SUSANNE-Schema im Rahmen der *logical grammar* ein detailliertes Subklassifikationsschema an, das bislang nur experimentell am Korpus getestet und dann gemäß Tabelle 3-5 modifiziert wurde.[513] Die detaillierte Unterscheidung von Phrasen, die die Funktion einer Ergänzung erfüllen, wurde unter Bezug auf die bei HELBIG/BUSCHA differenzierten vier semantischen Subklassen von lokativen, temporalen, modalen und kausalen Ergänzungen vereinfacht.[514]

Für die Übersetzungsforschung können dann für jeden ZT Häufigkeitsstatistiken der lokativen (Tag „:l") und temporalen Ergänzungen (Tag „:t") automatisch erstellt werden und so Hinweise auf entsprechende Übersetzensstrategien gewonnen werden, die A. P. FRANK bereits durch manuelle Quantifikation räumlicher und zeitlicher Ergänzungen in ZT nachweisen konnte.[515]

---

[510] Siehe SAMPSON 1995: §5.19.

[511] Zu den Satzgliedfunktionen der reinen Kasus siehe auch HELBIG/BUSCHA [18]1998: 287-92.

[512] Wenn dies gewünscht wird, also die logische Funktion einer Phrase im Satz klassifiziert werden soll, bietet sich die Nutzung beispielsweise das im Ausblick vorgestellten, detaillierten Subklassifikationsschemas von SUSANNE an (SAMPSON 1995: §5.19).

[513] Siehe SAMPSON 1995: §5.19.

[514] Siehe HELBIG/BUSCHA [18]1998: 343-47.

[515] Siehe FRANK, A. P. 1990: 252-54.

Tag	Logische Funktion der Phrase im Satz
:s	logisches Subjekt[516]
:S	syntaktisches, aber nicht logisches Subjekt
:o	logisches direktes Objekt
:O	syntaktisches, aber nicht logisches Objekt
:i	indirektes Objekt
:u	Präpositionalobjekt
:e	Prädikatsnomen
:j	Prädikativum
:a	Agens einer Passivkonstruktion
(:G)	(nicht kodiert)
:p	lokative Ergänzung
(:q)	(unter „:p" erfaßt)
:t	temporale Ergänzung
:h	modale Ergänzung
(:m)	(unter „:h" erfaßt)
:c	kausale Ergänzung
(:r)	(unter „:u" erfaßt)[517]
(:w)	(unter „:c" erfaßt)[518]
(:k)	(unter „:h" erfaßt)[519]
(:b)	(nicht kodiert)
(:n, :x, :z)	(nicht kodiert)

Tabelle 3-5: Übersicht über Kodierung der logischen Aspekte in Anlehnung an SUSANNE

3.4.1. Computerunterstützung: PREP_2

Die Zuordnung der Wortformen eines gemäß PREP_1 aufbereiteten Texts zu Phrasen kann sinnvollerweise durch Einsatz geeigneter Software vorgenommen werden. Im TRANSLATOSCOPE-Programm ist dafür der Menüpunkt „Aufbereitung | Wortform – Phrase" anzuklicken und ein Text sowie ein Textabschnitt auszuwählen. Abbildung 3-3 zeigt das Aussehen des Bildschirms, wenn der AT in der Fassung Q ausgewählt wurde und die dritte Wortform „Winters" in Bearbeitung ist.

Im Kontextfenster werden alle Wortformen hervorgehoben, die der im Phrasenfenster angezeigten Phrase zugeordnet sind. Vor der Phrase selbst erscheint ihr Tag gemäß Tabelle 3-4. Die Navigation erfolgt entweder durch Klicken auf die Knöpfe oder, wenn eine schnellere Segmentierung angestrebt wird, durch Benutzung des Zeh nerblocks.[520]

---

[516] Zum Verständnis von „logisches/syntaktisches Subjekt/Objekt" siehe SAMPSON 1995: §5.20.

[517] Die Differenzierung zwischen „:r" und „:u" ist, wie im SUSANNE-Schema betont wird, „difficult to make precise" (SAMPSON 1995: §5173; siehe auch §5.33). Im folgenden wird mit HELBIG/BUSCHA die Klassifizierung mit „:u" vorgenommen (z.B. HELBIG/BUSCHA 312).

[518] Im SUSANNE-Schema ist es ausdrücklich freigestellt, „:w" als Homograph von „:h" zu behandeln (SAMPSON 1995: §5.183).

[519] Diese Möglichkeit wird bereits im SUSANNE-Schema explizit angegeben (SAMPSON 1995: §5.186).

[520] Mit „1" bzw. „7" kann zur nächsten bzw. vorhergehenden Phrase navigiert werden. Mit „2" bzw. „8" wird die folgende bzw. vorausgehende Wortform angesteuert. Ein Druck auf die Taste „5" bewirkt, daß die aktuelle Wortform in die Phrase übernommen wird. Wenn die Phrase komplett ist, kann sie durch Druck auf die Enter-Taste oder den „Einfügen"-Knopf übernommen werden. Wenn sie dort bereits steht, wird sie wieder entfernt. Diese Tasten ermöglichen eine schnelle und präzise

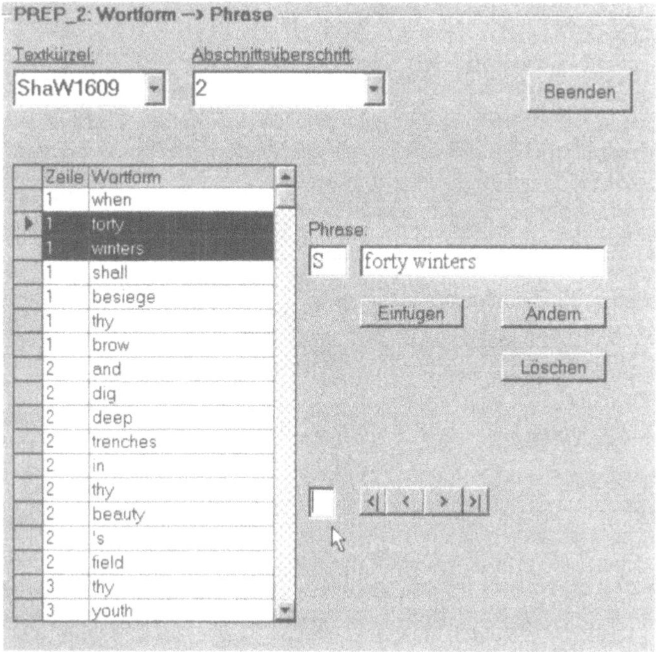

Abbildung 3-3: PREP_2

Die Möglichkeit, Wortformen und Phrasen völlig frei zuordnen zu können, beseitigt das bereits angesprochene, auf der gängigen Klammernotation beruhende Problem der *overlapping hierarchies* und ermöglicht dadurch eine präzisere Kodierung.[521] Nach Abschluß dieser Aufbereitung ist eine neue, auf diesen Phrasen basierende Tabelle zu erstellen (Menüpunkt „Aufbereitung | Phrasentabelle"), in die die nicht an der Textoberfläche realisierten [PRO]-Formen nachträglich einzufügen sind.[522] Das Ergebnis

Textsegmentierung. Nachträgliche Änderungen an einer Phrase können durch „Ändern" vorgenommen werden.

[521] Unter Verwendung der Klammernotation kann „wird es Ruhmverschwendung sein und Schandengeiz" (Lack1820 2.8) beispielsweise nicht als – vom Reimzwang bedingte – Verschränkung der Prädikatsphrase „wird sein" und der Komplementphrase „Ruhmverschwendung und Schandengeiz" kodiert werden.

[522] Jede PRO-Phrase wird technisch gesehen vor oder hinter eine bereits existierende Phrase eingefügt. Die Daten in den Feldern „Ord_A" (Hauptreihenfolge), „Ab_Idf" (ID des Abschnitts) und „Zeilennr" (Zeilennummer des ersten Wortes der Phrase) sind dafür in den neuen Datensatz der PRO-Phrase zu übertragen und das Feld „Ord_B" im neuen Datensatz und im Bezugsdatensatz entsprechend zu setzen: Soll die PRO-Phrase vor die bisherige Phrase eingefügt werden, so ist z.B. „Rf_B" des Datensatzes mit der PRO-Phrase auf „0", „Rf_B" des Bezugsdatensatzes jedoch auf „1" zu setzen.

dieser Aufbereitungsphase dokumentiert Tabelle 7.6. Sie dient als Grundlage für die Korrelation der Phrasen.

Bevor dazu übergegangen wird, sollen im folgenden diejenigen Fälle diskutiert werden, in denen die Kodierung besonders stark von einer bestimmten Interpretation des Texts abhängig ist und Kodierungsalternativen oder besondere Kodierungsprobleme bestehen. Grundsätzlich ist darauf hinzuweisen, daß die gesamte Phrasensegmentierung auf dem Hintergrund einer satzweisen Segmentierung des Texts stattfindet, die es erst ermöglicht, implizite Subjekt- oder Prädikatsphrasen zu erkennen und anschließend, soweit möglich, aus dem Zusammenhang zu erschließen. Möglichkeiten zur Repräsentation der Satzstrukturen diskutiert der folgende Abschnitt. Auch wenn die dort vorgeschlagene Kodierung, die analog zur Phrasenkodierung zu realisieren ist, noch nicht elektronisch umgesetzt wurde, so ist sie doch die Grundlage meiner Satzsegmentierung und beeinflußt somit auch die Phrasenkodierung. Abschnitt 7.7 dokumentiert die für jeden Text angenommende syntaktische Segmentierung unter Verwendung des Kodierungsschemas, das im folgenden Abschnitt vorgestellt wird.

In ShaW1609 ist in Zeile 4 unklar, ob das Prädikat des Hauptsatzes „will be" oder „will be held" lautet. MALONE und DELIUS optieren durch Einfügung eines Kommas vor „of small worth held" für die erstere Möglichkeit, dagegen behält BOOTH das Leerzeichen von Q bei. Die erste Möglichkeit, für die ich mich bei der Aufbereitung entschieden habe, wird nicht nur durch den Rhythmus unterstützt, der die Zäsur nach „weed" nahelegt,[523] sondern auch durch die vorhergehende Zeile 3, deren rhythmische wie syntaktische Struktur in 4 wiederholt wird. Semantisch korrelieren „proud livery" und „tattered weed" sowie „so gazed on now" und „of small worth held" durch die Antithese, die durch die parallele Konstruktion hervorgehoben wird und den Verfall der Schönheit verdeutlicht. Somit ist es sehr wahrscheinlich, daß „of small worth held" – mit SUSANNE gesprochen – ein *whiz deleted* Relativsatz ist und daher „will be" das Prädikat des Hauptsatzes, „held" jedoch Teil des elidierten Prädikats „will be held" des verstümmelten Relativsatzes ist.

In Zeile 11 wird der zweite Teil der Antwort des Angesprochenen, „and make my old excuse" erst durch die Einbeziehung des Kontextes verständlich: Der Nachkomme bewirkt die Entschuldigung des Alters des Sprechers vor der menschlichen Gesellschaft – er „macht" nicht dessen „alte" oder „früher gebräuchliche Entschuldi-

---

Bedingt durch die Datenmodellierung werden Phrasen, deren Wortformen aus verschiedenen Zeilen stammen, in allen Zeilen angegeben (z.B. bei EscJ1787 „wird sein" in 2.3 und in 2.4). Diese Dubletten müssen manuell gelöscht werden. Umgekehrt muß die Tabelle auch auf evtl. fehlende Phrasen überprüft werden: Da mehrere Wortformen häufig einer einzigen Phrase zugeordnet werden und dadurch sehr viele Dubletten entstehen würden, wird je Verszeile immer nur eine Phrase gleichen Wortlauts und gleicher Klassifizierung ausgegeben. Daher werden in einer Verszeile wiederholt gebrauchte Phrasen ggf. nicht oft genug aufgeführt. Im Korpus tritt dieser Fall in Zeile 14 der Texte LacK1820, RodS1834, RicK1836, BodF1862, MolM1865, SimK1867, NeiA-1869 für die Subjektphrase „du" ein. Die fehlenden Phrasen werden gemäß des oben dargestellten Verfahrens nachträglich eingefügt.

[523] Siehe auch die Lesungen von GIELGUD und WILLIAMS (GIELGUD 1963, EAGAN *et al.* 1995).

gung".[524] Dieser Interpretation folgend, ist „make" als Prädikatsphrase und „my excuse" als Komplement zu dieser zu kodieren. Die Phrase „old" erfüllt dann die Funktion des Komplements in dem bis auf sie selbst elidierten temporalen Nebensatz „when I am old".[525] In PREP_2 ist „old" also als Komplement zu klassifizieren. Die im Nebensatz elidierten Subjekt- und Prädikatsphrasen „I" und „am" wurden durch manuelle Einfügung als PRO-Phrasen in der Tabelle „Phrasen" ergänzt.[526]

In Zeile 13 stellt sich erneut die Frage nach der Beschaffenheit des Prädikates: Die Infinitivkonstruktion „to be new made", die dem Angesprochenen ewiges Leben verheißt, kann entweder als Passivkonstruktion „to be made" aufgefaßt werden, die durch das Adverb „new" ergänzt wird, oder als Infinitiv „to be" mit dem Komplement „made new". Ich habe die letztere Möglichkeit kodiert, weil meiner Einschätzung nach der Satzbau des Couplets bewußt einfacher gestaltet ist als der der Quartette und darin die rhythmische und syntaktische Betonung von „new" besonders hervortritt.

Außerdem ist der Parallelismus der syntaktischen Konstruktion der Coupletzeilen, den nur diese Kodierungsvariante zum Ausdruck bringt, ein wichtiges Stilmittel in diesem Textabschnitt: Antithetisch poinitert das Couplet die unterschiedlichen Lebensmöglichkeiten. Durch Rhythmus, Reim (*gg*) und Wortfelder werden beide Möglichkeiten innerhalb der Coupletzeilen parallelisiert. Diese Strukturierung kann bis auf die syntaktische Ebene verfolgt werden, wenn als Grundstruktur die Kombination von Prädikat und Komplement sowohl in 2.13 wie auch in 2.14 angenommen wird: „to be new made" und „[to] see [...] warm" bilden dann als positive, als Anreiz eingesetzte Botschaft des Sprechers das Gegengewicht zu der ganz zum Schluß durch die Reimworte „old" und „cold" ebenfalls sehr deutlich gemachten Drohung des Todes.

In EscJ1787 2.4-5 findet sich ein erstes Beispiel für *overlapping hierarchies*, das bei Einsatz einer Klammernotation nicht präzise kodiert werden könnte: „**wird** der [...] Schmuck deiner Jugend [...] / ein zerrissenes Gewand **seyn** von wenig geachtetem Werth." Die fett hervorgehobene Prädikatsphrase „wird sein" trennt die unterstrichene Komplementphrase in zwei Teile. Dies ist deshalb auffällig, weil EscJ1787 den AT in Prosa übersetzt und daher weder Reimzwang noch Metrum als Motivation für diese auffällige Phrasenanordnung angeführt werden können. Der Vergleich mit dem AT zeigt, daß dort keine sich überlappenden Satzteile stehen, „of small worth held" jedoch ebenfalls der Bezugsphrase nachgestellt wurde. ESCHENBURG scheint diese Reihenfolge bewahren zu wollen und hebt sie durch das Einfügen von „sein" in die Komplementphrase noch hervor. Syntaktisch gesehen wandelt er den *whiz deleted* Relativsatz des AT in ein Attribut um und setzt weiterhin „will be" als Prädikat des Hauptsatzes.

Eine unter Reimzwang erstellte Variante dieses Falles legt NeiA1869 2.4-5 vor: „**Wird** deiner Jugend jetzt so stolze Zier / wie ein vergilbt Gewand nur **sein** der Welt". Ohne der Auswertung vorgreifen zu wollen, ist für die Kodierung festzustellen, daß

[524] Siehe BOOTH 1978: 138.

[525] Dies stimmt mit BOOTHs Analyse überein (s. BOOTH 1978: 138). Diese Interpretation findet sich auch als Anmerkung in DELIUS' Ausgabe der *Sonnets* (^{3}1872: 754, Fußnote 8).

[526] Konjunktionen werden grundsätzlich nicht als PRO-Phrasen rekonstruiert.

die Funktion der Reimphrase „der Welt" unklar ist. Vom Reimschema her ist sie durch 2.3 „deiner Schönheit Feld" eindeutig motiviert. Möglicherweise spielt auch die lautliche Ähnlichkeit von „Werth" und „Welt", also zwischen ZT und der möglicherweise benutzten Vorgängerübersetzung EscJ1787 eine Rolle. Syntaktisch und semantisch ist die Phrase jedoch nur schwer zu klassifizieren. Die wellenartige Unterstreichung signalisiert, daß ich mich gegen die Lesart „ein [...] Gewand der Welt" entschieden habe, die im ZT dadurch abgesichert werden müßte, daß der Verfasser zwischen irdischer und nicht-irdischer Kleidung differenziert und dem Angesprochenen z.B. mit seiner „überirdischen" äußeren Hülle schmeichelt. Für diese Interpretation finden sich jedoch keine Anhaltspunkte. Daher ist die Phrase als Ergänzung „für die Welt" kodiert worden, die die – im folgenden Text durch die Passivkonstruktion nicht mehr explizierte – Instanz angibt, gegenüber der sich der Angesprochene rechtfertigen muß.

Ein weiteres Beispiel für *overlapping hierarchies*, die den Lesevorgang signifikant beeinflussen, ist RicK1836 2.5-6 „**wird** man, wo deine Schönheit hinsei **fragen** / und deiner frohen Tage Eigenthum?" Der indirekte Fragesatz erfüllt die Komplementfunktion im Hauptsatz, enthält aber einen Teil des Prädikats dieses Satzes (das Vollverb „fragen"). Darüber hinaus trennt auch das Prädikat des Fragesatzes die unterstrichene Komplementphrase, so daß ein merklicher Bruch beim Lesen, insbesondere beim Sprechen, entsteht. Dies kann durch den Reimzwang begründet werden: Um das Reimwort „Ruhm" in 2.8 zu erhalten, muß „Eigenthum" in 2.6 an der Endposition der Zeile stehen. Der Übersetzer war offensichtlich bereit, um der Erfüllung des Reimschemas willen syntaktische und rhythmische Härten in Kauf zu nehmen.

Auch zu diesem Beispiel findet sich eine spätere Variante im Korpus: KraF1872 2.5-6 schreibt „Dann, **würde** man nach Deiner Schönheit **fragen** / Und nach dem Schatz, den Deine Jugend hob." Die Wiederholung der Präposition „nach" und die Umgehung des zusätzlichen Prädikats „hinsei" in RicK1836 2.5 durch Transformation des indirekten Fragesatzes in eine Präpositionalphrase, die als Komplement zum Prädikat fungiert, glättet die syntaktischen und rhythmischen Härten, die in RICHTERs Text durch die sich überschneidenden Satzglieder entstehen. Der *maximal bracketing approach*, aufgrund dessen „nach Deiner Schönheit und nach dem Schatz" als Komplement zum Prädikat zu einer Phrase zusammengefaßt wird, vereitelt eine präzise Zuordnung des Relativsatzes zu seinem Antecedenten „Schatz": Nur die syntaktisch nicht korrekte Zuordnung zur Gesamtphrase ist möglich.

In JorW1861 2.13-14 („Du fühltest warm dann, wenn es halb erfroren / Dein Blut und dich im Alter neu geboren") kann die letzte Zeile nur durch Einbeziehung der vorhergehenden eindeutig interpretiert werden. Syntaktisch wäre es möglich, und rhythmisch läge es aufgrund der potentiellen Zäsur in der Zeilenmitte nahe, daß „Dein Blut und dich" gemeinsam eine Phrase bilden. Diese Lesart stützt auch der erste Teil des Hauptsatzes „Du fühltest warm dann." Der eingeschobene Konditionalsatz mit dem Subjekt „es" läßt jedoch nur den Bezug auf die Phrase „dein Blut" und nicht auf „dein Blut und dich" zu. Daß keine gewaltsame Ausdehnung vorliegt, liegt aufgrund der auffällig klaren Syntax des restlichen Texts nahe. Somit folgt, daß mit „und dich" nicht etwa die Komplementphrase des Hauptsatzes erweitert, sondern daß ein weiterer Hauptsatz angeschlossen wird. Das bedeutet, daß entgegen dem ersten Anschein Zeile

14 durch Enjambement an die vorhergehende Zeile angeschlossen wird und die Pause nach dem Zeilenende von Zeile 13 in das Innere von Zeile 14 als Zäsur zwischen der zweiten und dritten Silbe verschoben wird. Beim entsprechenden Lesen verringert sich dadurch die Reimwirkung des Couplet, denn das durch die Pause akzentuierte Wort ist weniger „halb erfroren“, als vielmehr „dein Blut“. Somit wird der Augenreim „halb erfroren – neugeboren“ durch die rhythmisch und syntaktisch markierte Verknüpfung „dein Blut – neugeboren“ überlagert.

Eine besonders schwer zu kodierende Passage ist SimK1867 2.3-4 „daß deiner Jugend Kleid, nun so bewundert, / ein abgeschabt Gewand, nicht mehr gefällt.“ Der in bezug auf den AT bereits festgestellte syntaktische Parallelismus findet sich offensichtlich auch in diesem ZT. Allerdings erschwert die Konkatenation durch Kommata und die Elision der Prädikate die Interpretation. So erscheint es zunächst plausibel, den Konsekutivsatz „daß deiner Jugend Kleid [...] nicht mehr gefällt“ als syntaktischen Rahmen der Zeilen anzunehmen. Der *whiz deleted* Relativsatz „nun so bewundert“ fügt sich problemlos darin ein, nicht jedoch die Phrase „ein abgeschabt Gewand,“ es sei denn, sie wird als Apposition zu „deiner Jugend Kleid“ interpretiert. Dies steht jedoch inhaltlich im Widerspruch zu der durch den Parallelismus unterstützten Antithese, nach der das abgeschabte Gewand gerade nicht „bewundert“ werde. Als Apposition zu „deiner Jugend Kleid“ gedacht, wäre aber genau dies der Fall. Daher ist diese Lesart fallenzulassen und statt ihrer anzunehmen, daß der Konsekutivsatz lautet: „daß deiner Jugend Kleid [...] ein abgeschabt Gewand“, wobei das Prädikat „sein wird“ elidiert wurde. Zweitens ist „nicht mehr gefällt“ als verstümmelter Relativsatz analog zu „nun so bewundert“ zu verstehen.[527] Diese Interpretation wird allerdings weiterhin von der durch die Kommata vorgegebenen Struktur und durch den syntaktisch, rhythmisch und inhaltlich ebenfalls plausiblen Rahmen „daß deiner Jugend Kleid [...] nicht mehr gefällt“ überlagert. Die übergangslose Anfügung den dieses Satzes an den Hauptsatz (vgl. 2.5) bewirkt, daß der Leser weitere Ergänzungen erschließen muß, um den Sinn des Texts zu bestimmen.

3.5. Aspekt 5: Der Satz

Die Segmentierung eines Texts in Sätze wird angesichts des erfolgreichen Tests in meiner Magisterarbeit in Anlehnung an die Richtlinien des SUSANNE-Schemas durchgeführt. Wie beispielsweise HELBIG/BUSCHA für das Deutsche, so unterscheidet SUSANNE für das Englische zwischen fünf Satzarten,[528] die im Text durch die Satzzeichen Punkt, Ausrufezeichen oder Fragezeichen abgeschlossen werden: Aussagesatz, Fragesatz, Aufforderungssatz, Wunschsatz und Ausrufesatz.[529] Diese Arten wer-

---

[527] Da „nicht mehr gefällt“ jedoch ein finites Prädikat enthält, wird der Satz als „Fr“ und nicht als „Z“ getaggt.

[528] Siehe HELBIG/BUSCHA: 610; SAMPSON 1995: §4.42.

[529] Für literarische Texte erscheint es nicht sinnvoll, Transpositionen der Satzarten (siehe HELBIG/BUSCHA: 617f) grundsätzlich auf ihre nicht transponierte Form zurückzuführen, weil die Transposition selbst als Merkmal des AT abbildenswert ist. Vielmehr ist die Rückführung der Transposition nur dann sinnvoll, wenn gleichzeitig die an der Textoberfläche realisierte Form erfaßt wird, zumal

den im SUSANNE-Schema durch einen nicht alphanumerischen Kode gekennzeichnet (vgl. Tabelle 3-6). Gemäß SUSANNE sind Ausrufesätze zu unterteilen in exklamatorische Ausrufesätze, die Gefühle des Sprechers zum Ausdruck bringen, und in vokativische Ausrufesätze, die Dritte anrufen.[530]

Satzart	**Tag**
Aussage	(kein Tag)
Frage	?
Aufforderung	*
Wunsch	%
Ausruf	!
Anruf (einer Person oder Instanz) (Vokativ)	„

Tabelle 3-6: Übersicht über die Klassifikation von Sätzen nach SUSANNE

Über diese grundlegende Klassifikation hinaus interessiert die Anordnung der Satzsegmente im Text, wobei neben den Hauptsätzen (*sentences*) auch die Nebensätze (*clauses*) von Interesse sind. Die Analyse der Satzstruktur eines Texts ist ein zentraler Untersuchungsaspekt der Übersetzungsforschung.[531]

BARTSCHT hat bereits mit Computerhilfe versucht, die Abhängigkeiten von Nebensätzen innerhalb eines Satzkomplexes zu visualisieren. Die Klassifikation von Satzkomplexen kann sich auf einen breiten Konsens stützen, gemäß dessen beispielsweise Relativsätze und adverbiale Nebensätze unterschieden werden können.

Für die elektronische Erfassung steht in der Form des in Tabelle 3-7 dargestellten SUSANNE-Schemas[532] bereits ein detaillierter Klassifikationsformalismus bereit, der allerdings ursprünglich nicht für den interlingualen Einsatz gedacht ist und daher teilweise auch Tags einsetzt, die zu speziell für nicht-englischsprachige Sätze sind (z.B. „A“ oder „Tf“). Da noch kein multilinguistisches Kodierungsschema bereitsteht und mit dem SUSANNE-Schema auch weniger spezifische Fälle wie Adverbial- und Attributivsätze präzise kodiert werden können, erscheint es sinnvoll, dieses Schema für die Aufbereitung zu übernehmen. Tabelle 3-7 bietet einen Überblick über die Tags. Tags, die mit „S“ oder „F“ beginnen, kennzeichnen finite Konstruktionen, während die anderen Tags infinite oder prädikatslose Konstruktionen kennzeichnen.

oft das Wechselspiel beider Formen seinerseits bedeutungstragend ist. Eine derartige Kodierung setzt allerdings eine Sprechakttheorie voraus, die eine klare Zuordnung von Transpositionen ermöglicht. Angesichts der damit implizierten Komplexität der theoretischen Fundierung der Kodierung wurde das Korpus nicht mit Transpositionsinformationen aufbereitet, so daß es dem Übersetzungsforscher überlassen bleibt, derartige Phänomene zu erkennen und zu kategorisieren.

[530] Siehe SAMPSON 1995: §4.379-391.

[531] GÖSKES Arbeit zu MELVILLE zeigt exemplarisch, wie ergiebig ein satzweiser Vergleich aller ZT mit dem AT sein kann (siehe GÖSKE 1990: 6).

[532] Siehe SAMPSON 1995: §4.41 und §4.42.

Tag	Satz
S	Hauptsatz
Ss	Schaltsatz, der ein Zitat enthält
Fa	Adverbialsatz
Fn	Attributsätze im weiteren Sinne (Subjekt- oder Objekt- bzw. Komplementsätze)[533]
Fr	Relativsatz
Ff	„fused relative" (Relativsatz ohne expliziten Antezedenten mit attributiver Funktion)[534]
Fc	Komparativsatz
Tg	Partizipialkonstruktion im Präsens
Tn	Partizipialkonstruktion im Plusquamperfekt
Ti	Infinitvkonstruktion
Tf	„*for-to* clause"[535]
Tb	„bare non-finite clause" (Nebensatz mit Prädikat in Grundform ohne Infinitivpartikel)[536]
Tq	Inifitivkonstruktion in der Funktion als Relativsatz[537]
W	„*with* clause"[538]
A	„special *as*-clause"[539]
Z	„*whiz deleted*" Relativsatz ohne Relativpronomen und ohne finites Prädikat[540]
L	Satz ohne Prädikat, der nicht zu einer der bereits genannten Gruppen gehört[541]

Tabelle 3-7: Übersicht über die Subklassifikation von Sätzen nach SUSANNE

Die Verknüpfung der Satzsegmente kann bei- oder unterordnend und dabei syndetisch oder asyndetisch erfolgen. Auch diese Aspekte lassen sich mit dem SUSANNE-Schema erfassen: Syndetischer Satzanschluß wird durch ein nachgestelltes Pluszeichen, asyndetischer durch ein nachgestelltes Minuszeichen gekennzeichnet. Die hierarchische Struktur der Sätze wird durch die gebräuchliche Klammernotation expliziert. Das Satzgefüge, das den bereits angesprochenen adverbialen Nebensatz *then being asked* enthält, wäre demnach (unter Weglassung der Phrasenstruktur) zu kodieren als

> **[S [Ti** (*then*) **[Tg** (*then*) *being askt*, **[Fn?** *where all thy beautie lies*, **[Fn?-** *where all the treasure of thy lusty daies* **Fn?-] Fn?] Tg]**; *to say* **[Fn** *within thine owne deepe sunken eyes* **Fn] Ti]** *was an all-eating shame, and thriftlesse praise* **S]**.[542]

Abschnitt 7.10 dokumentiert die kodierten Satzstrukturen für alle Texte verfasserweise und „intersentential" (an dem jeweiligen AT-Satz orientiert).

---

[533] Siehe HELBIG/BUSCHA: 671, 676f.
[534] Siehe SAMPSON 1995: §4.318.
[535] Siehe SAMPSON 1995: §4.357-360.
[536] Siehe SAMPSON 1995: §4.361-364.
[537] Siehe SAMPSON 1995: §4.365.
[538] Siehe SAMPSON 1995: §4.366-367.
[539] Siehe SAMPSON 1995: §4.368-371.
[540] Siehe SAMPSON 1995: §4.372-373.
[541] Siehe SAMPSON 1995: §4.374-378.
[542] Das Klammerung um „then" zeigt an, daß die temporale Ergänzung entweder der Infinitivkonstruktion „then to say" oder der Partizipialkonstruktion „then being askt" zugeordnet und vielleicht aufgrund der Stellung sogar beiden zugerechnet werden kann.

3.6. Aspekt 6: Stilmittel

Nachdem ein Text gemäß der bisher erörterten Aspekte erfaßt und aufbereitet wurde, sollten beliebige Textteile – frei von jeglichen formal vorgegebenen Hierarchien oder linguistischen Strukturen – allein gemäß stilistischer Interpretation zusammengefaßt und klassifiziert werden können.[543]

Dies wird für das Korpus der Fallstudie zwar nicht durchgeführt, das Datenmodell ist aber für diese Verwendung vorbereitet: Die Entität „Stilmittel" mit den Attributen „Kode", „Beschreibung" und „Indexnr" ist gestrichelt angedeutet und in das bereits realisierte Modell eingebettet.[544] Möglichkeiten zur Kodierung wichtiger Tropen diskutieren die Abschnitte 3.7.1, 3.7.2 und 3.7.4 im Zuge der in der Fallstudie vorrangig behandelten Klassifikation von Korrelationsbeziehungen (z.B. als hyponymisch oder als metaphorisch). Die stilmittelbezogene Klassifikation von Wortmengen[545] eines einzelnen Texts kann die dort erarbeiteten Kodierungsvorschläge übernehmen.

In der Übersetzungsforschung können bestimmte stilistische Mittel als eigenständige Klasse von invariant zu haltenden Übersetzungseinheiten verstanden werden und ihre Bewahrung der Bewahrung lexikalischer Bedeutung vor-, bei- oder nachgeordnet werden.[546] Deshalb ist es sinnvoll, diese Einheiten gesondert zu kodieren und zu korrelieren. Angesichts der Vielzahl möglicher stilistischer Ansätze und Betrachtungsweisen erscheint es am günstigsten, keinen spezifischen Formalismus vorzugeben, sondern nur die Gelegenheit zu schaffen, einen eigenen Formalismus zu verwenden, der sozusagen ein elektronisches Markieren bestimmter Textpassagen in unterschiedlichen Farben gestattet.[547] Je nach Zielsetzung der einzelnen Studie können so die jeweils interessierenden, nicht bereits im Zuge der Layout-, Lautungs- und Syntaxkodierung abgedeckten Textphänomene zur späteren Auswertung kodiert werden.

Mögliche Ziele der stilistischen Aufbereitung sind beispielsweise die Markierung aller Reimworte bzw. Reimphrasen, die Kennzeichnung metaphorisch verbundener Wortformen (z.B. 2.1 „brow" und 2.2 „beauty's field"), die Markierung leitmotivischer Strukturen (z.B. die Menge „Dauerhaftigkeit" {„ewig dauert", „wandellos",

---

[543] Siehe SPERBERG-MCQUEEN/BURNARD 1994: 266: „Encoders of verse [...] will frequently wish to attach identifying labels to portions of text that are not part of a system of hierarchichal divisions, may overlap with one another, and/or may be discontinuous; [...]". Vergleichbare Forderungen werden seit den 60er Jahren erhoben (z.B. BOWLES 1967: 142: „needed for the understanding of fictional prose is identification and description of macrosyntactic systems of fictional organization; imaginative structures [...]").

[544] Siehe Abbildung 7-2.

[545] FRANK/SCHULTZE 1988: Tafel II bezeichnen solche Mengen als „Wortgruppen".

[546] SCHMIDT, H. 1979: 80 weist z.B. der Bewahrung „stilistischer Information" höhere Priorität zu als der Bewahrung der lexikalischen Information. Siehe ebenso DOHERTY 1979: 166-69, der von der Bewahrung „konnotativer Äquivalenz" spricht, und NORD 1997: 40, für die „Funktionszüge" (die sie in Analogie zu SOWINSKIS „Stilzügen" versteht) als „Übersetzungseinheiten" erscheinen.

[547] Dieses Vorgehen entspricht dem von der TEI insbesondere für die Kodierung stark theorieabhängiger literarischer Begriffe wie Metapher vorgeschlagenen Verfahren (siehe SPERBERG-MCQUEEN/BURNARD 1994: 267).

„ewig fest", „unerschüttert", „keinen verläßt", „kein Ende"} in SimK1867 116.1-12) und die Kennzeichnung von stilistischen Mitteln wie beispielsweise der parallelisierten figura etymologica „alters [...] alteration" und „remove [...] remover" in 116.3-4.

Die elektronische Abbildung derart frei wählbarer Strukturen muß sich sich angesichts der erforderlichen Flexibilität auf die kleinstmöglichen korpusweit vergleichbaren Segmente beziehen und in der Lage sein, beliebig umfangreiche Gruppen und Untergruppen bilden zu können. Dies wird im Datenmodell dadurch reflektiert, daß sich die Entität „Stilmittel" auf die Wortformen bezieht und zu diesen in einer komplex-komplexen Relation steht. Dies ist erforderlich, weil mehrere Wortformen mehreren Stilmittel gleichzeitig zugeordnet sein können.[548]

3.7. Intertextuelle Korrelation

Die Bestimmung der intertextuellen Korrelationen auf Wort-, Phrasen- und Satzebene ist die zentrale Aufgabe von Übersetzungsforschung im Sinne der Korrelationshypothese.[549] Laut TOURY ist es ihr Ziel,

> to render possible the description and explanation of the TRANSLATIONAL RELATIONSHIP obtaining between the members of the pairs, as a means towards the establishment of the overall CONCEPT OF TRANSLATION underlying the corpus under study.[550]

„Intertextuelle Korrelation" (*alignment*) bezeichne den Vorgang, in dessen Verlauf ein Segment $s_{x.a}$ aus einem Text T_x mit einem Segment $s_{y.b}$ verknüpft wird, das aus einem von T_x verschiedenen Text T_y stammt. Durch den Einsatz elektronischer Hilfsmittel kann dieser Vorgang dokumentiert und – idealerweise unter Einbeziehung von zeitgenössischen Wörterbüchern und Lexika – unterstützt werden, so daß als Ergebnis dieser Aktivität ein sogenanntes paralleles Korpus (*parallel corpus*) vorliegt.[551] Dieses dokumentiert die Annahmen des Übersetzungsforschers über bestehende und nicht bestehende Beziehungen und ggf. auch über ihre Art.[552]
Voraussetzung für die Korrelation ist, daß die Texte in aufbereiteter Form vorliegen.[553] Die in diesem Zusammenhang von TOURY als *major issue* hervorgehobene Frage nach

---

[548] Siehe z.B. die Analyse der Metonymie „forty winters" und der Metaphern „forty winters shall besiege thy brow" und „forty winters [...] dig deep trenches in thy beauty's field" in Abschnitt 5.4).

[549] A. P. FRANK hat die lexikalisch vergleichende Analyse als zentralen Ansatzpunkt für die Ermittlung eines Übersetzerstils bezeichnet (FRANK, A. P. 1990: 251).

[550] TOURY 1985: 34.

[551] Insofern kann die hier betriebene intertextuelle Korrelation als Operationalisierungsversuch des Ansatzs aufgefaßt werden, den TOURYs *Descriptive Translation Studies* verfolgen, die „translation relationships" von „coupled pairs of target- and source text-segments" untersuchen, die „very often even small-scale, rather low-level linguistic items" seien (TOURY 1995: 77, 79).

[552] Gemäß HOLMES' Dreiteilung der *translation studies*, die TOURY 1985: 35 aufgreift, geht es bei der Korrelation also um die Ermittlung „empirisch" (*empirical*) „vorliegender" (*existing*) Relationen und somit und den deskriptiven Zweig der Übersetzungsforschung (*desctiptive translation studies*).

[553] Siehe ABERCROMBIE 1984: 127; JOHANSSON/EBELING/HOFLAND 1994: 1 „Before alignment can be attempted, a text must be available in electronic form and contain some basic markup. The pre-

Kriterien für die Bestimmung der zu korrelierenden Segmente[554] kann mit dem Verweis auf die in den vorausgehenden Abschnitten vorgestellten Formalismen zur Segmentierung eines Texts auf Wort-, Phrasen- und Satzebene sowie in bezug auf Stilmittel beantwortet werden.

Das Bestehen einer Beziehung zwischen zwei Segmenten $s_{x.a}$ und $s_{y.b}$ kann nur hinsichtlich eines Bezugsmaßstabs *M* konstatiert werden: Genau dann, wenn $s_{x.a}$ und $s_{y.b}$ hinsichtlich *M* Eigenschaften aufweisen, die auf gegenseitige Beeinflussung schließen lassen, kann eine Beziehung zwischen ihnen angenommen werden. Von signifikantem Einfluß kann dann gesprochen werden, wenn „Gleichheit" oder zumindest „Ähnlichkeit" in Bezug auf zentrale Aspekte besteht. Annähernd vollständige „Gegensätzlichkeit" ist ebenfalls als gegenseitige Beeinflussung interpretierbar und wird daher als negierte Übereinstimmung angesehen. Kann weder eine Relation der Gleichheit, Gegensätzlichkeit oder der Ähnlichkeit rekonstruiert werden, so wird davon ausgegangen, daß $s_{x.a}$ und $s_{y.b}$ hinsichtlich *M* nicht in Beziehung zueinander stehen.

Jede Korrelation setzt nicht nur die Angabe des verwendeten Bezugsmaßes *M* (z.B. die „Bedeutung" eines Segments in einer *langue* oder *parole* oder die „Wirkung" des Segments auf einen Leser) voraus, sondern erfordert auch die Explizierung eines Verfahrens, gemäß dessen die beobachteten Beziehungen in Bezug auf *M* klassifiziert werden können.

Im folgenden wird die „Bedeutung" eines Segments als Bezugsmaßstab gewählt und versucht, ihre Bestimmung zu operationalisieren. Dieses Maß zielt auf einen unbestrittenen Kernbereich der Übersetzungsforschung, nämlich die Untersuchung von Bedeutungsstrukturen in AT und ZT. Dabei wird gemäß der Überlegungen in Kapitel 2 zwischen der intensionalen und der extensionalen Bedeutung der Segmente unterschieden.[555] Auf der Wortebene wird die intensionale, „lexikalische" Bedeutung als Maßstab gewählt, für die anderen Ebenen wird die extensionale, „textspezifische" Bedeutung als Maßstab vorgeschlagen.[556] Diese Trennung der im Text natürlich gleichzeitig aktualisierten Komponenten ermöglicht es, die Korrelationen auf der Wortebene unter Verwendung semantischer Konzepte „lexikalisch" zu beschreiben und Korrelationen auf anderen Ebenen „rhetorisch" unter Verwendung stilistischer Konzepte zu klassifizieren (vgl. Abschnitt 3.7.1 und 3.7.2).[557]

Aufgrund der angenommenen potentiell unendlichen Bedeutungsfähigkeit von Texten und ihren Segmenten wird nicht versucht, das gesamte Bedeutungspotential eines Segments oder gar einer Menge von Segmenten durch sogenannte semantische

---

alignment text encoding consists of three phases: I. Scanning and insertion of initial mark-up; II. Insertion of additional mark-up; III. Proofreading."

554 Siehe TOURY 1995: 78f.

555 Siehe z.B. FRAWLEY 1992: 18-21, s. Abschnitt 2.2.1.

556 LYONS 1995: 78-80 bezeichnet die intensionale Bedeutungskomponente als „denotation" und die extensionale als „reference".

557 So wird es zum Beispiel möglich, das FREGEsche Beispielpaar *Morgenstern*, *Abendstern* präzise zu korrelieren: Hinsichtlich der Intension, die BENJAMIN als „Art des Meinens" bezeichnet, korrelieren die Segmente nicht, wohl aber hinsichtlich der Extension, des BENJAMINschen „Gemeinten".

Netzwerke und gewichtete Merkmalsmatrizen abzubilden.[558] In Übereinstimmung mit BEAUGRANDE und mit TOURYs Explikation komparatistischer Analyse[559] bezieht sich die intertextuelle Korrelation nicht auf das gesamte Bedeutungspotential eines Segments, sondern nur auf eine oder mehrere Bedeutungsfacetten, die im jeweiligen Textkontext aktualisiert wurden. Der Korrelation geht also die einzeltextspezifische Bestimmung der Intension, also der Bedeutungsmöglichkeiten des betroffenen Segments innerhalb seines AT- oder ZT-Kontexts, voraus.[560] Anschließend wird geklärt, welche Beziehungen zwischen diesen durch Interpretation gewonnenen Bedeutungsmöglichkeiten angenommen werden können. BEAUGRANDE formuliert in diesem Sinn aus der Perspektive des Übersetzers:

> Es geht gar nicht darum, das gesamte Bedeutungspotential, also alle semantischen Merkmale aller Wörter zu übersetzen, sondern nur diejenigen, die im gegebenen Kontext relevant sind.[561]

In dieser Arbeit wird allerdings angenommen, daß der von DEBEAUGRANDE implizit generalisierte Fall, daß es genau einen „gegebenen Kontext“ gibt, nicht der Regel-, sondern ein Extremfall ist, weil sich im AT wie auch im ZT gewöhnlicherweise verschiedene „relevante“ Kontexte überlagern, deren Gesamtheit ihrerseits bedeutungstragend ist. Daher wird nicht von einem „gegebenen“ Kontext ausgegangen, sondern von einem durch den Übersetzer gewählten Kontext bzw. unter Einfluß der Interpretation des AT und der von ZT, ZS und ZK vorgegebenen Strukturen erzwungenen Kompromiß. Die Korrelation einzelner Segmente wird deshalb als einer von mehreren Indikatoren für die vom Übersetzer als relevant angesehenen Kontexte aufgefaßt.
Aus der Fülle möglicher Betrachtungsweisen der Segmentbedeutungen (z.B. denotative, affektive, konnotative Bedeutung) wird mit der denotativen intensionalen bzw. extensionalen Bedeutung bei der Korrelation von Wortformen und Phrasen stets nur ein Aspekt herausgegriffen (s.u., Abschnitt 3.7.1 und 3.7.2), der allerdings alle anderen beeinflußt und daher stets zu analysieren ist.[562] Das Erkenntnisinteresse bezieht sich

[558] Im Rahmen der Übersetzungsforschung haben beispielsweise GERZYMISCH-ARBOGAST/ MUDERSBACH 1998 entsprechende Untersuchungen durchgeführt (siehe Forschungsüberblick, S. 82-85). Die generative Zielsetzung bedingt dabei die normative Ausrichtung am AT und die Ausblendung der bei korrelationshypothetischen Untersuchungen interessierenden Phänomene der Varianz.

[559] Siehe TOURY 1995: 77-81.

[560] Dabei greifen der sprachlich-kulturelle Kontext und der einzeltextspezifische Kontext bekanntlich ineinander (siehe z.B. KUSSMAUL 1989: 107: „Die Bedeutungserschließung von Wörtern in Texten geschieht grundsätzlich in zwei Richtungen: (a) durch das im Wort enthaltene Bedeutungspotential und (b) über den bedeutungsdeterminierenden Kontext.“).

[561] BEAUGRANDE 1976: 80. Siehe dagegen DOHERTY 1979: 172, Fußnote 2: „Eine Einschränkung auf die signifikative Bedeutung (d.h. auf den intensionalen Teil der logischen Bedeutung) scheint mir für die Bestimmung der Äquivalenz nicht gerechtfertigt, da bei der Übersetzung selbstverständlich auch die denotative (d.h. referenzielle) Bedeutung erhalten bleiben muß.“

[562] DOHERTY 1979: 139 spricht von der „logischen Bedeutung“, die notwendigerweise betrachtet werden müsse: „Die verschiedenen Bedeutungen bauen aufeinander auf, so daß außer der logischen eine jede immer andere Bedeutungen voraussetzt.“ SCHMIDT, H. 1979: 24, 28f weist auf die gegen-

dabei weniger auf sprachenpaarspezifische Untersuchungen, die die beiden *langues* AS und ZS zueinander in Beziehung setzen oder die ZS genauer ausleuchten, sondern auf textspezifische Untersuchungen, die die Beziehungen beider *paroles* zueinander betrachten, die durch die untersuchten Segmente konstituiert werden. Da die Entscheidungen auf der Wort- und der Phrasenebene in textweite Strategien integriert sein müssen, wenn nicht ein zusammenhangsloser ZT erstellt werden soll, ist diese Form der Analyse ein möglicher Ansatz, um zu Aussagen zu gelangen, die über die Wort- und Phrasenebene hinausgehen. Die genannten Ebenen haben den Vorteil, daß sie mit gebräuchlichen Konzepten der Semantik und der Rhetorik untersucht werden können. Durch elektronische Erfassung aller Befunde kann diese Untersuchung textweit detailliert erfolgen.

Es wird kein Versuch unternommen, die Bedeutung von Sätzen zu erfassen. Dies wird als Interpretationsaufgabe angesehen, deren Komplexität und grundsätzliche Unabschließbarkeit eine Formalisierung zumindest zum gegenwärtigen Zeitpunkt nicht ratsam erscheinen läßt, zumal die Formalismen zur Abbildung hochkomplizierte semantische Sachverhalte erfassen müßten, die weit über die Repräsentation von inhaltlichem „Wissen" hinausgehen.

3.7.1. Aspekt 7: Korrelation von Wortformen

Die Korrelation verschiedensprachiger Texte auf der Wortebene setzt bei der intensionalen Bedeutung der normalisierten Wortformen an. In der Semantik werden in der Regel nur die sogenannten *full lexical words* der Wortklassen Substantiv, Verb und Adjektiv sowie bestimmte Untergruppen der Adverbien (z.B. lokale und temporale Adverbien) betrachtet, da die Bestimmung ihrer Bedeutung in signifikantem Maße weniger kontextabhängig ist als die Bedeutungsbestimmung der sogenannten *empty lexical words*, zu denen die restlichen Wortklassen zählen.[563] Dies entspricht nicht nur dem Ansatz der klassischen Semantik, sondern auch der auch in der Übersetzungsforschung üblichen Praxis, „gehaltvolle" Textsegmente aufeinander zu beziehen.[564] Unter der Bedeutung einer Wortform s_x wird in Übereinstimmung mit dem verbreiteten Sprachgebrauch ihre Intension im Sinne ihrer „aktuellen Bedeutung" gemäß SCHMIDT verstanden.[565] Die im Textkontext aktualisierten lexikalischen Bedeutungen

---

seitige Beeinflussung von Kontext und lexikalischer Bedeutung hin. Diese Interdependenz wurde in Kaptiel 2 als Differenz zwischen „System" und „Umwelt" beschrieben.

[563] Diese Einteilung vereinfacht die von LYONS 1995: 65-71 vorgeschlagene Kategorisierung, da Adverbien gänzlich zu den *empty word-forms* gezählt werden.

[564] Siehe HARGREAVES 1978, BARTSCHT 1986, BÖDEKER/FREESE 1987, LEITHNER-BRAUNS 1995. TOV 1985 und MACZEWSKI 1996a korrelieren allerdings auch *empty wordforms*.

[565] Siehe SCHMIDT, W. 1963: 23-29, der zwischen der „aktuellen Wortbedeutung" und der „lexikalischen Wortbedeutung" unterscheidet; ähnlich LEISI ^{2}1985: 38; KOLLER ^{4}1992: 216. SCHMIDT, H. 1982: 79, Fußnote 5 verfolgt diese Differenz bis zu PAUL 1909: 75ff, der zwischen der „okkasionellen" Bedeutung eines Segments innerhalb einer Äußerung und seiner „usuellen" Bedeutung als Teil einer *langue* unterscheidet.

Im Unterschied zu SCHMIDT werden die von ihm als „Wortäquivalente" bezeichneten idiomatischen Redewendungen nicht bereits auf der Wortformenebene zu einer einzigen Wortform zusamlassen sich mit Hilfe von Wörterbüchern rekonstruieren, die das intensionale, lexikalische Bedeutungspotential der Grundform von s_x aufführen.[566] Transponierte Bedeutungen, die lexikalisierte Bedeutungen in einem „übertragenen", „figurativen" Sinn darstellen, werden aufgrund ihrer textabhängigen Interpretation auf ihre „wörtliche" Bedeutung zurückgeführt.

Formal ist die Bedeutungsbestimmung somit als Funktion $D(s_x)$ modellierbar, die ihrem Argument s_x endlich viele Wörterbucheinträge zuordnet.[567] Bei Angabe des verwendeten Wörterbuchs ist es nicht erforderlich, den gesamten Eintrag als Wert anzugeben, sondern es reicht aus, die Nummer des Eintrags, anhand der er eindeutig identifizierbar ist, anführen.[568] Aus der nunmehr bestimmten Menge $D(s_x)$ aller möglichen Bedeutungen von s_x sind im Anschluß daran die im Textkontext aktualisierten Bedeutungen zu bestimmen.[569] Textspezifische Bedeutungen, die keinem dieser Elemente entsprechen, sind nicht lexikalisch im hier verwendeten engen Sinn und werden deshalb nicht erfaßt.

---

mengefaßt. Derartige „feste Fügungen" werden statt dessen als Stilmittel „Idiomatische Redewendung" kodiert. Diese Trennung ermöglicht es, bei der Korrelation der ZT zwischen wörtlichem und idiomatischem Übersetzen zu differenzieren.

Die „aktuelle Bedeutung" umfaßt auch Ko- und Kontextbedeutungen. SCHMIDT 1963: 24, 28f betont, daß sowohl die aktuelle Bedeutung die lexikalische Bedeutung beeinflußt als auch umgekehrt das lexikalische Bedeutungspotential die aktuelle Bedeutung. LYONS 1995: 78-80 definiert die Begriffe „Denotation" und „Referenz" so, daß sie dieses Wechselspiel reflektieren: unter der Denotation von s_x versteht er die Klasse von Dingen oder Sachverhalten, die äußerungsunabhängig, aber sprachabhängig von s_x bezeichnet werden kann (z.B. denotiert „Bank" äußerungsunabhängig ein Geldinstitut oder eine Sitzgelegenheit). Ein einzelnes Element einer solchen Klasse, das von s_x im Kontext einer Äußerung bezeichnet wird (z.B. „die von ihr gespendete Bank" oder „seine bankrotte Bank") bezeichnet LYONS als Referent. „Referenz" meint somit das Verweisen einer Wortform auf ein spezifisches Ding oder einen spezifischen Sachverhalt im Kontext einer Äußerung. Da Wortformen gewöhnlich immer im Kontext einer Äußerung vorkommen, überschneiden sich die im LYONSschen Sinn definierten Begriffe Denotation und Referenz stets, was SCHMIDTS Konzept der lexikalischen Bedeutung reflektiert.

566 BIRKENHAUER/BIRKENHAUER 1989: 92 sehen dagegen den Thesaurus als primäre Orientierungshilfe, ein Wörterbuch nur als sekundäres Hilfsmittel an. Ihre Skepsis gegenüber der metasprachlichen Bedeutungsrekonstruktion eines Wörterbuches blendet den Interpretationsvorgang beim Übersetzen aus bzw. setzt voraus, daß „die Bedeutung" bereits bekannt ist.

567 Für die englischen Texte wurde das *Oxford English Dictionary*, für die deutschen das *Deutsche Wörterbuch* herangezogen. Aufgrund der zunehmenden Digitalisierung derartiger Wörterbücher kann dieser Arbeitsprozeß teilweise computergestützt durchgeführt werden.

Selbstverständlich ist zu berücksichtigen, daß auch umfangreiche einsprachige Wörterbücher ihre jeweilige *langue* nie vollständig abbilden können. Das *Deutsche Wörterbuch* gibt z.B. für das Adjektiv „verschossen" nur die Intension „verliebt" an, nicht aber „vergilbt", die ORTLEPP in seinem ZT zum zweiten Sonett aktualisiert.

568 Für s_x = „Bank" könnte zum Beispiel gelten $D = \{\text{Sitzgelegenheit, Geldinstitut}\}$. Wenn das verwendete Wörterbuch diese Einträge klassifiziert als „Bank^1 (*Sitzgelegenheit*) [...] Bank^2 (*Geldinstitut*)", so kann bei Angabe des Wörterbuchs auch $D = \{1, 2\}$ angegeben werden.

569 Innerhalb der Phrase „seine bankrotte Bank" wäre für s_x = „Bank" daher $D = \{\text{Geldinstitut}\}$ bzw. $D = \{2\}$.

Die intertextuelle Korrelation läßt sich demnach als Verfahren beschreiben, in dessen Verlauf für alle Elemente zweier Mengen $D(s_x)$ und $D(s_y)$ geprüft wird, inwiefern zwischen ihnen eine der im folgenden erörterten Sinnrelationen besteht. Wenn für mindestens ein Elementpaar eine Relation angenommen wird, korrelieren s_x und s_y hinsichtlich einer lexikalischen Bedeutung. Andernfalls korrelieren sie lexikalisch nicht, was natürlich die Korrelation hinsichtlich anderer Maßstäbe wie Lautung oder Metaphorik nicht ausschließt.

Bei der Ermittlung potentieller Korrelate s_y kann, wie die automatischen Korrelationsprogramme belegen,[570] davon ausgegangen werden, daß diese in T_y nicht willkürlich verteilt sind, sondern sich innerhalb eines Bereiches befinden, der durch aufeinander bezogene größere Einheiten wie Abschnitt, Satz und Phrase begrenzt wird und bei lyrischen Texten um den Bereich der Versgruppe und Verszeile zu ergänzen ist. Das mit einem Segment s_x auf Korrelation zu prüfende Segment s_y kann in derart eng aufeinander bezogenen Texten, wie sie Gegenstand der Übersetzungsforschung sind, deshalb durch eine *bottom-up*-Analyse gesucht werden: Zunächst sind – insbesondere bei lyrischen Texten – diejenigen Segmente in Betracht zu ziehen, die an derselben oder minimal unterschiedlichen Position in T_y stehen, an der s_x in T_x steht (z.B. an derselben Reimposition). Wenn für keines der so ermittelten s_y eine Korrelation mit s_x festgestellt werden konnte, ist zu prüfen, inwiefern dies in den nächstgrößeren Bereichen des Satzes und der Verszeile möglich ist. Wenn auch dann noch kein korrelierendes Segment s_y ermittelt werden konnte, sind die Segmente des unmittelbar vorausgehenden und nachfolgenden Satzes in T_y zu überprüfen. Führt dies nicht zu einer mit großer Wahrscheinlichkeit feststellbaren Korrelation, so ist davon auszugehen, daß s_x in T_x kein lexikalisches Korrelat hat.

Zur Klassifikation von Beziehungen zwischen Bedeutungen wird in der Semantik das Konzept der Sinnrelationen (*sense relations*) gebraucht.[571] Es wird in dieser Arbeit in einem mehrsprachlichen Kontext eingesetzt, um zu erkunden, inwiefern der Übersetzungsforschung dadurch ein begriffliches Instrumentarium gewonnen werden kann, das es ermöglicht, die bereits erwähnten problematischen Begriffe „adäquat", „äquiva-

---

570 In der Computerlinguisitk werden statistische und semantische Verfahren zur automatischen Korrelation von Sätzen in AT und ZT eingesetzt, die bei langen Texten automatisch die potentiellen Korrelate $s_{y.b}$ für ein Segment $s_{x.a}$ lokalisieren können (KAY/RÖSCHEISEN 1993, HOFLAND 1995). Bei den hier behandelten kurzen Texten ist dies allerdings nicht erforderlich. Für die Ermittlung von Identitätsbeziehungen auf Wortebene ist allein HOFLANDs *anchor word*-Algorithmus interessant, der die Beziehungen zwischen Sätzen mit Hilfe des Maßstabs der Denotation bestimmt. Da eine möglichst exakte Bestimmung der Identitätsrelationen zwischen den Sätzen von AT und ZT beabsichtigt ist, werden jedoch nur solche Worte betrachtet, deren Denotation die größtmögliche Äußerungsunabhängigkeit aufweist: Eigen- und Markennamen sowie Zahlworte. Sie stehen höchstwahrscheinlich in einer Gleichheitsbeziehung.

571 Siehe GREWENDORF/HAMM/STERNEFELD ³1989: 299; LYONS 1977: 270ff. WELTE spricht von „Bedeutungsbeziehungen" (WELTE 1993: 105); der Term „Semantische Relation" ist ebenfalls gebräuchlich (BUSSMANN ²1990: 675).

lent" oder „wörtlich" genauer zu fassen,[572] indem über die Korrelationen, die *translational relationships*, gesprochen wird.

Sinnrelationen werden in der Semantik entweder in bezug auf Wortformen, Lexeme oder Sätze bestimmt. Sie bezeichnen weitgehende Gleichheit („Synonymie"), weitgehende Gegensätzlichkeit („Antonymie") oder Ober- und Unterbegriffsbildung („Hyponymie", „Meronymie"). Von den computergestützten Ansätzen ist das unter Leitung von George A. MILLER entwickelte Korpus *WordNet*, das seit Anfang 1998 in Version 1.6 verfügbar ist und den angloamerikanischen Wortschatz nach Sinnrelationen strukturiert, als umfangreichstes und verbreitetstes Korpus zu nennen, das Sinnrelationen zwischen Wortformen korreliert.[573] Die in *WordNet* entwickelten Kodierungsformalismen werden daher auch im folgenden berücksichtigt.[574]

3.7.1.1. Synonymie

WELTE bezeichnet die Synonymie als die „wichtigste und zugleich [...] problematischste"[575] Sinnrelation der Semantik. Sie kann unter Verwendung des Ersetzbarkeitskriteriums als Austauschbarkeit zweier Wortbedeutungen in beliebigen Kontexten operationalisiert werden.[576] WELTE stellt daher fest, daß es sich bei Synonymie aus logischer Sicht um „eine **bilaterale Implikation** oder damit eine **Äquivalenz**" handele.[577] Die Verbindung zur Äquivalenzhypothese der Übersetzungsforschung, die ebenfalls von dem Kriterium der Ersetzbarkeit bzw. der Substitution ausgeht, wird in dieser Formulierung sehr deutlich. Wie im Bereich der Übersetzungsforschung gilt allerdings auch in der Semantik, daß es Synonymie im Sinne mathematisch-logischer Äquivalenz, wie sie beispielsweise LEIBNIZ oder KATZ im obigen Sinn definieren,[578] *de facto* nur äußerst selten, wenn überhaupt gibt.[579] Mit MILLER *et al.* ist Synonymie nicht binär, sondern unscharf als Bereich zu denken.

---

[572] Aus der Perspektive der Übersetzerausbildung greifen z.B. WOTJAK 1982: 123f und GERZYMISCH-ARBOGAST 1989: 187ff auf diese Kategorisierung zur Klassifikation möglicher Übersetzungslösungen zurück. WOTJAK setzt die Sinnrelationen unter der Bezeichnung „Haupttyp IV: Modulation" der von ihm ("ohne Anspruch auf Vollständigkeit") zusammengestellten vier Typen übersetzerischer Strategien ein, ohne ihre semantische Herkunft näher zu thematisieren. Gemäß der hier vertretenen Korrelationshypothese wird angenommen, daß diese „Modulation" keine Ausnahme, sondern die Regel ist.

[573] Siehe MILLER [*et al.*] 1993. Es wird bereits von operativen analytischen Informationssystemen verwendet (siehe CHAMONI/GLUCHOWSKI 1998).

[574] Als abkürzende Notation für das Bestehen einer Sinnrelation „X" zwischen den Segmenten s_x und s_y wird folgende Kurzschreibweise im Schriftstil Courier New verwendet: Vor den in Klammern gesetzten Segmenten steht der Tag für die Sinnrelation, z.B. `X(`s_x`, `s_y`)`.

[575] GREWENDORF/HAMM/STERNEFELD ³1989: 299.

[576] Siehe GREWENDORF/HAMM/STERNEFELD ³1989: 300; WELTE 1993: 107. MILLER [*et al.*] 1993:6f.

[577] WELTE 1993: 107, Hervorhebungen im Text. BUSSMANN führt die Terme „Äquivalenz(relation)" und „bilaterale Implikation" als Synonyme für „Synonymie" an (BUSSMANN ²1990: 763).

[578] Siehe KATZ 1964: 743.

[579] Siehe die Zusammenstellung von Forschungsergebnissen in WELTE 1993: 108. Für *WordNet* gehen MILLER [*et al.*] 1993: 7 daher davon aus, daß Synonymie nicht logisch punktuell, sondern unscharf gedacht werden müsse.

In der Semantik werden Synonymiebeziehungen nur innerhalb identischer Wortklassen betrachtet.[580] In der kontrastiven Semantik ist dies nicht möglich, da sich beispielsweise bereits für das Deutsche und Englische signifikante Unterschiede der lexikalischen Realisation von Bedeutungen beobachten lassen.[581] LEISI bezeichnet dieses Phänomen als sprachbedingten „Wortart-Unterschied."[582] In einem interlingualen Kodierungsschema erscheint es deshalb angemessen, Synonymierelationen auch zwischen Segmenten unterschiedlicher Wortklassen erfassen zu können.[583] Für die Kodierung genügt ein einziger Synonymie-Tag, da die Wortklasseninformationen der Segmente bereits erfaßt und daher stets abfragbar sind.[584] Der Wortart-Unterschied kann also automatisch festgestellt werden.

Die Prüfung auf das Bestehen einer Synonymierelation zwischen zwei Wortformen s_x und s_y erfolgt, indem für alle Elemente von $D(s_x)$ und $D(s_y)$ geprüft wird, ob zwischen ihnen eine synonymische Beziehung anzunehmen ist. Können mehrere synonymische Beziehungen konstatiert werden, so werden diese sämtlich erfaßt. Erst dies ermöglicht die Untersuchung mehrdeutiger Synonymierelationen. In Anlehnung an den Formalismus von LEITHNER-BRAUNS werden zwei Segmente, zwischen denen eine synonymische Relation angenommen wird, mit „+" kodiert.
Die Synonymierelation zwischen den Segmenten *brow* (ShaW1609 2.1) und *Stirn* (EscJ1787 2.1) läßt sich gemäß der eingeführten Notation als `+(brow, Stirn)` formulieren. Die Wortklasseninformation muß nicht angegeben werden, weil sie in der Datenbank bereits als Attribut der Entität „Wortformen" erfaßt wird und somit explizit abrufbar vorliegt.

Angesichts der potentiell mehrdeutigen Bezeichner *brow* und *Stirn* muß zusätzlich angegeben werden, hinsichtlich welcher der lexikalischen Bedeutung der jeweiligen Wortform die Relation angenommen wird. Dies geschieht durch die Angabe des aktualisierten Wörterbucheintrags. Idealerweise ist dieser Verweis für beide Bezeichner anzugeben. Falls jedoch anzunehmen ist, daß die jeweilige Bedeutung auch Dritten sofort präsent ist, kann zugunsten einer schnelleren Erfassung darauf verzichtet werden; ggf. mag es auch ausreichen, nur auf den Eintrag eines Wörterbuches Bezug zu nehmen, beispielsweise indem dieser samt Kürzel des verwendeten Wörterbuchs als tiefergestellter Index angefügt wird. Die oben genannte Relation wäre somit als `+(brow, Stirn)/OED:5.a, DW:1/` zu kodieren. Durch Einsatz dieser Notation ist es auch möglich, die Synonymierelation zwischen den Segmenten *brow* und *Braue* (KanK1803 2.1) entsprechend präzise als `+(brow, Braue)/OED:3.a, DW:3/` zu kodieren.

---

580 Siehe WELTE 1993: 106; MILLER [*et al.*] 1993: 7.

581 Siehe z.B. LEISI ²1985: 85f.

582 LEISI ²1985: 85. DOHERTY 1979: 148f hält diesen Unterschied in lexikalischer Hinsicht für unbedeutend, MILLER *et al.* 1993 halten ihn für signifikant.

583 Ausnahme: die „Attribute"-Relation zwischen Substantiven und Adjektiven (s. MILLER [*et al.*] 1993)

584 MILLER [*et al.*] 1993 gehen in *WordNet* einen anderen Weg: Sie kodieren Synonymie bei Wortart-Unterschied mit einem eigens dafür vorgesehenen Tag („=") und betrachten dabei ausschließlich die Wortklassen Substantiv und Adjektiv.

Ohne die Angabe des Wörterbucheintrages entstünde ein logischer Widerspruch: Die auf Wortformen beschränkte Betrachtung müßte `+(brow, Stirn)` und `+(brow, Braue)` schreiben. Wegen der Symmetrie und der Transitivität der Synonymierelation folgt daraus die – offensichtlich unzutreffende – Synonymierelation `+(Stirn, Braue)`. Da dieser Widerspruch nur deshalb auftritt, weil die unterschiedliche lexikalische Bedeutung von *Stirn* und *Braue* bei der Korrelation mit *brow* nicht in der Notation abgebildet wurde, kann er nicht als formale Kritik an der Korrelationshypothese vorgebracht und als Argument für die Einschränkung der Äquivalenz auf ein einziges Segmentpaar angeführt werden. Die im vorigen Abschnitt vorgeschlagene Notation bietet somit einen Ausweg aus dem Dilemma, in das Übersetzungsforscher geraten, die versuchen, die lexikalisch bedingte Bedeutungsvielfalt unter Zugrundelegung der Äquivalenzhypothese gedanklich auszublenden: Sie behaupten dann, oder meinen vielleicht, behaupten zu müssen, daß nur ein Segmentpaar (*brow*, *Stirn*) oder (*brow*, *Braue*) „äquivalent" sein könne, weil ja „Stirn" und „Braue" offensichtlich nicht „äquivalent" seien.[585] Diese These ist jedoch – wie der vorhergehende Absatz zeigt – weder lexikalisch haltbar noch generell literarisch plausibel – wie die Auswertung von Sonett 2 belegt.

Die oft geforderte Einbeziehung zeitgenössischer zweisprachiger Wörterbücher ist analog zu den Verweisen auf einsprachige Wörterbücher kodierbar. Für die Korrelation einzelner Wortformen wurden die Nachschlagewerke von BAILEY, ARNOLD, LUDWIG und DELIUS überprüft (s. Tabelle 3-8); DELIUS' *Shakespeare-Lexicon* ist das einzige dezidiert für den Autor des AT zugeschnittene Wörterbuch.[586] Wenn eines dieser Werke die fraglichen Wortformen einander zuordnet (z.B. (*brow, Stirn*)), wurde das in Kürzel für das jeweilige Wörterbuch an die bis dahin erfaßten Korrelationsinformationen angefügt.

Kürzel bei Korrelation	*Kürzel bei Interpretation*	*Quelltext*
w1	BaiN1778	BAILEY ^{5}1778
w2	ArnT1790	ARNOLD ^{4}1790
w3	LudC1832	LUDWIG ^{2}1832
w4	DelN1852	DELIUS 1852

Tabelle 3-8: Konsultierte zweisprachige Wörterbücher und ihre Kürzel

Im Datenmodell ist die Korrelation auf der Wortformenebene als komplex-komplexe Relation dargestellt. Falls möglich, werden jedoch stets einfach-einfache Korrelationen

[585] So z.B. BORGMEIER 1970: 41, 50. In diesem Sinne postuliert LEITHNER-BRAUNS 1995: 212f, daß das allein das Segmentpaar (*fair*, *schön*) äquivalent sei, nicht aber das Segmentpaar (*fair*, *hold*). Die Begründung erfolgt sehr allgemein und berücksichtigt nicht den zeitgenössischen Sprachgebrauch.

[586] Das einflußreiche *Shakespeare-Lexicon* von Alexander SCHMIDT (siehe LEHNERT 1973: 150) erscheint erstmals 1874, also zwei Jahre nach dem letzten ZT KraF1872. Deshalb wurde von einer Einbeziehung abgesehen.

kodiert. Dies liegt nahe, weil Mehrwortlexeme zu einer Wortform zusammengezogen wurden und die Semantik grundsätzlich nur einzelne Elemente aufeinander bezieht. Die Betrachtung der intensionalen Bedeutung einzelner Wortformen zeigt, daß potentielle Gegenbeispiele wie beispielsweise *a tattered weed* und *ein Fetzen* zwar als Phrasen eine synonymisch zu klassifizierende extensionale Bedeutung haben, intensional aber nicht korrelieren bzw. die Korrelation nicht eindeutig auf einzelne Elemente reduzierbar ist, sondern erst auf der Ebene der Phrase oder „Wortgruppe" greift,[587] die in Abschnitt 3.7.2 diskutiert wird. Da jedoch nicht ausgeschlossen werden kann, daß andere Kodierer oder andere Korpora auch auf der Wortformenebene die Repräsentation komplex-komplexer Korrelationen erfordern, wurde von vornherein diese Möglichkeit geschaffen.[588]

3.7.1.2. Antonymie

Besteht zwischen keinem der Elemente von $D(s_x)$ und $D(s_y)$ eine synonymische Relation, so ist zunächst zu klären, ob die Negation der Synonymie, die Antonymie, angenommen werden kann. Ähnlich wie für die Synonymie gibt es auch für die Antonymie zahlreiche Definitionen. Im folgenden werden drei der vier von WELTE aufgeführten Typen von *oppositeness of meaning* als antonymische Sinnrelationen aufgefaßt.[589] Diese Relationen werden durch das Negationszeichen „-" gekennzeichnet. Erstens wird die graduierbare Antonymiebeziehung als Antonymierelation kodiert. Sie besteht beispielsweise zwischen den Bedeutungen der Wortform *brief* (ShaW1609 116.11) und den Wortformenbedeutungen „stundenlang" und „wochenlang" in GELBCKEs ZT, der sich offensichtlich nicht an dem Wort, sondern an der Phrase *breefe houres and weekes* orientiert. Formal läßt sich also schreiben `-(brief, stundenlang)/OED:1/`. Als zweiter Antonymietyp nach WELTE wird die komplementäre Relation zweier Wortbedeutungen erfaßt, wie sie beispielsweise zwischen dem Segmentpaar (*shaken*, *unverrückt*) in 116.6 (ShaW1609, RegG1836) besteht. Schließlich wird drittens die lexikalische Konverse als Antonymie kodiert, also beispielsweise `-(use, verbrauchte)/OED:1.a/` in 2.9 (ShaW1609, FriH1869).

3.7.1.3. Hyponymie und Meronymie

Kann weder Synonymie noch Antonymie zwischen beliebigen Elementen von $D(s_x)$ und $D(s_y)$ festgestellt werden, so ist zu prüfen, ob zwischen ihnen eine hypo- oder hypernymische Beziehung angenommen werden kann. Die aus literarisch-rhetorischer Sicht als „Grenzverschiebungsrelationen" interessanten lexikalischen Relationen der

---

[587] So könnten z.B. *Fetzen* und *weed* in hyponymischer und gleichzeitig *Fetzen* und *tattered* in synonymischer Relation stehen, ohne daß dies so klar festgestellt werden könnte wie die Korrelation auf der Phrasenebene.

[588] Im Zuge die automatischen Klassifikation der Reimlexik erwies sich diese Vorsicht als nützlich: Da die Reimworte von PREP_0 auf der Wortebene markiert werden und diese Information nicht in die Tabelle der Wortformen übernommen wird, mußten für die Reimwortanalyse auch alle Worte einer Wortform korreliert werden (z.B. „gelagert" von „sich gelagert" in EscJ1787 2.1).

[589] Siehe WELTE 1993: 110.

Hyponymie und Meronymie werden entsprechend der literarischen Zielrichtung der Arbeit als „in lexikalischer Grenzverschiebungsrelation stehend“ zusammengefaßt und mit dem Zeichen „*“ gekennzeichnet. Insofern wird mit JAKOBSON nur die paradigmatische Substitution kodiert und keine weitere Ausdifferenzierung vorgenommen.

Anders als die symmetrischen Relationen der Synonymie und Antonymie ist die Hyponymie ist eine asymmetrische Relation und wird auch als Klasseninklusion oder IS A-Beziehung bezeichnet.[590] Bei der Kodierung des Korpus wird ihre Asymmetrie nicht abgebildet, sondern allein das Sternchen zur Kennzeichnung einer hyponymischen Relation verwendet. Spätere Studien könnten beispielsweise durch Verwendung der spitzen Klammern „<„ und „>“, die jeweils vom Hypernym auf das Hyponym zeigen, genauere Informationen auch elektronisch abbilden. Dies würde es gestatten, automatisch auszuwerten, ob ein ZT den AT in signifikantem Umfang „expandiert“, indem er eher hypernymisch übersetzt, oder „komprimiert“, indem er eher hyponymische Relationen aufbaut.

Beispielsweise gilt in 116.7 (ShaW1609, RodS1834) `*(bark, Fahrzeug)/OED:1/`, weil jede *bark* ein Fahrzeug, aber nicht jedes Fahrzeug eine *bark* ist; das ZT-Segment steht in diesem Fall in hypernymischer Beziehung zum AT-Segment, der ZT ist weniger spezifisch als der AT. In diesem Fall wird dadurch das Bild des Lebens als Seefahrt deutlich abgeschwächt. Andere ZT-Segmente wie „Schiff“ (TieD1825 116.7) oder „Kahn“ (OrtE1840 116.7) lassen sich entsprechend einordnen. Wenn für zwei Segmente ein gemeinsames Hypernym rekonstruiert werden kann, aber kein Segment das Hypernym eines anderen ist (z.B. die Segmente „Kahn“ und „Barke“), wird die Beziehung als Ko-Hyponymie aufgefaßt[591] und ebenfalls mit dem Sternchen „*“ gekennzeichnet,[592] so daß zu schreiben ist `*(Kahn, Barke)` für 116.7 (TieD1827, OrtE 1840).

Die vierte und letzte auf der Wortebene berücksichtige Sinnrelation ist die Relation der Meronymie. Eine meronymische Sinnrelation bezieht zwei Bedeutungen, die in einer „Teil-Ganzes“-Beziehung stehen, aufeinander. Sie ist asymmetrisch und innerhalb gewisser Grenzen transitiv.[593] Die ‚begrenzte Reichweite‘ meronymischer Relationen[594] mag für den Literaturwissenschaftler, der Meronymie als „Grenzverschie-

---

[590] Siehe WELTE 1993: 105; MILLER et al. 1993: 8.

[591] Siehe WELTE 1993: 105; BÖDEKER/FREESE 1987: 148; Kohyponyme zählen bei BÖDEKER/FREESE zur vierten „V-Gruppe“ der „hyponymischen Beziehungen zwischen Ausgangs- und Zieltextlexemen“ (S. 147).

[592] Ko-Hyponymie gilt also „nur innerhalb einer Menge von Wörtern mit einem gemeinsamen Oberbegriff", was nach WELTE allerdings auch Kennzeichen des vierten Typs einer Antonymiebeziehung, nämich der Inkompatibilität, ist (WELTE 1993: 103). Diese Ansicht wird im folgenden jedoch nicht übernommen; WELTE selbst führt als Beispiel für Ko-Hyponomie *beagle, terrier, spaniel* an, obwohl er diese Lexeme auch als „inkompatibel“ und daher zueinander in Antonymiebeziehung stehend klassifizieren könnte.

[593] Siehe LYONS 1977; MILLER [*et al.*] 1993: 8, 20-22.

[594] Siehe MILLER [*et al.*] 1993: 21 führen das zuerst von LYONS eingeführte Beispiel an, daß zwar das Paar (*Klinke*, *Tür*) meronymisch zu klassifizieren sei, nicht jedoch das Paar (*Klinke*, *Haus*).

bungstropus" wie Metonymie oder Synekdoche denkt, als eine unnötige Einschränkung erscheinen. Wenn jedoch, wie hier vorgeschlagen, die Korrelationen der Wortformenebene „lexikalisch" und der Phrasenebene „rhetorisch" klassifiziert werden, kann die Spannung der beiden Klassifikationssysteme zu literarisch interessanten Einsichten führen und beispielsweise aufzeigen, daß die ZT, die meronymisch im lexikalischen Umfeld des AT zu lokalisieren sind, sich lexikalisch stärker am AT orientieren als andere ZT, für die zwar metonymische, nicht aber meronymische Korrelationen rekonstruierbar sind.

In der Semantik wurden zahlreiche Subklassifikationen meronymischer Beziehungen vorgenommen, von denen im folgenden in Anlehnung an die für *WordNet* auf der Basis von WINSTON *et al.* entwickelte Praxis nur die drei folgenden Typen erfaßt wurden:[595]

1: *s*(Meronym) „ist Bestandteil von" *s*(Holonym)	*component part of*	Kiel, *barke* (#116.7)[596]
2: *s*(Meronym) „befindet sich in" *s*(Holonym)	*a member of*	Freibeuter, *barke* (#116.7)[597]
3: *s*(Meronym) „ist von der Substanz" *s*(Holonym)	*the stuff of* [*s*(Holonym)]	*weed*, Fähnchen (#2.3)[598]

Wie bei den hyponymischen Relationen, wird auch bei den meronymischen Relationen die Asymmetrie nicht kodiert. Sie könnte in späteren Studien beispielsweise mit den eckigen Klammern „]" und „[" abgebildet werden, wobei z.B. die offene Seite der Klammer auf das Holonym und die geschlossene auf das Meronym zeigt, also beispielsweise `[(Kiel, Barke)` für #116.7 (SchR, OrtE) zu schreiben wäre.

3.7.1.4. Keine Korrelation

Wenn innerhalb der überprüften Bereiche für s_x kein s_y gefunden werden kann, das zu s_x in einer der bisher diskutierten Beziehungen steht, wird der Schluß gezogen, daß T_y kein lexikalisches Korrelat für s_x enthält. Wenn es sich bei s_x um ein AT-Segment handelt, blieb es auf der Wortebene unübersetzt. Ein ZT-Segment kann als lexikalische Hinzufügung gedeutet werden. Allerdings ist zu berücksichtigen, daß die Betrachtung der intensionalen Bedeutung nicht ausreichend ist, um die Frage der Nicht-Übersetzung bzw. der Informationsergänzung zu klären, weil die Segmente eventuell auf der Phrasenebene als Teil einer Phrase durchaus korrelieren. Daher ist die Korrelation auf der Wortebene ohne Korrelation der Phrasenebene nicht sinnvoll.

---

[595] Siehe MILLER [*et al.*] 1993: 20-22; WINSTON [*et al.*] 1987. Wie bereits angesprochen, wird die in *WordNet* angewandte Differenzierung nach Wortklassen in dieser Arbeit nicht überenommen.

[596] REGIS ist der erste Übersetzer, der für *barke* meronymisch „Kiel" setzt.

[597] Neben Übersetungen von *barke* mit „Schiffer" beispielsweise durch GELBCKE fällt SCHNEIDERS Übersetzung mit „Freibeuter" besonders auf.

[598] GELBCKE wählt als einziger diese Übersetzung. Die Korrelation beruht auf der Annahme, daß der Übersetzer *weed* in der z.B. von WalL1840 aktualisierten Bedeutung „Kraut" versteht.

3.7.1.5. Computerunterstützung: PREP_3

Das Programm PREP_3 (Abbildung 3-4 auf der nächsten Seite) unterstützt die Korrelation beliebiger Texte auf der Wortformenebene. Nach Auswahl des Text- und Abschnittpaares werden alle Wortformen der Abschnitte in zwei einander gegenüberliegenden Fenstern mit Angabe ihres Quelltextes und ihrer Position in diesem Text angezeigt. Zwischen den Fenstern können die Informationen zur Korrelation zweier Segmente betrachtet, eingegeben und verändert werden. Ein einfaches „Durchblättern" des Korpus ermöglicht es, die vom Forscher für die Auswertung zugrunde gelegten Korrelationsannahmen im Einzelfall zu überprüfen und ggf. zu verändern.[599]

Nachdem ein korrelierendes Segmentpaar ausgewählt wurde, muß zumindest die Art der Korrelation im dafür vorgesehenen Feld eingetragen werden. Darüber hinaus können in den Feldern „Bed. A" und „Bed. B" Verweise auf Einträge in ein- bzw. zweisprachigen Wörterbüchern eingegeben werden, die die Begründung der Korrelation und die spätere Auswertung erleichtern.

---

[599] Ähnlich wie bei den vorherigen Aufbereitungsprogrammen, erfolgt die Bedienung des Programms über den Zehnerblock der Tastatur, wodurch schneller und präziser kodiert werden kann als durch den Einsatz der Maus. Die Tasten „1" und „7" bzw. „3" und „9" des Zehnerblocks führen zum nächsten bzw. zum vorhergehenden Segment des links bzw. rechts angezeigten Texts. Wenn die angesteuerte Segmentkombination bereits korreliert wurde, erscheinen die bisherigen Kodierungen unter den Textfenstern, wobei jeweils die Art der Korrelation und die Wortform und ihre lexikalische Kodierung angegeben wird. Wenn der erste Vorschlag übernommen werden soll, ist die Taste „1" auf der normalen Tastatur zu drücken, für die eventuell angezeigten weiteren Vorschläge die Tasten „2", „3" usw.. Die automatische Untersuchung des gesamten Korpus auf möglicherweise bereits korrelierte Segmente ermöglicht insbesondere bei vielen ZT zu demselben AT eine zügige Korrelation, bei der die bereits geklärten Fälle einheitlich und schnell korreliert werden können, da sie nicht nochmals eingegeben werden müssen (PREP_3 erfaßt alle Korrelationen in der Tabelle „Korr_Wf.").

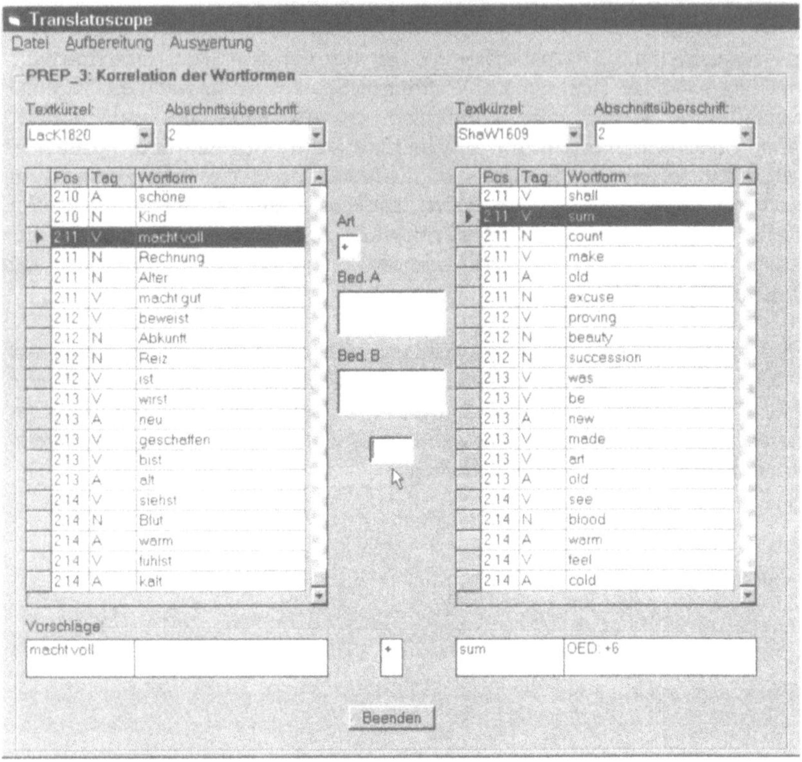

Abbildung 3-4: PREP_3: Korrelation des Korpus auf der Wortformenebene

3.7.2. Aspekt 8: Korrelation von Phrasen

Anders als bei der intertextuellen Korrelation der Wortformen, bei der das sprachspezifische Bedeutungspotential die Grundlage der Korrelation bildet, wird auf der Phrasenebene die textspezifische Bedeutung in der „vermeinten Wirklichkeit" des Texts in die Korrelation einbezogen. Nicht mehr die Intension, sondern die Extension der Phrase bildet somit den Maßstab der Korrelation.

Der textorientierte Maßstab legt auch eine textorientierte Qualifizierung der Relation im Sinne literaturwissenschaftlicher, „rhetorischer" Beschreibungskategorien nahe. Diese entsprechen zunächst den Kategorien der synonymischen, antonymischen und hyponymischen Beziehung zweier Segmente, wie sie in den vorhergehenden Abschnitten 3.7.1.1 bis 3.7.1.3 eingeführt wurden. Darüber hinaus kann zwischen Relationen unterschieden werden, die durch „Grenzverschiebung" oder durch „Erkenntnissprung" konstituiert werden. Beide Begriffe entstammen der stilistischen Klassifikation der Tropen, die die Klassifikation der Ersetzung eines Wortes durch ein anderes ermöglicht und dabei seit der Antike zwischen „Grenzverschiebungstropen" (z.B. Synekdoche und Metonymie) und „Sprungtropen" (z.B. Metapher) unterscheidet.[600]

Eine entsprechende, in den folgenden Abschnitten ausgearbeitete und im Korpus zunächst auch aufbereitete Klassifikation der Phrasenkorrelation stellte sich im Einzelfall schwieriger als anfangs gedacht dar. Im Sinne einer möglichst präzisen Aufbereitung wurde deshalb auf diese Klassifikation verzichtet. Statt dessen wird nur vermerkt, daß überhaupt eine Beziehung zwischen zwei Phrasensegmenten bzw. -segmentgruppen angenommen wird. Als Zeichen dafür wird der Punkt „." benutzt. Spätere Studien können auf dieser Grundlage die Frage der Klassifikation erneut aufgreifen.

Wegen des für die Phrasen- und Syntaxkodierung ausgewählten *minimal bracketing*-Ansatzes wird nur die maximale Projektion einer Phrase erfaßt und nicht zwischen Subphrasen, aus denen diese Phrase besteht, differenziert.[601] Bei der intertextuellen Korrelation kann es deshalb vorkommen, daß eine Phrase eines Texts der maximalen Projektion entspricht, in einem anderen Text jedoch nur eine Subphrase ist, oder daß nur Subphrasen miteinander korrelieren wie z.B. die jeweils unterstrichene Nominalphrase in der Präpositionalphrase „to <u>every wandering bark</u>" und in der Nominalphrase „der Leitstern <u>jedes irren Fahrzeugs</u>" in 116.7 (ShaW1609, RodS1834),[602] wobei zusätzlich die Nominalphrase „<u>the star</u>" mit dem Kopf der Nominalphrase „<u>der Leitstern</u> jedes irren Fahrzeugs" korreliert. In solchen Fällen werden die Gesamtphrasen aufgrund der signifikanten Übereinstimmung mindestens einer Subphrase korreliert. Die dadurch resultierende Unschärfe der Korrelation wird bewußt in Kauf genommen, da sie die Möglichkeit bietet, die Einbettung eines Motivs in den Textkontext zu erfassen. Dadurch gewinnen spätere phrasenbasierte Auswertungen für den Übersetzungsforscher an Informationsgehalt. Im diskutierten Fall ist beispielsweise bereits formal ablesbar, daß der ZT die im AT getrennt realisierten Phrasen des Komplements und der Ergänzung in einer Komplementphrase zusammenzieht, da zwei AT-Segmente mit einem ZT-Segment in einer „2:1"-Beziehung korreliert wurden. Im Vergleich mit den anderen ZT zeigt sich, daß diese Konstruktion nicht häufig gewählt

---

600 LAUSBERG 1963: 174ff, §417ff, zitiert nach SOWINSKI 1991: 133ff. Diese beiden Klassifikationen erscheinen als grundlegend. Selbstverständlich gibt es weitere mögliche Beschreibungskategorien (siehe z.B. SOWINSKI 1991: 133-40; WELTE 1993: 149-51), die ggf. in späteren Studien klassifiziert werden können. Inwiefern derartige Differenzierungen die literarische Wirkung beeinflussen, ist in bezug auf die Unterscheidung von „Metonymie" und „Synekdoche" in der neueren Stilistik umstritten. Die vorliegende Arbeit beschränkt sich für die eingeführte Differenzierung, die mit JAKOBSON gesprochen zwischen paradigmatischer und syntagmatischer Substitution unterscheidet und weitergehende Klassifikationen dem Übersetzungsforscher überläßt. LAKOFF/JOHNSON 1980: 36f unterstützen diese Position in bezug auf die gemeinsame Betrachtung von Syneckdoche und Metonymie.

601 Siehe S. 128.

602 Die Analyse der lexikalischen Bedeutung der Wortformen ergab, daß das Verb „irren" und das Adjektiv „irrend" im Deutschen zur Zeit der Anfertigung des ZT durch RODERICH durchaus im Sinne des englischen *to wander* gebraucht werden konnte. Heute ist diese Verwendung nicht mehr üblich.

wird. Statt dessen wird entweder in formaler Korrelation mit dem AT eine Präpositionalphrase gebraucht oder ein Relativsatz eingeschoben, der oft eine Bildlichkeit einführt, die im AT nicht explizit realisiert ist.[603]

Ergänzend ist anzumerken, daß auf der Phrasenebene aufgrund der „vermeinten Wirklichkeit" des Texts `.(the star, der Leitstern)` zu kodieren ist, während auf der Wortformenebene `*(star, Leitstern)` zu kodieren wäre, da lexikalisch gesehen „Leitstern" ein Hyponym von „Stern" ist. Die (automatisch abfragbare) Kombination von hyponymischer Korrelation auf der Wortebene und synonymischer Korrelation auf der Phrasenebene könnte daher als Indikator für eine lexikalisch präzisierende Übersetzensstrategie dienen.

Das Beispiel weist darauf hin, daß sie die Korrelation auf der Wort- und auf der Phrasenebene gegenseitig ergänzen. Eine vergleichende Untersuchung der Korrelation auf diesen Ebenen könnte daher fundierte Hinweise auf die Übersetzensstrategie liefern. Wenn beispielsweise die Worte zweier Phrasen korrelieren, nicht aber die Phrasen selbst,[604] so könnte dies als ein Indikator für ein „wörtliches" Verständnis des AT aufgefaßt werden, weil die Korrelation lexikalisch, nicht aber die textspezifisch begründbar ist. Die „Wörtlichkeit" eines Phrasensegmentes s_y in Bezug auf einen Text T_x wäre damit als „Korrelation einer oder mehrerer lexikalischer Wortformenbedeutungen" der Bestandteile von s_y mit Wortformen von T_x beschreibbar.

Es erscheint sinnvoll, auf der Phrasenebene die Korrelation mehrerer Segmente eines Texts mit mehreren Segmenten eines anderen Texts zuzulassen, um phrasenübergreifende, textspezifische Übersetzensstrategien in die spätere Auswertung einbeziehen zu können.

Beispielsweise ist klar erkennbar, daß die Komplementphrase EscJ1787 2.4 „ein zerrissenes Gewand von wenig geachtetem Werth" mit den drei Phrasen „a totter'd weed", „of small worth" und „held" aus ShaW1609 2.4 korreliert (siehe S. 134-135 zur Segmentierung). Bei der Auswertung wird festzustellen sein, daß der Übersetzer die syntaktisch komplexe Stuktur des AT im ZT vereinfacht hat ohne die extensionale Bedeutung signifikant zu verändern.

Im Datenmodell wurde die Korrelation der Phrasen deshalb als „komplex-komplexe" („m:m") Relation realisiert. Anders als bei der Wortformenkorrelation besitzt diese Relation allein das Attribut „Art", das maximal zwei Zeichen enthalten kann. Für die lexikalischen Angaben bei der Wortformenkorrelation gibt es kein Pendant, die

---

[603] LacK1820 „der jeden Kahn sich sehen läßt", SchA1826 „der jedem irren Kahn sich neigt", OrtE1840 „der jedem irren Kahne blickt", WagE1840 „den irren Kahn zu leiten", SimK1867 „den irren Kahn zu leiten", FriH1869 „das irre Boot zu leiten".

[604] Als Beispiel sei die Phrase *edge of doome* in 116.12 (ShaW1609, SchA1826) genannt: Bis auf die Präposition *of* können die Lexeme der Phrasen korreliert werden können als „+(*edge*, *Schneide*)" und „+(*doom*, *Urtheil*)". Auf der Phrasenebene (*edge of doome*, *Urtheils Schneide*) erscheint jedoch bestenfalls eine Korrelation in einem sehr weit ausgelegten ‚metaphorischen' Sinn möglich, falls die Kollokation „Messers Schneide" bereits in der ZK verbreitet war (z.B. in der Redensart „auf Messers Schneide stehen").

betreffenden Attribute „Lex_A“ und „Lex_B“ entfallen. Die folgenden Abschnitte 3.7.2.1 bis 3.7.2.3 dokumentieren die weitergehenden Vorschläge zur Klassifikation der Phrasenkorrelation, die im Einzelfall weniger eindeutig als erwartet angewendet werden konnten und daher vorerst nicht kodiert wurden.

3.7.2.1. Synonymie, Antonymie und Hyponymie

Die in den Abschnitten 3.7.1.1 bis 3.7.1.3 eingeführten Klassifikationen werden bezüglich der Extension der Phrasen übernommen. Dies ermöglicht es beispielsweise, die häufig zwischen AT und ZT vorkommenden Korrelationen, die zwischen einem Substantiv in dem einen Text und einem Pronomen in dem anderen bestehen, dessen Antezedent das Substantiv des ersten Texts ist, ist als Synonymiebeziehung zu klassifizieren. Die Synonymie besteht in diesen Fällen hinsichtlich der implizierten, nicht aber hinsichtlich der lexikalischen Bedeutung.[605] In diesem Sinn können z.B. die Subjektphrasen „it“ und „Liebe“ in 116.5 (ShaW1609, JorW1861) als `+(it, Liebe)` kodiert werden.

3.7.2.2. Korrelation durch Grenzverschiebung

Korrelationen, die auf Grenzverschiebung beruhen, werden mit dem Zeichen „#“ gekennzeichnet. Sie verknüpfen zwei Segmente, die in irgendeiner Weise begrifflich aufeinander beziehbar sind. Die Gemeinsamkeit besteht gemäß JAKOBSON in der paradigmatischen Substitution. Die Möglichkeit der Substitution und ihre Dekodierung ist im sprachlichen Wissen der Sprecher einer Kultur angelegt und erfordert keinen vermittelnden Erschließungsakt wie für das Erkennen und Verstehen von Sprungtropen. Die Grenzverschiebung ist nicht wie die (lexikalische) Meronymie auf eine begrenzte Reichweite eingeschränkt, sondern kann auf verschiedene Maßstäbe (z.B. Kausalität, Enthaltensein) in beliebiger Reichweite zurückgreifen. So wird beispielsweise `#(forty winters, halb Jahrhundert)` kodiert, obwohl auf der Wortformenebene nur (*winters, Jahre*), nicht aber (*winters, Jahrhundert*) als meronymische Beziehung anzusehen ist. Auch die Einbeziehung weiterer Maßstäbe wie der Kausalität (z.B. `#(besiege, besetzt)` in 2.1 ShaW1609, GelF1867) erweitert das – im Vergleich zum rhetorischen Konzept der Metonymie – engere lexikalische Konzept der Meronymie.

3.7.2.3. Korrelation durch Erkenntnissprung

Die Korrelation von Segmenten, die aufgrund einer bestimmten, nicht im sprachlich-kulturellen Wissen vorgegebenen Perspektive aufeinander beziehbar sind, wird mit dem Zeichen „^“ gekennzeichnet, das den erforderlichen Erkenntnissprung visualisieren soll. In Anlehnung an Eva Feder KITTAYs ausführliche, 1987 publizierter Untersuchung von Metaphern werden Korrelationen, die auf einem Erkenntnissprung beruhen, sowohl als semantische wie auch als pragmatische Phänomene angesehen, die

---

[605] SCHMIDT, H. 1982: 79, Fußnote 2 bezeichnet solche Relationen als „Verdichtungen“. Da es ihr nur um die Untersuchung der lexikalisch rekonstruierbaren Relationen geht, schließt sie die Untersuchung derartiger Korrelationen aus ihrer Analyse aus.

erst im Textzusammenhang als solche erkennbar werden.[606] Die Korrelationskodierung erfaßt nicht, ob die Segmente innerhalb ihrer Texte zu den Sprungtropen zu zählen sind, sondern allein, ob ihre Beziehung dieser Klassifikation genügt. Somit wird allein die „metaphorisierende“, „personifizierende“, „ironisierende“ Technik des Übersetzens betrachtet.

Auf Erkenntnissprung basierende Korrelationen sind nicht in der AS/AK oder ZS/ZK kodiert und ihren Sprechern nicht mit dem Erwerb der Sprache zugänglich. Sie setzen – auf der Grundlage des sprachlich-kulturellen Wissens – einen Erkenntnisprozeß voraus, der erst unter Einbeziehung beider *paroles* glücken kann und dabei auch den nichtsprachlichen, pragmatischen Kontext der Äußerung miteinbeziehen muß. Die auffällige Inkongruenz der einen Phrase in ihrem Kontext zur anderen Phrase in ihrem Kontext – beispielsweise der Prädikatsphrasen *shall besiege* und *umnachten* in ShaW1609, RegG1836 2.1 – löst den Prozeß der Kongruentmachung im Bewußtsein des Interpreten aus, in deren Verlauf eine Perspektive erarbeitet wird, von der aus beide gemäß eines gemeinsamen Kriteriums betrachtbar werden.[607] Somit wird kodiert `^(shall besiege, umnachten)`, da als gemeinsame Perspektive, als „Träger“ der Korrelation die Bedrohung des Angeredeten durch eine mächtige, „dunkle“ Macht rekonstruiert werden kann.

Bei der Auswertung ist diese Korrelation durch eine Analyse der stilistischen Funktionen der beteiligten Phrasen in ihrem Kontext zu ergänzen. Im Beispiel wird dann deutlich, daß REGIS als Übersetzer eine neue Metapher einführt, die ganz auf die Wirkung des AT abstellt und sie durch Evokation einer diffusen, unausweichlichen und unheimlichen Bedrohung zu erreichen sucht, die gleichwohl auch behagliche Konnotationen eines „gezähmten Grauens“ weckt (vgl. Abschnitt 5.4).

3.7.2.4. Computerunterstützung: PREP_4

Das Programm PREP_4 unterstützt die Korrelation beliebiger Texte auf der Phrasenebene analog zu PREP_3. Um auch umfangreichere Phrasen vollständig anzeigen zu können, wurde die Zeilenhöhe der Fenster vergrößert. Mehrfachkorrelationen, bei denen nicht einzelne Phrasen, sondern ihre Gesamtheit korreliert, werden kodiert, indem alle betreffenden Segmente einzeln nacheinander als korrelierend erfaßt werden. Abbildung 3-5 dokumentiert den Einsatz von PREP_4 bei der Korrelation des oben als Beispiel für Mehrfachkorrelation besprochenen Falles von EscJ1787 und ShaW1609.

---

606 Siehe KITTAY 1987: 13.

607 Dies ermöglicht die gleichzeitige Wahrnehmung der beiden Segmente und ihrer inkongruenten Perspektiven (KITTAY 1987: 4).

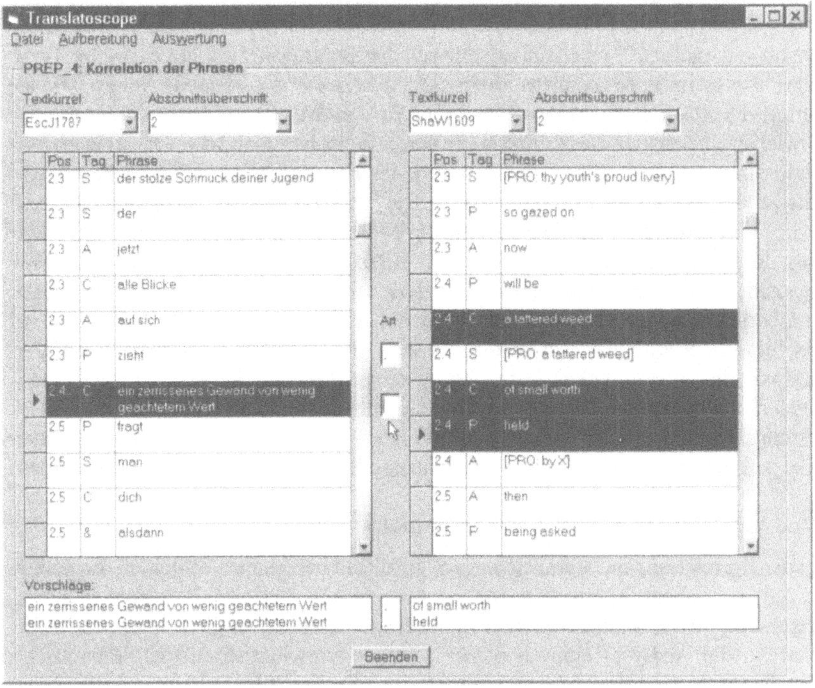

Abbildung 3-5: PREP_4: Korrelation des Korpus auf der Phrasenebene

Grundsätzlich werden ausschließlich die Phrasensegmente bzw. Phrasensegmentgruppen korreliert, die mindestens für die Herstellung einer Korrelation erforderlich sind. Daraus ergibt sich beispielsweise, daß im Falle von BodF1862 2.1, wo sowohl die Komplementphrase „ein halb Jahrhundert" mit den „forty winters" aus ShaW1609 2.1 korreliert als auch der gesamte temporale Nebensatz „eh' Du gelebt ein halb Jahrhundert" mit dem AT-Nebensatz „when forty winters shall besiege thy brow" (es handelt sich offensichtlich um eine Auflösung der Metapher des AT im ZT), nur die erstgenannten Segmente korreliert werden. Die Korrelation der Nebensätze wäre, wie im folgenden kurz angesprochen, analog zur Korrelation der Wortformen und Phrasen durchzuführen. Aufgrund des methodischen Schwerpunktes der Arbeit wurde auf die elektronische Realisierung dieses Schrittes verzichtet, auch wenn er selbstverständlich in die Auswertung einfließt.

3.7.3. Aspekt 9: Korrelation von Sätzen

Wie oben dargelegt,[608] erscheint es sinnvoll, die Relationen von Sätzen zweiter Texte nicht zu klassifizieren, sondern allein als „bestehend“ zu erfassen. Angesichts der komplexen Zusammenhänge auf den Ebenen von Wort und Phrase ist es oft sehr schwierig, eine einzige Bedeutung eines Satzes zu isolieren und diese zu anderen Sätzen in Sinnrelation zu setzen. Insbesondere die Identifizierung von logischen Wahrheitswerten erweist sich als problematisch. Die Satzsemantik ermöglicht in Anlehnung an die Wortsemantik zwar die Betrachtung der Beziehungen „Paraphrase“ (in Anlehnung an die Synonymie), *Entailment* (in Anlehung an die Hyponymie) und „Präsupposition“ als Bedeutungsbeziehungen zwischen Sätzen,[609] allerdings wurde wegen der Überlagerung der Klassifikationsmöglichkeiten in der Praxis und des in der Regel über logische Wahrheitswerte hinausgehenden literarischen Interesses an den Sätzen nicht von dieser Möglichkeit Gebrauch gemacht. Die Klassifikation der Satzbeziehungen bleibt daher dem Übersetzungsforscher überlassen. Falls sich einheitliche Bewertungskriterien gewinnen lassen oder mit ihnen experimentiert werden soll, können diese aufgrund der elektronischen Unterstützung leicht nachträglich eingefügt werden.

3.7.4. Aspekt 10: Korrelation von Stilmitteln

Bei der Korrelation von Segmentmengen, die einem bestimmten Stilmittel zugeordnet werden, ist es über die gemäß der vorigen Abschnitte kodierbaren Beziehungen hinaus interessant, inwiefern das Stilmittel in anderen Texten beibehalten wird oder nicht. Während die Analyse leitmotivischer Isotopien vorwiegend auf die semantische Korrelation Bezug nehmen kann, muß die Analyse von Stilmitteln im engeren Sinne wie beispielsweise der figura etymologica oder der Metapher zusätzlich klären, ob dieses Stilmittel in einem zu korrelierenden Text beibehalten, durch ein anderes ersetzt oder aufgelöst wurde.[610] Diese Kodierung wurde nicht durchgeführt. Gleichwohl werden, in Übereinstimmung mit der methodologischen Zielsetzung der Arbeit, im folgenden Vorschläge für die Kodierung erarbeitet.

Als Zeichen der Beibehaltung des Stilmittels wird der Doppelpunkt „:“ vorgeschlagen. Die Aufhebung der stilistischen Markierung könnten die geschweiften Klammern „{„ und „}“kennzeichnen, deren Spitze jeweils auf das Segment verweist, das nicht mehr die stilistische Markierung seines Pendants aufweist. Analog zur Kodierung der Wortformenbedeutungen wäre stets anzugeben, welches Stilmittel betrachtet wird, da Mehrfachmarkierungen nicht ausgeschlossen werden können. Das Ersetzen eines Stilmittels *x* durch ein anderes Stilmittel *y* kann erfaßt werden, indem für beide Segmente jeweils die Auflösung von *x* bzw. von *y* im anderen erfaßt wird. Die Doppelkorrelation ergibt, daß ein Stilmittel an der Stelle eines anderen steht. Diese implizite Art der Kodierung entbindet von der oft problematischen Begründung, durch welches spezifische Stilmittel *y* ein Stilmittel *x* ersetzt wird, denn häufig bestehen

---

[608] Siehe S. 144.
[609] Siehe WELTE 1993: 128-36.
[610] Siehe TOURY 1995: 81-84.

mehrere Möglichkeiten gleichzeitig. Diese können durch dieses Verfahren angemessen repräsentiert werden.

Zur Verdeutlichung sei die bereits angesprochene Untersuchung von Metaphern aufgegriffen. Nach KITTAY besteht eine Metapher aus einem *frame* und einem *focus*, wobei der *focus* ein zum *frame* semantisch inkongruentes Element bezeichnet.[611] Die auffällige Inkongruität der fokalen Phrase zu in ihrem Kontext löst den Prozeß der Kongruentmachung im Bewußtsein des Interpreten aus, in deren Verlauf eine Perspektive erarbeitet wird, aus der *frame* und *focus* gemäß eines gemeinsamen Kriteriums betrachtbar werden.[612] Die Interpretation einer Metapher ist nicht sprachlich-kulturell vorgeprägt, sondern hochgradig einzeltextabhängig. Selbst sprachlich und kulturell ‚standardisierte' Metaphern wie idiomatische Formulierungen oder sogenannte „tote Metaphern" können im Einzeltext ‚mit neuem Leben' gefüllt bzw. in neu zu erschließende Kontexte gestellt werden.

Wenn AT- und ZT-Segmente gleichermaßen untersucht und nicht ausschließlich metaphorisch verstandene AT-Segmente betrachtet werden,[613] geben die geschweiften Klammern an, daß ein metaphorisch verstehbares Segment die metaphorische Bedeutungsdimension verloren hat bzw. daß eine in dem einen Text nicht als Metapher anzusehende Phrase im korrelierten Text metaphorisiert wurde. Sind beide Segmente als Metapher interpretierbar und deckt sich ihre text- und kulturell gegebenenfalls relativierte Bildlichkeit, so erfolgt eine Kodierung gemäß der bereits eingeführten Sinnrelationen.

Somit wäre das Segmentpaar (*forty winters*, *ein halb Jahrhundert*) in ShaW 1609, BodF1862 2.1 zu kodieren als `}(forty winters, ein halb Jahrhundert)`, denn das Segment *forty winters* ist in ShaW1609 2.1 metaphorisch interpretierbar (Winter können nicht belagern), wohingegen das Segment „ein halb Jahrhundert" keine Inkongruenz zu seinem Satzkontext („eh' du gelebt ein halb Jahrhundert") aufweist. Beide Segmente können jedoch unter der Perspektive der Zeit betrachtet werden: „Zeit" wird im AT als aggressiver Feind personifiziert, im ZT fehlt diese Bildlichkeit, da allein das Konzept selbst genannt wird.[614] Die Flexibilität einer datenbankbasierten Stilmittelsegmentierung würde es erlauben, auch Metaphern, die ihrerseits Metaphern enthalten, zu erfassen. So könnte auch der temporale Nebensatz, der die im vorigen Abschnitt genannten Phrasen enthält, in ShaW als metaphorisch interpretierbar klassifiziert werden. Da dies für den in BodF1862 korrelierenden Nebensatz nicht gilt, läßt sich schreiben `}(when forty winters shall besiege thy brow, eh' du gelebt ein halb Jahrhundert)`.

---

[611] Siehe KITTAY 1987: 65.

[612] Dies ermöglicht die gleichzeitige Wahrnehmung der beiden Teile der Metapher und ihrer inkongruenten Perspektiven (KITTAY 1987: 4).

[613] Siehe TOURY 1995: 81-84.

[614] Andere ZT-Lösungen werden gemäß der für die Wortformenbedeutungen eingeführten Sinnrelationen kodiert, beispielsweise `+(forty winters, vierzig Winter)`, oder `[(forty winters, fünfzig Winter)`.

Wird eine Metapher durch eine andere ersetzt, so ist jedes Segment als Auflösung der Metapher des anderen zu korrelieren. Damit ergibt sich für den metaphorischen Textabschnitt „mit schwerem Druck geprägt ihr Zeichen“ in JorW1861 2.1-2 und den korrelierenden Abschnitt in ShaW1609 2.2 „dig deep trenches“ die Erfassung der Korrelation `}(mit schwerem Druck gepägt ihr Zeichen, dig deep trenches)` und `{(mit schwerem Druck geprägt ihr Zeichen, dig deep trenches)`.

Es ist die Aufgabe der Auswertung, zu klären, welche Gemeinsamkeiten und Unterschiede zwischen derart ersetzten Stilmitteln feststellbar sind. In diesem Fall wären beide Segmentmengen unter der Perspektive der gewaltsamen Veränderung einer Oberfläche zu betrachten, sie unterscheiden sich jedoch in der Evokation eines Bildes der Aufprägung eines Siegels einerseits und einer Belagerung andererseits. Bei der Auswertung ist auf der Grundlage der nunmehr erfolgten Erfassung und Aufbereitung zu klären, inwiefern sich diese Beobachtung in text- und korpusweit beobachtbare Strategien einfügen läßt.

4. Auswertung

4.1. Bibliographische und biographische Auswertungen

Neben der typographischen Gestaltung werden bei der Erfassung der Texte auch bibliographische Daten erfaßt. Diese können genutzt werden, um Informationen zur äußeren Übersetzungsgeschichte zu gewinnen. Das in Abbildung 7-7 (S. 269) dargestellte Diagramm dient der Einordnung des betrachteten Kometenschweifs in den Kontext der ZK. Es basiert auf den automatisch extrahierten Angaben zum Erscheinungsjahr der ZT, die um die Geburts- und Todesjahre der Übersetzer ergänzt wurden. Dadurch kann das Alter des Übersetzers bei Erscheinen seines ZT berechnet und im Diagramm visualisiert werden.[615] Die in Abschnitt 2.5.2 diskutierten zwei Publikationsschübe der ZT in den 20er und 30er sowie den 60er und 70er Jahren des 19. Jahrhunderts sind im Diagramm auf den ersten Blick erkennbar.

Abbildung 7-5 stellt das Alter der Übersetzer bei Erscheinen ihres ZT dar. In dem Diagramm sind drei Gruppen zu erkennen: Die meisten Übersetzer sind ungefähr 40 Jahre, ein knappes Drittel sind weniger als 30 Jahre alt. Wenige Übersetzer sind älter als 50 Jahre. Übersetzer im Alter zwischen 20 und 30 Jahren, die die Sonette wahrscheinlich am Anfang ihrer Karriere übersetzen, finden sich vor allem in der ersten Hälfte des 19. Jahrhunderts.[616] 1836 legt mit REGIS erstmals ein Übersetzer, der erfahren und bereits kommerziell erfolgreich ist, einen ZT vor. In der zweiten Jahrhunderthälfte nehmen sich mit JORDAN, BODENSTEDT, GELBCKE und SIMROCK weitere bekannte Übersetzer in der Mitte oder gegen Ende ihrer Karriere der *Sonnets* an. Bei Einbeziehung biographischer Daten und Zeugnisse lassen sich außertextliche Verbindungen zwischen den Übersetzern rekonstruieren,[617] die jedoch an dieser Stelle nicht weiter verfolgt werden.

Durch Ergänzung der bibliographischen Informationen um die Erscheinungsjahre von Neudrucken eines ZT kann der äußere Indikator des Rezeptionsverhaltens der ZK auch über den untersuchten Zeitraum hinaus anschaulich dargestellt werden und beispielsweise bei der Selektion von ZT für einen Kometenschweif hilfreich sein. Eine genaue

---

615 Die Datengrundlage bildet die automatisch von PREP_0 erstellte Abfrage „Alter_bei_Erscheinen“. Wie auch bei allen folgenden graphischen Darstellungen wurde die Ergebnistabelle der Abfrage nach EXCEL importiert, dort als Diagramm graphisch aufbereitet und anschließend in den Text dieser Arbeit integriert.

616 Dies gilt z.B. für SCHUMACHER, der laut ADB, Bd. 33: 29 seine Schriftstellerkarriere mit der Edition von Übersetzungen SHAKESPEAREs begann. KANNEGIESSERs ZT ist dagegen in der Anfangszeit seines Studiums noch vor der Aufnahme einer ersten beruflichen Tätigkeit entstanden (siehe ADB, Bd. 15: 78) und daher weniger an ökonomische Überlegungen gebunden als SchA1827. Ähnliches kann für LacK1820 angenommen werden, da dieser ZT nach HERTZ 1851: 54 in den „Mußestunden“ LACHMANNs während seiner Professur in Königsberg entstand.

617 Aus den Biographien läßt sich beispielsweise entnehmen, daß SIMROCK während seines Studiums in Berlin mit LACHMANN in engen Kontakt kam (SIMROCK wird, so ADB, Bd. 34: 382, „mit dem bald befreundeten Wilhelm Wackernagel einer der ersten Schüler K. Lachmann's“; BORGMEIER 1970: 45, der LACHMANN als „akademischen Lehrer“ SIMROCKs bezeichnet, bezieht sich wahrscheinlich auf diese Passage.).

Übersicht setzt entsprechend umfangreiche bibliographische Vorarbeiten voraus, die nicht im Hauptaufgabenfeld dieser Arbeit lagen. Mehr zur Illustration des methodischen Potentials als zur weiteren Auswertung zeigt Abbildung 7-7 ein Diagramm, das auf entsprechenden, exemplarisch erhobenen Daten beruht. Bei der Erfassung wurde zwischen dem Neudruck eines ZT als eigenständige Publikation und als Teil einer Anthologie unterschieden. Die Daten zur Anthologisierung der ZT wurden der Bibliographie von ESSMANN/PAUL entnommen. Die Erscheinungsjahre sind auf der Abszisse eingetragen, die ZT auf der Ordinate; die vertikale Position eines ZT entspricht der in Tabelle 2-2 aufgeführten laufenden Nummer dieses ZT.

Je durchgängiger die horizontalen Linien sind, desto regelmäßiger wurde derjenige ZT anthologisiert oder neu aufgelegt. Die Zeitachse läßt sofort erkennen, zu welchen Zeiten welche ZT neu aufgelegt wurden. Mehrere gleichzeitige Publikationen führen zu entsprechend größeren Datenkreisen. Die Übersicht läßt klar erkennen, daß die ZT von REGIS (Nr. 7), JORDAN (Nr. 12) und BODENSTEDT (Nr. 13) am häufigsten neu aufgelegt wurden. Auffällig ist, daß REGIS' ZT fast 70 Jahre lang gar keine Beachtung fand, seit 1930 aber zum meistpublizierten ZT des 19. Jahrhunderts avanciert ist. Dies mag auch durch die äußerst positive Bewertung dieser Übersetzung in KAHNs 1935 publizierter Dissertation unterstützt worden sein.

4.2. Formale Gestaltung

PREP_0 erstellt zusammen mit der Datenbank auch Datenbankabfragen, die die Auswertung der zu Aspekt 1 verfügbaren Daten erleichtern. Diese Abfragen sind direkt aus dem DBMS ACCESS aufrufbar, das Teil der weitverbreiteten Office-Software MICROSOFT OFFICE ist. Zusätzlich zu den vorgefertigten Abfragen bietet das für diese Arbeit entwickelte WINDOWS 95/NT-Programm TRANSLATOSCOPE weitere, speziell für die Übersetzungsforschung interessante Auswertungsmöglichkeiten.

Sobald ein Korpus als Datenbank vorliegt, also die Erfassung gemäß Pflichtenzettel 1 (vgl. Abschnitt 7.3 (S. 252ff)) abgeschlossen ist, kann durch Wahl des Menüpunkts „Auswertung | Übersicht | Je Verfasser / je Zeile“ mit Hilfe von TRANSLATOSCOPE eine Übersicht aller erfaßten Texte erzeugt werden (Abbildung 4-1).

Die nach Erscheinungsjahr geordnete Übersicht aller ZT dient zur Dokumentation der Untersuchungsgrundlage. Zur Unterstützung der Auswertung wird die „interlineare“ Zusammenschau aller AT- und ZT-Fassungen eines Abschnitts angefertigt. Sie ordnet alle AT und ZT zu jeder Zeile eines Abschnitts in chronologischer Reihenfolge untereinander an. Eine echte Interlinearübersicht wird also nicht erzeugt, wohl aber eine zeilenweise Zusammenschau des Korpus. Für die Auswertung rhythmischer Aspekte kann diese Übersicht durch Markierungen zum *interplay* (vgl. Abschnitt 4.3.1) ergänzt werden.

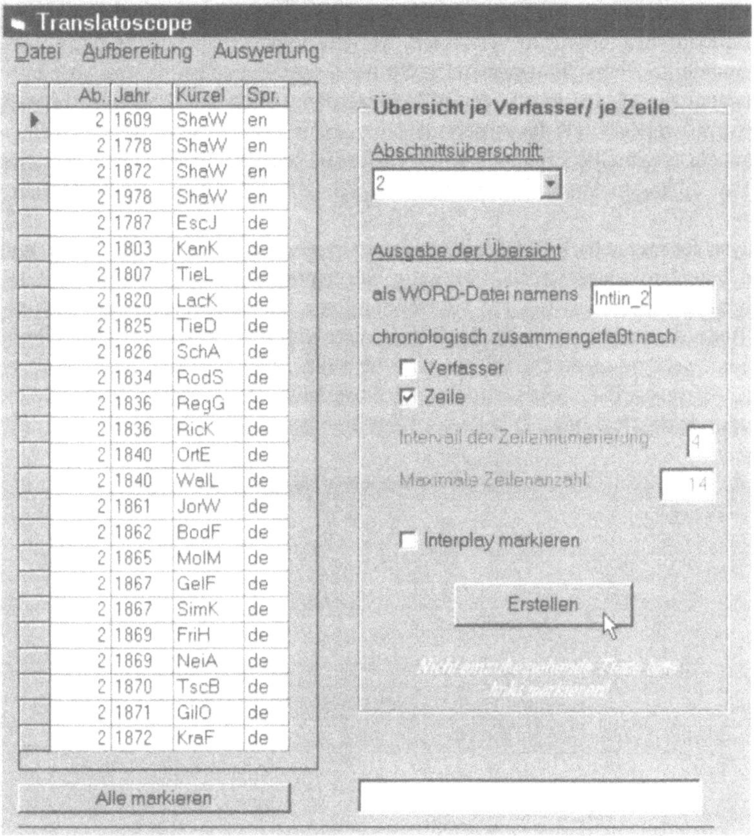

Abbildung 4-1: Ansicht von TRANSLATOSCOPE mit Optionsfenster zur Erzeugung von Übersichten

Alle Dokumente, die TRANSLATOSCOPE erstellt, werden direkt in WORD 97 als Textdateien erzeugt – TRANSLATOSCOPE „tippt" die Datei Zeichen für Zeichen ein und kann deshalb alle Möglichkeiten zur Textgestaltung voll ausnutzen.

Die Software übernimmt also die operationellen Arbeitsprozesse der Textgruppierung und -auszeichnung: Die ausgewählten Dokumente werden automatisch in chronologischer Reihenfolge angeordnet und mit Zeilennummern versehen.[618] Nachträglich hinzugefügte Texte stellen kein Problem dar, weil jede Übersicht aufgrund des in der Datenbank verfügbaren Materials von Grund auf neu generiert wird. Die CES-konforme Kodierung des Layouts ermöglicht die Beibehaltung der kodierten typogra-

[618] Das Intervall der Numerierung ist frei wählbar; der Einfachheit halber habe ich, wie Abbildung 4-1 zeigt, bereits das Intervall von vier Zeilen vorgegeben.

phischen Hervorhebungen wie Kursivschrift und Gesperrtschreibung. Auch Fußnotenzeichen, die auf Anmerkungen verweisen, werden beibehalten. Für die nach Verfassern eingeteilte Übersicht generiert die Software automatisch zu jedem Abschnitt einen Abschnittskopf, der neben dem Textkürzel, dem vollen Namen des Verfassers und des korpusweiten Titels des Abschnitts auch die im Primärtext verwendete Überschrift und ein eventuelles Pseudonym des Verfassers separat aufführt. Die Übersichten sind im Anhang in Abschnitt 7.5.1 und 7.5.2 (S. 270ff) vollständig dokumentiert.

Zur Analyse des nunmehr dokumentierten Korpus stehen zunächst die von PREP_0 generierten Datenbankabfragen zur Verfügung. Sie ermöglichen es, Daten zur Textanordnung, zu den Überschriften, zur Verwendung von Satzzeichen und zum Einsatz direkter Rede, der ja zuvor gemäß TEI/CES kodiert wurde,[619] in tabellarischen Übersichten aus dem Korpus zu extrahieren. Die Abfrage „Abschnittstitel" bestimmt zu jedem der korpusweit einheitlich betitelten Abschnitte die Überschrift, die dieser Abschnitt im Primärtext trägt. Tabelle 4-1 führt die interessanten Kombinationen auf.

Ab.	Textkürzel	Überschrift im Text
2	ShaW1609	2
	ShaW1778	II.
	ShaW1872	II.
	ShaW1978	2
	[fast alle ZT]	[„2" oder (seltener) „II"]
	KanK1803	[o. T.]
	BodF1862	95.
	GelF1867	2-18. Der Dichter sucht den Grafen zur Ehe zu bewegen. III.
	NeiA1869	II. (95 bei B.)
	KraF1872	3
116	ShaW1609	119
	ShaW1778	CXVI.
	ShaW1872	CXVI.
	ShaW1978	116
	[fast alle ZT]	[„116" oder (seltener) „CXVI"; *keine Übersetzung*: EscJ, KanK, TieL]
	BodF1862	140.
	GelF1867	114. Der Dichter feiert die Vermählung der Liebenden. CXIV.
	NeiA1869	CXVI. (140 bei B.)
	KraF1872	114 „Der Dichter feiert Southampton's Vermählung mit Elisabeth"

Tabelle 4-1: Abschnittsüberschriften im Korpus und in den Primärtexten

Die meisten ZT übernehmen die Reihenfolge von Q, einige lassen Sonett 116 aus (die frühen ZT EscJ1787, KanK1803 und TieL1807). Vier ZT verändern die Reihenfolge von Q, wobei sich die Umordnungen in NeiA1869 und KraF1872 auf die erste Umord-

619 Siehe Pflichtenzettel 1, der im Anhang in Abschnitt 7.3 abgedruckt ist.

nung in BodF1862 und auf die zweite in GelF1867 zurückführen lassen: NEIDHARDT gibt zu jedem seiner gemäß Q – eventuell nach der MALONE- oder DELIUSschen Ausgabe mit römischen Ziffern – betitelten Sonette dessen Nummer in BodF1862 an[620] und geht im Vorwort ausführlich auf diesen VT ein. Ebenso bezieht sich KRAUSS wiederholt auf BodF1862, betont aber – wie auch NEIDHARDT – daß er als Übersetzer „durchaus selbständig gearbeitet habe".[621] Die Übersicht zeigt, daß sich KRAUSS – ohne diesen ZT im Vorwort zu erwähnen – eng an GelF1867 orientiert: Er übernimmt sowohl die von GELBCKE veränderte Reihenfolge der Sonette als auch die Sonettüberschriften, wenn auch in leichter Variation.

Eine weitere Übersicht zur Textanordnung (typographische Gliederung der ZT) bietet Tabelle 4-2, die auch ohne Computerunterstützung leicht anzufertigen ist.

Textkürzel	*„12-2"*	*„4-4-4-2"*	*Sonstige Schemata*
ShaW1609	✓		
ShaW1778	✓		
ShaW1872	✓		
ShaW1978	✓		
EscJ1787			– (Prosa)
KanK1803			„4-4-3-3"
TieL1807		✓	
LacK1820		✓	
SchA1827		✓	
RodS1834	✓		
RegG1836		✓	
RicK1836		✓	
OrtE1840		✓	
WalL1840	✓		
JorW1861		✓	
BodF1862	✓		
MolM1865	✓		
GelF1867	✓		
SimK1867		✓	
FriH1869	✓		
NeiA1869	✓		
TscB1870	✓		
GilO1871	✓		
KraF1871	✓		

Tabelle 4-2: Übersicht über die typographische Gestaltung der AT und ZT

Insgesamt fällt auf, daß sich gegen Ende des hier behandelten Zeitraums die typographische Anordnung des AT durchsetzt, nachdem zuvor das am Reimschema orientierte „4-4-4-2"-Schema dominierte. Bemerkenswert ist, daß KANNEGIESSER als erster Über-

[620] Wenn er sich auf die zweite Auflage von BodF1862 bezöge, die 1866 erschien, hätte er die Zahlen 98 und 142 verwenden müssen.

[621] KRAUSS 1872: ix.

setzer der *Sonnets* in gebundene Sprache das Sonettschema der ZK beibehält, das – wie die Interpretation des AT zeigt – auch der argumentativen Struktur des AT entspricht.

Weitere Auswertungsmöglichkeiten zur typographischen Gestaltung betreffen die Bestimmung von Worthäufigkeiten.[622] Da jedoch noch nicht zwischen Worten und Wortformen differenziert werden kann, wird die von PREP_0 automatisch erstellte Abfrage „Worthäufigkeit_je_Abschnitt" nur benutzt, um die Frequenz der Interpunktionszeichen je Abschnitt und Text zu bestimmen. Tabelle 7-1 (abgebildet in Abschnitt 7.5.3 (S. 289)) ordnet jedem Satzzeichen seine Frequenz in Sonett 2 und 116 zu. Wenn ein Satzzeichen in keinem der beiden Abschnitte vorkommt, wurde keine Eintragung vorgenommen. Das Prozentzeichen kennzeichnet die Auslassung des gesamten Abschnitts.

Die Tabelle zeigt, daß jegliche Auswertungen, die allein von der Wortebene ausgehen, anfällig gegenüber extratextuellen Einflüssen sind und keine gesichterte Grundlage zur Bestimmung beispielsweise der Satzanzahl, sondern bestenfalls Hinweise auf Tendenzen liefern können. Bereits die verschiedenen AT-Ausgaben weisen insbesondere bei Punkt-, Komma- und Gedankenstrichsetzung deutlich unterschiedliche Satzzeichenfrequenzen auf. Auffällig ist die mehrfache Verwendung von Ausrufezeichen bei allen ZT, die zwischen 1820 und 1836 erscheinen (Ausnahme: WalL1840), die auf eine kontextbedingte Konvention hindeutet.

Interessantere Ergebnisse verspricht eine bislang noch nicht[623] angestellte Betrachtung der Distribution und der Frequenz direkter Rede in den ZT. Als stilistisches Mittel, das die Lebendigkeit eines Texts erhöht und ihm Unmittelbarkeit verleiht, setzt sie der AT erst im dritten Quartett ein. Wie die Interpretation gezeigt hat, dient die passivisch eingeleitete und in indirekter Rede erfolgende Wiedergabe der bohrenden Rechtfertigungsfrage im AT der Ausgestaltung der Bedrohung, die dem Angesprochenen aus der „falschen Lebensführung" erwächst. Die direkte Rede im dritten Quartett wird als Möglichkeit zur Beseitigung dieser Bedrohung präsentiert und – rhetorisch geschickt – dem Angesprochenen selbst in den Mund gelegt. Allerdings ist aufgrund des unübersichtlichen Satzbaus nicht sofort deutlich, welche Passage als direkte Rede

---

[622] Darüber hinaus kann mit der Abfrage „Typograph_Hervorhebung" bestimmt werden, wo im Korpus welche typographischen Hervorhebungen eingesetzt werden. Die ZT verwenden dieses Mittel allerdings nur insgesamt vierzehnmal, davon allein TscB1870 achtmal. Auf dieser Basis lassen sich keine Auffälligkeiten oder Abhängigkeiten feststellen, zumal stets verschiedene Worte hervorgehoben werden. Daher wurde auf eine Dokumentation des jederzeit in ACCESS generierbaren Ergebnisses verzichtet.

[623] Insbesondere nicht in BORGMEIER 1970: 61ff. Zwar geht BORGMEIER in Fußnote 100 auf S. 66 kurz auf diesen Aspekt ein, nimmt aber wegen seiner normativen Ausgangshaltung nicht dessen potentielle Vielschichtigkeit wahr. Für BORGMEIER ist der im folgenden auf S. 171 diskutierte Fall von RicK1836 „nach heutigem Maßstab natürlich ein Interpunktionsfehler". Er setzt diesen Einzelfall nicht in bezug zu den auch von ihm behandelten Texten KanK1803 und EscJ1787, die – wenn auch ohne Anführungszeichen – dieselbe Problematik aufzeigen.

und welche als indirekte zu verstehen ist. Insbesondere der in 2.12 mit *Proouing* eingeleitete Nebensatz wird beim ersten Lesen zunächst als Fortführung der direkten Rede verstanden, bevor die Personalpronomen unmißverständlich signalisieren, daß der Sprecher des Gedichts in diesem Satz seine Bewertung der Rede des Angesprochenen verkündet und zum Couplet überleitet.[624]

Im zweiten Quartett könnten sowohl die mit *where all* eingeleiteten Fragen wie auch die mit *within* beginnende Antwort, die sämtlich in indirekter Rede wiedergegeben werden, in direkte Rede transformiert werden. Dies würde die Unmittelbarkeit des Gedichtes erhöhen und ihm einen dialogischen Charakter geben, den der AT allerdings nicht aufweist: Das Plädoyer des AT-Sprechers räumt der Möglichkeit der falschen Lebensführung nicht den Grad an Authentizität ein, der der richtigen Lebensführung gegeben wird. Auf der literarischen Ebene spiegelt sich dies in dem Kontrast zwischen indirekter und direkter Rede wider.

Die Kodierung der Texte gemäß CES schließt eine Kennzeichnung von Passagen direkter Rede ein. Dies ermöglicht eine automatische Abfrage des Korpus auf die Verszeilen hin, die Passagen direkter Rede enthalten. Es ist deshalb nicht erforderlich, die interlinearen Übersichten manuell zu durchsuchen und die Häufigkeiten aufzusummieren. Tabelle 4-3 zeigt das durch die vorgefertigte Abfrage „Ende_Dir-Rede_de_Übersicht" erzeugte Ergebnis, das angibt, wie viele ZT in welchen Verszeilen des zweiten Sonetts den CES-Tag zur Kennzeichnung des Endes einer Passage direkter Rede enthalten.

Position	Anzahl
2.6	3
2.7	11
2.8	2
2.11	15
2.12	6

Tabelle 4-3: Distribution direkter Rede in den ZT

Noch vor einer Konsultierung der ZT zeigt die Tabelle bereits grundlegende Tendenzen auf: Alle ZT erhalten die direkte Rede im dritten Quartett, wobei ungefähr ein Drittel Zeile 12 mit in die Antwort des Angesprochenen zu integrieren scheint. Die indirekte Rede im zweiten Quartett des AT wandeln zwei Drittel aller ZT in direkte Rede um. Aufmerksamkeit verdienen die abweichenden Lösungen, in denen in 2.6 und 2.8 Passagen in direkter Rede stehen, weil sie auf zielseitige Abhängigkeiten hinweisen können. Wie im folgenden diskutiert, steht die direkte Rede in 2.6 bei OrtE1840, WalL1840 und GilO1871. In 2.8 steht sie bei JorW1861 und TscB1869, die beide die Reihenfolge von ShaW1609 2.7f umkehren.

[624] Siehe BOOTH ^{2}1978: 138.

Eine nach Übersetzern aufgeschlüsselte Übersicht gestattet es, die individuelle Entscheidung auf dem Hintergrund des Korpus zu betrachten und weitere Hinweise auf zielseitige Abhängigkeiten zu sammeln, die beispielsweise an korpusweit nur selten gewählten, aber zwischen bestimmten ZT stets übereinstimmenden Entscheidungen festzumachen sind. Diese Untersuchung unterstützt die vorgefertigte Abfrage „Ende _DirRede_de_Detail“, deren Ergebnis in Tabelle 4-4 dokumentiert ist. Der Übersichtlichkeit halber wurden alle Texte, die nur einmal die wörtliche Rede einsetzen, zusammengruppiert und alle anderen Texte separat angeordnet.

Textkürzel	Position	Textkürzel	Positionen
TieL1807	2.11	EscJ1787	2.7, 2.11
RodS1834	2.11	KanK1803	2.7, 2.11
RegG1836	2.12	LacK1820	2.7, 2.11
BodF1862	2.12	TieD1825	2.7, 2.11
MolM1866	2.11	SchA1826	2.7, 2.11
SimK1867	2.12	RicK1836	2.7, 2.11
FriH1869	2.12	OrtE1840	2.6, 2.12
		WalL1840	2.6, 2.7, 2.11
		JorW1861	2.8, 2.12
		GelF1867	2.7, 2.11
		NeiA1869	2.7, 2.11
		TscB1870	2.8, 2.11
		GilO1871	2.6, 2.7, 2.11
		KraF1872	2.7, 2.11

Tabelle 4-4: Detailübersicht über den Einsatz direkter Rede in den ZT

Durch Konsultation der zeilenweisen Übersicht kann leicht festgestellt werden, welche Passagen jeweils in direkte Rede gesetzt werden. In der Reihenfolge des AT handelt es sich dabei um die in 2.6 endende Rechtfertigungsfrage nach dem Verbleib der Schönheit, um die erste Antwort des Adressaten des Sonetts, die in 2.7 endet und – aus der Sicht des Sprechers – die Zerstörung seiner Schönheit besiegelt, und schließlich um die zweite Antwort des Adressaten, die in 2.11 endet und – wiederum aus der Sicht des Sprechers – Grundlage der Unsterblichkeit des Angesprochenen ist.

Nur ORTLEPP, WALESRODE und GILDEMEISTER geben die Rechtfertigungsfrage in direkter Rede wieder. Bei ihren ZT entsteht der Eindruck, daß die Verfasser den Disput unmittelbar darstellen wollen, den der Sprecher im AT in indirekter Rede referiert. Die aus diesen entgegengesetzten Intentionen resultierende Spannung zwischen ZT und AT zeigt sich auch darin, daß die ZT formal den Einsatz direkter Rede signalisieren (beispielsweise durch Anführungszeichen), inhaltlich jedoch von der indirekten Rede Gebrauch machen (insbesondere bei der Verwendung des Personalpronomens). ORTLEPPs ZT ist allerdings ein Sonderfall, da er Anführungszeichen einsetzt, um die syntaktisch in indirekter Rede wiedergegebene Frage als direkte Rede zu kennzeichnen.[625]

EscJ1787 2.7 und KanK1803 2.7 wählen eine AT-orientierte Lösung, in der ein Doppelpunkt den Beginn bzw. ein Komma das Ende wörtlicher Rede signalisiert, aber keine Anführungszeichen gesetzt werden und auch das Possessivpronomen *thine* nicht entsprechend der direkten Rede zu „mein" angepaßt wird, sondern – zum AT lexikalisch korrekt – bei „dein" belassen wird.[626] RicK1836 2.7 und KraF1872 2.7 verfahren ebenso, setzen jedoch Anführungszeichen. Dies führt zu einer pragmatisch sinnlosen Aussage, die vom Leser sofort als solche erkannt wird, weil im ZT-Kontext deutlich ist, daß *thine* die Augen des Angesprochenen bezeichnet, nicht aber die Augen eines Dritten, den dieser anredet. WalL1840 2.7 verwischt dieses Problem, ohne es zu lösen, indem er statt der Possessivpronomen das Adjektiv „eigen" setzt.[627] Alle fünf Lösungen führen dazu, daß für den Leser des jeweiligen ZT die Grenze zwischen direkter und indirekter Rede verwischt wird, der Inhalt jedoch verständlich bleibt, weil die Alternativbedeutungen im Kontext offensichtlich absurd sind. Auffällig ist, daß KraF-1872 die Lösung von RicK1836 weitgehend übernimmt.

Das mit der Verwendung des Possessivpronomens verbundene Problem beseitigen LackK1820, TieD1825, SchA1827, NeiA1869, TscB1869 und GilO1871 durch Elision des Possessivpronomens bzw. Ersetzung des Possisivpronomens durch ein Demonstrativpronomen.[628] Die Anpassung von *thine* zu „mein", die um der ZS- und ZK-bezogenen Stimmigkeit des ZT eine antonymische Beziehung zum AT auf der lexikalischen Ebene explizit in Kauf nimmt, vollziehen nur JorW1861 und GelF1867. Somit läßt sich bereits anhand des Umgangs der Übersetzer mit der direkten und indirekten Rede ablesen, daß die lexikalische (intensionale) Übereinstimmung mit dem AT für die erstgenannten Übersetzer wichtiger ist als die textspezifische extensionale, der nur JORDAN und GELBCKE Priorität gegenüber der intensionalen einräumen.

Die in der linken Hälfte von Tabelle 4-4 aufgeführten ZT geben die Frage nach der Schönheit des Angesprochenen – wie auch der AT – in indirekter Rede wieder. Sie haben daher keine Schwierigkeiten mit dem Personalpronomen, wohl aber mit der grammatischen Konstruktion innerhalb der Verszeile: TieL1807 beläßt die Antwort in 2.7, verschiebt aber ihre Einbettung an das Ende von 2.8. RodS1834/MolM1865 und RegG1836 verschieben die Antwort nach 2.8. BodF1862 und nach ihm SimK1867 und FriH1869 ersetzen die indirekte Rede durch die wortlose Geste des Zeigens auf die Augen, die die Niederlage des Angeredeten betont: Er wird als so schwach dargestellt, daß er noch nicht einmal mehr antworten kann.

[625] Da die beiden erstgenannten Übersetzer ihre ZT zeitgleich publizieren und OrtE1840 nur formal, nicht aber inhaltlich zu der Gruppe gezählt werden kann, weist GilO1876 eine auffällige Parallele zu WalL1840 auf.

[626] EscJ1787 2.7: „[...] und du sagtest: in deinen tief eingesunkenen Augen"; KanK1803 2.7: „In deinen hohlen Augen, dann zu sagen [...]".

[627] WalL1840 2.7: „[...] zu sagen: in dem eignen hohlen Blick – / Das wäre [...]".

[628] Ein Demonstrativpronomen verwendet NeiA1869 und gewissermaßen auch GilO1871 („den [...] hier").

Alle ZT geben die „richtige Antwort" des Angesprochenen in direkter Rede wieder. Eine Untergruppe von sechs ZT – RegG1836, OrtE1840, JorW1861, BodF1862, SimK1867 und FriH1869 – dehnen die direkte Rede auch auf 2.12 aus. Dadurch wird der im AT als Kommentar des Sprechers wiedergegebene Part zu einem Teil der Rede des Angesprochenen. Somit entfällt die lobende Bewertung, die innerhalb des AT die Richtigkeit der kurz zuvor aufgestellten Behauptung (2.9) „beweist" und im Äußerungskontext die „richtige Antwort" explizit als solche kennzeichnet. In RegG1836, JorW1861 und SimK1867 erhält die betreffende Zeile 2.12 statt dessen eine begründende Funktion, in OrtE1840, BodF1862 und FriH1869 wird das Lob des Sprechers des AT zur Behauptung des Angesprochenen. Alle sechs ZT verwenden in Übereinstimmung mit dem Kontext der direkten Rede „mein" als Korrelat für *thine*. Lexikalisch gesehen liegt somit eine antonymische, in extensionaler Hinsicht jedoch eine synonymische Korrelationsbeziehung vor. Die ZT vermeiden so die Verwirrung des Lesers, die der AT durch die Verwendung der Personalpronomen *his* und *thine* hervorruft und durch die rhythmische Akzentverteilung und die Wortstellung noch betont. TieL1807 reflektiert dies innerhalb des Korpus am deutlichsten, indem er „Sein" an den Anfang von 2.12 stellt und die Zeile mit „Dir" beendet.

Keiner der genannten sechs ZT beendet 2.12 wie der AT mit einem Possessivpronomen. Da zehn der restlichen ZT, also knapp die Hälfte des untersuchten Korpus, dies tun, weist auch diese Beobachtung darauf hin, daß für die genannten ZT die ZS/ZK-seitige Verständlichkeit eine hohe Priorität genießt, für deren Erreichen formale und inhaltliche Veränderungen (Kommentar des Sprechers wird zu Begründung bzw. These des Angesprochenen; Verschiebungen in der Reimlexik) in Kauf genommen werden.

Bezüglich der Frage nach zielseitigen Abhängigkeiten fällt auf, daß die ZT die Untergruppe BodF1862, SimK1867 und FriH1869 enthalten, die bereits durch Ersetzung der indirekten Rede durch eine Geste aufgefallen war. Auch RegG1836 wich bereits durch die Umstellung der Zeilen 2.7-8 auffallend von der Mehrheit der ZT ab. Neben der Abhängigkeit der Texte mehren sich somit die Indizien, die dafür sprechen, daß die genannten ZT nicht die Strategie verfolgen, ihre formale und auch inhaltliche Struktur dem AT möglichst weitgehend anzugleichen.

Genauere Aufschlüsse über die Übersetzensstrategien verspricht ein Wortindex zu allen Texten, wie ihn auch frühere computergestützte Arbeiten erstellt haben. Da durch die Differenzierung zwischen Worten und Wortformen sowie der datenbankbasierten Korrelation auf Wortformen- und auf Phrasenebene erheblich ergiebigere Auswertungsmöglichkeiten zur Verfügung stehen, werden die Wortindizes vor allem zur Unterstützung bei der Aufbereitung der Korrelationen eingesetzt: Ein- und zweisprachige Lexika können unter Verwendung der alphabetisch sortierten Listen in einem Zug durchgearbeitet werden, und es besteht die Sicherheit, daß kein Segment übersehen wird.

Die von PREP_0 erstellte Datenbank enthält die vorgefertigte Abfrage „Wortindex_Spr_Überschr", die automatisch einen solchen Index für alle Abschnitte einer bestimmten Sprache erstellt. In ACCESS läßt sich auf dieser Grundlage leicht ein sogenannter „Bericht" erstellen, der die Informationen typographisch ansprechend und übersichtlich ausgibt. Um den verfügbaren Platz optimal auszunutzen, wurde eine dreispaltige Anordnung gewählt. Alle Worte werden in alphabetischer Reihenfolge aufgeführt. Zu jedem Wort werden in chronologischer Reihenfolge nach Erscheinungsjahr alle Texte und Fundstellen angegeben, an denen das Wort steht. Im Anhang dokumentiert Abschnitt 7.5.4 (S. 290) die Ergebnisse auszugsweise. Sie sind vollständig einsehbar nach Aufruf des ACCESS-Berichtes „Wortindex_Spr_Überschr" in der generierten Datenbank.

Die Auswertung des Wortformenindex für die ZT ergibt, daß einige ZT-Paare bemerkenswert oft dieselben Worte verwenden. Trotz dieses sehr groben Maßstabes – allein die Buchstaben eines Wortes werden verglichen, gemeinsame Grundformen werden nicht erkannt – fällt auf, daß fast jedes Wort, das in RodS1836 belegt ist, an der gleichen Textstelle auch in MolM1865 ermittelt wird. Bei anderen Texten finden sich zwar seltener Übereinstimmungen (z.B. LacK1820 und RicK1836 („Abkunft", s. Abschnitt 7.5.4.2) und KanK1803 und RicK1836 („Beweisend")), dennoch könnten auch diese Fälle auf zielseitige Abhängigkeiten hinweisen, da es sich um sinntragende Segmente des AT handelt und alle anderen ZT abweichende Lösungen wählen.

Ein abgesichertes Verfahren zur Bestimmung statistisch gesehen nicht zufälliger Abhängigkeiten zweier Texte bietet die Bestimmung des PEARSONschen Korrelationskoeffizienten.[629] Dieses meines Wissens nach hier erstmals in der Übersetzungsforschung eingesetzte Verfahren gestattet wohlbegründete Aussagen über die Wahrscheinlichkeit, mit der die Hypothese, daß ein ZT von einem anderen ZT abhängig sei, anzunehmen oder abzulehnen ist. Der PEARSONsche Korrelationskoeffizient, ein sogenanntes Assoziationsmaß, erlaubt statistisch begründete Aussagen über den Grad der Korrelation zweier Wertemengen. Die Berechnung dieses Wertes gehört zum Grundwissen angewandter Statistik und ist bereits gelegentlich für editorische Zwecke (z.B. Bestimmung von Abhängigkeiten verschiedener Handschriften eines Texts) eingesetzt worden.[630] Sie wird im folgenden als Hilfsmittel zur Bestimmung zielseitiger Abhängigkeiten eingesetzt. Der Rechner übernimmt damit nicht nur operationale, sondern erstmals auch informationelle Arbeitsprozesse, die übersetzungsphilologisch relevante Daten im Korpus sichtbar machen sollen, die sonst verborgen blieben.

Auf der Ebene der formalen Gestaltung, auf der die meisten computergestützten Auswertungen verharren, ist allein der Vergleich von Worten und Satzzeichen präzise möglich. Auch nicht-computergestützte Übersetzungsforschungen führen in bezug auf diese Ebene einfache statistische Argumente an, wenn sie beispielsweise auf die absolute Anzahl von Übereinstimmungen zweier ZT auf der Wortebene verweisen und bei sehr weitgehender Übereinstimmung beider Texte von der Bearbeitung des früheren ZT durch den späteren sprechen.[631] Die Berufung auf absolute Häufigkeiten kann

---

[629] Eine kurze, auch für Nicht-Mathematiker leicht verständliche Einführung findet sich in SCHILLING 1998: 51-59. Sehr knapp ist die Darstellung in OAKES 1998: 29-32, die explizit auf (monolinguale) korpuslinguistische Untersuchungen eingeht.

[630] Siehe BERGHAUS 1978: 7-8, NOE 1987.

[631] Z.B. BORGMEIER 1970: 43, 66, 84.

allerdings nur bei sehr hoher Übereinstimmung argumentatives Gewicht erhalten. Bei „noch beträchtlicher“, aber „nicht mehr nahezu vollständiger“ Übereinstimmung bleibt unklar, inwiefern der spätere ZT den früheren aufgreift. A. P. FRANK hat diesen Ansatz in einem 1989 vorgeschlagenen „quantitativen“ Verfahren zur Bestimmung zielseitiger Abhängigkeiten weiterentwickelt: Er zählt die „*Übersetzungsmontage*“, worunter er die wortwörtliche Übernahme von Worten aus VT versteht, zu den „sicherste[n] *quantitative*[n] Indiz[ien] für eine Abhängigkeit“.[632] Wenn keine vollständige Übereinstimmung festgestellt werden kann, gibt er folgendes zu bedenken:

> Wie hoch in [diesen] Fällen der Prozentsatz von Übereinstimmungen sein muß, damit die Abhängigkeit mit Sicherheit identifiziert werden kann, läßt sich generell nicht festlegen; die konservative Grenze dürfte bei 80% liegen; darunter kommt es auf den jeweiligen Fall an.[633]

Weshalb der „konservative“ Grenzwert gerade bei 80% liegt und ob es noch andere Grenzwerte gibt, wird nicht diskutiert. Insbesondere wird nicht bedacht, daß man abhängig von der Richtung des Vergleichs unterschiedliche Prozentwerte erhält. Diese im folgenden näher erläuterte und in Abschnitt 7.5.5.1 anschaulich belegte Aussage stützt die Korrelationshypothese, nach der die Äquivalenzhypothese wegen der Irreversibilität des Übersetzens abzulehnen ist – die Irreversibilität hebt die Transitivität auf, die in der Mathematik eine Eigenschaft von Äquivalenzrelationen ist. Nur wenn das Übersetzen eine transitive Operation wäre, könnte man nämlich identische Übereinstimmungen annehmen.

Die im folgenden ausführlich diskutierte Bestimmung des Korrelationskoeffizienten basiert auf einer statistisch begründeten und erprobten Grundlage und kann auch für Fälle mit Übereinstimmungswerten von weniger als 80% Hinweise auf zielseitige Abhängigkeiten liefern. Die computergestützt durchgeführte korpusweite Bestimmung aller Übereinstimmungen aller ZT stellt sicher, daß keine Abhängigkeiten übersehen werden.[634]

Das für die Wortebene[635] entwickelte Verfahren arbeitet folgendermaßen: Ausgangspunkt ist die erwähnte Annahme, daß der Grad der wörtlichen Übereinstimmung zweier ZT *A* und *B* Aussagen über die Abhängigkeit dieser ZT ermöglicht. Der Grad der prozentualen Übereinstimmung ist abhängig davon, welcher Text als Bezugstext gewählt wird: Wenn beispielsweise die Übereinstimmung von *B* mit *A* überprüft werden soll, dann ist im Extremfall der Weiterschreibung davon auszugehen, daß nahezu alle Worte, die in *B* enthalten sind, auch in *A* vorkommen, weil *B* sie ja von dort über-

[632] FRANK, A. P. 1989: 197.

[633] FRANK, A. P. 1989: 197. FRANK verweist im Anschluß an diese Überlegung auf die Einbeziehung höherer Ebenen wie der „*Textstrukturierung* und *Art der Übersetzung*“.

[634] FRANK, A. P. 1989: 196 weist ausdrücklich auf die hohe Relevanz der Vollständigkeit für die Untersuchung hin.

[635] Siehe Abschnitt 3.3, S. 117 zum hier gebrauchten Verständnis von „Wort“ im Sinne von *token*.

nimmt.[636] Das heißt allerdings nicht, daß auch alle Worte von *A* in *B* enthalten sein müssen, denn selbst wenn *B* jedes Wort von *A* weiterschreibt, ist es möglich, daß *B* mehr Worte als *A* enthält und *B* daher nicht vollständig mit *A* übereinstimmt. Diese Situation findet sich z.B. bei allen ZT-Paaren mit der Prosaübersetzung EscJ1787. Dieser ZT enthält viel mehr Worte als jeder spätere ZT. Dadurch kann ein späterer ZT zwar aus „seiner" Sicht Wort für Wort mit EscJ1787 gemeinsam haben, ohne daß der umfangreichere ZT ESCHENBURGs in demselben Maße mit dem späteren ZT übereinstimmt.

Sinnvollerweise wird der Grad der wörtlichen Übereinstimmung zweier ZT bezüglich aussagekräftiger Textteile bestimmt. Im vorliegenden Korpus könnte zeilen-, abschnitts-, oder textweise gemessen werden. Da nur ein Abschnitt untersucht wird und die Ergebnisse unabhängig von eventuellen Zeilenverschiebungen innerhalb des Abschnitts sein sollen, wird abschnittsweise ermittelt, wie viele Worte sowohl in *A* als auch in *B* vorkommen. Da die absolute Zahl angesichts unterschiedlicher Wortzahlen je Abschnitt wenig aussagekräftig ist, wird sie in bezug auf die Anzahl aller Worte sowohl in *A* als auch in *B* relativiert. Als Ergebnis liegt ein Wert vor, der Aufschluß über die prozentuale Übereinstimmung von *A* mit *B* und von *B* mit *A* gibt. Das Programm TRANSLATOSCOPE erstellt automatisch eine entsprechende Tabelle für alle im Korpus erfaßten ZT, wenn der Menüeintrag „Erstellen | Statistik | Wortebene" angeklickt und nach Anführung der obligatorischen Angaben der Knopf „Erstellen" per Mausklick gedrückt wird (vgl. Abbildung 4-2).[637]

Im Anhang dokumentiert Abschnitt 7.5.5 die Ergebnisse dieser Auswertung für Sonett 2 und 116.[638] Die Spalten der Tabelle geben jeweils an, wie groß die Übereinstimmung des Wortbestandes des in den Zeilen genannten ZT mit dem Wortbestand des ZT im Spaltentitel ist. Aus der in Abschnitt 7.5.5.1 abgebildeten Tabelle läßt sich ablesen, daß für das zweite Sonett des AT der ZT NeiA1869 zu 36%[639] mit dem ZT EscJ1787 übereinstimmt. In der umgekehrten Richtung zeigt die Tabelle, daß 31% des Wortbestandes von EscJ1787 demjenigen von NeiA1869 gleicht. Im Vergleich dazu weist das Paar (RegG1836, EscJ1787) deutlich niedrigere Übereinstimmungswerte (19% bzw. 17%) auf.

---

[636] Diesen Gedanken scheint A. P. FRANK durch die Angabe des Grenzwerts von 80% zu operationalisieren.

[637] Anschließend sind der gewünschte Abschnitt und das Sprachkürzel der zu betrachtenden ZT einzugeben. Für die anschließend erzeugten drei Ergebnistabellen (zur prozentualen Übereinstimmung, zu den PEARSONschen Korrelationskoeffizienten und ihrer Fisher-Z-Transformation) kann ein gemeinsamer Anfangsname eingegeben werden, an den die Software automatisch die Abschnittsüberschrift (hier: „2") und die Art der Tabelle („_Prozent", „_Pearson", „_FisherZ") anfügt.

[638] Sie werden als Tabellen „Stat_IdWort_2_de_Prozent" und „Stat_IdWort_116_de_Prozent" in der Datenbank abgelegt.

[639] Ich führe alle Prozentangaben im folgenden als gerundete Ganzzahlen auf. Die im Anhang abgedruckten Tabellen geben noch die erste Nachkommastelle an. Die Datenbanktabellen halten die Werte bis zur fünften Dezimalstelle vor.

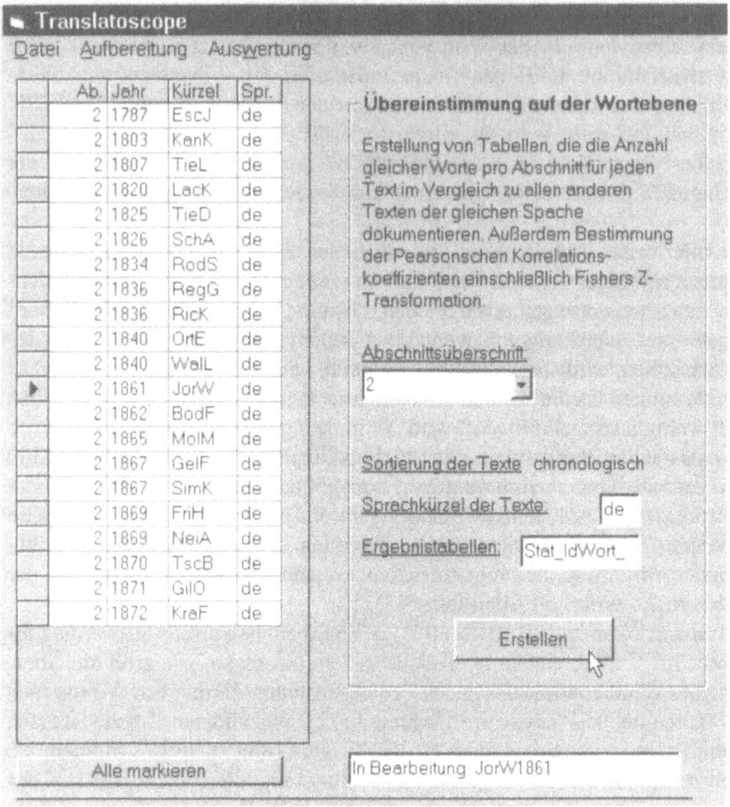

Abbildung 4-2: Erstellung der Tabellen zur Untersuchung zielseitiger Abhängigkeiten auf der Wortebene

Trotz der deutlichen Differenz geben diese Daten für sich allein genommen keinen Aufschluß darüber, ob, und wenn ja, wie stark NeiA1869 und RegG1836 mit EscJ-1787 korrelieren und wie diese Werte zu den Übereinstimmungen mit anderen potentiell als Vorlage benutzten ZT wie z.B. KanK1803 (NeiA1869: jeweils 25%, RegG-1836: 19% bzw. 20%) in Beziehung zu setzen sind. So ist beispielsweise zu berücksichtigen, welche Übereinstimmungen die anderen ZT jeweils aufweisen und inwiefern auf dieser Grundlage ein einzelner Prozentwert als auffällig hoch oder auffällig niedrig einzuschätzen ist.[640]

Die diesbezüglich relevanten mathematischen Kennzahlen sind das arithmetische Mittel und die Standardabweichung. TRANSLATOSCOPE berechnet sie automatisch und schreibt sie in die letzten beiden Zeilen der Tabelle. Diese Kennzahlen

[640] Daher führt die Verwendung eines für alle Distributionen identischen Prozentwertes nicht weiter.

ermöglichen eine korpusbezogene Einordnung der Einzelwerte, die nicht mehr auf absolute Werte angewiesen ist, sondern Abweichungen im Kontext der durch die Kennzahlen repräsentierten Gesamtheit aller Texte bewerten kann. Alle im vorigen Absatz erwähnten Werte der Übereinstimmung von NeiA1869, RegG1836 und EscJ1787 miteinander liegen innerhalb des durch die einfache Standardabweichung begrenzten Intervalls der Normalverteilung um das arithmetische Mittel. Statistisch gesehen sind beide Werte daher nicht oder nur mit sehr großer Irrtumswahrscheinlichkeit signifikant. Die Übereinstimmungen von NeiA1869 und RegG1836 mit EscJ1787 liegen somit im Rahmen der „normalen" Übereinstimmung, die zwischen Übersetzungen desselben AT zu erwarten ist. Sie resultieren aller Wahrscheinlichkeit nach nicht aus einer bemerkenswert engen Orientierung an EscJ1787.[641] Die Lektüre bestätigt diesen Eindruck.

Als Gegenbeispiel ist die Übereinstimmung von MolM1865 mit RodS1834 zu überprüfen, die – wie bereits im voraus bekannt ist – sehr hoch sein muß: schon flüchtiges Lesen zeigt, daß sich MOLTKE noch stärker an RodS1834 orientiert, als das Vorwort ohnehin erwarten läßt. Der Indikator schlägt wie gewünscht an: Der Übereinstimmungswert liegt bei 94%. Die Tatsache, daß dieser Wert um fast die dreifache Standardabweichung vom arithmetischen Mittelwert entfernt ist, weist darauf hin, daß es sich um eine innerhalb des Korpus tatsächlich außergewöhnliche Übereinstimmung handelt.

Zwischen diesen Extrembeispielen zieht die 54%ige Übereinstimmung von RicK1836 mit KanK1083 das Interesse auf sich, die deutlich über der Marge der anderen Werte von KanK1803 – wie auch anderer ZT – liegt, die sämtlich zwischen 15 und 38 Prozent betragen. Beide Texte waren bereits bei der Analyse der Distribution direkter Rede aufgefallen. Während SCHOEN-RENÉ RicK1836 in enger Anlehnung an LacK1820 sieht und als Beleg die Sonette 30, 116 und 144 anführt,[642] hat BORGMEIER unter bezug auf Sonett 2 RICHTERs ZT als „Bearbeitung der Übersetzung Kannegiessers" bezeichnet.[643] Um diese Aussage statistisch belegen zu können, reicht der vergleichsweise hohe Prozentwert allein nicht aus. Zusätzlich ist zu prüfen, ob sich RICHTERs ZT gegenüber den anderen ZT des Korpus in signifikanter Weise ähnlich wie KANNEGIESSERs ZT verhält.

Diese Prüfung ermöglicht der PEARSONsche Korrelationskoeffizient. Er wird bestimmt, indem zunächst die Prozentwerte zu den sogenannten z-Werten standardisiert werden. Anschließend sind die korpusweiten Kovarianzen gemäß PEARSON aufzusummieren und durch die Anzahl der betrachteten Texte zu dividieren. Das Ergebnis, den PEARSONschen Korrelationskoeffizienten, dokumentiert die Tabelle

[641] Da die verglichenen Werte die Übereinstimmungen der Texte betreffen, kann nicht eingewendet werden, daß sprachliche Phänomene grundsätzlich keiner Normalverteilung unterlägen. Die Untersuchung betrifft nicht die sprachlichen Phänomene selbst, sondern stellt auf den Vergleich des Übereinstimmungsgrades des Wortbestandes ab. Für diesen lassen sich – nach Einbeziehung des Korpuskontextes durch das arithmetische Mittel und die Standardabweichung – durchaus statistische Aussagen treffen.

[642] Siehe SCHOEN-RENÉ 1941: 93-95.

[643] BORGMEIER 1970: 67.

„Stat_IdWort_2_Pearson“ in der Datenbank, die im Anhang in Abschnitt 0 abgedruckt ist.[644] Der Wertebereich des Korrelationskoeffizienten liegt zwischen -1 und 1; ein Wert um Null signalisiert „keine (lineare) Korrelation“, Werte an den Enden des Wertebereichs signalisieren eine (lineare) Korrelation. Die tabellarische Darstellung aller Korrelationskoeffizienten gewährt eine nur auf die Korrelation spezialisierte, stark verdichtete Übersicht über das Korpus. Durch Konsultation geeigneter Tafeln kann anschließend bestimmt werden, mit welcher Irrtumswahrscheinlichkeit ein Korrelationskoeffizient eine Korrelation anzeigt, obwohl sie *de facto* nicht besteht.[645] Je geringer diese Wahrscheinlichkeit ist, desto stärker ist die Hypothese belegt, daß eine Korrelation vorliegt. In der Tabelle werden alle Koeffizienten mit einer Irrtumswahrscheinlichkeit bis maximal 1% fett hervorgehoben.[646] Für diese Werte ist eine gegenseitige Abhängigkeit mit an Sicherheit grenzender Wahrscheinlichkeit anzunehmen. Koeffizienten mit einer Irrtumswahrscheinlichkeit zwischen 1 und 5% sind fett und kursiv hervorgehoben. Auch sie signalisieren signifikante Einflüsse.

Die Frage, inwiefern ein ZT stärker als ein anderer ZT mit einem bestimmten VT korreliert, läßt sich erst nach der Durchführung von FISHERs Z-Transformation für die Korrelationskoeffizienten beantworten. TRANSLATOSCOPE generiert zu diesem Zweck die Tabelle „Stat_IdWort_2_FisherZ“, die im Anhang in Abschnitt 7.5.5.3 abgedruckt ist. Zur Veranschaulichung der Abhängigkeiten gibt Abbildung 4-3 auf der folgenden Seite die Fisher-Z-transformierten Werte in der Form eines Säulendiagramms wieder.

Der Einfluß eines ZT auf Nachfolgeübersetzungen ist an der vom Nullpunkt aufwärts gemessenen Höhe der jeweiligen Säule ablesbar. Seine Korrelation mit Vorgängerübersetzungen ist anhand der „Tiefe“ der „Wurzel“ ablesbar, die der Länge der Säule abwärts vom Nullpunkt entspricht.

---

[644] Da der Korrelationskoeffizient für jedes Textpaar identisch ist, habe ich der Übersichtlichkeit halber jeden Wert nur einmal angegeben.

[645] Ich verwende im folgenden stets die in ÜBERLA 1977: 366 aufgeführte Tabelle zweiseitiger Irrtumswahrscheinlichkeiten.

[646] Als Beispiel sei die oben angesprochene Korrelation zwischen KanK1803 und RicK1836 angeführt: Der PEARSONsche Korrelationskoeffizient beträgt für dieses ZT-Paar 0,6285. Bei der Gesamtmenge von 21 Texten (also 21 - 2 = 19 Freiheitsgraden) liegt die zweiseitige Irrtumswahrscheinlichkeit zwischen den Tabellenwerten für 1% (0,5487) und 0,1% (0,6652). Der Wert von 0,6285 ist somit statistisch signifikant. Er wird fett hervorgehoben.

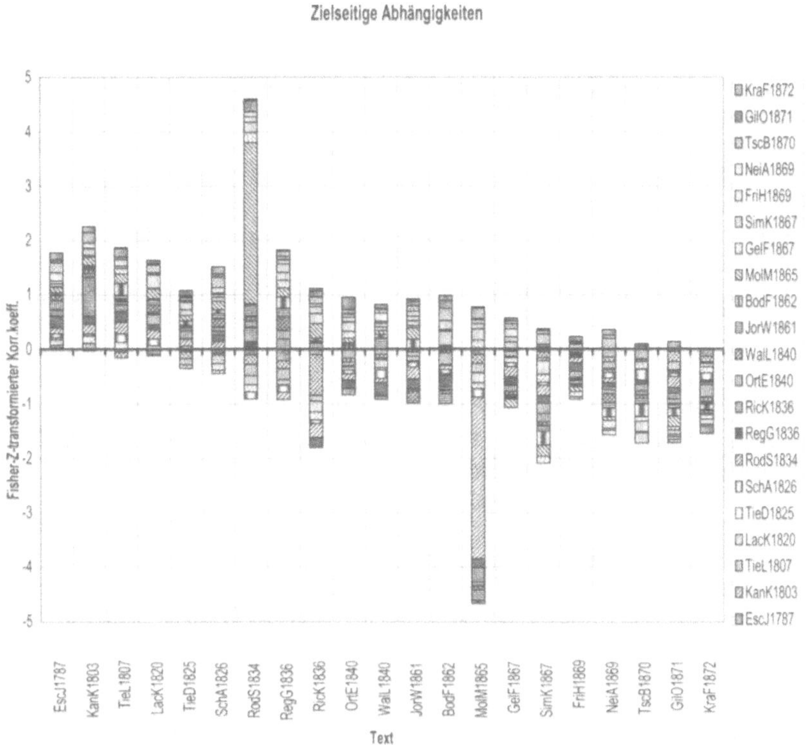

Abbildung 4-3: Graphische Darstellung der zielseitigen Abhängigkeiten zu Sonett 2 auf der Wortebene

Die Säulen bestehen aus den Fisher-Z-transformierten Korrelations koeffizienten, deren Vorzeichen für alle späteren Texte positiv, für alle früheren negativ gesetzt wurde. In der Graphik wird (bei farbiger Darstellung) auf einen Blick deutlich, mit welchen späteren und früheren ZT eine vergleichsweise größere oder kleinere Korrelation an zunehmen ist. So fällt beispielsweise sofort die Größe des Einflusses von RodS1834 auf MolM1865 auf. Außerdem geht aus der Graphik hervor, daß KanK1803 – und in geringerem Maße auch LachK1820 und SchA1827 – RicK1836 beträchtlich beeinflußt haben. RicK1836 ist auch deshalb ein bemerkenswerter Fall, weil selbst die auf der Wortebene weniger starken, mit einer statistischen Irrtumswahrscheinlich keit von mehr als 5% vergleichsweise unsicheren Korrelationen wie z.B. (SchA1826, RicK-1836), beim Lesen auffallen (vgl. z.B. 2.9-11). Sie könnten ein Hinweis darauf sein, daß ein ZT einen VT nicht vollständig, sondern nur zu bestimmten Teilen, beispielsweise in zwei reimenden Zeilen oder einem ganzen Quartett, weitgehend übernommen hat.

Im Vergleich zur nicht-statistisch arbeitenden Forschung, als deren Vertreter BORGMEIER RicK1836 bereits als abhängig von KanK1803 identifizierte, scheint das mathematische Verfahren der Korrelationskoeffizientenberechnung somit vergleichsweise strenge Bedingungen vorzugeben. Im Einzelfall könnte daher jede statistische Auffälligkeit auf einen signifikanten Einfluß hinweisen. Weitere Untersuchungen müssen zeigen, inwiefern auch statistisch vergleichsweise ungesicherte Korrelationen auf gleichwohl bestehende literarische Abhängigkeiten verweisen können.

Zur weiteren Erkundung wurden die drei obengenannten Tabellen auch für Sonett 116 erzeugt.[647] Anders als bei Sonett 2, für das nur die genannten zwei Textpaare durch den statistischen Test als abhängig erkannt wurden, führt die Tabelle der PEARSONschen Korrelationskoeffizienten für Sonett 116 nicht weniger als 14 statistisch korrelierende ZT-Paare auf. Eine erste, allein auf den statistischen Befund abstellende Untersuchung kann drei „Quellen“ rekonstruieren, deren Einfluß sich mit zunehmender ZT-Produktion vermischt.

Die erste Quelle ist LacK1820. Dieser ZT korreliert mit SchA1826 und – mit einer Irrtumswahrscheinlichkeit von weniger als 1% – mit RicK1837. RicK1836 wiederum korreliert eindeutig mit SchA1826. Beide Texte schreiben also höchstwahrscheinlich auch eine statistisch signifikante Anzahl von LACHMANNschen Lösungen fort. OrtE1840 schreibt diesen Einfluß durch die Korrelation mit SchA1826 weiter und überträgt ihn auf die späteren ZT, die mit ihm korrelieren: SimK1867 und GilO1877. Sie stehen somit ebenfalls in der Nachfolge LACHMANNs.

Als zweite Quelle ist TieD1825 anzusehen: Durch die Korrelation von BodF1862, der mit SimK1867, TscB1870 und GilO1871 korreliert, wird ihr Einfluß im Korpus der ZT vermittelt. Diese Feststellung stützen die mit 5 bis 10% Irrtumswahrscheinlichkeit bestehenden direkten Korrelationen zwischen TieD1825 und GelF1867, TscB1870 sowie GilO1871. In den bereits genannten ZT von SIMROCK und GILDEMEISTER mischen sich somit, statistisch gesehen, LACHMANNsche und TIECKsche Einflüsse.

Die dritte Quelle ist RegG1837. Er korreliert mit OrtE1840 und erreicht über ihn möglicherweise auch SimK1867 und GilO1871. In direkter Korrelation weisen BodF1862, SimK1867 und NeiA1869 Korrelationen mit RegG1836 auf, deren Irrtumswahrscheinlichkeit zwischen 5 und 10% liegt. Da GilO1871 nicht dabei ist, überwiegen in ihm die bereits genannten Einflüsse LACHMANNs und TIECKs. SimK1867 dagegen scheint alle drei Quellen zu verarbeiten.

Die Einordnung dieses Befundes in bisherige Ergebnisse der Übersetzungsforschung führt zu interessanten Ergebnissen: Einerseits stimmen die Beobachtungen mit bisheri-

---

[647] Sie sind im Anhang in Abschnitt 7.5.3 dokumentiert. Die Materialien widerlegen die Behauptung BORGMEIERS, daß Sonett 2 repräsentativ für die Gesamtheit der *Sonnets* stehen könne.

gen Forschungen überein. MolM1865 korreliert eindeutig mit SchR1837. LACHMANNs Einfluß auf RicK1836 hat bereits SCHOEN-RENÉ anhand von 116 nachgewiesen.[648] BORGMEIER hat SchA1826 als Einflußquelle identifiziert.[649] SIMROCKs Anleihen bei den Vorgängerübersetzungen von LACHMANN, REGIS und BODENSTEDT stellte bereits KAHN fest.[650] SCHOEN-RENÉ und BORGMEIER bestätigen dieses Urteil, wobei sie sich jeweils explizit auf KAHN beziehen.[651] Über diesen hinausgehend, kann durch Hinzuziehung biographischer Informationen ergänzt werden, daß SIMROCK auch beim Verfassen anderer Übersetzungen und beim Zusammenstellen von Textsammlungen häufig auf Vorgängertexte, die er nur wenig veränderte, zurückgriff.[652]

Außerdem legt die Betrachtung der Korrelationskoeffizienten, wie oben erläutert, eine Modifizierung des auf die Übersetzung der *Sonnets* bezogenen Befundes nahe: Der von der nicht computergestützten Kritik beobachtete LACHMANNsche Einfluß auf SimK1867 kommt demnach über den – von KAHN und BORGMEIER nicht näher betrachteten – ZT von ORTLEPP zustande. SCHOEN-RENÉ behandelt diesen Text, scheint sich allerdings weitgehend auf das Selbstzeugnis des Übersetzers zu stützen, das er nur insofern als *inaccurate* relativiert, als es die Abhängigkeit von den VT nicht genügend herausstelle.[653] Diese Überzeugung äußert auch BORGMEIER, der ORTLEPPs Sonettübersetzungen *en passant* in einem kurzen Absatz abhandelt.[654]

In einem ungewöhnlichen Fall des Selbstzeugnisses eines Übersetzers erklärt ORTLEPP im Vorwort zu seinem ZT, daß er im Verlauf seines Übersetzens aller *Sonnets* ungefähr nach der Hälfte auf „die beiden meisterhaften Übersetzungen von Richter und Regis" zurückgegriffen habe, da er nach dreijähriger Übersetzungsarbeit „gern auch wieder einmal dichten" wolle.[655] Diese Behauptung wird durch die Korrelationskoeffizientenanalyse von 2 und 116 bestätigt. Umgekehrt bestätigt das Selbstzeugnis ORTLEPPs auch das statistische Verfahren.

In bezug auf 116 ergibt sich aus statistischer Sicht folgendes Bild: Der statistische Befund weist der Korrelation von OrtE1840 mit RegG1836 eine Irrtumswahrscheinlichkeit zwischen 1 und 5% zu, der Korrelation mit RicK 5-10%. Dies zeigt zunächst, wenn man ORTLEPPs Aussage vertraut, daß selbst eine statistisch nicht signifikante Irrtumswahrscheinlichkeit bis 10% auf Einflüsse anderer ZT hinweisen kann. Die Einbeziehung der – statistisch gesehen nahezu sicheren – Korrelation von OrtE1840 mit SchA1826 verändert die Situation: Wenn ORTLEPP diesen ZT tatsächlich nicht gekannt hat, dann resultiert die hohe Korrelationswahrscheinlichkeit aus der

[648] Siehe SCHOEN-RENÉ 1941: 93.
[649] Siehe BORGMEIER 1970: 84.
[650] Siehe KAHN 1935: 77.
[651] Siehe SCHOEN-RENÉ 1941: 216; BORGMEIER 1970: 45; auf Seite 123 wird SIMROCK als „Erzplagiator" abqualifiziert.
[652] Siehe ADB, Bd. 34: 384. Dort findet sich auch die für die Beschäftigung SIMROCKs mit SHAKESPEARE wichtige Anmerkung „Wie fremd und gleichgiltig S. jede Quellenkritik war, zeigt sich am deutlichsten da, wo sie sich ihm einfach aufdrängen mußte, bei den *Quellen des Shakespeare*".
[653] Siehe SCHOEN-RENÉ 1941: 107f.
[654] Siehe BORGMEIER 1970: 122.
[655] Siehe ORTLEPP 1840: 360.

Vermittlung von RicK1836 und aus dem gemeinsamen Bezug beider VT auf LacK-1820. Andererseits zeigt der Vergleich der Fisher-Z-transformierten Koeffizienten, daß die Korrelation mit SCHUMACHERs ZT anderthalbmal so stark wie die Korrelation mit RICHTERs Übersetzung ist. Für die weitere Untersuchung stellt sich somit die Frage, ob ORTLEPPs ZT zufällig so stark mit SchA1826 korreliert, die geringe Irrtumswahrscheinlichkeit also durch Veränderungen von RegG1836 und RicK1836 erklärt werden kann und damit auf eine Schwäche des statistischen Indikators hinweist, oder ob die statistisch eindeutige Korrelation auch in literarischer Hinsicht beobachtet werden kann. Die Überprüfung der in Abschnitt 7.5.2 abgedruckten interlinearen Übersicht zu 116 ergibt, daß OrtE1840 je ein Quartett von SchA1826, RegG1836 und RicK1836 fast wörtlich übernimmt: Das erste Quartett entstammt RegG1836, das zweite RicK1836 und das dritte SchA1827. Diese Bestätigung des statistischen Befundes stärkt das Gewicht des Indikators. Der Textvergleich legt die Folgerung nahe, daß ORTELPP den – zur Publikationszeit seiner Übersetzung – vermutlich nicht mehr so bekannten ZT SCHUMACHERs als maßgeblichen Einfluß verschwiegen hat.

Die Korrelationskoeffizienten zeigen, daß BodF1862 als der einflußreichste nach 1848 erschienene ZT anzusehen ist.[656] Mit Ausnahme von MolM1865 korrelieren mit ihm drei ZT (SimK1867, TscB1870, GilO1871) mit einer Irrtumswahrscheinlichkeit bis maximal 5% und drei weitere (GelF1867, NeiA1869 und KraF1872) mit einer Irrtumswahrscheinlichkeit von maximal 10%. Im Vergleich zu den Koeffizienten von 2 fällt auf, daß mit zunehmender ZT-Produktion auch die gegenseitige Korrelation der ZT zunimmt. Statistisch gesehen, bildet sich also eine vergleichsweise große gemeinsame Basis der späteren ZT heraus. Diese Tendenz wäre von einer lexikalischen und rhetorischen Korrelationsanalyse näher zu untersuchen. Da es an dieser Stelle jedoch vor allem um die methodischen Hilfsmittel und ihren Einsatz geht und diese unter Bezug auf 2 diskutiert werden, muß diese Frage offengelassen werden. Ebenso kann nicht geklärt werden, inwiefern BodF1862 den unveröffentlichen ZT Dorothea TIECKs verarbeitet hat. Der Korrelationskoeffizient dieses Textpaars weist mit 95%iger Sicherheit auf den Einfluß des später seinerseits sehr einflußreichen ZT hin. Angesichts der bisher beobachteten Präzision des statistischen Indikators erscheint es sinnvoll, die Hypothese zu überprüfen, daß BODENSTEDT das Manuskript der vollständigen Übersetzung der *Sonnets* durch Dorothea TIECK vorlag. Diese Annahme wäre unter Berücksichtigung textspezifischer Daten und ggf. auch Übersetzeräußerungen näher zu überprüfen.

Zur Verfeinerung der Korrelationskoeffizientenanalyse können die während der Aufbereitung ergänzten Daten hinzugezogen werden. Besonders sinnvoll erscheint es, die Übereinstimmungen zweier Texte anhand des gemeinsamen Bestandes der gramma-

[656] Dies sah insbesondere BODENSTEDT selbst so, wie beispielsweise ein Brief vom 14.11.1872 an seinen Verleger bezeugt, in dem er die späteren ZT pauschal als „Nachpfuschereien, welche meine ‚Shakespeare-Sonette' in den letzten Jahren erfahren" abqualifiziert (SCHENK 1893: 177).

tisch differenzierten Grundformen zu bestimmen.[657] Dadurch kann sowohl von zeitbedingter orthographische Varianz als auch von der Veränderung einer Vorlage durch Substitution einer anderen grammatischen Form derselben Grundform abstrahiert werden. Gleichwohl steigt dadurch auch die Möglichkeit von Fehleinschätzungen, weil zu erwarten ist, daß grundsätzlich mehr Grundformen zweier Texte miteinander übereinstimmen als Worte. Außerdem können die Veränderungen der grammatischen Form durchaus zu inhaltlich stark differierenden Interpretationen führen. Deshalb ist die für die Annahme einer Korrelationshypothese erforderliche Irrtumswahrscheinlichkeit nicht größer als 5% anzusetzen und im Einzelfall zu überprüfen, welches Spannungsverhältnis zwischen Grundformen und Worten besteht. Da die über die Wortebene hinausgehende Aufbereitung nur exemplarisch an Sonett 2 durchgeführt wurde, wird auch nUr dieses Gedicht im folgenden betrachtet.

Abschnitt 7.5.5.7 führt die prozentualen Übereinstimmungen der ZT in bezug auf die Grundformen auf. Sie wurden, wie auch die Tabellen mit den PEARSONschen Korrelationskoeffizienten und ihrer FISHER-Z-Transformation analog zu den Tabellen für die Wortebene mit TRANSLATOSCOPE erzeugt. Im Menü „Auswertung | Statistik“ ist dafür der Unterpunkt „Übereinstimmungen der Grundformen“ auszuwählen. Wie erwartet, liegen meist etwas höhere Übereinstimmungsquotienten als auf der Wortebene vor. Auffällig ist, daß das Textpaar (RicK1836, LacK1820), das auf der Wortebene zu knapp 36% übereinstimmt, bezüglich der Grundformen eine Übereinstimmung von etwas mehr als 51% aufweist. Die Tabelle der PEARSONschen Korrelationskoeffizienten (s. Abschnitt 7.5.5.8) bestätigt, daß es sich in diesem Fall um eine statistisch signifikante Übereinstimmung handelt: Der Wert des Koeffizienten (0,4458) liegt oberhalb des 5%-Signifikanzniveaus für die Irrtumswahrscheinlichkeit (0,4329). Stützt man sich also auf die Betrachtung der Grundformen, so ist RicK1836 nicht nur, wie BORGMEIER behauptet hat, von KanK1803 abhängig, sondern in signifikanter Weise auch von LacK1820. Diese statistische Hypothese würde eine Verbindung mit den Ergebnissen von SCHOEN-RENÉ ermöglichen, nach denen LacK1820 als Haupteinflußquelle für RicK1836 anzusehen ist.

Zur näheren Untersuchung müssen die Texte eingesehen oder Korrelationsindizes erstellt und ausgewertet werden. Wenn noch keine Korrelationsinformationen kodiert wurden, bietet es sich an, mit Hilfe von TRANSLATOSCOPE eine interlineare Übersicht der drei ZT zu generieren. Tabelle 4-5 zeigt das bereits leicht modifizierte Ergebnis. In der automatisch erzeugten WORD-Tabelle wurde der ZT von RICHTER jeweils an erste Stelle verschoben. Alle Abweichungen der potentiell als Vorlage benutzten ZT KanK1803 und LacK1820 wurden kursiviert.[658]

---

[657] Der Auswertungsalgorithmus stellt für alle Wortformen eines ZT alle Grundformen und ihre syntaktische Kodierung zusammen. Anschließend zählt er die Übereinstimmungen mit anderen ZT und bestimmt dann die weiteren Kennzahlen.

[658] Da der Auswertungsalgorithmus alle Grundformen unabhängig von ihrer Position miteinander vergleicht, sind einzelne Worte nicht kursiviert, auch wenn sie in der Bezugszeile nicht vorkommen: Ihr Pendant in RicK1836 befindet sich dann an anderem Ort. Zusammengezogene Worte wie „im“ werden im Zuge der Aufbereitung entkontrahiert. Das „m“ von „im“ in LacK1820 2.2 wurde kursiv gesetzt, weil die Grundform des bestimmten Artikels „der, die, das“ nicht in RicK1836 vorkommt,

Text: T.Z[659]	Zeile Z	Zeile Z+1
RicK1836: 2.1	Belagern vierzig Winter deine Brauen,	Ziehn Gräben sie in deiner Schönheit Feld,
KanK1803: 2.1	Belagern vierzig Winter deine Brauen,	Ziehn Gräben sie in deiner Schönheit Feld,
LacK1820: 2.1	*Wann* vierzig Winter deine *Stirn besetzt*,	*Laufgräben tief im* Schönheitplan geführt, –
RicK1836: 2.3	Der Jugend stolzer Schmuck, jetzt schön zu schauen,	Ist kahles Kleid dann, das man werthlos hält.
KanK1803: 2.3	*Dein* stolzer *Jugendschmuck*, jetzt schön zu schauen,	Ist dann *ein Fetzen*, den man werthlos hält.
LacK1820: 2.3	Der Jugend stolze *Tracht, ein Wunder* jetzt,	*Wird* kahles Kleid, das *allen Werth verliert*.
RicK1836: 2.5	Wird man, wo deine Schönheit hinsei, fragen,	Und deiner frohen Tage Eigenthum?
KanK1803: 2.5	*Wenn einst*, wo deine Schönheit *sei, sie* fragen	*Wo* deiner frohen Tage *Schätze sei'n*:
LacK1820: 2.5	*Wer* dann, wo *all die Schönheitwonne* fragt,	*Wo all der Reichthum, frischer* Tage *Reiz*,
RicK1836: 2.7	„In deinen hohlen Augen" dann zu sagen,	Verzehr'nde Schmach wär's, ganz unnützer Ruhm.
KanK1803: 2.7	In deinen hohlen Augen, dann zu sagen	Wär *allverzehr'nde* Schmach, Ruhm *ohn' Gedeihn*.
LacK1820: 2.7	*Wird, im versunknen* Aug', *ihm drauf* gesagt,	Wirds *Ruhmverschwendung* sein *und Schandengeiz*.
RicK1836: 2.9	Wie besser tönt genoßner Jugend Preis,	Erwiederst du: „Dies schöne Kind, das mein,
KanK1803: 2.9	Wie mehr *wollt' ich dem Schönheitsbraucher huld'gen*	*Antwort'test* du: „dies schöne Kind, das mein
LacK1820: 2.9	*Und welch Lob auf des Blühns Verwendung ruht*,	Erwiderst du: „dies schöne Kind, das mein,
RicK1836: 2.11	Zahl' meine Schuld, vertrete mich, den Greis"	Beweisend, daß sein Reiz durch Abkunft dein.
KanK1803: 2.11	*Soll sein* mein *Zahler und* mich *einst entschuld'gen*"	Beweisend, daß *des Kindes Schönheit* dein.
LacK1820: 2.11	*Macht voll die Rechnung* mir, mein *Alter gut*"; –	Beweist durch Abkunft *er*, sein Reiz *ist* dein –!
RicK1836: 2.13	So wirst du neu verjüngt sein, bist du alt,	Und siehst dein Blut warm, fühlst du gleich es kalt.
KanK1803: 2.13	*Das hieß', erneuert* sein, *wenn* du bist alt,	Warm sehn dein Blut, *wenn* du es fühlest kalt.
LacK1820: 2.13	So wirst du neu *geschaffen*, bist du alt,	Und siehst dein Blut warm, fühlst du schon es kalt.

Tabelle 4-5: Detailübersicht zu RicK1836, KanK1803 und LacK1820

Die Tabelle belegt, daß RicK1836 nicht nur von KanK1803, sondern auch von LacK-1820 entscheidend beeinflußt wurde. Diese Bedeutung von LacK1820 unterschätzt BORGMEIER, für den schon aufgrund der Übernahme der ersten beiden Zeilen von KanK1803 festzustehen scheint, daß dieser ZT auch die (einzige) Einflußquelle für RicK1836 darstellt.[660] Während BORGMEIER die Übernahme der ersten beiden Zeilen als Argument für die Abhängigkeit von KanK1803 anführt, tut er dies nicht bei der ebenso offensichtlichen Übernahme des Couplets von LacK1820.[661] Dies mag auch daran liegen, daß BORGMEIER KanK1803 hoch schätzt und bereits bei der

wohl aber die Präposition „in". Erst die der Grundformenbestimmung vorgeschaltete Differenzierung zwischen Worten und Wortformen ermöglicht diese präzise Vorgehensweise.

[659] „T.Z" steht für „Textabschnitt.Zeile".

[660] BORGMEIER 1970: 43 „[So] zeigt sich auf den ersten Blick, daß diesmal die Anleihe nicht bei diesem [LacK1820], sondern bei Kannegießer vorgenommen worden ist".

[661] BORGMEIER 1970: 100.

Besprechung des ersten Couplets feststellt, daß „Richter wirklich die beste vorhandene Quelle wählt".[662]

Tabelle 4-5 zeigt, daß RicK1836 nicht nur KanK1803 und LacK1820 bei der Erstellung seines ZT benutzt hat, sondern beide Vorlagen mit Blick auf den AT modifiziert hat. Grundsätzlich ist ihm an rhythmischer Flüssigkeit seines ZT gelegen: Er glättet die holprigen Stellen in KanK1803 („antwort'test", „dem Schönheitsbraucher huld'gen") und LacK1820 („Laufgräben tief", „Ruhmverschwendung sein und Schandengeiz / Und welch Lob"). Er achtet auf die Beibehaltung derjenigen Reimworte, die mit den Reimworten des AT auf lexikalischer Ebene korrelieren: Anders als seine beiden Hauptquellen setzt er in 2.8 „Ruhm" (AT: *praise*) als Reimwort. Im Vergleich mit KanK1803 („Ruhm ohn' Gedeihn") zeigt sich, daß RICHTER auch die Beibehaltung des männlichen Endreims als wichtig einschätzt. Weiter zeigt der Vergleich der nicht übernommenen Worte und Phrasen, daß RICHTER einige Nominalphrasen des AT, die aus einem Attribut und einem Substantiv bestehen und von KanK1803 oder LacK1820 durch ein einziges Wort übersetzt werden („Jugendschmuck", „Fetzen", „Ruhmverschwendung", „Schandengeiz"), wieder auflöst und in der syntaktischen Kombination von Attribut und Substantiv wiedergibt, die auch der AT wählt. Im Vergleich zum AT und zu den Hauptquellen kürzt RICHTER, wohl um des rhythmischen Flusses willen, einige temporale Ergänzungen bzw. ordnet sie so an, daß die zeitliche Strukturierung vom Leser dieses ZT stärker erschlossen werden muß als bei den anderen Texten.

Die Konsultation der Korrelationsübersicht ergibt, daß RICHTERs Lösungen bereits auf der Wortformenebene auffällig oft mit den bereits genannten ZT übereinstimmen. Insbesondere schreibt er „froh" für „lusty" (KanK1803), „Abkunft" für „succession" (LacK1820) und „beweisend" für „proving" (KanK1803, leicht variiert auch LacK1820) als – bis zu dem Erscheinen seines ZT – einziger Übersetzer fort.

Entgegen den Bedenken, daß zahlreiche weitere korrelierende ZT-Paare von dem Indikator fälschlich als abhängig identifiziert werden könnten, zeigt die Übersicht in 7.5.5.8 bis auf das bereits bekannte Paar (RodS1834, MolM1865) keine weiteren abhängigen ZT. Daher ist bezüglich der Aussagekraft der Korrelationskoeffizientenanalyse zur Feststellung zielseitiger Abhängigkeiten festzustellen, daß dieses Verfahren schon in der einfachen, wortbasierten Form in der Lage ist, auffällige Bezüge innerhalb der ZT zuverlässig aufzudecken. Durch die Einbeziehung der Grundformen konnten weitere Einflüsse aufgespürt werden.

---

[662] BORGMEIER 1970: 44. Für LACHMANNS ZT stellt er fest, daß dieser „in technischen Schwierigkeiten stecken[bleibt]" (S. 64) und „sehr von Shakespeare abweicht" (S. 82).

4.3. Rhythmische Gestaltung und Reim

4.3.1. *Interplay*[663]

TRANSLATOSCOPE unterstützt die Auswertung der rhythmischen Gestaltung der Texte hinsichtlich des *interplay*, also hinsichtlich der Hervorhebung einzelner Worte durch eine dem Metrum entgegenstehende Betonung. Durch Auswahl des bereits im vorigen Abschnitt genannten Menüpunktes „Auswertung | Übersicht | je Verfasser / Zeile" kann die Auswertungssoftware angewiesen werden, Fälle von *interplay* in der nach Zeilen bzw. nach Verfassern geordneten Darstellung der Texte zu markieren. Diese Option bewirkt, daß die ausgegebene Tabelle jedes Wort, in dem eine Silbe entgegen der metrisch geforderten Senkung als Hebung gelesen werden muß, durch doppelte Unterstreichung kennzeichnet. In dem entgegengesetzten Fall, in dem eine im Metrum betonte Silbe nicht betont wird und daher gegenüber den anderen Silben in den Hintergrund tritt, wird das Wort, das die Silbe enthält, durch eine gewellte Unterstreichung markiert.

Die Kennzeichnungen bieten einen schnellen Überblick über die rhythmischen Auffälligkeiten der Texte und wurden so gewählt, daß sie typographische Hervorhebungen wie Sperrung, Kursivschrift oder Unterstreichung nicht verdecken. Insbesondere die zeilenweise Auflistung vermittelt einen schnellen und präzisen Überblick über AT und ZT. Im Anhang ist für Sonett 2 die nach Zeilen- wie nach Verfassern geordnete Übersicht abgedruckt; einen Ausschnitt (das *couplet*) zeigt Tabelle 4-6.[664]

Da der AT das *interplay* gezielt einsetzt und sich beispielsweise die im folgenden besprochenen ZT daran orientieren, muß die Abweichung davon, die der Befolgung des metrischen Schemas entspricht, als signifikante Übersetzensstrategie dieser Texte angesehen werden. Insbesondere für JORDANs ZT deutet somit ein weiteres Indiz darauf hin, daß er durch bewußte Entscheidung ZK-konform erstellt wurde.

Wie die Schlußzeile von Sonett 2 (vgl. Tabelle 4-6) zeigt, übernehmen LacK1820, TieD1825, RicK1836 und GilO1871 nicht nur die Inversion in 2.13, sondern auch das *interplay* an der Position von „warm" im AT. Auch die ZT gebrauchen an dieser Stelle das Wort „warm", das dadurch im deutlichen Kontrast zum letzten Wort des Gedichtes steht.

---

663 Siehe, wie in Abschnitt 3.2 erläutert, LUDWIG ^{2}1981:38ff sowie WIMSATT/BEARDSLEY 1959: 596. Wie auch im folgenden kurz gesagt, handelt es sich um die akustische Hervorhebung einzelner Worte durch eine dem Metrum entgegenstehende Betonung.

664 Die Inversion zu Beginn von ShaW1609 2.13 mag im Einzelfall weniger stark ausfallen, als dies die Hervorhebung zum Ausdruck bringt. Unabhängig davon fällt auf, daß nur bei JorW1861, TscB-1870 und KraF1872 die Möglichkeit einer solchen Inversion nicht gegeben ist, diese ZT also sehr stark mit dem Metrum konform gehen. Insbesondere für JorW1861 und TscB1870 bestätigt der Vergleich der restlichen Gedichtzeilen diesen Eindruck, denn es findet sich kein Fall von *interplay*.

ShaW1609	2.13	This were to be new made when thou art ould,	And see thy blood warme when thou feel'st it could,[665]
EscJ1787	2.13	Dadurch würdest du dich im Alter noch verjüngen,	und dein Blut warm sehen, wenn du es kalt fühlst.
KanK1803	2.13	Das hieß', erneuert sein, wenn du bist alt,	Warm sehn dein Blut, wenn du es fühlest kalt.
TieL1807	2.13	Dies hieße neu erzeugt, wenn Du veraltet,	Heiß Blut gefühlt, wenn Deines schon erkaltet.
LacK1820	2.13	So wirst du neu geschaffen, bist du alt,	Und siehst dein Blut warm, fühlst du schon es kalt.
TieD1825	2.13	So würd'st Du neu erschaffen, wenn auch alt,	Und säh'st Dein Blut warm, fühlt'st Du gleich Dich kalt.
SchA1826	2.13	O dieß ist dich verjüngen, bist du alt,	Und warm dein Blut sehn, fühlst du schon es kalt.
RodS1834	2.13	So wärst du wieder jung, wirst einst du alt	Und sähst dein Blut noch warm, ward deines kalt.
RegG1836	2.13	Dieß ists wodurch ein Greis sich neu verjüngt,	Und kaltem Blut die Wärme wiederbringt.
RicK1836	2.13	So wirst du neu verjüngt sein, bist du alt,	Und siehst dein Blut warm, fühlst du gleich es kalt.
OrtE1840	2.13	Dann ging das frische Blut dir nie verloren,	Dann würdest du im Alter neu geboren!
WalL1840	2.13	Das gäbe neues Leben, bist du alt,	Und warmes Blut dir, wenn schon deines kalt.
JorW1861	2.13	Du fühltest warm dann, wenn es halb erfroren,	Dein Blut und dich im Alter neugeboren.
BodF1862	2.13	So wirst Du selbst verjüngt, wenn Du auch alt bist,	Und siehst Dein Blut erwärmt, wenn Du auch kalt bist.
MolM1865	2.13	So wärst du wieder jung, wirst einst du alt	Und sähst dein Blut noch warm, ward deines kalt.
GelF1867	2.13	Das machte jung Dich, wärest Du gleich alt,	Und wärmte Dir das Blut, ränn's noch so kalt.
SimK1867	2.13	So wirst du neu geschaffen, bist du alt,	Siehst warm dein Blut, fühlst du es gleich nun kalt.
FriH1869	2.13	Neu wärst du dann erzeugt, wenn noch so alt,	Dein Blut wär warm, und schien es noch so kalt.
NeiA1869	2.13	So würdest du verjüngt einst, wenn du alt,	Und fühltest warm dein Blut noch, das schon kalt.
TscB1870	2.13	Und neu geschaffen, wärst du einmal alt,	Sähst du, wie warm und roth dein Blut noch wallt.
GilO1871	2.13	Das hieß' im Alter neue Jugend finden,	Zugleich dein Blut warm sehn und kalt empfinden.
KraF1872	2.13	Wie neugeboren sähst Du Dich, den Alten,	Und schautest warm Dein Blut, fühlt'st Du's erkalten.

Tabelle 4-6: Automatisch generierte Übersicht über *interplay* im Couplet von Sonett 2.

Bis auf GilO1871, der statt des Adjektivs „kalt" das Verb „empfinden" als Reimwort setzt, erhalten die erwähnten ZT die im AT angelegte Spannung. KanK1803 dehnt sie über die gesamte letzte Schlußzeile aus, indem er „warm" an den Zeilenanfang stellt.

TieL1807 verstärkt – durchaus in Übereinstimmung mit zeitgenössischen Lexika, wie die Korrelation auf der Wortformenebene ergab – das „warm" von ShaW-1609 und KanK1803 zu „heiß", schwächt aber „cold" und „kalt" zu „erkaltet" ab. Er betont somit den Aspekt der Lebenswärme, die am Ende seines ZT noch nicht ganz geschwunden ist. Dies kann mit TIECKs bekannter und sogar in Romanform niedergelegter Interpretation der *Sonnets* als Dokumente von SHAKESPEAREs „jugendlicher Leidenschaft" in Verbindung gebracht werden.

In den genannten ZT ist es inhaltlich klar, daß die Gegenüberstellung der Adjektive „warm" und „kalt" für die im Text ausgemalten Alternativen des ewigen Lebens und Ruhmes gegenüber dem schmachvollen Tod steht. Da darüber hinaus auch die rhythmische Struktur des AT nachgebildet wird, muß die dem AT vergleichbare Verknüpfung von Inhalt und rhythmischer Form als bewußte Übersetzensstrategie

[665] BORGMEIER 1970: 26 hebt die Betonung von „new made" und „blood warm" durch Akzentprall ausdrücklich hervor.

angesehen werden. Der Vergleich mit den anderen Verszeilen ergibt, daß insbesondere KanK1803, LacK1820, RicK1836 und GilO1876 dieser Strategie folgen (vgl. 2.5-6, 9, 12), allerdings das *interplay* auch abweichend vom Gebrauch im AT einsetzen.

LacK1820 steht schon seit der ersten Rezension seines ZT in dem Ruf, rhythmisch „besonders treu" gegenüber dem AT zu sein. Die Übersicht zeigt jedoch, daß diese Aussage nicht zutrifft (vgl. 2.2, 4, 8-10), wenn mit „treu" gemeint ist „identisch in bezug auf die rhythmische Position" oder „identisch in bezug auf das durch *interplay* hervorgehobene Wort". Wie Tabelle 4-7 zeigt, folgt LacK1820 dem AT auch nicht bei der Verteilung männlicher und weiblicher Reime „sklavisch". Mehr als die anderen genannten ZT fällt LacK1820 wegen der Häufigkeit von rhythmischer Inversion und Akzentprall auf. Er ist also der rhythmisch in der Tat am wenigsten metrumskonforme ZT dieser Textgruppe, der der Versuch gemeinsam ist, die Konformität mit den metrischen Unregelmäßigkeiten des AT zu bewahren. Diese Texte verfolgen eine JorW1861 oder TscB1870 genau entgegengesetzte Strategie des Übersetzens.

Im Laufe der Zeit scheinen, wie bereits im Falle von RicK1836 beobachtet, Mittelwege zwischen bereits existierenden Lösungen gesucht zu werden. GilO1871, der am Ende des hier betrachteten Korpus steht, übernimmt in 2.2 beispielsweise, wie auch andere vor ihm, die erstmals von LacK1820 als Pendant zu „deep trenches" mit *interplay* auf „deep" konzipierten „Laufgräben". Er verlegt ihre Nennung jedoch – unter Elision des nachgestellten Epithetons und bei Inkaufnahme des Akzentpralls – ins Zeileninnere und nähert dadurch seinen ZT dem AT in rhythmischer Hinsicht an. Im AT unterstützt die Alliteration „dig deep" die Folgen des sich immer tiefer in das Gesicht des Angesprochenen eingrabenden Feindes „Zeit". Die Unvermitteltheit, mit der die „Laufgräben" im Blick des Lesers der ZT auftauchen, bewirkt eine – gerade auch im Vergleich mit den anderen ZT – bemerkenswert unpoetische Konfrontation mit dem unerbittlichen Feind, der sich in allen ZT, die mit LacK1820 von „Laufgräben" sprechen, in den „Schönheitplan" eingräbt. Die somit angesprochene Erörterung der Bildlichkeit führt Abschnitt 5.4 näher aus.

Neben dem wiederholt eingesetzten *interplay* gibt es eine Reihe von Einzelfällen, die zum einen zur Verdeutlichung der Botschaft des Sprechers eingesetzt werden[666] und daher formal und semantisch sinnvoll motiviert erscheinen,[667] zum anderen aber nur schwer erklärbar sind.[668]

In Verbindung mit der von PREP_0 automatisch vorgenommenen Reimwortkennzeichnung kann nach der rhythmischen Aufbereitung der Anteil männlicher und weiblicher Endreime automatisch bestimmt werden: Tabelle 4-7 dokumentiert das Ergebnis, das die von PREP_0 generierte Abfrage „Reimworte_männl_gesamt" für das Korpus liefert. Zusätzlich habe ich die Spalte „Zeilen mit weiblichem Reim" eingefügt, um einen Überblick über die Reimverteilung im jeweiligen Text zu geben.

---

666 Z.B. BodF1862 2.3 „Dann deiner Schönheit Glanz, jetzt so bewundert / [...]".
667 Z.B. RodS1834 2.2 „Und tief einfurchen", das mit „dig deep trenches" korreliert.
668 Wiederholt z.B. bei TieD1825, beispielsweise 2.1 „Fühlst Du [...]".

Nr.	Textkürzel	Anz.	Zeilen mit weiblichem Reim 1 2 3 4 5 6 7 8 9 10 11 12 13 14	Nr.	Textkürzel	Anz.
2	ShaW1609	14		**116**	ShaW1609	12
	KanK1803	8	1 3 5 7 9 11		KanK1803	—
	TieL1807	6	1 3 6 8 9 11 13 14		TieL1807	—
	LacK1820	14			LacK1820	8
	TieD1825	9	2 4 5 7 11		TieD1825	8
	SchA1826	10	1 3 6 8		SchA1826	4
	RodS1834	2*	(1 2 3 4 5 6 7 8 9 10 11 12)*		RodS1834	7
	RegG1836	11	1 3 14		RegG1836	8
	RicK1836	10	1 3 5 7		RicK1836	8
	OrtE1840	8	1 3 5 7 13 14		OrtE1840	6
	WalL1840	14			WalL1840	7
	JorW1861	6	1 3 6 8 9 11 13 14		JorW1861	5
	BodF1862	4	1 2 3 4 5 7 9 10		BodF1862	5
	MolM1866	2*	(1 2 3 4 5 6 7 8 9 10 11 12)*		MolM1866	6
	GelF1867	7	1 3 4 5 7 9 10		GelF1867	13
	SimK1867	6	1 3 5 6 7 8 9 10		SimK1867	9
	FriH1869	7	1 3 5 7 8 10 12		FriH1869	8
	NeiA1869	14			NeiA1869	12
	TscB1870	6	2 4 5 6 7 8 10 12		TscB1870	14
	GilO1871	8	1 3 9 11 13 14		GilO1871	6
	KraF1872	6	1 3 5 7 9 11 13 14		KraF1872	5

Tabelle 4-7: Übersicht über die Anzahl männlicher Reime im AT und in den ZT * kein Reim

So umstritten die normative Frage ist, ob der männliche bzw. weibliche Endreim beim Übersetzen invariant zu halten sei,[669] so deutlich macht die Übersicht, daß das hier betrachtete Korpus mehrere Antworten zuläßt, die von der Übersetzungsforschung nur dann gleichberechtigt betrachtet werden können, wenn versucht wird, zunächst die Prämissen des Übersetzers zu rekonstruieren und diese erst nachträglich zu bewerten.

Anhand des zum Vergleich angeführten Ergebnisses für Sonett 116 läßt sich ablesen, daß allein NeiA1869 als Befürworter exakter Übereinstimmung der männlichen und weiblichen Reime eines ZT mit dem AT in Frage kommt, denn LacK1820 und WalL1840, die in Sonett 2 ebenfalls diese Strategie verfolgen, ändern sie in Sonett 116. Durch Abruf der einzelnen Reimworte über die Abfrage „Reimworte_Akzente" wird deutlich, daß NeiA1869 in beiden Fällen die rhythmische Reimstruktur des AT ohne Änderungen übernimmt: Die einzigen weiblichen Reime finden sich sowohl bei ShaW1609 wie auch bei NeiA1869 in 117.6, 8. Somit erfüllt allein NEIDHARDTs Text – zumindest für die hier herausgegriffenen Sonette 2 und 116 – die entsprechende, bereits 1865 erhobene Forderung seines Verfassers.[670] Für diesen ZT ist daher bei der Betrachtung der Reimlexik zu berücksichtigen, daß die Wahl des Reimwortes neben der lautlichen Übereinstimmung auch durch das Kriterium der Länge des Wortes

[669] Siehe BORGMEIER 1970: 35; 1975: 105.
[670] Siehe NEIDHARDT 1865: 382.

beeinflußt wird. Die anderen ZT sind nicht mit dieser gesteigerten Schwierigkeit der Reimwortfindung konfrontiert.

KanK1803, SchA1826, RicK1836 und OrtE1840 lassen sogar die Gelegenheit aus, ohne Veränderung des Inhalts durch bloße Einfügung eines Apostrophs die Elision des Zwischenvokals in „Brauen" anzuzeigen und dadurch dem männlichen Reim des AT zu entsprechen. Da diese Technik sonst durchaus eingesetzt wird, muß angenommen werden, daß diese ZT absichtlich alternierende Reime verwenden. Die Auflistung der weiblichen Reime zeigt, daß beispielsweise in KanK1803 das ganze Sonett bis zum Couplet in alternierender Reimfolge realisiert wurde. KANNEGIESSER experimentiert in der zweiten Folge seiner Übersetzungen der *Sonnets* also offensichtlich weiterhin mit ZK-konformen Modellen, greift aber nicht mehr auf das *abba abba cde cde*-Reimschema zurück, das er in der ersten Folge stets einsetzte.

Als Sonderfall ist RodS1834/MolM1865 auf den ersten Blick erkennbar: Bis auf das Couplet enden alle Verszeilen klingend. Unbedingt zu beachten ist, daß diese ZT keinem Reimschema unterliegen, also bezüglich der Reimlexik soviel Freiheit haben wie ESCHENBURGs Prosaübersetzung.

Die datenbankbasierte Datenhaltung ermöglicht die einfache Erstellung zahlreicher Statistiken zu diesem Aspekt.[671] Um jedoch ein möglichst breites Spektrum an Auswertungsmöglichkeiten aufzuzeigen, wird an dieser Stelle nicht weiter darauf eingegangen. Mehr als daß bestimmte ZT offensichtlich der Bewahrung des männlichen bzw. weiblichen Endreims große Wichtigkeit zugemessen haben und insofern als AT-orientierter als andere gelten können, wird also nicht ausgesagt. In Sonett 2 fällt die durchgehende Bewahrung des männlichen Endreims bei LacK1820, WalL1840 und NeiA1869 auf. Für sich allein genommen, sagt diese Beobachtung allerdings wenig aus, wie der Streit um die Relevanz dieses Kriteriums unter Übersetzern wie Übersetzungsforschern zeigt.[672] In Verknüpfung mit den bisherigen Befunden ergibt sich jedoch, daß die erneute Nennung von LacK1820 die nicht-computergestützt gewonnenen Ergebnisse untermauert, nach denen LACHMANN besonders auf die rhythmische Gestaltung seines ZT geachtet habe.

Eine weitere, im folgenden nicht näher ausgeführte Auswertungsmöglichkeit besteht in der automatischen Ermittlung von Zeilensprüngen durch Kodierung auf Phrasen- und Satzebene. Das ggf. erfolgende Enjambement am Ende einer Zeile könnte mit LUDWIG als „r" (*rejet*) bzw. als „c" (*contre-rejet*) gekennzeichnet werden.[673] Wenn das Enjambement innerhalb eines Satzgliedes[674] erfolgt, so entsteht eine ungleich stärker betonte und vom Leser viel deutlicher wahrgenommene Unterbre-

---

[671] Beispielsweise kann der Anteil von einsilbigen Worten am Gesamtwortbestand eines Sonetts leicht bestimmt werden. Anders als bei YATES, nach dem Sonett 116 zu 76% aus Einsilbern besteht, ergibt sich aufgrund meiner rhythmischen Kodierung von Sonett 116, daß (gerundet) 74% aller Worte einsilbig sind.

[672] Während BORGMEIER 1970: 35 die Übereinstimmung von AT und ZT hinsichtlich dieses Kriteriums für wenig relevant hält, zollt ihm YATES 1981: 80-82 besondere Beachtung.

[673] Siehe LUDWIG ^{2}1981: 62f.

[674] Als Satzglied wäre z.B. eine der im vorigen Kapitel eingeführten Phrasensegmente zu verstehen.

chung des Leseflusses, als wenn das Enjambement mit den Grenzen zweier Satzglieder zusammenfällt. Ein solcher „starker" Zeilensprung (z.B. RodS1834 2.9-11 „[...], könntest / Antworten du: dieß holde Kind sei meine / Entschuldigung [...]") kann durch Software automatisch aufgespürt werden, wenn die Satzglieder kodiert wurden, die die jeweils letzten Worte der Verszeilen enthalten: Durch Einbeziehung der Zeilennummern läßt sich dann feststellen, welche Satzglieder über eine einzelne Zeile hinausreichen. Die Wirkung auf den Leser dürfte in der Regel ein „Zerreißen" des Satzgliedes sein, dessen Wirkung über die eines „normalen" Enjambements hinausgeht, weil es weniger als jenes den Anschluß der folgenden Zeile in fließendem Übergang leistet, sondern vielmehr die Übergangsstelle als Bruchstelle markiert und dem Leser den Widerspruch von metrischer Zeile und syntaktischer und semantischer Einheit vergegenwärtigt.

4.3.2. Reimschema

In Abschnitt 2.5.2 wurden bereits die unterschiedlichen Sonettschemata von AK und ZK erwähnt. Während BORGMEIER diese Differenz nicht thematisiert,[675] zeigen die Äußerungen von ORTLEPP und BODENSTEDT, daß sich die Übersetzer dieser Spannung durchaus bewußt waren.[676] Dies gilt auch für LACHMANN, JORDAN und SIMROCK, von denen eigene Sonette zugänglich sind, die durchweg dem italienischen Reimschema der ZK folgen. Bis auf die im folgenden genannten Ausnahmen folgen die Übersetzungen dem englischen Reimschema der AK. Insofern bestätigt das hier untersuchte Korpus die Bedeutung der Untersuchung der lyrischen Form, auf die HOLMES bereits 1970 hingewiesen hat.[677]

Trotz Verwendung des jambischen Fünfhebers ist RodS1834/MolM1865 – mit Ausnahme des Couplets – reimlos; in HOLMES' Terminologie gesprochen, verwenden diese beiden ZT eine *extraneous form*.[678] In der ersten Versübersetzung von Sonett 2 durch KANNEGIESSER ist die Spannung zwischen AK- und ZK-Schema noch sichtbar: Der ZT ist durch Leerzeilen gemäß des ZK-Schemas in eine Oktave und ein Sextett unterteilt, die aus zwei Quartetten bzw. zwei Terzetten bestehen. Das lautliche Reimschema entspricht jedoch dem Reimschema des AT. Somit hat KANNEGIESSER nach der ersten Veröffentlichung von acht *sonnets* den dort gemachten Versuch aufgegeben,

---

675 Siehe BORGMEIER 1970: 30-32; S. 32: „Das Sonett ist eine in der deutschen Literatur so eingebürgerte Gattung, daß gar keine Diskussion darüber aufkommen kann, daß der Übersetzer auch genau diese Form des Originals übernehmen muß". Die Spannung zwischen den unterschiedlichen Modellen der AK („englisch") und ZK („italienisch") wird nicht diskutiert, obwohl BORGMEIER im Zuge der Diskussion der Reimlexik feststellt, daß KANNEGIESSER sich zunächst „an das strenge Petrarka-Reimschema" gehalten habe (BORGMEIER 1970: 138).

676 ORTLEPP 1840: 195 sieht das italienische Schema als das ‚eigentliche' an: „Es ist zu bemerken, daß sich Shakspeare an die eigentliche strengere Sonettform in seinen Sonetten nicht gebunden". Gleiches gilt, wie bereits SCHOEN-RENÉ 1941: 204 gezeigt hat, für BODENSTEDT.

677 Siehe HOLMES 1970b: 101f.

678 Siehe HOLMES 1970b: 97.

das italienische Reimschema gegen das englische beizubehalten.[679] Zu Beginn des zweiten Schubs von Sonettübersetzungen experimentiert BODENSTEDT mit der Beibehaltung des petrarkistischen Schemas. Auch bei ihm bleiben diese Versuche jedoch auf wenige Sonette beschränkt.[680] Wie die inhaltliche Analyse im folgenden Abschnitt zeigt, verwenden KanK1803 und BodF1862 eine nach HOLMES *form-derivative form.*[681]

Alle ZT ohne Reimschema (EscJ1787, RodS1834/MolM1865) profitieren von einer größeren Freiheit bei der Wortwahl, geben dafür aber eine zentrale Eigenschaft des AT auf. Möglicherweise streben sie eine lexikalisch möglichst präzise Wiedergabe des AT an. Als ein Indiz für diese Strategie ist ein überdurchschnittlich hoher Anteil an synonymischen, antonymischen und meronymischen Korrelationen der Wortformen dieser Texte mit dem AT anzusehen,[682] allerdings weisen auch andere ZT (z.B. KanK1803 und RicK1836) vergleichbare Werte auf. Ähnliches gilt für die Anzahl syntaktisch impliziter Formen: Mit nur zwei [PRO]-Formen liegen die ZT von RodS1834/MolM1865 zwar deutlich unter dem Durchschnitt von 6,5 Formen pro Text, aber auch gereimte ZT wie OrtE1840, JorW1861 und FriH1869 weisen mit drei [PRO]-Formen ähnlich geringe Werte auf. Anders als der AT, bei dem 16 [PRO]-Formen vom Leser ergänzt werden müssen, sind die ZT mit sehr wenigen [PRO]-Formen syntaktisch in erheblichem Maße expliziter. Bemerkenswerterweise liegt ESCHENBURGs ZT mit 7 [PRO]-Formen nicht in demselben Bereich wie RodS1834/MolM1865.

Der Vergleich der beiden Indikatoren ergibt, daß nur die reimlosen ZT von RodS1834 und MolM1865 hohe Werte für die lexikalische Korrelation mit einer geringen Anzahl von [PRO]-Formen verbinden. Der Anteil der nicht korrelierten Wortformen ist bei OrtE1840, JorW1861 und FriH1869, die hinsichtlich der [PRO]-Formenanzahl vergleichbar sind, ungefähr doppelt so groß wie bei jenen. Die Übersetzensstrategie von RodS1834 und MolM1865 zielt somit deutlich auf eine hohe lexikalische Übereinstimmung mit dem AT bei hoher syntaktischer Explizitheit.

Während die lexikalische Übereinstimmung auch für EscJ1787 eine Priorität darstellt, zeigt der durchschnittliche Wert der [PRO]-Formenanzahl, daß dieser ZT das Explizierungspotential nicht ausschöpft. Möglicherweise orientiert er sich auch hinsichtlich der syntaktisch impliziten Informationen am AT.

---

679 Die ersten von ihm übersetzen Sonette SHAKESPEAREs weisen in der Oktave das Reimschema *abba abba* auf. Das Reimschema der Terzette variiert: KANNEGIESSER verwendet die Schemata *cxd cxd, cde ccd, cde dcd, cde cec, cdd cee* und *ccd dee.*

680 Es handelt sich um die Sonette 54, 55 und 60. BODENSTEDT begründet seine Abweichung: Er führt an, daß schon SHAKESPEARE von der ‚eigentlichen' – petrarkistischen – Sonettform abgewichen sei, mithin also auch der Übersetzer diese Freiheit gegenüber seinem Modell beanspruchen könne (siehe SCHOEN-RENÉ 1941: 204).

681 Siehe HOLMES 1970b: 96.

682 TRANSLATOSCOPE erstellt eine entsprechende Übersicht nach Aktivierung des Menüpunktes „Statistik | Anteil korrelierender Wortformen" als Tabelle namens „_Übers_WfKorr_Anteile".

4.3.3. Reimlexik

Die Beziehungen der Reimworte der ZT zu denen des AT können nach der Kodierung der Korrelationen aller Wortformen und Phrasen aller ZT mit den entsprechenden Segmenten des AT automatisch klassifiziert und tabellarisch zusammengestellt werden.

Gemäß des in Abschnitt 2.6.1.1 vorgestellten Formalismus von HULPKE/KLOSS/TOTZEK[683] ist die Beziehung eines ZT-Reimwortes, das mit dem AT-Reimwort korreliert, mit „a" zu klassifizieren. Die bei der Aufbereitung vorgenommene Trennung der Korrelation zwischen Wort- und Phrasenebene führt dazu, daß jeweils zwei Werte anzugeben sind; der Übersichtlichkeit halber werden sie durch einen Punkt getrennt.

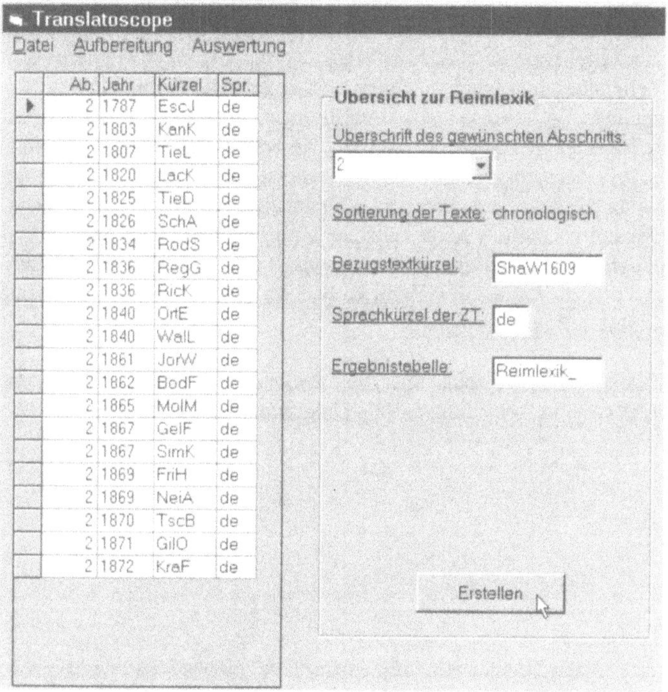

Abbildung 4-4: Erstellung einer Übersicht zur Reimlexik-Korrelation

TRANSLATOSCOPE führt die Klassifizierung der Reimlexik-Korrelationen automatisch auf der Grundlage der aktuellen Korrelationsinformationen durch, wenn der Menü-

683 S. 79f. BORGMEIER geht, wie dort dargelegt, inhaltlich von demselben Klassifikationsschema aus, verwendet jedoch die Klassifikationscodes „a", „b" und „c" in umgekehrter Reihenfolge.

punkt „Übersicht | Reimlexik“ aktiviert wird. Abbildung 4-4 zeigt das Auswahlfenster.[684]

In der Reihenfolge ihres Auftretens werden zunächst die Reimpaare des Bezugstextes und die Phrasen, in denen sie stehen, aufgeführt. Zu jedem Reimpaar werden, geordnet nach alphabetischer Reihenfolge der Reimcodes, alle Reimpaare der ZT angezeigt, die innerhalb ihrer Gruppe wiederum alphabetisch sortiert sind. Wenn mehrere ZT das gleiche Reimpaar benutzen, werden diese zunächst chronologisch nach Erscheinungsjahr und dann alphabetisch nach Textkürzel angeordnet. Rechts neben den Angaben zum ZT wird der Phrasenkontext dokumentiert, in dem die Reimpaare stehen.[685]

Gemäß des eingeführten Formalismus werden sowohl synonymische und meronymische als auch antonymische Beziehungen als Korrelation aufgefaßt. In Ergänzung des Formalismus wird die Beziehung eines ZT-Reimwortes, das nicht mit dem AT-Reimwort seiner Zeile, aber mit einem AT-Reimwort einer anderen Zeile korreliert, mit „A“ gekennzeichnet. So können auch Umordnungen und über Zeilengrenzen hinweg bestehende Beziehungen betrachtet werden. Korreliert ein ZT-Reimwort mit einem Segment des AT, das nicht an Reimposition steht, so wird diese Beziehung als „b“ klassifiziert. Wenn die Korrelation eine im AT syntaktisch implizite, als [PRO]-Form kodierte Information betrifft, wird die Beziehung mit „B“ gekennzeichnet. Diese Art kann ausschließlich auf der Phrasenebene vorkommen, da erst dort die syntaktisch impliziten Formen kodiert werden. ZT-Reimworte, die mit keinem AT-Segment korrelieren, werden mit „c“ gekennzeichnet.

Einen ersten Überblick über das Korpus bietet die Tabelle der Reimcodehäufigkeiten („Reimlexik_2_Freq“), die in Abbildung 4-5 als Diagramm dargestellt ist.

[684] Bei Klick auf den mit „Erstellen“ beschrifteten Knopf generiert das Programm drei Tabellen, deren Namen mit dem eingegebenen Text „Reimlexik_“ beginnt und automatisch um die weiteren relevanten Informationen ergänzt wird. Die Basis der weiteren Auswertung bildet die Detailtabelle zum gewünschten Abschnitt. Sie heißt für Abschnitt 2 „Reimlexik_2_Detail“. Die Tabelle „Reimlexik_2_Freq“ dokumentiert die Häufigkeiten der Reimcodes auf der Wortformen- und Phrasenebene. Tabelle „Reimlexik_2_Index_AT_ZT“ stellt die Daten so zusammen, daß ACCESS einen korpusweiten Index generieren kann, der allen Reimpaaren des Bezugstextes die Reimpaare der anderen Texte zuordnet.[684] Aufschlüsse über die Reimlexik der anderen Texte bietet die Abfrage „Reimlexik_Übersicht_ZT“. Die Ergebnisse sind im Anhang in Abschnitt 7.8.3 dokumentiert.

[685] Siehe Anhang oder Abbildung 4-6 auf S. 199. BORGMEIER 1970: 140 setzt zum Vergleich der Reimlexik eines AT und ZT ebenfalls eine Gegenüberstellung der Reimworte ein. Die Tabelle ist nicht nach Reimpaaren, sondern nach Reimworten sortiert und enthält keine klassifizierenden Reimcodes; sie führt den unmittelbaren Kontext der Phrase nicht an.

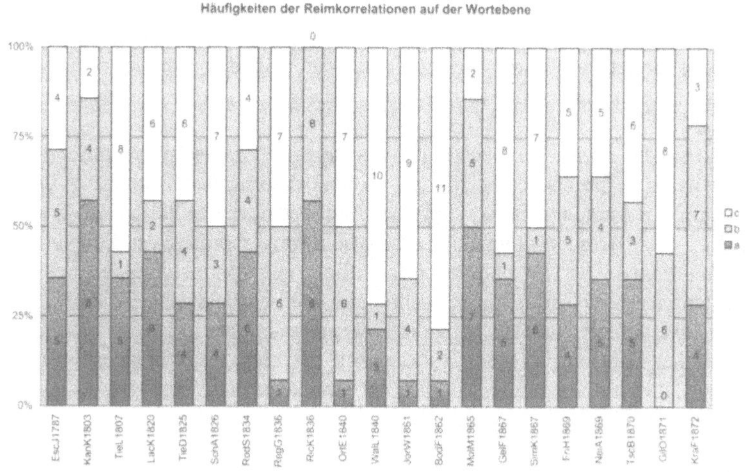

Abbildung 4-5: Häufigkeiten der Reimkorrelationen auf der Wortebene

In der Grafik fallen KanK1803, RicK1836, KraF1872 und auch RodS1834/ MolM-1865 als ZT mit besonders hohem Anteil von „a"-Reimen auf. RegG1836, OrtE1840, JorW1861 und insbesondere BodF1862 enthalten dagegen auffällig wenige „a"- und auffällig viele „c"-Reime. Beide Gruppen werden im folgenden unter Hinzuziehung des Index (Abschnitt 7.8.2 (S. 312ff)) und der ZT-spezifischen Reimlexikübersicht (Abschnitt 7.8.3 (S. 320ff)) genauer untersucht. Die quantitativen Ergebnisse weisen darauf hin, daß die in bezug auf das Reimschema bereits besprochenen Texte von KANNEGIESSER und BODENSTEDT entgegengesetzte Pole im Umgang mit dem Reim exemplifizieren. In HOLMES' Terminologie faßt KANNEGIESSER seinen ZT in eine *mimetic form*, BODENSTEDT wählt dagegen eine *analogical form.*[686]

Die Reimlexikübersicht zeigt, daß KanK1803 in der Tat lexikalisch sehr eng mit den Reimworten des AT korreliert. Im ersten Quartett findet sich nur in Zeile 3 der „b"-Reim „schauen". Das Bild der als „Feld" (*field*) gesehenen „Brauen" (*brow*) bleibt ebenso erhalten wie die Bewertung dieses Feldes durch die Gesellschaft („hält" (*held*)). Das zweite Quartett verschiebt die Rechtfertigungssituation, die Frage der Gesellschaft und die „falsche" Antwort des Angeredeten in die Reimposition („fragen – sagen"). Die im AT in den Reimworten *lies – days* deutliche Verbindung zu der Bildlichkeit des ersten Quartetts, nach der die Schönheit des Angeredeten in der Zukunft in den tiefen Furchen, also im Nichts, im Tod, zu finden ist, wird dadurch zurückgenommen. Der Übersetzer betont statt dessen das Urteil der anderen („seien –

[686] Siehe HOLMES 1970b: 95f.

[Ruhm ohne] Gedeihen").[687] Im dritten Quartett spricht er als Stellvertreter für die Gesellschaft („huldigen – entschuldigen" (*use – excuse*)). Es ist anzunehmen, daß die Entscheidung für den „a"-Reim „entschuldigen" zur Wahl des – ähnlich wie „Gedeihen" – als poetisch markierten Reimwortes „huldigen" (*deserved [more praise]*) geführt hat.[688]

Das Bild des *beauty's use* behält der Übersetzer im Zeileninneren durch Personifizierung im Angesprochenen bei, der als „Schönheitsbraucher" bezeichnet wird.[689] Er übernimmt die paradoxe Behauptung des Fortbestandes der Schönheit („mein – dein" (*mine – thine*)) als „a"-Reime und erhält die Reimverbindung des Couplets („alt – kalt" (*old – cold*)). Die Übernahme der inhaltlich stark kontrastierenden Aussagen des AT entspricht den bisherigen Beobachtungen, die beispielsweise für Zeile 13 die Beachtung bzw. weitere Hervorhebung des Gegensatzes *warm – cold* in rhythmischer wie inhaltlicher Hinsicht belegen. BORGMEIER, der diese Einschätzung teilt, lobt KANNEGIESSER daher als „mutig" und seine Fähigkeiten als „sehr gut, wenn auch nicht in jedem Fall ganz hinreichend".[690]

Für KanK1803 hat die Annäherung an die Reimstruktur des AT offensichtlich eine große Priorität, für die er syntaktische und inhaltliche Härten in Kauf nimmt.[691] Die Tatsache, daß KANNEGIESSER zunächst nach dem italienischen Reimschema übersetzt (s.o.), sich nun aber stark an dem englischen orientiert, erweitert diese Beobachtung insofern, als deutlich wird, daß der Übersetzer das Reimschema seiner ZT sehr bewußt und in enger Anlehnung an existierende Modelle gestaltet.

Dies gilt noch etwas stärker für RicK1836, der, wie Abbildung 4-5 zeigt, als einziger ZT nicht einen einzigen „c"-Reim aufweist. BORGMEIER, für den die bereits diskutierte Abhängigkeit RICHTERs von KANNEGIESSER allein bereits als Makel erscheint,[692] nimmt diese Auffälligkeit nicht wahr. Er behauptet sogar, daß RICHTER „die Reimerhaltung unberücksichtigt" lasse.[693] Dies ist schon formal widersprüchlich, weil die Vorlage KanK1803 auch nach BORGMEIERs Urteil auf die „Reimerhaltung" abzielt, dies also auch für RicK1836 gelten muß, wenn er KanK1803 weitgehend folgt.

---

687 BORGMEIER 1970: 62 kritisiert die Reimlexik und die syntaktische Struktur dieses Quartetts. Auf diese Aspekte wird erst im folgenden Abschnitt eingegangen. Bezüglich der Reimlexik ist anzumerken, daß das Reimwort „seien", das nach BORGMEIER eine lexikalisch neue Information hinzufügt, mit dem im AT syntaktisch als [PRO]-Form implizit enthaltenen Reimwort *lies* korreliert. Dies kommt in den mit TRANSLYROSCOPE generierten Tabellen dadurch zum Ausdruck, daß dieses Reimwort den Reimcode „c.B" trägt. Insofern ist es nicht überraschend, daß BORGMEIER im folgenden (S. 63) die Wahl von „seien" lobt.

688 Siehe auch BORGMEIER 1970: 80.

689 BORGMEIERs Kritik (BORGMEIER 1970: 80) daran, nach der „das lyrische Ich nicht den Akt, sondern den Agierenden preist," zeigt, daß er als Übersetzungsforscher in diesem Fall die Identitätshypothese vertritt und keine Transpositionen zuläßt. Aus Sicht der Korrelationshypothese ist festzustellen, daß der Übersetzer das Bild des AT personifiziert. BORGMEIER spricht mit mäkelndem Unterton von „eine[r] zusätzliche[n] Poetisierung," die auch durch den Reimzwang bedingt sei.

690 BORGMEIER 1970: 99, 140f.

691 Siehe z.B. BORGMEIER 1970: 62f, 80.

692 Siehe BORGMEIER 1970: 66.

693 BORGMEIER 1970: 140f, Fußnote 53.

BORGMEIER ignoriert vermutlich wegen seiner heftigen Aversion gegen zielseitige Abhängigkeiten[694] ein zentrales Merkmal der Übersetzensstrategie RICHTERs, das im Zuge der Untersuchung zielseitiger Abhängigkeiten ansatzweise deutlich wurde[695] und nun klar erkennbar ist: RICHTER versucht die Reimstruktur des AT durch „a"- oder „b"-Reime weitestgehend beizubehalten.[696]

Aus dieser Motivation erklären sich RICHTERs Abweichungen von KanK1803, die BORGMEIER, bis auf eine Ausnahme, als „Rückschritt[e]" bewertet, ohne ihren Ursprung in der Übersetzensstrategie RICHTERs zu erkennen. Die verfasserspezifische Übersicht der Reimworte zeigt, daß RICHTER von KanK1803 im zweiten und dritten Quartett abweicht: statt „sein – Gedeih'n" setzt er das Reimpaar „Eigenthum – Ruhm", statt „huldigen – entschuldigen" das Reimpaar „Preis – Greis".

Der Index aller ZT-Reimworte zu den AT-Reimworten legt den Schluß nahe, daß die erste Ersetzung von RICHTER selbst vorgenommen wurde:[697] Als erstes Reimwort dominiert im Korpus ein „a"-Reim auf *daies* („Tage" oder „Jugendtage"), nur TieD1825 setzt mit „Hort" ein lexikalisch mit „Eigentum" korrelierbares Reimwort.[698] Als zweites Reimwort setzt schon EscJ1787 „Ruhm", allerdings steht er nicht unter Reimzwang. Die Entscheidung für einen „a"-Reim auf *daies* zwingt die anderen unter Reimzwang arbeitenden Übersetzer zur Wahl von „Klage" und somit auch zur Auflösung des Oxymorons *thriftless praise*. RICHTERs Abweichung von KanK1803, die nicht mit einer Weiterschreibung von LacK1820, der oben als zweite Vorlage identifiziert wurde, begründet werden kann (Reimpaar „Reiz – Schandengeiz"), nähert die Reimlexik dem AT von „c.B – b.a" bei KanK1803 zu „b.a – a.a" an.

Eine ähnliche Strategie verfolgt RICHTER bei dem zweiten veränderten Reimpaar: in Variation von KANNEGIESSERs lexikalischer Ergänzung „huldigen" in Anlehnung an *deserv'd more praise* bezieht er sich allein auf *praise*, was er als „Preis" übersetzt. Dies zwingt ihn zur Wahl von „Greis", das sich offensichtlich auf den syntaktisch weitgehend impliziten Nebensatz *[when I am] old*[699] bezieht und durch seine Konnotationen von Gebrechlichkeit und Todesnähe die Stoßrichtung des AT verdeutlicht.

---

694 Siehe BORGMEIER 1970: 125f.

695 Siehe S. 179.

696 Während BORGMEIER 1970: 62 die „Herrschaft des Reimes" bei KanK1803 feststellt, tut er dies nicht bei RicK1836, dessen Abweichung von KANNEGIESSER, wie im folgenden dargelegt, von einer noch stärkeren „Herrschaft" der AT-Reimlexik im ZT zeugt (siehe BORGMEIER 1970: 66f).

697 Abschnitt 7.5.2, Reimpaar 4. Vor Erscheinen von RicK1836 finden sich die Reimpaare „Tage – Ruhm" (EscJ1787), „Tage – sagen" (TieL1807), „Reiz – Schandengeiz" (LacK1820), „Hort – Wort" (TieD1825), „Jugendtage – Klage" (SchA1826) und „Lenzes – Auge" (RodS1834).

698 Im Rahmen der Betrachtung der Bildlichkeit wäre BORGMEIER 1970: 66 zuzustimmen, daß *Eigentum* offensichtlich „weniger konkret" als *Schatz* ist. Die Kritik, daß *Schönheit* „genau genommen, gar kein ‚Eigentum'„ sei, trifft jedoch, anders als BORGMEIER behauptet, ebenso auf *Schatz* zu und ist gerade aufgrund dieser Widersprüchlichkeit als bewußt gewähltes Bild anzusehen. Wenn also die Verbindung von *Eigentum* und *Schönheit* diese Widersprüchlichkeit aufweist, wie BORGMEIER einräumt, so ist auch sie als literarisches Bild zu interpretieren. Die größere Abstraktheit weist in diesem Fall auf eine explizierende Übersetzensstrategie hin.

699 Siehe S. 135.

Die reimlosen ZT von RodS1834 und MolM1865 setzen die gewonnene Freiheit nicht ein, um hinsichtlich der Reimlexik mit dem AT so weitgehend übereinzustimmen wie die eben besprochenen ZT. Die vergleichsweise hohe Zahl von „a"- und „b"-Reimen weist zwar auf eine derartige Absicht hin, allerdings zeigt sich, daß der hohe „a"-Reimanteil vor allem durch die verschobenen Zeilenendworte „Rühmen" und „Auge" für *praise* und *eyes* zustande kommt. Die Enjambements im Innern von Phrasen (2.9 „[...] könntest / antworten", 2.10 „[...] meine / Entschuldigung") stören den Lesefluß erheblich und lassen keine Absicht bzw. große Schwierigkeiten erkennen, die rhythmische und reimlexikalische Struktur des AT nachzubilden.

Bemerkenswert ist, daß der ohne Reim und auch ohne Metrum abgefaßte ZT von EscJ1787 vergleichbar viele, aber syntaktisch und lexikalisch problemloser dargebotene „a"- und „b"-Reimkorrelationen aufweist, obwohl er sich gar nicht an der Wortanordnung des AT orientieren müßte. Die dennoch hohe Übereinstimmung unterstützt die bereits bei der Aufbereitung gemachte Beobachtung, daß die – metrisch bedingte – Wortreihenfolge des AT den Prosatext EscJ1787 maßgeblich beeinflußt.

Wenig Einfluß der Reimlexik des AT weist die zweite oben genannte Gruppe der ZT auf (RegG1836, OrtE1840, JorW1861, BodF1862), die nur einen einzigen „a"-Reim enthalten. Dies ist schon deshalb auffällig, weil sie sogar das Couplet *old – cold* nicht als ebenfalls einsilbiges „a"-Reimpaar „alt – kalt" übernehmen, obwohl sich dies durchaus anbietet, wie die überwiegende Mehreit der ZT zeigt. Der Auszug aus dem Reimindex (Abbildung 4-6, S. 199) dokumentiert die ZT-Lösungen.

Die Übersicht zeigt, daß die Veränderung der Reimlexik den Beitrag des Couplets zur Aussage des Sonetts erheblich verändert. Die neuen Reimpaare meiden nicht nur Vorgängerlösungen, sondern auch die Evozierung des Todes, die über die Erwähnung der Kälte den Bogen zurück zum Anfang des Gedichts schlägt. RegG1836 und JorW1861 betonen statt dessen – im genauen Gegensatz zur Strategie des AT-Äußerungssubjekts – die Unvergänglichkeit der Schönheit des Angeredeten. Ihre ZT locken den Angeredeten, wo der AT droht.

Ähnlich verfährt OrtE1840, der die Drohung des AT durch die Negation „ging nie verloren" zur expliziten Verheißung ewigen Lebens umkehrt und dabei von den konkreten Äußerungen des AT (*old*, *cold*) abstrahiert. Man zögert, dem banalen identischen Reimpaar „bist – bist" in BodF1862 eine weitergehende Aussage zuzuordnen. Bestenfalls könnte man behaupten, daß dieses Reimpaar auf dem präsentischen Fortbestehen des Angeredeten gegen die im AT als unausweichlich dargestellte Vergänglichkeit insistiert.

Reimpaar7	**ould – could**	*old – cold*
a.a – a.a		
alt – kalt		
	KanK1803	*alt – kalt*
	LacK1820	*alt – kalt*
	TieD1825	*alt – kalt*
	SchA1826	*alt – kalt*
	RodS1834	*alt – kalt*
	RicK1836	*alt – kalt*
	WalL1840	*alt – kalt*
	MolM1865	*alt – kalt*
	GelF1867	*alt – noch so kalt*
	SimK1867	*alt – kalt*
	FriH1869	*noch so alt – noch so kalt*
	NeiA1869	*alt – kalt*
Alten – erkalten		
	KraF1872	*dich, den Alten – erkalten*
veraltet – erkaltet		
	TieL1807	*veraltet – erkaltet*
A.A – b.b		
erfroren – neugeboren		
	JorW1861	*halb erfroren – neugeboren*
a.a – c.c		
alt – wallt		
	TscB1870	*alt – noch wallt*
b.b – c.b		
bist – bist		
	BodF1862	*bist – bist*
b.b – c.c		
verjüngt – wiederbringt		
	RegG1836	*verjüngt – wiederbringt*
c.b – b.b		
verjüngen – fühlst		
	EscJ 1787	*würdest noch verjüngen – fühlst*
c.c – b.b		
finden – empfinden		
	GilO1871	*finden – empfinden*
verloren – geboren		
	OrtE1840	*ging nie verloren – würdest geboren*

Abbildung 4-6: Auszug aus dem Index zur Reimlexik, Reimpaar 7

Berücksichtigt man, daß BODENSTEDT ähnlich wie KANNEGIESSER mit dem petrarkistischen Reimschema experimentiert (s.o.), sich also mit der Frage der Reimlexik nachweislich auseinandersetzt, so zeigt sich, daß er zwar die formale lautliche Struktur, nicht aber die inhaltlichen Verknüpfungen übernimmt.

Eine Analyse der anderen Reimpaare ergibt, daß insbesondere BodF1862, aber auch die anderen genannten ZT die Bewahrung der Reimlexik des AT der oben bereits beobachteten rhythmischen Glätte unterordnen.[700] Lautlich bleibt die Form des AT somit erhalten, inhaltlich gilt dies nur selten. Eine Ausnahme ist das Reimpaar „Feld – zerfällt" in RegG1836, das die Ausmalung des Verfalls der Schönheit durch Neukombination des Materials des AT (*field*, *tattered*) erreicht. Somit findet sich ein erster Hinweis darauf, daß RegG1836, ausgehend von dem AT, eine dezidiert „eigene" Interpretation formuliert.

Vergleicht man die beiden besprochenen Gruppen, so fällt auf, daß der hohe Anteil von „a"- und „b"-Reimen der ersten Gruppe (mit Ausnahme von EscJ1787) im Zeileninneren rhythmische, syntaktische und inhaltliche Verwerfungen hervorruft. Die zweite Gruppe weist diese Phänomene kaum auf, orientiert sich aber weniger stark an der inhaltlichen Aussage des AT.

In bezug auf zielseitige Abhängigkeiten verstärkt die auffällige Weiterschreibung von GelF1867 durch KraF1872 („noch so alt", s. Abbildung 4-6) den Eindruck der Abhängigkeit des späteren Texts vom früheren, der sich bereits anhand der Überschriften der Sonette festmachen ließ. Die Suche nach vergleichbaren Fällen ist beim vierten Reimpaar erfolgreich: Beide Texte schreiben „hob – Lob".[701] Dies ist signifikant, weil erstens keine anderen ZT dieses Reimpaar benutzen und weil zweitens „hob" Teil eines neuen, von GELBCKE eingeführten, Bildes ist, in dem „die Reize" des Angesprochenen als „der reiche Schatz" bezeichnet werden, „den einst die Jugend hob" (GelF1867 2.6). Die angegebenen Phrasen zeigen, daß KraF1872 die Substantive GELBCKEs beibehält, die Attribute jedoch verändert („deine" statt „die Jugend", „der Schatz" statt „der reiche Schatz" sowie „tiefe" statt „ewige Schmach" und „ungedeihliches" statt „verschwenderisches Lob"). Dadurch wird die Abhängigkeit von GelF1867 für ein auf der Wort- oder Grundformenebene ansetzendes Verfahren wie die PEARSONsche Korrelationskoeffizientenanalyse unsichtbar.[702]

Die Untersuchung des Reimlexik-Index gewährt auch Aufschlüsse über die durch Reimzwang hinzugefügten Bilder.[703] Dies wird im folgenden Abschnitt berücksichtigt. In bezug auf die Reime selbst zeigt sich, daß sich bei GilO1876 in Reimpaar zwei und drei das eigentliche Reimwort („Rock", „Augen"), das jeweils einen „a"-Reim dar-

---

700 BORGMEIER 1970: 137 stellt bei einer Längsuntersuchung weiterer Sonette fest, daß „Bodenstedt wohl derjenige [Übersetzer] mit dem ärmsten und plattesten Reimvorrat" sei.

701 Siehe „Seite 5 von 8" im Reimlexik-Index.

702 Weitere auffällige Weiterschreibungen gegen die Mehrheit der ZT finden sich in Reimpaar eins bei JorW1861, der das Reimpaar „Druck – Schmuck" mit TieD1825 gemein hat, in Reimpaar vier bei TscB1870, der wie JorW1861 das Reimpaar „prunken – eingesunken" wählt, und bei dem mehrfach fortgeschriebenen Reimpaar sechs „Preis – Greis", das auch KraF1872 („preisen – Greisen") weiterschreibt.

703 Z.B. SchA1826 „krank" in Reimpaar 3 zu „sank"; OrtE1840 „Platz" zu „Schatz" und JorW1861, TscB1870 „prunken" zu „eingesunken" in Reimpaar 4; BodF1862 „Blume" zu „Ruhme" in Reimpaar 5.

stellen würde, im Zeileninneren befindet. Durch Apposition eines Pronomens („ihn") bzw. einer adverbialen Ergänzung („hier") realisiert der Übersetzer jedoch auf der Phrasenebene einen „a"-Reim.

Auffällig viele unreine Reime, die teils nur noch Assonanzreime sind, finden sich bei NeiA1869 (Reimpaar drei „Hauch – Aug'", Reimpaar fünf „legtest brach – mag", Reimpaar sechs „Sproß – bloß"); sie deuten auf technische Schwierigkeiten des Übersetzers hin.[704] Demgegenüber zeigen die unreinen Reime in RegG1836 (Reimpaar drei „Schmähen – gestehen", Reimpaar sieben „verjüngt – wiederbringt") und FriH-1869 (Reimpaar drei „liege – Züge", Reimpaar vier „Wonnetag – Todesschmach"), daß für die Übersetzer der Inhalt der offensichtlich an der Interpretation des AT orientierten Reimpaare wichtiger als die exakte lautliche Entsprechung war. Zwischen diesen Polen ist WalL1840 hervorzuheben, dessen Reimpaare drei „Glück – Blick" und besonders Reimpaar vier „Traum – Schaum", das ein Klischee der ZK in Reimposition bringt, auf einen starken Einfluß der ZK hinweisen.

4.4. Bildlichkeit

In exemplarischer Weise wird im folgenden auf die Bildlichkeit der beiden Eingangszeilen des zweiten Sonetts im AT und in den ZT eingegangen. Da keine Kodierung stilistischer Mittel durchgeführt wurde, müssen Metonymien und Metaphern von Hand zusammengestellt und analysiert werden. Im Anhang stellt Abschnitt 7.8 die im folgenden diskutierten Segmente je ZT in einer Übersicht zusammen. Die syntaktische Struktur explizieren die Tabellen in Abschnitt 7.10.

TRANSLATOSCOPE unterstützt die Analyse durch die Erstellung eines Index für alle potentiell korrelierenden Wortformen des AT, also alle Substantive, Verben und Adjektive; andere Wortklassen wie beispielsweise temporale und lokale Adverbien müssen manuell untersucht werden. Nach Anklicken des Menüpunktes „Auswertung | Übersicht | Korrelierte Wortformen" wird das entsprechende Auswahlfenster angezeigt, das den bisher abgebildeten ähnelt.

Nach der Wahl des Bezugstextes und der Angabe des Sprachkürzels der ZT sowie des Namens der Ergebnistabelle erstellt TRANSLATOSCOPE den im Anhang in Abschnitt 0 vollständig abgedruckten Korrelationsindex: In alphabetischer Reihenfolge finden sich dort die Wortformen des Bezugstextes zuzüglich der Angabe ihrer Wortklasse und der von den korrelierenden Texten gewählten Segmente. Diese werden ebenfalls in alphabetischer Reihenfolge nach der Grundform angezeigt und nach dem Ort ihres Erscheinens zusammengruppiert. Innerhalb dieser Gruppen wird zunächst chronologisch nach dem Erscheinungsjahr der Texte und bei Gleichheit alphabetisch nach dem Textkürzel sortiert. Die Art der Korrelation wird vor der Grundform vermerkt.

Zu jedem korrelierenden Text wird nicht nur die korrelierende Wortform selbst, sondern die gesamte Phrase angegeben, zu der die Wortform gehört. Damit wird die

[704] Ähnlich wirken die Einzelfälle KraF1872 (Reimpaar zwei „Plan – sieht an") und LacK1820 (Reimpaar zwei „geführt – verliert").

Wortform in ihrem unmittelbaren Kontext verstehbar. Zusätzlich zu den korrelierten Wortformen und Texten wird auch geprüft, welche Texte nicht korrelieren. Sie werden unter der Grundform „zzz“ aufgeführt, die aufgrund der alphabetischen Sortierreihenfolge stets am Ende des jeweiligen Eintrags erscheint. Für alle Texte versucht TRANSLATOSCOPE, eine Korrelation auf der Phrasenebene zu ermitteln. Dazu wird zunächst die Phrase der AT-Wortform bestimmt. Anschließend wird geprüft, ob sie mit einer Phrase des fraglichen Texts korreliert. Trifft dies zu, so wird diese Phrase angeführt. Andernfalls signalisiert das Prozentzeichen „%“, daß auch auf der Phrasenebene keine Korrelation festgestellt werden konnte.

Obwohl BORGMEIER die Bildlichkeit von Sonett 2 bereits ausführlich untersucht hat, legt die hier nach der Korrelationshypothese computergestützt durchgeführte Studie eine erneute Betrachtung nahe. Am Anfang des Sonetts ist zunächst das Segment *forty winters* zu untersuchen. Die Phrase ist gemäß *OED* als idiomatische, lexikalisierte Metonymie zu verstehen, die einen unbestimmten Zeitraum bezeichnet.

Gleichzeitig wird jedoch auch, wie bereits in der kurzen Auslegung in Abschnitt 2.5.1 gezeigt, das zugrundeliegende Bild einer großen Anzahl Winter aktualisiert. Sie treten im AT in personifizierter Form als Feind Zeit auf, der dem Angesprochenen unaufhaltsam näherrückt. Abbildung 4-7 zeigt den Eintrag für *winters* im automatisch erzeugten Korrelationsindex.[705]

winters **_N** *2.1* *ShaW1609*

∗ Jahr _N
2.1 FriH1869 vierzig Jahre
2.1 NeiA1869 Jahre

+ Winter _N
2.1 EscJ1787 vierzig Winter
2.1 KanK1803 vierzig Winter
2.1 TieL1807 vierzig Winter
2.1 LacK1820 vierzig Winter
2.1 TieD1825 den Druck von vierzig Wintern
2.1 SchA1826 vierzig Winter
2.1 RodS1834 fünfzig Winter
2.1 RegG1836 vierzig Winter
2.1 RicK1836 vierzig Winter
2.1 OrtE1840 vierzig Winter
2.1 WalL1840 eine vierzig Winter lange Zeit
2.1 JorW1861 vierzig Winter
2.1 MolM1865 fünfzig Winter
2.1 GelF1867 vierzig Winter
2.1 TscB1870 vierzig Winter
2.1 GilO1871 vierzig Winter
2.1 KraF1872 vierzig Winter

zzz
2.1 BodF1862 ein halb Jahrhundert
2.1 SimK1867 ein halb Jahrhundert

Abbildung 4-7: Auszug aus dem Korrelationsindex auf der Wortformenebene

[705] Er findet sich im Anhang in Abschnitt 7.11 auf Seite 355ff.

Die in Abbildung 4-7 aufgeführten Daten zeigen, daß fast alle ZT ein Numeral und ein Substantiv wählen, das zum AT in synonymischer Relation (Zeichen „+") steht.

Während RodS1834/MolM1865 „Winter" im ZT beibehalten, erhöhen sie die Anzahl der Winter von 40 auf 50. Dies zeigt, daß sie die Phrase entweder idiomatisch im Sinne des *OED* verstehen[706] oder eine in der ZK vielleicht gebräuchlichere Zahl wählen wollten, die auf das Motiv des Alters und Todes vorausdeuten kann. Jedenfalls weichen sie bewußt von der unmißverständlichen Bedeutung des AT ab.

In stärkerem Maße verändert als erste Dorothea TIECK das Bild der vierzig Winter. Sie fügt in TieD1825 den neuen Aspekt des „Druckes" hinzu, womit nicht der physikalische Druck, sondern „Leid"[707] gemeint sein dürfte bzw. die Last der erlebten Jahre. Im Satz erfordert die Verschiebung der Phrase „vierzig Winter" in die Phrase „den Druck von vierzig Wintern" die Einfügung eines im Vergleich zum AT neuen Subjekts. Diese Rolle füllt das Personalpronomen „du", aufgrund dessen der Angesprochene vom metonymisch implizierten Objekt des AT-Satzes zum expliziten Subjekt des ZT-Satzes wird.

Die vierzig Winter werden nicht mehr als aggressiver Feind personifiziert, sondern zur Ausmalung des Alters des Angesprochenen erwähnt. Strukturell ähnlich wie TieD1840 verfährt WalL1840, der statt Dorothea TIECKs „Druck" von der „Zeit" spricht und damit den im AT metaphorisch implizierten Feind im ZT explizit benennt.[708] In abgeschwächter Form verfährt auch NeiA1869 derart: Er spricht von „Jahren", deren Zahl er als einziger Übersetzer nicht näher quantifiziert.[709] statt dessen füllt er den Nebensatz der ersten Zeile mit den temporalen Ergänzungen „wenn", „erst" und „einst", von denen zumindest die letzte keinerlei neue Informationen trägt.

Die bei NEIDHARDT beobachtete Variation der *winters* setzt 1862 mit BodF1862 ein. Im hier untersuchten Korpus gleichen sich alle variierten Korrelate in ihrem Stamm, der mit „Jahr" statt mit „Winter" beginnt. Gemäß des Formalismus zur Korrelation auf der Wortebene ist „Jahr", das FRIESEN und NEIDHARDT wählen, als Holonym für *winter* aufzufassen, zumal diese Bedeutung in der AS und ZS bereits lexikalisiert ist.[710] Das von BodF1862 und SimK1867 – wahrscheinlich nicht zuletzt aufgrund

---

[706] OED, s.v. *forty*, b. Diese Lesart favorisiert z.B. EVANS 1996: 117.

[707] Siehe *Deutsches Wörterbuch* „druck", 4: *„bildlich für bedrängnis, not, gewaltsame bedrückung*; s. bedruck".

[708] Diese Entscheidung dürfte allerdings auch durch den Reim beeinflußt worden sein, denn WalL1840 setzt – als einziger ZT – mit „Kleid" ein Korrelat zu *livery* an die Reimposition (siehe Reimlexik-Index, „Seite 1 von 8").

[709] Diese Substitution nimmt, wie aus Evans 1996: 287 hervorgeht, auch ein Manuskript von Sonett 2 vor (Rosenbach Museum and Library, MS. 1083/17, fols. 132^v-133).

[710] Siehe OED, s.v. *winter*, 1c und 2; *Deutsches Wörterbuch*, s.v. „winter" B und vor allem C. Unter C.1 findet sich die Bestimmung, die *winter* im Sinne von OED 1c und 2 verknüpft: „winter *als letzte der jahreszeiten, die den scheinbaren tod der natur mit sich bringt, wird sinnbild des greisenalters; siehe ähnlich* sommer *für das mannesalter* [...] frühling *für die jugend*; *oft in gegenüberstellung zu_* frühling, lenz, mai".

Wie der Wortformenindex zu den ZT zeigt (auf „Seite 9 von 17" im von Access erzeugten Bericht „Wortindex_Spr_Überschrift"), aktualisieren TieD1825 und RodS1834/MolM1865 den lexikalischen Kontrast der „Winter" mit dem „Lenz", der als Korrelat für die *lusty days* gebraucht

des Reimes auf „bewundert“ – gewählte Substantiv „Jahrhundert“ kann allerdings wegen der begrenzten Reichweite der Meronymie lexikalisch nicht mehr als korrelierend kodiert werden. Dafür korreliert es, wie auch „Jahr“, auf der Phrasenebene metonymisch mit *forty winters.*

Die Rede von dem Holonym „Jahr“ oder gar von einem „halben Jahrhundert“ anstelle von der vierzigfachen Jahreszeit des Winters blendet die spezifischen Eigenschaften der im AT evozierten Jahreszeit und damit einen signifikanten Teil der Bedrohung des Angesprochenen aus. Die im AT aktualisierte bildliche Komponente der lexikalisierten Metonymie ist im ZT nicht mehr zugänglich. Der Erwähnung der Kälte als zentraler Eigenschaft des Winters im Couplet, die sich auch bei BodF1862, SimK-1867, FriH1869 und NeiA1869 findet, kommt dadurch der Bezugspunkt am Anfang des Sonetts abhanden. Für die Übersetzer scheint – neben der Einhaltung des Reimes bei BodF1862, SimK1867 und FriH1869 – die Variation der bisherigen Lösungen, die mit einer Verdeutlichung „des Gemeinten“ einhergeht, wichtiger zu sein.

Das zweite Quartett führt den Blick in die kalte Zukunft des Angesprochenen, seinen Tod. Die Unentrinnbarkeit dieses Endes wird im ersten Quartett im Bild der Belagerung ausgestaltet: *When forty winters*, heißt es schon in der ersten Zeile, *shall besiege thy brow.* Während die Metapher der von den Wintern betriebenen Belagerung unumstritten ist, gilt dies nicht für die Interpretation des belagerten Gegenstandes *thy brow*, der metonymisch für den Angesprochenen steht.

In bezug auf das durch *besiege* evozierte Bild der Belagerung stimmen fast alle ZT überein, wenn man neben „belagern“ auch „umlagern“ mit dem *Deutschen Wörterbuch* aufgrund des Kontextes als Synonym für „belagern“ ansieht.[711] Gleichwohl enthält „umlagern“ auch die Vorstellung eines friedlichen Sich-Niederlassens, was BORGMEIER betont,[712] oder eines schützenden Umgebens. Diese Konnotationen nehmen das Bild der kriegerischen Auseinandersetzung zurück. Alle konsultierten zweisprachigen Wörterbücher führen „belagern“ als Übersetzung von *besiege* an.

Abweichende Übersetzungen des Prädikats sind somit aufschlußreich, denn sie kommen offensichtlich bewußt gegen die lexikalisierte Bedeutung zustande: Als letzter hier behandelter ZT variiert KraF1872 das Belagerungsbild, indem er vom „Vorrücken“ der Winter spricht. Die Variation betrifft – ähnlich wie die Wahl von „umlagern“ in SchA1826, RodS1834/MolM1865, SimK1867 und TschB1870 – mehr den Bezeichner als das Bezeichnete. Sie deutet darauf hin, daß der Übersetzer die Eigenständigkeit seines ZT durch eine scheinbar neue Wortwahl betonen wollte. Diese Strategie zeigte sich bereits bei der Betitelung der Sonette und bei der Reimlexik (z.B. „preisen – Greisen“ für „Preis – Greis“). Allein der Austausch von Bezeichnern leistet dies jedoch nicht, und die im Anhang abgebildete Übersicht zeigt im Falle von KraF-

---

wird. Das Kontrastwort „Frühling“ gebrauchen JorW1861 und GilO1871. Keiner der betrachteten ZT gebraucht das Wort „Mai“.

711 *Deutsches Wörterbuch*, s.v. *umlagern*, 1a.

712 Siehe BORGMEIER 1970: 46. Siehe auch *Deutsches Wörterbuch*, s.v. *umlagern*, 1d.

1872 klar, daß sich der Übersetzer in den bildtragenden Segmenten des ersten Quartetts eng an GilO1871 orientiert.

Stärker abweichende Interpretationen legen die folgenden ZT vor: Wie schon BORGMEIER feststellt, blendet EscJ1787 mit der Wahl von „sich gelagert" die kriegerische Atmosphäre aus, die *besiege* und „belagern" sowie „umlagern" evozieren, und setzt statt dessen eine „pastoral-friedliche Lagerszene".[713] ESCHENBURG rückt die Niederlage des Angeredeten also in den Hintergrund. LACHMANN dagegen betont sie: Er schreibt „besetzt" für *besiege* und gibt damit das Bild des langsam und unaufhaltsam näherrückenden Todes als Verfall der Schönheit auf. Während auf der lexikalischen Ebene keine Korrelation vorliegt, weil die Besetzung nicht notwendigerweise in dem Vorstellungsbild des Belagerns enthalten, sondern nur eine von zwei möglichen Folgen ist, besteht auf der rhetorischen Ebene genau aus diesem Grund eine metonymische Korrelation, da die Folge für die Ursache gesetzt wird. Das Ergebnis der Belagerung ist somit in LacK1820 bereits von Anfang an bekannt. Der AT impliziert genau dieses Resultat, macht es aber erst in der Mitte des Texts durch das Bild der *deep-sunken eyes* deutlich.

Stärker vom AT lösen sich die folgenden Texte, die die Metapher der Belagerung auslassen, auflösen oder durch eine neue ersetzen. Ersteres tut WalL1840, der als einziger ZT *shall besiege thy brow* unübersetzt läßt und, nachdem er bereits die *winters* durch die „Zeit" abstrahiert hat, weiterhin das konkrete Bildmaterial des AT nicht verarbeitet. NeiA1869, der in der Form der nicht näher qualifizierten „Jahre" ebenfalls die Zeit anstelle der Winter als Agenten expliziert hat, löst auch das Belagerungsbild durch Nennung „des Gemeinten" auf und schreibt „runzeln" für *besiege.* TieD1825 hat die *forty winters* noch stärker zum „Druck von vierzig Wintern" verallgemeinert und führt diese Strategie fort, indem sie *shall besiege* mit „fühlst" übersetzt.

Nicht mehr die Winter, sondern der Angesprochene wird so zum Akteur. Diese auffällig veränderte Handlungsstruktur findet sich auch bei BodF1862. Aufgrund des hohen PEARSONschen Korrelationskoeffizienten bei Sonett 116 könnte dies als weiteres Indiz für eine Abhängigkeit gewertet werden. BodF1862 blendet allerdings den bei TieD1825 noch enthaltenen Aspekt der Bedrohung oder zumindest Unannehmlichkeit („fühlst [...] Druck") aus, indem er allgemeiner formuliert: „eh' du gelebt ein halb Jahrhundert". Die im AT als Kriegsherr auftretende Zeit spielt nur noch die beiläufige Rolle der Zeitangabe.

Neue Bilder setzen RegG1836 und JorW1861, ohne allerdings zuvor das Bild der *forty winters* verändert zu haben. REGIS setzt, wie BORGMEIER betont,[714] mit „umnachten" ein Klischee der ZK für *besiege.* Im *Deutschen Wörterbuch* finden sich zahlreiche Belegstellen. Insgesamt gesehen vermittelt „umnachten" neben bedrohlichen

[713] BORGMEIER 1970: 38.
[714] Siehe BORGMEIER 1970: 42.

auch angenehme Konnotationen[715], so daß RegG1836 weniger das Belagerungsbild als das durch Ruhe gekennzeichnete Lagerbild im Sinne ESCHENBURGs evoziert.

Ein völlig neues Bild führt JORDAN mit der Übersetzung „geprägt“ ein, die *shall besiege* als Prädikat des ersten temporalen Nebensatzes mit *dig* als Prädikat des durch *and* angeschlossenen zweiten temporalen Nebensatzes verschmilzt. Ebenso verschmilzt er den Gegenstand der Belagerung *thy brow* und dessen metaphorische Beschreibung als *thy beauty's field* zu „deine schöne Stirn“. Die *trenches* runden als „Zeichen“ das neue Bild ab, nach dem die „vierzig Winter“ „ihr Zeichen“ wie ein Siegel „in die schöne Stirn“ des Angesprochenen „geprägt“ haben werden.

Die bedrohliche militärische Aktion des Aushebens von „tiefen“ Belagerungsgräben in der Stirn des Angesprochenen wird durch die positiv konnotierte, gediegene Handlung des Prägens ersetzt.[716] Da die Prägung, wie JORDAN schreibt, durch „schweren Druck“ geschieht, klingt Dorothea TIECKs ZT an. Das Echo verstärkt sich dadurch, daß JorW1861 wie TieD1825 „Schmuck“ auf „Druck“ reimt.

Nach diesem Vorgriff, der durch JORDANs über Zeilengrenzen hinausgehende Übersetzenstechnik bedingt war, ist zur Bildreihenfolge des AT und der meisten ZT zurückzukehren und die Übersetzung des angegriffenen Gegenstandes zu untersuchen. Nach BORGMEIER arbeitet der AT mit dem „Vergleichsgebäude [...] (Schönheit – Auge = Burg)“, wobei „der traditionelle Sitz der Schönheit, das Auge [...], als Festung gesehen“ werde.[717]

Für BORGMEIER ist es evident, daß der Sprecher des Gedichtes anstelle des seiner Meinung nach implizierten Wortes „Auge“ „einen benachbarten Ausdruck (*brow*)“ verwendet, „der jedoch wieder eine Entsprechung auf der bildlichen Ebene hat (Festungswall)“.[718] Weshalb der Sprecher statt *eye* von *brow* spricht, erklärt BORGMEIER nicht. Er führt weiter aus, daß der Sprecher den „poetischen Singular“ absichtlich setze, „um, so von der Unmittelbarkeit der tatsächlichen Aussage (zwei Brauen) leicht distanziert, seiner Funktion auf der bildlichen Ebene (ein Wall) näher zu sein“.[719]

Wegen dieser nicht ohne eine gewisse Gedankenakrobatik gewonnenen Überzeugung insistiert BORGMEIER auf der Deutung von *brow* als „Braue“ und wendet sich entschieden gegen die Wahl des Plurals „Brauen“.[720] Hier zeigt sich, daß er eine Form der Äquivalenzhypothese der Übersetzungsforschung vertritt, die der Identitätshypothese nahekommt. Ohne nähere Begründung setzt er „Braue“ als Bedeutung von *brow*

---

[715] Siehe z.B. „ganz ist die sonne noch nicht von des sturmes wolken umnachtet. KLOPSTOCK“ und „komm, dunkelheit, mich traulich zu umnachten. *Bettine*. GLÜNDERODE (1840)“ als Beispiele zu „umnachten“ im *Deutschen Wörterbuch*.

[716] Diese Substitution findet sich auch in *King Lear* I, 4 (siehe Fußnote 724), allerdings ohne die von JORDAN implizierte positive Konnotation: Lears Fluch „Let it [nature] stamp wrinkles in her brow of youth“ betont im Gegenteil die Brutalität der Handlung.

[717] BORGMEIER 1970: 21.

[718] BORGMEIER 1970: 21.

[719] BORGMEIER 1970: 22.

[720] Siehe BORGMEIER 1970: 39, 56.

voraus und äußert wiederholt Unverständnis gegenüber der seiner Ansicht nach „klischeehaften" Interpretation von *brow* als „Stirn".[721]

Dies ist schon formal wenig überzeugend, weil er zuvor dem Autor des AT zugesteht, *brow* statt *eye* zu schreiben, dieselbe Freiheit aber nicht den Verfassern der ZT einräumt. Außerdem ist die Verengung von *brow* auf die Bedeutung „the arch of hair over the eye"[722] lexikalisch unzulässig, denn *brow* meint spätestens seit 1535 auch „the whole part of the face above the eyes, the forehead".[723] SPEVACKs Konkordanz belegt, daß sowohl in den dramatischen wie auch in den nicht-dramatischen Werken beide Bedeutungen aktualisiert werden, ohne daß eine von beiden bevorzugt verwendet würde.[724]

Im Kontext des AT scheint eher die letztgenannte Bedeutung aktualisiert zu werden als die von BORGMEIER favorisierte erstgenannte, denn das Belagerungsbild gewinnt durch die Interpretation von *brow* als der Stirn des Angesprochenen an Stimmigkeit: Die Bedeutung „Stirn" liegt näher als „Braue", da sie in der AK als wesentliche Eigenschaft der Geliebten und als Bild für ihre Schönheit zum üblichen Bildarsenal eines Sonetts gehört.[725] Sie wird durch die Beschreibung als *beauty's field* und *proud livery* eher konnotiert als die Braue, die nur selten Erwähnung findet und außerdem gar nicht die Ausdehnung der Stirn besitzt, die als Verbindung zu *field* dienen kann. Die Stirn bietet sowohl als „Mauer" (*frons*) des Gesichts eine Verknüpfung zum Belagerungsmotiv als auch als „Feld", in dem der Angreifer seine Belagerungsgräben anlegt. Die Stirn, nicht die Braue wird durch Alterung faltig. Die bei der Kodierung konsultierten zeitgenössischen zweisprachigen Lexika führen neben „Braue" stets auch „Stirn" als Übersetzung für *brow* an.

Pos	Wf AT	Gf ZT	Anz Gf
2.1	brow	Stirn	11
2.1	brow	Braue	4
2.1	brow	Haupt	3
2.1	brow	Antlitz	1

Tabelle 4-8: Häufigkeiten der Übersetzerentscheidungen für ShaW1609 2.1 *brow*

---

[721] Siehe BORGMEIER 1970: 41, 50, 53, 55.

[722] OED, s.v. *brow*, 3a.

[723] OED, s.v. *brow*, 5a.

[724] Siehe SPEVACK 1969, Bd. 4: 540. Auflösungen der Metapher des ersten Quartetts Sonetts finden sich in *The Merchant of Venice* (IV, 1, 270: „to view with hollow eye and wrinkled brow") und in *King Lear* (I, 4, 284: „let it stamp wrinkles in her brow of youth".).

[725] Siehe z.B. DRAYTONs Sonett 8 aus dem Zyklus *Idea*, das die Thematik der Oktave von Sonett 2 auf ein ganzes Sonett ausdehnt. Der Verfall der Schönheit wird anhand der üblichen Bilder in einem viel drastischeren, geradezu gemeinen Ton ausgemalt. Zeile 5 und 6 („That lovely, archèd, ivory, polished brow/ Defaced with wrinkles [...]") belegt, daß *brow* sowohl als „Sitz der Schönheit" anzusehen als auch im Sinne von „Stirn" zu verstehen ist, da eine Braue kaum durch Falten entstellt werden kann oder eine elfenbeinerne Farbe hat.

Der Index zeigt, daß nur vier ZT aus der ersten Hälfte des Korpus (KanK1803, SchA-1826, RicK1836 und OrtE1840) die von BORGMEIER favorisierte Wahl treffen, allerdings die kritisierte Pluralform wählen. Dies geschieht offensichtlich wegen des Reims auf „schauen". Knapp dreimal mehr ZT entscheiden sich für das aufgrund der obigen Überlegungen nicht minder plausiblere Wort „Stirn" in der Phrase „deine Stirn". Die genauen quantitativen Verhältnisse dokumentiert Tabelle 4-8, die den entsprechenden Ausschnitt aus der für alle korrelierten Wortformen erzeugten Abfrage „Korr_Wf-_Freq" darstellt.[726]

BORGMEIERs Feststellung, daß „Stirn" und „Braue" „in ungefähr der gleichen statistischen Häufigkeit" gewält würden,[727] ist somit nicht nur für das hier untersuchte Korpus widerlegt, sondern muß auch für das von ihm betrachtete, umfangreichere Korpus modifiziert werden.

Die „Stirn" des Angesprochenen steht – anders als die „Brauen", die in den vier genannten ZT stets einen „a"-Reim ermöglichen – nie an der Reimposition. Die Entscheidung für dieses Wort erzwingt somit einen „b"-Reim.

TieL1807 versucht als einziger, „Stirn" zumindest als Teil einer Reimphrase zu gebrauchen und auf der Phrasenebene einen „a"-Reim zu bewahren, indem er die Worte „und Wangen" zur Reimphrase „Stirn und Wangen" ergänzt und diese auf „Verlangen" reimt. NeiA1869 fällt, wie auch schon zuvor, dadurch auf, daß er das Attribut zum Substantiv „Stirn" elidiert und nur „die Stirn" erwähnt. Das lexikalisch mit *thy* korrelierende Reimwort „dir" trennt er von seinem AT-Bezugswort und verdeutlicht dadurch die im AT metonymisch implizierte Anrede. Auch KraF1872, der als einziger von „Antlitz" spricht, fällt erneut mehr als Veränderer von Bezeichnern der VT denn als Veränderer des Bezeichneten auf.

Im Gegensatz dazu fügen JORDAN und BODENSTEDT neue Attribute für „Stirn" ein, die die inhaltliche Aussage beeinflussen. JorW1861 behält das Possessivpronomen noch bei und ergänzt „schöne", BodF1862 elidiert das Possessivpronomen und spricht von der „reine[n] Stirn". Während JORDANs Ergänzung dadurch begründbar ist, daß sie auch mit der AT-Phrase *thy beauty's field* korreliert, also die Metapher auflöst, ist BODENSTEDTs Ergänzung, in der moralische Konnotationen „reiner Unschuld" mitschwingen, schwer im AT oder ZT zu verankern. Angesichts der im AT kritisierten Selbstbezogenheit des Angesprochenen wirkt die Betonung dieses Aspektes durch den Übersetzer eher wie eine Bestätigung und Rechtfertigung des Angesprochenen als wie eine Kritik des Sprechers.

Keine Korrelation mit *brow* weisen nur TieD1825 und WalL1840 auf. Beide Texte fielen bereits bei der Besprechung der *forty winters* als strukturell ähnlich auf. Die dort getroffenen Entscheidungen hängen, wie bereits gesagt, mit der hier gefällten zusammen: Da die Winter nicht mehr das Subjekt des Satzes sind, ist ein neues erforderlich. Bei WalL1840 ist dies die Zeit, bei TieD1825 – wie auch bei BodF1862 – das

---

726 Die Spaltennamen bedeuten: „Wf_AT": Wortform des AT, „Gf_ZT": Grundform der korrelierten Wortform im ZT und „Anz_Gf": Anzahl der Korrelationen.

727 BORGMEIER 1970: 60.

Personalpronomen „du“, das in metonymischer Korrelation zu *thy brow* gesehen werden kann.

Die Aktivität des Feindes Zeit besteht im AT in dem Ausheben tiefer Belagerungsgräben (*digge deep trenches*) im „Feld der Schönheit“ (*beauty's field*), das metaphorisch auf die Stirn und den Körper des Angesprochenen verweist.

Auf JORDANs Ersetzung und Abmilderung durch das neue Bild des Prägens („geprägt ihr Zeichen“ für *dig deep trenches*) wurde bereits eingegangen. Die Übersicht im Anhang zeigt, daß nur BODENSTEDT die Metapher des AT ganz auflöst: Er spricht davon, daß „die reine Stirne“ „Falten schlagen“ werde.[728] BODENSTEDT ist neben JORDAN der einzige, der das Bild der *trenches* als „Furchen“, „Gräben“ oder „Laufgräben“ nicht beibehält. BORGMEIER differenziert zwischen den drei genannten Bildern und läßt nur „Laufgräben“ als geeignete Übersetzung gelten,[729] da nur dieses Wort die militärischen Konnotationen des AT bewahre. Diese rein lexikalische Argumentation vernachlässigt, daß „Laufgräben“ als daktylischer Dreisilber die von BORGMEIER geforderte Beibehaltung des fünfhebigen Jambus[730] erschwert. Die Stellung von „Laufgräben“ am Zeilenanfang, die LacK1820 erstmals vorlegt, schwächt diese Schwierigkeit so weit wie möglich ab, da die Zeile in diesem Fall mit einer durchaus üblichen Inversion einsetzt. Im Kontext der ZT erscheint die Wahl von „Furchen“[731] oder „Gräben“, die einen flüssigeren Rhythmus ermöglicht, durch Kombination mit einem der Korrelate zu *besiege* weniger problematisch, als BORGMEIER zu bedenken gibt.

Dorothea TIECK geht erneut eigene Wege, indem sie anstelle der sonst für *digge* gewählten Prädikate „ziehen“, „graben“ oder „furchen“ von „messen“ spricht. Innerhalb ihres ZT treten nun die vierzig Winter doch noch als Akteur auf: Sie „messen“ das schöne Äußere des Angesprochenen. Die phyische Aushöhlung des Angeredeten durch die Zeit ist nicht mehr erkennbar. Eine ähnliche Reduzierung der Bedrohung findet sich in OrtE1840, wo die Furchen selbst als Handelnde auftreten und „ihre Spur“ „zeigen“. In WalL1840, dessen strukturelle Ähnlichkeit mit TieD1825 auch bei diesem Segment auffällt, „furchen“ die Winter eine „tiefe Spur“. Das in beiden Texten wegen des Reims hinzugefügte Bild der Spur kann keine neuen Informationen übermitteln und steht unverbunden im jeweiligen ZT-Kontext.

Noch einheitlicher als beim vorigen Segment zeigen sich die ZT bei der Übersetzung des Kampfplatzes *thy beauty's field*. Das an Reimposition stehende *field* hat in der ZS eine Vielzahl potentieller einsilbiger Korrelate, von denen das offensichtlichste („Feld“) auch am häufigsten eingesetzt wird. Varianten sind „Flur“ (TieL1807, GelF-

[728] Schon NEIDHARDT hat in einer Anmerkung zu seiner Übersetzung die Verbindung von „Falten“ und „schlagen“ kritisiert (siehe NEIDHARDT 1869, Anmerkung 1; BORGMEIER 1970: 45).

[729] BORGMEIER 1970: 22 bezeichnet „Furchen“ als zu unpräzise, auf S. 38 werden die „Gräben“ mit dem gleichen Argument kritisiert.

[730] Siehe BORGMEIER 1970: 32f.

[731] Aus EVANS 1996: 287 geht hervor, daß ein Manuskript von Sonett 2 (Westminster Abbey, MS. 41, fol. 49), das *trenches* ebenfalls mit *furrowes* ersetzt, eine ähnliche Substitution vornimmt.

1867), „Auen“ (RodS1834/MolM1865) und „Plan“ (LacK1820 („Schönheitplan“), GilO1871, KraF1872). Nur JorW1861 und BodF1862 weichen erneut von der Mehrheit ab, indem sie das metaphorisch implizierte Bild der Stirn explizit machen. Da *beauty's* mit Ausnahme von BodF1862 stets als „Schönheit“ übersetzt wird,[732] bleibt das Bild weitgehend erhalten.

Zusammenfassend ergibt sich somit für die Bildlichkeit der einleitenden Zeilen des Sonetts, daß fast alle ZT, einschließlich ESCHENBURGs Prosafassung, die im AT evozierte Bedrohung des Angesprochenen durch Betonung seiner Schönheit oder durch eine im Vergleich zum AT stärker als „poetisch“ markierte Diktion reduzieren. Insbesondere TieD1825, JorW1861, BodF1862 und NeiA1869 verändern die Bildlichkeit nachhaltig. Mit der Ausnahme von JORDAN neigt diese Gruppe von ZT – und insbesondere BodF1862 – dazu, die uneigentlichen Ausdrücke des AT durch die eigentlichen zu ersetzen.

Die zeitgenössische Kritik hat diesen Unterschied, der zwischen JorW1861 und BodF1862, also bei den ZT der bekanntesten Sonett-Übersetzer der Zeit, am deutlichsten hervortritt, nicht herausgearbeitet. Beide ZT werden beispielsweise von KREYSSIG als „jede in ihrer Art, als einen schützens- und dankenswerten Fortschritt“ bezeichnet; JorW1861 sei „gelungen“ und „hübsch“, BodF1862 „meisterhaft“ und „wundervoll“.[733] Die Bezeichnung von JorW1861 als „treu“ zeigt das problematische Potential der unqualifizierten Verwendung dieses Begriffs in der Übersetzungsforschung.

Die mit KAHN einsetzende Kritik hat dieses Urteil umgekehrt und vor allem BodF1862 als zeittypische „Fehlleistung“[734] abqualifiziert. BORGMEIER führt in diesem Sinne aus, daß BodF1862 die „originalfernste Version“ aller ZT vorlege und daß „die [...] Bilder Shakespeares, und damit auch die in ihnen enthaltene Aussage über das Wesen der Schönheit, bis auf einen dürftigen Rest ganz“ entfielen.[735] Dies liege nicht nur an „falschem Wollen“ des Übersetzers, sondern auch an seinem „mangelnde[n] Können“.[736] Derartige Spekulationen werden hier nicht fortgeführt. Es wird jedoch angemerkt, daß die normative Ablehnung von BodF1862 die begeisterte Aufnahme dieses ZT zu seiner Zeit ausblendet und damit in der Gefahr steht, ihre eigenen Normen unzulässigerweise auf frühere Zeiten auszudehnen. Wenigstens wäre die Verteidigung des Übersetzers zu erwähnen. BODENSTEDT selbst schreibt im Vorwort zu seinen *Gesammelten Schriften*:

> der Künstler giebt in seinen Bildern nicht die Sache selbst, sondern das Resultat der Sache, und das nach meiner geringen Begabung zu thun, ist immer mein ehrliches Bestreben gewesen. [...]; ich habe keinen fremden Dichter übersetzt oder nachgebildet,

---

[732] TieL1807 ergänzt „hold“, JorW1861 wandelt das Substantiv zum Adjektiv „schön“, BodF1862 schreibt „rein“.

[733] KREYSSIG 1864: 114; 93, 103; 104, 109, 113. SCHOEN-RENÉ 1941: 205f zeigt, daß diese Überzeugung exemplarisch für die zeitgenössische Kritik stehen kann.

[734] BORGMEIER 1970: 85.

[735] BORGMEIER 1970: 58.

[736] BORGMEIER 1970: 85.

ohne an mich selbst die höchsten künstlerischen Forderungen dabei zu stellen, und alles Fremde was ich biete, ist so in seine deutsche Haut hineingewachsen als ob es darin geboren wäre. Meine eigenen Erzählungen und Dichtungen bilden einen Ring, dem die fremden Perlen und Edelsteine als charakteristischer Schmuck eingefügt sind.[737]

Die insbesondere im 20. Jahrhundert kritisierte Auflösung der Bilder SHAKESPEARES ist somit als bewußt gewählte Strategie BODENSTEDTs anzusehen. Der ebenfalls kritisierte Gebrauch von Klischees scheint, wie dieses Exzerpt nahelegt, ein grundlegendes Charakteristikum der schriftlichen Ausdrucksweise des Übersetzers zu sein, die er nach eigener Aussage nicht variiert, wenn er übersetzt. Diese Haltung kann als Erklärung für die oben gemachten Beobachtungen dienen. In bezug auf die Übersetzung der *Sonnets* fügt BODENSTEDT hinzu, daß

alle Sachkundigen mit seltener Einstimmigkeit darüber geurtheilt haben, daß diese wundervollen Gedichte – unbeschadet der Verdienste meiner Vorgänger – durch mich zuerst der deutschen Nation in würdiger Form geboten wurden. [...] die Kenner des Englischen werden bei genauer Prüfung finden, daß ich mich durch das mir reichlich gespendete Lob nicht habe bestechen lassen, sondern gewissenhaft bemüht gewesen bin die Sonette in der neuen Ueberarbeitung dem Urtexte so nahe als möglich zu bringen.[738]

Die pathetische Selbstdarstellung hat in den vernichtenden Urteilen späterer Zeiten ihr Gegengewicht gefunden. Die vom Übersetzer selbst angesprochene Vorstellung der „Nähe" seines ZT zum AT erweist sich in der wieder einmal unspezifizierten, pauschalen Verwendung erneut als wenig ergiebig für die Diskussion über Übersetzungen.

4.5. Untersuchungen zur Korrelation auf der Wortformenebene

4.5.1. Häufigkeiten der Korrelationsarten

Die datenbankbasierte Datenhaltung ermöglicht es, ohne nennenswerten zusätzlichen Aufwand Statistiken über die Häufigkeiten der auf der Wortformenebene zugrunde gelegten Korrelationsarten zu erstellen.

Auch hier sind absolute Zahlen weniger interessant als der prozentuale Anteil, den eine bestimmte Korrelationsart an der Gesamtzahl möglicherweise korrelierender Segmente hat. Der Anteil der Korrelationsarten auf der Wortformenebene ist ein Indikator für die Priorität, die ein Übersetzer der lexikalischen Korrelation beigemessen hat. TRANSLATOSCOPE erstellt eine entsprechende Übersicht automatisch zusätzlich zum im vorigen Abschnitt erwähnten Wortformenindex. Tabelle 4-9 zeigt das Ergebnis, das um die Spalte „Keine Korrelation" ergänzt wurde.[739] Im Anhang bietet Abschnitt 7.8.5 (S. 327) eine graphische Darstellung dieser Tabelle als Säulendiagramm.

[737] BODENSTEDT 1865: xiv.
[738] BODENSTEDT 1865: xv.
[739] Ihr Inhalt ist automatisch durch Subtraktion der Werte der vorigen Spalten von 100 zu berechnen.

Text	+ (synonymisch)	- (antonymisch)	* (hypo- oder meronymisch)	Keine Korrelation
EscJ1787	70,8	1,5	9,2	18,5
KanK1803	72,7	1,8	3,6	21,8
TieL1807	56,9	0,0	10,3	32,8
LacK1820	67,9	0,0	5,4	26,8
TieD1825	61,8	1,8	9,1	27,3
SchA1826	55,2	3,4	5,2	36,2
RodS1834	62,0	0,0	16,0	22,0
RegG1836	56,0	2,0	16,0	26,0
RicK1836	67,8	0,0	10,2	22,0
OrtE1840	49,1	0,0	9,1	41,8
WalL1840	52,6	1,8	7,0	38,6
JorW1861	45,3	0,0	7,5	47,2
BodF1862	35,3	0,0	5,9	58,8
MolM1865	64,0	0,0	14,0	22,0
GelF1867	54,7	0,0	15,1	30,2
SimK1867	50,0	1,9	11,1	37,0
FriH1869	47,2	1,9	11,3	39,6
NeiA1869	52,9	2,0	7,8	37,3
TscB1870	50,9	0,0	12,7	36,4
GilO1871	50,9	0,0	14,5	34,5
KraF1872	50,9	1,9	18,9	28,3
Ar. Mittel	*55,9*	*1,0*	*10,5*	*32,6*

Tabelle 4-9: Prozentualer Anteil der lexikalischen Korrelationsarten je ZT

Wie aufgrund der bisherigen Untersuchungen zu erwarten, weist BodF1862 den mit Abstand größten Anteil lexikalisch nicht korrelierender Segmente auf, und auch für JorW1861 und OrtE1840 spielt die lexikalische Korrelation mit dem AT eine im Vergleich zu den anderen ZT eher untergeordnete Rolle. Dieser Gruppe gegenüber stehen die Texte mit sehr hohem Anteil synoymisch bzw. antonymisch korrelierender Segmente: KanK1803 weist hier sogar noch etwas höhere Werte als EscJ1787 auf. LacK-1820, RicK1836 und RodS1834/MolM1865 folgen.

Dies bestätigt den bisherigen Befund, nach dem sowohl KANNEGIESSER wie auch LACHMANN sich eng am lexikalischen Potential des AT orientieren und dafür Einbußen auf den Ebenen der Syntax oder des Rhythmus in Kauf nehmen. Da beide Texte die Reimstruktur beibehalten, zeigt das Ergebnis auch, daß ESCHENBURG und RODERICH sowie sein Bearbeiter MOLTKE die gewonnene Freiheit unter anderen Prioritäten als der lexikalischen Annäherung an den AT nutzen. Der Vergleich der Ergebnisse für MOLTKEs Bearbeitung zeigt, daß die Modifikation der Vorlage nur sehr gering ausfällt. Gleichwohl läßt sich erkennen, daß insgesamt der Anteil gar nicht korrelierender Segmente unverändert bleibt, während der Anteil synonymischer Korrelationen auf Kosten der meronymischen leicht erhöht wird. Wenn MOLTKE also etwas ändert, geschieht dies im Bestreben um größere lexikalische Übereinstimmung mit den Wortformen des AT.

Der Anteil hypo- oder meronymisch korrelierender Wortformen, der bei RodS1834/MolM1865 mit 16 Prozent vergleichsweise hoch ist, wird bei den gereimten ZT nur von KraF1872 (18,9%) übertroffen und von RegG1836 bzw. GelF1867 mit 16% bzw. 15,1% genau bzw. annähernd erreicht. Ein hoher Anteil derartiger Korrelationen kann zum einen auf eine Meidung von Vorgängerlösungen hindeuten, die allerdings innerhalb des lexikalischen Paradigmas verbleibt, das vom AT und von den Vorgängertexten gewählt wurde. Zum anderen kann sie auf eine abstrahierende oder konkretisierende Übersetzensstrategie hinweisen. Beide Hypothesen müssen im Einzelfall geklärt werden. Zur Untersuchung der ersten müssen außerdem alle Segmente aller ZT untereinander korreliert werden, da nur so exakte Daten zu Meidungen und Weiterschreibungen gewonnen werden können.

Diachron gesehen, wirft Tabelle 4-9 die Frage auf, ob die Stabilisierung des Anteils synonymischer Korrelation am Gesamttext, die mit GelF1867 einsetzt und sich etwas unterhalb des arithmetischen Mittels für das gesamte Korpus einpendelt, auch bei anderen Texten zu beobachten ist. Durch die bereits angesprochene Überprüfung der zielseitigen Abhängigkeiten könnte dann erörtert werden, ob die statistische Stagnation sich auch in literarischer Hinsicht auswirkt, beispielsweise in einem weitgehend erschöpften Bestand an möglichen Korrelaten, der jedoch um der „Originalität" eines einzelnen ZT willen durch weitere, mehr oder weniger gesuchte Alternativkorrelate erweitert wird.

Für künftige Untersuchungen zeigt die Bestätigung, die die Ergebnisse der Statistik durch die bisherigen Untersuchungen erfahren, daß diese Auswertung durchaus auch am Anfang einer Untersuchung zur Orientierung in einem umfangreichen Korpus dienen kann.

4.5.2. Reihenfolge der Korrelate im ZT

In meinem Aufsatz zu der computergestützten Analyse von Prosatexten hat sich die Betrachtung der Wortreihenfolgen der ZT im Vergleich zum AT als ergiebig erwiesen. Da die Wortreihenfolge in Gedichten nicht weniger Gewicht hat als in Prosatexten, soll dieses Verfahren auch auf das hier behandelte Korpus angewendet werden.[740]

Das Verfahren besteht darin, für jedes korrelierte Segment eines ZT zu bestimmen, wie viele Segmente es vor oder hinter dem Bezugssegment des AT – für den natürlich auch ein anderer ZT gesetzt werden kann – steht. Es geht also um die Bestimmung der relativen Distanz der Position des ZT-Segments zum AT-Segment. Korreliert beispielsweise das zweite Wort des AT (hier *forty*) mit dem zweiten Wort des ZT (bei EscJ1787 „vierzig"), so beträgt diese Distanz Null. Bei TieD1825, in dem „vierzig" erst als vierte Wortform erscheint, beträgt die Distanz 2; begänne ein ZT mit „vierzig", so hätte die Distanz einen negativen Wert, weil der ZT das Korrelat früher als der AT einführt. Wenn diese Distanzen für alle Korrelate berechnet und graphisch

[740] Die in dieser Arbeit vorgeschlagene Differenzierung zwischen Worten und Wortformen stellt dafür präzise Meßergebnisse zur Verfügung.

so dargestellt werden, daß die Reihenfolge des Bezugstextes der Abszisse, der „X-Achse", entspricht, so kann der gesamte Text überblickt werden: Liegen die Datenpunkte über der Abszisse, so fügt der Übersetzer Wortformen hinzu, liegen sie darunter, so läßt er Wortformen weg. Wenn mehrere Datenpunkte parallel zur Abszisse verlaufen, so deutet das auf eine Übernahme der Wortformenreihenfolge des Bezugstextes hin. Liegen die Datenpunkte verschiedener korrelierender Texte über weite Strekken an ähnlichen Positionen, so kann dieses ähnliche Verhalten durch gegenseitigen Einfluß der Texte aufeinander bewirkt worden sein oder aber für einen starken Einfluß der *langue* sprechen, dem jede *parole* ausgesetzt ist.

TRANSLATOSCOPE berechnet die Distanzen der Wortformen automatisch, wenn der Menüpunkt „Statistik | Reihenfolge korrelierter Wortformen" aktiviert wird. Als Ergebnis wird die Tabelle „Wortf_Reihenf_ZT_AT" erstellt. Sie enthält in der ersten, „AT_Pos" genannten Spalte, die Position des AT-Segments und in der nächsten Spalte („AT_Wx_ID") den Primärschlüssel des AT-Segments in der Tabelle „Wortformen". Anschließend folgt für jeden ZT eine eigene Spalte, in der die Distanzen zum AT eingetragen werden. Alle nicht korrelierenden Segmente werden gesondert gekennzeichnet, weil es interessant zu sehen ist, welche ZT welche Segmente übersetzen, die andere ZT unübersetzt lassen. Um dies für jeden ZT getrennt anzeigen zu können, werden die nicht korrelierten Segmente des ersten Texts stets mit dem Wert „-35" gekennzeichnet, die des zweiten ZT mit dem Wert „-36" usw. Dies ermöglicht es, mehrere ZT gleichzeitig graphisch darzustellen und ihre Differenzen klar zu erkennen. Die absoluten Werte wurden nach einem ersten Durchlauf bestimmt: Sie liegen unter dem Minimalwert des Korpus von „-33" für die letzte Wortform bei JorW1861. Zusätzlich stellte sich heraus, daß sich maximal fünf bis sechs ZT gleichzeitig übersichtlich darstellen lassen. Daher wurde das chronologisch geordnete Korpus in vier Gruppen unterteilt, von denen jede wieder mit „-35" als Anfangswert beginnt. Im Anhang dokumentiert Abschnitt 7.10 die von TRANSLATOSCOPE erstellte Tabelle und die daraus resultierenden Diagramme für die Textgruppen.

Durch das Verfahren der Regressionsanalyse kann die Grundtendenz eines ZT, die aus den einzelnen Datenpunkten erkennbar wird, sichtbar gemacht werden.[741] Ein zur Abszisse paralleler Verlauf weist auf eine starke Beachtung der Wortformenreihenfolge des Bezugstextes hin, wohingegen Schwankungen auf Abweichungen hinweisen. Anhand der absoluten Skala der Abszisse, über die die betreffenden Wortformen des AT bestimmbar sind, kann genau ermittelt werden, an welchen Stellen welche Texte wie reagieren. Aus den verschiedenen Möglichkeiten der Regressionsberechnung wurde die polynomische Regression sechster Ordnung ausgewählt, die vergleichsweise eng an den Bewegungen der ZT bleibt. Im Anhang dokumentiert Abschnitt 1.1 (S. 374ff) die für das Korpus ermittelten Tendenzen. Eine zusammenfassende Darstellung der wichtigsten unterschiedlichen Verläufe dieser Graphiken zeigt Abbildung 4-8.

[741] In dem weitverbreiteten Tabellenkalkulationsprogramm EXCEL ist dazu beispielsweise der Eintrag „Trendlinie hinzufügen" im Pop-Up-Menü zu wählen.

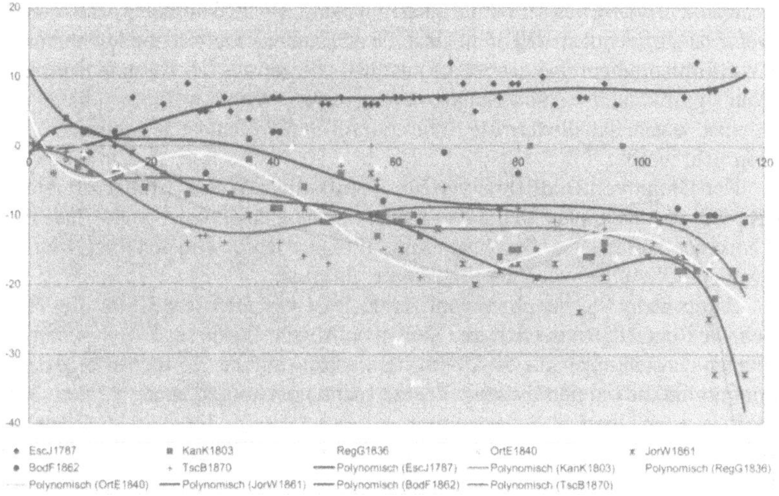

Abbildung 4-8: Tendenzen ausgewählter ZT in bezug auf die Wortformenreihenfolge des AT

Auf den ersten Blick fällt auf, daß bis auf EscJ1787 alle ZT kürzer als der AT sind. Das Diagramm bestätigt die Behauptung von YATES, daß der unterschiedliche Silbenstand des Englischen und des Deutschen bei der Sonettübersetzung zu einem *average loss of one word per line*[742] führe: Mit Ausnahme von BodF1862 beträgt der durchschnittliche Verlust an Wortformen gegenüber dem AT sogar mehr als eine Wortform.

Für den gesamten Bereich ist deutlich erkennbar, daß EscJ1787 nach anfänglichen Schwankungen ungefähr ab Zeile 5[743] fast bis zum Schluß parallel zur Abszisse verläuft. In diesen Befund fügen sich die bei der Kodierung und Auswertung ge machten Einzelbeobachtungen, die gezeigt haben, daß ESCHENBURG insbesondere bei der Wortstellung gar nicht alle Freiheiten ausnutzt, die durch die Aufhebung von Reimzwang und Metrum entstehen.[744] Abbildung 4-8 legt den Schluß nahe, daß diese Auffälligkeiten in entscheidendem Maße durch ESCHENBURGs Rücksicht auf die Wortreihenfolge des AT zustande kommen.

Angesichts der starken Abweichungen, die bisher bei BodF1862 beobachtet wurden, wirkt es überraschend, daß der Regressionsgraph zu diesem Text deutlich näher an der

[742] YATES 1981: 82.

[743] Wortform 40 ist „beauty" als Teil des indirekten Fragesatzes „where all thy beauty lies".

[744] Siehe insbesondere den in Abschnitt 4.4.1 diskutierten Fall der *overlapping hierarchies* und die auffällig hohe Zahl an „a"-Reimen. Diese wurden festgestellt, nachdem EscJ1787 analog zum AT in Zeilen unterteilt wurde.

Abszisse und damit an der Wortreihenfolge des AT bleibt als alle anderen, metrisch abgefaßten ZT. Da BODENSTEDT die eindeutig niedrigste lexikalische Korrelationsrate aufweist, ist anzunehmen, daß er die dadurch entstandene Freiheit zur Annäherung an die Wortformenreihenfolge des AT genutzt hat. Die geringe lexikalische Korrelation und die signifikanten Veränderungen bereits in den ersten zwei, oben diskutierten Verszeilen zeigen, daß die formale Nähe zum AT auf Kosten der semantischen Präzision erreicht wurde.[745]

Der Graph von BodF1862 verläuft in auffälliger Weise parallel zu dem von KanK1803. Beide Graphen trennt ein sich nur leicht verändernder, gegen Ende etwas zunehmender Abstand. Der Graph von KanK1803 wiederum wird von RegG1836 ähnlich wie eine X-Achse von einer Sinuskurve umspielt.

Es erscheint so, als ob sowohl KanK1803 wie auch BodF1862 die Wogen glätten, die RegG1836 auszeichnen. Die starken Ausschläge dieses ZT reflektieren die markanten Umstellungen, die der Übersetzer in bezug auf die Wortreihenfolge des AT vornimmt und die bei den bisherigen Untersuchungen ausgeblendet wurden: REGIS zieht im zweiten Quartett die Bewertung des Sprechers vor die indirekte Frage nach dem Verbleib der Schönheit des Angesprochenen und reduziert dadurch die Komplexität des Satzbaus und die Spannungskurve des Texts.[746] In ähnlicher Weise verändert er die Reihenfolge im Couplet, wobei er den Parallelismus des AT beibehält: Anders als der AT setzt er jedoch nicht mit der Verheißung des Fortbestehens (*to be new made*; *blood warm*), sondern mit der Beschreibung des Alters („ein Greis"; „kaltem Blut") ein, die im AT am Ende des Sonetts die Drohung des Sprechers verstärkt. REGIS läßt das Sonett mit der oben bereits als allgemeingültig-epigrammatisch klassifizierten Feststellung enden, die das Fortbestehen des Angeredeten als Folge seines „richtigen" Verhaltens ausmalt („neu verjüngt"; „die Wärme wiederbringt"). Anders als im AT droht der Sprecher des ZT weniger, als er lockt.

Ähnlich wie der Graph von RegG1836 weist auch der Graph von OrtE1840 gegen Ende des AT einen starken Ausschlag auf. Auch in diesem Fall signalisiert der Verlauf eine Umordnung: ORTLEPP vertauscht die Reihenfolge der Coupletzeilen und ändert darüber hinaus in der nunmehr letzten Zeile die zeileninterne Reihenfolge ähnlich wie REGIS. So schließt OrtE1840 noch stärker als RegG1836 mit dem Preis der ewigen Jugend; das Alter spielt nur noch eine Nebenrolle. Als einziger ZT formuliert OrtE1840 diese Aussage als emphatischen, mit Ausrufezeichen beendeten Ausruf.

Gleichwohl ist der Verlauf des Graphen für OrtE1840 nicht ganz singulär im Korpus: Abbildung 4-8 zeigt, daß auch JorW1861 etwa ab AT-Wortform Nr. 90 vergleichbar verläuft.[747] Eine Überprüfung der betroffenen Zeilen zeigt, daß JORDAN im *couplet* ähnlich wie ORTLEPP verfährt, die Wortformen beider Zeilen allerdings stärker ver-

745 BORGMEIER 1970: 58 bezeichnet BodF1862 daher nicht ohne Berechtigung als „originalfernste Version"..

746 Siehe BORGMEIER 1970: 65.

747 Worform *old* in Zeile 11 im Kontext „make my old excuse".

mischt als jener. So wird das im AT – und auch in sechs ZT[748] – durch Akzentprall betonte Attribut „warm“ (*warm*) an den Anfang des Couplets verschoben, während das Bezugswort „Blut“ (*blood*) in Zeile 14 verbleibt. Den harschen Ausklang des Sonetts fügt JORDAN abgemildert („wenn es halb erfroren“) in Zeile 13 an, bevor er insbesondere in der zweiten Hälfte der letzten Zeile fast wie ORTLEPP endet und auf der Reimebene gegen das Prädikatsnomen *cold* des AT „neugeboren“ im ZT setzt. Auch der Sprecher dieses ZT appelliert also letztlich an den Topos der unvergänglichen Schönheit, der vom Sprecher des AT jedoch nur als Mittel zum Erreichen seiner Intention eingesetzt und an die Befolgung seines Rates geknüpft wird.

Anders als alle metrischen ZT verläuft der Graph von TscB1870 ungefähr ab der AT-Wortform Nr. 35 („then“ im Kontext „then being asked“): Im Gegensatz zu den anderen ZT, die mehr oder weniger stark kürzen, wodurch deren Graph mehr oder weniger stark absinkt, steigt der Graph von TscB1870 leicht an, um dann wieder leicht abzufallen. Insgesamt pendelt er zwischen den AT-Wortformen Nr. 20 und 100 ziemlich eng um die Distanz von -10 Einheiten zum AT. Im Bereich des Wendepunktes bei Nr. 57 zeigt sich, daß auch dieser Wendepunkt auf eine Umordnung hinweist: TscB1870 verschiebt die Antwort des Angesprochenen nach 2.8 und die Bewertung durch den Sprecher nach 2.7. Ähnlich verfahren JorW1861 und RegG1836. Wegen der vergleichsweise geringen Ausschläge dieser Texte im fraglichen Bereich fielen diese Verschiebungen nicht sofort ins Auge.

Der Vergleich mit dem Graphen für KanK1803 scheint nach diesen Beobachtungen als Vergleichsmaßstab gelten zu können. Dieser ZT, dessen hoher Anteil lexikalischer Übereinstimmung bereits erwähnt wurde, stimmt auch hinsichtlich der Wortreihenfolge mit der Grundtendenz des AT überein. Er eignet sich, zur Aufdeckung von Umordnungen, denn alle diskutierten Abweichungen laufen den Tendenzen dieses Graphen entgegen. Der Vergleich mit den anderen ZT zeigt überdies, daß dieser Verlauf dem der meisten anderen in Abbildung 4-8 dargestellten ZT entspricht.

4.5.3. *Significant* und *insignificant* segments nach REID

Das letzte in dieser Arbeit vorgestellte Auswertungsverfahren basiert auf dem von REID vorgeschlagenen Konzept des corporate text. REID hat die Hypothese entwickelt, daß ein ZT als eher normbefolgend normative oder eher normbrechend divergent eingestuft werden kann, indem überprüft wird, mit welcher Häufigkeit die Segmente eines ZT im gesamten Segmentbestand aller ZT, dem corporate text, vorkommen.[749]

Segmente, die allen Texten gemeinsam sind, seien als *stable*, aber *insignificant* in bezug auf den AT anzusehen, während die anderen variable und dadurch significant für das Verständnis des AT seien.

REID präzisiert nicht, in welcher Hinsicht und in welchen Ebenen Varianz und Invarianzen in bezug auf Normen betrachtet werden, sondern setzt eine nicht näher ex-

[748] Siehe Abschnitt 7.5.1: KanK1803, LacK1820, TieD1825, RicK1836 und GilO1876.
[749] Siehe REID 1986: 59-61.

plizierte Ebene voraus, die der hier als Phrasenebene bezeichneten sehr nahezustehen scheint.[750]

Übersetzungstheoretisch scheint er davon auszugehen, daß ein AT-Segment einer Klasse von ZT-Segmenten vergleichsweise eindeutig zugeordnet werden kann. Dabei geht er von einem bilingualen Vergleich aus, den er im Anschluß an seine Exposition als Fallstudie vorlegt. Er berücksichtigt dabei nicht, daß sowohl die Varianz wie auch die Invarianz eines AT-Segments in den ZT auch durch langue-bezogene Zwänge bewirkt werden kann. Ein multilingualer Vergleich kann daher zu widersprüchlichen Aussagen führen, wenn die ZT-Segmente in einer ZS hochgradig variant, in einer anderen jedoch hochgradig invariant sind.

Trotz dieser konzeptionellen Schwäche erscheint es schon deshalb lohnend, die REIDsche Hypothese an dem hier erfaßten und aufbereiteten Korpus zu überprüfen, weil REID selbst keine detaillierte Überprüfung vornimmt. Die detaillierte Aufbereitung des Korpus und seine datenbankbasierte Repräsentation erleichtern diese Untersuchung. Es bietet sich an, die Segmente der bereits detailliert untersuchten ersten beiden Zeilen des Sonetts beispielhaft zu untersuchen.

Die Analyse geht dabei über die in Tabelle 4-8 auszugsweise dokumentierte Betrachtung der Häufigkeiten der korrelierten Wortformen der ZT hinaus und bezieht auch alle nicht korrelierten Wortformen ein. In Übereinstimmung mit REID werden Segmente der Phrasenebene als kleinste rhetorisch signifikante Einheiten verglichen.

Als Bezugsmenge wird jeweils die Segmentmenge aller ZT in bezug auf das betrachtete Segment und nicht in bezug auf die Gesamtheit aller Segmente gewählt. Außerdem erscheint es sinnvoll, Klassen von Segmenten, die hinsichtlich des evozierten Vorstellungsbildes weitgehend ähnlich sind, zusammenzufassen, denn der Unterschied zwischen „vierzig Wintern“ und „fünfzig Wintern“ ist eher als Variation desselben Vorstellungsbildes denn als alternatives Vorstellungsbild zu verstehen.[751]

Tabelle 4-10 schlägt eine entsprechende Zusammenstellung für die ersten zwei Zeilen von Sonett 2 im Deutschen vor. Die Einträge sind von oben nach unten und von links nach rechts nach Häufigkeit ($F_{1\text{-}4}$) angeordnet. In der ersten Spalte steht die laufende Nummer des Segments, gefolgt von der Anzahl der „substantiellen Varianten“ im corporate text aller ZT. Eine Detailübersicht zu diesen Varianten bieten die folgenden Spalten. Für Segmentklassen z.B. „wenn“, „<viele> Winter“ wird zunächst die Mächtigkeit der Menge z.B. „9“, „16“ und der „Titel“ der Klasse vermerkt. Anschließend folgt eine Detailübersicht über die Häufigkeiten der unterschiedlichen Elemente der Klasse.

---

[750] REID 1986: 60 spricht von einem „individual word“ oder einer durch die Korrelation bestimmten „larger verbal unit“.

[751] Für *empty lexical forms* wie adverbiale Ergänzungen und Konjunktionen gestaltet sich die Zusammenfassung schwieriger.

Seg.	F_1	ZT_1	F_2	ZT_2	F_3	ZT_3	F_4	ZT_4
1: 4	9	**wenn**						
	6	*wenn*	*1*	*wenn einst* [RegG]	*1*	*wenn erst* [JorW]	*1*	*wenn erst einst* [NeiA]
	6	—						
	3	wann						
	2	*wann* [LacK, RodS]	*1*	*wann erst* [GilO]				
	2	einst						
	1	*einst* [TieD]	*1*	*einst, ehe* [BodF]				
2: 3	16	**<viele> Winter**						
	14	*vierzig Winter*	*2*	*fünfzig Winter* [RodS, MolM]				
	2	ein halb Jahrhundert [BodF, SimK]	1	Jahre [NeiA]				
3: 13	6	**umlagern**	4	belagern	1	sich lagern [EscJ]	1	besetzen [LacK]
	1	fühlst [TieD]	1	umnachten [RegG]	1	— [WalL]	1	geprägt* [JorW]
	1	gelebt [BodF]	1	befehden [GelF]	1	runzeln [NeiA]	1	berennen [GilO]
	1	[vor]rücken [KraF]						
4: 6	11	**Stirn**						
	10	*Stirn*	*1*	*Stirn und Wangen* [TieL]				
	4	Brauen	3	Haupt	1	du [TieD]	1	Antlitz [KraF]
	1	— [WalL]						
5: 2	13	—	8	**und**				
6: 5	9	**durchfurchen**						
	2	*tief einfurchen* [RodS, MolM]	*2*	*tief durchfurchen* [RegG, TscB]	*1*	*tieffurchen* [TieL]	*1*	*mit Furchen messen [TieD]*
	1	*zeigen tiefe Furchen ihre Spur* [OrtE]	*1*	*furcht tiefe Spur* [WalL]	*1*	*Furchen ziehen* [NeiA]		
	5	Gräben <anlegen>						
	3	*Gräben ziehen*	*1*	*tiefe Graben werden geschnitten haben [EscJ]*	*1*	*die Gräben öffnend [SchA]*		
	5	Laufgräben <anlegen>						
	4	*Laufgräben ziehen*	*1*	*Laufgräben tief geführt [LacK]*				
	1	geprägt* ihr Zeichen [JorW]						
	1	tiefe Falten schlagen						
7: 3	19	**Schönheit**						
	13	*deine Schönheit*	*3*	*die Schönheit* [SchA, TscB]	*1*	*deine holde Schönheit* [TieL]	*1*	*im Schönheit [plan]* [LacK]
	1	*schön* [JorW]						
	1	rein [BodF]	1	— [WalL]				
8: 7	9	**Feld**						
	3	Plan						
	2	*Plan* [GilO, KraF]	*1*	*[Schönheit]plan* [LacK]				
	3	—	2	Flur [TieL, GelF]	2	Auen [RodS, MolM]	1	Land [FriH]
	1	Gefilde [TscB]						

Tabelle 4-10: Übersicht zur Untersuchung des *corporate text* nach REID

Die Auflistung erfolgt der Häufigkeit nach in kleinerer Größe und in Kursivschrift; bei gleicher Häufigkeit erfolgt die Ordnung chrono logisch nach Erscheinen des ersten

Beispieltextes. Bei Segmenten, die weniger als dreimal belegt sind, wird – wiederum in chronologischer Reihenfolge – das Verfasserkürzel in eckigen Klammern angefügt. Die Erstellung der Tabelle wurde von Hand vorgenommen. Als Hilfsmittel wurden der Index zu den korrelierten Wortformen und der Wortformenindex für die ZT benutzt.

Vor der Analyse der Tabelle stellt sich zunächst die von REID offengelassene Frage, wo die Grenze zwischen *stable* und *variable segments* anzusetzen ist. Wie in den Kapiteln zur statistischen Auswertung der Wortebene, bietet es sich nicht an, von absoluten Werten auszugehen. Vielmehr erscheint es auch hier sinnvoll, bei der Operationalisierung des Verfahren das arithmetische Mittel und die Standardabweichung als Kennzahlen zu verwenden. Für die acht Segmente, die in Tabelle 4-10 aufgeführt sind, liegen durchschnittlich je 5,375 ZT-Varianten bei einer Standardabweichung von (gerundet) 3,5 vor. Bis auf das dritte Segment, das mit 13 ZT-Varianten mehr als die doppelte Standardabweichung über dem arithmetischen Mittelwert liegt, sind alle anderen Segmente statistisch nicht auffällig.

Als besonders *stable* und daher *insignificant* im REIDschen Sinne erweisen sich die Segmente zwei und sieben, die zwar jeweils leicht variiert werden, aber doch das Vorstellungsbild der „vielen Winter" oder der „Schönheit" kaum verändern. Allein BodF1862 ist in beiden Fällen mit abweichenden Lösungen vertreten und ist daher im REIDschen Sinn als Musterbeispiels eines in bezug auf das ZT-Korpus normbrechenden ZT, also als *divergent text*, einzustufen. Dies deckt sich mit den bisherigen Ergebnissen.

Als im REIDschen Sinne hochgradig *variable* und daher *significant* für die Interpretation des AT erweist sich Segment drei, das im AT der Phrase *shall besiege* zuzuordnen ist. Diese Phrase ist als die fokale Phrase der Metapher anzusehen, die in den ersten zwei Zeilen des Sonetts ausgearbeitet wird. BORGMEIER hat sie zutreffend als „Belagerungsbild" bezeichnet und damit die fokale Phrase der Metapher zu ihrer Benennung eingesetzt. Das REIDsche Verfahren konnte in diesem Fall den inhaltlichen Kern des AT erfolgreich anhand der Differenzen der ZT identifizieren.

5. Schluß

Diese Arbeit hat Möglichkeiten erkundet, das Potential der Informationstechnologie und Linguistik für die Übersetzungsforschung fruchtbar zu machen. Neben den ausführlich diskutierten Formalismen zur Textaufbereitung wurden elektronische Hilfsmittel erstellt, die bei der Erfassung, der Aufbereitung und der Auswertung zum Einsatz kamen. Der Anhang, der neben einer vollständigen Dokumentation der untersuchten Texte alle Ergebnisse enthält, kann aufgrund der detailliert aufgeschlüsselten Prämissen als Grundlage weiterer Untersuchungen dienen.

Die Übersetzungsgeschichte der SHAKESPEAREschen *Sonnets* konnte durch den Einsatz der selbst erstellen Software TRANSLATOSCOPE in bezug auf die ersten 100 Jahre der Rezeption mit bislang nicht möglicher Detailgenauigkeit und Übersicht untersucht und präzisiert werden.

Aus den Vorüberlegungen zur Konzeption der Computerunterstützung entstand die übersetzungstheoretische These, daß ein Übersetzungsforscher entweder von der Identität, der Äquivalenz oder der Korrelation von AT und ZT ausgeht. Die Tragfähigkeit dieser These und die unter Verwendung semantischer Überlegungen vorgeschlagene Präzisierung des Begriffs der Wörtlichkeit im intensionalen und extensionalen Sinn kann endgültig erst die künftige Diskussion und Anwendung erweisen.

Bereits jetzt läßt sich aber sagen, daß allein die Vorüberlegungen zur Einführung der Informationstechnologie in das bislang noch kaum elektronisch unterstützte Aufgabenfeld zu neuen Erkenntnissen über dieses Gebiet geführt haben, insbesondere zur Rede von „Äquivalenz" in der Übersetzungsforschung.

Die Entscheidung für ein datenbankbasiertes Datenmodell hat sich in der Praxis bewährt: Die Struktur der Datenbank, die das Korpus und alle Zusatzinformationen aufnimmt, ist leicht modifizierbar, weitgehend redundanzfrei und ermöglicht auch komplexe Auswertungen wie die Erstellung des Index aller korrelierenden und nicht korrelierenden Wortformen des Korpus.

Die für die Überführung des Korpus in die Datenbankstruktur entwickelte Software PREP_0 ist so ausgereift, daß sie ohne oder mit nur geringen Änderungen für andere Korpora eingesetzt werden kann. Der experimentelle Status der Software, die für die Unterstützung der Aufbereitung entwickelt worden ist, kann nach der Erprobung in der Fallstudie nunmehr überarbeitet werden: Die Bedienung der Programme PREP_1 bis PREP_4 wäre zu vereinheitlichen und in demselben Maße gegen Fehleingaben von Benutzern abzuschirmen wie dies bei PREP_0 bereits der Fall ist.

Die Programme haben ihre Aufgabe erfüllt und neben der Erkundung von neuen technischen Möglichkeiten tatsächlich eine zügige Aufbereitung des Korpus gestattet. Durch die Differenzierung zwischen Worten und Wortformen konnte sowohl die Aufbereitung als auch die Auswertung auf exakte Daten zurückgreifen. Die lexikonbasierte Aufbereitung aller Wortformen mit ihrer Grundform wurde durch PREP_1 erheblich erleichtert. Zukünftige Versionen dieses Programms könnten weitere grammatische Daten wie beispielsweise Angaben zur Flexion, zum Wortfeld und zum natürlichen bzw. grammatischen Geschlecht[752] in die Datenbank aufnehmen und so weitere Gebiete für die Auswertung durch die Übersetzungsforschung erschließen. PREP_2, entwickelt zur Unterstützung der Segmentierung eines Texts in Phrasen, kann aufgrund der datenbankbasierten Datenhaltung das Problem der *overlapping hierarchies* vermeiden, das der weitverbreiteten Klammernotation inhärent ist. Auch dieses Programm unterstützt jedoch nicht die Erfassung verschiedener Segmentierungsmöglichkeiten für denselben Wortformenbestand.

Das damit angesprochene Problem der textinhärenten Ambiguität wird durch die schriftliche Dokumentation zwar thematisiert, aber datenbanktechnisch nicht abgebildet. Im untersuchten Korpus zeigte sich, daß vor allem der ZT NeiA1869 mehrere Segmentierungsmöglichkeiten bot. Diese resultieren aus nicht auflösbaren Unklarheiten des Texts.

Bei der Korrelation ergab sich, daß die Einschränkung auf eine Segmentierungsmöglichkeit dazu führt, daß die als „nicht korrelierend" eingestuften Bezugstexte im Einzelfall überprüft werden müssen, da sie entweder tatsächlich nicht korrelieren oder aber eine andere Segmentierung des Bezugstextes verlangen. Wenn künftige Modelle die Erfassung mehrerer Varianten bei der Textsegmentierung präzise ermöglichen, könnte diese Schwierigkeit beseitigt und die Auswertung der unterschiedlichen Interpretationen des Bezugstextes automatisiert werden. Als Übergangslösung wird bei der Analyse der Korrelationen auf der Wortformenebene stets die nächsthöhere Ebene der Phrase mit angegeben, anhand der zwischen den beiden Fällen der „Nicht-Korrelation" unterschieden werden kann.

Die Programme zur Korrelation, PREP_3 und PREP_4, ermöglichen erstmals die explizite und jeden Einzelfall erfassende Dokumentation der Annahmen, von deren Standpunkt aus ein Übersetzungsforscher die Beziehungen zwischen zwei Texten betrachtet.[753] Die Einbeziehung syntaktisch impliziter Phrasen („[PRO]-Phrasen") hat zu genaueren Aussagen über die „Nicht-Korrelation" beigetragen, da gezeigt werden konnte, daß manche ZT diese im AT impliziten Phrasen gezielt explizieren.

Insgesamt zeigt die Auswertung, daß die entwickelten Hilfsmittel auch umfangreiche Korpora mit hoher Detailgenauigkeit untersuchen können. So ist es mit Computerhilfe gelungen, die Trennung zwischen detailreichen Einzelbetrachtungen und eher allgemein vorgehenden Gesamtuntersuchungen zu reduzieren.

---

[752] Siehe z.B. JAKOBSON 1992: 149f.

[753] Die Korrelation von Phrasen, die PREP_4 unterstützt, wird durch das Datenmodell eingeschränkt. Letzteres wäre so zu modifizieren, daß zu jeder „Px_ID" eindeutig die in der Phrase enthaltenen Worte ("Wt_ID") bestimmt werden können. Bisher erfolgt die Disambiguation über die Verszeile ("Vz_ID"), dies ist aber nicht ausreichend, wenn dieselbe Phrase innerhalb derselben Zeile mehrfach vorkommt. Für das hier betrachtete Korpus wirkt sich diese Einschränkung nicht aus, da der genannte Fall nie eintritt. Grundsätzlich wäre jedoch die Struktur analog zur Modellierung der Wortformenkorrelation zu modifizieren, also in den Entitäten „Phrase" und „Phrasen" ein Fremdschlüssel (z.B. „Pn_Idf") zu ergänzen, der die potentielle Mehrdeutigkeit ausschließt.

Die „interlinearen" Übersichten, die TRANSLATOSCOPE sofort nach der Erfassung eines Korpus mit PREP_0 erstellen kann, haben sich als immer wieder benutzte Hilfsmittel bei der Auswertung bewährt.

Die Untersuchung zielseitiger Abhängigkeiten hat von den verschiedenartigen Auswertungen besonders stark profitiert; der PEARSONsche Korrelationskoeffizient hat sich als ein zuverlässiger Indikator erwiesen. Schon nach geringem Kodierungsaufwand lagen Hinweise auf bisher unbekannte Abhängigkeiten von Übersetzungen vor. In der Literatur kontrovers diskutierte Abhängigkeiten konnten miteinander verknüpft bzw. genauer analysiert werden (z.B. RICHTERs Abhängigkeit nicht nur von KANNEGIESSER, sondern auch von LACHMANN).

Durch Berücksichtigung der gesamten Materialien wurden die Ergebnisse näher qualifiziert: Für RICHTERs ZT (RicK1836) konnte beispielsweise nachgewiesen werden, daß dieser ZT trotz der auf der Buchstabenebene hohen Abhängigkeiten von zwei Vorgängertexten (mit entsprechend hohen Korrelationskoeffizienten) diese nicht planlos vermischt, sondern anstrebt, die Reimlexik des Sonetts dem AT anzugleichen.

Künftige Untersuchungen könnten das hier entwickelte Verfahren zum einen auf breiterer Materialbasis überprüfen und zum anderen klären, inwiefern die zusätzliche Einbeziehung von Korrelations- und ggf. Wortfeldinformationen weitere Abhängigkeiten aufdecken und Weiterschreibungsverläufe bzw. Modifikationstendenzen nachzeichnen kann.

Auch die Analyse der Bildlichkeit profitierte deutlich von den verschiedenen Auswertungen, die gleichzeitig berücksichtigt werden konnten. So ergab sich, daß eine beträchtliche Anzahl „neuer" Bilder in den ZT vermutlich weniger durch die Willkür der Übersetzer als durch den Reimzwang hervorgerufen wurden und daß nur wenige ZT – in erster Linie JORDANs Text JorW1861 – ein textweit eigenständiges, alternatives Bildarsenal entwickeln.

Die Analyse der Reimlexik konnte durch die Weiterentwicklung bestehender Formalismen und der Erstellung eines Reimlexik-Index sowie von Häufigkeitsstatistiken auf übersichtliche und detaillierte Ergebnisse zurückgreifen.

Die experimentellen Auswertungsverfahren zur Wortformenreihenfolge und zu *significant* und *insignificant segments* nach REID haben zwei der durch die elektronische Repräsentation entstehenden neuen Möglichkeiten aufgezeigt. Ihre Ergebnisse haben sich in das zuvor gewonnene Bild eingefügt und es näher präzisiert. Das REIDsche Verfahren, das aus der Variantenanzahl der ZT auf *significant segments* im AT schließt, erwies sich als erfolgreich, muß aber noch an weiteren Fällen und vor allem im Kontext mehrerer ZS überprüft werden.[754]

[754] Die Bemerkung von JANSOHN 1993: 250, die auf die Vielfalt der Übersetzungen der Phrase *edge of doom* in 116.12 hinweist, legt Sonett 116 als weiteren Testfall nahe.

Ein weiteres Experiment, die graphische Darstellung der Wortformenreihenfolge der ZT im Vergleich zum AT, hat gezeigt, daß die Prosaübersetzung ESCHENBURGs sich textweit eng an diesem Kriterium orientiert. Überraschenderweise ergab sich dies auch für den hinsichtlich aller anderen Aspekte sonst stark vom AT abweichenden ZT BODENSTEDTs, der für sich in dieser Beziehung zu recht „Originaltreue" reklamieren kann.

Insgesamt legen es die Ergebnisse nahe, die in dieser Arbeit diskutierten und teilweise neu bereitgestellten Möglichkeiten in der Praxis der Übersetzungsforschung zu nutzen, um Übersetzungsanalyse umfangreicher und genauer als bisher möglich zu betreiben.

Die hier erarbeiteten Materialien (Originaltexte, Übersichten, Indizes) bieten einen wohldokumentierten Fundus für weitere Forschungen zur Übersetzung der SHAKESPEAREschen *Sonnets*.

Sammelt man die Ergebnisse und Erfahrungen, so können die bislang gewonnenen Hypothesen und Werkzeuge umfassend geprüft und optimiert werden. In bezug auf die SHAKESPEAREschen *Sonnets* wären neben den hier analysierten Sonetten weitere hinzuzuziehen. Ebenso bietet es sich an, das Korpus der ZT auf das nächste Jahrhundert der deutschsprachigen Sonettübersetzung auszudehnen und auch ZT anderer ZS zu erfassen. Sehr interessant und ergiebig dürfte die Analyse des ZT von Karl KRAUS sein, der als Extremfall der Übersetzung den AT nach eigener Aussage kaum berücksichtigt, sondern zwei Vorgängerübersetzungen „ins Deutsche" „übersetzt".

Die methodischen Ergebnisse lassen es aussichtsreich erscheinen, auch Texte anderer Gattungen und ihre Übersetzungen mit Computerunterstützung zu analysieren. Derart ausführlich und gründlich recherchierte Studien könnten durch ihre detaillierte Analyse der Rezeptionsgeschichte einzelner Texte und Autoren auch einen signifikanten Beitrag zur Erforschung eventuell bestehender *universals of translation*[755] leisten.

[755] Siehe BAKER 1993: 243; LAVIOSA-BRAITHWAITE 1998.

6. Literaturverzeichnis

6.1. Primärtexte

6.1.1. AT

(Chronologische Reihenfolge nach Herausgeber. Autor: William SHAKESPEARE)

THORPE, Thomas (1609). *Shake-speares Sonnets. Neuer before Imprinted.* London.

BENSON, John (1640). *Poems: Written by Wil. Shake-speare. Gent.* London.

MALONE, Edmund (1780). *Supplement to the Edition of Shakspeare's Plays Published in 1778 by Samuel Johnson and George Steevens*, Bd. 1. London. [Fotomechanischer Nachdruck: JOHNSON, Samuel/ STEEVENS, George/ MALONE, Edmund (1995). *The Johnson-Steevens Edition of the Plays of William Shakespeare. Including a two-volume supplement by Edmond Malone*, Bd. 11. London und Tokio.]

BELL, Robert (1855). *William Shakespeare's Poems*. London (*The annotated edition of the English poets* 25).

DELIUS, Nicolaus (³1872) [¹1854]. *Shakespeare's Werke. Herausgegeben und erklärt von Nicolaus Delius. Dritte, revidierte Auflage*, Bd. 2. Elberfeld.

ROLLINS, Hyder Edward (1944). *The Sonnets. A New Variorum Edition of Shakespeare.* 2 Bde. Philadelphia und London.

GIELGUD, John (1963). *William Shakespeare. SONNETS. Read by Sir John Gielgud.* London.

INGRAM, W. G./ REDPATH, Theodore (1964). *Shakespeare's SONNETS.* London.

BOOTH, Stephen (²1978) [¹1977]. *Shakespeare's sonnets.* New Haven und London.

COOK, Hardy M. (1992a). *SONNETS 1609Q.* http://www.arts.ubc.ca/english/iemls/shak/ tag1609q.txt [19.8.97].

— (1992b). *SONNETS TAG1609Q.* http://www.arts.ubc.ca/english/iemls/shak/1609q.txt [19.8.97].

EAGAN, Peter/ ORR, Peter/ PECK, Bob/ WILLIAMS, Michael (1995). *William Shakespeare. The Complete Sonnets. Read by Peter Egan, Peter Orr, Bob Peck, and Michael Williams.* London [u.a.].

EVANS, G. Blakemore (1996). *The Sonnets*. Cambridge. (*The New Cambrigde Shakespeare*).

6.1.2. ZT

(Chronologische Reihenfolge nach Übersetzer; Autor: William SHAKESPEARE)

ESCHENBURG, Johann Joachim (1787). *Ueber W. Shakspeare*. Zürich.

[KANNEGIESSER, Karl Friedrich Ludwig] (1803). „Sonette nach Shakspeare". Von K. *Polychorda* 1: 53-58, *Polychorda* 2: 115-22, *Polychorda* 3: 338-43, *Polychorda* 4: 567-70.

TIECK, Ludwig [c1807]. „Ludwig Tiecks Ubersetzung von Shakespeares Sonnetten 1 und 2 in MSS Add 69 866, British Library“. Hg. JANSOHN, Christa (1991). *Archiv für das Studium der Neueren Sprachen und Literaturen* 228.1: 86-89.

LACHMANN, Karl (1820). *Shakspeare's Sonette*. Berlin.

TIECK, Dorothea Sophie [c1825]. *Shakespeares Sonette in der Übersetzung Dorothea Tiecks*. Hg. JANSOHN, Christa (1992). Tübingen.

SCHUMACHER, Andreas (1826). „Sonette. Übersetzt von Andr. Schumacher“. Hg. SCHUMACHER, Andreas/ BAUERNFELD, Eduard von (1826). *William Shakspeare's sämmtliche dramatische Werke und Gedichte*. Wien: 137-56.

[RODERICH, SEBASTIAN] (1834). *Shakspeare's Gedichte*. Von SCHNEIDER, Dr. R. S.. Gotha.

REGIS, Gottlob (1836). *Shakspeare-Almanach*. Berlin.

RICHTER, Karl (1836). „Sonette“. Hg. KÖRNER, Julius (1836). *W. Shakspeare's sämmtliche Werke in Einem Bande*. Schneeberg und Wien: 909-25.

ORTLEPP, Ernst (1840). *Nachträge zu Shakspeare's Werken von Schlegel und Tieck. In 4 Bänden. Mit 40 Stahlstichen zu Shakspeare's Werken*. Bd. 3. *Sonette*. Stuttgart.

[WALESRODE, Ludwig Reinhold] (1840). *William Shakspeare's sämmtliche Gedichte. Im Versmaße des Originals übersetzt von Emil Wagner*. Königsberg.

JORDAN, Wilhelm (1861). *Shakspeare's Gedichte*. Berlin.

BODENSTEDT, Friedrich Martin von (1862). *William Shakespeare's Sonette. In deutscher Nachdichtung von Friedrich Bodenstedt*. Berlin.

MOLTKE, Max (1865). *William Shakespeare's Sämmtliche Werke (Dramen und Gedichte). Deutsche Volks-Ausgabe. Neu durchgesehen und mit einer Biographie, Einleitungen zu sämmtlichen Stücken und einem Spruchregister*. Leipzig: Sp. 51-84.

GELBCKE, Ferdinand Adolph (1867). *Shakespeare's Sonette*. Hildburghausen und Leipzig. (*Bibliothek ausländischer Klassiker in deutscher Übertragung* 52).

SIMROCK, Karl. (1867). *Shakespeares Gedichte*. Stuttgart.

FRIESEN, Hermann Freiherr von (1869). *Shakspere's Sonette*. Dresden.

NEIDHARDT, Alexander (1870). *Shakespeare's kleinere Dichtungen*. Berlin.

TSCHISCHWITZ, Benno (1870). *Shakspere's Sonette*. Halle.

GILDEMEISTER, Otto (1871). *Shakespeare's Sonette*. Leipzig.

KRAUSS, Fritz (1872). *Shakespeare's Southampton-Sonette*. Leipzig.

6.2. Nachschlagewerke

[ADB] (1971). *Allgemeine Deutsche Biographie*. Hg. Historische Commission der Königlichen Akademie der Wissenschaften. 56 Bde. Berlin [Unveränderter Nachdruck der Auflage 1875-1912].

[ArnT1790] ARNOLD, Theodor ([4]1790). *A Compleat Vocabulary English and German oder vollständig kleines Wörterbuch Englisch und Deutsch. Insonderheit für Anfänger und Reisende. Zuerst ausgefertiget von Theodor Arnold. Vierte Auflage, durchaus verbessert und vermehrt, mit einem Deutsch-Englischen Wörterbuche ganz neu ausgearbeitet von M. Johann Bartholomäus Rogler*. Leipzig und Züllich.

[BaiN1778] BAILEY, Nathan ([5]1778). *A Compleat English Dictionary oder vollständiges Englisch-Deutsches Wörterbuch, anfänglich von Nathan Bailey herausgegeben; jetzt aber fast ganz umgearbeitet, vermehret und verbessert von Anton Ernst Klausing*. Leipzig und Züllich.

BAKER, Mona (1998). *Routledge Encyclopedia of Translation Studies*. London und New York.

BLINN, Hansjürgen (1993). *Der deutsche Shakespeare. Eine annotierte Bibliographie zur Shakespeare-Rezeption des deutschsprachigen Kulturraums (Literatur, Theater, Film, Funk, Fernsehen, Musik und bildende Kunst)*. Berlin.

[Wahrig] *Brockhaus-Wahrig. Deutsches Wörterbuch*. Hg. WAHRIG, Gerhard/ KRÄMER, Hildegard/ ZIMMERMANN, Harald (1980-84). 6 Bde. Wiesbaden und Stuttgart.

BUSSMANN, Hadumod ([2]1990). *Lexikon der Sprachwissenschaft. Zweite, völlig neu bearbeitete Auflage*. Stuttgart.

[DelN1852] DELIUS, Nicolaus. (1852). *Shakespeare-Lexikon. Ein Handbuch zum Studium der Shakespear'schen Schauspiele*. Bonn.

[Deutsches Wörterbuch] GRIMM, Jacob/ GRIMM, Wilhelm [et al.] (1854-1984). *Deutsches Wörterbuch*. 33 Bde. Leipzig [Fotomechanischer Nachdruck der Erstausgabe: München, 1984].

[Duden] (1976-1981) *Duden. Das große Wörterbuch der deutschen Sprache*. Hg. DROSDOWSKI, Günther [*et al.*]. 6 Bde. Mannheim, Wien, Zürich.

DROSDOWSKI, Günter ([4]1984). *Duden „Grammatik der deutschen Gegenwartssprache"*. Mannheim, Wien, Zürich.

GOEDEKE, Karl Ludwig ([2]1983-1985). *Goedekes Grundriss zur Geschichte der deutschen Dichtung. 2., ganz neu bearbeitete Auflage*, Bd. 16. Hg. Akademie der Wissenschaften der DDR, Zentralinstitut für Literaturgeschichte. Berlin.

[LudC1832] LUDWIG, Christian (1832). *Vollständiges Deutsch-Englisches und Englisch-Deutsches Wörterbuch. Zweite Auflage, mit einer gründlichen Anleitung zur Aussprache des Englischen vermehrt, und zum allgemeinen Gebrauche der Deutschen und Englischen Nation bequemer eingerichtet;*

verbessert durch eine genauere Angabe der Bedeutungen der Wörter, Redensarten und Sprichwörter, und vermehrt mit vielen neuen Ausdrücken, und einem Verzeichnisse der unregelmäßigen Zeitwörter beider Sprachen. 2 Bde. Leipzig.

[OED] SIMPSON, J. A./ WEINER E. S. C., Hgg. ([2]1989) [[1]1884-1928]. *The Oxford English Dictionary.* 20 Bde. [Ebenso auf CD-ROM: *The Oxford English Dictionary on Compact Disk*]. Oxford.

SCHLAWE, Fritz (1972). *Die deutschen Strophenformen.* Stuttgart.

SPEVACK, Martin (1968-1970). *A complete and systematic concordance to the works of Shakespeare.* 6 Bde. Hildesheim [u.a.].

UNICODE CONSORTIUM (1992). *The Unicode Standard: Worldwide Character Encoding.* 2 Bde. Reading/MA [u.a.].

WELLS, John Christopher (1990). *Longman Pronunciation Dictionary.* London.

6.3. Sonstige Literatur

ABERCROMBIE, John R. (1984). „Computer Assisted Alignment of the Greek and Hebrew Biblical Texts - Programming Background". *Textus* 11: 125-39.

ARNOLD, Heinz Ludwig/ DETERING, Heinrich (1996). *Grundzüge der Literaturwissenschaft.* München.

ARNTZ, Reiner, Hg. (1988). *Textlinguistik und Fachsprache. Akten des Internationalen übersetzungswissenschaftlichen AILA-Symposions Hildesheim, 13.-16. April 1987.* Hildesheim [u.a.]. (*Studien zu Sprache und Technik* 1).

AßMANN, Carl (1843). *Shakspeare und seine deutschen Uebersetzer. Eine literarisch-linguistische Abhandlung als Beitrag zur Kritik der deutschen Uebersetzungs-Literatur.* Liegnitz.

BAILEY, Richard W. (1969) „Statistics and Style: A Historical Survey". In: DOLEŽEL/BAILEY 1969.

BAKER, Mona (1993). „Corpus Linguistics and Translation Studies: Implications and Applications". In: BAKER/FRANCIS/TOGNINI-BONELLI 1993: 233-50.

— (1995). „Corpora in Translation Studies: An Overview and Some Suggestions for Future Research". *Target* 7.2: 223-43.

—, Hg. (1998). *The Routledge Encyclopedia of Translation Studies.* London, New York.

BAKER, Mona/ FRANCIS, Gill/ TOGNINI-BONELLI, Elena, Hgg. (1993). *Text and Technology: In Honour of John Sinclair.* Philadelphia.

BALL, Catherine N. (1994). „Automated Text Analysis: Cautionary Tales". *Literary and Linguistic Computing* 4.1: 295-302.

BANZ, David A. (1990). „The Values of the Humanities and the Values of Computing". In: MIALL 1990: 27-37.

BARCKOW, Klaus/ DELABAR, Walter, Hgg. (1994). *Neue Informations und Speichermedien in der Germanistik.* Frankfurt/Main. *et al.*. (*Jahrbuch für internationale Germanistik*, 38).

BARLOW, Michael (1996). „Corpus Linguistics". http://www.ruf.rice.edu/~barlow/corpus.html [16.11.96].

— (1997). „Parallel Corpora". http://www.ruf.rice.edu/~barlow/para.html [1.2.97].

BARNARD, David T./ IDE, Nancy M. (1997). „The Text Encoding Initiative: Flexible and Extensible Document Encoding". *Journal of the American Society for Information Science* 48.7: 622-28.

BARNARD, David [*et al.*] (1988). „SGML-Based Markup for Literary Texts: Two Problems and Some Solutions". *Computers and the Humanities* 22.4: 265-276. [Entspricht *Technical Report* 204, Queen's University, Kingston/Ontario].

BARNBROOK, Geoff (1996). *Language and Computers. A Practical Introduction to the Computer Analysis of Language.* Edinburgh.

BARNWELL, Katherine (1986). *Einführung in Semantik und Übersetzung unter besonderer Berücksichtigung der Bibelübersetzung.* Übers. DECKER, E./ LINK, C./ STRADNER W./ WEDEKIND, C. Burbach-Holzhausen.

BARTSCHT, Waltraud Erika (1986). *Computer Analysis of Multiple Translations: An Alternative Method for Literary Interpretation.* University of Texas [Phil. Diss.].

BASSNETT, Susan/ LEFEVERE, André, Hgg. (1990). *Translation, History and Culture.* London und New York.

BASSNETT-MCGUIRE, Susan (1980). *Translation Studies.* London und New York.

BAUER, Roger/ FOKKEMA, Douwe, Hgg. (1990). *Proceedings of the XIIth Congress of the International Comparative Literature Association (Munich 1988) – Actes du XIIe Congrès de l'Association Internationale de Littérature Comparée.* München.

BEAUGRANDE, Robert Alain de. (1976). *Linguistik und poetisches Übersetzen am Beispiel von Rilkes* Duineser Elegien. Irvine [1976, University of California, Diss.].

—/ DRESSLER, Wolfgang U. (1981). *Einführung in die Textlinguistik.* Tübingen.

BELAÏD, Abdel (1997). „OCR: Print". In: COLE [*et al.*] 1997: 71-74.

BELL, Roger Thomas (1991). *Translation and Translating: Theory and Practice.* London und New York.

BENDER, Todd K. (1988). „Notes on Machine Assisted Analysis of Translation". In: KITTEL 1988: 92-95.

BENJAMIN, Walter (1961a). *Illuminationen. Ausgewählte Schriften.* Hg. UNSELD, Siegfried. Frankfurt. (*Die Bücher der Neunzehn* 78).

— (1961b). „Die Aufgabe des Übersetzers". In: [ders.] (1961a): 56-69.

BERGHAUS, Frank G. (1978). „The Validity of Various Methods of Automatic Clustering in Discovering Manuscript Relationships". *Revue* 1: 1-24.

BIRKENHAUER, Klaus/ BIRKENHAUER, Renate (1989). „Shaping Tools for the Literary Translator's Trade". In: SNELL-HORNBY/PÖHL: 89-98.

BIRUS, Hendrik (1992). „Aus dem Deutschen ins Deutsche übersetzen: Überlegungen zu Karl Kraus' Lyrik-Übersetzungen". In: KITTEL 1992: 173-211.

BÖDEKER, Birgit/ FREESE, Katrin (1987). „Die Übersetzung von Realienbezeichnungen bei literarischen Texten: Eine Prototypologie". *TEXTconTEXT* 2.3: 137-65.

BODENSTEDT. Friedrich Martin von. (1865) *Friedrich Bodenstedt's Gesammelte Schriften. Gesammt-Ausgabe in zwölf Bänden*, Bd. 1. Berlin.

BOLTON, Whitney (1990). „The Bard in Bits: Electronic Editions of Shakespeare and Programs to Analyze Them". *Computers and the Humanities* 24: 275-87.

BONHOMME, Patrice (1996). „Lingua MulitLingual Parallel Concordancer for Windows". http:// sun1.bham.ac.uk/johnstf/lingua.htm [21.11.1996].

BORGES, Jorge Luis (1994). *Fiktionen. Erzählungen*. Übers. HORST, Karl August/ LUCHTING, Wolfgang/ HAEFS Gisbert; Hg. HAEFS, Gisbert/ ARNOLD, Fritz. Frankfurt/Main.

BORGMEIER, Raimund (1970). *Shakespeares Sonett „When forty winters ..." und die deutschen Übersetzer. Untersuchungen zu den Problemen der Shakespeare-Übertragung*. München. (*Bochumer Arbeiten zur Sprach- und Literaturwissenschaft* 4).

— (1975). „*This powerful rhyme* – An Analysis of the Importance of Rhyme in the German Translations of Shakespeare's *Sonnets*". *Shakespeare Translation* 2: 101-115.

BORTZ, Jürgen (^{5}1998). *Statistik für Sozialwissenschaftler. 5., vollständig aktualisierte und überarbeitete Auflage*. Berlin [u.a.] (*Springer Lehrbuch*).

BOWLES, Edmund A. (1967). *Computers in Humanistic Research. Readings and Perspectives*. Englewood Cliffs/NJ.

BURROWS, John Frederick (1987a). *Computation into Criticism: A Study of Jane Austen's Novels and an Experiment in Method*. Oxford.

— (1987b). „Word Patterns and Story-Shapes: The Statistical Analysis of Narrative Style". *Literary and Linguistic Computing* 2.2: 61-70.

— (1992). „Not Unless You Ask Nicely: The Interpretative Nexus Between Analysis and Information". *Literary and Linguistic Computing* 7.2: 91-109.

BROICH, Ulrich/ PFISTER, Manfred, Hgg. (1985). *Intertextualität. Formen, Funktionen, anglistische Fallstudien*. Unter Mitarbeit von SCHULTE-MIDDELICH, Bernd. Tübingen (*Konzepte der Sprach- und Literaturwissenschaft* 35).

BRUNET, Etienne, Hg. (1986). *Méthodes quantitatives et informatiques dans l'étude des textes. Computers in Literary and Linguistic Research. En hommage à Charles Muller. Colloque International CNRS, Université de Nice, 5-8 juin 1985*. 2 Bde. Genf und Paris.

BURNAGE, Gavin (1990). *CELEX. A Guide for Users*. Nijmegen.

BURNARD, Lou (1992). „Tools and Techniques for Computer-Assisted Text Processing". In: BUTLER 1992: 1-28.

— (1995). „What is SGML and How Does It Help?" *Computers and the Humanities* 29: 41-50.

BUSSMANN, HADUMOD ([2]1990). *Lexikon der Sprachwissenschaft. 2., völlig neu bearbeitete Auflage*. Stuttgart.

BUTLER, Christopher S. (1985). *Computers in Linguistics*. Oxford [u.a.].

—, Hg. (1992). *Computers and Written Texts*. Oxford und New York.

CALZOLARI, Nicoletta/ ZAMPOLLI, Antonio (1991). „Lexical Databases and Textual Corpora: A Trend of Convergence between Computational Linguistics and Literary and Linguistic Computing". In: HOCKEY/IDE 1991: 273-83.

CARTELLIERI, C. (1979). „Zur Analyse des Ausgangstextes beim Übersetzen". In: KADE 1979: 9-45.

CATFORD, John C. (1965). *A Linguistic Theory of Translation. An Essay in Applied Linguistics*. London.

CERCIGIANI, Fausto (1981). *Shakespeare's Works and Elizabethan Pronunciation*. Oxford.

CHAMONI, Peter/ GLUCHOWSKI, Peter, Hgg. (1998). *Analytische Informationssysteme: Data Warehouse, On-line Analytical Processing, Data Mining*. Berlin [u.a.].

CHARPENTIER, Colette/ DAVID, Jean, Hgg. (1985). *La recherche française par ordinateur en langue et littérature. Actes du colloque organisé par l'Université de Metz en juin 1983*. Genf und Paris.

CHISHOLM, David (1976). „Phonological Patterning in German Verse". *Computers and the Humanities* 10: 5-20.

CHISHOLM, David/ ROBEY, David (1995). „Encoding Verse Texts". In: IDE/VÉRONIS 1995: 99-111.

COLE, Ronald [et. al.], Hgg. (1997). *Survey of the State of the Art in Human Language Technology*. (*Studies in Natural Language Processing/ Linguistica Computazionale* 12-13).

CORNS, Thomas N. (1991). „Computers in the Humanities: Methods and Applications in the Study of English Literature". *Literary and Linguistic Computing* 6.2: 127-30.

COOMBS, James H./ RENEAR, Allen H./ DEROSE, Steven (1987). „Markup Systems and the Future of Scholarly Text Processing". *Communications of the ACM* 30 (November 1987): 933-47. [Neudruck in LANDOW/DELANY 1993: 85-118].

COVER, Robin (1997). „SGML: Academic Projects". http://www.sil.org/sgml/acadapps.html [20.8.97].

DEDECIUS, Karl (1973). „Slawische Lyrik – übersetzt – übertragen – nachgedichtet". In: STÖRIG 1973: 442-62.

DELABASTITA, Dirk (1993). *There's a Double Tongue. An Investigation into the Translation of Shakespeare's Wordplay with Special Reference to* Hamlet. Amsterdam und Atlanta/GA (*Approaches to Translation Studies* 11).

DELFOSSE, Heinrich (1993). *Synoptische Konkordanz zu Franz Kafkas Romanen. Der Verschollene – Der Proceß – Das Schloß*. 2 Bde. Tübingen (*Indices zur deutschen Literatur* 26).

— (1995). „Von der Texterfassung bis zur Buch- und CD-ROM-Ausgabe. Ein Werkstattbericht zur elektronischen Dokumentation von Franz Kafkas Schriften". *Literary and Linguistic Computing* 10.3: 215-19.

—/ SKRODZKI, Karl Jürgen (1989). *Synoptische Konkordanz zu Nikolaus Lenaus Versepen*. 2 Bde. Tübingen (*Indices zur deutschen Literatur* 22).

DEROSE, Stephen (1993). „Markup Systems in the Present". In: LANDOW/DELANY 1993: 119-35.

DEROSE, Stephen J./ DURAND, D./ MYLONAS, Elli (1990). „What is text, really?" *Journal of Computers in Higher Education* 1.2: 3-26.

DESCARTES, RENÉ (1897-1913). *Oeuvres de Descartes*. Hg. ADAM, Charles/ TANNERY, Paul. Paris.

DEUTSCHES INSTITUT FÜR NORMUNG (DIN) (^{2}1991). *Rechnergestützte Dokumentbearbeitung von Normen. Austausch und Bearbeitungsformat in SGML*. Berlin und Köln.

DOEDENS, Crist-Jan (1994). *Text Databases. One Database Model and Several Retrieval Languages*. Amsterdam, Atlanta/GA.

DOHERTY, M. (1979). „Was ist eine gute Übersetzung?" In: KADE 1979: 134-77.

DOLEŽEL, Lubomír/ BAILEY, Richard W, Hgg. (1969). *Statistics and Style*. New York (*Mathematical linguistics and automatic language processing* 6).

DOORSLAER, Luc van (1995): „Quantitative and Qualitative Aspects of Corpus Selection in Translation Studies". In: *Target* 7.2: 245-60.

DRESSLER, Wolfgang (1974). „Der Beitrag der Textlinguistik zur Übersetzungswissenschaft". In: KAPP 1974: 61-71.

DROSTE, Flip G./ JOSEPH, John E. (1991). *Linguistic Theory and Grammatical Description*. Amsterdam und Philadelphia (*Current Issues in Linguistic Theory* 75).

DRYDEN, John (1992). „On Translation". In: SCHULTE/BIGUENET 1992: 17-31.

DUGAST, DANIEL (1985). „Analyse quantitative et interprétation". In: CHARPENTIER/DAVID 1985: 221-29.

EICHHOFF, Theodor (1903). *Unser Shakespeare. Beiträge zu einer wissenschaftlichen Shakespeare-Kritik I.* Halle/S.

ENGEL, Ulrich (²1991). *Deutsche Grammatik. 2., verbesserte Auflage.* Heidelberg.

— (³1994) [¹1977]. *Syntax der deutschen Gegenwartssprache. Dritte, völlig neu bearbeitete Auflage.* Berlin (*Grundlagen der Germanistik* 22).

ENSIGN, Chat (1997). *$GML. The Billion Dollar Secret.* Upper Saddle River/NJ.

ERCKENBRECHT, Ulrich, Hg. (1996). *Shakespeare Sechsundsechzig: Variationen über ein Sonett (Nr. 66 in 88 deutschen Translationen), gesammelt, ediert und kommentiert von Ulrich Erckenbrecht.* Göttingen.

ERZGRÄBER, Willi/ GAUGER, Hans-Martin, Hgg. (1992). *Stilfragen.* Tübingen (*ScriptOralia* 38).

FARINA, Luciano F. (1986). „XT-LEXED: A Quanti-Qualitative Method for Text Analysis and the I.B.M. PC Models". In: BRUNET 1986, Bd. 1: 373-80.

FECHNER, Jörg Ulrich (1969). *Das deutsche Sonett. Dichtungen, Gattungspoetik, Dokumente.* München.

FELDMANN, Doris/ NEUMANN, Fritz-Wilhelm/ ROMMEL, Thomas, Hg. (1997). *Anglistik im Internet. Proceedings of the 1996 Erfurt Conference on Computing in the Humanities.* Heidelberg.

FENSEL, D./ ERDMANN M. (1998). „Infomations- und Wissensmanagement". http://www.aifb.uni-karlsruhe.de [30.10.98] [Universität Karlsruhe, ausführliches Skript zur Vorlesung im SS 1998].

FINDEISEN, Helmut [Rez.] (1972). „*Raimund Borgmeier*: Shakespeares Sonett ‚When Forty Winters ...' und die deutschen Übersetzer. [...]". *Shakespeare-Jahrbuch* 109: 229-30.

FRANK, Armin Paul (1984). „Theories and Theory of Literary Translation". In: STRELKA 1984: 203-21.

— (1986). „Towards a Cultural History of Literary Translation: An Exploration of Issues and Problems in Researching the Translational Exchange between the USA and Germany". *REAL. The Yearbook of Research in English and American Literature* 4: 317-80.

— (1988). „‚Längsachsen': Ein in der Textlinguistik vernachlässigtes Problem der literarischen Übersetzung". In: ARNTZ 1988: 485-97.

—/ SCHULTZE, Brigitte (1988). „Normen in historisch-deskriptiven Übersetzungsstudien". In: KITTEL 1988: 96-121.

—, Hg. (1989). *Die literarische Übersetzung. Der lange Schatten kurzer Geschichten: Amerikanische Kurzprosa in deutschen Übersetzungen.* Berlin (*Göttinger Beiträge zur Internationalen Übersetzungsforschung* 3).

— (1990a) „Forty Years of Studying the American-German Translational Transfer: A Retrospect and Some Perspectives“. *Jahrbuch für Amerikastudien* 35.1: 7-20.

— (1990b). „Systems and Histories in the Study of Literary Translations: A Few Distinctions“. In: BAUER/FOKKEMA 1990: 41-63.

— and team (1992a). „*Kopftheater* – A Translator's *Mental Stage*: A Metaphor and a Method for Describing Multi-directional Transfer“. In: FRIEDL/GLAAP/MÜLLER 1992: 251-65.

— (1992b). „Towards a Cultural History of Literary Translation. ‚Histories‘, ‚Systems‘, and Other Forms of Synthesizing Research“. In: KITTEL 1992: 369-87.

— (1992c). „‚Wer wählt denn was?‘ ‚Stil‘ als Problem bei der Analyse literarischer Übersetzungen und transferorientierte Übersetzungsanalyse als Herausforderung an die Stilistik“. In: ERZGRÄBER/ GAUGER 1992: 287-304 [Bibliothek des SFB 309/529, Göttingen, Manuskript].

— (1992d). „‚Geschichten‘, ‚Systeme‘ und andere Syntheseformen in den Spannungs- und Zielfeldern der literarischen Übersetzungsforschung“. In: KITTEL 1992: 1-13.

FRANK, Horst Joachim ([3]1993) [[1]1991]. *Wie interpretiere ich ein Gedicht? Eine methodische Anleitung*. Tübingen und Basel.

FRAWLEY, William (1992). *Linguistic Semantics*. Hove und London.

FREGE, Gottlob ([7]1994) [[1]1962]. *Funktion, Begriff, Bedeutung. Fünf logische Studien*. Hg. PATZIG, Günther. Göttingen.

FRIEDL, Herwig/ GLAAP, Albert-Reiner/ MÜLLER, Klaus Peter, Hgg. (1992). *Literaturübersetzen: Englisch. Entwürfe, Erkenntnisse, Erfahrungen*. Tübingen.

GALE, William A./ CHURCH, Kenneth W. (1993). „A Program for Aligning Sentences in Bilingual Corpora“. *Computational Linguistics* 19.1: 75-102.

GAYLORD, Harry (1995). „Character Representation“. *Computers and the Humanities* 29: 51-73. [Ebenso in IDE/VÉRONIS 1995: 51-73].

GEEST, Wim de/ JASPERS, Dany (1991). „Government and Binding Theory“. In: DROSTE/JOSEPH (1991): 23-62.

GENTZLER, Edwin (1993). *Contemporary Translation Theories*. London und New York (*Routledge Translation Studies*).

GERVINUS, Gottfried Georg (1849). *Shakespeare*. 4 Bde. Leipzig.

GERZYMISCH-ARBOGAST, Heidrun (1994). *Übersetzungswissenschaftliches Propädeutikum*. Tübingen und Basel.

—/ MUDERSBACH, Klaus (1998). *Methoden des wissenschaftlichen Übersetzens*. Tübingen and Basel.

GIPPER, Helmut (1966). *Sprachliche und geistige Metamorphosen bei Gedichtübersetzungen. Eine sprachvergleichende Untersuchung zur Erhellung deutsch-französischer Geistesverschiedenheit*. Düsseldorf.

GOETHE, Johann Wolfgang von (1857). „Uebersetzungen". In: *Goethe's sämtliche Werke in dreißig Bänden. Vollständige, neugeordnete Ausgabe*, Bd. 4. Stuttgart: 324-327.

— (1973). „Drei Stücke zum Thema Übersetzen". In: STÖRIG (1973): 34-37.

— (1975). *Dichtung und Wahrheit*. Hg. GÖRRES, Jörn. 3 Bde. Frankfurt/Main (*Insel Taschenbuch* 149).

GÖLLER, Karl-Heinz, Hg. (1968). *Die englische Lyrik. Von der Renaissance bis zur Gegenwart*. Düsseldorf.

GÖSKE, Daniel (1990). *Herman Melville in deutscher Sprache*. Frankfurt/Main [u.a.] (*Neue Studien zur Anglistik und Amerikanistik* 47) [1988, Universität Göttingen, Diss.].

GREENBAUM, Sidney (1996). *The Oxford English Grammar*. Oxford.

GREWENDORF, Günther/ HAMM, Fritz/ STERNEFELD, Wolfgang ([3]1998) [[1]1987]. *Sprachliches Wissen. Eine Einführung in moderne Theorien der grammatischen Beschreibung*. Frankfurt/Main (*Surkamp-Taschenbuch Wissenschaft* 695).

GULIKERS, Léon/ RATTINK, Gilbert/ PIEPENBROCK, Richard (1990). *CELEX. German Linguistic Guide*. Nijmegen.

HAEGEMAN, Liliane (1991). *Introduction to Government & Binding Theory*. Oxford und Cambridge/MA.

HAENELT, Karin (1987). „Ein Beschreibungsmodell geisteswissenschaftlicher Texterschließungsverfahren auf der Grundlage einer Software-Entwicklung". In: KLENK 1987: 22-31.

HALLIDAY, M. A. K. ([2]1994). *An Introduction to Functional Grammar. Second edition*. London, Melbourne, Auckland.

HARGREAVES, Anna (1978). „A Computer-Aided Study of Beckett's Plays and Translations". *Revue* 1: 25-43.

HARRIS, Mary Dee (1986). „Improving Efficiency in Storage & Access of Natural Language Text". In: BRUNET 1986, Bd. 1: 467-79.

HATIM, Basil/ MASON, Ian (1997). *The Translator as Communicator*. London und New York.

HEINRICH, Hans Peter (1992). „William Shakespeares Sonett Nr. 2 in neueren deutschen Übertragungen (1970-1989)". In: FRIEDL/GLAAP/MÜLLER (1992): 51-70.

HELBIG, Gerhard/ BUSCHA, Joachim ([18]1998) [[1]1970]. *Deutsche Grammatik. Ein Handbuch für den Ausländerunterricht*. Leipzig [u.a.].

HERMANS, Theo, Hg. (1985). *The Manipulation of Literature. Studies in Literary Translation*. London und Sydney.

— (1986). „Literary Translation: The Birth of a Concept". *New Comparison* 1: 28-41.

HERTZ, Martin. (1851). *Karl Lachmann. Eine Biographie*. Berlin.

HEWSON, Lance/ MARTIN, Jacky (1991). *Redefining translation. The variational approach*. London und New York (*Linguistic Translation Studies*).

HINRICHS, Erhard W. [*et al.*] (1995). „Abschlußbericht: ELWIS. Korpusunterstützte Entwicklung lexikalischer Wissensbasen für die Computerlinguistik". Tübingen.

HIRSCHMANN, Rudolph (1970). „A Computational Approach to the Study of Verse Rhythm: The Middle High German Dactyls". *Computer Studies in the Humanities and Verbal Behavior* 3: 173-90.

HOCKEY, Susan (1980). *A Guide to Computer Applications in the Humanities*. Oxford.

HOCKEY, Susan/ IDE, Nancy, Hgg. (1991). *Research in Humanities Computing 1. Selected Papers from the ALLC/ACH Conference, Toronto, June 1989*. Oxford.

HOFLAND, Knut (1995). „A Program for Aligning English and Norwegian Sentences". Paper held at the ACH/ALLC 1995 Conference at Santa Barbara/CA. http://www.hd.uib.no [18.11.95].

HOLLOWAY, Henry L. (1987). *An Introduction to Generic Coding and SGML*. London (*British Library Research Paper* 27).

HOLMES, James S., Hg. (1970a). *The Nature of Translation. Essays on the Theory and Practice of Literary Translation*. Den Haag (*Approaches to Translation Studies* 1).

HOLMES, James S.— (1970b). „Forms of Verse Translation and the Translation of Verse Form". In: HOLMES 1970a: 91-105.

HOLMES, David I. (1998). „The Evolution of Stylometry in Humanities Scholarship". *Literary and Linguistic Computing* 13.3: 111-31.

HOWARD-HILL, T. H. (1973). „A Common Shakespeare Text File for Computer-Aided Research: A Proposal". *Computer Studies in the Humanities and Verbal Behavior* 4.1: 53-56.

HÜHN, Hans-Peter (1995). *Geschichte der englischen Lyrik 1*. Tübingen und Basel.

HULPKE, Erika/ KLOSS, Gerrit/ TOTZEK, Antje (1994) „2.2 Der Reim: Beobachtungen an Adolf Strodtmanns Lyrikübersetzungen aus dem Amerikanischen und Norwegischen". In: HULPKE/PAUL (1994): 27-47.

HULPKE, Erika/ PAUL, Fritz, Hgg. (1994). *Übersetzer im Spannungsfeld verschiedener Sprachen und Literaturen: Der Fall Adolf Strodtmann (1829-*

1879). Berlin (*Göttinger Beiträge zur Internationalen Übersetzungsforschung* 7).

HUMBOLDT, Wilhelm von (1909a). *Wilhelm von Humboldts Werke*, Bd. 8. *Übersetzungen*. Hg. LEITZMANN, Albert. Berlin.

— (1909b). „Aeschylos Agamemnon". In: HUMBOLDT 1909a: 117-230.

HUTCHINS, W. John (1986). *Machine Translation: Past, Present, Future.* Chichester.

IDE, Nancy M./ SPERBERG-MCQUEEN, Christian M. (1995). „The TEI: History, Goals, and Future". *Computers and the Humanities* 29: 5-15. [Neudruck in IDE/VÉRONIS 1995: 5-15].

—/ VÉRONIS, Jean, Hgg. (1995). *Text Encoding Initiative: Background and Context*. Dordrecht.

—/ PRIEST-DORMAN, Greg/ VÉRONIS, Jean, Hgg. (1997). *Corpus Encoding Standard*. http:// www.lpl.univ-aix.fr/projects/CES [5.12.97].

INTERNATIONAL ORGANISATION FOR STANDARDISATION (1986). *ISO 8879. Information Processing - Text and Office Systems - Standard Generalized Markup Language (SGML)*. Genf.

JÄGER, GERT (1975). *Translation und Translationslinguistik*. Halle.

—/ MÜLLER, Dietrich. "Kommunikative und maximale Äquivalenz von Texten." In: JÄGER/NEUBERT 1982: 42-57.

—/ NEUBERT, Albrecht, Hgg. (1982). *Äquivalenz bei der Translation*. Leipzig (*Übersetzungswissenschaftliche Beiträge* 5).

— (1983). *Semantik und Übersetzungswissenschaft. Materialien der III. Internationalen Konferenz „Grundfragen der Übersetzungswissenschaft"*. Leipzig (*Übersetzungswissenschaftliche Beiträge* 6).

JAGGARD, William (1599). *The Passionate Pilgrim*. London.

JAKOBSON, Roman [1956]. „Two Aspects of Language and Two Types of Aphasic Disorders". In: JAKOBSON 1971: 239-59.

— (1971). *Selected Writings*, Bd. 2. *Word and Language*. Den Haag und Paris.

— (1992) . „On Linguistic Aspects of Translation". In: SCHULTE/BIGUENET 1992: 144-51.

JANSOHN, Christa (1991). „Ludwig Tiecks Ubersetzung von Shakespeares Sonnetten 1 und 2 in MSS Add 69 866, British Library". *Archiv für das Studium der Neueren Sprachen und Literaturen* 228.1: 86-89.

— (1993a). „Die ersten deutschen Sonettübersetzungen: 1787-1840. Eine Anthologie". In: MEHL/WEIß: 243-80.

—, Hg. (1993b). *William Shakespeare. A Lover's Complaint. Deutsche Übersetzungen von 1787-1894*. Berlin.

JOHANSSON, Stig/ EBELING, Jarle (1994). „The English-Norwegian Parallel Corpus: Introduction and Applications". Rydzyna (Vortrag zur XXVIII

International Conference on Cross-Language Studies and Contrastive Linguistics, 15.-17.12.1994).

JOHANSSON, Stig/ EBELING, Jarle / HOFLAND, Knut (1994). „Coding and Aligning the English-Norwegian Parallel Corpus". http://www.hd.uib.no [16.10.97].

JONES, Alan/ CHURCHHOUSE, R. F., Hgg. (1976). *The Computer in Literary and Linguistic Studies. Proceedings of the Third International Symposium.* Cardiff.

KADE, Otto (1968a). *Kommunikationswissenschaftliche Probleme der Translation.* In: NEUBERT 1968: 3-19.

— (1968b). *Zufall und Gesetzmäßigkeit in der Übersetzung.* Leipzig (*Zeitschrift für Fremdsprachen, Beiheft* 1).

—, Hg. (1979). *Sprachliches und Außersprachliches in der Kommunikation.* Leipzig (*Übersetzungswissenschaftliche Beiträge* 2).

KAHN, Ludwig W. (1934). „Ludwig Tieck als Übersetzer von Shakespeare's Sonetten". *Germanic Review* 9: 140-42.

— (1935). *Shakespeares Sonette in Deutschland. Versuch einer literarischen Typologie.* Bern und Leipzig.

KAMMER, Manfred (1989). „WordCruncher: Problems of Multilingual Usage". *Literary and Linguistic Computing* 4.2: 135-40.

— (1994) „Datenbanken als Präsentationsformen: Organisations- und Distributionsformen". In: BARCKOW/DELABAR 1994: 161-77.

— (1995). *Literarische Datenbanken.* München.

KAPP, Volker, Hg. (1974). *Übersetzer und Dolmetscher.* Heidelberg.

KATZ, Jerrold J. (1964). „Semantic Theory and the Meaning of ‚Good'„. *The Journal of Philosophy* 61: 739-66.

KAY, Martin/ RÖSCHEISEN, Martin (1993). „Text-Translation Alignment". *Computational Linguistics* 19.2: 122-42.

KELLER, Rudi, Hg. (1997). *Linguistik und Literaturübersetzen.* Tübingen (*TRANSFER. Düsseldorfer Materialien zur Literaturübersetzung* 11).

KENNY, Anthony (1982). *The Computation of Style. An Introduction to Statistics for Students of Literarure and Humanities.* Oxford.

KENNY, Dorothy (1998a). „Corpora in translation studies". In: BAKER 1998: 50-53.

— (1998b). „Equivalence". In: BAKER 1998: 77-80.

KITTAY, Eva Feder (1987). *Metaphor. Its Cognitive Force and Linguistic Structure.* Oxford (*Clarendon Library of Logic and Philosophy*).

KITTEL, Harald, Hg. (1988). *Die literarische Übersetzung. Stand und Perspektiven ihrer Erforschung.* Berlin (*Göttinger Beiträge zur Internationalen Übersetzungsforschung* 2).

— (1992). *Geschichte, System, literarische Übersetzung. Histories, systems, literary translations*. Berlin (*Göttinger Beiträge zur Internationalen Übersetzungsforschung* 5).

—/ POLTERMANN, Andreas (1998). „German Tradition". In: BAKER 1998: 418-26.

KLENK, Ursula, Hg. (1987). *Computatio linguae. Aufsätze zur algorithmischen und quantitativen Analyse der Sprache*. Stuttgart.

KOFLER, Michael (1997). *Visual Basic 5. Programmiertechniken, Datenbanken und Internet*. Bonn [u.a.].

KOLLER, Werner (1981). „Textgattungen und Übersetzungsäquivalenz". In: KÜHLWEIN/THOME/ WILSS 1981: 272-79.

— (^{4}1992) [^{1}1979]. *Einführung in die Übersetzungswissenschaft. 4., völlig neu bearbeitete Auflage*. Heidelberg und Wiesbaden.

KÖPKE, Rudolf (1855). *Ludwig Tieck: Erinnerungen aus dem Leben des Dichters nach dessen mündlichen und schriftlichen Mitteilungen*. 2 Bde. Leipzig.

KOPPENFELS, Werner v. (1985). „4.1 Intertextualität und Sprachwechsel. Die literarische Übersetzung". In: BROICH/PFISTER 1985: 137-78.

KRAUSS, Fritz (1881). „Die schwarze Schöne der Shakespeare-Sonette". *Jahrbuch der deutschen Shakespeare-Gesellschaft* 16: 144-212.

KREUZER, Helmut/ GUNZENHÄUSER, RUL, Hgg. (1965). *Mathematik und Dichtung*. München.

KREYSSIG, F. (1864). „Shakspeare's lyrische Gedichte und ihre neuesten deutschen Bearbeiter". *Preussische Jahrbücher* 14.1: 91-114.

KRIEGER, Murray (1964). *A Window to Criticism. Shakespeare's* Sonnets *and Modern Poetics*. Princeton/NJ.

KROEBER, Karl (1967). „Computers And Research In Literary Computing". In: BOWLES 1967: 135-42.

KÜENZLEN, Karin (1980). *Deutsche Übersetzer und deutsche Übersetzungen Lermontovscher Gedichte von 1841 bis zur Gegenwart: Angaben über das Leben und das literarische Wirken der Übersetzer und Versuch einer kritischen Beurteilung ihrer Übertragungen*. 2 Bde. Tübingen [1980, Universität Tübingen, Diss.].

KÜHLWEIN, Wolfgang/ THOME, Gisela/ WILSS, Wolfram, Hgg. (1981). *Kontrastive Linguistik und Übersetzungswissenschaft. Akten des Internationalen Kolloquiums Trier / Saarbrücken 25.-30.9.1978*. München.

KUSSMAUL, Paul (1989). „Kontext und einsprachiges Wörterbuch in der Übersetzerausbildung". In: SNELL-HORNBY/PÖHL 1989: 107-19.

LADMIRAL, Jean-René (1981). „Pour une sémiotique des ‚unités de traduction.'„ In: KÜHLWEIN/ THOME/ WILSS 1981: 280-87.

LAKOFF, George/ JOHNSON, Mark (1980). *Metaphors We Live By*. Chicago und London.

LAMBERT, José/ GORP, Hendrik van (1985). „On Describing Translations". In: HERMANS 1985: 42-53.

LAMPRECHT, Adolf (1986). *Grammatik der englischen Sprache*. Berlin.

LANCASHIRE, Ian (1994). „Encoding Guidelines for *Representative Poetry*". http://library.utoronto. ca/www/utel/rp [12.3.97].

LANDOW, George P./ DELANY, Paul, Hgg. (1993). *The Digital Word: Text-Based Computing in the Humanities*. Cambridge/MA und London.

LAUSBERG, Heinrich. (1963). *Elemente der literarischen Rhetorik*. München.

LAVIOSA-BRAITHWAITE, Sara (1998). „Universals of translation". In: BAKER 1998: 288-91.

LEAVITT, Jay A. (1976) „On the Measurement of Alliteration in Poetry". *Computers and the Humanities* 10: 333-42.

LEECH, Geoffrey N. (1969). *A Linguistic Guide to English Poetry*. London und New York (*English Language Series* 4).

— (1993). „Corpus Annotation Schemes". *Literary and Linguistic Computing* 8.4: 275-81.

—/ BARNETT, Ruthanna/ KAHREL, Peter (1995). „Detailed Overview of Existing Annotation Practices. SASG3". http://www.ilc.pi.cnr.it/EAGLES/home.html [23.11.96].

LEED, Jacob, Hg. (1966). *The Computer and Literary Style*. Kent/OH.

LEFEVERE, André (1975). *Translating Poetry. Seven Strategies and a Blueprint*. Assen (*Approaches to Translation Studies* 3).

LEHNERT, Martin (1973). „Plan für ein neues Shakespeare-Lexikon". *Jahrbuch der deutschen Shakespeare-Gesellschaft* 109: 144-56.

LEIGHTON, Joseph (1976). „Automatic Analysis of Simple Rhetorical Devices in 17th Century German Sonnets". In JONES/CHURCHHOUSE 1976: 246-54.

LEISI, Ernst (^{2}1985) [^{1}1973]. *Praxis der englischen Semantik. 2., durchgesehene und ergänzte Auflage*. Unter Mitwirkung von WENIGER, Dorothea/ NAEF, Walter. Heidelberg.

LEITHNER-BRAUNS, Annette (1994). *Shakespeares Wortwiederholungen und Schlüsselwörter in deutschen Übersetzungen*. Münster und Hamburg (*Studien zur englischen Literatur* 7).

— (1995). „Shakespeares Sonette in deutschen Übersetzungen 1787-1994: Eine bibliographische Übersicht". *Archiv für das Studium der neueren Sprachen und Literaturen* 232.2: 285-316.

LENDERS, Winfried, Hg. (1989). *Linguistische Datenverarbeitung und Neue Medien*. Tübingen (*Forum angewandte Linguistik* 17.).

LENOBLE, Michel (1986). „Statistique lexicale et critique litteraire: Le Mariage impossible?" In: BRUNET 1986, Bd. 2: 565-73.

LEUVEN-ZWART, Kitty M./ NAAIJKENS, Ton (1991). *Translation Studies: The State of the Art.* Amsterdam (*Approaches to Translation Studies* 9).

LEVÝ, Jirí (1965). „Die Theorie des Verses – ihre mathematischen Aspekte". Übers. BECK, M. In: KREUZER/GUNZENHÄUSER 1965: 211-31.

— (1969). *Die literarische Übersetzung. Theorie einer Kunstgattung.* Übers. SCHAMSCHULA, Walter. Frankfurt/Main und Bonn.

LEWIS, Derek (1992). „Computers and Translation". In: BUTLER 1992: 75-113.

LIEDTKE, Frank (1997). „Übersetzen in funktionaler Sicht". In: KELLER 1997: 17-33.

LOTMAN, Jurij M. (1972). *Die Struktur literarischer Texte.* Übers. KEIL, Rolf-Dietrich. München.

LOTZ, John (1960). „Metric Typology". In SEBEOK 1960: 135-48.

LÜDEKE, Henry (1922). *Ludwig Tieck und das alte englische Theater.* Frankfurt.

LUDWIG, Hans-Werner (^{2}1981). *Arbeitsbuch Lyrikanalyse.* Tübingen (*Literaturwissenschaft im Grundstudium* 3).

LUHMANN, Niklas (1994). *Liebe als Passion. Zur Codierung von Intimität.* Frankfurt/Main (*Suhrkamp-Taschenbuch Wissenschaft* 1124).

— (1996). *Soziale Systeme. Grundriß einer allgemeinen Theorie.* Frankfurt/Main (*Suhrkamp-Taschenbuch Wissenschaft* 666).

LYONS, John (1977). *Semantics.* London und New York.

— (1995). *Linguistic Semantics. An Introduction.* Cambridge.

MACZEWSKI, Jan-Mirko (1996a). „Virginia Woolf's *The Waves* in French and German Waters: A Computer Assisted Study in Literary Translation". *Literary and Linguistic Computing* 11.4: 175-86.

— (1996b). *Studium digitale. Geisteswissenschaften und Internet.* Hannover.

MALONE, Joseph L. (1988). *The Science of Linguistics in the Art of Translation. Some Tools from Linguistics for the Analysis and Practice of Translation.* Albany/NY.

MARCOUX, Yves/ SÉVIGNY, Martin (1997). „Why SGML? Why Now?" *Journal of the American Society for Information Science* 48.7: 584-92.

MEHL, Dieter/ WEISS, Wolfgang, Hgg. (1993). *Shakespeares Sonette in europäischen Perspektiven: ein Symposium.* Münster und Hamburg (*Studien zur englischen Literatur* 5).

MENDENHALL, T. C. (1887). „The Characteristic Curves of Composition". *Science* 9: 237-49.

— (1901). „A Mechanical Solution of a Literary Problem". *The Popular Science Monthly* 40: 97-105.

MERES, Francis (1598). *Palladis Tamia. Wit's Treasury.* London.

MERTENS, Peter [*et al.*] (^{5}1998). *Einführung in die Wirtschaftsinformatik.* Berlin [u.a.].

MIALL, David S., Hg. (1990). *Humanities and the Computer. New Directions.* Oxford.

— (1995). „Reprensenting and Interpreting Literature by Computer". *Yearbook of English Studies* 25: 198-212.

MILLER, George A. (1979). „Images and Models, Similes and Metaphors". In: ORTONY 1979: 202-50.

— (1990). „WordNet: An On-Line Lexical Database". *International Journal of Lexicography* 3.4.

— [*et al.*] (1995). „WordNet 1.5: A Lexical Database for English". http://clarity.princeton.edu:80/~wn [8.2.97].

MITCHELL, J. L. (1974). *Computers in the Humanities.* Edinburgh.

MITTON, Roger (1992). „*A Description of a computer-usable dictionary file based on the Oxford Advanced Learner's Dictionary of Current English*". http://www.ox.ac.uk/ota [25.6.96].

MOUNIN, Georges (1964). *La machine à traduire: Histoire des problèmes linguistiques.* Den Haag (*Ianua linguarum* 32).

NAGEL, Bert (1985). *Das Reimproblem in der deutschen Dichtung. Vom Otfriedvers zum freien Vers.* Berlin.

NEIDHARDT, Alexander (1865). „Shakespeare-Sonette". *Archiv für das Studium der neueren Sprachen und Literaturen* 38: 381-90.

NEUBERT, Albrecht (1982). „Textsemantische Bedingungen für die Translation". In: JÄGER/NEUBERT 1982: 22-36.

— (1983). „Translation und Texttheorie". In: JÄGER/NEUBERT 1983: 100-10.

—/ SHREVE, Gregory M. (1992). *Translation as Text.* Kent/OH.

NEUMANN, Fritz-Wilhelm (1997). „Geisteswissenschaften im Internet - Möglichkeiten und Grenzen einer Technologie". In: FELDMANN/NEUMANN/ROMMEL 1997: 47-72.

NEWMARK, Peter (1981). *Approaches to Translation.* Oxford [u.a.].

— (1985). „The Translation of Metaphor". In: PAPROTTÉ/DIRVEN (1985): 295-326.

NIDA, Eugene A. (1964). *Toward a Science of Translating.* Leiden.

—/ TABER, Charles R. (1969). *The Theory and Practice of Translation.* Leiden.

NOE, Alfred (1986). „Un indice pour la localisation des formes: le coefficient de variation". In: BRUNET 1986, Bd. 2: 681-87.

NORD, Christiane (1997). „So treu wie möglich? Die linguistische Markierung kommunikativer Funktionen und ihre Bedeutung für die Übersetzung literarischer Texte". In: KELLER 1997: 35-59.

NOWOTTNY, Winifred M. T. (1952). „Formal Elements in Shakespeare's Sonnets: Sonnets I-VI". *Essays in Criticism* 2: 76-84.

OAKES, Michael P. (1998). *Statistics for Corpus Linguistics.* Edinburgh.

OGDEN, Charles Kay/ RICHARDS, I. A. (1923). *The Meaning of Meaning: A Study in the Influence of Language upon Thought and the Science of Symbolism.* New York [u.a.] (*International Library of Psyhology, Philosophy, and Scientific Method*).

OETTINGER, Anthony G. (1960). *Automatic language translation. Lexical and technical aspects, with particular reference to Russian.* Cambridge/MA (*Harvard Monographs in Applied Science* 8).

OLSEN, Mark (1993). „Critical Theory and Textual Computing: Comments and Suggestions". In: *Computers and the Humanities* 27.5-6: 395-400.

— (1997). „Text Theory and Coding Practice: Assessing the TEI". http://tuna.chicago.edu/homes/mark/talks/TEI.talk.html [25.08.97]

ORTEGA Y GASSET, José. „The Misery and the Splendor of Translation". Übers. GAMBLE MILLER, Elizabeth. In: SCHULTE/BIGUENET 1992: 93-112.

ORTONY, Andrew (1979). *Metaphor and Thought.* Cambridge [u.a.].

PANKOW, Alexander (1993). *Prinzipien der literarischen Übersetzungsanalyse. Zu Übersetzungen russischer Lyrik ins Deutsche.* Umeå (*Acta Universitatis Umensis, Umeå Studies in the Humanities* 116) [1993, Universität Umeå, Diss.].

PAPROTTÉ, Wolf/ DRIVEN, René, Hgg. (1985). *The Ubiquity of Metaphor.* Amsterdam/Philadelphia (*Amsterdam Studies in the Theory and History of Linguistic Science IV, Current Issues in Linguistic Theory* 29.).

PATTON, Michael Quinn (1987). *How to use Qualitative Methods in Evaluation.* Newbury Park.

PAUL, H. (1909). *Prinzipien der Sprachgeschichte.* Halle/S.

PAVLISCAK, Pamela/ ROSS, Seamus/ HENRY, Charles (1997). „Information Technology in Humanities Scholarship: Achievements, Prospects, Challenges. The United States Focus". *ACLS Occasional Paper* 37.

PAZ, Octavio (1992). „Translation: Literature and Letters". Übers. CORRAL, Irene del. In: SCHULTE/ BIGUENET 1992: 152-62.

PRETZEL, Ulrich (1962). „Deutsche Verskunst". In: STAMMLER (^{2}1962), Bd. 3: 2357-2446.

PRICE, Lawrence Madsen (1919). *English>German Literary Influences. Bibliography and Survey. Part I. Bibliography.* Reihe *University of California Publications in Modern Philology*, Bd. 9.1.

— (1920). *English>German Literary Influences. Bibliography and Survey. Part II. Survey.* Reihe *University of California Publications in Modern Philology*, Bd. 9.2.

— (1961). *Die Aufnahme englischer Literatur in Deutschland 1500-1960.* Berlin und München.

PYM, Anthony (1992). *Translation and Text Transfer.* Frankfurt/Main.

REID, Robert (1986). „The Critical Uses of Translation. Lermontov's *A Hero of Our Time*". *Essays in Poetics* 11.2: 55-90.

REISS, Katharina (1976). *Texttyp und Übersetzungsmethode.* Kronberg/Ts. (*Monographien Literatur + Sprache + Didaktik* 11).

— (1981). „Der Übersezungsvergleich. Formen - Funktionen - Anwendbarkeit". In: KÜHLWEIN/ THOME/ WILSS 1981: 311-19.

— (1984). „Adäquatheit und Äquivalenz". In: WILSS/THOME 1984: 80-89.

—/ VERMEER, Hans J. (1984). *Grundlegung einer allgemeinen Translationstheorie.* Tübingen (*Linguistische Arbeiten* 147.).

ROMMEL, Thomas (1995). *„And trace it in this poem every line". Methoden und Verfahren computerunterstützter Textanalyse am Beispiel von Lord Byrons* Don Juan. Tübingen (*Tübinger Beiträge zur Anglistik* 15).

— (1997). „An Internet Survey for the Studies of English". In: FELDMANN/NEUMANN/ROMMEL 1997: 101-112.

RUSTERHOLZ, Peter (1996). „1. Formen ‚textimmanenter' Analyse". In: ARNOLD/HEINRICH 1996: 365-85.

SAGER, Juan C. (1993). *Language Engineering and Translation. Consequences of automation.* Amsterdam und Philadelphia.

SAMPSON, Geoffrey (1995). *English for the Computer. The SUSANNE Corpus and Analytic Scheme.* Oxford.

SCHABERT, Ina, Hg. ([3]1992). *Shakespeare-Handbuch. Die Zeit · der Mensch · das Werk · die Nachwelt.* Stuttgart.

SCHANZE, Helmut (1989). „Kulturinformatik: Datenverarbeitung als ‚Neues Medium' für Geisteswissenschaftler". In: LENDERS 1989: 101-15.

SCHENK, Gustav (1893). *Friedrich von Bodenstedt. Ein Dichterleben in seinen Briefen.* Berlin.

SCHILLER, Anne (1994). „Guidelines für das Tagging deutscher Textcorpora. (Kleines und erweitertes Tagset). Draft". Tübingen.

SCHILLING, Oliver (1998). *Grundkurs: Statistik für Psychologen.* München.

SCHLEIERMACHER, Friedrich D. E. [1813]. „Ueber die verschiedenen Methoden des Uebersetzens". In: SCHLEIERMACHER 1838: 207-45.

— (1838). *Friedrich Schleiermacher's sämmtiche Werke. Dritte Abtheilung. Zur Philosophie.* Bd. 2. Hg. LÜCKE, Fr.. Berlin.

SCHMIDT, H. (1979). *„Zur Bestimmung der stilistischen Information (als Voraussetzung für eine konfrontative Stilistik)".* In: KADE 1979: 46-89.

SCHMIDT, Heide (1982). „Die aktuelle Bedeutung als Invariante in der Translation". In: JÄGER/NEUBERT 1982: 62-81.

SCHMIDT, Wilhelm (1963). *Lexikalische und aktuelle Bedeutung.* Berlin.

SCHOEN-RENÉ, Otto Eugene (1941). *Shakespeare's Sonnets in Germany: 1787-1939.* Harvard [1941, University of Harvard, unveröffentl. Diss.].

SCHOGT, Henry (1992). „Semantic Theory and Translation Theory". In: SCHULTE/BIGUENET 1992: 193-203.

SCHOPENHAUER, Arthur ([2]1891a). *Arthur Schopenhauer's sämmtliche Werke*, Bd. 6. Hg. FRAUENSTÄDT. Leipzig.

— ([2]1891b). „Über Sprache und Worte. §299". In: SCHOPENHAUER [2]1891a: 601-07.

SEBEOK, Thomas, Hg. (1960). *Style and Language*. New York und London.

SHAFFER, E. S., Hg. (1984). *Comparative Criticism*, Bd. 6. Cambridge.

SIEMENS, R. G. (1998). „Lemmatization and Parsing". http://www.kcl.ac.uk/humanities/cch/ chwp/siemens2.html [13.10.98]

SIMONS, Gary F. /VERSAW, Larry (1988). *How to Use IT*. Summer Institute of Linguistics. Dallas/TX.

SMITH, Joan M. (1986). *The Standard Generalized Markup Language and Related Issues*. London (*British National Bibliography Research Fund Report* 22).

— (1987). „The Standard Generalized Markup Language (SGML) for Humanities Publishing". *Literary and Linguistic Computing* 2.3: 171-75.

SMITH, John B. (1978). „Computer Criticism". *Style* 12: 326-56.

SMITH, MacKenzie (1993). „*Dyna*Text: An Electronic Publishing System". *Computers and the Humanities* 27: 415-20.

SNELL-HORNBY, Mary (1990). „Linguistic Transcoding or Cultural Transfer? A Critique of Translation Theory in Germany". In: BASSNETT/LEFEVERE 1990: 79-86.

—, Hg. ([2]1994) [[1]1986]. *Übersetzungswissenschaft – eine Neuorientierung. Zur Integrierung von Theorie und Praxis. 2., durchgesehene Auflage*. Tübingen und Basel.

—/ PÖHL, Ester, Hg. (1989). *Translation and Lexicography. Papers read at the EURALEX Colloquium held at Innsbruck 2-5 July 1987*. Kirksville/MO.

SOWINSKI, Bernhard (1991). *Stilistik: Stiltheorien und Stilanalysen*. Stuttgart (*Sammlung Metzler* 263).

SPEHR, Michael (1998). „Kleines Flachbett-Brevier". *FAZ* 46 (24.2.1998): Beilage „Technik und Motor", T5.

SPERBERG-MCQUEEN, Christian M./ BURNARD, Lou, Hgg. (1994). *Guidelines for Electronic Text Encoding and Interchange (TEI P3)*. 2 Bde. Chicago und Oxford.

SPILLER, Michael R. G. (1992). *The Development of the Sonnet. An Introduction*. London und New York.

SPILLNER, Bernd (1996). „3. Stilistik". In: ARNOLD/DETERING 1996: 234-56.

STAMMLER, Wolfgang, Hg. ([2]1962). *Deutsche Philologie im Aufriß*. 3 Bde. Berlin.

STEINER, George (1975). *After Babel. Aspects of Language and Translation*. London, Oxford, New York.

STIGLEMAN, Sue (1993). „Text-Management Software: A Taxonomy". In: LANDOW/DELANY (1993): 69-83.

STOLZE, Radegundis (1994). *Übersetzungstheorien: eine Einführung*. Tübingen.

STÖRIG, Hans Joachim (1973). *Das Problem des Übersetzens*. Darmstadt.

STRELKA, Joseph P., Hg. (1984). *Literary Theory and Criticism. Festschrift. Presented to René Wellek in Honor of his Eigtieth Birthday. Part I: Theory*. Bern, Frankfurt/Main, New York.

TARLINSKAJA, Marina (1984). „On Equivalence in Translation: Shakespeare's Sonnet 66 and Ten Translations into Russian". In: *International Journal of Slavic Linguistics and Poetics* 30: 85-129.

TIRKKONEN-CONDIT, Sonja/ LAFFLING, John, Hgg. (1993). *Recent Trends in Empirical Translation Research*. Joensuu (*Kielitieteellisiae tutkinuksia* 28).

THIELEN, Christine. (1995). „Ein Tagset fürs Deutsche. Richtlinien fpr die manuelle Wortarten-Annotierung von Textkorpora". Tübingen.

THOMSON, Norman (1989). „How to Read Articles which Depend on Statistics". In: *Literary and Linguistic Computing* 4.1: 6-11.

TOURY, Gideon (1980). *In Search of a Theory of Translation*. Tel Aviv.

— (1984). „Translation, literary translation and pseudotranslation." In: SHAFFER 1984: 73-85.

— (1985). „A Rationale for Descriptive Translation Studies". In: HERMANS 1985: 16-41.

— (1995). *Descriptive Translation Studies and beyond*. Amsterdam und Philadelphia/PA.

TOV, Emanuel/ WRIGHT, B. G. (1985). „Computer-Assisted Study of the Criteria for Assessing the Literalness of Translation Units in the LXX". *Textus* 12: 149-87.

TURK, Horst (1988). „Adäquatheit, Äquivalenz, Korrespondenz. Der kategoriale Rahmen der Übersetzungsanalyse". In: ARNTZ 1988: 87-99.

ÜBERLA, Karl (1977). *Faktorenanalyse: Eine systematische Einführung für Psychologen, Mediziner, Wirtschafts- und Sozialwissenschaftler*. Berlin, Heidelberg, New York.

VANNEREM, MARY/ SNELL-HORNBY, MARY. „Die Szene hinter dem Text: ‚Scenes-and-Frames Semantics' in der Übersetzung." In: SNELL-HORNBY 1986: 184-205.

VINCKE, Gisbert Freiherr (1881). „Zur Geschichte der deutschen Shakespeare-Uebersetzungen". *Jahrbuch der deutschen Shakespeare-Gesellschaft* 16: 257-74.

WALCH, Eva [Rez.] (1976). „*Raimund Borgmeier*: Shakespeares Sonett ‚When Forty Winters ...' und die deutschen Übersetzer. [...]". *Anglistik und Amerikanistik* 24.1: 81f.

WALZEL, Oskar (1924). „Das Wesen des dichterischen Kunstwerks". In: WALZEL 1926: 100-22.

— (1926). *Das Wortkunstwerk. Mittel seiner Erforschung*. Leipzig.

WEISGERBER, Leo (^{3}1962). *Grundzüge der inhaltsbezogenen Grammatik. 3., neu bearbeitete Auflage*. Düsseldorf. [Entspricht WEISGERBER, Leo (^{3}1962). *Von den Kräften der deutschen Sprache*, Bd. 1]

WELLS, Stanley/ TAYLOR, Gary, Hgg. (1987). *William Shakespeare. A Textual Companion*. Oxford.

WELTE, Werner (1993). *Englische Semantik. Ein Lehr- und Arbeitsbuch mit umfangreicher Bibliographie*. Frankfurt/Main [u.a.] (*Hamburger englische Linguistik-Praktika* 5).

WILDE, Oscar (1993a). *The Collected Works of Oscar Wilde*. Hg. ROSS, Robert. 15 Bde. London und Tokio.

— (1993b). „The Portrait of Mr. W. H.". In: WILDE 1993, Bd. 7: 147-99.

WILLÉE, Gerd (1989). „Das Medium Computer als Hilfsmittel linguistischer und philologischer Forschungsarbeit". In: LENDERS 1989: 117-32.

WILSS, Wolfram (1977). *Übersetzungswissenschaft. Probleme und Methoden*. Stuttgart.

—/ THOME, Gisela, Hgg. (1984). *Die Theorie des Übersetzens und ihr Aufschlußwert für die Übersetzungs- und Dolmetschdidaktik*. Tübingen.

WINSTON, M. E./ CHAFFIN, R./ HERMANN, D. J. (1987). „A Taxonomy of Part-Whole-Relations". *Cognitive Science* 11: 417-44.

WOLPERS, Theodor (1968). „William Shakespeare. Die Sonette". In: GÖLLER (1968): 76-133.

WOTJAK, Gerd (1982). „Äquivalenz, Entsprechungstypen und Techniken der Übersetzung". In: JÄGER/NEUBERT 1982: 113-24.

WRIGHT, N. B. (1974). „Measuring Alliteration: A Study in Method". In: MITCHELL 1974: 82-93.

WU, Gilbert (1989). *SGML Theory and Practice*. London (*British Library Research Paper* 68).

YATES, William Edgar (1981). *Tradition in the German Sonnet*. Bern und Frankfurt/Main.

ZAMPOLLI, Antonio (1994). „Special Section on Corpora. Introduction to Part Two". *Literary and Linguistic Computing* 9.1: 21-23.

ZAPF, Hubert (1991). *Kurze Geschichte der anlgo-amerikanischen Literaturtheorie*. München.

ZWAAN, Rolf A. (1985). „The Computer in Perspective. Towards a Relevant Use of the Computer in the Study of Literature". *Poetics* 16: 553-68.

7. Anhang

7.1. Formeln

7.1.1. Arithmetisches Mittel

$$\bar{x} = \frac{\sum y}{n}$$

7.1.2. Standardabweichung

$$\sigma = \sqrt{\frac{n\sum x^2 - \left(\sum x\right)^2}{n^2}}$$

7.1.3. PEARSONscher Korrelationskoeffizient

$$r = \frac{n\left(\sum XY\right) - \left(\sum X\right)\left(\sum Y\right)}{\sqrt{\left[n\sum X^2 - \left(\sum X\right)^2\right]\left[n\sum Y^2 - \left(\sum Y\right)^2\right]}}$$

7.1.4. FISHER-Z-Transformation

$$z' = \frac{1}{2}\ln\left(\frac{1+x}{1-x}\right)$$

7.1.5. Polynomische Regression

$$y = b + c_1x + c_2x^2 + \ldots + c_6x^6$$

7.2. Daten- und Datenbankmodell

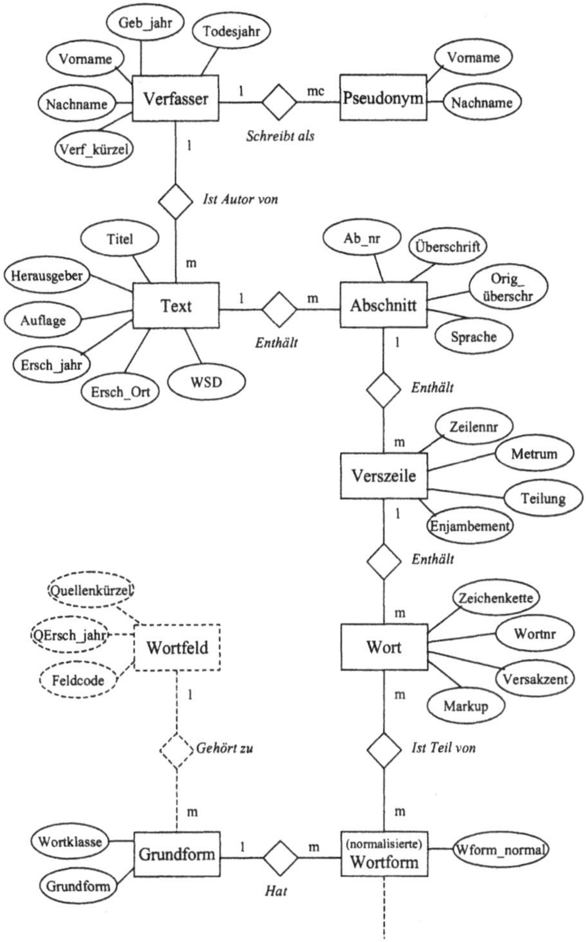

Anmerkung: Die Darstellung folgt der von Meier ³1998:12-23 eingeführten Notation.

Abbildung 7-1: Datenmodell, Teil 1 (Bis zur Wortformenebene)

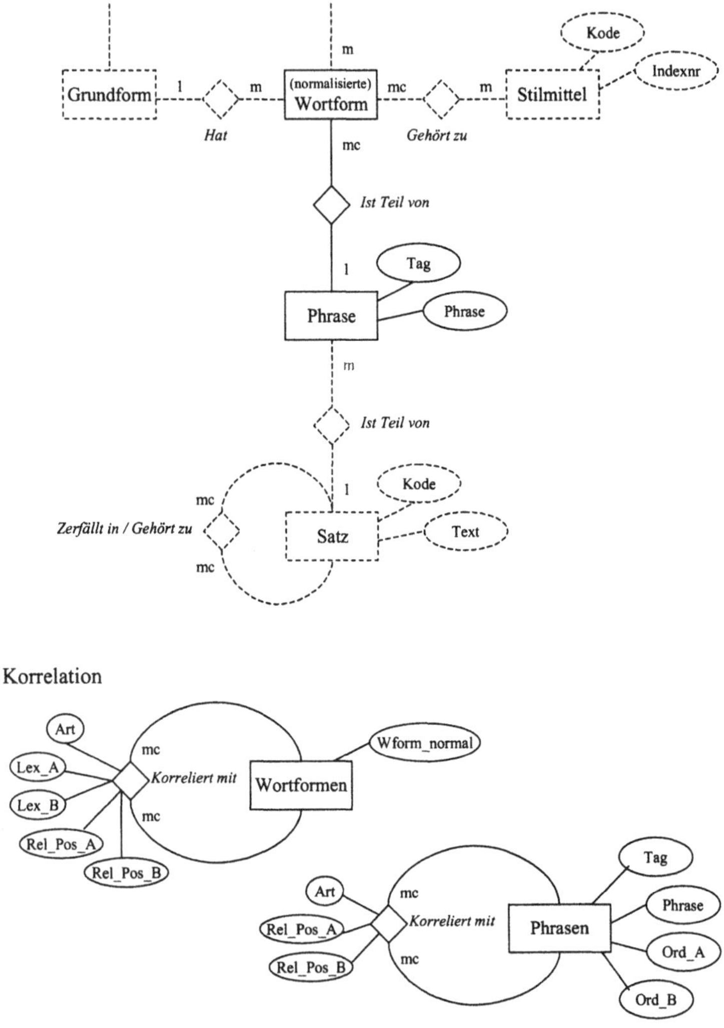

Abbildung 7-2: Datenmodell, Teil 2 (Wortformen- bis Satzebene, Korrelationsmodellierung)

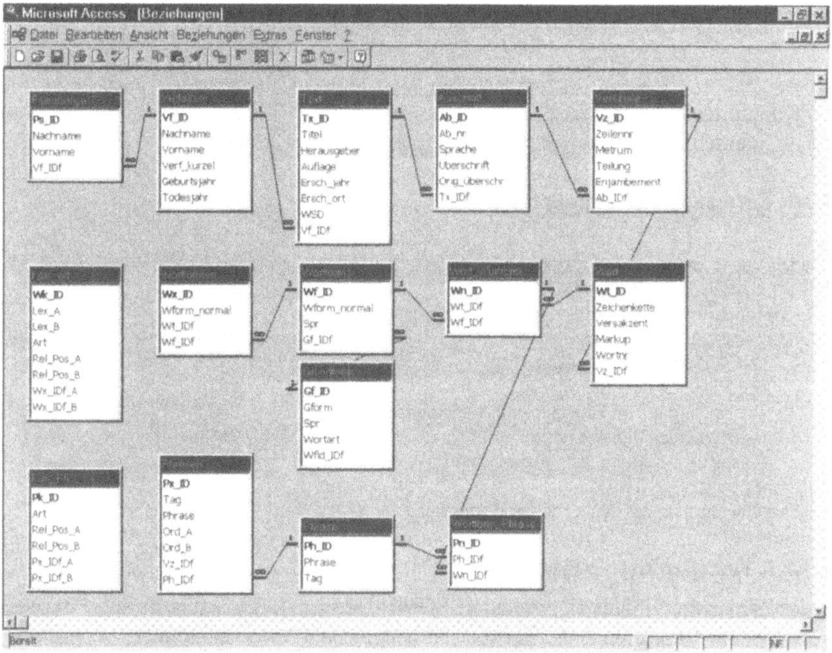

Abbildung 7-3: Datenbankmodell (Tabellen und Beziehungen im DBMS ACCESS)

7.3. Pflichtenzettel 1: Elektronische Erfassung des Korpus

7.3.1. Erfassung der Primärtexte

7.3.1.1. Erstellen des Titelblatts

Jeder Primärtext wird als eigenständige SGML-Datei im CES-Format erfaßt,[756] wobei verschiedene Programme als Eingabewerkzeuge benutzt werden können. In der Fallstudie hat sich WORDPERFECT 8 bewährt, aber es können selbstverständlich auch die speziell für SGML entwickelten Programme wie AUTHOR/EDITOR, PANORAMA usw. benutzt werden.[757] Wenn keine SGML-fähige Textverarbeitung zur Verfügung steht, kann auch ein einfacher Editor wie das NOTEPAD von Windows 3.x oder Windows 95 zur – dann allerdings etwas weniger komfortablen – Eingabe und Überprüfung der Kodierung zum Einsatz kommen.

Bevor der Text der jeweiligen Sonettübersetzung oder Originalausgabe erfaßt wird, muß ein elektronisches Titelblatt in der Form des Elements <cesHeader> erstellt werden.[758] Die dort zu vermerkenden Angaben betreffen erstens den Text, aus dem die Sonette entnommen wurden, und zweitens das Projekt, innerhalb dessen sie elektronisch erfaßt werden. Die Originalüberschriften der Sonette werden im <biblStruct>-Element als <h.title>-Element erfaßt. Über den CES hinausgehend wird in der <editorialDecl> des <cesHeader>s die typographische Gestatlung der Vorlage erfaßt: hinter dem Schlüsselwort „Layout:" gibt eine durch Bindestriche getrennte Zahlen-

---

[756] Siehe Kapitel 4, Abschnitt 4.2, wo auch die im folgenden gebrauchten Termini „Entität", „Element" und „Attribut" eingeführt werden.

[757] Bevor die CES-konforme Erfassung beginnen kann, muß die CES-DTD dem jeweiligen System bekanntgegeben werden. Wie dies zu erreichen ist, wird in der Systemdokumentation erläutert.

[758] Einzelheiten zu den erforderlichen Angaben finden sich in der Dokumentation zum CES, Kap. 3. Da dieses Element fast vollständig vom TEI-Format übernommen wurde, kann auch Kap. 5 „The TEI Header" in den *Guidelines* konsultiert werden (SPERBERG-MCQUEEN/BURNARD 1994: 89-137).

folge an, wie viele Zeilen der Sonette durch größeren Zeilenabstand oder Einrückung als Gruppen gekennzeichnet werden (in Ausnahmefällen kann diese Angabe auch normalsprachlich erfolgen); im Anschuß wird vermerkt, ob die erfaßte Ausgabe ein- oder mehrsprachig ist.

Da die für jeden ZT zu erstellende Datei bis auf wenige Textspezifika weitgehend gleichlautend ist, wurde eine Vorlagedatei namens „TT_de_header_template.sgm“ erstellt, in der nur noch die spezifischen Angaben zum jeweiligen ZT zu ergänzen sind. Abbildung P1-1 zeigt diese Vorlage, wobei zur Veranschaulichung der in diesem Arbeitsschritt zu leistenden Arbeit die für den ZT TieD1825 in Fettdruck und Unterstreichung eingesetzt wurden.

```
<!DOCTYPE cesDoc PUBLIC „cesDoc“ „c:\lib\sgml\ces\dtd\cesdoc.dtd“>
<cesDoc version=„4.3“>
<cesHeader type=„TEXT*“ version=„4.1“ creator=„Jan-Mirko Maczewski“
  date.created=„25.09.1997“ date.updated=„22.12.1998“>
  <fileDesc>
    <titleStmt>
     <h.title>Machine-readable version of Shakespeare's Sonnet 2 and 116
        in German translation by Dorothea Tieck</h.title>
      <respStmt>
        <respType>Typed in and marked with CES tags</respType>
        <respName>Jan-Mirko Maczewski</respName>
      </respStmt>
    </titleStmt>
    <publicationStmt>
      <distributor>Unknown</distributor>
      <pubAddress>Unknown</pubAddress>
      <availability status=„RESTRICTED“></availability>
      <pubDate>Unknown</pubDate>
    </publicationStmt>
    <sourceDesc>
      <biblStruct>
        <analytic>
          <h.title>(Originalüberschrift Sonett 2)</h.title>
          <h.title>(Originalüberschrift Sonett 116)</h.title>
        </analytic>
        <monogr>
          <h.title> Shakespeares Sonette in der &Uuml;bersetzung Dorothea Tiecks.
Kritisch herausgegeben von Christa Jahnson.</h.title>
          <h.author>Shakespeare, William</h.author>
          <imprint>
            <pubPlace>T&uuml;bingen</pubPlace>
            <publisher>Francke</publisher>
            <pubDate>1992</pubDate>
          </imprint>
        </monogr>
      </biblStruct>
    </sourceDesc>
  </fileDesc>
```

```
<encodingDesc>
  <projectDesc>
    This text was encoded for Jan-Mirko Maczewski's PhD thesis on
    Computer Assisted Translation Studies („Computergest&uuml;tzte
    &Uuml;bersetzungsforschung") at the University of G&ouml;ttingen,
    Germany, 1996-1999
  </projectDesc>
  <editorialDecl>
    <conformance level="2">CES Level 2</conformance>
    <correction>The original wording has been retained without any
      modifications</correction>
    <quotation marks="all" form="rend">Rendition attribute values
      on Q and QUOTE tags are adapted from ISOpub and ISOnum standard
      entity set names</quotation>
    <hyphenation>The original hyphenation has been retained; dashes
      are all marked using the MDASH entity</hyphenation>
    <segmentation>The text has been encoded using the POEM and L tags,
      thus retaining the poem and line divisions. Spoken dialogue is
marked using the Q tag (see above).
      Typographical layout: lineGroups=„4-4-4-2" edition=„bilingual"
    </segmentation>
    <normalization>The original wording has been retained.
    </normalization>
  </editorialDecl>
  <refsDecl>
The reference system is built up using the identifiers of the
following text segments: poem, line. No DIV elements have been
used.</refsDecl>
 </encodingDesc>
 <profileDesc>
  <langUsage>
    <language id=„de" iso639=„de">German</language>
  </langUsage>
  <wsdUsage>
    <writingSystem id="ISOlat1">ISO 8879-1986 Added Latin 1 character
set for western European languages</writingSystem>
  </wsdUsage>
 </profileDesc>
</cesHeader>
<text>
 <body id=„NnnVjjjj" lang=„de">
  <poem n=„2">
    <l></l>
  </poem>
 </body>
</text>
</cesDoc>
```

Abbildung P1-1: Elektronisches Titelblatt eines Primärtexts

7.3.1.2. Identifikation des Texts innerhalb des Korpus

Wie aus Abbildung P1-1 ersichtlich, wird im Anschluß an das Elemet <cesHeader> das Element <text> eingefügt, das die Sonette in dem Elements <body> als <poem>-Elemente enthält. Das Element <body> verlangt in den Attributen „id" und „lang" Angaben zu dem korpusweit eindeutigen Identifikationscode des Texts und zu der Sprache des Texts. Um den automatischen Zugriff zu erleichtern und die Quellenangaben bei elektronisch zusammengestellten Daten klar zu strukturieren, besteht der Identifikationscode stets aus den ersten drei Buchstaben des Nachnamens, dem ersten Buchstaben des Vornamens des Verfassers bzw. Herausgebers sowie dem Erscheinungsjahr des Texts.[759] Dieser Code – beispielsweise „RegG1836" für die 1836 erschienene Übersetzung von Gottlob Regis – ist als Wert des Attributes „id" anzugeben (s. Abbildung P1-2). Der Wert des Attributes „lang" muß gemäß des in <profileDesc> deklarierten Bezugsstandards eingegeben werden, hier also als ISO 639-konformes Kürzel, wobei „de" für Deutsch und „en" für Englisch steht. Abbildung P1-2 zeigt die Angaben, die für TieD1825 einzufügen sind, in Fettschrift und Unterstreichung.

```
<cesDoc>
<cesHeader> [...] </cesHeader>

<text>
<body id=„TieD1825" lang=„de">

<poem n=„2"> [...] </poem>
<poem n=„116"> [...] </poem>

</body>
</text>

</cesDoc>
```

Abbildung P1-2: Beispielhaft ausgefüllte Vorlage zur Texterfassung (ZT TieD1825)

7.3.1.3. Eingabe der Gedichte

Gemäß CES wird jedes Gedicht als Element <poem> mit dem Attribut „n=*x*" erfaßt. Der Wert *x* enthält dabei den korpusweit einheitlichen Titel des Gedichts; in der Fallstudie entspricht er der Nummer des Sonetts gemäß der 1609 erschienenen Erstausgabe der *Sonnets*.[760]

---

759 Die TIECKschen ZTs sind Sonderfälle, weil sie erst in diesem Jahrhundert veröffentlicht wurden; Dorothea TIECKS ZT erschien im *Penelope Jahrbuch* von 1826 zwar auszugsweise, enthält dort aber weder Sonett 2 noch Sonett 116. Zur angemessenen Einordnung beider ZT wurde statt des Publikationsjahres jeweils das vermutliche Entstehungsjahr angegeben.

760 Sonett 116 ist dort durch einen offensichtlichen Druckfehler als Sonett 119 klassifiziert: Vorgänger sind die Sonette 1 bis 115, Nachfolger sind die Sonette 117, 118, 119, 120 bis 154 (siehe z.B. BOOTH (1978: 101)).

Die Kodierung des Gedichttextes erfolgt CES-konform. Jede metrische Zeile wird von den im CES speziell dafür vorgesehenen Markierungen <l> und </l> eingerahmt. Absätze, Einrückungen oder Zeilenumbrüche innerhalb einer Zeile werden nicht erfaßt – dafür dienen die Angaben im Kommentarfeld zum Layout. Innerhalb der Zeilen werden die Worte exakt wie in der Vorlage eingegeben und nicht normalisiert; dies geschieht im nächsten Arbeitsschritt (s. Pflichtenzettel P1). Offensichtliche Druckfehler werden gemäß TEI/CES korrigiert:[761] Der korrigierte Wortlaut wird durch das Markierungselement <corr> gekennzeichnet und die ursprüngliche, offensichtlich fehlerhafte Schreibung als Wert des Attributs „sic" vermerkt. Da der Kodierer für diesen Eingriff verantwortlich ist, wird das Attribut „resp" auf den Wert „tag" gesetzt.[762]

Seitenzahlen werden nicht erfaßt, da sie für die Bezugnahme auf die Texte nicht erforderlich sind. Auch Zeilennummern müssen nicht erfaßt bzw. hinzugefügt werden, da sie von der Aufbereitungssoftware PREP_0 automatisch generiert werden.

Für die Kodierung der Zeichen. ihrer Funktion und Gestaltung gelten die im folgenden erläuterten, mit dem CES übereinstimmenden Regeln. Die Tabellen P1-1 bis P1-3 stellen die Verfahrensweisen zur Kodierung spezifischer Zeichen und Funktionen bzw. Gestaltungen übersichtlich zusammen. Zur Veranschaulichung befindet sich am Ende dieses Abschnitts ein Beispiel, das die (im Original allerdings in Fraktur) gedruckte Vorlage eines Sonetts und ihre elektronische Fassung darstellt (Abbildung P1-3).

7.3.1.3.1. Kodierung von Sonderzeichen

Der CES läßt zur Kodierung von nicht aus dem ASCII-Alphabet stammenden Zeichen ausschließlich die sogenannten Entitätsverweise (engl. *entity references*) zu, die von SGML-fähigen Textverarbeitungen automatisch anstelle der jeweiligen Zeichen erfaßt werden. *WordPerfect* ab Version 7 stellt am Bildschirm beispielsweise ein „ä" dar, während der SGML-konforme Text den Entitätsverweis „ä" enthält. Wenn mit Programmen gearbeitet wird, die nicht SGML-fähig sind (zur Zeit z.B. alle Versionen von *Microsoft Word*), müssen die Entitätsverweise von Hand eingegeben werden, wobei Tabelle P1-1 behilflich ist.[763] Die Übersicht dokumentiert außerdem die im CES zum Einsatz kommenden Entitätsverweise für den Gedankenstrich und typographische Anführungszeichen. Letztere werden als Attribute zum Element <q> (von engl. *quote*) erfaßt, wobei zunächst das öffnende („PRE ...") und dann das schließende Anführungszeichen („POST ...") erfaßt wird (s. Abb. P1-3 und S. 258, „Die Kodierung von direkter Rede"). Gemäß CES 4.5.12 ist wird der Apostroph nicht durch einen eignene Entitätsverweis gekennzeichnet. Gedankenstriche werden unabhängig von ihrer typographischen Länge stets als „—" erfaßt.

---

[761] CES 4.5.9.3 (Ide/Veronis (1997)); TEI 6.5.1 (Sperberg-McQueen/Burnard (1994: 166-68)).

[762] Die Zeichenfolge „die Sone" wäre somit als „die <corr sic= „Sone" resp= „tag">Sonne</corr>" zu kodieren.

[763] Einen derart kodierten Text zeigt Abb. P1-3.

Sonderzeichen	Kodierung
ä	ä
Ä	Ä
ö	ö
Ö	ö
ü	ü
Ü	Ü
ß	ß
Doppelte dt. Anführungszeichen unten („)	ldquor
Doppelte dt. Anführungszeichen oben (“)	ldquo
Einfaches dt. Anführungszeichen unten (‚)	lsquor
Einfaches dt. Anführungszeichen oben (‘)	rsquo
Doppelte frz. Anführungszeichen auf («)	laquo
Doppelte frz. Anführungszeichen zu (»)	raquo
Einfaches frz. Anführungszeichen auf (‹)	lsaquo
Einfaches frz. Anführungszeichen zu (›)	rsaquo
Langer Gedankenstrich (—)	—
Gedankenstrich (–)	—

Tabelle P1-1: Die Kodierung von Sonderzeichen

7.3.1.3.2. Kodierung des Schriftstils

Die Hervorhebung einer Zeichenfolge durch einen vom fortlaufenden Text verschiedenen Stil oder Zeichensatz wird kodiert, indem die Zeichenfolge vom Element <hi> eingerahmt wird. Das Attribut „rend“ gibt dann darüber Aufschluß, welcher Schriftstil bzw. Zeichensatz verwendet wurde.[764] Wenn beispielsweise die Zeichenfolge „du“ in der Vorlage in Fettschrift erscheint, wird sie als „<hi rend=bo>du</hi>“ kodiert.

Durch Nutzung der auf SGML zurückzuführenden Flexibilität des CES wurde die im CES selbst ursprünglich nicht vorgesehene Hervorhebung durch gesperrte Schrift realisiert, indem das Attribut „spaced“ als zulässig deklariert wurde.

Schriftstil	Wert des Attributs „rend“	Ausgeschriebene Abkürzung
Courierschrift	courier	courier
Fett	bo	bold
Gesperrt	spaced	spaced
Kapitälchen	sc	small capitals
Kursiv	it	italics
Unterstrichen	un	underlined

Tabelle P1-2: Kodierung des Schriftstils

[764] CES 4.5.9.2 „Rendition information“ IDE/VÉRONIS 1997.

7.3.1.3.3. Kodierung von Fußnoten und Anmerkungen

Viele Übersetzer und ihre Herausgeber versehen ihre Texte mit Kommentaren, und auch bei der Kodierung entsteht gelegentlich der Bedarf, einen über den Text hinausgehenden Kommentar einzufügen. Zwar gehören derartige Äußerungen nicht unmittelbar zum Text, sind aber dennoch oft für die Interpretation wichtig. Sie werden in ihrer jeweiligen Form als Anmerkung oder Fußnote gemäß CES kodiert.[765] Das Attribut „resp=", das den Urheber der Bemerkung identifiziert, ist entsprechend zu setzen: „tr" für Übersetzer, „ed" für Herausgeber und „tag" für den Kodierer.

Zeichen im Text	Kodierung
Fußnotenzeichen	<ptr target=N *Zahl_X* n=*Fußnotenzeichen* resp=auth/ed/tr/tag rend=superscript>
Fußnotentext	<note id=N *Zahl_X* place=foot/end/side/unspec*> [Fußnotentext hier einfügen] </note>
Anmerkungstext: am Ende des Gedichttextes einfügen	<note resp=auth/ed/tr/tag place=unspec*> [Anmerkungstext hier einfügen] </note>

Tabelle P1-3: Kodierung von Fußnoten und Anmerkungen

7.3.1.3.4. Kodierung von direkter Rede

TEI und auch CES bieten die Möglichkeit, Passagen direkter Rede als solche zu kennzeichnen. Die Nutzung dieser Option bietet sich insbesondere bei Sonett 2 an, weil der AT diesbezüglich mehrere Interpretationen zuläßt und so Übersetzerentscheidungen gefällt werden müssen, die die Sprechhaltung des lyrischen Ich maßgeblich beeinflussen.

Im AT von 2 ist keine Passage als direkte Rede gekennzeichnet. Im zweiten Quartett wird sowohl die Frage der Leute als auch die hypothetische Antwort des Angesprochenen in indirekter Rede wiedergegeben. Eine oder beide Äußerungen könnten in einem ZT mit dem Ziel der Erhöhung der Unmittelbarkeit, des „Erlebnis"charakters in die direkte Rede überführt werden. Anders als diese Passagen, die auch von späteren Herausgebern des AT nicht durch Anführungszeichen als direkte Rede markiert wurden, ist 2.10f syntaktisch und semantisch eindeutig als direkte Rede erkennbar und daher auch von den hier betrachteten Herausgebern MALONE, DELIUS und BOOTH als solche gekennzeichnet worden. Zunächst überraschend und erst nach Interpretationsarbeit einsichtig ist,[766] weshalb 2.12 im AT nicht mehr Teil der hypothetischen, direkt geäußerten Antwort des Angesprochenen ist. Aufgrund dieser Situation ist zu erwarten, daß die ZT unterschiedliche Möglichkeiten aktualisieren. Die in Abschnitt 5.2 durchgeführte Analyse bestätigt diese Vermutung und liefert Ergebnisse, die an andere Untersuchungen anschließbar sind.

---

[765] CES 4.5.8.7 „Annotations" IDE/VÉRONIS 1997.
[766] Siehe z.B. BOOTH 1978: 138.

Durch die Kodierung der syntaktisch, semantisch und gegebenenfalls auch typographisch endeutig erkennbaren direkten Rede, konnte diese Analyse schnell und präzise durchgeführt werden. Gemäß CES wird jede direkte Rede von den Elementen <q> und </q> eingerahmt. Wenn Anführungszeichen verwendet werden, wird ihre Gestalt im <q>-Tag als Sonderzeichen durch Qualifizierung des Attributs „rend" kodiert (s. S. 256).

7.3.1.3.5. Beispiel zur Kodierung eines Gedichttextes

Gedruckter Text:

Wenn Jahre erst die Stirn einst runzeln dir
Und Furchen ziehn in deiner Schönheit Feld,[1]
Wird deiner Jugend jetzt so stolze Zier
  Wie ein vergilbt Gewand nur sein der Welt.
Und würdest du nach all dem süßen Hauch
  Der Schönheit deiner bessren Zeit gefragt
Und sprächest: „blick in dieses hohle Aug':"
  Es wäre Schand und Schmach und viel gewagt!
Doch legtest deine Schönheit du nicht brach,
  Dann könnt'st du sprechen: „dieser holde Sproß
Mit meinem Alter euch versöhnen mag –"
  Er wäre deiner Schönheit Erbe blos;
So würdest du verjüngt einst, wenn du alt,
Und fühltest warm dein Blut noch, das schon kalt.

---

[1] B. [B. = Bodenstedt, J-M. M.] sagt „Die reine Stirne tiefe Falten schlagen " – ein Gewand schlägt Falten – aber eine Stirn?

Kodierter Text:

```
[...]
<text>
 <body id=„NeiA1869“ lang=„de“>
  <poem n=„2“>
    <l>Wenn Jahre erst die Stirn einst runzeln dir</l>
    <l>Und Furchen ziehn in deiner Sch&ouml;nheit Feld,<ptr target=N1 n="1“
rend=superscript></l>
    <l>Wird deiner Jugend jetzt so stolze Zier</l>
    <l>Wie ein vergilbt Gewand nur sein der Welt.</l>
    <l>Und w&uuml;rdest du nach all dem s&uuml;&szlig;en Hauch</l>
    <l>Der Sch&ouml;nheit deiner bessren Zeit gefragt</l>
    <l>Und spr&auml;chest: <q rend="PRE ldquor POST ldquo“>blick in dieses hohle
Aug':</q></l>
    <l>Es w&auml;re Schand und Schmach und viel gewagt!</l>
    <l>Doch legtest deine Sch&ouml;nheit du nicht brach,</l>
    <l>Dann k&ouml;nnt'st du sprechen: <q rend="PRE ldquor POST ldquo>dieser
holde Spro&szlig;</l>
    <l>Mit meinem Alter euch vers&ouml;hnen mag &mdash;</q></l>
    <l>Er w&auml;re <hi rend=spaced>deiner</hi> Sch&ouml;nheit Erbe blos;</l>
    <l>So w&uuml;rdest du verj&uuml;ngt einst, wenn du alt,</l>
    <l>Und f&uuml;hltest warm dein Blut noch, das schon kalt.</l>
    <note id=N1 place=foot>B. <note resp=tag>B. = Bodenstedt</note> sagt <q
rend="PRE ldquor POST ldquo>Die reine Stirne tiefe Falten <hi rend=spaced>
schlagen</hi></q> &mdash; ein Gewand <hi rend=spaced>schl&auml;gt</hi>
Falten &mdash; aber eine Stirn?</note>
  </poem>

  <poem n=„116“>
   [...]
  </poem>

 </body>
</text>
[...]
```

Abbildung P1-3: Beispiel für CES-konforme Textkodierung

7.3.1.4. Speichern des Texts

Es empfiehlt sich, für jede Fallstudie eine Verzeichnisstruktur anzulegen, über die alle erfaßten Texte und erstellten Dateien leicht zugänglich sind. Für die in dieser Arbeit durchgeführte Fallstudie wurde zunächst ein eigenes Wurzelverzeichnis namens „WS_Sonnets_2_116“ angelegt. In diesem Wurzelverzeichnis nehmen die Unter verzeichnisse „ST“ und „TT_de“ die Einzeltexte auf. Diese werden gemäß den Namen der Verzeichnisse, die den in der englischen Literatur üblichen Abkürzungen für Originaltext (*source text*) und Übersetzung (*target text*) entsprechen, vorsortiert. Innerhalb der Verzeichnisse erhält jeder Herausgeber bzw. Übersetzer ein eigenes Verzeichnis, dessen Name dem Verfasserkürzel entspricht; für Dorothea Tiecks Übersetzung wurde dementsprechend das Verzeichnis „WS_Sonnets_2_116/TT_de/TieD“ eingerichtet. In dieses personenbezogene Verzeichnis wird der nunmehr erfaßte Text gespeichert. Es steht darüber hinaus als Sammelpunkt für spezifische Informationen zu diesem Text zur Verfügung.

Der Name des zu speichernden Texts setzt sich aus seinem Erscheinungsjahr und der Endung „.sgm“ zusammen, die alle SGML-konformen Dateien, zu denen auch die CES-kodierten Texte zählen, kennzeichnet. Dorothea Tiecks Übersetzung heißt dementsprechend „1825.sgm“ und wird im oben genannten Verzeichnis gespeichert. Als Format, in dem der Text gespeichert werden soll, muß „SGML“ oder, falls dieses nicht zur Verfügung steht, „Nur Text“ oder „ASCII“ angegeben werden. Keinesfalls dürfen programmspezifische Formate wie „Word 97“ oder „WordPerfect 8“ verwendet werden.

7.3.1.5. Überprüfung des Texts und der Kodierung

Zum Abschluß der elektronischen Erfassung eines Primärtexts müssen die nun vorliegende elektronische und die gedruckte Fassung sorgfältig miteinander verglichen werden. Neben dem korrekten Wortlaut ist auch auf die korrekte Übertragung der Gestaltung der Zeichen zu achten. Die gegebenenfalls korrigierte Textfassung ist erneut zu speichern.

Schließlich ist die Kodierung selbst auf Fehlerfreiheit zu überprüfen. SGML-fähige Textverarbeitungen bieten dafür entsprechende Menüeinträge an (WORD PERFECT 8 z.B. den Menüpunkt „Gültigkeitsprüfung“). Falls keine derartige Textverarbeitung zur Verfügung steht, kann auch ein eigenständiges Programm, ein sogenannter Parser, benutzt werden.

Als typisches Beispiel für diesen Fall kann das weit verbreitete, für Forschung und Lehre kostenlos nutzbare Programm *SP* von James Clark eingesetzt werden.[767] Um die Kodierung einer Datei mit *SP* auf Korrektheit zu überprüfen, ist zunächst die „MS-DOS-Eingabeaufforderung“ zu aktivieren und dann mittels „cd *Name_des_Verzeichnisses*“ in das Verzeichnis von *SP* zu wechseln. Dort wird die Überprüfung des zuvor unter „Dateiname“ gespeicherten Texts mit dem Befehl „nsgmlsu -f error.txt *Dateiname*“ durchgeführt, wobei eventuell ermittelte Fehler in der Datei „error.txt“ mit Zeilenangabe protokolliert werden. Solange diese Datei Text enthält, ist die Kodierung fehlerhaft. Sie muß korrigiert und die Syntaxüberprüfung von neuem durchgeführt werden.

[767] Version 1.2, ftp://ftp.jclark.com/pub/sp [20.10.96], ergänzt um die CES-DTDs in Version 1.1 bis 1.7 (Stand: 1.10.96).

7.3.2. Zusammenfassung der Texte zu einem Korpus

7.3.2.1. Erstellung des elektronischen Titelblatts

Nicht nur den Primärtexten, sondern auch dem aus diesen Texten zusammengesetzten Korpus muß ein elektronisches Titelblatt in Form des Elements <cesHeader> vorangestellt werden. Dessen Aufbau stimmt fast vollständig mit dem der Einzeltexte überein. Die Angaben zum Projekt und zur Kodierung sind allerdings ausführlicher als bei den einzelnen Texten, da künftige Nutzer hier einen Überblick über das Projekt als Ganzes bekommen sollen. Abbildung P1-4 zeigt das für das Korpus der Fallstudie erstellte Titelblatt, das im Wurzelverzeichnis des Korpus als Datei „de1787_1887.sgm“ gespeichert ist.

```
<!DOCTYPE cesDoc PUBLIC „-//CES//DTD cesDoc//EN“ []>

<!DOCTYPE cesCorpus PUBLIC „cesCorpus“ „c:\lib\sgml\ces\dtd\cesDoc.dtd“ [
    <!ENTITY ShaW1609 SYSTEM „c:\CATS\WS_Sonnets_2_116\ST\ThoT\1609.sgm“>
    <!ENTITY MalE1778 SYSTEM „c:\CATS\WS_Sonnets_2_116\ST\MalE\1778.sgm“>
    <!ENTITY DelN1872 SYSTEM „c:\CATS\WS_Sonnets_2_116\ST\DelN\1872.sgm“>
    <!ENTITY BooS1978 SYSTEM „c:\CATS\WS_Sonnets_2_116\ST\BooS\1978.sgm“>
]>

<cesCorpus version=„4.3“>
  <cesHeader type=„CORPUS“ version=„4.1“ creator=„J-M. Maczewski“
    date.created=„Autumn 1997“  date.updated=„22.12.1998“>
  <fileDesc>
    <titleStmt>
     <h.title>Machine-readable version of Shakespeare's Sonnet 2 and 116
           in 4 English editions and 21 German translations from 1787-1887.</h.title>
      <respStmt>
        <respType>Typed in and marked with CES tags</respType>
        <respName>Jan-Mirko Maczewski</respName>
      </respStmt>
    </titleStmt>
[...]
    <editorialDecl>
      <conformance level=„2“>CES Level 2</conformance>
      <correction>The original wording has been retained without any
modifications</correction>
      <quotation marks=„all“ form=„rend“>Rendition attribute values on Q and QUOTE tags
are
           adapted from ISOpub and ISOnum standard entity set names</quotation>
      <hyphenation>The original hyphenation has been retained; dashes
        are all marked using the MDASH entity</hyphenation>
```

```
        <segmentation>The text has been encoded using the POEM and L tags,
          thus retaining the poem and line divisions. Spoken dialogue is
          marked using the Q tag (see above).
        </segmentation>
        <normalization>The original wording has been retained. </normalization>
      </editorialDecl>
      <refsDecl>The reference system is built up using the identifiers of the following text
segments:
            POEM, LINE. No DIV elements have been used.</refsDecl>
    </encodingDesc>
    <profileDesc>
    <langUsage>
      <language id=„en“ iso639=„en“>English</language>
      <language id=„de“ iso639=„de“>German</language>
    </langUsage>
    <wsdUsage>
      <writingSystem id=„ISOlat1“>ISO 8879-1986 Added Latin 1 character set
        for western European languages</writingSystem>
    </wsdUsage>
  <translations>
  <translation trans.loc=„\EscJ\1787.sgm“ lang=„de“ wsd=„ISOlat1“></translation>
  <translator>Eschenburg, Johann Joachim</translator>
  <translation trans.loc=„\KanK\1803.sgm“ lang=„de“ wsd=„ISOlat1“></translation>
  <translator>Kannegie&szlig;er, Karl Friedrich Ludwig</translator>
  [...]
  <translation trans.loc=„\GilO\1871.sgm“ lang=„de“ wsd=„ISOlat1“></translation>
  <translator>Gildemeister, Otto</translator>
  <translation trans.loc=„\KraF\1872.sgm“ lang=„de“ wsd=„ISOlat1“></translation>
  <translator>Krauss, Fritz</translator>
  </translations>
  </profileDesc>
  </cesHeader>
   &ShaW1609; &MalE1778; &DelN1851; &BooS1978;
  </cesCorpus>
```

Abbildung P1-4: Elektronisches Titelblatt für das Korpus der Fallstudie

7.3.2.2. Integration der Übersetzungen

Die ZT werden als Element <translation> in das Korpus eingefügt. Dabei genügt es, festzuhalten, wo der jeweilige Text zu finden ist und wer der Übersetzer ist. Ersteres geschieht über das „trans.loc“ Attribut des Elements „translation“, letzteres mittels des Elements <translator>.

7.3.2.3. Integration der Originaltexte

Die beliebig vielen Ausgaben des AT werden anders als die ZT erfaßt. Gemäß CES soll dies durch Anfügen der jeweiligen Datei an das im Element <cesHeader> abgelegte Titelblatt geschehen. Bei mehreren AT-Ausgaben führt dies jedoch zu einer sehr unübersichtlichen Datei, die den Zugriff auf einzelne Ausgaben nur nach dem Laden der ganzen Datei gestattet. Offensichtlich geht der CES – wie auch TEI – nicht von der Erfassung verschiedener Originaltextausgaben aus.[768]

Für die Fallstudie – wie auch für andere Untersuchungen, die mehrere Ausgaben eines AT erfassen wollen, – wurde deshalb auf die Möglichkeiten von SGML zurückgegriffen, Dateien durch Verweise auf die Dateien zu ersetzen.[769] Auf diese Weise können auch mehrere Fassungen eines AT ähnlich übersichtlich erfaßt werden, wie dies für mehrere Übersetzungen mit dem Element <translation> möglich ist. Somit wird auch das vom CES propagierte Konzept der eigenständigen Einheiten konsequent umgesetzt. Daraus ergibt sich auch, daß die Fassungen des AT auch von anderen Korpuszusammenstellungen sofort genutzt werden können.

Im einzelnen sind folgende Schritte zu erledigen: Nachdem ein AT gemäß des in P1.1 dargestellten Verfahrens erfaßt wurde, muß er als eigene Entität deklariert und an gegebener Stelle als <cesDoc>-Element in das Korpus integriert werden.[770] Die Deklaration geschieht im Element <!ENTITY>, das im Element <!DOCTYPE> in die eckigen Klammern einzufügen ist. Als Name der Entität ist der korpusweite Identifikationscode anzugeben, der dem Textkürzel entspricht (s. Tabelle 2-2, S. 60). Dieser Name wird dem Dateinamen des zugehörigen elektronischen Texts zugeordnet.

Sobald eine Ausgabe des Originaltexts als Entität deklariert wurde, kann sie in das Korpus eingefügt werden. Dies geschieht durch Einfügen eines <cesDoc>-Elements vor das Element </cesCorpus>, dessen einziger Inhalt der Entitätsverweis auf die anfangs deklarierte Entität ist (s. Abbildung P1-4). Sobald alle Originaltexte auf diese Weise in die Steuerdatei des Korpus integriert wurden, ist die Erfassung des Korpus abgeschlossen.

Bevor jedoch PREP_0 gestartet werden kann, um die Dateien in die Datenbank zu überführen, muß diesem Programm mitgeteilt werden, in welchen Verzeichnissen die AT- und ZT-Dateien abgelegt wurden (Einträge „ST path“ und „TT path“) und welchen Namen die Steuerdatei des Korpus (Eintrag „CES corpus source“), die zu erstellende Datenbank (Eintrag „Database“), das Verzeichnis für die Ausgabe von Ergebnisdateien („Result files directory“) und die zugrunde gelegte WSD-Datei (Eintrag „WSD“) tragen. Da sinnvollerweise ein gemeinsames Wurzelverzeichnis die korpusbezogenen Verzeichnisse umfaßt, sollte auch dieses angegeben werden (Eintrag „Root directory“).

Die Übermittlung dieser Informationen übernimmt die Datei „CATS.ini“, die im „Windows“-Wurzelverzeichnis abgelegt werden muß. Alle TRANSLYROSCOPE-Programme benötigen die dort abgelegten Verzeichnisse und Dateien, um sofort den Zugriff auf das gewünschte Korpus zu ermöglichen. Abbildung P1-5 zeigt die für die Fallstudie erzeugte Datei.

---

[768] Diese Beobachtung wird dadurch bestätigt, daß die beteiligten Projekte, beispielsweise ENPC und Pedant tatsächlich nur mit einer einzigen Fassung des Originaltexts arbeiten.

[769] Siehe TEI 2.9.3 (SPERBERG-MCQUEEN/BURNARD 1994: 35).

[770] Siehe TEI 2.9.3 (SPERBERG-MCQUEEN/BURNARD 1994: 35).

```
[WSD]
c:\textprog\sgml\wsd\iso88591.wsd

[Root directory]
c:\CATS\WS_Sonnets_2_116\

[ST path]
ST\
[TT path]
TT_de\

[Result files directory]
Results\

[CES corpus source]
de1787_1887.sgm

[Database]
 DB\de1787_1887.mdb
```

Abbildung P1-5: Datei „CATS.ini" im Windows-Wurzelverzeichnis

7.4. CELEXtoACCESS

Um den Datenbestand der CELEX-CD-ROM bei der Aufbereitung benutzen zu können, mußte er in die datenbankbasierte Datenhaltung überführt werden. Das Datenmodell wird von CELEX übernommen: Zu jeder Sprache liegen Entitäten vor, die Wortformen[771] und Grundformen[772] aufführen, wobei die Grundformen zu den Wortformen in einfach-komplexer Relation stehen. Angesichts der großen Fülle von Daten, von denen nur ein Bruchteil für die Aufbereitung nach Wortform und Wortklasse erforderlich ist, bietet das von mir erstellte Konversionsprogramm CELEXtoACCESS die Möglichkeit, schon bei der Konversion nur bestimmte Felder zu berücksichtigen. Dies geschieht, indem eine Steuerdatei („data structure file") erstellt wird, die alle Attribute der jeweiligen Entität gemäß CELEX-Handbuch in jeweils einer eigenen Zeile aufführt. Unmittelbar vor dem ersten Buchstaben der Attributnamen signalisiert ein „+", das dieses Attribut zu übernehmen ist; ein „-" gibt an, daß das Attribut nicht konvertiert werden soll. Im Konversionsprogramm kann die Steuerdatei durch Klick auf „Load from file" angezeigt werden (s. Abbildung 7-4).

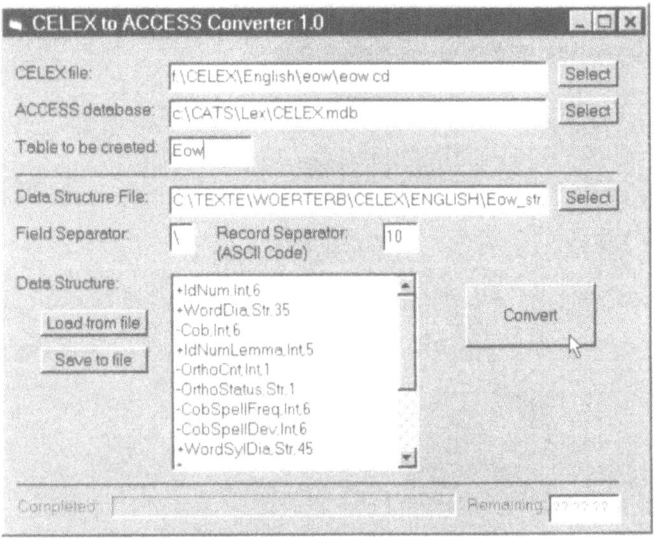

Abbildung 7-4: CELEXtoACCESS

[771] Es handelt sich um die Dateien „eow.cd" (English orthography wordforms) und „gow.cd" (German orthography wordforms).

[772] Es handelt sich um die Dateien „eol.cd" (English orthography lemmas) und „gol.cd" (German orthography lemmas).

Kompliziert wird die Situation dadurch, daß CELEX optionale Attribute unterstützt, also nicht jeder Datensatz gleichviele Attribute enthält. Das Konversionsprogramm kann die optionalen Attribute korrekt erkennen, wenn ihnen in der Steuerdatei das Sternchen „*“ in einer eigenen Zeile vorangestellt wird (s. unterste Zeile der Auflistung in Abbildung 7-4).

Durch Klicken auf den „Convert“-Knopf wird die Überführung der CELEX-Datei in die angegebene Datenbank (im Beispiel „c:\CATS\Lex\CELEX.mdb“) als eigene Tabelle (im Beispiel „Eow“) gestartet. In der Fußzeile des Fensters wird der Fortschritt der Konvertierung und die bis zum Abschluß verbleibende Zeit angezeigt. Das Programm ist in englisch gehalten, da es universell einsetzbar ist für jegliche Art ASCII-kodierter Dateien, in denen die Datensätze durch einen *record separator* und innerhalb der Datensätze die Felder (Attribute) durch einen *field separator* terminiert sind. Da beie Trennzeichen im Programm vorgegeben werden können, kann leicht auf die Besonderheiten bestimmter Dateien eingegangen werden.

7.5. Materialien zu Aspekt 1, „Formale Gestaltung“

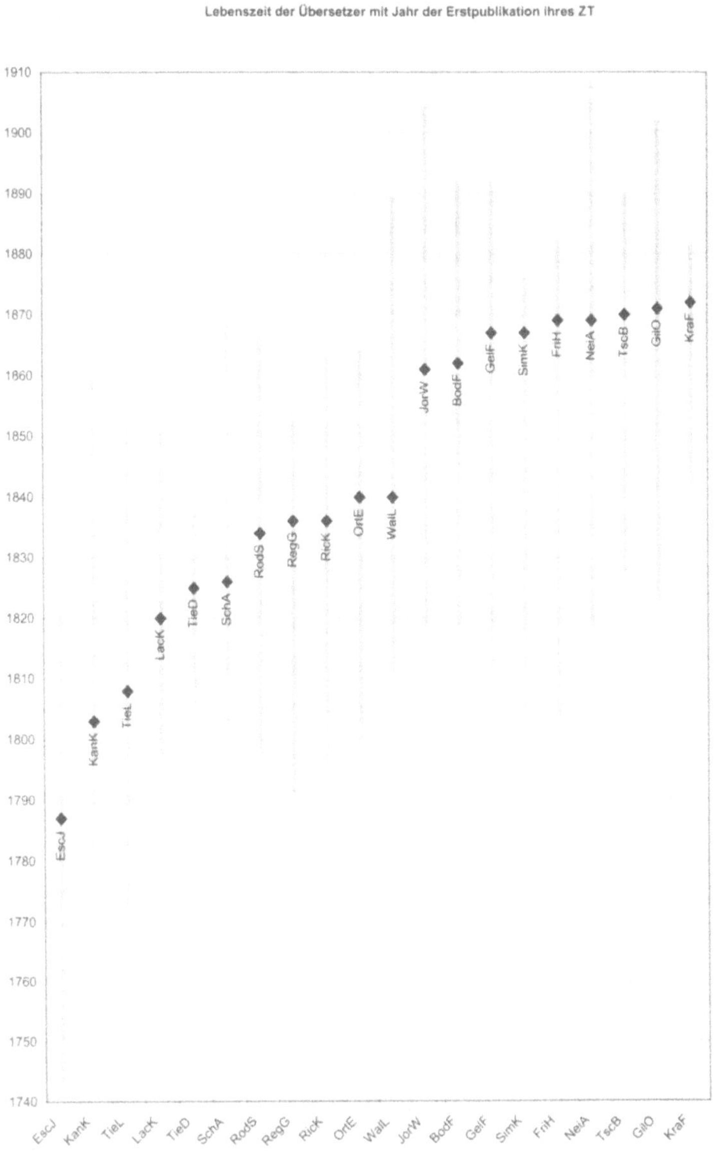

Abbildung 7-5: Erscheinungsjahre der ZT mit Lebensdaten der Übersetzer

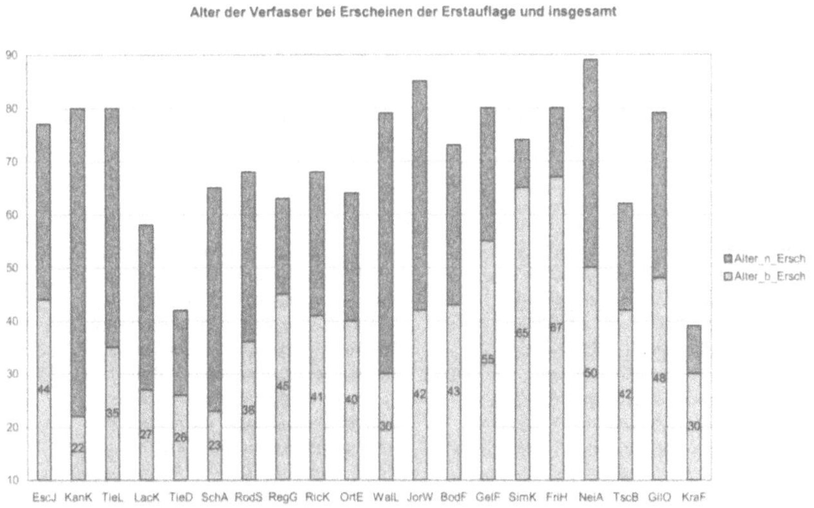

Abbildung 7-6: Alter der Übersetzer bei Erscheinen ihrer ZT

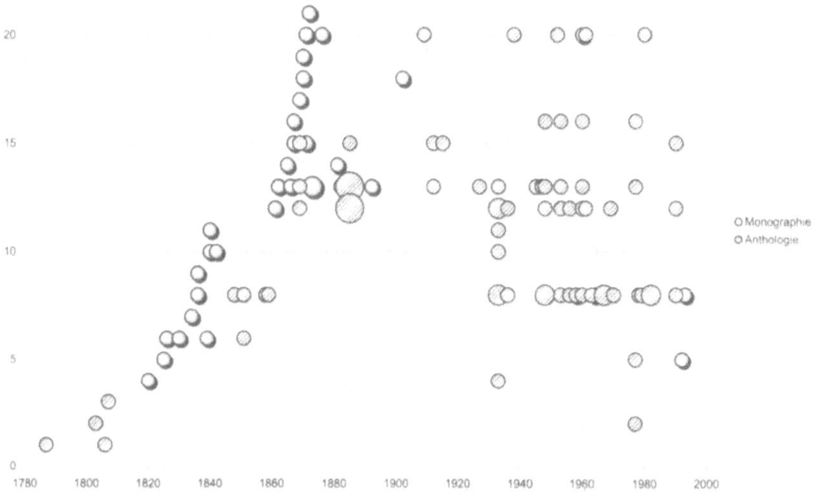

Abbildung 7-7: Unvollständige Übersicht zum „Neuauflagensschweif" der einzelnen ZT[773]

[773] Der Wert der Ordinate entspricht der laufenden Nummer des ZT nach Tabelle 2-2.

7.5.1. AT und ZT nach Verfasser

ShaW1609

Shakespeare William, hg. Thorpe, Thomas (1609)

2 [2]

VVHen fortie Winters shall beseige thy brow,
And digge deep trenches in thy beauties field,
Thy youthes proud liuery so gaz'd on now,
4 Wil be a totter'd weed of smal worth held:
Then being askt,where all thy beautie lies,
Where all the treasure of thy lusty daies;
To say within thine owne deepe sunken eyes,
8 Were an all-eating shame,and thriftlesse praise.
How much more praise deseru'd thy beauties vse,
If thou couldst answere this faire child of mine
Shall sum my count,and make my old excuse
12 Proouing his beautie by succession thine.
This were to be new made when thou art ould,
And see thy blood warme when thou feel'st it could,

ShaW1778

Shakespeare, William, hg. Malone, Edmond (1778)

2 [II.]

When forty winters shall besiege thy brow,
And dig deep trenches in thy beauty's field,
Thy youth's proud livery, so gaz'd on now,
4 Will be a tatter'd weed[1], of small worth held:
Then being ask'd where all thy beauty lies,
Where all the treasure of thy lusty days;
To say, within thine own deep-sunken eyes,
8 Were an all-eating shame, and thriftless praise.
How much more praise deserv'd thy beauty's use,
If thou couldst answer, – »*This fair child of mine*
Shall sum my count, and make my old excuse –«
12 Proving his beauty by succession thine.
This were to be new made when thou art old,
And see thy blood warm, when thou feel'st it cold.

ShaW1872

Shakespeare, William, hg. Delius, Nicolaus (1872)

2 [II.]

When forty winters shall besiege thy brow,
And dig deep trenches in thy beauty's field,
Thy youth's proud livery, so gaz'd on now,
4 Will be a tatter'd[6] weed, of small worth held:
Then being ask'd where all thy beauty lies,
Where all the treasure of thy lusty days,
To say, within thine own deep-sunken eyes,
8 Were an all-eating shame, and thriftless[7] praise.
How much more praise deserv'd thy beauty's use,
If thou couldst answer, – »This fair child of mine
Shall sum my count, and make my old excuse,«[8] –
12 Proving his beauty by succession thine!
This were to be new-made, when thou art old,
And see thy blood warm, when thou feel'st it cold.[9]

ShaW1978

Shakespeare, William, hg. Booth, Stephen (1978)

2 [2]

When forty winters shall besiege thy brow
And dig deep trenches in thy beauty's field,
Thy youth's proud livery, so gazed on now,
4 Will be a tottered weed of small worth held.
Then being asked, where all thy beauty lies–
Where all the treasure of thy lusty days–
To say within thine own deep-sunken eyes
8 Were an all-eating shame and thriftless praise.
How much more praise deserved thy beauty's use,
If thou couldst answer, „This fair child of mine
Shall sum my count, and make my old excuse"–
12 Proving his beauty by succession thine.
This were to be new made when thou art old,
And see thy blood warm when thou feel'st it cold.

EscJ1787
Eschenburg, Johann Joachim (1787)

2 [2]

Wenn vierzig Winter um deine Stirn sich gelagert,
und tiefe Graben in das Feld deiner Schönheit werden geschnitten haben,
dann wird der stolze Schmuck deiner Jugend, der itzt alle Blicke auf sich zieht,
ein zerrissenes Gewand seyn, von wenig geachtetem Werth.
Fragt man dich alsdann, wo alle deine Schönheit ist,
wo alle der Glanz deiner fröhlichen Tage;
und du sagtest: in deinen tief eingesunkenen Augen;
so wäre das nagender Schimpf, und unnützer Ruhm.
Wie weit mehr Ruhm würde der Gebrauch deiner Schönheit verdienen,
wenn du antworten könntest: „Dieses mein holdes Kind
wird meine Rechnung vollends abtragen, und mein Alter entschuldigen;“
weil der ihm angeerbte Reiz offenbar der deine wäre.
Dadurch würdest du dich im Alter noch verjüngen,
und dein Blut warm sehen, wenn du es kalt fühlst.

KanK1803
Kannegießer, Karl Friedrich Ludwig (1803)

unter dem Pseudonym „K.“

2 [*[o. T.]*]

Belagern vierzig Winter deine Brauen,
Ziehn Gräben sie in deiner Schönheit Feld,
Dein stolzer Jugendschmuck, jetzt schön zu schauen,
Ist dann ein Fetzen, den man werthlos hält.
Wenn einst, wo deine Schönheit sei, sie fragen
Wo deiner frohen Tage Schätze sei'n:
In deinen hohlen Augen, dann zu sagen
Wär allverzehr'nde Schmach, Ruhm ohn' Gedeihn.
Wie mehr wollt' ich dem Schönheitsbraucher huld'gen
Antwort'test du: „dies schöne Kind, das mein
Soll sein mein Zahler und mich einst entschuld'gen“
Beweisend, daß des Kindes Schönheit dein.
Das hieß', erneuert sein, wenn du bist alt,
Warm sehn dein Blut, wenn du es fühlest kalt.

TieL1807
Tieck, Ludwig (1808)

2 [*[2]*]

Belagern vierzig Winter Stirn und Wangen,
Tieffurchend Deiner holden Schönheit Flur,
Der Jugend stolz Panier, der Welt Verlangen
Ist unbeacht't, zerfetzt Gewand dann nur.
Forscht man alsdann, wohin die Schönheit schwand
Wohin der Hort von Deinen frühen Tagen,
In Deiner tief versunk'nen Augen Rand,
Wär kläglich Lob und schmachvoll nur zu sagen.
Mehr Lob (wird thätger Schönheit man) entrichten
Antwortest Du: dies schöne Kind von mir
Zahlt meine Schuld und wird die Rechnung schlichten,
Sein Reiz geerbt, gehört noch immer Dir.
Dies hieße neu erzeugt, wenn Du veraltet,
Heiß Blut gefühlt, wenn Deines schon erkaltet.

LacK1820
Lachmann, Karl (1820)

2 [*[2]*]

Wann vierzig Winter deine Stirn besetzt,
Laufgräben tief im Schönheitplan geführt, –
Der Jugend stolze Tracht, ein Wunder jetzt,
Wird kahles Kleid, das allen Werth verliert.
Wer dann, wo all die Schönheitwonne fragt,
Wo all der Reichthum, frischer Tage Reiz,
Wird, im versunknen Aug', ihm drauf gesagt,
Wirds Ruhmverschwendung sein und Schandengeiz.
Und welch Lob auf des Blühns Verwendung ruht,
Erwiderst du: „dies schöne Kind, das mein,
Macht voll die Rechnung mir, mein Alter gut“;–
Beweist durch Abkunft er, sein Reiz ist dein –!
So wirst du neu geschaffen, bist du alt,
Und siehst dein Blut warm, fühlst du schon es kalt.

TieD1825

Tieck, Dorothea Sophie (1825)

2 [2]

Fühlst Du von vierzig Wintern einst den Druck,
Die Deiner Schönheit Feld mit Furchen messen,
Dann ist der Jugend angestaunter Schmuck
Nur ein zerrißnes Kleid, und bald vergessen.
Wird man Dich dann nach Deiner Schönheit fragen,
Nach Deiner goldnen Tage reichem Hort
Mußt Du: Im eingesunknen Auge sagen,
Das wär ein ruhmlos, unersprießlich Wort.
Der Schönheit Nutzen könnte Dich erfreuen
Erwieder'st Du: dies schöne Kind ist mein,
Es tilgt die Schuld, wird meinen Lenz erneuen.
Der Reiz, von Dir geerbt, er bliebe Dein.
So würd'st Du neu erschaffen, wenn auch alt,
Und säh'st Dein Blut warm, fühlt'st Du gleich Dich kalt.

SchA1826

Schumacher, Andreas (1826)

2 [/2/]

Umlagern vierzig Winter deine Brauen,
Die Gräben öffnend auf der Schönheit Feld,–
Der Jugend stolzer Schmuck, nun blank zu schauen,
Ist dann zum schlichten Kleide dir entstellt.
Wenn dann gefragt, wohin die Schönheit sank,
Die reiche Blüthe deiner Jugendtage,
Du sagst: „in diese Augen tief und krank"–
O armer, eitler Ruhm, trostlose Klage!
Wie höher ist genützter Schönheit Preis,
Kannst du erwiedern: „dieß mein Kind, so lieb,
Tilgt meine Schuld, verjüngend noch den Greis –"
Wenn Schönheit seines Ursprungs Zeuge blieb.
O dieß ist dich verjüngen, bist du alt,
Und warm dein Blut sehn, fühlst du schon es kalt.

RodS1834

Roderich, Sebastian (1834)

unter dem Pseudonym „Dr. R. S. Schneider"

2 [/2/]

Wann funfzig Winter deine Stirn' umlagern
Und tief einfurchen deiner Schönheit Auen,
Wird deiner Jugend stolzes und bewundert
Kleid einem abgenutzten Rocke gleichen.
Fragt einer dann, wo deine Schönheit hinkam
Und alle Schätze deines sonn'gen Lenzes,
So sage nicht, (es wär' ein thörigt Rühmen,)
Daß sie dir wohn' im eingesunknen Auge.
Ruhm aber gäbe dir die Schönheit, könntest
Antworten du: dieß holde Kind sei meine
Entschuldigung, daß jetzt ich nicht mehr schön bin;
Denn seine Schönheit zeugte für die dein'ge.
So wärst du wieder jung, wirst einst du alt
Und sähst dein Blut noch warm, ward deines kalt.

RegG1836

Regis Gottlob (1836)

2 [/2/]

Wenn vierzig Winter einst Dein Haupt umnachten
Und tief durchfurchen Deiner Schönheit Feld,
Dann ist Dein Jugendflor, wonach wir itzt so trachten,
Ein mürbes Kleid das unbemerkt zerfällt.
Ein ödes Lob, ein allverzehrend Schmähn
Wär's dann, dem Forscher nach den Reizen all,
Nach all dem frühen Reichthum, zu gestehn
Er sey dahin mit Deines Auges Fall.
Weit rühmlicher wies Deine Schönheit sich,
Könnt'st Du erwidern „dieß mein schönes Kind
Tilgt meine Schuld, vertritt im Alter mich,
Weil seine Reize Erben meiner sind." –
Dieß ists wodurch ein Greis sich neu verjüngt,
Und kaltem Blut die Wärme wiederbringt.

RicK1836
Richter, Karl (1836)

2 [/2/]

Belagern vierzig Winter deine Brauen,
Ziehn Gräben sie in deiner Schönheit Feld,
Der Jugend stolzer Schmuck, jetzt schön zu schauen,
Ist kahles Kleid dann, das man werthlos hält.
Wird man, wo deine Schönheit hinsei, fragen,
Und deiner frohen Tage Eigenthum?
„In deinen hohlen Augen“ dann zu sagen,
Verzehr'nde Schmach wär's, ganz unnützer Ruhm.
Wie besser tönt genoßner Jugend Preis,
Erwiederst du: „Dies schöne Kind, das mein,
Zahl' meine Schuld, vertrete mich, den Greis“
Beweisend, daß sein Reiz durch Abkunft dein.
So wirst du neu verjüngt sein, bist du alt,
Und siehst dein Blut warm, fühlst du gleich es kalt.

OrtE1840
Ortlepp, Ernst (1840)

2 [/2/]

Umlagern vierzig Winter deine Brauen,
Und zeigen tiefe Furchen ihre Spur,
Dann wird dein Jugendkleid, so blank zu schauen,
Verschossenen Livreen gleichen nur.
Fragt einer dann, „wohin dein Reiz geschwunden,
Wo deiner frohen Tage ganzer Schatz?“
In hohlen Augen würd' er nur gefunden,
Und schmachvoll wäre dann der Augen Platz.
Wie höher steigt doch deiner Schönheit Preis,
„Kannst du erwiedern: Dies mein holdes Kind,
Soll thun, was ich nicht thun kann einst als Greis!
Es zeige, daß mein Blut neu in ihm rinnt.“
Dann ging das frische Blut dir nie verloren,
Dann würdest du im Alter neu geboren!

WalL1840
Walesrode, Ludwig Reinhold (1840)
unter dem Pseudonym „Emil Wagner“

2 [/2/]

Wenn eine vierzig Winter lange Zeit
In deiner Schönheit Feld furcht tiefe Spur,
Ist welkes Kraut der Jugend stolzes Kleid,
Jetzt hoch bestaunt und dann verachtet nur.
Gefragt dann: wo blieb deiner Schönheit Glück,
Wo all' der Schatz aus schöner Tage Traum?
Zu sagen: in dem eignen hohlen Blick –
Das wäre Schimpf und leeren Ruhmes Schaum.
Gebrauch der Schönheit doch ist mehr Ruhm werth,
Wenn du einst sagst: – von meinem Sprößling hier
Sei Rechnung und Entschuldigung gelehrt –
Denn einst gehörte seine Schönheit dir.
Das gäbe neues Leben, bist du alt,
Und warmes Blut dir, wenn schon deines kalt.

JorW1861
Jordan, Wilhelm (1861)

2 [2]

Wenn vierzig Winter erst mit schwerem Druck
In deine schöne Stirn geprägt ihr Zeichen,
Wird deiner Jugend angestaunter Schmuck
Entwerthet sein und welkem Kraute gleichen.
Dann fragt man dich, wohin die Schönheit kam,
Wo nun die Schätze deines Frühlings prunken?
Dann sprich, zu schlechtem Troste bittrer Schaam:
„Sie sind mit meinen Augen eingesunken.“
Genutzte Schönheit dürfte sonder Prahlen
Darauf erwiedern: „Dies, mein holdes Kind,
Soll meines Alters Schuld und Rechnung zahlen,
Da mein Vermächtniß seine Züge sind.“
Du fühltest warm dann, wenn es halb erfroren,
Dein Blut und dich im Alter neugeboren.

BodF1862
Bodenstedt, Friedrich (1862)

2 [95.]

MolM1865
Moltke, Max (1865)

2 [/2/]

Einst wird, eh' Du gelebt ein halb Jahrhundert,
Die reine Stirne tiefe Falten schlagen,
Dann Deiner Schönheit Glanz, jetzt so bewundert,
Wird werthlos, wie ein Kleid, das abgetragen.
Und müßtest Du einst, wenn Du von den Leuten
Gefragt wirst, wo der Jugend Schönheit blieb,
Auf Deine tiefgesunknen Augen deuten,
Es wär' ein schlechter Ruhm, Dir selbst nicht lieb.
Doch wie ganz anders kläng' es Dir zum Ruhme,
Erwiedert'st Du: In diesem jungen Blut,
In meinem Kind blüht meiner Schönheit Blume,
In ihm erneut sich meiner Jugend Glut.
So wirst Du selbst verjüngt, wenn Du auch alt bist,
Und siehst Dein Blut erwärmt, wenn Du auch kalt bist.

Wenn funfzig Winter deine Stirn' umlagern
Und tief einfurchen deiner Schönheit Auen,
Wird deiner Jugend stolzes Prachtgewand
Nur einem abgenutzten Rocke gleichen.
Fragt einer dann, wo deine Schönheit hinkam
Und alle Schätze deines sonn'gen Lenzes,
So sage nicht (es wär' ein töricht Rühmen),
Daß sie dir wohn' im eingesunknen Auge.
Ruhm aber gäbe dir die Schönheit, könntest
Antworten du: dies holde Kind sei meine
Entschuldigung, daß jetzt ich nicht mehr schön bin;
Denn seine Schönheit zeugte für die dein'ge.
So wärst du wieder jung, wirst einst du alt
Und sähst dein Blut noch warm, ward deines kalt.

GelF1867
Gelbcke, Ferdinand Adolph (1867)

2 *[2-18. Der Dichter sucht den Grafen zur Ehe zu bewegen. III.]*

Wenn vierzig Winter Deine Stirn befehden,
Laufgräben ziehn auf Deiner Schönheit Flur,
Ist Deiner Jugend stolz Gewand, das Jeden
Jetzt hoch entzückt, ein werthlos Fähnchen nur.
Frü'g' man Dich dann, wo Deine Reize ruhten,
Der reiche Schatz, den einst die Jugend hob,
Und sprächst: „In meines hohlen Auges Gluten!"
,s wär ew'ge Schmach, verschwenderisches Lob.
Wie rühmlich dann, wenn Schönheit Zins getragen,
Und könntest sprechen: „Dies mein Kindlein hier
Wägt nun mein Alter auf mit jungen Tagen," –
In Schönheit strahlend, weil ein Sproß von Dir.
Das machte jung Dich, wärest Du gleich alt,
Und wärmte Dir das Blut, ränn's noch so kalt.

SimK1867
Simrock, Karl (1867)

2 *[2]*

Umlagert deine Stirn ein halb Jahrhundert,
Laufgräben ziehnd in deiner Schönheit Feld,
Daß deiner Jugend Kleid, nun so bewundert,
Ein abgeschabt Gewand, nicht mehr gefällt,
Fragt man dich dann, was sagst du wohl den Leuten,
Wo all die Schönheit blieb der jungen Tage?
Willst du dann auf die Augenhöhlen deuten,
Das wär ein schlechter Ruhm, trostlose Klage.
Viel beßrer Stolz wär deines Blühns Verwendung,
Wenn du versetztest: „Dieses schöne Kind
Tilgt mit der Schuld den Vorwurf der Verschwendung,
Da seine Reize mein Vermächtnis sind."
So wirst du neu geschaffen, bist du alt,
Siehst warm dein Blut, fühlst du es gleich nun kalt.

FriH1869
Friesen, Hermann Freiherr von (1869)

2 *[[2]]*

Wenn deine Stirn belagern vierzig Jahre,
Und Gräben ziehn in deiner Schönheit Land,
Wenn deiner Jugend Kleid, das wunderbare,
Den Werth verlor als schäbiges Gewand,
Und auf die Frage, wo die Schönheit liege,
Wo deine Schätz' aus schönem Wonnetag,
Du zeigen sollst auf die verfallnen Züge,
Das wär Verschwenderruhm und Todesschmach.

NeiA1869
Neidhardt, Alexander (1869)

2 *[II. (95 bei B.)]*

Wenn Jahre erst die Stirn einst runzeln dir
Und Furchen ziehn in deiner Schönheit Feld,[1]
Wird deiner Jugend jetzt so stolze Zier
Wie ein vergilbt Gewand nur sein der Welt.
Und würdest du nach all dem süßen Hauch
Der Schönheit deiner bessren Zeit gefragt
Und sprächest: „blick in dieses hohle Aug':"
Es wäre Schand und Schmach und viel gewagt!

Doch gäb's verbrauchter Schönheit höher'n Preis,
Wenn deine Antwort wär: mein schöner Knabe,
Der für mich zahlt, entschuldigt mich als Greis,
Mein wären seiner Schönheit Gut und Habe.
Neu wärst du dann erzeugt, wenn noch so alt,
Dein Blut wär warm, und schien es noch so kalt.

Doch legtest deine Schönheit du nicht brach,
Dann könnt'st du sprechen: „dieser holde Sproß
Mit meinem Alter euch versöhnen mag –“
Er wäre d e i n e r Schönheit Erbe blos;
So würdest du verjüngt einst, wenn du alt,
Und fühltest warm dein Blut noch, das schon kalt.

TscB1870
Tschischwitz, Benno (1870)

2 [2.]

Umlagern vierzig Winter einst dein Haupt,
Durchfurchend tief der Schönheit glatt Gefilde,
Ist wie ein morsch Gewand, des Werth's beraubt,
Dann deines Leibs heut angestaunt Gebilde.
Wo liegt der Schatz der sonnenhellen Tage,
Und aller Reiz, mit dem du durftest prunken?
Die Antwort wär in Lob versteckte Klage,
Spräch ich: „Im Aug hier, matt und eingesunken.“
Doch höher stünde deiner Schönheit Preis,
Gäbst du zur Antwort: „Hier in diesem Kleinen,
Der spät die Rechnung gut zu machen weiß.“
An seinem Reiz erkännte man den deinen.
Und neu geschaffen, wärst du einmal alt,
Sähst du, wie warm und roth dein Blut noch wallt.

GilO1871
Gildemeister, Otto (1871)

2 *[/2/]*

Wann vierzig Winter erst dein Haupt berennen
Und in der Schönheit Plan Laufgräben ziehn,
Wer wird dein Jugendstaatskleid dann noch kennen,
Und den zerfetzten Rock, wer achtet ihn?
Befragt alsdann: „Wo blieb all deine Zier?
Wo deines Frühlings stolzes Eigenthum?“
Zu sagen: „In den hohlen Wangen hier“,
Wär allverzehr'nde Schmach und Bettelruhm.
Ruhm ist, wenn du als wuchernder Verwalter
Der Schönheit sprechen kannst: „Dies feine Kind
Macht meine Rechnung quitt, entschlägt mein Alter“;
Es erbt ja Reize, die dein eigen sind.
Das hieß' im Alter neue Jugend finden,
Zugleich dein Blut warm sehn und kalt empfinden.

KraF1872
Krauss, Fritz (1872)

2 [3“]

Wenn vierzig Winter, vor Dein Antlitz rückend,
Laufgräben ziehn in Deiner Schönheit Plan,
Ist all Dein Jugendstaat, jetzt so entzückend,
Ein Kleid in Fetzen – niemand sieht's mehr an.
Dann, würde man nach Deiner Schönheit fragen
Und nach dem Schatz, den Deine Jugend hob,
„In Deinem eingesunknen Aug'“, zu sagen,
Wär' tiefe Schmach und ungedeihlich Lob.
Wie wär' der Schönheit Nützung mehr zu preisen,
Könnt'st sagen Du: „hier dies mein schönes Kind
Tilgt meine Schuld, entlastet mich, den Greisen“ –
Da die vererbten Reize Dein ja sind.
Wie neugeboren sähst Du Dich, den Alten,
Und schautest warm Dein Blut, fühlt'st Du's erkalten.

Abbildung 7-8: Automatisch erstellte Übersicht zu Sonett 2 (Datei „Intlin_2_Verf.doc“)

ShaW1609

Shakespeare, William, hg. Thorpe, Thomas (1609)

116 *[119]*

LEt me not to the marriage of true mindes
Admit impediments,loue is not loue
Which alters when it alteration findes,
Or bends with the remouer to remoue.
O no,it is an euer fixed marke
That lookes on tempests and is neuer shaken;
It is the star to euery wandring barke,
Whose worths vnknowne,although his hight be taken.

Lou's not Times foole,though rosie lips and cheeks
Within his bending sickles compasse come,
Loue alters not with his breefe houres and weekes,
But beares it out euen to the edge of doome:
If this be error and vpon me proued,
I neuer writ,nor no man euer loued.

ShaW1778

Shakespeare, William, hg. Malone, Edmond (1778)

116 *[CXVI.]*

Let me not to the marriage of true minds[44]
Admit impediments. Love is not love[55]
Which alters when it alteration finds,
Or bends with the remover to remove:
O no! it is an ever-fixed mark,
That looks on tempests, and is never shaken[6];
It is the star to every wandering bark,
Whose worth's unknown, although his height be taken.
Love's not Time's fool[7], though rosy lips and cheeks
Within his bending sickle's compass come;
Love alters not with his brief hours and weeks,
But bears it out even to the edge of doom[8].
If this be error, and upon me prov'd,
I never writ, nor no man ever lov'd.

ShaW1872

Shakespeare, William, hg. Delius, Nicolaus (1872)

116 *[CXVI.]*

Let me not to the marriage of true minds
Admit impediments. Love is not love[343343]
Which alters when it alteration finds,
Or bends with the remover to remove.
O no, it is an ever-fixed mark
That looks on tempests and is never shaken;
It is the star to every wand'ring bark,
Whose worth's unknown, although his height be taken.
Love's not Time's fool,[344] though rosy lips and cheeks
Within his bending sickle's compass come.
Love alters not with his brief hours and weeks,
But bears it out even to the edge of doom.
If this be error and upon me proved,
I never writ,[345] nor no man ever loved.

ShaW1978

Shakespeare, William, hg. Booth, Stephen (1978)

116 *[116]*

Let me not to the marriage of true minds
Admit impediments. Love is not love
Which alters when it alteration finds,
Or bends with the remover to remove.
O no, it is an ever-fixèd mark
That looks on tempests and is never shaken;
It is the star to every wand'ring bark,
Whose worth's unknown, although his height be taken.
Love's not Time's fool, though rosy lips and cheeks

Within his bending sickle's compass come.
Love alters not with his brief hours and weeks,
But bears it out ev'n to the edge of doom.
If this be error and upon me proved,
I never writ, nor no man ever loved.

LacK1820
Lachmann, Karl (1820)

116 [*[116]*]

Nein, duld' ich bei getreuer Seelen Bund
Nie keinen Einspruch! Lieben ist nicht Lieben,
Das auch sich wandelt, wird ihm Wandel kund,
Geht, da nach drüben jenes geht, nach hüben.
Ach nein! es ist ein Merkstein, ewigfest,
Der auf die Stürme schaut und wanket nimmer;
Ein Stern, der jeden Kahn sich sehen lässt,
Dess Taugen unbekannt ist, hoch sein Schimmer.
Lieb' ist der Zeit Narr nicht, ob in den Schwung
Der Sichel Rosenlipp' und Wange fällt.
Lieb' hat mit Stund' und Jahr nicht Wandelung,
Die aus bis an des Urtheils Schneide hält.
Ist Irrthum das, beweisst ihn was ich übe;
So schrieb ich nie, so fühlt' ich nimmer Liebe.

TieD1825
Tieck, Dorothea Sophie (1825)

116 [*116*]

Fürwahr! nicht will ich die Vermählung hindern
Getreuer Seelen. Lieb' ist ja nicht Liebe
Wenn sie beim Wankelmuth sich kann vermindern,
Und nicht auch treu dem Ungetreuen bliebe.
O nein! Sie ist ein starker Felsenriff,
An dem sich Sturm und Brandung donnernd bricht,
Ein Stern ist sie, für manch bedrängtes Schiff,
Gemessen ist sein Stand, sein Einfluß nicht.
Lieb' ist kein Narr der Zeit: der Wangen Blüthe,
Sie fällt in ihrer Sense raschem Schwung,
Doch altert nie ein liebendes Gemüthe,
Am jüngsten Tag ist noch die Liebe jung.
Und ist dies falsch, ward's nicht von mir geübt,
So schrieb ich nie, so ward auch nie geliebt.

SchA1826
Schumacher, Andreas (1826)

116 [*[116]*]

Nichts soll auf Erden treuer Seelen Bund
Irgend entgegenstehn! Lieb' ist nicht Liebe,
Mag sie sich wandeln, wird ihr Wandel kund,
Und treulos fliehen bei bekränktem Triebe!
O nein, sie ist ein Fels, gar ungebeugt,
Den Stürme schlagen, doch bezwingen nimmer,
Ein Stern, der jedem irren Kahn sich neigt,
Deß Walten unbekannt, doch hoch sein Schimmer.
Lieb' ist der Zeiten Thor nicht; – ros'gen Wangen
Erdröhnt der Klang der Sense wol zu Leide:
Doch darf s i e nicht vor flücht'gen Stunden bangen,
Die aushält fest bis an des Urtheils Schneide!
Ist Irrthum dieß, und zeigt ihn, was ich übe,
So schrieb ich nie, nie kannt' ein Mensch die Liebe

RodS1834
Roderich, Sebastian (1834)
unter dem Pseudonym „Dr. R. S. Schneider"

116 [*[116]*]

Sprich nicht, daß die Verbindung treuer Herzen
Kann werden aufgelöst. Lieb' ist nicht Liebe,
Wenn bei Veränderung sie sich verändert
Und vom Entfernten gerne sich entfernt.
O nein! Ihr Auge sieht mit festem Blicke,
Und nicht dem Sturm erbebend, nach dem Ziel;
Sie ist der Leitstern jedes irren Fahrzeugs,
Deß wahren Werth Freibeuter nicht erkennen.
Die Lieb' ist nicht der Narr der Zeit, obgleich
Die letztre über Lipp' und Wange herrscht!
Die Liebe wechselt nicht mit Mond und Stunden,
Und dauert bis zum letzten Untergang.
Wann dieß ein grober Irrthum wäre, sieh,
So dichtet' ich noch nie, und liebte nie.

RegG1836
Regis, Gottlob (1836)

116 *[[116]]*

Laß mich von keinen Hindernissen hören,
Die treuer Seelen Ehebund bedräun!
Lieb' ist nicht Liebe, wenn sie Störer stören,
Wenn sie Zerstreuung irrend kann zerstreun.
O nein! sie ist ein ewig sichres Ziel,
Thront unerschüttert über Sturmeswogen;
Ein Angelstern für jeden irren Kiel;
Kein Höhenmaas hat seinen Werth erwogen.
Lieb' ist kein Narr der Zeit, ob Rosenwangen
Auch ihrer Sichel krumme Schneid' umspannt:
In enger Stunden Lauf uneingefangen
Beharrt sie bis an Weltgerichtes Rand.
Wenn dieß als Wahn, als Lüge sich ergiebt,
So schrieb ich nie, so hat kein Mensch geliebt.

RicK1836
Richter, Karl (1836)

116 *[[116]]*

Nichts steh' entgegen treuer Seelen Bund
Nicht Liebe mag man jenes Lieben nennen,
Das gleich sich wandelt, wird ihm Wandel kund,
Und gern von dem Entfernten sich mag trennen.
O nein, sie ist die Warte, unverrückt,
Die auf die Stürme schaut und wanket nimmer,
Der Stern, der jedem irren Kahne blickt,
Deß Größe unbekannt, doch hoch sein Schimmer.
Die Liebe hat, ob von dem Sensenschwung
Der Zeit der Lipp' und Wange Rose fällt,
Wie Stunden nicht und Monden Wandelung,
Sie ist's, die bis zum End' aushält der Welt.
Ist Irrthum dieß, beweis't ihn, was ich übe,
So sang ich nie, nie kannt' ein Mann die Liebe.

OrtE1840
Ortlepp, Ernst (1840)

116 *[[116]]*

Laß mich von keinen Hindernissen hören,
Die zweier Seelen ewgen Bund bedräun;
Lieb' ist nicht Liebe, wenn sie Störer stören,
Wenn sie Zerstreuung irrend kann zerstreun.
O nein, sie ist die Warte unverrückt,
Die auf die Stürme schaut, und wanket nimmer;
Der Stern, der jedem irren Kahne blickt,
Deß Größe unbekannt, doch hoch sein Schimmer.
Lieb' ist der Zeiten Thor nicht; ros'gen Wangen
Erdröhnt der Klang der Sense wohl zu Leide,
Doch darf sie nicht vor flüchtgen Stunden bangen
Die aushält fest bis an des Urtheils Schneide.
Wenn dies als Wahn, als Lüge sich ergibt,
So schrieb ich nie, so hat kein Mensch geliebt.

WalL1840
Walesrode, Ludwig Reinhold (1840)
unter dem Pseudonym „Emil Wagner"

116 *[[116]]*

Laß nicht, wo treue Seelen sich verbunden,
Einspruch gescheh'n. Nicht Liebe wird genannt,
Was wechselt, gleich wie Wechsel es gefunden,
Dem Störer zur Zerstörung bietet Hand.
O nein! sie ist das Licht in Himmelsweiten,
Das unerschüttert auf die Stürme blickt;
Ein hell Gestirn, den irren Kahn zu leiten,
Deß Höh' bekannt, deß Werth uns doch entrückt.
Die Lieb' ist nicht der Zeiten Narr, erfasset
Gleich Todessichel ros'ge Lipp' und Wang',
In flücht'ger Woche keine Lieb' erblasset,
Sie währt bis zum Gerichtsposaunenklang.
Wenn das bei mir als Irrthum sich ergiebt,
Dann schrieb ich nie, hat Keiner je geliebt.

JorW1861
Jordan, Wilhelm (1861)

116 *[116]*

Was kann das Bündniß treuer Seelen brechen?
Ich sage: Nichts. Denn das ist Liebe nicht,
Was schwächer wird sobald es trifft auf Schwächen,
Zurückgezogen – fällt, gebeugt – auch bricht.
Nein, Liebe ist die feste Himmelsmarke
Die nimmer schwankt im tobenden Orkan;
Als Leitstern zeigt sie jeder Wanderbarke,
Selbst unerreicht, die Breiten und die Bahn.
Die Lieb' ist nicht der Narr der Zeit. Die Lippe,
Die rothe Wange sinkt vor deren Hippe;
Doch Liebe welkt in Stunden nicht und Wochen,
Sie lebt bis der Gerichtstag angebrochen.
Wenn das an mir als Irrthum sich ergibt
So schrieb ich nie und Niemand hat geliebt.

BodF1862
Bodenstedt, Friedrich (1862)

116 *[140.]*

Nichts kann den Bund zwei treuer Herzen hindern,
Die wahrhaft gleichgestimmt. Lieb' ist nicht Liebe,[38]
Die Trennung oder Wechsel könnte mindern,
Die nicht unwandelbar im Wandel bliebe.
O nein! Sie ist ein ewig festes Ziel,
Das unerschüttert bleibt in Sturm und Wogen,
Ein Stern für jeder irren Barke Kiel.
Kein Höhenmaß hat seinen Werth erwogen.
Lieb' ist kein Narr der Zeit, ob Rosenmunde
Und Wangen auch verblühn im Lauf der Zeit –
Sie aber wechselt nicht mit Tag und Stunde,
Ihr Ziel ist endlos, wie die Ewigkeit.
Wenn dies bei mir als Irrtum sich ergiebt,
So schrieb ich nie, hat nie ein Mann geliebt.

MolM1865
Moltke, Max (1865)

116 *[[116]]*

Sprich nicht, daß die Verbindung treuer Herzen
Kann werden aufgelöst. Lieb' ist nicht Liebe,
Wenn bei Veränderung sie sich verändert
Und vom Entfernten gerne sich entfernt.
O nein! Ihr Auge sieht mit festem Blicke,
Und nicht dem Sturm erbebend, nach dem Ziel;
Sie ist der Leitstern jedes irren Fahrzeugs,
Deß wahren Werth Freibeuter nicht erkennen.
Die Lieb' ist nicht der Narr der Zeit, obgleich
Die letztre über Lipp' und Wange herrscht!
Die Liebe wechselt nicht mit Mond und Stunden
Sie dauert bis zum letzten Untergang.
Wenn dies ein grober Irrthum wäre, sieh,
So dichtet' ich noch nie, und liebte nie.

GelF1867
Gelbcke, Ferdinand Adolph (1867)

116 [*114. Der Dichter feiert die Vermählung der Liebenden. CXIV.*]

Nein, die Verein'gung treuer Seelen stört
Kein Hinderniß! Die Lieb' ist Liebe nicht,
Die Flattersinn zum Flattersinn bethört,
Die endet, wo der Andre Treue bricht.
O nein! Lieb' ist ein Markstein, in der Erd'
Gegründet, den kein Sturm erschüttern kann;
Ein Stern den Schiffern, dessen wahrer Werth
Uns fremd ist, nur die Höh' berechnet man.
Lieb' ist kein Spiel der Zeit, ob Rosenwang'
Und Lipp' auch unter ihrer Sichel fällt;
Liebe währt nicht blos stunden-, wochenlang,
Liebe währt bis ans letzte End' der Welt.
Wenn Dies bei mir als Irrthum sich ergibt,
So schrieb ich nie und Niemand hat geliebt.

SimK1867
Simrock, Karl (1867)

116 [*116*]

Nein, ewig dauert treuer Seelen Bund,
Was ihr dawider sprecht. Lieb ist nicht Liebe,
Die je vermindern könnt ein Hindrungsgrund,
Nicht wandellos in allem Wandel bliebe.
O nein, sie ist ein Markstein ewig fest,
Der unerschüttert auf die Stürme schaut,
Ein Stern, der keinen Schiffenden verläßt,
Der seinem hohen Schein sein Heil vertraut.
Lieb ist kein Narr der Zeit, ob Rosenwangen
Und -Lippen ihrer Sichel Schall erklingt,
Ihr darf nicht vor der Wochen Wechsel bangen,
Da ihr der jüngste Tag kein Ende bringt.
Wenn dieß als Wahn, als Lüge sich ergiebt,
So schrieb ich nie, so hat kein Mensch geliebt.

FriH1869
Friesen, Hermann Freiherr von (1869)

116 [*[116]*]

Was treue Seelen ehelich verbindet,
Soll nicht beschränkt sein; Lieb' ist Liebe nicht,
Wenn sie der Wandlung Grund im Wandel findet
Und, ungetreu verlassen, Treue bricht.
Ein fester Markstein ist sie allen Zeiten,
Auf Stürm' und Wetter schauend unverwandt.
Ein steter Stern, das irre Boot zu leiten,
Nicht nach dem Werth nur nach der Höh' erkannt.
Lieb' ist kein Narr der Zeit; wenn auch die Rose
Auf Lipp' und Wangen ihrer Sichel fällt,
Sie wechselt nicht nach Stund' und Wochen lose,
Sie trotzt dem Schwerdte vom Gericht der Welt.
Ist Irrthum das, an mir einst dargethan,
Dann schrieb ich nie, dann liebte nie ein Mann.

NeiA1869
Neidhardt, Alexander (1869)

116 [*CXVI. (140 bei B.)*]

Wie sollt' ich treu gesinnter Herzen Bund
Gefährdet glauben? Das ist Liebe nicht,
Die wechselt mit der Zeiten Wechsel und
Fremd in der Fremde werden kann der Pflicht.

O nein – sie ist ein unverrücktes Ziel,
Das unerschüttert blickt auf Sturm und Fluth,
Ein Leitstern sie für jeden irren Kiel,
Und Niemand weiß, wie tief des Strahles Gluth.[6]
Sie ist kein Narr der Zeit, ob Rosen-Mund
und Wange ihrer Sichel auch erliegt,–
Sie kann nicht ändern sich mit flücht'ger Stund'
Und bis zur letzten währt sie unbesiegt.
Wenn dies in mir zum Irrthum werden kann,
Dann schrieb ich nie – hat nie geliebt ein Mann.

TscB1870
Tschischwitz, Benno (1870)

116 [*116.*]

Nie geb ich zu, daß treuer Herzen Bund
Je brechen kann. Denn Lieb ist Liebe nicht,
Die in dem Wechsel sieht des Wechsels Grund,
Und, wenn verschmäht, wie der Verschmäher spricht.
O nein, sie ist ein ewig festes Mal,
Schaut unverrückt aufs wildste Element,
Dem irren Boot ein Stern von hellem Strahl,
Des Höhe man, deß Werth man nie erkennt.
Ein Spott der Zeit kann Liebe nimmer sein,
Verfällt ihr auch die Ros' auf Wang und Mund,
Am jüngsten Tag zeigt sie denselben Schein
Und wechselt nicht mit Woche, Tag und Stund.
Wenn dies an mir als Irrtuhm sich ergiebt,
War ich kein Dichter, – hat kein Mensch geliebt.

GilO1871

Gildemeister, Otto (1871)

116 [*[116]*]

Fürs Ehebündnis treuer Seelen kenne
Ich keinen Scheidungsgrund. Lieb' ist nicht Liebe,
Die Trennung sucht, weil sich der andre trenne,
Die dem Entlaufnen seinen Laufpaß schriebe.
O nein, sie ist die unverrückte Marke,
Die auf den Sturm herabschaut hoch und fest;
Sie ist der Stern für die verirrte Barke,
Deß Höhe wol, deß Werth ihr nimmer meßt.
Sie ist kein Narr der Zeit; dem Rosenmunde,
Der blüh'nden Wange droht der Sense Schlag;
Doch Liebe wechselt nicht mit Woch' und Stunde;
Sie harret aus bis an den letzten Tag.
Wenn dies ein Wahn ist, wenn sich das ergibt,
Dann schrieb ich nie, dann hat kein Mensch geliebt.

KraF1872

Krauss, Fritz (1872)

116 [*114 „Der Dichter feiert Southampton's Vermählung mit Elisabeth"*]

Die Einigung, die treue Herzen bindet,
Verhindert Nichts: Lieb' ist nicht Liebe ja,
Die ändert, wenn Veränderung sie findet,
Und gleich entweicht, wo Abbruch ihr geschah:
Oh nein! Sie ist der Markstein auf dem Riffe,
Der unerschüttert über Stürmen steht,
Der irren Barke Stern, von dem, begriffe
Man auch die Höh', man nie den Werth erräth.
Mag auch die Zeit auf Lipp' und Wange mähen
Den Rosenflor – ihr Narr ist Liebe nicht;
Die Liebe bleibt, wie schnell die Stunden gehen,
Und lebt und dauert aus bis zum Gericht.
Ist falsch dies; kann's an mir bewiesen werden:
Dann schrieb ich nie; dann gab's nie Lieb' auf Erden!

Abbildung 7-9: Automatisch erstellte Übersicht zu Sonett 2 (Datei „Intlin_116_Verf.doc")

7.5.2. „Interlineare" Übersichten

7.5.2.1. Sonett 2

Text	T.Z	Zeile Z	Zeile Z+1
ShaW1609	2.1	VVHen fortie Winters shall beseige thy brow,	And digge deep trenches in thy beauties field,
ShaW1778	2.1	When forty winters shall besiege thy brow,	And dig deep trenches in thy beauty's field,
ShaW1872	2.1	When forty winters shall besiege thy brow,	And dig deep trenches in thy beauty's field,
ShaW1978	2.1	When forty winters shall besiege thy brow	And dig deep trenches in thy beauty's field,
EscJ1787	2.1	Wenn vierzig Winter um deine Stirn sich gelagert,	und tiefe Graben in das Feld deiner Schönheit werden geschnitten haben,
KanK1803	2.1	Belagern vierzig Winter deine Brauen,	Ziehn Gräben sie in deiner Schönheit Feld,
TieL1807	2.1	Belagern vierzig Winter Stirn und Wangen,	Tieffurchend Deiner holden Schönheit Flur,
LacK1820	2.1	Wann vierzig Winter deine Stirn besetzt,	Laufgräben tief im Schönheitplan geführt, –
TieD1825	2.1	Fühlst Du von vierzig Wintern einst den Druck,	Die Deiner Schönheit Feld mit Furchen messen,
SchA1826	2.1	Umlagern vierzig Winter deine Brauen,	Die Gräben öffnend auf der Schönheit Feld,–
RodS1834	2.1	Wann funfzig Winter deine Stirn' umlagern	Und tief einfurchen deiner Schönheit Auen,
RegG1836	2.1	Wenn vierzig Winter einst Dein Haupt umnachten	Und tief durchfurchen Deiner Schönheit Feld,
RicK1836	2.1	Belagern vierzig Winter deine Brauen,	Ziehn Gräben sie in deiner Schönheit Feld,
OrtE1840	2.1	Umlagern vierzig Winter deine Brauen,	Und zeigen tiefe Furchen ihre Spur,
WalL1840	2.1	Wenn eine vierzig Winter lange Zeit	In deiner Schönheit Feld furcht tiefe Spur,
JorW1861	2.1	Wenn vierzig Winter erst mit schwerem Druck	In deine schöne Stirn geprägt ihr Zeichen,
BodF1862	2.1	Einst wird, eh' Du gelebt ein halb Jahrhundert,	Die reine Stirne tiefe Falten schlagen,
MolM1865	2.1	Wenn funfzig Winter deine Stirn' umlagern	Und tief einfurchen deiner Schönheit Auen,
GelF1867	2.1	Wenn vierzig Winter Deine Stirn befehden,	Laufgräben ziehn auf Deiner Schönheit Flur,
SimK1867	2.1	Umlagert deine Stirn ein halb Jahrhundert,	Laufgräben ziehnd in deiner Schönheit Feld,
FriH1869	2.1	Wenn deine Stirn belagern vierzig Jahre,	Und Gräben ziehn in deiner Schönheit Land,
NeiA1869	2.1	Wenn Jahre erst die Stirn einst runzeln dir	Und Furchen ziehn in deiner Schönheit Feld,[1]
TscB1870	2.1	Umlagern vierzig Winter einst dein Haupt,	Durchfurchend tief der Schönheit glatt Gefilde,
GilO1871	2.1	Wann vierzig Winter erst dein Haupt berennen	Und in der Schönheit Plan Laufgräben ziehn,
KraF1872	2.1	Wenn vierzig Winter, vor Dein Antlitz rückend,	Laufgräben ziehn in Deiner Schönheit Plan,
ShaW1609	2.3	Thy youthes proud liuery so gaz'd on now,	Wil be a totter'd weed of smal worth held:
ShaW1778	2.3	Thy youth's proud livery, so gaz'd on now,	Will be a tatter'd weed[1], of small worth held:
ShaW1872	2.3	Thy youth's proud livery, so gaz'd on now,	Will be a tatter'd[6] weed, of small worth held:
ShaW1978	2.3	Thy youth's proud livery, so gazed on now,	Will be a tottered weed of small worth held.
EscJ1787	2.3	dann wird der stolze Schmuck deiner Jugend, der itzt alle Blicke auf sich zieht,	ein zerrissenes Gewand seyn, von wenig geachtetem Werth.
KanK1803	2.3	Dein stolzer Jugendschmuck, jetzt schön zu schauen,	Ist dann ein Fetzen, den man werthlos hält.
TieL1807	2.3	Der Jugend stolz Panier, der Welt Verlangen	Ist unbeacht't, zerfetzt Gewand dann nur.
LacK1820	2.3	Der Jugend stolze Tracht, ein Wunder jetzt,	Wird kahles Kleid, das allen Werth verliert.
TieD1825	2.3	Dann ist der Jugend angestaunter Schmuck	Nur ein zerrißnes Kleid, und bald vergessen.
SchA1826	2.3	Der Jugend stolzer Schmuck, nun blank zu schauen,	Ist dann zum schlichten Kleide dir entstellt.
RodS1834	2.3	Wird deiner Jugend stolzes und bewundert	Kleid einem abgenutzten Rocke gleichen.
RegG1836	2.3	Dann ist Dein Jugendflor, wonach wir itzt so trachten,	Ein mürbes Kleid das unbemerkt zerfällt.
RicK1836	2.3	Der Jugend stolzer Schmuck, jetzt schön zu schauen,	Ist kahles Kleid dann, das man werthlos hält.
OrtE1840	2.3	Dann wird dein Jugendkleid, so blank zu schauen,	Verschossenen Livreen gleichen nur.
WalL1840	2.3	Ist welkes Kraut der Jugend stolzes Kleid,	Jetzt hoch bestaunt und dann verachtet nur.
JorW1861	2.3	Wird deiner Jugend angestaunter Schmuck	Entwerthet sein und welkem Kraute gleichen.
BodF1862	2.3	Dann Deiner Schönheit Glanz, jetzt so bewundert,	Wird werthlos, wie ein Kleid, das abgetragen.
MolM1865	2.3	Wird deiner Jugend stolzes Prachtgewand	Nur einem abgenutzten Rocke gleichen.
GelF1867	2.3	Ist Deiner Jugend stolz Gewand, das Jeden	Jetzt hoch entzückt, ein werthlos Fähnchen nur.
SimK1867	2.3	Daß deiner Jugend Kleid, nun so bewundert,	Ein abgeschabt Gewand, nicht mehr gefällt,
FriH1869	2.3	Wenn deiner Jugend Kleid, das wunderbare,	Den Werth verlor als schäbiges Gewand,

NeiA1869	2.3	Wird deiner Jugend jetzt so stolze Zier	Wie ein vergilbt Gewand nur sein der Welt.
TscB1870	2.3	Ist wie ein morsch Gewand, des Werth's beraubt,	Dann deines Leibs heut angestaunt Gebilde.
GilO1871	2.3	Wer wird dein Jugendstaatskleid dann noch kennen,	Und den zerfetzten Rock, wer achtet ihn?
KraF1872	2.3	Ist all Dein Jugendstaat, jetzt so entzückend,	Ein Kleid in Fetzen – niemand sieht's mehr an.
ShaW1609	2.5	Then being askt,where all thy beautie lies,	Where all the treasure of thy lusty daies;
ShaW1778	2.5	Then being ask'd where all thy beauty lies,	Where all the treasure of thy lusty days;
ShaW1872	2.5	Then being ask'd where all thy beauty lies,	Where all the treasure of thy lusty days,
ShaW1978	2.5	Then being asked, where all thy beauty lies–	Where all the treasure of thy lusty days–
EscJ1787	2.5	Fragt man dich alsdann, wo alle deine Schönheit ist,	wo alle der Glanz deiner fröhlichen Tage;
KanK1803	2.5	Wenn einst, wo deine Schönheit sei, sie fragen	Wo deiner frohen Tage Schätze sei'n:
TieL1807	2.5	Forscht man alsdann, wohin die Schönheit schwand	Wohin der Hort von Deinen frühen Tagen,
LacK1820	2.5	Wer dann, wo all die Schönheitwonne fragt,	Wo all der Reichthum, frischer Tage Reiz,
TieD1825	2.5	Wird man Dich dann nach Deiner Schönheit fragen,	Nach Deiner goldnen Tage reichem Hort
SchA1826	2.5	Wenn dann gefragt, wohin die Schönheit sank,	Die reiche Blüthe deiner Jugendtage,
RodS1834	2.5	Fragt einer dann, wo deine Schönheit hinkam	Und alle Schätze deines sonn'gen Lenzes,
RegG1836	2.5	Ein ödes Lob, ein allverzehrend Schmähn	Wär's dann, dem Forscher nach den Reizen all,
RicK1836	2.5	Wird man, wo deine Schönheit hinsei, fragen,	Und deiner frohen Tage Eigenthum?
OrtE1840	2.5	Fragt einer dann, „wohin dein Reiz geschwunden,	Wo deiner frohen Tage ganzer Schatz?"
WalL1840	2.5	Gefragt dann: wo blieb deiner Schönheit Glück,	Wo all' der Schatz aus schöner Tage Traum?
JorW1861	2.5	Dann fragt man dich, wohin die Schönheit kam,	Wo nun die Schätze deines Frühlings prunken?
BodF1862	2.5	Und müßtest Du einst, wenn Du von den Leuten	Gefragt wirst, wo der Jugend Schönheit blieb,
MolM1865	2.5	Fragt einer dann, wo deine Schönheit hinkam	Und alle Schätze deines sonn'gen Lenzes,
GelF1867	2.5	Frug' man Dich dann, wo Deine Reize ruhten,	Der reiche Schatz, den einst die Jugend hob,
SimK1867	2.5	Fragt man dich dann, was sagst du wohl den Leuten,	Wo all die Schönheit blieb der jungen Tage?
FriH1869	2.5	Und auf die Frage, wo die Schönheit liege,	Wo deine Schätz' aus schönem Wonnetag,
NeiA1869	2.5	Und würdest du nach all dem süßen Hauch	Der Schönheit deiner bessren Zeit gefragt
TscB1870	2.5	Wo liegt der Schatz der sonnenhellen Tage,	Und aller Reiz, mit dem du durftest prunken?
GilO1871	2.5	Befragt alsdann: „Wo blieb all deine Zier?	Wo deines Frühlings stolzes Eigenthum?"
KraF1872	2.5	Dann, würde man nach Deiner Schönheit fragen	Und nach dem Schatz, den Deine Jugend hob,
ShaW1609	2.7	To say within thine owne deepe sunken eyes,	Were an all-eating shame,and thriftlesse praise.
ShaW1778	2.7	To say, within thine own deep-sunken eyes,	Were an all-eating shame, and thriftless praise.
ShaW1872	2.7	To say, within thine own deep-sunken eyes,	Were an all-eating shame, and thriftless' praise.
ShaW1978	2.7	To say within thine own deep-sunken eyes	Were an all-eating shame and thriftless praise.
EscJ1787	2.7	und du sagtest: in deinen tief eingesunkenen Augen;	so wäre das nagender Schimpf, und unnützer Ruhm.
KanK1803	2.7	In deinen hohlen Augen, dann zu sagen	Wär allverzehr'nde Schmach, Ruhm ohn' Gedeihn.
TieL1807	2.7	In Deiner tief versunk'nen Augen Rand,	Wär kläglich Lob und schmachvoll nur zu sagen.
LacK1820	2.7	Wird, im versunknen Aug', ihm drauf gesagt,	Wirds Ruhmverschwendung sein und Schandengeiz.
TieD1825	2.7	Mußt Du: Im eingesunknen Auge sagen,	Das wär ein ruhmlos, unersprießlich Wort.
SchA1826	2.7	Du sagst: „in diese Augen tief und krank"–	O armer, eitler Ruhm, trostlose Klage!
RodS1834	2.7	So sage nicht, (es wär' ein thörigt Rühmen,)	Daß sie dir wohn' im eingesunknen Auge.
RegG1836	2.7	Nach all dem frühen Reichthum, zu gestehn	Er sey dahin mit Deines Auges Fall.
RicK1836	2.7	„In deinen hohlen Augen" dann zu sagen,	Verzehr'nde Schmach wär's, ganz unnützer Ruhm.
OrtE1840	2.7	In hohlen Augen würd' er nur gefunden,	Und schmachvoll wäre dann der Augen Platz.
WalL1840	2.7	Zu sagen: in dem eignen hohlen Blick –	Das wäre Schimpf und leeren Ruhmes Schaum.
JorW1861	2.7	Dann sprich, zu schlechtem Troste bittrer Schaam:	„Sie sind mit meinen Augen eingesunken."
BodF1862	2.7	Auf Deine tiefgesunknen Augen deuten,	Es wär' ein schlechter Ruhm, Dir selbst nicht lieb.
MolM1865	2.7	So sage nicht (es wär' ein töricht Rühmen),	Daß sie dir wohn' im eingesunknen Auge.
GelF1867	2.7	Und sprächst: „In meines hohlen Auges Gluten!"	□s wär ew'ge Schmach, verschwenderisches Lob.
SimK1867	2.7	Willst du dann auf die Augenhöhlen deuten,	Das wär ein schlechter Ruhm, trostlose Klage.
FriH1869	2.7	Du zeigen sollst auf die verfallnen Züge,	Das wär Verschwenderruhm und Todesschmach.

NeiA1869	2.7	Und sprächest: „blick in dieses hohle Aug':"	Es wäre Schand und Schmach und viel gewagt!
TscB1870	2.7	Die Antwort wär in Lob versteckte Klage,	Spräch ich: „Im Aug hier, matt und eingesunken."
GilO1871	2.7	Zu sagen: „In den hohlen Wangen hier",	Wär allverzehr'nde Schmach und Bettelruhm.
KraF1872	2.7	„In Deinem eingesunknen Aug'", zu sagen,	Wär' tiefe Schmach und ungedeihlich Lob.
ShaW1609	2.9	How much more praise deseru'd thy beauties vse,	If thou couldst answere this faire child of mine
ShaW1778	2.9	How much more praise deserv'd thy beauty's use,	If thou couldst answer, – »*This fair child of mine*
ShaW1872	2.9	How much more praise deserv'd thy beauty's use,	If thou couldst answer, – »This fair child of mine
ShaW1978	2.9	How much more praise deserved thy beauty's use,	If thou couldst answer, „This fair child of mine
EscJ1787	2.9	Wie weit mehr Ruhm würde der Gebrauch deiner Schönheit verdienen,	wenn du antworten könntest: „Dieses mein holdes Kind
KanK1803	2.9	Wie mehr wollt' ich dem Schönheitsbraucher huld'gen	Antwort'test du: „dies schöne Kind, das mein
TieL1807	2.9	Mehr Lob (wird thätger Schönheit man) entrichten	Antwortest Du: dies schöne Kind von mir
LacK1820	2.9	Und welch Lob auf des Blühns Verwendung ruht,	Erwiderst du: „dies schöne Kind, das mein,
TieD1825	2.9	Der Schönheit Nutzen könnte Dich erfreuen	Erwieder'st Du: dies schöne Kind ist mein,
SchA1826	2.9	Wie höher ist genützter Schönheit Preis,	Kannst du erwiedern: „dieß mein Kind, so lieb,
RodS1834	2.9	Ruhm aber gäbe dir die Schönheit, könntest	Antworten du: dieß holde Kind sei meine
RegG1836	2.9	Weit rühmlicher wies Deine Schönheit sich,	Könnt'st Du erwidern „dieß mein schönes Kind
RicK1836	2.9	Wie besser tönt genoßner Jugend Preis,	Erwiederst du: „Dies schöne Kind, das mein,
OrtE1840	2.9	Wie höher steigt doch deiner Schönheit Preis,	„Kannst du erwiedern: Dies mein holdes Kind,
WalL1840	2.9	Gebrauch der Schönheit doch ist mehr Ruhm werth,	Wenn du einst sagst: – von meinem Sprößling hier
JorW1861	2.9	Genutzte Schönheit dürfte sonder Prahlen	Darauf erwiedern: „Dies, mein holdes Kind,
BodF1862	2.9	Doch wie ganz anders kläng' es Dir zum Ruhme,	Erwiedert'st Du: In diesem jungen Blut,
MolM1865	2.9	Ruhm aber gäbe dir die Schönheit, könntest	Antworten du: dies holde Kind sei meine
GelF1867	2.9	Wie rühmlich dann, wenn Schönheit Zins getragen,	Und könntest sprechen: „Dies mein Kindlein hier
SimK1867	2.9	Viel beßrer Stolz wär deines Blühns Verwendung,	Wenn du versetztest: „Dieses schöne Kind
FriH1869	2.9	Doch gäb's verbrauchter Schönheit höher'n Preis,	Wenn deine Antwort wär: mein schöner Knabe,
NeiA1869	2.9	Doch legtest deine Schönheit du nicht brach,	Dann könnt'st du sprechen: „dieser holde Sproß
TscB1870	2.9	Doch höher stünde deiner Schönheit Preis,	Gäbst du zur Antwort: „Hier in diesem Kleinen,
GilO1871	2.9	Ruhm ist, wenn du als wuchernder Verwalter	Der Schönheit sprechen kannst: „Dies feine Kind
KraF1872	2.9	Wie wär' der Schönheit Nützung mehr zu preisen,	Könnt'st sagen Du: „hier dies mein schönes Kind
ShaW1609	2.11	Shall sum my count,and make my old excuse	Proouing his beautie by succession thine.
ShaW1778	2.11	Shall sum my count, and make my old excuse –«	Proving his beauty by succession thine.
ShaW1872	2.11	Shall sum my count, and make my old excuse,«[8] –	Proving his beauty by succession thine!
ShaW1978	2.11	Shall sum my count, and make my old excuse"–	Proving his beauty by succession thine.
EscJ1787	2.11	wird meine Rechnung vollends abtragen, und mein Alter entschuldigen;"	weil der ihm angeerbte Reiz offenbar der deine wäre.
KanK1803	2.11	Soll sein mein Zahler und mich einst entschuld'gen"	Beweisend, daß des Kindes Schönheit dein.
TieL1807	2.11	Zahlt meine Schuld und wird die Rechnung schlichten,	Sein Reiz geerbt, gehört noch immer Dir.
LacK1820	2.11	Macht voll die Rechnung mir, mein Alter gut";–	Beweist durch Abkunft er, sein Reiz ist dein –!
TieD1825	2.11	Es tilgt die Schuld, wird meinen Lenz erneuen.	Der Reiz, von Dir geerbt, er bliebe Dein.
SchA1826	2.11	Tilgt meine Schuld, verjüngend noch den Greis –"	Wenn Schönheit seines Ursprungs Zeuge blieb.
RodS1834	2.11	Entschuldigung, daß jetzt ich nicht mehr schön bin;	Denn seine Schönheit zeugte für die dein'ge.
RegG1836	2.11	Tilgt meine Schuld, vertritt im Alter mich,	Weil seine Reize Erben meiner sind." –
RicK1836	2.11	Zahl' meine Schuld, vertrete mich, den Greis"	Beweisend, daß sein Reiz durch Abkunft dein.
OrtE1840	2.11	Soll thun, was ich nicht thun kann einst als Greis!	Es zeige, daß mein Blut neu in ihm rinnt."
WalL1840	2.11	Sei Rechnung und Entschuldigung gelehrt –	Denn einst gehörte seine Schönheit dir.
JorW1861	2.11	Soll meines Alters Schuld und Rechnung zahlen,	Da mein Vermächtniß seine Züge sind."
BodF1862	2.11	In meinem Kind blüht meiner Schönheit Blume,	In ihm erneut sich meiner Jugend Glut.
MolM1865	2.11	Entschuldigung, daß jetzt ich nicht mehr schön bin;	Denn seine Schönheit zeugte für die dein'ge.
GelF1867	2.11	Wägt nun mein Alter auf mit jungen Tagen," –	In Schönheit strahlend, weil ein Sproß von Dir.

SimK1867	2.11	Tilgt mit der Schuld den Vorwurf der Verschwendung,	Da seine Reize mein Vermächtnis sind."
FriH1869	2.11	Der für mich zahlt, entschuldigt mich als Greis,	Mein wären seiner Schönheit Gut und Habe.
NeiA1869	2.11	Mit meinem Alter euch versöhnen mag –"	Er wäre deiner Schönheit Erbe blos;
TscB1870	2.11	Der spät die Rechnung gut zu machen weiß."	An seinem Reiz erkännte man den deinen.
GilO1871	2.11	Macht meine Rechnung quitt, entschlägt mein Alter";	Es erbt ja Reize, die dein eigen sind.
KraF1872	2.11	Tilgt meine Schuld, entlastet mich, den Greisen" –	Da die vererbten Reize Dein ja sind.
ShaW1609	2.13	This were to be new made when thou art ould,	And see thy blood warme when thou feel'st it could,
ShaW1778	2.13	This were to be new made when thou art old,	And see thy blood warm, when thou feel'st it cold.
ShaW1872	2.13	This were to be new-made, when thou art old,	And see thy blood warm, when thou feel'st it cold.[9]
ShaW1978	2.13	This were to be new made when thou art old,	And see thy blood warm when thou feel'st it cold.
EscJ1787	2.13	Dadurch würdest du dich im Alter noch verjüngen,	und dein Blut warm sehen, wenn du es kalt fühlst.
KanK1803	2.13	Das hieß', erneuert sein, wenn du bist alt,	Warm sehn dein Blut, wenn du es fühlest kalt.
TieL1807	2.13	Dies hieße neu erzeugt, wenn Du veraltet,	Heiß Blut gefühlt, wenn Deines schon erkaltet.
LacK1820	2.13	So wirst du neu geschaffen, bist du alt,	Und siehst dein Blut warm, fühlst du schon es kalt.
TieD1825	2.13	So würd'st Du neu erschaffen, wenn auch alt,	Und säh'st Dein Blut warm, fühlt'st Du gleich Dich kalt.
SchA1826	2.13	O dieß ist dich verjüngen, bist du alt,	Und warm dein Blut sehn, fühlst du schon es kalt.
RodS1834	2.13	So wärst du wieder jung, wirst einst du alt	Und sähst dein Blut noch warm, ward deines kalt.
RegG1836	2.13	Dieß ists wodurch ein Greis sich neu verjüngt,	Und kaltem Blut die Wärme wiederbringt.
RicK1836	2.13	So wirst du neu verjüngt sein, bist du alt,	Und siehst dein Blut warm, fühlst du gleich es kalt.
OrtE1840	2.13	Dann ging das frische Blut dir nie verloren,	Dann würdest du im Alter neu geboren!
WalL1840	2.13	Das gäbe neues Leben, bist du alt,	Und warmes Blut dir, wenn schon deines kalt.
JorW1861	2.13	Du fühltest warm dann, wenn es halb erfroren,	Dein Blut und dich im Alter neugeboren.
BodF1862	2.13	So wirst Du selbst verjüngt, wenn Du auch alt bist,	Und siehst Dein Blut erwärmt, wenn Du auch kalt bist.
MolM1865	2.13	So wärst du wieder jung, wirst einst du alt	Und sähst dein Blut noch warm, ward deines kalt.
GelF1867	2.13	Das machte jung Dich, wärest Du gleich alt,	Und wärmte Dir das Blut, ränn's noch so kalt.
SimK1867	2.13	So wirst du neu geschaffen, bist du alt,	Siehst warm dein Blut, fühlst du es gleich nun kalt.
FriH1869	2.13	Neu wärst du dann erzeugt, wenn noch so alt,	Dein Blut wär warm, und schien es noch so kalt.
NeiA1869	2.13	So würdest du verjüngt einst, wenn du alt,	Und fühltest warm dein Blut noch, das schon kalt.
TscB1870	2.13	Und neu geschaffen, wärst du einmal alt,	Sähst du, wie warm und roth dein Blut noch wallt.
GilO1871	2.13	Das hieß' im Alter neue Jugend finden,	Zugleich dein Blut warm sehn und kalt empfinden.
KraF1872	2.13	Wie neugeboren sähst Du Dich, den Alten,	Und schautest warm Dein Blut, fühlt'st Du's erkalten.

Abbildung 7-10: Automatisch erstellte Interlinearübersicht zu Sonett 2 (Datei „Intlin_2.doc")

7.5.2.2. Sonett 116

Text	T.Z	Zeile Z	Zeile Z+1
ShaW1609	116.1	LEt me not to the marriage of true mindes	Admit impediments,loue is not loue
ShaW1778	116.1	Let me not to the marriage of true minds[44]	Admit impediments. Love is not love[55]
ShaW1872	116.1	Let me not to the marriage of true minds	Admit impediments. Love is not love[343341]
ShaW1978	116.1	Let me not to the marriage of true minds	Admit impediments. Love is not love
LacK1820	116.1	Nein, duld' ich bei getreuer Seelen Bund	Nie keinen Einspruch! Lieben ist nicht Lieben,
TieD1825	116.1	Fürwahr! nicht will ich die Vermählung hindern	Getreuer Seelen. Lieb' ist ja nicht Liebe
SchA1826	116.1	Nichts soll auf Erden treuer Seelen Bund	Irgend entgegenstehn! Lieb' ist nicht Liebe,
RodS1834	116.1	Sprich nicht, daß die Verbindung treuer Herzen	Kann werden aufgelöst. Lieb' ist nicht Liebe,
RegG1836	116.1	Laß mich von keinen Hindernissen hören,	Die treuer Seelen Ehebund bedräun!
RicK1836	116.1	Nichts steh' entgegen treuer Seelen Bund	Nicht Liebe mag man jenes Lieben nennen,
OrtE1840	116.1	Laß mich von keinen Hindernissen hören,	Die zweier Seelen ewgen Bund bedräun;
WalL1840	116.1	Laß nicht, wo treue Seelen sich verbunden,	Einspruch gescheh'n. Nicht Liebe wird genannt,
JorW1861	116.1	Was kann das Bündniß treuer Seelen brechen?	Ich sage: Nichts. Denn das ist Liebe nicht,
BodF1862	116.1	Nichts kann den Bund zwei treuer Herzen hindern,	Die wahrhaft gleichgestimmt. Lieb' ist nicht Liebe,[38]
MolM1865	116.1	Sprich nicht, daß die Verbindung treuer Herzen	Kann werden aufgelöst. Lieb' ist nicht Liebe,
GelF1867	116.1	Nein, die Verein'gung treuer Seelen stört	Kein Hinderniß! Die Lieb' ist Liebe nicht,
SimK1867	116.1	Nein, ewig dauert treuer Seelen Bund,	Was ihr dawider sprecht. Lieb ist nicht Liebe,
FriH1869	116.1	Was treue Seelen ehelich verbindet,	Soll nicht beschränkt sein; Lieb' ist Liebe nicht,
NeiA1869	116.1	Wie sollt' ich treu gesinnter Herzen Bund	Gefährdet glauben? Das ist Liebe nicht,
TscB1870	116.1	Nie geb ich zu, daß treuer Herzen Bund	Je brechen kann. Denn Lieb ist Liebe nicht,
GilO1871	116.1	Fürs Ehebündnis treuer Seelen kenne	Ich keinen Scheidungsgrund. Lieb' ist nicht Liebe,
KraF1872	116.1	Die Einigung, die treue Herzen bindet,	Verhindert Nichts: Lieb' ist nicht Liebe ja,
ShaW1609	116.3	Which alters when it alteration findes,	Or bends with the remouer to remoue.
ShaW1778	116.3	Which alters when it alteration finds,	Or bends with the remover to remove:
ShaW1872	116.3	Which alters when it alteration finds,	Or bends with the remover to remove.
ShaW1978	116.3	Which alters when it alteration finds,	Or bends with the remover to remove.
LacK1820	116.3	Das auch sich wandelt, wird ihm Wandel kund,	Geht, da nach drüben jenes geht, nach hüben.
TieD1825	116.3	Wenn sie beim Wankelmuth sich kann vermindern,	Und nicht auch treu dem Ungetreuen bliebe.
SchA1826	116.3	Mag sie sich wandeln, wird ihr Wandel kund,	Und treulos fliehen bei bekränktem Triebe!
RodS1834	116.3	Wenn bei Veränderung sie sich verändert	Und vom Entfernten gerne sich entfernt.
RegG1836	116.3	Lieb' ist nicht Liebe, wenn sie Störer stören,	Wenn sie Zerstreuung irrend kann zerstreun.
RicK1836	116.3	Das gleich sich wandelt, wird ihm Wandel kund,	Und gern von dem Entfernten sich mag trennen.
OrtE1840	116.3	Lieb' ist nicht Liebe, wenn sie Störer stören,	Wenn sie Zerstreuung irrend kann zerstreun.
WalL1840	116.3	Was wechselt, gleich wie Wechsel es gefunden,	Dem Störer zur Zerstörung bietet Hand.
JorW1861	116.3	Was schwächer wird sobald es trifft auf Schwächen,	Zurückgezogen – fällt, gebeugt – auch bricht.
BodF1862	116.3	Die Trennung oder Wechsel könnte mindern,	Die nicht unwandelbar im Wandel bliebe.
MolM1865	116.3	Wenn bei Veränderung sie sich verändert	Und vom Entfernten gerne sich entfernt.
GelF1867	116.3	Die Flattersinn zum Flattersinn bethört,	Die endet, wo der Andre Treue bricht.
SimK1867	116.3	Die je vermindern könnt ein Hindrungsgrund,	Nicht wandellos in allem Wandel bliebe.
FriH1869	116.3	Wenn sie der Wandlung Grund im Wandel findet	Und, ungetreu verlassen, Treue bricht.
NeiA1869	116.3	Die wechselt mit der Zeiten Wechsel und	Fremd in der Fremde werden kann der Pflicht.
TscB1870	116.3	Die in dem Wechsel sieht des Wechsels Grund,	Und, wenn verschmäht, wie der Verschmäher spricht.
GilO1871	116.3	Die Trennung sucht, weil sich der andre trenne,	Die dem Entlaufnen seinen Laufpaß schriebe.
KraF1872	116.3	Die ändert, wenn Veränderung sie findet,	Und gleich entweicht, wo Abbruch ihr geschah:
ShaW1609	116.5	O no,it is an euer fixed marke	That lookes on tempests and is neuer shaken;
ShaW1778	116.5	O no! it is an ever-fixed mark,	That looks on tempests, and is never shaken[6];
ShaW1872	116.5	O no, it is an ever-fixed mark	That looks on tempests and is never shaken;
ShaW1978	116.5	O no, it is an ever-fixèd mark	That looks on tempests and is never shaken;
LacK1820	116.5	Ach nein! es ist ein Merkstein, ewigfest,	Der auf die Stürme schaut und wanket nimmer;
TieD1825	116.5	O nein! Sie ist ein starker Felsenriff,	An dem sich Sturm und Brandung donnernd bricht,

SchA1826	116.5	O nein, sie ist ein Fels, gar ungebeugt,	Den Stürme schlagen, doch bezwingen nimmer,
RodS1834	116.5	O nein! Ihr Auge sieht mit festem Blicke,	Und nicht dem Sturm erbebend, nach dem Ziel;
RegG1836	116.5	O nein! sie ist ein ewig sichres Ziel,	Thront unerschüttert über Sturmeswogen;
RicK1836	116.5	O nein, sie ist die Warte, unverrückt,	Die auf die Stürme schaut und wanket nimmer,
OrtE1840	116.5	O nein, sie ist die Warte unverrückt,	Die auf die Stürme schaut, und wanket nimmer;
WalL1840	116.5	O nein! sie ist das Licht in Himmelsweiten,	Das unerschüttert auf die Stürme blickt;
JorW1861	116.5	Nein, Liebe ist die feste Himmelsmarke	Die nimmer schwankt im tobenden Orkan;
BodF1862	116.5	O nein! Sie ist ein ewig festes Ziel,	Das unerschüttert bleibt in Sturm und Wogen,
MolM1865	116.5	O nein! Ihr Auge sieht mit festem Blicke,	Und nicht dem Sturm erbebend, nach dem Ziel;
GelF1867	116.5	O nein! Lieb' ist ein Markstein, in der Erd'	Gegründet, den kein Sturm erschüttern kann;
SimK1867	116.5	O nein, sie ist ein Markstein ewig fest,	Der unerschüttert auf die Stürme schaut,
FriH1869	116.5	Ein fester Markstein ist sie allen Zeiten,	Auf Stürm' und Wetter schauend unverwandt.
NeiA1869	116.5	O nein – sie ist ein unverrücktes Ziel,	Das unerschüttert blickt auf Sturm und Fluth,
TscB1870	116.5	O nein, sie ist ein ewig festes Mal,	Schaut unverrückt aufs wildste Element,
GilO1871	116.5	O nein, sie ist die unverrückte Marke,	Die auf den Sturm herabschaut hoch und fest;
KraF1872	116.5	Oh nein! Sie ist der Markstein auf dem Riffe,	Der unerschüttert über Stürmen steht,
ShaW1609	116.7	It is the star to euery wandring barke,	Whose worths vnknowne,although his hight be taken.
ShaW1778	116.7	It is the star to every wandering bark,	Whose worth's unknown, although his height be taken.
ShaW1872	116.7	It is the star to every wand'ring bark,	Whose worth's unknown, although his height be taken.
ShaW1978	116.7	It is the star to every wand'ring bark,	Whose worth's unknown, although his height be taken.
LacK1820	116.7	Ein Stern, der jeden Kahn sich sehen lässt,	Dess Taugen unbekannt ist, hoch sein Schimmer.
TieD1825	116.7	Ein Stern ist sie, für manch bedrängtes Schiff,	Gemessen ist sein Stand, sein Einfluß nicht.
SchA1826	116.7	Ein Stern, der jedem irren Kahn sich neigt,	Deß Walten unbekannt, doch hoch sein Schimmer.
RodS1834	116.7	Sie ist der Leitstern jedes irren Fahrzeugs,	Deß wahren Werth Freibeuter nicht erkennen.
RegG1836	116.7	Ein Angelstern für jeden irren Kiel;	Kein Höhenmaas hat seinen Werth erwogen.
RicK1836	116.7	Der Stern, der jedem irren Kahne blickt,	Deß Größe unbekannt, doch hoch sein Schimmer.
OrtE1840	116.7	Der Stern, der jedem irren Kahne blickt,	Deß Größe unbekannt, doch hoch sein Schimmer.
WalL1840	116.7	Ein hell Gestirn, den irren Kahn zu leiten,	Deß Höh' bekannt, deß Werth uns doch entrückt.
JorW1861	116.7	Als Leitstern zeigt sie jeder Wanderbarke,	Selbst unerreicht, die Breiten und die Bahn.
BodF1862	116.7	Ein Stern für jeder irren Barke Kiel.	Kein Höhenmaß hat seinen Werth erwogen.
MolM1865	116.7	Sie ist der Leitstern jedes irren Fahrzeugs,	Deß wahren Werth Freibeuter nicht erkennen.
GelF1867	116.7	Ein Stern den Schiffern, dessen wahrer Werth	Uns fremd ist, nur die Höh' berechnet man.
SimK1867	116.7	Ein Stern, der keinen Schiffenden verläßt,	Der seinem hohen Schein sein Heil vertraut.
FriH1869	116.7	Ein steter Stern, das irre Boot zu leiten,	Nicht nach dem Werth nur nach der Höh' erkannt.
NeiA1869	116.7	Ein Leitstern sie für jeden irren Kiel,	Und Niemand weiß, wie tief des Strahles Gluth.[6]
TscB1870	116.7	Dem irren Boot ein Stern von hellem Strahl,	Des Höhe man, deß Werth man nie erkennt.
GilO1871	116.7	Sie ist der Stern für die verirrte Barke,	Deß Höhe wol, deß Werth ihr nimmer meßt.
KraF1872	116.7	Der irren Barke Stern, von dem, begriffe	Man auch die Höh', man nie den Werth erräth.
ShaW1609	116.9	Lou's not Times foole,though rosie lips and cheeks	Within his bending sickles compasse come,
ShaW1778	116.9	Love's not Time's fool[7], though rosy lips and cheeks	Within his bending sickle's compass come;
ShaW1872	116.9	Love's not Time's fool,[344] though rosy lips and cheeks	Within his bending sickle's compass come.
ShaW1978	116.9	Love's not Time's fool, though rosy lips and cheeks	Within his bending sickle's compass come.
LacK1820	116.9	Lieb' ist der Zeit Narr nicht, ob in den Schwung	Der Sichel Rosenlipp' und Wange fällt.
TieD1825	116.9	Lieb' ist kein Narr der Zeit: der Wangen Blüthe,	Sie fällt in ihrer Sense raschem Schwung,
SchA1826	116.9	Lieb' ist der Zeiten Thor nicht; – ros'gen Wangen	Erdröhnt der Klang der Sense wol zu Leide:
RodS1834	116.9	Die Lieb' ist nicht der Narr der Zeit, obgleich	Die letztre über Lipp' und Wange herrscht!
RegG1836	116.9	Lieb' ist kein Narr der Zeit, ob Rosenwangen	Auch ihrer Sichel krumme Schneid' umspannt:
RicK1836	116.9	Die Liebe hat, ob von dem Sensenschwung	Der Zeit der Lipp' und Wange Rose fällt,
OrtE1840	116.9	Lieb' ist der Zeiten Thor nicht; ros'gen Wangen	Erdröhnt der Klang der Sense wohl zu Leide,
WalL1840	116.9	Die Lieb' ist nicht der Zeiten Narr, erfasset	Gleich Todessichel ros'ge Lipp' und Wang',

JorW1861	116.9	Die Lieb' ist nicht der Narr der Zeit. Die Lippe,	Die rothe Wange sinkt vor deren Hippe;
BodF1862	116.9	Lieb' ist kein Narr der Zeit, ob Rosenmunde	Und Wangen auch verblühn im Lauf der Zeit –
MolM1865	116.9	Die Lieb' ist nicht der Narr der Zeit, obgleich	Die letztre über Lipp' und Wange herrscht!
GelF1867	116.9	Lieb' ist kein Spiel der Zeit, ob Rosenwang'	Und Lipp' auch unter ihrer Sichel fällt;
SimK1867	116.9	Lieb ist kein Narr der Zeit, ob Rosenwangen	Und -Lippen ihrer Sichel Schall erklingt,
FriH1869	116.9	Lieb' ist kein Narr der Zeit; wenn auch die Rose	Auf Lipp' und Wangen ihrer Sichel fällt,
NeiA1869	116.9	Sie ist kein Narr der Zeit, ob Rosen-Mund	und Wange ihrer Sichel auch erliegt,–
TscB1870	116.9	Ein Spott der Zeit kann Liebe nimmer sein,	Verfällt ihr auch die Ros' auf Wang und Mund,
GilO1871	116.9	Sie ist kein Narr der Zeit; dem Rosenmunde,	Der blüh'nden Wange droht der Sense Schlag;
KraF1872	116.9	Mag auch die Zeit auf Lipp' und Wange mähen	Den Rosenflor – ihr Narr ist Liebe nicht;
ShaW1609	116.11	Loue alters not with his breefe houres and weekes,	But beares it out euen to the edge of doome:
ShaW1778	116.11	Love alters not with his brief hours and weeks,	But bears it out even to the edge of doom[8].
ShaW1872	116.11	Love alters not with his brief hours and weeks,	But bears it out even to the edge of doom.
ShaW1978	116.11	Love alters not with his brief hours and weeks,	But bears it out ev'n to the edge of doom.
LacK1820	116.11	Lieb' hat mit Stund' und Jahr nicht Wandelung,	Die aus bis an des Urtheils Schneide hält.
TieD1825	116.11	Doch altert nie ein liebendes Gemüthe,	Am jüngsten Tag ist noch die Liebe jung.
SchA1826	116.11	Doch darf sie nicht vor flücht'gen Stunden bangen,	Die aushält fest bis an des Urtheils Schneide!
RodS1834	116.11	Die Liebe wechselt nicht mit Mond und Stunden,	Und dauert bis zum letzten Untergang.
RegG1836	116.11	In enger Stunden Lauf uneingefangen	Beharrt sie bis an Weltgerichtes Rand.
RicK1836	116.11	Wie Stunden nicht und Monden Wandelung,	Sie ist's, die bis zum End' aushält der Welt.
OrtE1840	116.11	Doch darf sie nicht vor flüchtgen Stunden bangen	Die aushält fest bis an des Urtheils Schneide.
WalL1840	116.11	In flücht'ger Woche keine Lieb' erblasset,	Sie währt bis zum Gerichtsposaunenklang.
JorW1861	116.11	Doch Liebe welkt in Stunden nicht und Wochen,	Sie lebt bis der Gerichtstag angebrochen.
BodF1862	116.11	Sie aber wechselt nicht mit Tag und Stunde,	Ihr Ziel ist endlos, wie die Ewigkeit.
MolM1865	116.11	Die Liebe wechselt nicht mit Mond und Stunden	Sie dauert bis zum letzten Untergang.
GelF1867	116.11	Liebe währt nicht blos stunden-, wochenlang,	Liebe währt bis ans letzte End' der Welt.
SimK1867	116.11	Ihr darf nicht vor der Wochen Wechsel bangen,	Da ihr der jüngste Tag kein Ende bringt.
FriH1869	116.11	Sie wechselt nicht nach Stund' und Wochen lose,	Sie trotzt dem Schwerdte vom Gericht der Welt.
NeiA1869	116.11	Sie kann nicht ändern sich mit flücht'ger Stund'	Und bis zur letzten währt sie unbesiegt.
TscB1870	116.11	Am jüngsten Tag zeigt sie denselben Schein	Und wechselt nicht mit Woche, Tag und Stund.
GilO1871	116.11	Doch Liebe wechselt nicht mit Woch' und Stunde;	Sie harret aus bis an den letzten Tag.
KraF1872	116.11	Die Liebe bleibt, wie schnell die Stunden gehen,	Und lebt und dauert aus bis zum Gericht.
ShaW1609	116.13	If this be error and vpon me proued,	I neuer writ,nor no man euer loued.
ShaW1778	116.13	If this be error, and upon me prov'd,	I never writ, nor no man ever lov'd.
ShaW1872	116.13	If this be error and upon me proved,	I never writ,[145] nor no man ever loved.
ShaW1978	116.13	If this be error and upon me proved,	I never writ, nor no man ever loved.
LacK1820	116.13	Ist Irrthum das, beweisst ihn was ich übe;	So schrieb ich nie, so fühlt' ich nimmer Liebe.
TieD1825	116.13	Und ist dies falsch, ward's nicht von mir geübt,	So schrieb ich nie, so ward auch nie geliebt.
SchA1826	116.13	Ist Irrthum dieß, und zeigt ihn, was ich übe,	So schrieb ich nie, nie kannt' ein Mensch die Liebe
RodS1834	116.13	Wann dieß ein grober Irrthum wäre, sieh,	So dichtet' ich noch nie, und liebte nie.
RegG1836	116.13	Wenn dieß als Wahn, als Lüge sich ergiebt,	So schrieb ich nie, so hat kein Mensch geliebt.
RicK1836	116.13	Ist Irrthum dieß, beweis't ihn, was ich übe,	So sang ich nie, nie kannt' ein Mann die Liebe.
OrtE1840	116.13	Wenn dies als Wahn, als Lüge sich ergibt,	So schrieb ich nie, so hat kein Mensch geliebt.
WalL1840	116.13	Wenn das bei mir als Irrthum sich ergiebt,	Dann schrieb ich nie, hat Keiner je geliebt.
JorW1861	116.13	Wenn das an mir als Irrthum sich ergibt	So schrieb ich nie und Niemand hat geliebt.
BodF1862	116.13	Wenn dies bei mir als Irrtum sich ergiebt,	So schrieb ich nie, hat nie ein Mann geliebt.
MolM1865	116.13	Wenn dies ein grober Irrthum wäre, sieh,	So dichtet' ich noch nie, und liebte nie.
GelF1867	116.13	Wenn Dies bei mir als Irrthum sich ergibt,	So schrieb ich nie und Niemand hat geliebt.
SimK1867	116.13	Wenn dieß als Wahn, als Lüge sich ergiebt,	So schrieb ich nie, so hat kein Mensch geliebt.
FriH1869	116.13	Ist Irrthum das, an mir einst dargethan,	Dann schrieb ich nie, dann liebte nie ein Mann.
NeiA1869	116.13	Wenn dies in mir zum Irrthum werden kann,	Dann schrieb ich nie – hat nie geliebt ein Mann.
TscB1870	116.13	Wenn dies an mir als Irrtuhm sich ergiebt,	War ich kein Dichter, – hat kein Mensch geliebt.
GilO1871	116.13	Wenn dies ein Wahn ist, wenn sich das ergibt,	Dann schrieb ich nie, dann hat kein Mensch geliebt.

KraF1872	116.13	Ist falsch dies; kann's an mir bewiesen werden:	Dann schrieb ich nie; dann gab's nie Lieb' auf Erden!

Abbildung 7-11: Automatisch erstellte Interlinearübersicht zu Sonett 116 (Datei „Intlin_116.doc“)

7.5.3. Interpunktion

Textkürzel	!	?	.	,	:	;	–	(	)
ShaW1609			2 / 3	11/10	1 / 1	1 / 1			
ShaW1778	- / 1		3 / 4	14/10	1 / 1	1 / 2	2 / -		
ShaW1872	1 / -		2 / 6	17/ 8	1 / -	- / 1	2 / -		
ShaW1978			4 / 6	8/ 8		- / 1	2 / -		
EscJ1787	/ %	/ %	4 / %	12/ %	2 / %	3 / %	/ %	/ %	/ %
KanK1803	/ %	/ %	4 / %	15/ %	2 / %	/ %	/ %	/ %	/ %
TieL1807	/ %	/ %	4 / %	12/ %	1 / %	/ %	/ %	1 / %	1 / %
LacK1820	1 / 2		3 / 5	20/15	1 / %	1 / 2	3 / -		
TieD1825	- / 2		5 / 5	13/12	2 / 1				
SchA1826	1 / 3		3 / 1	16/16	2 / 1	- / 1	3 / 1		
RodS1834	- / 2		4 / 5	9/10	1 / -	1 / 1		1 / -	1 / -
RegG1836	- / 2		4 / 4	11/ 8	- / 1	- / 2	1 / -		
RicK1836	/ %	1 / %	4 / %	19/ %	1 / %	/ %	/ %	/ %	/ %
OrtE1840	2 / -		3 / 4	12/13	1 / -	- / 3			
WalL1840	- / 1	1 / -	4 / 5	7/14	3 / -	- / 1	3 / -		
JorW1861		1 / 1	4 / 6	9/ 8	2 / 1	- / 2	- / 2		
BodF1862	- / 1		4 / 6	18/10	- / 1		- / 1		
MolM1865	- / 2		4 / 5	8/ 9	1 / 1	1 / 1		1 / -	1 / -
GelF1867	1 / 2		4 / 4	16/12	2 / -	- / 2	1 / -		
SimK1867		1 / -	3 / 5	15/15	1 / -				
FriH1869			3 / 5	16/12	1 / -	- / 2			
NeiA1869	1 / -	/ 1	2 / 4	5/ 8	3 / -	1 / -	1 / 3		
TscB1870		1 / -	5 / 5	13/15	2 / -		- / 1		
GilO1871		3 / -	3 / 5	8/11	3 / -	1 / 4			
KraF1872	- / 2		4 / 2	16/13	1 / 3	- / 3	2 / 1		

Tabelle 7-1: Übersicht über die Frequenzen der Interpunktionszeichen je Abschnitt und Text[774]

[774] Zuerst wird jeweils die Frequenz für Abschnitt 2 angegeben. Hinter dem Schrägstrich folgt die Frequenz für Abschnitt 116.

7.5.4. Auszüge aus den Wortindizes

7.5.4.1. AT „2“: Seite 1 von 4

a
ShaW 1609 2.4
ShaW 1778 2.4
ShaW 1872 2.4
ShaW 1978 2.4
all
ShaW 1609 2.6
ShaW 1609 2.5
ShaW 1778 2.6
ShaW 1778 2.5
ShaW 1872 2.6
ShaW 1872 2.5
ShaW 1978 2.5
ShaW 1978 2.6
all-eating
ShaW 1609 2.8
ShaW 1778 2.8
ShaW 1872 2.8
ShaW 1978 2.8
an
ShaW 1609 2.8
ShaW 1778 2.8
ShaW 1872 2.8
ShaW 1978 2.8
And
ShaW 1609 2.2
ShaW 1609 2.11
ShaW 1609 2.14
ShaW 1609 2.8
ShaW 1778 2.11
ShaW 1778 2.2
ShaW 1778 2.8
ShaW 1778 2.14
ShaW 1872 2.11
ShaW 1872 2.2
ShaW 1872 2.14
ShaW 1872 2.8
ShaW 1978 2.11
ShaW 1978 2.8
ShaW 1978 2.14
ShaW 1978 2.2
answer
ShaW 1778 2.10
ShaW 1872 2.10
ShaW 1978 2.10
answere
ShaW 1609 2.10
art
ShaW 1609 2.13
ShaW 1778 2.13
ShaW 1872 2.13
ShaW 1978 2.13
ask'd
ShaW 1778 2.5
ShaW 1872 2.5
asked
ShaW 1978 2.5
askt
ShaW 1609 2.5
be
ShaW 1609 2.13
ShaW 1609 2.4
ShaW 1778 2.13
ShaW 1778 2.4
ShaW 1872 2.13
ShaW 1872 2.4
ShaW 1978 2.13
ShaW 1978 2.4
beautie
ShaW 1609 2.5
ShaW 1609 2.12
beauties
ShaW 1609 2.9
ShaW 1609 2.2
beauty
ShaW 1778 2.12
ShaW 1778 2.5
ShaW 1872 2.12
ShaW 1872 2.5
ShaW 1978 2.5
ShaW 1978 2.12
beauty's
ShaW 1778 2.9
ShaW 1778 2.2
ShaW 1872 2.9
ShaW 1872 2.2
ShaW 1978 2.9
ShaW 1978 2.2
being
ShaW 1609 2.5
ShaW 1778 2.5
ShaW 1872 2.5
ShaW 1978 2.5
beseige
ShaW 1609 2.1
besiege
ShaW 1778 2.1
ShaW 1872 2.1
ShaW 1978 2.1
blood
ShaW 1609 2.14
ShaW 1778 2.14
ShaW 1872 2.14
ShaW 1978 2.14
brow
ShaW 1609 2.1
ShaW 1778 2.1
ShaW 1872 2.1
ShaW 1978 2.1
by
ShaW 1609 2.12
ShaW 1778 2.12
ShaW 1872 2.12
ShaW 1978 2.12
child
ShaW 1609 2.10
ShaW 1778 2.10
ShaW 1872 2.10
ShaW 1978 2.10
cold
ShaW 1778 2.14
ShaW 1872 2.14
ShaW 1978 2.14
could
ShaW 1609 2.14
couldst
ShaW 1609 2.10
ShaW 1778 2.10
ShaW 1872 2.10
ShaW 1978 2.10
count
ShaW 1609 2.11
ShaW 1778 2.11
ShaW 1872 2.11
ShaW 1978 2.11
daies
ShaW 1609 2.6
days
ShaW 1778 2.6
ShaW 1872 2.6
ShaW 1978 2.6
deep
ShaW 1609 2.2
ShaW 1778 2.2
ShaW 1872 2.2
ShaW 1978 2.2
deep-sunken
ShaW 1778 2.7
ShaW 1872 2.7
ShaW 1978 2.7
deepe
ShaW 1609 2.7
deseru'd
ShaW 1609 2.9
deserv'd
ShaW 1778 2.9
ShaW 1872 2.9
deserved
ShaW 1978 2.9
dig
ShaW 1778 2.2
ShaW 1872 2.2
ShaW 1978 2.2
digge
ShaW 1609 2.2
excuse
ShaW 1609 2.11
ShaW 1778 2.11

7.5.4.2. ZT „2“: Seite 1 und 2 von 17

Wortindex zu Abschnitt 2 Sprachkürzel der Texte: *de*

’s
GelF 1867 2.8

aber
RodS 1834 2.9
MolM 1865 2.9

abgenutzten
RodS 1834 2.4
MolM 1865 2.4

abgeschabt
SimK 1867 2.4

abgetragen
BodF 1862 2.4

Abkunft
LacK 1820 2.12
RicK 1836 2.12

abtragen
EscJ 1787 2.11

achtet
GilO 1871 2.4

all
LacK 1820 2.6
LacK 1820 2.5
RegG 1836 2.6
RegG 1836 2.7
SimK 1867 2.6
NeiA 1869 2.5
GilO 1871 2.5
KraF 1872 2.3

all’
WalL 1840 2.6

alle
EscJ 1787 2.6
EscJ 1787 2.5
EscJ 1787 2.3
RodS 1834 2.6
MolM 1865 2.6

allen
LacK 1820 2.4

aller
TscB 1870 2.6

allverzehr’nde
KanK 1803 2.8
GilO 1871 2.8

allverzehrend
RegG 1836 2.5

als
OrtE 1840 2.11
FriH 1869 2.11
LacK 1820 2.13
TieD 1825 2.13
SchA 1826 2.13
RodS 1834 2.13
RicK 1836 2.13
WalL 1840 2.13
BodF 1862 2.13
MolM 1865 2.13
GelF 1867 2.13
SimK 1867 2.13
FriH 1869 2.13
NeiA 1869 2.13
TscB 1870 2.13

Alten
KraF 1872 2.13

Alter
EscJ 1787 2.13
EscJ 1787 2.11
LacK 1820 2.11
RegG 1836 2.11
OrtE 1840 2.14
JorW 1861 2.14
GelF 1867 2.11
NeiA 1869 2.11
GilO 1871 2.11
GilO 1871 2.13

Alters
JorW 1861 2.11

An
TscB 1870 2.12
KraF 1872 2.4

anders
BodF 1862 2.9

angeerbte
EscJ 1787 2.12

angestaunt
TscB 1870 2.4

angestaunter
TieD 1825 2.3
JorW 1861 2.3

Antlitz
KraF 1872 2.1

Antwort
FriH 1869 2.10
TscB 1870 2.10
TscB 1870 2.7

Antwort’test
KanK 1803 2.10

auch
TieD 1825 2.13
BodF 1862 2.14
BodF 1862 2.13

Auen
RodS 1834 2.2
MolM 1865 2.2

auf
EscJ 1787 2.3
LacK 1820 2.9
SchA 1826 2.2
BodF 1862 2.7
GelF 1867 2.2
GelF 1867 2.11
SimK 1867 2.7
FriH 1869 2.7
FriH 1869 2.5

Aug
TscB 1870 2.8

Aug’
LacK 1820 2.7
NeiA 1869 2.7
KraF 1872 2.7

Auge
TieD 1825 2.7
RodS 1834 2.8
MolM 1865 2.8

Augen
EscJ 1787 2.7
KanK 1803 2.7
TieL 1807 2.7
SchA 1826 2.7
RicK 1836 2.7
OrtE 1840 2.7
OrtE 1840 2.8
JorW 1861 2.8
BodF 1862 2.7

Augenhöhlen
SimK 1867 2.7

Auges
RegG 1836 2.8
GelF 1867 2.7

aus
WalL 1840 2.6
FriH 1869 2.6

bald
TieD 1825 2.4

befehden

FriH 1869 2.4
GilO 1871 2.9

alsdann
EscJ 1787 2.5
TieL 1807 2.5
GilO 1871 2.5

alt
KanK 1803 2.13

antworten
EscJ 1787 2.10
RodS 1834 2.10
MolM 1865 2.10

Antwortest
TieL 1807 2.10

armer
SchA 1826 2.8

GelF 1867 2.1

Befragt
GilO 1871 2.5

Belagern
KanK 1803 2.1
TieL 1807 2.1
RicK 1836 2.1
FriH 1869 2.1

Wortindex zu Abschnitt 2

Sprachkürzel der Texte: *de*

beraubt
TscB 1870 2.3

berennen
GilO 1871 2.1

besetzt
LacK 1820 2.1

besser
RicK 1836 2.9

bessren
NeiA 1869 2.6

beßrer
SimK 1867 2.9

bestaunt
WalL 1840 2.4

Bettelruhm
GilO 1871 2.8

Beweisend
KanK 1803 2.12
RicK 1836 2.12

Beweist
LacK 1820 2.12

bewundert
RodS 1834 2.3
BodF 1862 2.3
SimK 1867 2.3

bin
RodS 1834 2.11
MolM 1865 2.11

bist
KanK 1803 2.13
LacK 1820 2.13
SchA 1826 2.13
RicK 1836 2.13
WalL 1840 2.13
BodF 1862 2.14
BodF 1862 2.13
SimK 1867 2.13

bittrer
JorW 1861 2.7

blank
SchA 1826 2.3

NeiA 1869 2.12

Blühns
LacK 1820 2.9
SimK 1867 2.9

blüht
BodF 1862 2.11

Blume
BodF 1862 2.11

Blut
EscJ 1787 2.14
KanK 1803 2.14
TieL 1807 2.14
LacK 1820 2.14
TieD 1825 2.14
SchA 1826 2.14
RodS 1834 2.14
RegG 1836 2.14
RicK 1836 2.14
OrtE 1840 2.13
OrtE 1840 2.12
WalL 1840 2.14
JorW 1861 2.14
BodF 1862 2.14
BodF 1862 2.10
MolM 1865 2.14
GelF 1867 2.14
SimK 1867 2.14
FriH 1869 2.14
NeiA 1869 2.14
TscB 1870 2.14
GilO 1871 2.14
KraF 1872 2.14

Blüthe
SchA 1826 2.6

brach
NeiA 1869 2.9

Brauen
KanK 1803 2.1
SchA 1826 2.1
RicK 1836 2.1
OrtE 1840 2.1

TieD 1825 2.3
SchA 1826 2.4
SchA 1826 2.5
RodS 1834 2.5
RegG 1836 2.6
RegG 1836 2.3
RicK 1836 2.7
RicK 1836 2.4
OrtE 1840 2.5
OrtE 1840 2.14
OrtE 1840 2.13
OrtE 1840 2.8
OrtE 1840 2.3
WalL 1840 2.4
WalL 1840 2.5
JorW 1861 2.5
JorW 1861 2.7
JorW 1861 2.13
BodF 1862 2.3
MolM 1865 2.5
GelF 1867 2.5
GelF 1867 2.9
SimK 1867 2.5
SimK 1867 2.7
FriH 1869 2.13
NeiA 1869 2.10
TscB 1870 2.4
GilO 1871 2.3
KraF 1872 2.5

Darauf
JorW 1861 2.10

das
EscJ 1787 2.8
EscJ 1787 2.2
KanK 1803 2.10
KanK 1803 2.13
LacK 1820 2.4
LacK 1820 2.10
TieD 1825 2.8
RegG 1836 2.4
RicK 1836 2.10

OrtE 1840 2.3

Blick

WalL 1840 2.7
NeiA 1869 2.7

Blicke

EscJ 1787 2.3

blieb

SchA 1826 2.12
WalL 1840 2.5
BodF 1862 2.6
SimK 1867 2.6
GilO 1871 2.5

bliebe

TieD 1825 2.12

blos

Da

JorW 1861 2.12
SimK 1867 2.12
KraF 1872 2.12

Dadurch

EscJ 1787 2.13

dahin

RegG 1836 2.8

dann

EscJ 1787 2.3
KanK 1803 2.4
KanK 1803 2.7
TieL 1807 2.4
LacK 1820 2.5
TieD 1825 2.5
RicK 1836 2.4
OrtE 1840 2.13
WalL 1840 2.8
WalL 1840 2.13
BodF 1862 2.4
GelF 1867 2.14
GelF 1867 2.13
GelF 1867 2.3
SimK 1867 2.8
FriH 1869 2.8
FriH 1869 2.3
NeiA 1869 2.14
GilO 1871 2.13

daß

KanK 1803 2.12
RodS 1834 2.8

7.5.5. Statistische Auswertungen

7.5.5.1. Sonett 2: Prozentuale Übereinstimmungen der ZT auf der Wortebene

Textkürzel	EscJ1787	KanK1803	TieL1807	LacK1820	TieD1825	SchA1826	RodS1834	RegG1836	RicK1836	OrtE1840	WalL1840	JorW1861	BodF1862	MolM1865	GelF1867	SimK1867	FriH1869	NeiA1869	TscB1870	GilO1871	KraF1872
EscJ1787	100,0	25,5	26,6	29,8	25,5	22,3	23,4	17,0	31,9	31,9	27,7	24,5	25,5	23,4	27,7	29,8	21,3	30,9	20,2	25,5	22,3
KanK1803	30,0	100,0	28,8	26,3	32,5	23,8	22,5	20,0	56,3	30,0	28,8	27,5	25,0	23,8	27,5	33,8	25,0	25,0	27,5	35,0	31,3
TieL1807	32,1	29,5	100,0	25,6	30,8	17,9	17,9	15,4	32,1	23,1	25,6	26,9	16,7	20,5	30,8	25,6	23,1	21,8	26,9	32,1	24,4
LacK1820	33,3	25,0	23,8	100,0	28,6	19,0	21,4	20,2	35,7	25,0	19,0	27,4	23,8	20,2	26,2	36,9	22,6	27,4	21,4	27,4	23,8
TieD1825	30,0	32,5	30,0	30,0	100,0	23,8	23,8	25,0	35,0	26,3	25,0	25,0	23,8	25,0	32,5	35,0	23,8	26,3	27,5	28,8	31,3
SchA1826	25,6	23,2	17,1	19,5	23,2	100,0	19,5	17,1	29,3	22,0	17,1	19,5	25,6	18,3	23,2	28,0	20,7	20,7	17,1	23,2	19,5
RodS1834	26,8	22,0	17,1	22,0	23,2	19,5	100,0	18,3	20,7	22,0	22,0	17,1	24,4	93,9	20,7	23,2	20,7	23,2	25,6	20,7	25,6
RegG1836	19,0	19,0	14,3	20,2	23,8	16,7	17,9	100,0	19,0	17,9	13,1	15,5	14,3	15,5	19,0	20,2	15,5	21,4	20,2	20,2	23,8
RicK1836	35,7	53,6	29,8	35,7	33,3	28,6	20,2	19,0	100,0	32,1	26,2	26,2	28,6	20,2	28,6	35,7	29,8	26,2	22,6	31,0	29,8
OrtE1840	36,1	28,9	21,7	25,3	25,3	21,7	21,7	18,1	32,5	100,0	26,5	26,5	24,1	24,1	22,9	21,7	24,1	28,9	24,1	24,1	18,1
WalL1840	32,9	29,1	25,3	20,3	25,3	17,7	22,8	13,9	27,8	27,8	100,0	16,5	26,6	22,8	29,1	25,3	21,5	31,6	22,8	26,6	22,8
JorW1861	28,4	27,2	25,9	28,4	24,7	19,8	17,3	16,0	27,2	27,2	16,0	100,0	17,3	18,5	24,7	30,9	19,8	22,2	21,0	28,4	23,5
BodF1862	30,4	25,3	16,5	25,3	24,1	26,6	25,3	15,2	30,4	25,3	26,6	17,7	100,0	24,1	27,8	38,0	24,1	31,6	17,7	21,5	22,8
MolM1865	26,8	23,2	19,5	20,7	24,4	18,3	93,9	15,9	20,7	24,4	22,0	18,3	23,2	100,0	23,2	22,0	20,7	24,4	25,6	20,7	25,6
GelF1867	30,6	25,9	28,2	25,9	30,6	22,4	20,0	18,8	28,2	22,4	27,1	23,5	25,9	22,4	100,0	32,9	27,1	31,8	23,5	29,4	28,2
SimK1867	32,9	31,8	23,5	36,5	32,9	27,1	22,4	20,0	35,3	21,2	23,5	29,4	35,3	21,2	32,9	100,0	25,9	28,2	21,2	30,6	25,9
FriH1869	27,8	27,8	25,0	26,4	26,4	23,6	23,6	18,1	34,7	27,8	23,6	22,2	26,4	23,6	31,9	30,6	100,0	30,6	27,8	29,2	23,6
NeiA1869	36,3	25,0	21,3	28,8	26,3	21,3	23,8	22,5	27,5	30,0	31,3	22,5	31,3	25,0	33,8	30,0	27,5	100,0	20,0	26,3	23,8
TscB1870	22,4	25,9	24,7	21,2	25,9	16,5	24,7	20,0	22,4	23,5	21,2	20,0	16,5	24,7	23,5	21,2	23,5	18,8	100,0	23,5	25,9
GilO1871	28,9	33,7	30,1	27,7	27,7	22,9	20,5	20,5	31,3	24,1	25,3	27,7	20,5	20,5	30,1	31,3	25,3	25,3	24,1	100,0	31,3
KraF1872	25,9	30,9	23,5	24,7	30,9	19,8	25,9	24,7	30,9	18,5	22,2	23,5	22,2	25,9	29,6	27,2	21,0	23,5	27,2	32,1	100,0
Ar. Mittel	*33,0*	*31,7*	*27,3*	*29,5*	*30,7*	*25,2*	*29,0*	*22,7*	*33,8*	*28,7*	*27,1*	*26,5*	*27,5*	*29,2*	*30,8*	*32,3*	*26,8*	*29,5*	*26,9*	*30,3*	*28,7*
Std.abw.	*15,6*	*16,7*	*16,9*	*16,4*	*15,8*	*17,0*	*22,2*	*17,5*	*16,6*	*16,4*	*16,9*	*16,9*	*16,9*	*22,1*	*16,0*	*16,0*	*16,6*	*16,2*	*16,7*	*16,1*	*16,3*

7.5.5.2. Sonett 2: PEARSONsche Korrelationskoeffizienten der ZT (Worte)

Textkürzel	EscJ1787	KanK1803	TieL1807	LacK1820	TieD1825	SchA1826	RodS1834	RegG1836	RicK1836	OrtE1840	WalL1840	JorW1861	BodF1862	MolM1865	GelF1867	SimK1867	FriH1869	NeiA1869	TscB1870	GilO1871	KraF1872
EscJ1787	1																				
KanK1803	-0,0197	1																			
TieL1807	0,0535	0,1021	1																		
LacK1820	0,0990	-0,0079	-0,0070	1																	
TieD1825	-0,0419	0,1315	0,1172	0,0604	1																
SchA1826	-0,0664	-0,0372	-0,1590	-0,1240	-0,0574	1															
RodS1834	-0,1090	-0,1701	-0,2080	-0,1631	-0,1225	-0,1370	1														
RegG1836	-0,2192	-0,1398	-0,1979	-0,0928	-0,0064	-0,1268	-0,1345	1													
RicK1836	0,1034	0,6285	0,1128	0,1931	0,1471	0,0657	-0,2585	-0,1760	1												
OrtE1840	0,1699	0,0643	-0,0662	-0,0299	-0,0538	-0,0690	-0,1066	-0,1598	0,1115	1											
WalL1840	0,0995	0,0659	0,0332	-0,1479	-0,0331	-0,1538	-0,0772	-0,2371	0,0070	0,0618	1										
JorW1861	-0,0061	0,0471	0,0778	0,0911	-0,0181	-0,0910	-0,2150	-0,1630	0,0261	0,0407	-0,1984	1									
BodF1862	0,0351	-0,0338	-0,2167	-0,0141	-0,0723	0,0760	-0,0248	-0,2091	0,0528	-0,0167	0,0660	-0,1760	1								
MolM1865	-0,1043	-0,1563	-0,1765	-0,1759	-0,1087	-0,1530	0,9947	-0,1624	-0,2548	-0,0797	-0,0716	-0,1993	-0,0408	1							
GelF1867	0,0100	-0,0281	0,0968	-0,0192	0,0975	-0,0687	-0,1862	-0,1470	-0,0042	-0,1220	0,0634	-0,0412	0,0245	-0,1602	1						
SimK1867	0,0515	0,1158	-0,0498	0,2474	0,1393	0,0540	-0,1863	-0,1414	0,1861	-0,1601	-0,0645	0,0965	0,2523	-0,2011	0,1264	1					
FriH1869	-0,0614	0,0195	-0,0024	-0,0162	-0,0289	-0,0285	-0,0953	-0,1516	0,1246	0,0206	-0,0313	-0,0745	0,0287	-0,0937	0,0952	0,0421	1				
NeiA1869	0,1464	-0,0868	-0,1173	0,0290	-0,0521	-0,0990	-0,0870	-0,0709	-0,0508	0,0787	0,1604	-0,0944	0,1618	-0,0750	0,1426	0,0323	0,0869	1			
TscB1870	-0,1886	-0,0082	0,0371	-0,1343	0,0036	-0,1968	0,0076	-0,0630	-0,1322	-0,0581	-0,0712	-0,1013	-0,2204	0,0107	-0,0843	-0,1866	0,0203	-0,1892	1		
GilO1871	-0,0448	0,1861	0,1563	0,0232	0,0300	-0,0612	-0,2040	-0,1031	0,1033	-0,0812	-0,0018	0,0813	-0,1420	-0,2004	0,0682	0,0743	0,0352	-0,0562	-0,0582	1	
KraF1872	-0,1363	0,1053	-0,0228	-0,0597	0,1084	-0,1326	-0,0200	0,0236	0,0493	-0,2230	-0,0796	-0,0443	-0,0972	-0,0207	0,0435	-0,0338	-0,0803	-0,1039	0,0334	0,1313	1

Anm.: Hervorhebung der Koeffizienten k in Abhängigkeit der Irrtumswahrscheinlichkeit (gerundet auf vier Dezimalstellen): Wenn $k <= 1\%$ fett, wenn $1\% < k <= 5\%$ fett und kursiv.

Da der Korrelationskoeffizient für jedes Textpaar identisch ist, wird der Übersichtlichkeit halber jeder Wert nur einmal angegeben.

7.5.5.2. Sonett 2: PEARSONsche Korrelationskoeffizienten der ZT (Worte)

Textkürzel	EscJ1787	KanK1803	TieL1807	LacK1820	TieD1825	SchA1826	RodS1834	RegG1836	RicK1836	OrtE1840	WalL1840	JorW1861	BodF1862	MolM1865	GelF1867	SimK1867	FriH1869	NeiA1869	TscB1870	GilO1871	KraF1872
EscJ1787	1																				
KanK1803	-0,0197	1																			
TieL1807	0,0535	0,1021	1																		
LacK1820	0,0990	-0,0079	-0,0070	1																	
TieD1825	-0,0419	0,1315	0,1172	0,0604	1																
SchA1826	-0,0664	-0,0372	-0,1590	-0,1240	-0,0574	1															
RodS1834	-0,1090	-0,1701	-0,2080	-0,1631	-0,1225	-0,1370	1														
RegG1836	-0,2192	-0,1398	-0,1979	-0,0928	-0,0064	-0,1268	-0,1345	1													
RicK1836	0,1034	0,6285	0,1128	0,1931	0,1471	0,0657	-0,2585	-0,1760	1												
OrtE1840	0,1699	0,0643	-0,0662	-0,0299	-0,0538	-0,0690	-0,1066	-0,1598	0,1115	1											
WalL1840	0,0995	0,0659	0,0332	-0,1479	-0,0331	-0,1538	-0,0772	-0,2371	0,0070	0,0618	1										
JorW1861	-0,0061	0,0471	0,0778	0,0911	-0,0181	-0,0910	-0,2150	-0,1630	0,0261	0,0407	-0,1984	1									
BodF1862	0,0351	-0,0338	-0,2167	-0,0141	-0,0723	0,0760	-0,0248	-0,2091	0,0528	-0,0167	0,0660	-0,1760	1								
MolM1865	-0,1043	-0,1563	-0,1765	-0,1759	-0,1087	-0,1530	0,9947	-0,1624	-0,2548	-0,0797	-0,0716	-0,1993	-0,0408	1							
GelF1867	0,0100	-0,0281	0,0968	-0,0192	0,0975	-0,0687	-0,1862	-0,1470	-0,0042	-0,1220	0,0634	-0,0412	0,0245	-0,1602	1						
SimK1867	0,0515	0,1158	-0,0498	0,2474	0,1393	0,0540	-0,1863	-0,1414	0,1861	-0,1601	-0,0645	0,0965	0,2523	-0,2011	0,1264	1					
FriH1869	-0,0614	0,0195	-0,0024	-0,0162	-0,0289	-0,0285	-0,0953	-0,1516	0,1246	0,0206	-0,0313	-0,0745	0,0287	-0,0937	0,0952	0,0421	1				
NeiA1869	0,1464	-0,0868	-0,1173	0,0290	-0,0521	-0,0990	-0,0870	-0,0709	-0,0508	0,0787	0,1604	-0,0944	0,1618	-0,0750	0,1426	0,0323	0,0869	1			
TscB1870	-0,1886	-0,0082	0,0371	-0,1343	0,0036	-0,1968	0,0076	-0,0630	-0,1322	-0,0581	-0,0712	-0,1013	-0,2204	0,0107	-0,0843	-0,1866	0,0203	-0,1892	1		
GilO1871	-0,0448	0,1861	0,1563	0,0232	0,0300	-0,0612	-0,2040	-0,1031	0,1033	-0,0812	-0,0018	0,0813	-0,1420	-0,2004	0,0682	0,0743	0,0352	-0,0562	-0,0582	1	
KraF1872	-0,1363	0,1053	-0,0228	-0,0597	0,1084	-0,1326	-0,0200	0,0236	0,0493	-0,2230	-0,0796	-0,0443	-0,0972	-0,0207	0,0435	-0,0338	-0,0803	-0,1039	0,0334	0,1313	1

Anm.: Hervorhebung der Koeffizienten *k* in Abhängigkeit der Irrtumswahrscheinlichkeit (gerundet auf vier Dezimalstellen): Wenn *k* <= 1% fett, wenn 1% < *k* <= 5% fett und kursiv.

Da der Korrelationskoeffizient für jedes Textpaar identisch ist, wird der Übersichtlichkeit halber jeder Wert nur einmal angegeben.

7.5.5.4. Sonett 116: Prozentuale ZT-Übereinstimmungen (Wortebene)

Textkürzel	LacK1820	TieD1825	SchA1826	RodS1834	RegG1836	RicK1836	OrtE1840	WalL1840	JorW1861	BodF1862	MolM1865	GelF1867	SimK1867	FriH1869	NeiA1869	TscB1870	GilO1871	KraF1872
LacK1820	100	25,3	43,4	19,3	25,3	47,0	28,9	27,7	26,5	25,3	19,3	26,5	28,9	25,3	0,0	24,1	26,5	1,2
TieD1825	27,3	100	27,3	24,7	32,5	24,7	36,4	28,6	35,1	42,9	26,0	36,4	35,1	35,1	0,0	39,0	39,0	1,3
SchA1826	41,9	24,4	100	26,7	25,6	50,0	48,8	29,1	26,7	26,7	25,6	24,4	31,4	20,9	0,0	27,9	33,7	1,2
RodS1834	21,1	25,0	30,3	100	30,3	30,3	22,4	27,6	25,0	30,3	97,4	25,0	22,4	21,1	0,0	28,9	28,9	7,9
RegG1836	27,3	32,5	28,6	29,9	100	26,0	45,5	32,5	31,2	41,6	28,6	35,1	41,6	23,4	0,0	32,5	33,8	9,1
RicK1836	47,0	22,9	51,8	27,7	24,1	100	38,6	31,3	27,7	26,5	26,5	27,7	28,9	24,1	0,0	28,9	28,9	0,0
OrtE1840	28,9	33,7	50,6	20,5	42,2	38,6	100	34,9	32,5	31,3	21,7	28,9	41,0	25,3	0,0	39,8	41,0	1,2
WalL1840	27,1	25,9	29,4	24,7	29,4	30,6	34,1	100	30,6	31,8	24,7	38,8	29,4	30,6	0,0	29,4	31,8	0,0
JorW1861	28,2	34,6	29,5	24,4	30,8	29,5	34,6	33,3	100	37,2	24,4	37,2	33,3	33,3	0,0	34,6	35,9	1,3
BodF1862	25,6	40,2	28,0	28,0	39,0	26,8	31,7	32,9	35,4	100	29,3	36,6	42,7	31,7	0,0	47,6	46,3	0,0
MolM1865	21,3	26,7	29,3	98,7	29,3	29,3	24,0	28,0	25,3	32,0	100	26,7	21,3	21,3	0,0	30,7	30,7	8,0
GelF1867	28,6	36,4	27,3	24,7	35,1	29,9	31,2	42,9	37,7	39,0	26,0	100	35,1	35,1	0,0	32,5	33,8	0,0
SimK1867	30,4	34,2	34,2	21,5	40,5	30,4	43,0	31,6	32,9	44,3	20,3	34,2	100	31,6	0,0	44,3	38,0	0,0
FriH1869	26,9	34,6	23,1	20,5	23,1	25,6	26,9	33,3	33,3	33,3	20,5	34,6	32,1	100	0,0	32,1	32,1	1,3
NeiA1869	0,0	0,0	0,0	0,0	0,0	0,0	0,0	0,0	0,0	0,0	0,0	0,0	0,0	0,0	100	0,0	0,0	0,0
TscB1870	22,7	34,1	27,3	25,0	28,4	27,3	37,5	28,4	30,7	44,3	26,1	28,4	39,8	28,4	0,0	100	37,5	1,1
GilO1871	27,5	37,5	36,3	27,5	32,5	30,0	42,5	33,8	35,0	47,5	28,8	32,5	37,5	31,3	0,0	41,3	100	1,3
KraF1872	1,3	1,3	1,3	7,8	9,1	0,0	1,3	0,0	1,3	0,0	7,8	0,0	0,0	1,3	0,0	1,3	1,3	100
Ar. Mittel	*29,6*	*31,6*	*33,2*	*30,6*	*32,1*	*32,0*	*34,9*	*32,0*	*31,5*	*35,2*	*30,7*	*31,8*	*33,4*	*28,9*	*5,6*	*34,1*	*34,4*	*7,5*
Std.abw.	*20,2*	*19,8*	*20,6*	*25,3*	*19,2*	*20,4*	*20,3*	*19,6*	*19,5*	*20,3*	*25,1*	*19,7*	*20,1*	*19,8*	*22,9*	*20,0*	*19,7*	*22,6*

7.5.5.4. Sonett 116: Prozentuale Übereinstimmungen auf der Wortebene

Textkürzel	LacK1820	TieD1825	SchA1826	RodS1834	RegG1836	RicK1836	OrtE1840	WalL1840	JorW1861	BodF1862	MolM1865	GelF1867	SimK1867	FriH1869	NeiA1869	TscB1870	GilO1871	KraF1872
LacK1820	100	25,3	43,4	19,3	25,3	47,0	28,9	27,7	26,5	25,3	19,3	26,5	28,9	25,3	0,0	24,1	26,5	1,2
TieD1825	27,3	100	27,3	24,7	32,5	24,7	36,4	28,6	35,1	42,9	26,0	36,4	35,1	35,1	0,0	39,0	39,0	1,3
SchA1826	41,9	24,4	100	26,7	25,6	50,0	48,8	29,1	26,7	26,7	25,6	24,4	31,4	20,9	0,0	27,9	33,7	1,2
RodS1834	21,1	25,0	30,3	100	30,3	30,3	22,4	27,6	25,0	30,3	97,4	25,0	22,4	21,1	0,0	28,9	28,9	7,9
RegG1836	27,3	32,5	28,6	29,9	100	26,0	45,5	32,5	31,2	41,6	28,6	35,1	41,6	23,4	0,0	32,5	33,8	9,1
RicK1836	47,0	22,9	51,8	27,7	24,1	100	38,6	31,3	27,7	26,5	26,5	27,7	28,9	24,1	0,0	28,9	28,9	0,0
OrtE1840	28,9	33,7	50,6	20,5	42,2	38,6	100	34,9	32,5	31,3	21,7	28,9	41,0	25,3	0,0	39,8	41,0	1,2
WalL1840	27,1	25,9	29,4	24,7	29,4	30,6	34,1	100	30,6	31,8	24,7	38,8	29,4	30,6	0,0	29,4	31,8	0,0
JorW1861	28,2	34,6	29,5	24,4	30,8	29,5	34,6	33,3	100	37,2	24,4	37,2	33,3	33,3	0,0	34,6	35,9	1,3
BodF1862	25,6	40,2	28,0	28,0	39,0	26,8	31,7	32,9	35,4	100	29,3	36,6	42,7	31,7	0,0	47,6	46,3	0,0
MolM1865	21,3	26,7	29,3	98,7	29,3	29,3	24,0	28,0	25,3	32,0	100	26,7	21,3	21,3	0,0	30,7	30,7	8,0
GelF1867	28,6	36,4	27,3	24,7	35,1	29,9	31,2	42,9	37,7	39,0	26,0	100	35,1	35,1	0,0	32,5	33,8	0,0
SimK1867	30,4	34,2	34,2	21,5	40,5	30,4	43,0	31,6	32,9	44,3	20,3	34,2	100	31,6	0,0	44,3	38,0	0,0
FriH1869	26,9	34,6	23,1	20,5	23,1	25,6	26,9	33,3	33,3	33,3	20,5	34,6	32,1	100	0,0	32,1	32,1	1,3
NeiA1869	0,0	0,0	0,0	0,0	0,0	0,0	0,0	0,0	0,0	0,0	0,0	0,0	0,0	0,0	100	0,0	0,0	0,0
TscB1870	22,7	34,1	27,3	25,0	28,4	27,3	37,5	28,4	30,7	44,3	26,1	28,4	39,8	28,4	0,0	100	37,5	1,1
GilO1871	27,5	37,5	36,3	27,5	32,5	30,0	42,5	33,8	35,0	47,5	28,8	32,5	37,5	31,3	0,0	41,3	100	1,3
KraF1872	1,3	1,3	1,3	7,8	9,1	0,0	1,3	0,0	1,3	0,0	7,8	0,0	0,0	1,3	0,0	1,3	1,3	100
Ar. Mittel	*29,6*	*31,6*	*33,2*	*30,6*	*32,1*	*32,0*	*34,9*	*32,0*	*31,5*	*35,2*	*30,7*	*31,8*	*33,4*	*28,9*	*5,6*	*34,1*	*34,4*	*7,5*
Std.abw.	*20,2*	*19,8*	*20,6*	*25,3*	*19,2*	*20,4*	*20,3*	*19,6*	*19,5*	*20,3*	*25,1*	*19,7*	*20,1*	*19,8*	*22,9*	*20,0*	*19,7*	*22,6*

7.5.5.6. Sonett 116: Fisher Z-transformierte PEARSONsche Korrelationskoeffizienten (Worte)

Textkürzel	LacK1820	TieD1825	SchA1826	RodS1834	RegG1836	RicK1836	OrtE1840	WalL1840	JorW1861	BodF1862	MolM1865	GelF1867	SimK1867	FriH1869	NeiA1869	TscB1870	GilO1871	KraF1872
LacK1820		0,14	0,58	-0,04	0,12	0,70	0,27	0,20	0,18	0,11	-0,05	0,18	0,23	0,16	-0,37	0,09	0,16	-0,37
TieD1825	0,14		0,12	0,05	0,31	0,08	0,35	0,22	0,40	0,56	0,07	0,43	0,40	0,40	-0,41	0,45	0,47	-0,40
SchA1826	0,58	0,12		0,10	0,16	0,81	0,68	0,23	0,18	0,13	0,09	0,13	0,29	0,05	-0,41	0,18	0,32	-0,40
RodS1834	-0,04	0,05	0,10		0,14	0,12	-0,05	0,08	0,04	0,12	3,80	0,05	-0,05	-0,03	-0,30	0,09	0,11	-0,12
RegG1836	0,12	0,31	0,16	0,14		0,10	0,52	0,26	0,27	0,47	0,13	0,35	0,50	0,10	-0,43	0,29	0,33	-0,23
RicK1836	0,70	0,08	0,81	0,12	0,10		0,43	0,26	0,19	0,11	0,11	0,18	0,22	0,11	-0,40	0,16	0,21	-0,42
OrtE1840	0,27	0,35	0,68	-0,05	0,52	0,43		0,34	0,33	0,31	-0,04	0,26	0,55	0,16	-0,44	0,44	0,51	-0,43
WalL1840	0,20	0,22	0,23	0,08	0,26	0,26	0,34		0,33	0,31	0,08	0,53	0,29	0,32	-0,42	0,24	0,32	-0,44
JorW1861	0,18	0,40	0,18	0,04	0,27	0,19	0,33	0,33		0,42	0,04	0,45	0,36	0,37	-0,41	0,34	0,40	-0,40
BodF1862	0,11	0,56	0,13	0,12	0,47	0,11	0,31	0,31	0,42		0,14	0,45	0,60	0,34	-0,45	0,67	0,67	-0,45
MolM1865	-0,05	0,07	0,09	3,80	0,13	0,11	-0,04	0,08	0,04	0,14		0,06	-0,06	-0,03	-0,31	0,10	0,12	-0,13
GelF1867	0,18	0,43	0,13	0,05	0,35	0,18	0,26	0,53	0,45	0,45	0,06		0,38	0,40	-0,41	0,29	0,34	-0,43
SimK1867	0,23	0,40	0,29	-0,05	0,50	0,22	0,55	0,29	0,36	0,60	-0,06	0,38		0,31	-0,43	0,57	0,47	-0,45
FriH1869	0,16	0,40	0,05	-0,03	0,10	0,11	0,16	0,32	0,37	0,34	-0,03	0,40	0,31		-0,37	0,28	0,31	-0,37
NeiA1869	-0,37	-0,41	-0,41	-0,30	-0,43	-0,40	-0,44	-0,42	-0,41	-0,45	-0,31	-0,41	-0,43	-0,37		-0,44	-0,45	-0,08
TscB1870	0,09	0,45	0,18	0,09	0,29	0,16	0,44	0,24	0,34	0,67	0,10	0,29	0,57	0,28	-0,44		0,52	-0,43
GilO1871	0,16	0,47	0,32	0,11	0,33	0,21	0,51	0,32	0,40	0,67	0,12	0,34	0,47	0,31	-0,45	0,52		-0,44
KraF1872	-0,37	-0,40	-0,40	-0,12	-0,23	-0,42	-0,43	-0,44	-0,40	-0,45	-0,13	-0,43	-0,45	-0,37	-0,08	-0,43	-0,44	

7.5.5.6. Sonett 116: Fisher Z-transformierte PEARSONsche Korrelationskoeffizienten (Worte)

Textkürzel	LacK1820	TieD1825	SchA1826	RodS1834	RegG1836	RicK1836	OrtE1840	WalL1840	JorW1861	BodF1862	MolM1865	GelF1867	SimK1867	FriH1869	NeiA1869	TscB1870	GilO1871	KraF1872
LacK1820		0,14	0,58	-0,04	0,12	0,70	0,27	0,20	0,18	0,11	-0,05	0,18	0,23	0,16	-0,37	0,09	0,16	-0,37
TieD1825	0,14		0,12	0,05	0,31	0,08	0,35	0,22	0,40	0,56	0,07	0,43	0,40	0,40	-0,41	0,45	0,47	-0,40
SchA1826	0,58	0,12		0,10	0,16	0,81	0,68	0,23	0,18	0,13	0,09	0,13	0,29	0,05	-0,41	0,18	0,32	-0,40
RodS1834	-0,04	0,05	0,10		0,14	0,12	-0,05	0,08	0,04	0,12	3,80	0,05	-0,05	-0,03	-0,30	0,09	0,11	-0,12
RegG1836	0,12	0,31	0,16	0,14		0,10	0,52	0,26	0,27	0,47	0,13	0,35	0,50	0,10	-0,43	0,29	0,33	-0,23
RicK1836	0,70	0,08	0,81	0,12	0,10		0,43	0,26	0,19	0,11	0,11	0,18	0,22	0,11	-0,40	0,16	0,21	-0,42
OrtE1840	0,27	0,35	0,68	-0,05	0,52	0,43		0,34	0,33	0,31	-0,04	0,26	0,55	0,16	-0,44	0,44	0,51	-0,43
WalL1840	0,20	0,22	0,23	0,08	0,26	0,26	0,34		0,33	0,31	0,08	0,53	0,29	0,32	-0,42	0,24	0,32	-0,44
JorW1861	0,18	0,40	0,18	0,04	0,27	0,19	0,33	0,33		0,42	0,04	0,45	0,36	0,37	-0,41	0,34	0,40	-0,40
BodF1862	0,11	0,56	0,13	0,12	0,47	0,11	0,31	0,31	0,42		0,14	0,45	0,60	0,34	-0,45	0,67	0,67	-0,45
MolM1865	-0,05	0,07	0,09	3,80	0,13	0,11	-0,04	0,08	0,04	0,14		0,06	-0,06	-0,03	-0,31	0,10	0,12	-0,13
GelF1867	0,18	0,43	0,13	0,05	0,35	0,18	0,26	0,53	0,45	0,45	0,06		0,38	0,40	-0,41	0,29	0,34	-0,43
SimK1867	0,23	0,40	0,29	-0,05	0,50	0,22	0,55	0,29	0,36	0,60	-0,06	0,38		0,31	-0,43	0,57	0,47	-0,45
FriH1869	0,16	0,40	0,05	-0,03	0,10	0,11	0,16	0,32	0,37	0,34	-0,03	0,40	0,31		-0,37	0,28	0,31	-0,37
NeiA1869	-0,37	-0,41	-0,41	-0,30	-0,43	-0,40	-0,44	-0,42	-0,41	-0,45	-0,31	-0,41	-0,43	-0,37		-0,44	-0,45	-0,08
TscB1870	0,09	0,45	0,18	0,09	0,29	0,16	0,44	0,24	0,34	0,67	0,10	0,29	0,57	0,28	-0,44		0,52	-0,43
GilO1871	0,16	0,47	0,32	0,11	0,33	0,21	0,51	0,32	0,40	0,67	0,12	0,34	0,47	0,31	-0,45	0,52		-0,44
KraF1872	-0,37	-0,40	-0,40	-0,12	-0,23	-0,42	-0,43	-0,44	-0,40	-0,45	-0,13	-0,43	-0,45	-0,37	-0,08	-0,43	-0,44	

7.5.5.8. Sonett 2: PEARSONsche Korrelationskoeffizienten (Grundformen)

Textkürzel	EscJ1787	KanK1803	TieL1807	LacK1820	TieD1825	SchA1826	RodS1834	RegG1836	RicK1836	OrtE1840	WalL1840	JorW1861	BodF1862	MolM1865	GelF1867	SimK1867	FriH1869	NeiA1869	TscB1870	GilO1871	KraF1872
EscJ1787	1																				
KanK1803	0,2895	1																			
TieL1807	-0,0166	0,1311	1																		
LacK1820	0,2585	0,1944	-0,0582	1																	
TieD1825	0,1757	0,0140	-0,0609	0,1563	1																
SchA1826	-0,1941	-0,2981	-0,2739	-0,1765	0,0073	1															
RodS1834	0,2760	0,2411	-0,0637	0,2705	0,1224	-0,2292	1														
RegG1836	-0,2009	-0,1863	-0,3125	-0,1348	-0,0397	-0,0486	-0,1247	1													
RicK1836	0,3001	**0,6966**	0,0369	***0,4458***	0,1311	-0,2500	0,2365	-0,1458	1												
OrtE1840	-0,0809	0,0053	0,0635	0,0209	-0,1429	-0,1957	0,1137	-0,1895	0,0527	1											
WalL1840	0,0615	0,2022	0,1679	0,1907	0,0461	-0,2753	0,2348	-0,2636	0,1444	-0,0794	1										
JorW1861	-0,0879	-0,0361	0,1372	-0,1411	0,1181	-0,1311	-0,0566	-0,2393	-0,0441	0,0088	-0,1555	1									
BodF1862	0,2977	0,0105	-0,2694	0,2078	0,2645	0,0037	0,2238	-0,0941	0,1446	-0,0475	0,0424	-0,0921	1								
MolM1865	0,2941	0,2479	-0,0091	0,2271	0,1251	-0,2599	**0,9838**	-0,1556	0,2150	0,1413	0,2618	-0,0254	0,1951	1							
GelF1867	0,0461	0,0207	-0,1778	-0,0286	0,1699	-0,0885	-0,0199	-0,1175	-0,0225	-0,1759	0,0470	-0,1544	0,0791	-0,0086	1						
SimK1867	0,1074	0,1201	-0,1478	0,2276	0,2934	-0,0707	0,2818	-0,1682	0,1918	-0,1198	0,0046	0,1476	0,3479	0,2515	0,0014	1					
FriH1869	-0,1178	0,2132	0,1116	0,0414	-0,1112	-0,1767	-0,0068	-0,2405	0,1519	0,0050	0,1647	-0,0233	-0,0875	-0,0123	-0,0761	0,0335	1				
NeiA1869	0,2897	0,0679	-0,1100	0,0770	0,1429	-0,1593	0,1589	-0,0642	0,1228	0,0078	0,0722	-0,0557	0,2657	0,1991	0,2842	0,0952	-0,0686	1			
TscB1870	-0,0557	0,0158	-0,1484	0,0372	-0,1280	-0,3038	0,0530	-0,1427	-0,0401	-0,0539	0,0595	-0,0178	-0,0567	0,0436	-0,1541	-0,0042	0,1581	-0,1106	1		
GilO1871	0,1385	0,1110	0,0773	0,0290	0,0428	-0,2211	-0,0435	-0,1554	0,0501	-0,0412	0,0897	-0,0876	-0,0935	-0,0422	0,0569	-0,0351	0,0460	0,0999	-0,0868	1	
KraF1872	0,3003	0,3146	-0,0083	0,0937	0,1736	-0,2397	0,1896	-0,1313	0,2350	-0,0423	0,0583	0,1110	0,0726	0,2021	0,1151	0,2307	-0,0951	0,1546	0,0708	0,1144	1

Anm.: Hervorhebung der Koeffizienten k in Abhängigkeit der Irrtumswahrscheinlichkeit (gerundet auf vier Dezimalstellen): Wenn $k <= 1\%$ fett, wenn $1\% < k <= 5\%$ fett und kursiv.

7.5.5.8. Sonett 2: PEARSONsche Korrelationskoeffizienten (Grundformen)

Textkürzel	EscJ1787	KanK1803	TieL1807	LacK1820	TieD1825	SchA1826	RodS1834	RegG1836	RicK1836	OrtE1840	WalL1840	JorW1861	BodF1862	MolM1865	GelF1867	SimK1867	FriH1869	NeiA1869	TscB1870	GilO1871	KraF1872
EscJ1787	1																				
KanK1803	0,2895	1																			
TieL1807	-0,0166	0,1311	1																		
LacK1820	0,2585	0,1944	-0,0582	1																	
TieD1825	0,1757	0,0140	-0,0609	0,1563	1																
SchA1826	-0,1941	-0,2981	-0,2739	-0,1765	0,0073	1															
RodS1834	0,2760	0,2411	-0,0637	0,2705	0,1224	-0,2292	1														
RegG1836	-0,2009	-0,1863	-0,3125	-0,1348	-0,0397	-0,0486	-0,1247	1													
RicK1836	0,3001	**0,6966**	0,0369	***0,4458***	0,1311	-0,2500	0,2365	-0,1458	1												
OrtE1840	-0,0809	0,0053	0,0635	0,0209	-0,1429	-0,1957	0,1137	-0,1895	0,0527	1											
WalL1840	0,0615	0,2022	0,1679	0,1907	0,0461	-0,2753	0,2348	-0,2636	0,1444	-0,0794	1										
JorW1861	-0,0879	-0,0361	0,1372	-0,1411	0,1181	-0,1311	-0,0566	-0,2393	-0,0441	0,0088	-0,1555	1									
BodF1862	0,2977	0,0105	-0,2694	0,2078	0,2645	0,0037	0,2238	-0,0941	0,1446	-0,0475	0,0424	-0,0921	1								
MolM1865	0,2941	0,2479	-0,0091	0,2271	0,1251	-0,2599	**0,9838**	-0,1556	0,2150	0,1413	0,2618	-0,0254	0,1951	1							
GelF1867	0,0461	0,0207	-0,1778	-0,0286	0,1699	-0,0885	-0,0199	-0,1175	-0,0225	-0,1759	0,0470	-0,1544	0,0791	-0,0086	1						
SimK1867	0,1074	0,1201	-0,1478	0,2276	0,2934	-0,0707	0,2818	-0,1682	0,1918	-0,1198	0,0046	0,1476	0,3479	0,2515	0,0014	1					
FriH1869	-0,1178	0,2132	0,1116	0,0414	-0,1112	-0,1767	-0,0068	-0,2405	0,1519	0,0050	0,1647	-0,0233	-0,0875	-0,0123	-0,0761	0,0335	1				
NeiA1869	0,2897	0,0679	-0,1100	0,0770	0,1429	-0,1593	0,1589	-0,0642	0,1228	0,0078	0,0722	-0,0557	0,2657	0,1991	0,2842	0,0952	-0,0686	1			
TscB1870	-0,0557	0,0158	-0,1484	0,0372	-0,1280	-0,3038	0,0530	-0,1427	-0,0401	-0,0539	0,0595	-0,0178	-0,0567	0,0436	-0,1541	-0,0042	0,1581	-0,1106	1		
GilO1871	0,1385	0,1110	0,0773	0,0290	0,0428	-0,2211	-0,0435	-0,1554	0,0501	-0,0412	0,0897	-0,0876	-0,0935	-0,0422	0,0569	-0,0351	0,0460	0,0999	-0,0868	1	
KraF1872	0,3003	0,3146	-0,0083	0,0937	0,1736	-0,2397	0,1896	-0,1313	0,2350	-0,0423	0,0583	0,1110	0,0726	0,2021	0,1151	0,2307	-0,0951	0,1546	0,0708	0,1144	1

Anm.: Hervorhebung der Koeffizienten *k* in Abhängigkeit der Irrtumswahrscheinlichkeit (gerundet auf vier Dezimalstellen): Wenn *k* <= 1% fett, wenn 1% < *k* <= 5% fett und kursiv.

7.6. Sonett 2: Interlineare Syntaxübersicht (je AT-Satz)

Text	Satz	Syntaktische Struktur
ShaW1609	1	[S [Fa *Winters beseige,* [Fa+ *digge* Fa+] Fa], *liuery* [Z], *Wil be a weed* S].
EscJ1787	1	[S [Fa *Winter sich gelagert,* [Fa+ *werden geschnitten haben* Fa+] Fa], *wird Schmuck* [Fr] *ein Gewand seyn* S].
KanK1803	1	[S [Fa *Belagern Winter,* [Fa- *Ziehn Gräben sie* Fa-] Fa], *Jugendschmuck,* [Z] *Ist ein Fetzen,* [Fr] S].
TieL1807	1	[S [Fa *Belagern Winter,* [Tg *Tieffurchend* Tg] Fa], *Panier Ist Gewand* S]
LacK1820	1	[S [Fa *Winter besetzt,* [Fa- *geführt* Fa-] Fa], – *Tracht,* [Z], *Wird Kleid,* [Fr] S].
TieD1825	1	[S [Fa *Fühlst Du,* [Fr *[Winter] messen* Fr] Fa], *Schmuck,* [S+ *vergessen* S+] S]
SchA1826	1	[S [Fa *Umlagern Winter,* [Tg *öffnend* Tg] Fa], – *Scmuck,* [Z], *Ist Kleid,* S]
RodS1834	1	[S [Fa *Winter umlagern,* [Fa+ *einfurchen* Fa+] Fa], *Kleid wird gleichen* S]
RegG1836	1	[S [Fa *Winter umnachten* [Fa+ *durchfurchen* Fa+] Fa], *Jugendflor,* [Fr], *Kleid* [Fr] S].
RicK1836	1	[S [Fa *Belagern Winter,* [Fa- *Ziehn Gräben sie* Fa-] Fa], *Schmuck,* [Z], *Ist Kleid,* [Fr] S].
OrtE1840	1	[S [Fa *Umlagern Winter,* [Fa+ *zeigen Furchen* Fa+] Fa], *Jugendkleid,* [Z], *gleichen* S].
WalL1840	1	[S [Fa *Zeit furcht* Fa], *Ist Kraut Kleid,* [Z [Z+] Z] S].
JorW1861	1	[S [Fa *Winter geprägt* Fa], *Wird Schmuck Entwerthet sein* [S+ *gleichen* S+] S].
BodF1862	1	[S *wird,* [Fa *Du gelebt* Fa], *Stirne schlagen* S], [S *Glanz,* [Z], *Wird werthlos,* [Fr (*Kleid*)] S].
MolM1865	1	[S [Fa *Winter umlagern,* [Fa+ *einfurchen* Fa+] Fa], *wird Prachtgewand gleichen* S].
GelF1867	1	[S [Fa *Winter befehden,* [Fa- *ziehn* Fa-] Fa], *Ist Gewand,* [Fr] *Fähnchen* S].
SimK1867	1	[S? [Fa *Umlagert Jahrhundert,* [Tg *ziehnd* [Fa *Daß Kleid,* [Z], *Gewand nicht gefällt* Fa].
FriH1869	1	[S [Fa *belagern Jahre,* [Fa+ *ziehn,* [Fa- *Kleid,* [Z], *verlor als Gewand,* Fa-] Fa+] Fa].
NeiA1869	1	[S [Fa *Jahre runzeln* [Fa+ *ziehn* Fa+] Fa], *Wird Zier Gewand sein* S].
TscB1870	1	[S [Fa *Umlagern Winter,* [Tg *Durchfurchend* Tg] Fa], *Ist Gewand,* [Z], *Gebilde* S].
GilO1871	1	[S? [Fa *Winter berennen* [Fa+ *ziehn* Fa+] Fa], *Wer wird kennen,* [S?+ *wer achtet* S?+] S?]?
KraF1872	1	[S [Fa *Winter,* [Tg *rückend* Tg], *ziehn* Fa], *Ist Jugendstaat,* [Z], *Kleid* – [S- *niemand sieht mehr an* S-] S].

Abbildung 7-12: Interlineare Syntaxübersicht zu 2.1-4

7.6. Sonett 2: Interlineare Syntaxübersicht (je AT-Satz)

Text	Satz	Syntaktische Struktur
ShaW1609	1	[S [Fa *Winters beseige,* [Fa+ *digge* Fa+] Fa]. *liuery* [Z]. *Wil be a weed* S].
EscJ1787	1	[S [Fa *Winter sich gelagert,* [Fa+ *werden geschnitten haben* Fa+] Fa]. *wird Schmuck* [Fr] *ein Gewand seyn* S].
KanK1803	1	[S [Fa *Belagern Winter,* [Fa- *Ziehn Gräben sie* Fa-] Fa]. *Jugendschmuck,* [Z] *Ist ein Fetzen,* [Fr] S].
TieL1807	1	[S [Fa *Belagern Winter,* [Tg *Tieffurchend* Tg] Fa]. *Panier Ist Gewand* S].
LacK1820	1	[S [Fa *Winter besetzt,* [Fa- *geführt* Fa-] Fa]. – *Tracht.* [Z]. *Wird Kleid,* [Fr] S].
TieD1825	1	[S [Fa *Fühlst Du,* [Fr *[Winter] messen* Fr] Fa]. *Schmuck.* [S+ *vergessen* S+] S].
SchA1826	1	[S [Fa *Umlagern Winter,* [Tg *öffnend* Tg] Fa]. – *Scmuck,* [Z]. *Ist Kleid,* S].
RodS1834	1	[S [Fa *Winter umlagern,* [Fa+ *einfurchen* Fa+] Fa]. *Kleid wird gleichen* S].
RegG1836	1	[S [Fa *Winter umnachten* [Fa+ *durchfurchen* Fa+] Fa]. *Jugendflor,* [Fr]. *Kleid* [Fr] S].
RicK1836	1	[S [Fa *Belagern Winter,* [Fa- *Ziehn Gräben sie* Fa-] Fa]. *Schmuck,* [Z]. *Ist Kleid,* [Fr] S].
OrtE1840	1	[S [Fa *Umlagern Winter,* [Fa+ *zeigen Furchen* Fa+] Fa]. *Jugendkleid,* [Z]. *gleichen* S].
WalL1840	1	[S [Fa *Zeit furcht* Fa]. *Ist Kraut Kleid,* [Z [Z+] Z] S].
JorW1861	1	[S [Fa *Winter geprägt* Fa]. *Wird Schmuck Entwerthet sein* [S+ *gleichen* S+] S].
BodF1862	1	[S *wird,* [Fa *Du gelebt* Fa]. *Stirne schlagen* S]. [S *Glanz,* [Z]. *Wird werthlos,* [Fr *(Kleid)*] S].
MolM1865	1	[S [Fa *Winter umlagern,* [Fa+ *einfurchen* Fa+] Fa]. *wird Prachtgewand gleichen* S].
GelF1867	1	[S [Fa *Winter befehden,* [Fa- *ziehn* Fa-] Fa]. *Ist Gewand,* [Fr] *Fähnchen* S].
SimK1867	1	[S? [Fa *Umlagert Jahrhundert,* [Tg *ziehnd* [Fa *Daß Kleid,* [Z]. *Gewand nicht gefällt* Fa].
FriH1869	1	[S [Fa *belagern Jahre,* [Fa+ *ziehn,* [Fa- *Kleid,* [Z]. *verlor als Gewand.* Fa-] Fa+] Fa].
NeiA1869	1	[S [Fa *Jahre runzeln* [Fa+ *ziehn* Fa+] Fa]. *Wird Zier Gewand sein* S].
TscB1870	1	[S [Fa *Umlagern Winter,* [Tg *Durchfurchend* Tg] Fa]. *Ist Gewand,* [Z]. *Gebilde* S].
GilO1871	1	[S? [Fa *Winter berennen* [Fa+ *ziehn* Fa+] Fa]. *Wer wird kennen,* [S?+ *wer achtet* S?+] S?]?
KraF1872	1	[S [Fa *Winter,* [Tg *rückend* Tg]. *ziehn* Fa]. *Ist Jugendstaat,* [Z]. *Kleid* – [S- *niemand sieht mehr an* S-] S].

Abbildung 7-12: Interlineare Syntaxübersicht zu 2.1-4

Text	Satz.	
ShaW1609	3	[S deseru'd vse, [Fa thou couldst answere [Q [S child Shall sum, [S+ make S+] S] Q] [Tg Proouing Tg] Fa] S].
EscJ1787	3	[S würde Gebrauch verdienen, [Fa du antworten könntest: [Q [S Kind wird abtragen, [S+ entschuldigen S+] S+] Q];[Fa+ Reiz der deine wäre Fa+] Fa] S].
KanK1803	3	[S wollt' ich huld'gen [Fa Antwort'test du: [Q [S Kind, [Fr] Soll sein Zahler [S+ entschuld'gen S+] S] Q] [Tg Beweisend, [Fa Schönheit dein Fa] Tg] Fa] S].
TieL1807	4	[S ([...] man) entrichten [Fa Antwortest Du: [Q [S Kind Zahlt [S+ wird schlichten S+] S] Q] Fa] S], [S Reiz gehört S].
LacK1820	6	[S+ Lob ruht, [Fa Erwiderst du: [Q [S Kind, [Fr], Macht voll, [S- [macht] gut S-] S] Q] Fa];– [Fa Beweist er, [Fa- Reiz ist dein Fa-] Fa] S+]!
TieD1825	5	[S Nutzen könnte erfreuen [Fa Erwieder'st Du: [Q [S Kind ist mein, [S- Es tilgt, [S- wird erneuen S-] S-] S-] Q] Fa] S]. [S Der Reiz bliebe S].
SchA1826	4	[S höher ist Preis, [Fa Kannst du erwiedern: [Q [S Kind, Tilgt, [Tg verjüngend Tg] S] Q] Fa] – [Fa Schönheit blieb Fa] S].
RodS1834	4	[S gäbe Schönheit, [Fa könntest Antworten du: [Q [S! Kind sei Entschuldigung , [Fa ich nicht mehr schön bin Fa] S!] Q]; [Fa Schönheit zeugte Fa] S].
RegG1836	3	[S wies Schönheit sich, [Fa Könnt'st Du erwidern [Q [S Kind Tilgt, [S- vertritt, [Fa Reize Erben sind Fa] S-] S] Q] Fa] S].
RicK1836	4	[S tönt Preis, [Fa Erwiederst du: [Q [S! Kind, [Fr], Zahl', [S!- vertrete S!-] S!] Q] [Tg Beweisend, [Fa Reiz dein Fa] Tg] Fa] S].
OrtE1840	4	[S höher steigt Preis, [Fa Kannst du erwiedern: [Q [S! Kind, Soll thun, [Fn ich nicht thun kann Fn]! [S!- Es zeige, [Fa Blut rinnt Fa] S!-] S!] Fa] S] Q].
WalL1840	6	[S Gebrauch ist werth, [Fa du sagst: – [Q [S! gelehrt S!] Q] Fa] – [Fa gehörte Schönheit Fa] S].
JorW1861	5	[S Schönheit dürfte erwiedern: [Q [S Kind Soll zahlen, [Fa Vermächtniß Züge sind Fa] S] Q] S].
BodF1862	4	[S kläng' es, [Fa Erwiedert'st Du: [Q [S blüht Blume, [S- erneut Glut S-] S] Q] Fa] S].
MolM1865	4	[S gäbe dir, [Fa könntest Antworten du: [Q [S! Kind sei Entschuldigung, [Fa ich nicht mehr schön bin Fa] S!] Q]; [Fa Schönheit zeugte Fa] S].
GelF1867	4	[S, [Fa Schönheit getragen Fa], [S+ könntest sprechen: [Q [S Kindlein Wägt auf S] Q], - [Tg strahlend, [Fa ein Sproß Fa] Tg] S+] S].
SimK1867	3	[S Stolz wär Verwendung, [Fa du versetztest: [Q [S Kind Tilgt [Fa Reize Vermächtnis sind Fa] S] Q] Fa] S].
FriH1869	2	[S gäb's Schönheit Preis, [Fa Antwort wär: [Q [S Knabe, [Fr], entschuldigt, [S- Mein wären Gut und Habe S-] S] Q] Fa] S].
NeiA1869	4	[S [Fa+ legtest du nicht brach Fa+], könnt'st du sprechen: [Q [S! Sproß versöhnen mag S!] Q] S] – [S Er wäre Erbe S];
TscB1870	4	[S höher stünde Preis, [Fa Gäbst du: [Q [S [Fr] S] Q] Fa] S]. [S erkännte man S].
GilO1871	5	[S Ruhm ist, [Fa du sprechen kannst: [Q [S Kind Macht quitt, [S- entschlägt S-] S] Q] Fa] S]; [S Es erbt, [Fr] S].
KraF1872	4	[S wär' Nützung zu preisen, [Fa Könnt'st sagen Du: [Q [S Kind Tilgt, [S- entlastet S-] S] Q] – [Fa+ Reize Dein sind Fa+] Fa] S].

Abbildung 7-14: Interlineare Syntaxübersicht zu 2.9-12

Text	Satz.	
ShaW1609	3	[S *deseru'd vse,* [Fa *thou couldst answere* [Q [S *child Shall sum,* [S+ *make* S+] S] Q] [Tg *Proouing* Tg] Fa] S].
EscJ1787	3	[S *würde Gebrauch verdienen,* [Fa *du antworten könntest:* [Q [S *Kind wird abtragen,* [S+ *entschuldigen* S+] S+] Q];[Fa+ *Reiz der deine wäre* Fa+] Fa] S].
KanK1803	3	[S *wollt' ich huld'gen* [Fa *Antwort'test du:* [Q [S *Kind,* [Fr] *Soll sein Zahler* [S+ *entschuld'gen* S+] S] Q] [Tg *Beweisend,* [Fa *Schönheit dein* Fa] Tg] Fa] S].
TieL1807	4	[S *([...] man) entrichten* [Fa *Antwortest Du:* [Q [S *Kind Zahlt* [S+ *wird schlichten* S+] S] Q] Fa] S]. [S *Reiz gehört* S].
LacK1820	6	[S+ *Lob ruht,* [Fa *Erwiderst du:* [Q [S *Kind,* [Fr], *Macht voll,* [S- *[macht] gut* S-] S] Q] Fa];– [Fa *Beweist er,* [Fa- *Reiz ist dein* Fa-] Fa] S+]!
TieD1825	5	[S *Nutzen könnte erfreuen* [Fa *Erwieder'st Du:* [Q [S *Kind ist mein,* [S- *Es tilgt,* [S- *wird erneuen* S-] S-] S-] Q] Fa] S]. [S *Der Reiz bliebe* S].
SchA1826	4	[S *höher ist Preis,* [Fa *Kannst du erwiedern:* [Q [S *Kind, Tilgt,* [Tg *verjüngend* Tg] S] Q] Fa] – [Fa *Schönheit blieb* Fa] S].
RodS1834	4	[S *gäbe Schönheit,* [Fa *könntest Antworten du:* [Q [S! *Kind sei Entschuldigung* , [Fa *ich nicht mehr schön bin* Fa] S!] Q]; [Fa *Schönheit zeugte* Fa] S].
RegG1836	3	[S *wies Schönheit sich,* [Fa *Könnt'st Du erwidern* [Q [S *Kind Tilgt,* [S- *vertritt,* [Fa *Reize Erben sind* Fa] S-] S] Q] Fa] S].
RicK1836	4	[S *tönt Preis,* [Fa *Erwiederst du:* [Q [S! *Kind,* [Fr], *Zahl',* [S!- *vertrete* S!-] S!] Q] [Tg *Beweisend,* [Fa *Reiz dein* Fa] Tg] Fa] S].
OrtE1840	4	[S *höher steigt Preis,* [Fa *Kannst du erwiedern:* [Q [S! *Kind, Soll thun,* [Fn *ich nicht thun kann* Fn]! [S!- *Es zeige,* [Fa *Blut rinnt* Fa] S!-] S!] Fa] S] Q].
WalL1840	6	[S *Gebrauch ist werth,* [Fa *du sagst:* – [Q [S! *gelehrt* S!] Q] Fa] – [Fa *gehörte Schönheit* Fa] S].
JorW1861	5	[S *Schönheit* *dürfte erwiedern:* [Q [S *Kind* *Soll zahlen,* [Fa *Vermächtniß Züge sind* Fa] S] Q] S].
BodF1862	4	[S *kläng' es,* [Fa *Erwiedert'st Du:* [Q [S *blüht Blume,* [S- *erneut Glut* S-] S] Q] Fa] S].
MolM1865	4	[S *gäbe dir,* [Fa *könntest Antworten du:* [Q [S! *Kind sei Entschuldigung,* [Fa *ich nicht mehr schön bin* Fa] S!] Q]; [Fa *Schönheit zeugte* Fa] S].
GelF1867	4	[S, [Fa *Schönheit getragen* Fa], [S+ *könntest sprechen:* [Q [S *Kindlein Wägt auf* S] Q], - [Tg *strahlend,* [Fa *ein Sproß* Fa] Tg] S+] S].
SimK1867	3	[S *Stolz wär Verwendung,* [Fa *du versetztest:* [Q [S *Kind Tilgt* [Fa *Reize Vermächtnis sind* Fa] S] Q] Fa] S].
FriH1869	2	[S *gäb's Schönheit Preis,* [Fa *Antwort wär:* [Q [S *Knabe,* [Fr], *entschuldigt,* [S- *Mein wären Gut und Habe* S-] S] Q] Fa] S].
NeiA1869	4	[S [Fa+ *legtest du nicht brach* Fa+], *könnt'st du sprechen:* [Q [S! *Sproß versöhnen mag* S!] Q] S] – [S *Er wäre Erbe* S];
TscB1870	4	[S *höher stünde Preis,* [Fa *Gäbst du:* [Q [S [Fr] S] Q] Fa] S]. [S *erkännte man* S].
GilO1871	5	[S *Ruhm ist,* [Fa *du sprechen kannst:* [Q [S *Kind Macht quitt,* [S- *entschlägt* S-] S] Q] Fa] S]; [S *Es erbt,* [Fr] S].
KraF1872	4	[S *wär' Nützung zu preisen,* [Fa *Könnt'st sagen Du:* [Q [S *Kind Tilgt,* [S- *entlastet* S-] S] Q] – [Fa+ *Reize Dein sind* Fa+] Fa] S].

Abbildung 7-14: Interlineare Syntaxübersicht zu 2.9-12

7.7. Übersicht zur Bildlichkeit von Sonett 2.1-2

ShaW1609	fortie winters	shall beseige thy brow	digge deep trenches	in thy beauties field	thy youthes proud livery	a tattered weed of small worth held
EscJ1787	vierzig Winter	um deine Stirn sich gelagert	tiefe Graben * werden geschnitten haben	in das Feld deiner Schönheit	der stolze Schmuck deiner Jugend	ein zerrissenes Gewand * von wenig geachtetem Werth
KanK1803	vierzig Winter	belagern * deine Brauen	ziehn Gräben	in deiner Schönheit Feld	dein stolzer Jugendschmuck	ein Fetzen, den man werthlos hält
TieL1807	vierzig Winter	belagern * Stirn und Wangen	tieffurchend	deiner holden Schönheit Flur	der Jugend stolz Panier	unbeacht't, zerfetzt Gewand
LacK1820	vierzig Winter	deine Stirn besetzt	Laufgräben tief * geführt	im Schönheitplan	der Jugend stolze Tracht	kahles Kleid, das allen Wert verliert
TieD1825	vierzig Winter	fühlst du * den Druck	mit Furchen messen	deiner Schönheit Feld	der Jugend * Schmuck	ein zerrißnes Kleid * bald vergessen
SchA1826	vierzig Winter	umlagern * deine Brauen	die Gräben öffnend	auf der Schönheit Feld	der Jugend stolzer Schmuck	zum schlichten Kleide * entstellt
RodS1834	fünfzig Winter	deine Stirn' umlagern	tief einfurchen	deiner Schönheit Auen	deiner Jugend stolzes * Kleid	einem abgenutzten Rocke
RegG1836	vierzig Winter	dein Haupt umnachten	tief durchfurchen	deiner Schönheit Feld	dein Jugendflor	ein mürbes Kleid, das unbemerkt zerfällt
RicK1836	vierzig Winter	belagern * deine Brauen	ziehn Gräben	in deiner Schönheit Feld	der Jugend stolzer Schmuck	kahles Kleid, das man werthlos hält
OrtE1840	vierzig Winter	umlagern * deine Brauen	zeigen tiefe Furchen ihre Spur	–	dein Jugendkleid	verschossenen Livreen
WalL1840	eine vierzig Winter lange Zeit	–	furcht tiefe Spur	in deiner Schönheit Feld	der Jugend stolzes Kleid	verachtet nur
JorW1861	vierzig Winter	deine schöne Stirn (*)	geprägt ihr Zeichen	in deine schöne Stirn (*)	deiner Jugend * Schmuck	entwerthet sein * welkem Kraute
BodF1862	ein halb Jahrhundert	du gelebt	tiefe Falten schlagen	die reine Stirne	deiner Schönheit Glanz	werthlos, wie ein Kleid, das abgetragen
MolM1865	fünfzig Winter	deine Stirn' umlagern	tief einfurchen	deiner Schönheit Auen	deiner Jugend stolzes Prachtgewand	einem abgenutzten Rocke
GelF1867	vierzig Winter	deine Stirn befehden	Laufgräben ziehn	auf deiner Schönheit Flur	deiner Jugend stolz Gewand	ein werthlos Fähnchen nur
SimK1867	ein halb Jahrhundert	umlagert deine Strin	Laufgräben ziehnd	in deiner Schönheit Feld	deiner Jugend Kleid	ein abgeschabt Gewand, nicht mehr gefällt
FriH1869	vierzig Jahre	deine Stirn belagern	Gräben ziehn	in deiner Schönheit Land	deiner Jugend Kleid	den Werth verlor als schäbiges Gewand
NeiA1869	Jahre	die Stirn * runzeln dir	Furchen ziehn	in deiner Schönheit Feld	deiner Jugend * stolze Zier	wie ein vergilbt Gewand nur der Welt
TscB1870	vierzig Winter	umlagern * dein Haupt	durchfurchend tief	der Schönheit glatt Gefilde	deines Leibs * Gebilde	wie ein morsch Gewand, des Werth's beraubt
GilO1871	vierzig Winter	dein Haupt berennen	Laufgräben ziehn	in der Schönheit Plan	dein Jugendstaatskleid	den zerfetzten Rock, wer achtet ihn?
KraF1872	vierzig Winter	vor dein Antlitz rückend	Laufgräben ziehn	in deiner Schönheit Plan	dein Jugendstaat	ein Kleid in Fetzen – niemand sieht's mehr an

7.8. Aspekt 2: Rhythmik und Reimlexik von Sonett 2

7.8.1. Übersicht zum *interplay*

Text	Z.	Zeile Z	Zeile Z+1
ShaW1609	1	VVHen fortie Winters shall beseige thy brow,	And digge deep trenches in thy beauties field,
EscJ1787	1	Wenn vierzig Winter um deine Stirn sich gelagert,	und tiefe Graben in das Feld deiner Schönheit werden geschnitten haben,
KanK1803	1	Belagern vierzig Winter deine Brauen,	Ziehn Gräben sie in deiner Schönheit Feld,
TieL1807	1	Belagern vierzig Winter Stirn und Wangen,	Tieffurchend Deiner holden Schönheit Flur,
LacK1820	1	Wann vierzig Winter deine Stirn besetzt,	Laufgräben tief im Schönheitplan geführt, –
TieD1825	1	Fühlst Du von vierzig Wintern einst den Druck,	Die Deiner Schönheit Feld mit Furchen messen,
SchA1826	1	Umlagern vierzig Winter deine Brauen,	Die Gräben öffnend auf der Schönheit Feld,–
RodS1834	1	Wann funfzig Winter deine Stirn' umlagern	Und tief einfurchen deiner Schönheit Auen,
RegG1836	1	Wenn vierzig Winter einst Dein Haupt umnachten	Und tief durchfurchen Deiner Schönheit Feld,
RicK1836	1	Belagern vierzig Winter deine Brauen,	Ziehn Gräben sie in deiner Schönheit Feld,
OrtE1840	1	Umlagern vierzig Winter deine Brauen,	Und zeigen tiefe Furchen ihre Spur,
WalL1840	1	Wenn eine vierzig Winter lange Zeit	In deiner Schönheit Feld furcht tiefe Spur,
JorW1861	1	Wenn vierzig Winter erst mit schwerem Druck	In deine schöne Stirn geprägt ihr Zeichen,
BodF1862	1	Einst wird, eh' Du gelebt ein halb Jahrhundert,	Die reine Stirne tiefe Falten schlagen,
MolM1865	1	Wenn funfzig Winter deine Stirn' umlagern	Und tief einfurchen deiner Schönheit Auen,
GelF1867	1	Wenn vierzig Winter Deine Stirn befehden,	Laufgräben ziehn auf Deiner Schönheit Flur,
SimK1867	1	Umlagert deine Stirn ein halb Jahrhundert,	Laufgräben ziehnd in deiner Schönheit Feld,
FriH1869	1	Wenn deine Stirn belagern vierzig Jahre,	Und Gräben ziehn in deiner Schönheit Land,
NeiA1869	1	Wenn Jahre erst die Stirn einst runzeln dir	Und Furchen ziehn in deiner Schönheit Feld,[1]
TscB1870	1	Umlagern vierzig Winter einst dein Haupt,	Durchfurchend tief der Schönheit glatt Gefilde,
GilO1871	1	Wann vierzig Winter erst dein Haupt berennen	Und in der Schönheit Plan Laufgräben ziehn,
KraF1872	1	Wenn vierzig Winter, vor Dein Antlitz rückend,	Laufgräben ziehn in Deiner Schönheit Plan,
ShaW1609	3	Thy youthes proud liuery so gaz'd on now,	Wil be a totter'd weed of smal worth held:
EscJ1787	3	dann wird der stolze Schmuck deiner Jugend, der itzt alle Blicke auf sich zieht,	ein zerrissenes Gewand seyn, von wenig geachtetem Werth.
KanK1803	3	Dein stolzer Jugendschmuck, jetzt schön zu schauen,	Ist dann ein Fetzen, den man werthlos hält.
TieL1807	3	Der Jugend stolz Panier, der Welt Verlangen	Ist unbeacht't, zerfetzt Gewand dann nur.
LacK1820	3	Der Jugend stolze Tracht, ein Wunder jetzt,	Wird kahles Kleid, das allen Werth verliert.
TieD1825	3	Dann ist der Jugend angestaunter Schmuck	Nur ein zerrißnes Kleid, und bald vergessen.
SchA1826	3	Der Jugend stolzer Schmuck, nun blank zu schauen,	Ist dann zum schlichten Kleide dir entstellt.
RodS1834	3	Wird deiner Jugend stolzes und bewundert	Kleid einem abgenutzten Rocke gleichen.
RegG1836	3	Dann ist Dein Jugendflor, wonach wir itzt so trachten,	Ein mürbes Kleid das unbemerkt zerfällt.
RicK1836	3	Der Jugend stolzer Schmuck, jetzt schön zu schauen,	Ist kahles Kleid dann, das man werthlos hält.
OrtE1840	3	Dann wird dein Jugendkleid, so blank zu schauen,	Verschossenen Livreen gleichen nur.
WalL1840	3	Ist welkes Kraut der Jugend stolzes Kleid,	Jetzt hoch bestaunt und dann verachtet nur.
JorW1861	3	Wird deiner Jugend angestaunter Schmuck	Entwerthet sein und welkem Kraute gleichen.
BodF1862	3	Dann Deiner Schönheit Glanz, jetzt so bewundert,	Wird werthlos, wie ein Kleid, das abgetragen.
MolM1865	3	Wird deiner Jugend stolzes Prachtgewand	Nur einem abgenutzten Rocke gleichen.
GelF1867	3	Ist Deiner Jugend stolz Gewand, das Jeden	Jetzt hoch entzückt, ein werthlos Fähnchen nur.
SimK1867	3	Daß deiner Jugend Kleid, nun so bewundert,	Ein abgeschabt Gewand, nicht mehr gefällt,
FriH1869	3	Wenn deiner Jugend Kleid, das wunderbare,	Den Werth verlor als schäbiges Gewand,
NeiA1869	3	Wird deiner Jugend jetzt so stolze Zier	Wie ein vergilbt Gewand nur sein der Welt.
TscB1870	3	Ist wie ein morsch Gewand, des Werth's beraubt,	Dann deines Leibs heut angestaunt Gebilde.
GilO1871	3	Wer wird dein Jugendstaatskleid dann noch kennen,	Und den zerfetzten Rock, wer achtet ihn?
KraF1872	3	Ist all Dein Jugendstaat, jetzt so entzückend,	Ein Kleid in Fetzen – niemand sieht's mehr an.
ShaW1609	5	Then being askt,where all thy beautie lies,	Where all the treasure of thy lusty daies;
EscJ1787	5	Fragt man dich alsdann, wo alle deine Schönheit ist,	wo alle der Glanz deiner fröhlichen Tage;

KanK1803	5	Wenn einst, wo deine Schönheit sei, sie fragen	Wo deiner frohen Tage Schätze sei'n:
TieL1807	5	Forscht man alsdann, wohin die Schönheit schwand	Wohin der Hort von Deinen frühen Tagen,
LacK1820	5	Wer dann, wo all die Schönheitwonne fragt,	Wo all der Reichthum, frischer Tage Reiz,
TieD1825	5	Wird man Dich dann nach Deiner Schönheit fragen,	Nach Deiner goldnen Tage reichem Hort
SchA1826	5	Wenn dann gefragt, wohin die Schönheit sank,	Die reiche Blüthe deiner Jugendtage,
RodS1834	5	Fragt einer dann, wo deine Schönheit hinkam	Und alle Schätze deines sonn'gen Lenzes,
RegG1836	5	Ein ödes Lob, ein allverzehrend Schmähn	Wär's dann, dem Forscher nach den Reizen all,
RicK1836	5	Wird man, wo deine Schönheit hinsei, fragen,	Und deiner frohen Tage Eigenthum?
OrtE1840	5	Fragt einer dann, „wohin dein Reiz geschwunden,	Wo deiner frohen Tage ganzer Schatz?"
WalL1840	5	Gefragt dann: wo blieb deiner Schönheit Glück,	Wo all' der Schatz aus schöner Tage Traum?
JorW1861	5	Dann fragt man dich, wohin die Schönheit kam,	Wo nun die Schätze deines Frühlings prunken?
BodF1862	5	Und müßtest Du einst, wenn Du von den Leuten	Gefragt wirst, wo der Jugend Schönheit blieb,
MolM1865	5	Fragt einer dann, wo deine Schönheit hinkam	Und alle Schätze deines sonn'gen Lenzes,
GelF1867	5	Früg' man Dich dann, wo Deine Reize ruhten,	Der reiche Schatz, den einst die Jugend hob,
SimK1867	5	Fragt man dich dann, was sagst du wohl den Leuten,	Wo all die Schönheit blieb der jungen Tage?
FriH1869	5	Und auf die Frage, wo die Schönheit liege,	Wo deine Schätz' aus schönem Wonnetag,
NeiA1869	5	Und würdest du nach all dem süßen Hauch	Der Schönheit deiner bessren Zeit gefragt
TscB1870	5	Wo liegt der Schatz der sonnenhellen Tage,	Und aller Reiz, mit dem du durftest prunken?
GilO1871	5	Befragt alsdann: „Wo" blieb all deine Zier?	Wo deines Frühlings stolzes Eigenthum?
KraF1872	5	Dann, würde man nach Deiner Schönheit fragen	Und nach dem Schatz, den Deine Jugend hob,
ShaW1609	7	To say within thine owne deepe sunken eyes,	Were an all-eating shame,and thriftlesse praise.
EscJ1787	7	und du sagtest: in deinen tief eingesunkenen Augen;	so wäre das nagender Schimpf, und unnützer Ruhm.
KanK1803	7	In deinen hohlen Augen, dann zu sagen	Wär allverzehr'nde Schmach, Ruhm ohn' Gedeihn.
TieL1807	7	In Deiner tief versunk'nen Augen Rand,	Wär kläglich Lob und schmachvoll nur zu sagen.
LacK1820	7	Wird, im versunknen Aug', ihm drauf gesagt,	Wirds Ruhmverschwendung sein und Schandengeiz.
TieD1825	7	Mußt Du: Im eingesunknen Auge sagen,	Das wär ein ruhmlos, unersprießlich Wort.
SchA1826	7	Du sagst: „in diese Augen tief und krank"–	O armer, eitler Ruhm, trostlose Klage!
RodS1834	7	So sage nicht, (es wär' ein thörigt Rühmen,)	Daß sie dir wohn' im eingesunknen Auge.
RegG1836	7	Nach all dem frühen Reichthum, zu gestehn	Er sey dahin mit Deines Auges Fall.
RicK1836	7	„In deinen hohlen Augen" dann zu sagen,	Verzehr'nde Schmach wär's, ganz unnützer Ruhm.
OrtE1840	7	In hohlen Augen würd' er nur gefunden,	Und schmachvoll wäre dann der Augen Platz.
WalL1840	7	Zu sagen: in dem eignen hohlen Blick –	Das wäre Schimpf und leeren Ruhmes Schaum.
JorW1861	7	Dann sprich, zu schlechtem Troste bittrer Schaam:	„Sie sind mit meinen Augen eingesunken."
BodF1862	7	Auf Deine tiefgesunknen Augen deuten,	Es wär' ein schlechter Ruhm, Dir selbst nicht lieb.
MolM1865	7	So sage nicht (es wär' ein töricht Rühmen),	Daß sie dir wohn' im eingesunknen Auge.
GelF1867	7	Und sprächst: „In meines hohlen Auges Gluten!"	's wär ew'ge Schmach, verschwenderisches Lob.
SimK1867	7	Willst du dann auf die Augenhöhlen deuten,	Das wär ein schlechter Ruhm, trostlose Klage.
FriH1869	7	Du zeigen sollst auf die verfallnen Züge,	Das wär Verschwenderruhm und Todesschmach.
NeiA1869	7	Und sprächest: „blick in dieses hohle Aug':"	Es wäre Schand und Schmach und viel gewagt!
TscB1870	7	Die Antwort wär in Lob versteckte Klage,	Spräch ich: „Im Aug hier, matt und eingesunken."
GilO1871	7	Zu sagen: „In" den hohlen Wangen hier,	Wär allverzehr'nde Schmach und Bettelruhm.
KraF1872	7	„In Deinem eingesunknen Aug'", zu sagen,	Wär' tiefe Schmach und ungedeihlich Lob.
ShaW1609	9	How much more praise deseru'd thy beauties vse,	If thou couldst answere this faire child of mine
EscJ1787	9	Wie weit mehr Ruhm würde der Gebrauch deiner Schönheit verdienen,	wenn du antworten könntest: „Dieses mein holdes Kind
KanK1803	9	Wie mehr wollt' ich dem Schönheitsbraucher huld'gen	Antwort'test du: „dies schöne Kind, das mein
TieL1807	9	Mehr Lob (wird thätger Schönheit man) entrichten	Antwortest Du: dies schöne Kind von mir
LacK1820	9	Und welch Lob auf des Blühns Verwendung ruht,	Erwiderst du: „dies schöne Kind, das mein,
TieD1825	9	Der Schönheit Nutzen könnte Dich erfreuen	Erwieder'st Du: dies schöne Kind ist mein,
SchA1826	9	Wie höher ist genützter Schönheit Preis,	Kannst du erwiedern: „dieß mein Kind, so lieb,
RodS1834	9	Ruhm aber gäbe dir die Schönheit, könntest	Antworten du: dieß holde Kind sei meine
RegG1836	9	Weit rühmlicher wies Deine Schönheit sich,	Könnt'st Du erwidern „dieß mein schönes Kind

RicK1836	9	Wie besser tönt genoßner Jugend Preis,	Erwiederst du: „Dies schöne Kind, das mein,
OrtE1840	9	Wie höher steigt doch deiner Schönheit Preis,	„Kannst du erwiedern: Dies mein holdes Kind,
WalL1840	9	Gebrauch der Schönheit doch ist mehr Ruhm werth,	Wenn du einst sagst: – von meinem Sprößling hier
JorW1861	9	Genutzte Schönheit dürfte sonder Prahlen	Darauf erwiedern: „Dies, mein holdes Kind,
BodF1862	9	Doch wie ganz anders kläng' es Dir zum Ruhme,	Erwiedert'st Du: In diesem jungen Blut,
MolM1865	9	Ruhm aber gäbe dir die Schönheit, könntest	Antworten du: dies holde Kind sei meine
GelF1867	9	Wie rühmlich dann, wenn Schönheit Zins getragen,	Und könntest sprechen: „Dies mein Kindlein hier
SimK1867	9	Viel beßrer Stolz wär deines Blühns Verwendung,	Wenn du versetztest: „Dieses schöne Kind
FriH1869	9	Doch gäb's verbrauchter Schönheit höher'n Preis,	Wenn deine Antwort wär: mein schöner Knabe,
NeiA1869	9	Doch legtest deine Schönheit du nicht brach,	Dann könnt'st du sprechen: „dieser holde Sproß
TscB1870	9	Doch höher stünde deiner Schönheit Preis,	Gäbst du zur Antwort: „Hier in diesem Kleinen,
GilO1871	9	Ruhm ist, wenn du als wuchernder Verwalter	Der Schönheit sprechen kannst: „Dies" feine Kind
KraF1872	9	Wie wär' der Schönheit Nützung mehr zu preisen,	Könnt'st sagen Du: „hier dies mein schönes Kind
ShaW1609	11	Shall sum my count,and make my old excuse	Proouing his beautie by succession thine.
EscJ1787	11	wird meine Rechnung vollends abtragen, und mein Alter entschuldigen;"	weil der ihm angeerbte Reiz offenbar der deine wäre.
KanK1803	11	Soll sein mein Zahler und mich einst entschuld'gen"	Beweisend, daß des Kindes Schönheit dein.
TieL1807	11	Zahlt meine Schuld und wird die Rechnung schlichten,	Sein Reiz geerbt, gehört noch immer Dir.
LacK1820	11	Macht voll die Rechnung mir, mein Alter gut";-	Beweist durch Abkunft er, sein Reiz ist dein –!
TieD1825	11	Es tilgt die Schuld, wird meinen Lenz erneuen.	Der Reiz, von Dir geerbt, er bliebe Dein.
SchA1826	11	Tilgt meine Schuld, verjüngend noch den Greis –"	Wenn Schönheit seines Ursprungs Zeuge blieb.
RodS1834	11	Entschuldigung, daß jetzt ich nicht mehr schön bin;	Denn seine Schönheit zeugte für die dein'ge.
RegG1836	11	Tilgt meine Schuld, vertritt im Alter mich,	Weil seine Reize Erben meiner sind." –
RicK1836	11	Zahl' meine Schuld, vertrete mich, den Greis"	Beweisend, daß sein Reiz durch Abkunft dein.
OrtE1840	11	Soll thun, was ich nicht thun kann einst als Greis!	Es zeige, daß mein Blut neu in ihm rinnt."
WalL1840	11	Sei Rechnung und Entschuldigung gelehrt –	Denn einst gehörte seine Schönheit dir.
JorW1861	11	Soll meines Alters Schuld und Rechnung zahlen,	Da mein Vermächtniß seine Züge sind."
BodF1862	11	In meinem Kind blüht meiner Schönheit Blume,	In ihm erneut sich meiner Jugend Glut.
MolM1865	11	Entschuldigung, daß jetzt ich nicht mehr schön bin;	Denn seine Schönheit zeugte für die dein'ge.
GelF1867	11	Wägt nun mein Alter auf mit jungen Tagen," –	In Schönheit strahlend, weil ein Sproß von Dir.
SimK1867	11	Tilgt mit der Schuld den Vorwurf der Verschwendung,	Da seine Reize mein Vermächtnis sind."
FriH1869	11	Der für mich zahlt, entschuldigt mich als Greis,	Mein wären seiner Schönheit Gut und Habe.
NeiA1869	11	Mit meinem Alter euch versöhnen mag –"	Er wäre deiner Schönheit Erbe blos;
TscB1870	11	Der spät die Rechnung gut zu machen weiß."	An seinem Reiz erkännte man den deinen.
GilO1871	11	Macht meine Rechnung quitt, entschlägt mein Alter;	Es erbt ja Reize, die dein eigen sind.
KraF1872	11	Tilgt meine Schuld, entlastet mich, den Greisen" –	Da die vererbten Reize Dein ja sind.
ShaW1609	13	This were to be new made when thou art ould,	And see thy blood warme when thou feel'st it could.
EscJ1787	13	Dadurch würdest du dich im Alter noch verjüngen,	und dein Blut warm sehen, wenn du es kalt fühlst.
KanK1803	13	Das hieß', erneuert sein, wenn du bist alt,	Warm sehn dein Blut, wenn du es fühlest kalt.
TieL1807	13	Dies hieße neu erzeugt, wenn Du veraltet,	Heiß Blut gefühlt, wenn Deines schon erkaltet.
LacK1820	13	So wirst du neu geschaffen, bist du alt,	Und siehst dein Blut warm, fühlst du schon es kalt.
TieD1825	13	So würd'st Du neu erschaffen, wenn auch alt,	Und säh'st Dein Blut warm, fühlt'st Du gleich Dich kalt.
SchA1826	13	O dieß ist dich verjüngen, bist du alt,	Und warm dein Blut sehn, fühlst du schon es kalt.
RodS1834	13	So wärst du wieder jung, wirst einst du alt	Und sähst dein Blut noch warm, ward deines kalt.
RegG1836	13	Dieß ists wodurch ein Greis sich neu verjüngt,	Und kaltem Blut die Wärme wiederbringt.
RicK1836	13	So wirst du neu verjüngt sein, bist du alt,	Und siehst dein Blut warm, fühlst du gleich es kalt.
OrtE1840	13	Dann ging das frische Blut dir nie verloren,	Dann würdest du im Alter neu geboren!
WalL1840	13	Das gäbe neues Leben, bist du alt,	Und warmes Blut dir, wenn schon deines kalt.
JorW1861	13	Du fühltest warm dann, wenn es halb erfroren,	Dein Blut und dich im Alter neugeboren.
BodF1862	13	So wirst Du selbst verjüngt, wenn Du auch alt bist,	Und siehst Dein Blut erwärmt, wenn Du auch kalt bist.
MolM1865	13	So wärst du wieder jung, wirst einst du alt	Und sähst dein Blut noch warm, ward deines kalt.
GelF1867	13	Das machte jung Dich, wärest Du gleich alt,	Und wärmte Dir das Blut, ränn's noch so kalt.

SimK1867	13	So wirst du neu geschaffen, bist du alt,	Siehst warm dein Blut, fühlst du es gleich nun kalt.
FriH1869	13	Neu wärst du dann erzeugt, wenn noch so alt,	Dein Blut wär warm, und schien es noch so kalt.
NeiA1869	13	So würdest du verjüngt einst, wenn du alt,	Und fühltest warm dein Blut noch, das schon kalt.
TscB1870	13	Und neu geschaffen, wärst du einmal alt,	Sähst du, wie warm und roth dein Blut noch wallt.
GilO1871	13	Das hieß' im Alter neue Jugend finden,	Zugleich dein Blut warm sehn und kalt empfinden.
KraF1872	13	Wie neugeboren sähst Du Dich, den Alten,	Und schautest warm Dein Blut, fühlt'st Du's erkalten.

7.8.2. Reimlexik-Index zu Abschnitt 2

Reimpaar **1** **brow – now** *thy brow – now*

a.a – b.b

Brauen – schauen

KanK1803 *deine Brauen – schön zu schauen*
SchA 1826 *deine Brauen – blank zu schauen*
RicK 1836 *deine Brauen – schön zu schauen*
OrtE 1840 *deine Brauen – so blank zu schauen*

a.a – c.b

Haupt – beraubt

TscB 1870 *dein Haupt – des Wertes beraubt*

b.a – c.b

dir – Zier

NeiA 1869 *dir – deiner Jugend jetzt so stolze Zier*

b.b – b.b

umlagern – Prachtgewand

MolM 1865 *umlagern – deiner Jugend stolzes Prachtgewand*

b.b – c.B

befehden – jeden

GelF 1867 *befehden – jeden*

Jahre – wunderbare

FriH 1869 *vierzig Jahre – deiner Jugend Kleid, das wunderbare*

sich gelagert – zieht

EscJ 1787 *sich gelagert – zieht*

umlagern – bewundert

RodS 1834 *umlagern – deiner Jugend stolzes und bewundert Kleid*

b.b – c.c

berennen – kennen

GilO 1871 *berennen – wird noch kennen*

rückend – entzückend

KraF 1872 *rückend – so entzückend*

c.a – c.b

Wangen – Verlangen

TieL 1807 *Stirn und Wangen – der Jugend stolz Panier, der Welt Verlangen*

c.b – a.a

besetzt – jetzt

LacK 1820 *besetzt – jetzt*

c.b – b.b

Zeit – Kleid

WalL 1840 *eine vierzig Winter lange Zeit – der Jugend stolzes Kleid*

c.b – c.b

Jahrhundert – bewundert

BodF 1862 *ein halb Jahrhundert – so bewundert*

SimK 1867 *ein halb Jahrhundert – so bewundert*

umnachten – trachten

RegG 1836 *umnachten – so trachten*

c.c – c.b

Druck – Schmuck

TieD 1825 *den Druck von vierzig Wintern – der Jugend angestaunter*

JorW 1861 *mit schwerem Druck – deiner Jugend angestaunter Schmuck*

Reimpaar **2** **field – held** *in thy beauty's field – held*

a.a – a.a

Feld – gefällt

SimK 1867 *in deiner Schönheit Feld – nicht mehr gefällt*

Feld – hält

KanK 1803 *in deiner Schönheit Feld – hält*

RicK 1836 *in deiner Schönheit Feld – hält*

a.a – b.b

Auen – gleichen

RodS 1834 *deiner Schönheit Auen – wird gleichen*

MolM 1865 *deiner Schönheit Auen – wird gleichen*

Feld – zerfällt

RegG 1836 *deiner Schönheit Feld – zerfällt*

Land – Gewand

FriH 1869 *in deiner Schönheit Land – als schäbiges Gewand*

Plan – sieht an

KraF 1872 *in deiner Schönheit Plan – sieht mehr an*

a.a – c.a

Flur – nur

TieL 1807 *deiner holden Schönheit Flur – nur unbeachtetes, zerfetztes*

Gefilde – Gebilde

TscB 1870 *der Schönheit glatt Gefilde – deines Leibs heute angestaunt Gebilde*

a.a – c.B

Feld – Welt

NeiA 1869 *in deiner Schönheit Feld – der Welt*

Flur – nur

GelF 1867 *auf deiner Schönheit Flur – ein wertloses Fähnchen nur*

a.a – c.c

Feld – entstellt

SchA 1826 *auf der Schönheit Feld – entstellt*

b.b – c.b

ziehen – ihn

GilO 1871 *ziehen – den zerfetzten Rock, ihn*

c.b – b.b

haben – Wert

EscJ 1787 — *werden geschnitten haben – ein zerrissenes Gewand von wenig geachtetem Wert*

c.b – c.a

Spur – nur

WalL 1840 — *tiefe Spur – nur verachtet*

c.b – c.b

Zeichen – gleichen

JorW 1861 — *ihr Zeichen – gleichen*

c.c – c.a

messen – vergessen

TieD 1825 — *messen – nur ein zerrissenes Kleid und bald vergessen*

c.c – c.b

schlagen – abgetragen

BodF 1862 — *wird schlagen – abgetragen*

Spur – nur

OrtE 1840 — *ihre Spur – nur verschossenen Livreen*

c.c – c.c

geführt – verliert

LacK 1820 — *geführt – verliert*

Reimpaar **3** **lies – eyes** *lies – within thine own deep sunken eyes*

a.a – a.a

ist – Augen

EscJ 1787 — *ist – in deinen tief eingesunkenen Augen*

a.a – c.a

liege – Züge

FriH 1869 — *liege – auf die verfallenen Züge*

Tage – Klage

TscB 1870 — *der Schatz der sonnenhellen Tage und aller Reiz – in Lob versteckte Klage*

b.A – b.b

Schmähen – gestehn

RegG 1836 — *ein ödes Lob, ein allverzehrendes Schmähen – zu gestehn*

b.b – b.b

fragen – sagen

KanK 1803 — *fragen – zu sagen*
TieD 1825 — *wird fragen – mußt sagen*
RicK 1836 — *wird fragen – zu sagen*
KraF 1872 — *würde fragen – zu sagen*

fragt – gesagt

LacK 1820 — *fragt – wird gesagt*

c.A – a.a

Hauch – Auge

NeiA 1869 — *nach all dem süßen Hauch der Schönheit deiner besseren Zeit – in dieses hohle Auge*

c.a – b.A

kam – Scham

JorW 1861 — *kam – zu schlechtem Troste bittrer Scham*

c.a – c.a

ruhten – Gluten

GelF 1867 — *ruhten – in meines hohlen Auges Gluten*

sank – krank

SchA 1826 — *sank – in diese Augen tief und krank*

c.B – A.A

hinkam – Rühmen

RodS 1834 — *hinkam – ein törichtes Rühmen*

MolM 1865 — *hinkam – ein töricht Rühmen*

c.B – c.c

Leuten – deuten

BodF 1862 — *von den Leuten – müßtest deuten*

Zier – hier

GilO 1871 — *all deine Zier – hier*

c.c – c.a

Glück – Blick

WalL 1840 — *deiner Schönheit Glück – in dem eigenen hohlen Blick*

schwand – Rand

TieL 1807 — *schwand – in deiner tief versunkenen Augen Rand*

c.c – c.c

geschwunden – gefunden

OrtE 1840 — *geschwunden – würde gefunden*

Leuten – deuten

SimK 1867 — *den Leuten – willst deuten*

Reimpaar **4** — **daies – praise** *all the treasure of thy lusty days – an all-eating shame and thriftless praise*

a.a – a.a

Tage – Ruhm

EscJ 1787 — *alle der Glanz deiner fröhlichen Tage – nagender Schimpf und unnützer Ruhm*

a.a – b.b

Tagen – sagen

TieL 1807 — *der Hort von deinen frühen Tagen – klägliches Lob und schmachvoll nur zu sagen*

a.a – c.a

Tage – Klage

SimK 1867 — *all die Schönheit der jungen Tage – ein schlechter Ruhm, trostlose Klage*

A.A – c.c

blieb – lieb

BodF 1862 — *blieb – nicht lieb*

b.a – a.a

Eigentum – Ruhm

RicK 1836 — *deine Schönheit und deiner frohen Tage Eigentum – verzehrende Schmach, ganz unnützer Ruhm*

b.a – c.A

all – Fall

RegG 1836 — *dem Forscher nach den Reizen all, nach all dem frühen Reichtum – mit deines Auges Fall*

Eigentum – Bettelruhm

GilO 1871 — *deines Frühlings stolzes Eigentum – allverzehrende Schmach und Bettelruhm*

Hort – Wort

TieD 1825 — *nach deiner Schönheit, nach deiner goldenen Tage reichem Hort – ein ruhmlos, unersprießlich Wort*

b.a – c.c: Schatz – Platz

OrtE 1840 — *deiner frohen Tage ganzer Schatz – der Augen Plat*

b.b – c.a

gefragt – gewagt

NeiA 1869 — *würdest gefragt – Schande und Schmach und viel gewagt*

c.a – A.A

Lenzes – Auge

RodS 1834 — *deine Schönheit und alle Schätze deines sonnigen Lenzes – in dem eingesunkenen Auge*

MolM 1865 — *deine Schönheit und alle Schätze deines sonnigen Lenzes – in dem eingesunkenen Auge*

c.a – c.a

Jugendtage – Klage

SchA 1826 — *die Schönheit, die reiche Blüte deiner Jugendtage – armer, eitler Ruhm, trostlose Klage*

Reiz – Schandengeiz

LacK 1820 — *all der Reichtum, frischer Tage Reiz – Ruhmverschwendung und Schandengeiz*

Traum – Schaum

WalL 1840 — *all der Schatz aus schöner Tage Traum – Schimpf und leeren Ruhmes Schaum*

Wonnetag – Todesschmach

FriH 1869 — *deine Schätze aus schönem Wonnetag – Verschwenderruhm und Todesschmach*

c.B – b.a

seien – Gedeihen

KanK 1803 — *seien – allverzehrende Schmach, Ruhm ohne Gedeihen*

c.c – a.a

hob – Lob

GelF 1867 — *hob – ewige Schmach, verschwenderisches Lob*

KraF 1872 — *hob – tiefe Schmach und ungedeihlich Lob*

c.c – b.A

prunken – eingesunken

JorW 1861 — *prunken – sind eingesunken*

TscB 1870 — *durftest prunken – in dem matten und eingesunkenen Auge*

Reimpaar **5** **vse – excuse** *thy beauty's use – my excuse*

a.a – b.b

legtest brach – mag

NeiA 1869 *legtest nicht brach – mag versöhnen*

a.a – c.c

Verwendung –

SimK 1867 *deines Blühens Verwendung – den Vorwurf der Verschwendung*

b.b – a.a

verdienen – entschuldigen

EscJ 1787 *würde verdienen – entschuldigen*

b.b – b.A

Preis – Greis

SchA 1826 *genutzter Schönheit Preis – noch den Greis*

RicK 1836 *genossener Jugend Preis – mich, den Greis*

OrtE 1840 *deiner Schönheit Preis – ich als Greis*

FriH 1869 *verbrauchter Schönheit höheren Preis – mich als Greis*

preisen – Greis

KraF 1872 *wäre zu preisen – mich, den Greis*

b.b – c.B

könntest – bin

RodS 1834 *könntest antworten – nicht mehr bin*

MolM 1865 *könntest antworten – nicht mehr bin*

Preis – weiß

TscB 1870 *deiner Schönheit Preis – gutzumachen weiß*

b.b – c.c

Ruhm – Blume

BodF 1862 *zu dem Ruhm – meiner Schönheit Blume*

c.a – b.A

Verwalter – Alter

GilO 1871 *du als wuchernder Verwalter der Schönheit – mein Alter*

c.b – c.c

wert – gelehrt

WalL 1840 *mehr Ruhm wert – sei gelehrt*

c.c – a.a

huldigen – entschuldigen

KanK 1803 *wollte huldigen – entschuldigen*

ruht – macht gut

LacK 1820 *ruht – macht gut*

c.c – b.b

erfreuen – erneuen

TieD 1825 *könnte erfreuen – wird erneuen*

c.c – c.a

entrichten – schlichten

TieL 1807 *wird entrichten – wird schlichten*

c.c – c.b

Prahlen – zahlen

JorW 1861 *sonder Prahlen – soll zahlen*

sich – mich

RegG 1836 *sich – mich*

c.c – c.c

getragen – Tagen

GelF 1867 — *getragen – mit jungen Tagen*

Reimpaar **6** **mine – thine** *this fair child of mine – thine*

a.a – a.a

mein – dein

KanK 1803 — *mein – dein*
LacK 1820 — *mein – dein*
TieD 1825 — *mein – dein*
RicK 1836 — *mein – dein*

b.a – a.a

Kleinen – deinen

TscB 1870 — *in diesem Kleinen, an seinem Reiz – den deinen*

b.a – c.b

Kind – wäre

EscJ 1787 — *dieses mein holdes Kind – wäre*

Knabe – Habe

FriH 1869 — *mein schöner Knabe – seiner Schönheit Gut und Habe*

Sproß – bloß

NeiA 1869 — *dieser holde Sproß – bloß deiner Schönheit Erbe*

b.a – c.c

Kind – rinnt

OrtE 1840 — *dies mein holdes Kind – rinnt*

Kind – sind

RegG 1836 — *dies mein schönes Kind – sind*
JorW 1861 — *dies mein holdes Kind – sind*
SimK 1867 — *dieses schöne Kind – sind*
GilO 1871 — *dies feine Kind – sind*
KraF 1872 — *dies mein schönes Kind – sind*

b.b – a.a

meine – deinige

RodS 1834 — *meine Entschuldigung – für die deinige*
MolM 1865 — *meine Entschuldigung – für die deinige*

c.a – a.a

mir – dir

TieL 1807 — *dies schöne Kind von mir – dir*

c.a – c.c

Blut – Glut

BodF 1862 — *in diesem jungen Blut, in meinem Kind – meiner Jugend Glut*

lieb – blieb

SchA 1826 — *dies mein Kind, so lieb – blieb*

c.c – a.a

hier – dir

WalL 1840 — *hier – dir*
GelF 1867 — *hier – ein Sproß von dir*

Reimpaar **7** **ould – could** *old – cold*

a.a – a.a

alt – kalt

KanK 1803 — *alt – kalt*

LacK 1820	*alt – kalt*
TieD 1825	*alt – kalt*
SchA 1826	*alt – kalt*
RodS 1834	*alt – kalt*
RicK 1836	*alt – kalt*
WalL 1840	*alt – kalt*
MolM 1865	*alt – kalt*
GelF 1867	*alt – noch so kalt*
SimK 1867	*alt – kalt*
FriH 1869	*noch so alt – noch so kalt*
NeiA 1869	*alt – kalt*

Alten – erkalten

KraF 1872 — *dich, den Alten – erkalten*

veraltet – erkaltet

TieL 1807 — *veraltet – erkaltet*

A.A – b.b

erfroren – neugeboren

JorW 1861 — *halb erfroren – neugeboren*

a.a – c.c

alt – wallt

TscB 1870 — *alt – noch wallt*

b.b – c.b

bist – bist

BodF 1862 — *bist – bist*

b.b – c.c

verjüngt – wiederbringt

RegG 1836 — *verjüngt – wiederbringt*

c.b – b.b

verjüngen – fühlst

EscJ 1787 — *würdest noch verjüngen – fühlst*

c.c – b.b

finden – empfinden

GilO 1871 — *finden – empfinden*

verloren – geboren

OrtE 1840 — *ging nie verloren – würdest geboren*

7.8.3. Übersicht zur Reimlexik je ZT

Text	Zeile	Code	Reimwort_ZT	Reimphr_ZT
EscJ1787	1	b.b	sich gelagert	sich gelagert
EscJ1787	2	c.b	haben	werden geschnitten haben
EscJ1787	3	c.b	zieht	zieht
EscJ1787	4	b.b	Wert	ein zerrissenes Gewand von wenig geachtetem Wert
EscJ1787	5	a.a	ist	ist
EscJ1787	6	a.a	Tage	alle der Glanz deiner fröhlichen Tage
EscJ1787	7	a.a	Augen	in deinen tief eingesunkenen Augen
EscJ1787	8	a.a	Ruhm	nagender Schimpf und unnützer Ruhm
EscJ1787	9	b.b	verdienen	würde verdienen
EscJ1787	10	b.a	Kind	dieses mein holdes Kind
EscJ1787	11	a.a	entschuldigen	entschuldigen
EscJ1787	12	c.b	wäre	wäre
EscJ1787	13	c.b	verjüngen	würdest noch verjüngen
EscJ1787	14	b.b	fühlst	fühlst
KanK1803	1	a.a	Brauen	deine Brauen
KanK1803	2	a.a	Feld	in deiner Schönheit Feld
KanK1803	3	b.b	schauen	schön zu schauen
KanK1803	4	a.a	hält	hält
KanK1803	5	b.b	fragen	fragen
KanK1803	6	c.B	seien	seien
KanK1803	7	b.b	sagen	zu sagen
KanK1803	8	b.a	Gedeihen	allverzehrende Schmach, Ruhm ohne Gedeihen
KanK1803	9	c.c	huldigen	wollte huldigen
KanK1803	10	a.a	mein	mein
KanK1803	11	a.a	entschuldigen	entschuldigen
KanK1803	12	a.a	dein	dein
KanK1803	13	a.a	alt	alt
KanK1803	14	a.a	kalt	kalt
TieL1807	1	c.a	Wangen	Stirn und Wangen
TieL1807	2	a.a	Flur	deiner holden Schönheit Flur
TieL1807	3	c.b	Verlangen	der Jugend stolz Panier, der Welt Verlangen
TieL1807	4	c.a	nur	nur unbeachtetes, zerfetztes Gewand
TieL1807	5	c.c	schwand	schwand
TieL1807	6	a.a	Tagen	der Hort von deinen frühen Tagen
TieL1807	7	c.a	Rand	in deiner tief versunkenen Augen Rand
TieL1807	8	b.b	sagen	klägliches Lob und schmachvoll nur zu sagen
TieL1807	9	c.c	entrichten	wird entrichten
TieL1807	10	c.a	mir	dies schöne Kind von mir
TieL1807	11	c.a	schlichten	wird schlichten
TieL1807	12	a.a	dir	dir
TieL1807	13	a.a	veraltet	veraltet
TieL1807	14	a.a	erkaltet	erkaltet
LacK1820	1	c.b	besetzt	besetzt
LacK1820	2	c.c	geführt	geführt
LacK1820	3	a.a	jetzt	jetzt

LacK1820	4	c.c	verliert	verliert
LacK1820	5	b.b	fragt	fragt
LacK1820	6	c.a	Reiz	all der Reichtum, frischer Tage Reiz
LacK1820	7	b.b	gesagt	wird gesagt
LacK1820	8	c.a	Schandengeiz	Ruhmverschwendung und Schandengeiz
LacK1820	9	c.c	ruht	ruht
LacK1820	10	a.a	mein	mein
LacK1820	11	a.a	macht gut	macht gut
LacK1820	12	a.a	dein	dein
LacK1820	13	a.a	alt	alt
LacK1820	14	a.a	kalt	kalt
TieD1825	1	c.c	Druck	den Druck von vierzig Wintern
TieD1825	2	c.c	messen	messen
TieD1825	3	c.b	Schmuck	der Jugend angestaunter Schmuck
TieD1825	4	c.a	vergessen	nur ein zerrissenes Kleid und bald vergessen
TieD1825	5	b.b	fragen	wird fragen
TieD1825	6	b.a	Hort	nach deiner Schönheit, nach deiner goldenen Tage reichem Hort
TieD1825	7	b.b	sagen	mußt sagen
TieD1825	8	c.a	Wort	ein ruhmlos, unersprießlich Wort
TieD1825	9	c.c	erfreuen	könnte erfreuen
TieD1825	10	a.a	mein	mein
TieD1825	11	b.b	erneuen	wird erneuen
TieD1825	12	a.a	dein	dein
TieD1825	13	a.a	alt	alt
TieD1825	14	a.a	kalt	kalt
SchA1826	1	a.a	Brauen	deine Brauen
SchA1826	2	a.a	Feld	auf der Schönheit Feld
SchA1826	3	b.b	schauen	blank zu schauen
SchA1826	4	c.c	entstellt	entstellt
SchA1826	5	c.a	sank	sank
SchA1826	6	c.a	Jugendtage	die Schönheit, die reiche Blüte deiner Jugendtage
SchA1826	7	c.a	krank	in diese Augen tief und krank
SchA1826	8	c.a	Klage	armer, eitler Ruhm, trostlose Klage
SchA1826	9	b.b	Preis	genutzter Schönheit Preis
SchA1826	10	c.a	lieb	dies mein Kind, so lieb
SchA1826	11	b.A	Greis	noch den Greis
SchA1826	12	c.c	blieb	blieb
SchA1826	13	a.a	alt	alt
SchA1826	14	a.a	kalt	kalt
RodS1834	1	b.b	umlagern	umlagern
RodS1834	2	a.a	Auen	deiner Schönheit Auen
RodS1834	3	c.b	bewundert	deiner Jugend stolzes und bewundert Kleid
RodS1834	4	b.b	gleichen	wird gleichen
RodS1834	5	c.B	hinkam	hinkam
RodS1834	6	c.a	Lenzes	deine Schönheit und alle Schätze deines sonnigen Lenzes
RodS1834	7	A.A	Rühmen	ein törichtes Rühmen
RodS1834	8	A.A	Auge	in dem eingesunkenen Auge
RodS1834	9	b.b	könntest	könntest antworten

RodS1834	10	b.b	meine	meine Entschuldigung
RodS1834	11	c.B	bin	nicht mehr bin
RodS1834	12	a.a	deinige	für die deinige
RodS1834	13	a.a	alt	alt
RodS1834	14	a.a	kalt	kalt
RegG1836	1	c.b	umnachten	umnachten
RegG1836	2	a.a	Feld	deiner Schönheit Feld
RegG1836	3	c.b	trachten	so trachten
RegG1836	4	b.b	zerfällt	zerfällt
RegG1836	5	b.A	Schmähen	ein ödes Lob, ein allverzehrendes Schmähen
RegG1836	6	b.a	all	dem Forscher nach den Reizen all, nach all dem frühen Reichtum
RegG1836	7	b.b	gestehn	zu gestehn
RegG1836	8	c.A	Fall	mit deines Auges Fall
RegG1836	9	c.c	sich	sich
RegG1836	10	b.a	Kind	dies mein schönes Kind
RegG1836	11	c.B	mich	mich
RegG1836	12	c.c	sind	sind
RegG1836	13	b.b	verjüngt	verjüngt
RegG1836	14	c.c	wiederbringt	wiederbringt
RicK1836	1	a.a	Brauen	deine Brauen
RicK1836	2	a.a	Feld	in deiner Schönheit Feld
RicK1836	3	b.b	schauen	schön zu schauen
RicK1836	4	a.a	hält	hält
RicK1836	5	b.b	fragen	wird fragen
RicK1836	6	b.a	Eigentum	deine Schönheit und deiner frohen Tage Eigentum
RicK1836	7	b.b	sagen	zu sagen
RicK1836	8	a.a	Ruhm	verzehrende Schmach, ganz unnützer Ruhm
RicK1836	9	b.b	Preis	genossener Jugend Preis
RicK1836	10	a.a	mein	mein
RicK1836	11	b.A	Greis	mich, den Greis
RicK1836	12	a.a	dein	dein
RicK1836	13	a.a	alt	alt
RicK1836	14	a.a	kalt	kalt
OrtE1840	1	a.a	Brauen	deine Brauen
OrtE1840	2	c.c	Spur	ihre Spur
OrtE1840	3	b.b	schauen	so blank zu schauen
OrtE1840	4	c.b	nur	nur verschossenen Livreen
OrtE1840	5	c.c	geschwunden	geschwunden
OrtE1840	6	b.a	Schatz	deiner frohen Tage ganzer Schatz
OrtE1840	7	c.c	gefunden	würde gefunden
OrtE1840	8	c.c	Platz	der Augen Platz
OrtE1840	9	b.b	Preis	deiner Schönheit Preis
OrtE1840	10	b.a	Kind	dies mein holdes Kind
OrtE1840	11	b.A	Greis	ich als Greis
OrtE1840	12	c.c	rinnt	rinnt
OrtE1840	13	c.c	verloren	ging nie verloren
OrtE1840	14	b.b	geboren	würdest geboren
WalL1840	1	c.b	Zeit	eine vierzig Winter lange Zeit

WalL1840	2	c.b	Spur	tiefe Spur
WalL1840	3	b.b	Kleid	der Jugend stolzes Kleid
WalL1840	4	c.a	nur	nur verachtet
WalL1840	5	c.c	Glück	deiner Schönheit Glück
WalL1840	6	c.a	Traum	all der Schatz aus schöner Tage Traum
WalL1840	7	c.a	Blick	in dem eigenen hohlen Blick
WalL1840	8	c.a	Schaum	Schimpf und leeren Ruhmes Schaum
WalL1840	9	c.b	wert	mehr Ruhm wert
WalL1840	10	c.c	hier	hier
WalL1840	11	c.c	gelehrt	sei gelehrt
WalL1840	12	a.a	dir	dir
WalL1840	13	a.a	alt	alt
WalL1840	14	a.a	kalt	kalt
JorW1861	1	c.c	Druck	mit schwerem Druck
JorW1861	2	c.b	Zeichen	ihr Zeichen
JorW1861	3	c.b	Schmuck	deiner Jugend angestaunter Schmuck
JorW1861	4	c.b	gleichen	gleichen
JorW1861	5	c.a	kam	kam
JorW1861	6	c.c	prunken	prunken
JorW1861	7	b.A	Scham	zu schlechtem Troste bittrer Scham
JorW1861	8	b.A	eingesunken	sind eingesunken
JorW1861	9	c.c	Prahlen	sonder Prahlen
JorW1861	10	b.a	Kind	dies mein holdes Kind
JorW1861	11	c.b	zahlen	soll zahlen
JorW1861	12	c.c	sind	sind
JorW1861	13	A.A	erfroren	halb erfroren
JorW1861	14	b.b	neugeboren	neugeboren
BodF1862	1	c.b	Jahrhundert	ein halb Jahrhundert
BodF1862	2	c.c	schlagen	wird schlagen
BodF1862	3	c.b	bewundert	so bewundert
BodF1862	4	c.b	abgetragen	abgetragen
BodF1862	5	c.B	Leuten	von den Leuten
BodF1862	6	A.A	blieb	blieb
BodF1862	7	c.c	deuten	müßtest deuten
BodF1862	8	c.c	lieb	nicht lieb
BodF1862	9	b.b	Ruhm	zu dem Ruhm
BodF1862	10	c.a	Blut	in diesem jungen Blut, in meinem Kind
BodF1862	11	c.c	Blume	meiner Schönheit Blume
BodF1862	12	c.c	Glut	meiner Jugend Glut
BodF1862	13	b.b	bist	bist
BodF1862	14	c.b	bist	bist
MolM1865	1	b.b	umlagern	umlagern
MolM1865	2	a.a	Auen	deiner Schönheit Auen
MolM1865	3	b.b	Prachtgewand	deiner Jugend stolzes Prachtgewand
MolM1865	4	b.b	gleichen	wird gleichen
MolM1865	5	c.B	hinkam	hinkam
MolM1865	6	c.a	Lenzes	deine Schönheit und alle Schätze deines sonnigen Lenzes
MolM1865	7	A.A	Rühmen	ein töricht Rühmen

MolM1865	8	A.A	Auge	in dem eingesunkenen Auge
MolM1865	9	b.b	könntest	könntest antworten
MolM1865	10	b.b	meine	meine Entschuldigung
MolM1865	11	c.B	bin	nicht mehr bin
MolM1865	12	a.a	deinige	für die deinige
MolM1865	13	a.a	alt	alt
MolM1865	14	a.a	kalt	kalt
GelF1867	1	b.b	befehden	befehden
GelF1867	2	a.a	Flur	auf deiner Schönheit Flur
GelF1867	3	c.B	jeden	jeden
GelF1867	4	c.b	nur	ein wertloses Fähnchen nur
GelF1867	5	c.a	ruhten	ruhten
GelF1867	6	c.c	hob	hob
GelF1867	7	c.a	Gluten	in meines hohlen Auges Gluten
GelF1867	8	a.a	Lob	ewige Schmach, verschwenderisches Lob
GelF1867	9	c.c	getragen	getragen
GelF1867	10	c.c	hier	hier
GelF1867	11	c.c	Tagen	mit jungen Tagen
GelF1867	12	a.a	dir	ein Sproß von dir
GelF1867	13	a.a	alt	alt
GelF1867	14	a.a	kalt	noch so kalt
SimK1867	1	c.b	Jahrhundert	ein halb Jahrhundert
SimK1867	2	a.a	Feld	in deiner Schönheit Feld
SimK1867	3	c.b	bewundert	so bewundert
SimK1867	4	a.a	gefällt	nicht mehr gefällt
SimK1867	5	c.c	Leuten	den Leuten
SimK1867	6	a.a	Tage	all die Schönheit der jungen Tage
SimK1867	7	c.c	deuten	willst deuten
SimK1867	8	c.a	Klage	ein schlechter Ruhm, trostlose Klage
SimK1867	9	a.a	Verwendung	deines Blühens Verwendung
SimK1867	10	b.a	Kind	dieses schöne Kind
SimK1867	11	c.c	Verschwendung	den Vorwurf der Verschwendung
SimK1867	12	c.c	sind	sind
SimK1867	13	a.a	alt	alt
SimK1867	14	a.a	kalt	kalt
FriH1869	1	b.b	Jahre	vierzig Jahre
FriH1869	2	a.a	Land	in deiner Schönheit Land
FriH1869	3	c.b	wunderbare	deiner Jugend Kleid, das wunderbare
FriH1869	4	b.b	Gewand	als schäbiges Gewand
FriH1869	5	a.a	liege	liege
FriH1869	6	c.a	Wonnetag	deine Schätze aus schönem Wonnetag
FriH1869	7	c.a	Züge	auf die verfallenen Züge
FriH1869	8	c.a	Todesschmach	Verschwenderruhm und Todesschmach
FriH1869	9	b.b	Preis	verbrauchter Schönheit höheren Preis
FriH1869	10	b.a	Knabe	mein schöner Knabe
FriH1869	11	b.A	Greis	mich als Greis
FriH1869	12	c.b	Habe	seiner Schönheit Gut und Habe
FriH1869	13	a.a	alt	noch so alt

FriH1869	14	a.a	kalt	noch so kalt
NeiA1869	1	b.a	dir	dir
NeiA1869	2	a.a	Feld	in deiner Schönheit Feld
NeiA1869	3	c.b	Zier	deiner Jugend jetzt so stolze Zier
NeiA1869	4	c.B	Welt	der Welt
NeiA1869	5	c.A	Hauch	nach all dem süßen Hauch der Schönheit deiner besseren Zeit
NeiA1869	6	b.b	gefragt	würdest gefragt
NeiA1869	7	a.a	Auge	in dieses hohle Auge
NeiA1869	8	c.a	gewagt	Schande und Schmach und viel gewagt
NeiA1869	9	a.a	legtest brach	legtest nicht brach
NeiA1869	10	b.a	Sproß	dieser holde Sproß
NeiA1869	11	b.b	mag	mag versöhnen
NeiA1869	12	c.b	bloß	bloß deiner Schönheit Erbe
NeiA1869	13	a.a	alt	alt
NeiA1869	14	a.a	kalt	kalt
TscB1870	1	a.a	Haupt	dein Haupt
TscB1870	2	a.a	Gefilde	der Schönheit glatt Gefilde
TscB1870	3	c.b	beraubt	des Wertes beraubt
TscB1870	4	c.A	Gebilde	deines Leibs heute angestaunt Gebilde
TscB1870	5	A.A	Tage	der Schatz der sonnenhellen Tage und aller Reiz
TscB1870	6	c.c	prunken	durftest prunken
TscB1870	7	c.A	Klage	in Lob versteckte Klage
TscB1870	8	b.A	eingesunken	in dem matten und eingesunkenen Auge
TscB1870	9	b.b	Preis	deiner Schönheit Preis
TscB1870	10	b.a	Kleinen	in diesem Kleinen, an seinem Reiz
TscB1870	11	c.b	weiß	gutzumachen weiß
TscB1870	12	a.a	deinen	den deinen
TscB1870	13	a.a	alt	alt
TscB1870	14	c.c	wallt	noch wallt
GilO1871	1	b.b	berennen	berennen
GilO1871	2	b.b	ziehen	ziehen
GilO1871	3	c.c	kennen	wird noch kennen
GilO1871	4	c.b	ihn	den zerfetzten Rock, ihn
GilO1871	5	c.b	Zier	all deine Zier
GilO1871	6	b.a	Eigentum	deines Frühlings stolzes Eigentum
GilO1871	7	c.c	hier	hier
GilO1871	8	c.a	Bettelruhm	allverzehrende Schmach und Bettelruhm
GilO1871	9	c.a	Verwalter	du als wuchernder Verwalter der Schönheit
GilO1871	10	b.a	Kind	dies feine Kind
GilO1871	11	b.A	Alter	mein Alter
GilO1871	12	c.c	sind	sind
GilO1871	13	c.c	finden	finden
GilO1871	14	b.b	empfinden	empfinden
KraF1872	1	b.b	rückend	rückend
KraF1872	2	a.a	Plan	in deiner Schönheit Plan
KraF1872	3	c.c	entzückend	so entzückend
KraF1872	4	b.b	sieht an	sieht mehr an
KraF1872	5	b.b	fragen	würde fragen

KraF1872	6	c.c	hob	hob
KraF1872	7	b.b	sagen	zu sagen
KraF1872	8	a.a	Lob	tiefe Schmach und ungedeihlich Lob
KraF1872	9	b.b	preisen	wäre zu preisen
KraF1872	10	b.a	Kind	dies mein schönes Kind
KraF1872	11	b.A	Greis	mich, den Greis
KraF1872	12	c.c	sind	sind
KraF1872	13	a.a	Alten	dich, den Alten
KraF1872	14	a.a	erkalten	erkalten

7.8.4. Häufigkeiten der Reimcodes

	Wortform				Phrase		
Text	a	b	c		a	b	c
EscJ1787	5	5	4		6	8	0
KanK1803	8	4	2		9	4	1
TieL1807	5	1	8		10	2	2
LacK1820	6	2	6		8	3	3
TieD1825	4	4	6		7	4	3
SchA1826	4	3	7		10	2	2
RodS1834	6	4	4		7	7	0
RegG1836	1	6	7		5	6	3
RicK1836	8	6	0		10	4	0
OrtE1840	1	6	7		4	4	6
WalL1840	3	1	10		7	4	3
JorW1861	1	4	9		5	5	4
BodF1862	1	2	11		2	7	5
MolM1865	7	5	2		8	6	0
GelF1867	5	1	8		7	3	4
SimK1867	6	1	7		8	2	4
FriH1869	4	5	5		9	5	0
NeiA1869	5	4	5		9	5	0
TscB1870	5	3	6		9	3	2
GilO1871	0	6	8		5	5	4
KraF1872	4	7	3		6	5	3

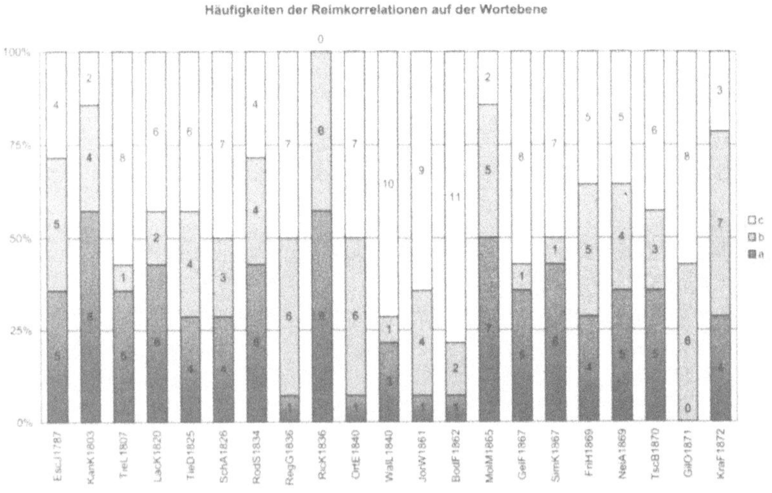

7.8.5. Korrelationsarten auf der Wortformenebene

Text	+	-	*	keine Korr.
EscJ1787	70,8	1,5	9,2	18,5
KanK1803	72,7	1,8	3,6	21,8
TieL1807	56,9	0,0	10,3	32,8
LacK1820	67,9	0,0	5,4	26,8
TieD1825	61,8	1,8	9,1	27,3
SchA1826	55,2	3,4	5,2	36,2
RodS1834	62,0	0,0	16,0	22,0
RegG1836	56,0	2,0	16,0	26,0
RicK1836	67,8	0,0	10,2	22,0
OrtE1840	49,1	0,0	9,1	41,8
WalL1840	52,6	1,8	7,0	38,6
JorW1861	45,3	0,0	7,5	47,2
BodF1862	35,3	0,0	5,9	58,8
MolM1865	64,0	0,0	14,0	22,0
GelF1867	54,7	0,0	15,1	30,2
SimK1867	50,0	1,9	11,1	37,0
FriH1869	47,2	1,9	11,3	39,6
NeiA1869	52,9	2,0	7,8	37,3
TscB1870	50,9	0,0	12,7	36,4
GilO1871	50,9	0,0	14,5	34,5
KraF1872	50,9	1,9	18,9	28,3
Ar. Mittel	*55,9*	*1,0*	*10,5*	*32,6*

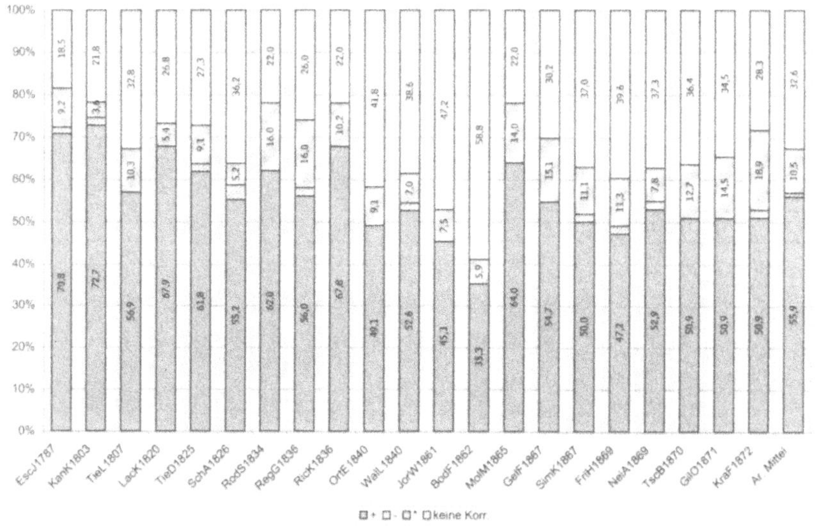

7.9. Übersicht über die Phrasensegmentierung

Px_ID	Tag	Phrase	Ord_A	Ord_B	Vz_IDf	Ph_IDf
1	&	when	0		1	1
2	S	forty winters	1		1	2
3	P	shall besiege	2		1	3
4	C	thy brow	3		1	4
5	&	and	4		2	5
1312	S	[PRO: forty winters]	5	0	2	
6	P	dig	5	1	2	6
7	C	deep trenches	6		2	7
8	A	in thy beauty's field	7		2	8
9	S	thy youth's proud livery	8		3	9
1313	S	[PRO: thy youth's proud livery]	9	0	3	
10	P	so gazed on	9	1	3	17
11	A	now	10		3	12
12	P	will be	11		4	13
13	C	a tattered weed	12		4	14
1429	S	[PRO: a tattered weed]	13	0	4	
14	C	of small worth	13	1	4	16
15	P	held	14	0	4	15
1430	A	[PRO: by X]	14	1	4	
16	A	then	15		5	18
17	P	being asked	16		5	19
1314	S	[PRO: you]	16	0	5	
1315	A	[PRO: by X]	16	2	5	
18	A	where	17		5	20
19	S	all thy beauty	18		5	21
20	P	lies	19		5	22
21	A	where	20		6	20
22	S	all the treasure of thy lusty days	21		6	23
1316	P	[PRO: lies]	21	1	6	
23	P	to say	22		7	24
1317	S	[PRO: you]	22	0	7	
24	A	within thine own deep sunken eyes	23		7	25
1318	S	[PRO: the treasure of thy lusty days]	23	0	7	
1325	P	[PRO: lies]	23	1	7	
25	P	was	24		8	47
26	C	an all-eating shame and thriftless praise	25		8	28
27	C	how much more praise	26		9	113
28	P	deserved	27		9	31
29	S	thy beauty's use	28		9	32
30	&	if	29		10	33
31	S	thou	30		10	34
32	P	couldst answer	31		10	35
33	S	this fair child of mine	32		10	36
34	P	shall sum	33		11	37
35	C	my count	34		11	38
36	&	and	35		11	5
37	P	make	36		11	39
1319	S	[PRO: this fair child of mine]	36	0	11	
38	C	old	37		11	41
39	C	my excuse	38		11	40
1320	S	[PRO: I]	38	0	11	
1321	P	[PRO: am]	38	1	11	
40	P	proving	39		12	42
1322	S	[PRO: this fair child]	39	0	12	
41	C	his beauty	40		12	43
42	A	by succession	41		12	44
43	C	thine	42		12	45
44	S	this	43		13	46
45	P	was	44		13	47
46	P	to be	45		13	48

1323	S	[PRO: you]	45	0	13	
47	C	new made	46		13	49
48	&	when	47		13	1
49	S	thou	48		13	34
50	P	art	49		13	50
51	C	old	50		13	41
52	&	and	51		14	5
53	P	see	52		14	51
1324	S	[PRO: you]	52	0	14	
54	C	thy blood	53		14	52
55	C	warm	54		14	53
56	&	when	55		14	1
57	S	thou	56		14	34
58	P	feel	57		14	54
59	C	it	58		14	55
60	C	cold	59		14	56
61	&	wenn	60		113	57
62	S	vierzig Winter	61		113	58
63	A	um deine Stirn	62		113	59
64	P	sich gelagert	63		113	60
65	&	und	64		114	61
1311	S	[PRO: vierzig Winter]	65	0	114	
66	C	tiefe Gräben	65	1	114	62
67	A	in das Feld deiner Schönheit	66		114	63
68	P	werden geschnitten haben	67		114	64
69	&	dann	68		115	65
70	P	wird sein	69		115	66
71	S	der stolze Schmuck deiner Jugend	70		115	67
72	S	der	71		115	68
73	A	jetzt	72		115	69
74	C	alle Blicke	73		115	70
75	A	auf sich	74		115	71
76	P	zieht	75		115	72
77	C	ein zerrissenes Gewand von wenig geachtetem Wert	76		116	73
78	P	fragt	78		117	75
79	S	man	79		117	76
80	C	dich	80		117	77
81	&	alsdann	81		117	78
82	A	wo	82		117	79
83	S	alle deine Schönheit	83		117	80
84	P	ist	84		117	81
85	A	wo	85		118	79
86	S	alle der Glanz deiner fröhlichen Tage	86		118	82
1326	P	[PRO: ist]	86	1	118	
87	&	und	87		119	61
88	S	du	88		119	83
89	P	sagtest	89		119	84
90	A	in deinen tief eingesunkenen Augen	90		119	85
1327	S	[PRO: der Glanz ...]	90	0	119	
1328	P	[PRO: ist]	90	1	119	
91	A	so	91		120	11
92	P	wäre	92		120	86
93	S	das	93		120	87
94	C	nagender Schimpf und unnützer Ruhm	94		120	88
95	C	wie weit mehr Ruhm	95		121	90
96	P	würde verdienen	96		121	91
97	S	der Gebrauch deiner Schönheit	97		121	92
98	&	wenn	98		122	57
99	S	du	99		122	83
100	P	antworten könntest	100		122	93
101	S	dieses mein holdes Kind	101		122	94
102	C	meine Rechnung	102		123	96
103	A	vollends	103		123	97

104	P	wird abtragen	104		123	95
105	&	und	105		123	61
106	C	mein Alter	106		123	98
1329	S	[PRO: dieses mein holdes Kind]	106	0	123	
1330	P	[PRO: wird]	106	1	123	
107	P	entschuldigen	107		123	99
108	&	weil	108		124	100
109	S	der ihm angeerbte Reiz	109		124	101
110	A	offenbar	110		124	102
111	C	der deine	111		124	103
112	P	wäre	112		124	86
113	A	dadurch	113		125	104
114	P	würdest noch verjüngen	114		125	107
115	S	du	115		125	83
116	C	dich	116		125	77
117	A	in dem Alter	117		125	106
118	&	und	118		126	61
119	C	dein Blut	119		126	108
1331	S	[PRO: du]	119	0	126	
120	C	warm	120		126	53
121	P	sehen	121		126	109
122	&	wenn	122		126	57
123	S	du	123		126	83
124	C	es	124		126	110
125	C	kalt	125		126	111
126	P	fühlst	126		126	112
127	P	belagern	127		127	114
128	S	vierzig Winter	128		127	58
129	C	deine Brauen	129		127	115
130	P	ziehen	130		128	116
131	C	Gräben	131		128	117
132	S	sie	132		128	118
133	A	in deiner Schönheit Feld	133		128	119
134	S	dein stolzer Jugendschmuck	134		129	120
135	A	jetzt	135		129	69
1332	S	[PRO: dein stolzer Jugendschmuck]	135	0	129	
136	C	schön zu schauen	136		129	276
137	P	ist	137		130	81
138	A	dann	138		130	123
139	C	ein Fetzen	139		130	124
140	C	den	140		130	126
141	S	man	141		130	76
142	C	wertlos	142		130	127
143	P	hält	143		130	128
144	&	wenn	144		131	57
145	A	einst	145		131	129
146	A	wo	146		131	79
147	C	deine Schönheit	147		131	132
148	P	sei	148		131	131
149	S	sie	149		131	118
150	P	fragen	150		131	133
151	A	wo	151		132	79
152	S	deiner frohen Tage Schätze	152		132	683
153	P	seien	153		132	135
154	A	in deinen hohlen Augen	154		133	136
1333	S	[PRO: deiner frohen Tage Schätze]	154	0	133	
1334	P	[PRO: seien]	154	1	133	
155	A	dann	155		133	123
156	P	zu sagen	156		133	137
157	P	wäre	157		134	86
158	C	allverzehrende Schmach, Ruhm ohne Gedeihen	158		134	138
159	A	wie mehr	159		135	139
160	P	wollte huldigen	160		135	251

161	S	ich	161		135	141
162	C	dem Schönheitsbraucher	162		135	142
163	P	antwortetest	163		136	144
164	S	du	164		136	83
165	S	dies schöne Kind	165		136	228
166	S	das	166		136	87
167	C	mein	167		136	146
1335	P	[PRO: ist]	167	1	136	
168	P	soll sein	168		137	147
169	C	mein Zahler	169		137	148
170	&	und	170		137	61
171	C	mich	171		137	149
1336	S	[PRO: dieses schöne Kind]	171	0	137	
172	A	einst	172		137	129
173	P	entschuldigen	173		137	99
174	P	beweisend	174		138	150
1337	P	[PRO: dieses schöne Kind]	174	0	138	
175	&	daß	175		138	151
176	S	des Kindes Schönheit	176		138	152
177	C	dein	177		138	153
1338	P	[PRO: ist]	177	1	138	
178	S	das	178		139	87
179	P	hieße	179		139	154
180	C	erneuert	180		139	155
1339	S	[PRO: du]	180	0	139	
181	P	sein	181		139	156
182	&	wenn	182		139	57
183	S	du	183		139	83
184	P	bist	184		139	157
185	C	alt	185		139	158
186	C	warm	186		140	53
1340	S	[PRO: du]	186	0	140	
187	P	sehn	187		140	159
188	C	dein Blut	188		140	108
189	&	wenn	189		140	57
190	S	du	190		140	83
191	C	es	191		140	110
192	P	fühlst	192		140	160
193	C	kalt	193		140	111
194	P	belagern	194		141	114
195	S	vierzig Winter	195		141	58
196	C	Stirn und Wangen	196		141	161
197	P	tieffurchend	197		142	162
1341	S	[PRO: vierzig Winter]	197	0	142	
198	C	deiner holden Schönheit Flur	198		142	163
199	S	der Jugend stolz Panier, der Welt Verlangen	199		143	164
200	P	ist	200		144	81
201	C	nur unbeachtetes, zerfetztes Gewand	201		144	679
202	A	dann	202		144	123
203	P	forscht	203		145	167
204	S	man	204		145	76
205	A	alsdann	205		145	168
206	A	wohin	206		145	169
207	S	die Schönheit	207		145	170
208	P	schwand	208		145	171
209	A	wohin	209		146	169
210	S	der Hort von deinen frühen Tagen	210		146	172
1348	P	[PRO: schwand]	210	1	146	
211	A	in deiner tief versunkenen Augen Rand	211		147	173
212	P	wäre	212		148	86
1342	S	[PRO: das]	212	0	148	
213	C	klägliches Lob und schmachvoll nur zu sagen	213		148	684
214	C	mehr Lob	214		149	177

215	P	wird entrichten	215		149	178
216	C	tätiger Schönheit	216		149	179
217	S	man	217		149	76
218	P	antwortest	218		150	180
219	S	du	219		150	83
220	S	dies schöne Kind von mir	220		150	181
221	P	zahlt	221		151	182
222	C	meine Schuld	222		151	183
223	&	und	223		151	61
224	C	die Rechnung	224		151	185
1343	S	[PRO: dieses schöne Kind ...]	224	0	151	
225	P	wird schlichten	225		151	184
226	S	sein geerbter Reiz	226		152	685
227	P	gehört	227		152	188
228	A	noch immer	228		152	189
229	C	dir	229		152	190
230	S	dies	230		153	191
231	P	hieße	231		153	154
232	C	neu erzeugt	232		153	192
1344	S	[PRO: du]	232	0	153	
1345	P	[PRO: zu sein]	232	1	153	
233	&	wenn	233		153	57
234	S	du	234		153	83
235	C	veraltet	235		153	193
1346	P	[PRO: bist]	235	1	153	
236	C	heiß Blut	236		154	194
237	P	gefühlt	237		154	195
1347	S	[PRO: du]	237	0	154	
238	&	wenn	238		154	57
239	S	deines	239		154	197
240	A	schon	240		154	198
241	P	erkaltet	241		154	199
242	A	wann	242		155	200
243	S	vierzig Winter	243		155	58
244	C	deine Stirn	244		155	201
245	P	besetzt	245		155	202
246	C	Laufgräben	246		156	203
1431	S	[PRO: vierzig Winter]	246	0	156	
247	A	tief	247		156	204
248	A	in dem Schönheitplan	248		156	205
249	P	geführt	249		156	206
250	S	der Jugend stolze Tracht	250		157	207
251	C	ein Wunder	251		157	208
1432	S	[PRO: der Jugend stolze Tracht]	251	0	157	
252	A	jetzt	252		157	69
1433	P	[PRO: ist]	252	1	157	
253	P	wird	253		158	209
254	C	kahles Kleid	254		158	210
255	S	das	255		158	87
256	C	allen Wert	256		158	211
257	P	verliert	257		158	212
258	S	wer	258		159	213
259	A	dann	259		159	123
260	A	wo	260		159	79
261	S	all die Schönheitwonne	261		159	214
1434	P	[PRO: ist]	261	1	159	
262	P	fragt	262		159	75
263	A	wo	263		160	79
264	S	all der Reichtum, frischer Tage Reiz	264		160	215
1435	P	[PRO: ist]	264	1	160	
265	P	wird gesagt	265		161	216
1436	S	[PRO: all der Reichtum ...]	265	0	161	
1437	P	[PRO: ist]	265	1	161	

266	A	in dem versunkenen Auge	266		161	217
267	C	ihm	267		161	218
268	A	darauf	268		161	219
1438	A	[PRO: von X]	268	0	161	
269	S	es	269		162	220
270	C	Ruhmverschwendung und Schandengeiz	270		162	222
271	P	wird sein	271		162	66
272	&	und	272		163	61
273	S	welches Lob	273		163	686
274	C	auf des Blühens Verwendung	274		163	224
275	P	ruht	275		163	225
276	P	erwiderst	276		164	226
277	S	du	277		164	83
278	S	dies schöne Kind	278		164	228
279	S	das	279		164	87
280	C	mein	280		164	146
1350	P	[PRO: ist]	280	1	164	
281	P	macht voll	281		165	229
282	C	die Rechnung	282		165	185
283	C	mir	283		165	230
284	C	mein Alter	284		165	98
1351	S	[PRO: dies schöne Kind]	284	1	165	
285	P	macht gut	285		165	231
286	P	beweist	286		166	232
287	A	durch Abkunft	287		166	233
288	S	er	288		166	234
289	S	sein Reiz	289		166	186
290	P	ist	290		166	81
291	C	dein	291		166	153
292	A	so	292		167	11
293	S	du	293		167	83
294	A	neu	294		167	236
295	P	wirst geschaffen	295		167	235
296	P	bist	296	0	167	157
1349	S	du	296	1	167	83
297	C	alt	297		167	158
298	&	und	298		168	61
299	P	siehst	299		168	237
1352	S	[PRO: du]	299	0	168	
300	C	dein Blut	300		168	108
301	C	warm	301		168	53
302	P	fühlst	302		168	112
303	S	du	303		168	83
304	A	schon	304		168	198
305	C	es	305		168	110
306	C	kalt	306		168	111
307	P	fühlst	307		183	112
308	S	du	308		183	83
309	C	den Druck von vierzig Wintern	309		183	238
310	A	einst	310		183	129
311	S	die	311		184	239
312	C	deiner Schönheit Feld	312		184	240
313	A	mit Furchen	313		184	241
314	P	messen	314		184	242
315	A	dann	315		185	123
316	P	ist	316		185	81
317	S	der Jugend angestaunter Schmuck	317		185	243
318	C	nur ein zerrissenes Kleid und bald vergessen	318		186	687
319	S	man	319		187	76
320	C	dich	320		187	77
321	A	dann	321		187	123
322	C	nach deiner Schönheit, nach deiner goldenen Tage reichem Hort	322		187	248
323	P	wird fragen	323		187	246

324	P	mußt sagen	325		189	250
325	S	du	326		189	83
1353	S	[PRO: deine Schönheit ...]	327	0	189	
1354	P	[PRO: ist]	327	1	189	
326	A	in dem eingesunkenen Auge	327	2	189	252
327	S	das	328		190	87
328	P	wäre	329		190	86
329	C	ein ruhmlos, unersprießlich Wort	330		190	253
330	S	der Schönheit Nutzen	331		191	254
331	C	dich	332		191	77
332	P	könnte erfreuen	333		191	255
333	P	erwidertest	334		192	256
334	S	du	335		192	83
335	S	dies schöne Kind	336		192	228
336	P	ist	337		192	81
337	C	mein	338		192	146
338	S	es	339		193	220
339	P	tilgt	340		193	257
340	C	die Schuld	341		193	258
1355	S	[PRO: es]	342	0	193	
341	C	meinen Lenz	342	1	193	260
344	P	wird erneuen	343		193	259
345	S	der Reiz, von dir geerbt, er	344		194	688
346	P	bliebe	346		194	263
347	C	dein	347		194	153
348	A	so	348		195	11
349	P	würdest erschaffen	349		195	264
350	S	du	350		195	83
351	A	neu	351		195	236
352	&	wenn auch	352		195	265
1356	S	[PRO: du]	353	0	195	
353	C	alt	353	1	195	158
1357	P	[PRO: wärest]	353	2	195	
354	&	und	354		196	61
1358	S	[PRO: du]	355	0	196	
355	P	sähest	355	1	196	266
356	C	dein Blut	356		196	108
357	C	warm	357		196	53
358	P	fühltest	358		196	267
359	S	du	359		196	83
360	A	gleich	360		196	268
361	C	dich	361		196	77
362	C	kalt	362		196	111
363	P	umlagern	363		211	269
364	S	vierzig Winter	364		211	58
365	C	deine Brauen	365		211	115
1359	S	[PRO: vierzig Winter]	366	0	212	
366	C	die Gräben	366	1	212	270
367	P	öffnend	367		212	271
368	A	auf der Schönheit Feld	368		212	272
369	S	der Jugend stolzer Schmuck	369		213	273
1360	S	[PRO: der Jugend stolzer Schmuck]	370	0	213	
370	A	nun	370	1	213	274
371	C	blank zu schauen	371	0	213	275
1361	P	[PRO: ist]	371	1	213	
372	C	entstellt	372		214	278
373	A	dann	373		214	123
374	C	zu dem schlichten Kleide	374		214	277
375	C	dir	375		214	190
376	&	wenn	376		215	57
1362	S	[PRO: du]	377	0	215	
377	A	dann	377	1	215	123
1363	A	[PRO: von X]	378	0	215	

378	P	gefragt	378	1	215	279
379	A	wohin	379		215	169
380	S	die Schönheit, die reiche Blüte deiner Jugendtage	380		215	281
381	P	sank	381		215	280
382	S	du	383		217	83
383	P	sagst	384		217	282
1364	S	[PRO: die Schönheit ...]	385	0	217	
1365	P	[PRO: sank]	385	1	217	
384	A	in diese Augen tief und krank	385	2	217	283
385	&	O	386		218	284
386	&	armer, eitler Ruhm, trostlose Klage	387		218	286
387	C	wie höher	388		219	689
388	P	ist	389		219	81
389	S	genutzter Schönheit Preis	390		219	288
390	S	du	391		220	83
391	P	kannst erwidern	392		220	290
392	S	dies mein Kind, so lieb	393		220	291
393	P	tilgt	394		221	257
394	C	meine Schuld	395		221	183
1366	S	[PRO: dies mein Kind ...]	396	0	221	
395	P	verjüngend	396	1	221	690
396	C	noch den Greis	397		221	691
397	&	wenn	398		222	57
398	S	Schönheit	399		222	294
399	C	seines Ursprungs Zeuge	400		222	295
400	P	blieb	401		222	296
401	&	O	402		223	284
402	S	dies	403		223	191
403	P	ist	404		223	81
1367	S	[PRO: du]	405	0	223	
404	C	dich	405	1	223	77
405	P	verjüngen	406		223	298
406	P	bist	407		223	157
407	S	du	408		223	83
408	C	alt	409		223	158
409	&	und	410		224	61
1368	S	[PRO: du]	411	0	224	
410	C	warm	411	1	224	53
411	C	dein Blut	412		224	108
412	P	sehn	413		224	159
413	P	fühlst	414		224	112
414	S	du	415		224	83
415	A	schon	416		224	198
416	C	es	417		224	110
417	C	kalt	418		224	111
610	P	umlagern	608		323	269
611	S	vierzig Winter	609		323	58
612	C	deine Brauen	610		323	115
613	&	und	611		324	61
614	P	zeigen	612		324	374
615	S	tiefe Furchen	613		324	375
616	C	ihre Spur	614		324	376
617	A	dann	615		325	123
618	P	wird gleichen	616		325	304
619	S	dein Jugendkleid	617		325	377
1450	S	[PRO: dein Jugendkleid]	618	0	325	
620	C	so blank zu schauen	618	1	325	378
1451	P	[PRO: ist]	618	2	325	
621	C	nur verschossenen Livreen	619		326	379
623	P	fragt	621		327	75
624	S	einer	622		327	305
625	A	dann	623		327	123
626	A	wohin	624		327	169

627	S	dein Reiz	625		327	380
628	P	geschwunden	626		327	381
629	A	wo	627		328	79
630	S	deiner frohen Tage ganzer Schatz	628	0	328	382
1452	P	[PRO: ist]	628	1	328	
631	S	er	629		329	234
632	A	in hohlen Augen nur	630		329	385
633	P	würde gefunden	631		329	384
634	C	schmachvoll	632		330	386
635	P	wäre	633		330	86
636	A	dann	634		330	123
637	S	der Augen Platz	635		330	387
638	P	steigt	636		331	388
639	A	wie höher doch	637		331	389
640	S	deiner Schönheit Preis	638		331	390
641	P	kannst erwidern	639		332	290
642	S	du	640		332	83
643	S	dies mein holdes Kind	641		332	391
644	P	soll tun	642		333	392
645	C	was	643		333	393
646	S	ich als Greis	644		333	395
647	P	nicht tun kann	645		333	394
648	A	einst	646		333	129
649	S	es	647		334	220
650	P	zeige	648		334	396
651	&	daß	649		334	151
652	S	mein Blut	650		334	397
653	A	neu	651		334	236
654	A	in ihm	652		334	398
655	P	rinnt	653		334	399
656	A	dann	654		335	123
657	S	das frische Blut	655		335	401
658	C	dir	656		335	190
659	P	ging nie verloren	657		335	402
660	A	dann	658		336	123
661	S	du	659		336	83
662	A	in dem Alter	660		336	106
663	A	neu	661		336	236
664	P	würdest geboren	662		336	693
665	&	wenn	663		351	403
666	S	eine vierzig Winter lange Zeit	664		351	404
667	A	in deiner Schönheit Feld	665		352	119
668	P	furcht	666		352	405
669	C	tiefe Spur	667		352	406
670	P	ist	668		353	81
671	C	welkes Kraut	669		353	407
672	S	der Jugend stolzes Kleid	670		353	408
1453	S	[PRO: der Jugend stolzes Kleid]	671	0	354	
673	A	jetzt	671	1	354	69
674	C	hoch bestaunt	672	0	354	409
1454	P	[PRO: ist]	672	1	354	
675	&	und	673		354	61
1455	S	[PRO: der Jugend stolzes Kleid]	674	0	354	
676	A	dann	674	1	354	123
677	P	nur verachtet	675	0	354	410
1456	P	[PRO: ist]	675	1	354	
1457	S	[PRO: du]	676	0	355	
678	P	gefragt	676	1	355	279
1458	A	[PRO: von X]	676	2	355	
679	A	dann	677		355	123
680	A	wo	678		355	79
681	P	blieb	679		355	296
682	S	deiner Schönheit Glück	680		355	411

683	A	wo	681	0	356	79
1459	P	[PRO: blieb]	681	1	356	
684	S	all der Schatz aus schöner Tage Traum	682		356	412
1460	S	[PRO: du]	683	0	357	
685	P	zu sagen	683	1	357	137
686	A	in dem eigenen hohlen Blick	684		357	413
687	S	das	685		358	87
688	P	wäre	686		358	86
689	C	Schimpf und leeren Ruhmes Schaum	687		358	414
690	S	Gebrauch der Schönheit	688		359	415
691	&	doch	689		359	416
692	P	ist	690		359	81
693	C	mehr Ruhm wert	691		359	694
694	&	wenn	692		360	57
695	S	du	693		360	83
696	A	einst	694		360	129
697	P	sagst	695		360	282
698	A	von meinem Sprößling	696		360	423
699	A	hier	697		360	424
700	S	Rechnung und Entschuldigung	698		361	422
701	P	sei gelehrt	699		361	420
702	&	denn	700		362	321
703	A	einst	701		362	129
704	P	gehörte	702		362	425
705	S	seine Schönheit	703		362	322
706	C	dir	704		362	190
707	S	das	705		363	87
708	P	gäbe	706		363	314
709	C	neues Leben und warmes Blut	707		363	705
710	P	bist	708		363	157
711	S	du	709		363	83
712	C	alt	710		363	158
713	C	dir	712		364	190
714	&	wenn	713		364	57
715	A	schon	714		364	198
716	S	deines	715		364	197
1461	P	[PRO: ist]	716	0	364	
717	C	kalt	716	1	364	111
834	&	wenn	834		491	57
835	S	fünfzig Winter	835		491	299
836	C	deine Stirn	836		491	201
837	P	umlagern	837		491	269
838	&	und	838		492	61
1376	S	[PRO: fünfzig Winter]	839	0	492	
839	A	tief	839	1	492	204
840	P	einfurchen	840		492	300
841	C	deiner Schönheit Auen	841		492	301
842	P	wird gleichen	842		493	304
843	S	deiner Jugend stolzes Prachtgewand	843		493	537
844	C	nur einem abgenutzten Rocke	844		494	538
845	P	fragt	846		495	75
846	S	einer	847		495	305
847	A	dann	848		495	123
848	A	wo	849		495	79
849	S	deine Schönheit und alle Schätze deines sonnigen Lenzes	850		495	307
850	P	hinkam	851		495	306
851	&	so	853		497	539
857	P	sage nicht	854		497	309
858	S	es	855		497	220
859	P	wäre	856		497	86
860	C	ein törichtes Rühmen	857		497	540
861	&	daß	858		498	151
862	S	sie	859		498	118

863	C	dir	860		498	190
864	P	wohne	861		498	311
865	A	in dem eingesunkenen Auge	862		498	252
866	C	Ruhm	863		499	315
867	&	aber	864		499	313
868	P	gäbe	865		499	314
869	C	dir	866		499	190
870	S	die Schönheit	867		499	170
871	P	könntest antworten	868		499	316
872	S	du	870		500	83
873	S	dies holde Kind	871		500	541
874	P	sei	872		500	131
875	C	meine Entschuldigung	873		500	318
876	&	daß	875		501	151
877	A	jetzt	876		501	69
878	P	ich	877		501	542
879	C	schön	878		501	320
880	P	nicht mehr bin	879		501	319
881	&	denn	880		502	321
882	S	seine Schönheit	881		502	322
883	P	zeugte	882		502	323
884	C	für die deinige	883		502	324
885	A	so	884		503	11
886	P	wärst	885		503	325
887	S	du	886		503	83
888	A	wieder	887		503	326
889	C	jung	888		503	327
890	P	wirst	889		503	328
891	A	einst	890	0	503	129
598	S	du	890	1	503	83
892	C	alt	891		503	158
893	&	und	892		504	61
1377	S	[PRO: du]	893	0	504	
894	P	sähest	893	1	504	266
895	C	dein Blut	894		504	108
896	C	noch warm	895		504	329
897	P	ward	896		504	330
898	S	deines	897		504	197
899	C	kalt	898		504	111
903	&	wenn	899		435	57
904	S	vierzig Winter	900		435	58
905	C	deine Stirn	901		435	201
906	P	befehden	902		435	485
1378	S	[PRO: vierzig Winter]	903	0	436	
907	C	Laufgräben	903	1	436	203
908	P	ziehen	904		436	116
909	A	auf deiner Schönheit Flur	905		436	486
910	P	ist	906		437	81
911	S	deiner Jugend stolz Gewand	907		437	487
912	S	das	908		437	87
913	C	jeden	909		437	488
914	A	jetzt	910		438	69
915	P	hoch entzückt	911		438	489
916	C	ein wertloses Fähnchen nur	912		438	490
917	P	fragte	913		439	491
918	S	man	914		439	76
919	C	dich	915		439	77
920	A	dann	916		439	123
921	A	wo	917		439	79
922	S	deine Reize, der reiche Schatz	918		439	494
923	P	ruhten	919		439	493
924	C	den	921		440	126
925	A	einst	922		440	129

926	S	die Jugend	923		440	495
927	P	hob	924		440	496
928	&	und	925		441	61
929	P	sprächest	926	0	441	497
1379	S	[PRO: du]	926	1	441	
1380	S	[PRO: deine Reize, ...]	927	0	441	
1381	P	[PRO: sind]	927	1	441	
930	A	in meines hohlen Auges Gluten	927	2	441	498
931	S	es	928		442	220
932	P	wäre	929		442	86
933	C	ewige Schmach, verschwenderisches Lob	930		442	499
934	C	wie rühmlich	931		443	500
1382	P	[PRO: wäre]	932	0	443	
1383	S	[PRO: es]	932	1	443	
935	A	dann	932	2	443	123
936	&	wenn	933		443	57
937	S	Schönheit	934		443	294
938	C	Zins	935		443	501
939	P	getragen	936		443	502
940	&	und	937		444	61
941	P	könntest sprechen	938	0	444	504
1384	S	[PRO: du]	938	1	444	
942	S	dies mein Kindlein	939		444	505
943	A	hier	940		444	424
944	P	wägt auf	941		445	506
946	A	nun	942		445	274
947	C	mein Alter	943		445	98
948	A	mit jungen Tagen	944		445	507
1385	S	[PRO: dies mein Kindlein]	945	0	446	
949	A	in Schönheit	945	1	446	508
950	P	strahlend	946		446	509
951	&	weil	947		446	100
1386	S	[PRO: es]	948	0	446	
952	C	ein Sproß von dir	948	1	446	511
1387	P	[PRO: ist]	948	2	446	
953	S	das	949		447	87
954	P	machte	950		447	512
955	C	jung	951		447	327
956	C	dich	952		447	77
957	P	wärest	953		447	513
958	S	du	954		447	83
959	A	gleich	955		447	268
960	C	alt	956		447	158
961	&	und	957		448	61
1388	S	[PRO: dies mein Kindlein]	958	0	448	
962	P	wärmte	958	1	448	514
963	C	dir	959		448	190
964	C	das Blut	960		448	515
965	P	ränne	961		448	516
966	S	es	962		448	220
967	C	noch so kalt	963		448	517
968	P	umlagert	964		463	518
969	C	deine Stirn	965		463	201
970	S	ein halb Jahrhundert	966		463	519
1389	S	[PRO: ein halb Jahrhundert]	967	0	464	
971	C	Laufgräben	967	1	464	203
972	P	ziehend	968		464	520
973	A	in deiner Schönheit Feld	969		464	119
974	&	daß	970		465	151
975	S	deiner Jugend Kleid	971		465	521
976	A	nun	972	1	465	274
1390	S	[PRO: deiner Jugend Kleid]	972	4	465	
977	C	so bewundert	973	0	465	464

1391	P	[PRO: ist]	973	1	465	
978	C	ein abgeschabt Gewand	974	0	466	522
1392	P	[PRO: sein wird]	974	1	466	
1393	S	[PRO: ein abgeschabtes Gewand]	975	0	466	
979	P	nicht mehr gefällt	975	1	466	523
980	P	fragt	976		467	75
981	S	man	977		467	76
982	C	dich	978		467	77
983	A	dann	979		467	123
984	C	was	980		467	393
985	P	sagst wohl	981		467	524
986	S	du	982		467	83
987	C	den Leuten	983		467	525
988	A	wo	984		468	79
989	P	blieb	985		468	296
990	S	all die Schönheit der jungen Tage	986		468	526
991	P	willst deuten	987		469	527
992	S	du	988		469	83
993	A	dann	989		469	123
994	C	auf die Augenhöhlen	990		469	528
995	S	das	991		470	87
996	P	wäre	992		470	86
997	C	ein schlechter Ruhm, trostlose Klage	993		470	529
998	C	viel besserer Stolz	994		471	530
999	P	wäre	995		471	86
1000	S	deines Blühens Verwendung	996		471	531
1001	&	wenn	997		472	57
1002	S	du	998		472	83
1003	P	versetztest	999		472	532
1004	S	dieses schöne Kind	1000		472	533
1005	P	tilgt	1001		473	257
1006	A	mit der Schuld	1002		473	535
1007	C	den Vorwurf der Verschwendung	1003		473	534
1008	&	da	1004		474	450
1009	S	seine Reize	1005		474	353
1010	C	mein Vermächtnis	1006		474	453
1011	P	sind	1007		474	355
1012	A	so	1008		475	11
1013	P	wirst geschaffen	1009		475	536
1014	S	du	1010		475	83
1015	A	neu	1011		475	236
1017	P	bist	1013	0	475	157
599	S	du	1013	1	475	83
1018	C	alt	1014		475	158
1394	S	[PRO: du]	1015	0	476	
1019	P	siehst	1015	1	476	237
1020	C	warm	1016		476	53
1021	C	dein Blut	1017		476	108
1022	P	fühlst	1018		476	112
1023	S	du	1019		476	83
1024	C	es	1020		476	110
1025	A	gleich	1021		476	268
1026	A	nun	1022		476	274
1027	C	kalt	1023		476	111
1028	&	wenn	1024		519	57
1029	C	deine Stirn	1025		519	201
1030	P	belagern	1026		519	114
1031	S	vierzig Jahre	1027		519	545
1032	&	und	1028		520	61
1395	S	[PRO: vierzig Jahre]	1029	0	520	
1033	C	Gräben	1029	1	520	117
1034	P	ziehen	1030		520	116
1035	A	in deiner Schönheit Land	1031		520	546

1036	&	wenn	1032		521	57
1037	S	deiner Jugend Kleid, das wunderbare	1033		521	547
1038	C	den Wert	1034		522	548
1039	P	verlor	1035		522	549
1040	A	als schäbiges Gewand	1036		522	550
1041	&	und	1037		523	61
1042	A	auf die Frage	1038		523	551
1043	A	wo	1039		523	79
1044	S	die Schönheit	1040		523	170
1045	P	liege	1041		523	552
1046	A	wo	1042		524	79
1047	S	deine Schätze aus schönem Wonnetag	1043	0	524	553
1396	P	[PRO: lägen]	1043	1	524	
1048	S	du	1044		525	83
1049	P	zeigen sollst	1045		525	554
1050	C	auf die verfallenen Züge	1046		525	555
1051	S	das	1047		526	87
1052	P	wäre	1048		526	86
1053	C	Verschwenderruhm und Todesschmach	1049		526	556
1054	&	doch	1050		527	416
1055	S	es	1051		527	220
1056	P	gäbe	1052		527	314
1057	C	verbrauchter Schönheit höheren Preis	1053		527	557
1058	&	wenn	1054		528	57
1059	S	deine Antwort	1055		528	558
1060	P	wäre	1056		528	86
1061	S	mein schöner Knabe	1057		528	559
1062	S	der	1058		529	68
1063	C	für mich	1059		529	560
1064	P	zahlt	1060		529	182
1065	P	entschuldigt	1061		529	561
1066	C	mich als Greis	1062		529	562
1067	C	mein	1063		530	146
1068	P	wären	1064		530	563
1069	S	seiner Schönheit Gut und Habe	1065		530	564
1070	A	neu	1066		531	236
1071	S	du	1067		531	83
1072	A	dann	1068		531	123
1073	P	wärst erzeugt	1069		531	565
1074	&	wenn	1070		531	57
1397	S	[PRO: du]	1071	0	531	
1075	C	noch so alt	1071	1	531	566
1398	P	[PRO: wirst]	1071	2	531	
1076	S	dein Blut	1072		532	567
1077	P	wäre	1073		532	86
1078	C	warm	1074		532	53
1079	&	und	1075		532	61
1080	P	schien	1076		532	568
1081	S	es	1077		532	220
1082	C	noch so kalt	1078		532	517
1194	S	vierzig Winter	1189		603	58
1195	A	wann erst	1190		603	622
1196	C	dein Haupt	1191		603	331
1197	P	berennen	1192		603	623
1198	&	und	1193		604	61
1410	S	[PRO: vierzig Winter]	1194	0	604	
1199	A	in der Schönheit Plan	1194	1	604	624
1200	C	Laufgräben	1195		604	203
1201	P	ziehen	1196		604	116
1202	S	wer	1197		605	213
1205	C	dein Jugendstaatskleid	1198		605	626
1206	A	dann	1199		605	123
1207	P	wird noch kennen	1200		605	625

1208	&	und	1201		606	61
1209	C	den zerfetzten Rock, ihn	1202		606	703
1210	S	wer	1203		606	213
1211	P	achtet	1204		606	628
1411	S	[PRO: du]	1205	0	607	
1212	P	befragt	1205	1	607	631
1412	A	[PRO: von X]	1205	2	607	
1213	A	alsdann	1206		607	168
1214	A	wo	1207		607	79
1215	P	blieb	1208		607	296
1216	S	all deine Zier	1209		607	632
1217	A	wo	1210	0	608	79
1413	P	[PRO: blieb]	1210	1	608	
1218	S	deines Frühlings stolzes Eigentum	1211		608	633
1414	S	[PRO: du]	1212	0	609	
1219	P	zu sagen	1212	1	609	137
1415	S	[PRO: deines Frühlings stolzes Eigentum]	1213	0	609	
1416	P	[PRO: blieb]	1213	1	609	
1220	A	in den hohlen Wangen	1213	2	609	634
1221	A	hier	1214		609	424
1222	P	wäre	1215		610	86
1223	C	allverzehrende Schmach und Bettelruhm	1216		610	635
1224	S	Ruhm	1217		611	312
1225	P	ist	1218		611	81
1226	&	wenn	1219		611	57
1227	S	du als wuchernder Verwalter der Schönheit	1220		611	636
1228	P	sprechen kannst	1222		612	637
1229	S	dies feine Kind	1223		612	638
1465	P	macht	1224	0	613	96
1230	C	meine Rechnung	1224	1	613	96
1231	C	quitt	1225		613	640
1417	S	[PRO: dies feine Kind]	1226	0	613	
1232	P	entschlägt	1226	1	613	641
1233	C	mein Alter	1227		613	98
1234	S	es	1228		614	220
1235	P	erbt	1229		614	642
1236	&	ja	1230		614	643
1237	C	Reize	1231		614	644
1238	S	die	1232		614	239
1239	C	dein eigen	1233		614	645
1240	P	sind	1234		614	355
1241	S	das	1235		615	87
1242	P	hieße	1236		615	154
1418	S	[PRO: du]	1237	0	615	
1243	A	in dem Alter	1237	1	615	106
1244	C	neue Jugend	1238		615	646
1245	P	finden	1239		615	647
1248	A	zugleich	1240		616	648
1419	S	[PRO: du]	1241	0	616	
1249	C	dein Blut	1241	1	616	108
1250	C	warm	1242		616	53
1251	P	sehn	1243		616	159
1252	&	und	1244		616	61
1420	S	[PRO: du]	1245	0	616	
1253	C	kalt	1245	1	616	111
1421	C	[PRO: dein Blut]	1245	1	616	
1254	P	empfinden	1246		616	649
1255	&	wenn	1247		631	57
1256	S	vierzig Winter	1248		631	58
1422	S	[PRO: vierzig Winter]	1249	0	631	
1257	C	vor dein Antlitz	1249	1	631	650
1258	P	rückend	1250		631	651
1259	C	Laufgräben	1251		632	203

1260	P	ziehen	1252		632	116
1261	A	in deiner Schönheit Plan	1253		632	652
1262	P	ist	1254		633	81
1263	S	all dein Jugendstaat	1255		633	653
1423	S	[PRO: dein Jugendstaat]	1256	0	633	
1264	A	jetzt	1256	1	633	69
1265	C	so entzückend	1257	1	633	654
1424	P	[PRO: ist]	1257	1	633	
1266	C	ein Kleid in Fetzen	1258		634	656
1267	S	niemand	1259		634	657
1268	C	es	1260		634	110
1269	P	sieht mehr an	1261		634	659
1270	A	dann	1262		635	123
1271	P	würde fragen	1263		635	660
1272	S	man	1264		635	76
1273	C	nach deiner Schönheit und nach dem Schatz	1265		635	704
1274	C	den	1268		636	126
1275	S	deine Jugend	1269		636	664
1276	P	hob	1270		636	496
1425	S	[PRO: der Schatz, ...]	1271	0	637	
1426	P	[PRO: ist]	1271	1	637	
1277	A	in deinem eingesunkenen Auge	1271	2	637	665
1278	P	zu sagen	1272		637	137
1279	P	wäre	1273		638	86
1280	C	tiefe Schmach und ungedeihlich Lob	1274		638	666
1281	S	der Schönheit Nutzung	1275		639	668
1282	A	wie mehr	1276		639	139
1283	P	wäre zu preisen	1277		639	667
1284	P	könntest sagen	1278		640	669
1285	S	du	1279		640	83
1286	A	hier	1280		640	424
1290	S	dies mein schönes Kind	1281		640	351
1291	P	tilgt	1282		641	257
1292	C	meine Schuld	1283		641	183
1427	S	[PRO: dies mein schönes Kind]	1284	0	641	
1293	P	entlastet	1284	1	641	670
1294	C	mich, den Greis	1285		641	671
1295	&	da	1286		642	450
1296	S	die vererbten Reize	1287		642	672
1297	C	ja dein	1288		642	673
1298	P	sind	1289		642	355
1299	C	wie neugeboren	1290		643	674
1300	P	sähest	1291		643	266
1301	S	du	1292		643	83
1302	C	dich, den Alten	1293		643	675
1303	&	und	1294		644	61
1428	S	[PRO: du]	1295	0	644	
1304	P	schautest	1295	1	644	676
1305	C	warm	1296		644	53
1306	C	dein Blut	1297		644	108
1307	P	fühltest	1298		644	267
1308	S	du	1299		644	83
1309	C	es	1300		644	110
1310	C	erkalten	1301		644	677

7.10. Satzstrukturen

7.10.1. Sonett 2 (je Verfasser)

ShaW1609
Shakespeare, William, hg. Thorpe, Thomas (1609)

2 [2]

[S [Fa *VVHen fortie Winters shall beseige thy brow,*
[Fa+ *And digge deep trenches in thy beauties field* **Fa+] Fa],**
Thy youthes proud liuery **[Z** *so gaz'd on now* **Z],**
Wil be a totter'd weed of smal worth held **S]**:
[S [Ti (*Then***) [Fa (***Then***)** *being askt,* **[Fn?** *where all thy beautie lies,*
[Fn?- *Where all the treasure of thy lusty daies* **Fn?-] Fn?] Fa]**;
To say **[Fn** *within thine owne deepe sunken eyes* **Fn] Ti],**
Were an all-eating shame,and thriftlesse praise **S].**
[S *How much more praise deseru'd thy beauties vse,*
[Fa *If thou couldst answere* **[Q [S** *this faire child of mine*
Shall sum my count, **[S+** *and make my old excuse* **S+] S] Q]**
[Tg *Proouing his beautie by succession thine* **Tg] Fa] S].**
[S *This were* **[Ti** *to be new made* **[Fa** *when thou art ould* **Fa],**
[Ti+ *And see thy blood warme* **[Fa** *when thou feel'st it could* **Fa] Ti+] Ti] S],**

EscJ1787
Eschenburg, Johann Joachim (1787)

2 [2]

[S [Fa *Wenn vierzig Winter um deine Stirn sich gelagert,*
[Fa+ *und tiefe Graben in das Feld deiner Schönheit werden geschnitten haben* **Fa+] Fa],**
dann wird der stolze Schmuck deiner Jugend, **[Fr** *der itzt alle Blicke auf sich zieht* **Fr],**
ein zerrissenes Gewand seyn, von wenig geachtetem Werth **S].**
[S [Fa *Fragt man dich alsdann,* **[Fn?** *wo alle deine Schönheit ist,*
[Fn?- *wo alle der Glanz deiner fröhlichen Tage* **Fn?-] Fn?];**
[Fa+ *und du sagtest*: **[Fn** *in deinen tief eingesunkenen Augen* **Fn] Fa+] Fa];**
so wäre das nagender Schimpf, und unnützer Ruhm **S].**
[S *Wie weit mehr Ruhm würde der Gebrauch deiner Schönheit verdienen,*
[Fa *wenn du antworten könntest*: „**[Q [S** *Dieses mein holdes Kind*
wird meine Rechnung vollends abtragen, **[S+** *und mein Alter entschuldigen* **S+] S+] Q];"**
[Fa+ *weil der ihm angeerbte Reiz offenbar der deine wäre* **Fa+] Fa] S].**
[S *Dadurch würdest du dich im Alter noch verjüngen,*
[S+ *und dein Blut warm sehen,* **[Fa** *wenn du es kalt fühlst* **Fa] S+] S].**

KanK1803
Kannegießer, Karl Friedrich Ludwig (1803)

2 *[[o. T.]]*

[S [Fa *Belagern vierzig Winter deine Brauen,*
[Fa- *Ziehn Gräben sie in deiner Schönheit Feld* **Fa-] Fa]**,
Dein stolzer Jugendschmuck, **[Z** *jetzt schön zu schauen* **Z]**,
Ist dann ein Fetzen, **[Fr** *den man werthlos hält* **Fr] S]**.
[S [Ti [Fa *Wenn einst,* **[Fn?** *wo deine Schönheit sei* **Fn?]**, *sie fragen*
[Fn? *Wo deiner frohen Tage Schätze sei'n* **Fn?] Fa]**:
[Fn *In deinen hohlen Augen* **Fn]**, *dann zu sagen* **Ti]**
Wär allverzehr'nde Schmach, Ruhm ohn' Gedeihn **S]**.
[S *Wie mehr wollt' ich dem Schönheitsbraucher huld'gen*
[Fa *Antwort'test du:* „**[Q [S** *dies schöne Kind,* **[Fr** *das mein* **Fr]**
Soll sein mein Zahler **[S+** *und mich einst entschuld'gen* **S+] S] Q]**"
[Tg *Beweisend,* **[Fa** *daß des Kindes Schönheit dein* **Fa] Tg] Fa] S]**.
[S *Das hieß',* **[Ti** *erneuert sein,* **[Fa** *wenn du bist alt* **Fa]**,
[Ti- *Warm sehn dein Blut,* **[Fa** *wenn du es fühlest kalt* **Fa] Ti-] Ti] S]**.

TieL1807
Tieck, Ludwig (1808)

2 *[[2]]*

[S [Fa *Belagern vierzig Winter Stirn und Wangen,*
[Tg *Tieffurchend Deiner holden Schönheit Flur* **Tg] Fa]**,
Der Jugend stolz Panier, der Welt Verlangen
Ist unbeacht't, zerfetzt Gewand dann nur **S]**.
[S [Fa *Forscht man alsdann,* **[Fn?** *wohin die Schönheit schwand*
[Fn?- *Wohin der Hort von Deinen frühen Tagen* **Fn?-] Fn?]**,
In Deiner tief versunk'nen Augen Rand **Fa]**,
Wär kläglich Lob **[S+** *und schmachvoll nur zu sagen* **S+] S]**.
[S *Mehr Lob (wird thätger Schönheit man) entrichten*
[Fa *Antwortest Du:* **[Q [S** *dies schöne Kind von mir*
Zahlt meine Schuld **[S+** *und wird die Rechnung schlichten* **S+] S] Q] Fa] S]**,
[S *Sein Reiz geerbt, gehört noch immer Dir* **S]**.
[S *Dies hieße* **[Ti** *neu erzeugt,* **[Fa-** *wenn Du veraltet* **Fa-] Ti]**,
[Fa *Heiß Blut gefühlt,* **[Fa** *wenn Deines schon erkaltet* **Fa] Fa] S]**.

LacK1820

Lachmann, Karl (1820)

2 [*[2]*]

[S [Fa *Wann vierzig Winter deine Stirn besetzt,*
[Fa- *Laufgräben tief im Schönheitplan geführt* **Fa- Fa]**, –
Der Jugend stolze Tracht, **[Z** *ein Wunder jetzt* **Z]**,
Wird kahles Kleid, **[Fr** *das allen Werth verliert* **Fr] S]**.
[S [Fa *Wer dann,* **[Q [S?** *wo all die Schönheitwonne* **S?] Q]** *fragt,*
[Q [S? *Wo all der Reichthum, frischer Tage Reiz* **S?] Q] Fa]**,
[Fa *Wird,* **[Q [S** *im versunknen Aug'* **S] Q]**, *ihm drauf gesagt* **Fa]**,
Wirds Ruhmverschwendung sein und Schandengeiz **S]**.
[S+ *Und welch Lob auf des Blühns Verwendung ruht,*
[Fa *Erwiderst du: „* **[Q [S** *dies schöne Kind,* **[Fr** *das mein* **Fr]**,
Macht voll die Rechnung mir, **[S-** *mein Alter gut* **S-] S] Q] Fa]** *";–*
[Fa *Beweist durch Abkunft er,* **[Fa-** *sein Reiz ist dein* **Fa-] Fa] S+]** *–!*
[S *So wirst du neu geschaffen,* **[Fa** *bist du alt* **Fa]**,
[S+ *Und siehst dein Blut warm,* **[Fa** *fühlst du schon es kalt* **Fa] S+] S]**.

TieD1825

Tieck, Dorothea Sophie (1825)

2 [2]

[S [Fa *Fühlst Du von vierzig Wintern einst den Druck,*
[Fr *Die Deiner Schönheit Feld mit Furchen messen* **Fr] Fa]**,
Dann ist der Jugend angestaunter Schmuck
Nur ein zerrißnes Kleid, **[S+** *und bald vergessen* **S+] S]**.
[S [Fa *Wird man Dich dann nach Deiner Schönheit fragen,*
Nach Deiner goldnen Tage reichem Hort **Fa]**
Mußt Du: **[Q [S** *Im eingesunknen Auge* **S] Q]** *sagen,*
[S+ *Das wär ein ruhmlos, unersprießlich Wort* **S+] S]**.
[S *Der Schönheit Nutzen könnte Dich erfreuen*
[Fa *Erwieder'st Du:* **[Q [S** *dies schöne Kind ist mein,*
[S- *Es tilgt die Schuld,* **[S-** *wird meinen Lenz erneuen* **S-] S-] S-] Q] Fa] S]**.
[S *Der Reiz, von Dir geerbt, er bliebe Dein* **S]**.
[S *So würd'st Du neu erschaffen,* **[Fa** *wenn auch alt* **Fa]**,
[S+ *Und säh'st Dein Blut warm,* **[Fa** *fühlt'st Du gleich Dich kalt* **Fa] S+] S]**.

ScheA1826

Schumacher, Andreas (1826)

2 *[/2/]*

[S [Fa *Umlagern vierzig Winter deine Brauen,*
[Tg *Die Gräben öffnend auf der Schönheit Feld* **Tg] Fa]**,–
Der Jugend stolzer Schmuck, **[Z** *nun blank zu schauen* **Z]**,
Ist dann zum schlichten Kleide dir entstellt **S]**.
[S [Fa (*Wenn dann*) **[Fa-** (Wenn *dann*) *gefragt,* **[Fn?** *wohin die Schönheit sank,*
Die reiche Blüthe deiner Jugendtage **Fn?] Fa]** ,
Du sagst: „ **[Q [S** *in diese Augen tief und krank* **S] Q] Fa]** "–
[Q *O armer, eitler Ruhm, trostlose Klage* **Q] S]**!
[S *Wie höher ist genützter Schönheit Preis,*
[Fa *Kannst du erwiedern:* „ **[Q [S** *dieß mein Kind, so lieb,*
Tilgt meine Schuld, **[Tg** *verjüngend noch den Greis* **Tg] S] Q] Fa]** – "
[Fa *Wenn Schönheit seines Ursprungs Zeuge blieb* **Fa] S]**.
[S *O dieß ist* **[Ti** *dich verjüngen,* **[Fa** *bist du alt* **Fa] Ti]**,
[Ti+ *Und warm dein Blut sehn,* **[Fa** *fühlst du schon es kalt* **Fa] Ti+] S]**.

RodS1834

Roderich, Sebastian (1834)

2 *[/2/]*

[S [Fa *Wann funfzig Winter deine Stirn' umlagern*
[Fa+ *Und tief einfurchen deiner Schönheit Auen* **Fa+] Fa]**,
Wird deiner Jugend stolzes und bewundert
Kleid einem abgenutzten Rocke gleichen **S]**.
[S [Fa *Fragt einer dann,* **[Fn?** *wo deine Schönheit hinkam*
Und alle Schätze deines sonn'gen Lenzes **Fn?] Fa]**,
So sage nicht, (**[S-** *es wär' ein thörigt Rühmen* **S-]**,)
[Fa *Daß sie dir wohn' im eingesunknen Auge* **Fa] S]**.
[S *Ruhm aber gäbe dir die Schönheit,* **[Fa** *könntest*
Antworten du: **[Q [S!** *dieß holde Kind sei meine*
Entschuldigung, **[Fa** *daß jetzt ich nicht mehr schön bin* **Fa] S!] Q]**;
[Fa *Denn seine Schönheit zeugte für die dein'ge* **Fa] S]**.
[S *So wärst du wieder jung,* **[Fa** *wirst einst du alt* **Fa]**
[S+ *Und sähst dein Blut noch warm,* **[Fa** *ward deines kalt* **Fa] S+] S]**.

RegG1836

Regis, Gottlob (1836)

2 *[/2/]*

[S [Fa *Wenn vierzig Winter einst Dein Haupt umnachten*
[Fa+ *Und tief durchfurchen Deiner Schönheit Feld* **Fa+] Fa]**,
Dann ist Dein Jugendflor, **[Fr** *wonach wir itzt so trachten* **Fr]**,
Ein mürbes Kleid **[Fr** *das unbemerkt zerfällt* **Fr] S]**.
[S *Ein ödes Lob, ein allverzehrend Schmähn*
Wär's dann, dem Forscher nach den Reizen all,
Nach all dem frühen Reichthum, **[Ti** *zu gestehn*
[Fn *Er sey dahin mit Deines Auges Fall* **Fn] Ti] S]**.
[S *Weit rühmlicher wies Deine Schönheit sich,*
[Fa *Könnt'st Du erwidern „* **[Q [S** *dieß mein schönes Kind*
Tilgt meine Schuld, **[S-** *vertritt im Alter mich,*
[Fa *Weil seine Reize Erben meiner sind* **Fa] S-] S] Q] Fa] S]**. *"* –
[S *Dieß ists* **[Fa** *wodurch ein Greis sich neu verjüngt,*
[Fa+ *Und kaltem Blut die Wärme wiederbringt* **Fa+] Fa] S]**.

RicK1836

Richter, Karl (1836)

2 *[/2/]*

[S [Fa *Belagern vierzig Winter deine Brauen,*
[Fa- *Ziehn Gräben sie in deiner Schönheit Feld* **Fa-] Fa]**,
Der Jugend stolzer Schmuck, **[Z** *jetzt schön zu schauen* **Z]**,
Ist kahles Kleid dann, **[Fr** *das man werthlos hält* **Fr] S]**.
[S [Ti [Fa *Wird man,* **[Fn?** *wo deine Schönheit hinsei*]*[775]*, fragen,*
[Und deiner frohen Tage Eigenthum **Fn?] Fa]***?*
„ **[Q [S** *In deinen hohlen Augen* **S] Q]** *" dann zu sagen* **Ti]**,
Verzehr'nde Schmach wär's, ganz unnützer Ruhm **S]**.
[S *Wie besser tönt genoßner Jugend Preis,*
[Fa *Erwiederst du: „* **[Q [S!** *Dies schöne Kind,* **[Fr** *das mein* **Fr]**,
Zahl' meine Schuld, **[S!-** *vertrete mich, den Greis* **S!-] S!] Q]** *"*
[Tg *Beweisend,* **[Fa** *daß sein Reiz durch Abkunft dein* **Fa] Tg] Fa] S]**.
[S *So wirst du neu verjüngt sein,* **[Fa** *bist du alt* **Fa]**,
[S+ *Und siehst dein Blut warm,* **[Fa** *fühlst du gleich es kalt* **Fa] S+] S]**.

---

[775] Wie in Abschnitt 3.4.1, S. 136 diskuitiert, kann die Klammernotation die *overlapping hierarchies* des temporalen Nebensatzes „wird man fragen" und des indirektem Fragesatz „wo deine Schönheit und deiner frohen Tage Eigentum hinsei" nicht korrekt abbilden. Die hier gewählte Notation versucht, dem Rechnung zu tragen.

OrtE1840
Ortlepp, Ernst (1840)

2 *[/2/]*

[S [Fa *Umlagern vierzig Winter deine Brauen,*
[Fa+ *Und zeigen tiefe Furchen ihre Spur* **Fa+] Fa]**,
Dann wird dein Jugendkleid, **[Z** *so blank zu schauen* **Z]**,
Verschossenen Livreen gleichen nur **S]**.
[S [Fa *Fragt einer dann, „* **[Fn?**[776] *wohin dein Reiz geschwunden,*
[Fn?- *Wo deiner frohen Tage ganzer Schatz* **Fn?-] Fn?] Fa]** *?“*
In hohlen Augen würd' er nur gefunden,
[S+ *Und schmachvoll wäre dann der Augen Platz* **S+] S]**.
[S *Wie höher steigt doch deiner Schönheit Preis,*
[Fa *Kannst du erwiedern: „* **[Q [S!** *Dies mein holdes Kind,*
Soll thun, **[Fn** *was ich nicht thun kann einst als Greis* **Fn]***!*
[S!- *Es zeige,* **[Fa** *daß mein Blut neu in ihm rinnt* **Fa] S!-] S!] Fa] S] Q]**. *“*
[S *Dann ging das frische Blut dir nie verloren,*
[S- *Dann würdest du im Alter neu geboren* **S-] S]***!*

WalL1840
Walesrode, Ludwig Reinhold (1840)

2 *[/2/]*

[S [Fa *Wenn eine vierzig Winter lange Zeit*
In deiner Schönheit Feld furcht tiefe Spur **Fa]**,
Ist welkes Kraut der Jugend stolzes Kleid,
[Z *Jetzt hoch bestaunt* **[Z+** *und dann verachtet nur* **Z+] Z] S]**.
[S [Ti [Fa *Gefragt dann:* **[Q**[777] **[S?** *wo blieb deiner Schönheit Glück,*
[S?+ *Wo all' der Schatz aus schöner Tage Traum* **S?+] S?] Q] Fa]***?*
Zu sagen: **[Q [S** *in dem eignen hohlen Blick* **S] Q] Ti]** –
Das wäre Schimpf und leeren Ruhmes Schaum **S]**.
[S *Gebrauch der Schönheit doch ist mehr Ruhm werth,*
[Fa *Wenn du einst sagst:* – **[Q [S!** *von meinem Sprößling hier*
Sei Rechnung und Entschuldigung gelehrt **S!] Q] Fa]** –
[Fa *Denn einst gehörte seine Schönheit dir* **Fa] S]**.
[S *Das gäbe neues Leben,* **[Fa** *bist du alt* **Fa]**,
Und warmes Blut dir, **[Fa** *wenn schon deines kalt* **Fa] S]**.

---

[776] Allein die Interpunktionszeichen legen nahe, direkte anstelle von indirekter Rede zu kodieren. Da die syntaktische Kodierung in erster Linie die Satzstruktur repräsentiert, werden die Fragen nicht als direkte Rede klassifiziert. Das „Interplay“, das ja auch bei anderen Texten auftritt, wird bei der Auswertung zu berücksichtigt.

[777] Der Primat der Kodierung der Satzstruktur verlangt an dieser Stelle die kodierung von direkter Rede gegen die typographische Kennzeichnung als indirekte Rede.

JorW1861
Jordan, Wilhelm (1861)

2 [*2*]

[S [Fa *Wenn vierzig Winter erst mit schwerem Druck*
In deine schöne Stirn geprägt ihr Zeichen **Fa]**,
Wird deiner Jugend angestaunter Schmuck
Entwerthet sein **[S+** *und welkem Kraute gleichen* **S+] S]**.
[S *Dann fragt man dich,* **[Fn?** *wohin die Schönheit kam,*
[Fn?- *Wo nun die Schätze deines Frühlings prunken* **Fn?-] Fn?]** *?*
[S! *Dann sprich, zu schlechtem Troste bittrer Schaam:*
*„***[Q [S** *Sie sind mit meinen Augen eingesunken* **S] Q] S!]**. *“*
[S *Genutzte Schönheit dürfte sonder Prahlen*
Darauf erwiedern: „ **[Q [S** *Dies, mein holdes Kind,*
Soll meines Alters Schuld und Rechnung zahlen,
[Fa *Da mein Vermächtniß seine Züge sind* **Fa] S] Q] S]**. *“*
[S *Du fühltest warm dann,* **[Fa** *wenn es halb erfroren* **Fa]**,
Dein Blut **[S+** *und dich im Alter neugeboren* **S+] S]**.

BodF1862
Bodenstedt, Friedrich (1862)

2 [*95.*]

[S *Einst wird,* **[Fa** *eh' Du gelebt ein halb Jahrhundert* **Fa]**,
Die reine Stirne tiefe Falten schlagen **S]**,
[S *Dann Deiner Schönheit Glanz,* **[Z** *jetzt so bewundert* **Z]**,
Wird werthlos, wie ein Kleid, **[Fr** *das abgetragen* **Fr] S]**.
[S [Fa+ *Und müßtest Du einst,* **[Fa** *wenn Du von den Leuten*
Gefragt wirst, **[Fn?** *wo der Jugend Schönheit blieb* **Fn?] Fa]**,
Auf Deine tiefgesunknen Augen deuten **Fa+]**,
Es wär' ein schlechter Ruhm, **[S-** *Dir selbst nicht lieb* **S-] S]**.
[S *Doch wie ganz anders kläng' es Dir zum Ruhme,*
[Fa *Erwiedert'st Du:* **[Q [S** *In diesem jungen Blut,*
In meinem Kind blüht meiner Schönheit Blume,
[S- *In ihm erneut sich meiner Jugend Glut* **S-] S] Q] Fa] S]**.
[S *So wirst Du selbst verjüngt,* **[Fa** *wenn Du auch alt bist* **Fa]**,
[S+ *Und siehst Dein Blut erwärmt,* **[Fa** *wenn Du auch kalt bist* **Fa] S+] S]**.

MolM1865
Moltke, Max (1865)

2 *[/2/]*

[S [Fa *Wenn funfzig Winter deine Stirn' umlagern*
[Fa+ *Und tief einfurchen deiner Schönheit Auen* **Fa+] Fa]**,
Wird deiner Jugend stolzes Prachtgewand
Nur einem abgenutzten Rocke gleichen **S]**.
[S [Fa *Fragt einer dann,* **[Fn?** *wo deine Schönheit hinkam*
Und alle Schätze deines sonn'gen Lenzes **Fn?] Fa]**,
*So sage nicht (***[S-** *es wär' ein töricht Rühmen* **S-]***),*
[Fa *Daß sie dir wohn' im eingesunknen Auge* **Fa] S]**.
[S *Ruhm aber gäbe dir die Schönheit,* **[Fa** *könntest*
Antworten du: **[Q [S!** *dies holde Kind sei meine*
Entschuldigung, **[Fa** *daß jetzt ich nicht mehr schön bin* **Fa] S!] Q]***;*
[Fa *Denn seine Schönheit zeugte für die dein'ge* **Fa] S]**.
[S *So wärst du wieder jung,* **[Fa** *wirst einst du alt* **Fa]**
[S+ *Und sähst dein Blut noch warm,* **[Fa** *ward deines kalt* **Fa] S+] S]**.

GelF1867
Gelbcke, Ferdinand Adolph (1867)

2 *[2-18. Der Dichter sucht den Grafen zur Ehe zu bewegen. III]*

[S [Fa *Wenn vierzig Winter Deine Stirn befehden,*
[Fa- *Laufgräben ziehn auf Deiner Schönheit Flur* **Fa-] Fa]**,
Ist Deiner Jugend stolz Gewand, **[Fr** *das Jeden*
Jetzt hoch entzückt **Fr]**, *ein werthlos Fähnchen nur* **S]**.
[S [Fa *Früg' man Dich dann,* **[Fn?** *wo Deine Reize ruhten,*
Der reiche Schatz, **[Fr** *den einst die Jugend hob* **Fr] Fn?]**,
[Fa+ *Und sprächst: „* **[Q [S** *In meines hohlen Auges Gluten* **S] Q] Fa+] Fa]***!"*
‚s wär ew'ge Schmach, verschwenderisches Lob **S]**.
[S *Wie rühmlich dann,* **[Fa** *wenn Schönheit Zins getragen* **Fa]**,
[S+ *Und könntest sprechen: „* **[Q [S** *Dies mein Kindlein hier*
Wägt nun mein Alter auf mit jungen Tagen **S] Q]**, *" –*
[Tg *In Schönheit strahlend,* **[Fa** *weil ein Sproß von Dir* **Fa] Tg] S+] S]**.
[S *Das machte jung Dich,* **[Fa** *wärest Du gleich alt* **Fa]**,
[S+ *Und wärmte Dir das Blut,* **[Fa** *ränn's noch so kalt* **Fa] S+] S]**.

SimK1867

Simrock, Karl (1867)

2 [*2*]

[S? [Fa *Umlagert deine Stirn ein halb Jahrhundert,*
[Tg *Laufgräben ziehnd in deiner Schönheit Feld,*
[Fa *Daß deiner Jugend Kleid,* **[Z** *nun so bewundert* **Z]**,
Ein abgeschabt Gewand, nicht mehr gefällt **Fa]**,
[Fa *Fragt man dich dann* **Fa]**, *was sagst du wohl den Leuten,*
[Fn? *Wo all die Schönheit blieb der jungen Tage* **Fn?] S?]***?*
[S [Fa *Willst du dann auf die Augenhöhlen deuten* **Fa]**,
Das wär ein schlechter Ruhm, trostlose Klage **S]**.
[S *Viel beßrer Stolz wär deines Blühns Verwendung,*
[Fa *Wenn du versetztest: „* **[Q [S** *Dieses schöne Kind*
Tilgt mit der Schuld den Vorwurf der Verschwendung,
[Fa *Da seine Reize mein Vermächtnis sind* **Fa] S] Q] Fa] S]**. *“*
[S *So wirst du neu geschaffen,* **[Fa** *bist du alt* **Fa]**,
[S- *Siehst warm dein Blut,* **[Fa** *fühlst du es gleich nun kalt* **Fa] S-] S]**.

FriH1869

Friesen, Hermann Freiherr von (1869)

2 [*[2]*]

[S [Fa *Wenn deine Stirn belagern vierzig Jahre,*
[Fa+ *Und Gräben ziehn in deiner Schönheit Land,*
[Fa- *Wenn deiner Jugend Kleid,* **[Z** *das wunderbare* **Z]**,
Den Werth verlor als schäbiges Gewand **Fa-] Fa+] Fa]**,
[Fa+ *Und auf die Frage,* **[Fn?** *wo die Schönheit liege,*
[Fn?- *Wo deine Schätz' aus schönem Wonnetag* **Fn?-] Fn?]**,
Du zeigen sollst auf die verfallnen Züge **Fa+]**,
Das wär Verschwenderruhm und Todesschmach **S]**.
[S *Doch gäb's verbrauchter Schönheit höher'n Preis,*
[Fa *Wenn deine Antwort wär:* **[Q [S** *mein schöner Knabe,*
[Fr *Der für mich zahlt* **Fr]**, *entschuldigt mich als Greis,*
[S- *Mein wären seiner Schönheit Gut und Habe* **S-] S] Q] Fa] S]**.
[S *Neu wärst du dann erzeugt,* **[Fa** *wenn noch so alt* **Fa]**,
[S- *Dein Blut wär warm,* **[Fa+** *und schien es noch so kalt* **Fa+] S-] S]**.

NeiA1869
Neidhardt, Alexander (1869)

2 *[II. (95 bei B.)]*

[S [Fa *Wenn Jahre erst die Stirn einst runzeln dir*
[Fa+ *Und Furchen ziehn in deiner Schönheit Feld* **Fa+] Fa]**,[1]
Wird deiner Jugend jetzt so stolze Zier
Wie ein vergilbt Gewand nur sein der Welt **S]**.
[S [Fa+ *Und würdest du nach all dem süßen Hauch*
Der Schönheit deiner bessren Zeit gefragt
[Fa+ *Und sprächest: „* **[Q [S!** *blick in dieses hohle Aug'* **S!] Q] Fa+] Fa+]**: "
Es wäre Schand und Schmach und viel gewagt **S]**!
[S [Fa+ *Doch legtest deine Schönheit du nicht brach* **Fa+]**,
Dann könnt'st du sprechen: „ **[Q [S!** *dieser holde Sproß*
Mit meinem Alter euch versöhnen mag **S!] Q] S]** – "
[S *Er wäre deiner Schönheit Erbe blos* **S]**;
[S *So würdest du verjüngt einst,* **[Fa** *wenn du alt* **Fa]**,
[S+ *Und fühltest warm dein Blut noch,* **[Fr** *das schon kalt* **Fr] S+] S]**.

TscB1870
Tschischwitz, Benno (1870)

2 *[2.]*

[S [Fa *Umlagern vierzig Winter einst dein Haupt,*
[Tg *Durchfurchend tief der Schönheit glatt Gefilde* **Tg] Fa]**,
Ist wie ein morsch Gewand, **[Z** *des Werth's beraubt* **Z]**,
Dann deines Leibs heut angestaunt Gebilde **S]**.
[S? *Wo liegt der Schatz der sonnenhellen Tage,*
Und aller Reiz, **[Fr** *mit dem du durftest prunken* **Fr] S?]** ?
[S *Die Antwort wär in Lob versteckte Klage,*
[Fa *Spräch ich: „* **[Q [S** *Im Aug hier, matt und eingesunken* **S] Q] Fa] S]**. "
[S *Doch höher stünde deiner Schönheit Preis,*
[Fa *Gäbst du zur Antwort: „* **[Q [S** *Hier in diesem Kleinen,*
[Fr *Der spät die Rechnung gut zu machen weiß* **Fr] S] Q] Fa] S]**. "
[S *An seinem Reiz erkännte man den deinen* **S]**.
[S+ *Und neu geschaffen,* **[Fa** *wärst du einmal alt* **Fa]**,
Sähst du, **[Fn** *wie warm und roth dein Blut noch wallt* **Fn] S+]**.

GilO1871

Gildemeister, Otto (1871)

2 *[/2/]*

[S? [Fa *Wann vierzig Winter erst dein Haupt berennen*
[Fa+ *Und in der Schönheit Plan Laufgräben ziehn* **Fa+] Fa]**,
Wer wird dein Jugendstaatskleid dann noch kennen,
[S?+ *Und den zerfetzten Rock, wer achtet ihn* **S?+] S?]***?*
[S [Ti [Fa *Befragt alsdann: „* **[Q [S?** *Wo blieb all deine Zier?*
[S?- *Wo deines Frühlings stolzes Eigenthum?* **S?-] S?] Q] Fa]***"*
Zu sagen: „ **[Q [S** *In den hohlen Wangen hier* **S] Q]***",*
Wär allverzehr'nde Schmach und Bettelruhm **S]**.
[S *Ruhm ist,* **[Fa** *wenn du als wuchernder Verwalter*
Der Schönheit sprechen kannst: „ **[Q [S** *Dies feine Kind*
Macht meine Rechnung quitt, **[S-** *entschlägt mein Alter* **S-] S] Q] Fa] S]***";*
[S *Es erbt ja Reize,* **[Fr** *die dein eigen sind* **Fr] S]**.
[S *Das hieß'* **[Ti** *im Alter neue Jugend finden* **Ti]**,
[Ti+ *Zugleich dein Blut warm sehn* **[Ti+** *und kalt empfinden* **Ti+] Ti+] Ti] S]**.

KraF1872

Krauss, Fritz (1872)

2 *[3"]*

[S [Fa *Wenn vierzig Winter,* **[Tg** *vor Dein Antlitz rückend* **Tg]**,
Laufgräben ziehn in Deiner Schönheit Plan **Fa]**,
Ist all Dein Jugendstaat, **[Z** *jetzt so entzückend* **Z]**,
Ein Kleid in Fetzen – **[S-** *niemand sieht's mehr an* **S-] S]**.
[S [Ti *dann,* **[Fa** *würde man nach Deiner Schönheit fragen*
Und nach dem Schatz, **[Fr** *den Deine Jugend hob* **Fr] Fa]**,
„ **[Q [S** *In Deinem eingesunknen Aug'* **S] Q]***", zu sagen* **Ti]**,
Wär' tiefe Schmach und ungedeihlich Lob **S]**.
[S *Wie wär' der Schönheit Nützung mehr zu preisen,*
[Fa *Könnt'st sagen Du: „* **[Q [S** *hier dies mein schönes Kind*
Tilgt meine Schuld, **[S-** *entlastet mich, den Greisen* **S-] S] Q]** *" –*
[Fa+ *Da die vererbten Reize Dein ja sind* **Fa+] Fa] S]**.
[S *Wie neugeboren sähst Du Dich, den Alten,*
[S+ *Und schautest warm Dein Blut,* **[Fa** *fühlt'st Du's erkalten* **Fa] S+] S]**.

7.11. Korrelationsindex für Sonett 2

all-eating _A *2.8 ShaW 1609*

+ allverzehrend _A
  2 . 5 RegG 1836 ein ödes Lob, ein allverzehrendes Schmähen
  2 . 8 KanK 1803 allverzehrende Schmach, Ruhm ohne Gedeihen
  2 . 8 GilO 1871 allverzehrende Schmach und Bettelruhm

• nagen _V
  2 . 8 EscJ 1787 nagender Schimpf und unnützer Ruhm

• verzehren _V
  2 . 8 RicK 1836 verzehrende Schmach, ganz unnützer Ruhm

zzz
  2 . 7 RodS 1834 ein törichtes Rühmen
  2 . 7 JorW 1861 zu schlechtem Troste bittrer Scham
  2 . 7 MolM 1865 ein töricht Rühmen
  2 . 7 TscB 1870 in Lob versteckte Klage
  2 . 8 TieL 1807 klägliches Lob und schmachvoll nur zu sagen
  2 . 8 LacK 1820 Ruhmverschwendung und Schandengeiz
  2 . 8 TieD 1825 ein ruhmlos, unersprießlich Wort
  2 . 8 SchA 1826 armer, eitler Ruhm, trostlose Klage
  2 . 8 OrtE 1840 schmachvoll
  2 . 8 WalL 1840 Schimpf und leeren Ruhmes Schaum
  2 . 8 BodF 1862 ein schlechter Ruhm
  2 . 8 GelF 1867 ewige Schmach, verschwenderisches Lob
  2 . 8 SimK 1867 ein schlechter Ruhm, trostlose Klage
  2 . 8 FriH 1869 Verschwenderruhm und Todesschmach
  2 . 8 NeiA 1869 Schande und Schmach und viel gewagt
  2 . 8 KraF 1872 tiefe Schmach und ungedeihlich Lob

answer _V *2.10 ShaW 1609*

+ Antwort _N
  2 . 10 FriH 1869 deine Antwort
  2 . 10 TscB 1870 zu der Antwort

+ antworten _V
  2 . 10 EscJ 1787 antworten könntest
  2 . 10 KanK 1803 antwortetest
  2 . 10 TieL 1807 antwortest
  2 . 10 RodS 1834 könntest antworten
  2 . 10 MolM 1865 könntest antworten

+ erwidern _V
  2 . 10 LacK 1820 erwiderst
  2 . 10 TieD 1825 erwidertest
  2 . 10 SchA 1826 kannst erwidern
  2 . 10 RegG 1836 könntest erwidern
  2 . 10 RicK 1836 erwiderst
  2 . 10 OrtE 1840 kannst erwidern
  2 . 10 JorW 1861 dürfte erwidern
  2 . 10 BodF 1862 erwidertest

• sagen _V
  2 . 10 WalL 1840 sagst
  2 . 10 KraF 1872 könntest sagen

• sprechen _V
  2 . 10 GelF 1867 könntest sprechen
  2 . 10 NeiA 1869 könntest sprechen
  2 . 10 GilO 1871 sprechen kannst

+ versetzen _V
  2 . 10 SimK 1867 versetztest

art _V *2.13 ShaW 1609*

+ sein _V
  2 . 13 KanK 1803 bist
  2 . 13 LacK 1820 bist
  2 . 13 SchA 1826 bist
  2 . 13 RicK 1836 bist
  2 . 13 WalL 1840 bist
  2 . 13 BodF 1862 bist
  2 . 13 GelF 1867 wärest
  2 . 13 SimK 1867 bist
  2 . 13 TscB 1870 wärst

+ werden _V
  2 . 13 RodS 1834 wirst
  2 . 13 MolM 1865 wirst

zzz
  2 . 11 RegG 1836 in dem Alter
  2 . 13 EscJ 1787 in dem Alter
  2 . 13 GilO 1871 in dem Alter
  2 . 14 OrtE 1840 in dem Alter
  2 . 14 JorW 1861 in dem Alter
  2 . 99 TieL 1807 %
  2 . 99 TieD 1825 %
  2 . 99 FriH 1869 %
  2 . 99 NeiA 1869 %
  2 . 99 KraF 1872 %

asked _V *2.5 ShaW 1609*

+ befragen _V
  2 . 5 GilO 1871 befragt

+ Frage _N
  2 . 5 FriH 1869 auf die Frage

+ fragen _V
  2 . 5 EscJ 1787 fragt
  2 . 5 KanK 1803 fragen
  2 . 5 LacK 1820 fragt
  2 . 5 TieD 1825 wird fragen
  2 . 5 SchA 1826 gefragt
  2 . 5 RodS 1834 fragt
  2 . 5 RicK 1836 wird fragen
  2 . 5 OrtE 1840 fragt
  2 . 5 WalL 1840 gefragt
  2 . 5 JorW 1861 fragt

2 . 5 MolM1865 fragt
2 . 5 GelF 1867 fragte
2 . 5 SimK 1867 fragt
2 . 5 KraF 1872 würde fragen
2 . 6 BodF 1862 gefragt wirst
2 . 6 NeiA 1869 würdest gefragt

zzz

2 . 6 RegG 1836 dem Forscher nach den Reizen all, nach all dem frühen Reichtum
2 . 99 TieL 1807 %
2 . 99 TscB 1870 %

be _V *2.4 ShaW 1609*

• gleichen _V

2 . 4 RodS 1834 wird gleichen
2 . 4 MolM1865 wird gleichen

+ sein _V

2 . 3 TieD 1825 ist
2 . 3 RegG 1836 ist
2 . 3 GelF 1867 ist
2 . 3 TscB 1870 ist
2 . 4 EscJ 1787 wird sein
2 . 4 KanK 1803 ist
2 . 4 TieL 1807 ist
2 . 4 SchA 1826 entstellt
2 . 4 RicK 1836 ist

+ sein _V

2 . 13 KanK 1803 sein
2 . 13 RodS 1834 wärst
2 . 13 RicK 1836 wirst verjüngt sein
2 . 13 MolM1865 wärst

zzz

2 . 3 OrtE 1840 wird gleichen
2 . 3 WalL 1840 ist
2 . 3 NeiA 1869 wird sein
2 . 3 KraF 1872 ist
2 . 4 JorW 1861 gleichen
2 . 4 BodF 1862 wird
2 . 8 LacK 1820 wird sein
2 . 9 GilO 1871 ist
2 . 12 OrtE 1840 neu
2 . 13 EscJ 1787 würdest noch verjüngen
2 . 13 LacK 1820 neu
2 . 13 TieD 1825 würdest erschaffen
2 . 13 SchA 1826 verjüngen
2 . 13 RegG 1836 neu
2 . 13 WalL 1840 neues Leben und warmes Blut
2 . 13 BodF 1862 wirst verjüngt
2 . 13 GelF 1867 machte
2 . 13 SimK 1867 neu
2 . 13 FriH 1869 neu
2 . 13 NeiA 1869 würdest verjüngt
2 . 13 TscB 1870 wärst
2 . 99 TieL 1807 %
2 . 99 JorW 1861 %

2 . 99 SimK 1867 %
2 . 99 FriH 1869 %
2 . 99 GilO 1871 %
2 . 99 KraF 1872 %

beauty _N *2.2 ShaW 1609*

+ Schönheit _N

2 . 2 EscJ 1787 in das Feld deiner Schönheit
2 . 2 KanK 1803 in deiner Schönheit Feld
2 . 2 TieL 1807 deiner holden Schönheit Flur
2 . 2 TieD 1825 deiner Schönheit Feld •
2 . 2 SchA 1826 auf der Schönheit Feld
2 . 2 RodS 1834 deiner Schönheit Auen
2 . 2 RegG 1836 deiner Schönheit Feld
2 . 2 RicK 1836 in deiner Schönheit Feld
2 . 2 WalL 1840 in deiner Schönheit Feld
2 . 2 MolM1865 deiner Schönheit Auen
2 . 2 GelF 1867 auf deiner Schönheit Flur
2 . 2 SimK 1867 in deiner Schönheit Feld
2 . 2 FriH 1869 in deiner Schönheit Land
2 . 2 NeiA 1869 in deiner Schönheit Feld
2 . 2 TscB 1870 der Schönheit glatt Gefilde
2 . 2 GilO 1871 in der Schönheit Plan
2 . 2 KraF 1872 in deiner Schönheit Plan
2 . 3 BodF 1862 deiner Schönheit Glanz

• Reiz _N

2 . 5 OrtE 1840 dein Reiz
2 . 5 GelF 1867 deine Reize, der reiche Schatz
2 . 6 TscB 1870 der Schatz der sonnenhellen Tage und aller Reiz

+ Schönheit _N

2 . 5 EscJ 1787 alle deine Schönheit
2 . 5 KanK 1803 deine Schönheit
2 . 5 TieL 1807 die Schönheit
2 . 5 TieD 1825 nach deiner Schönheit, nach deiner goldenen Tage reichem Hort
2 . 5 SchA 1826 die Schönheit, die reiche Blüte deiner Jugendtage
2 . 5 RodS 1834 deine Schönheit und alle Schätze deines sonnigen Lenzes
2 . 5 RicK 1836 deine Schönheit und deiner frohen Tage Eigentum
2 . 5 WalL 1840 deiner Schönheit Glück
2 . 5 JorW 1861 die Schönheit
2 . 5 MolM1865 deine Schönheit und alle Schätze deines sonnigen Lenzes
2 . 5 FriH 1869 die Schönheit
2 . 5 KraF 1872 nach deiner Schönheit
2 . 6 BodF 1862 der Jugend Schönheit
2 . 6 SimK 1867 all die Schönheit der jungen Tage
2 . 6 NeiA 1869 nach all dem süßen Hauch der Schönheit deiner besseren Zeit

• Reiz _N

2 . 6 RegG 1836 dem Forscher nach den Reizen all, nach all dem frühen Reichtum

+ Schönheit _N

2 . 9 EscJ 1787 der Gebrauch deiner Schönheit
2 . 9 TieL 1807 tätiger Schönheit
2 . 9 TieD 1825 der Schönheit Nutzen
2 . 9 SchA 1826 genutzter Schönheit Preis
2 . 9 RodS 1834 die Schönheit
2 . 9 RegG 1836 deine Schönheit
2 . 9 OrtE 1840 deiner Schönheit Preis
2 . 9 WalL 1840 Gebrauch der Schönheit
2 . 9 JorW 1861 genutzte Schönheit
2 . 9 MolM 1865 die Schönheit
2 . 9 GelF 1867 Schönheit
2 . 9 FriH 1869 verbrauchter Schönheit höheren Preis
2 . 9 NeiA 1869 deine Schönheit
2 . 9 TscB 1870 deiner Schönheit Preis
2 . 9 KraF 1872 der Schönheit Nutzung
2 . 10 GilO 1871 du als wuchernder Verwalter der Schönheit

• Reiz _N

2 . 12 EscJ 1787 der ihm angeerbte Reiz
2 . 12 TieL 1807 sein geerbter Reiz
2 . 12 LacK 1820 sein Reiz
2 . 12 TieD 1825 der Reiz, von dir geerbt, er
2 . 12 RegG 1836 seine Reize
2 . 12 RicK 1836 sein Reiz
2 . 12 SimK 1867 seine Reize
2 . 12 TscB 1870 in diesem Kleinen, an seinem Reiz
2 . 12 GilO 1871 Reize
2 . 12 KraF 1872 die vererbten Reize

+ Schönheit _N

2 . 11 BodF 1862 meiner Schönheit Blume
2 . 12 KanK 1803 des Kindes Schönheit
2 . 12 SchA 1826 Schönheit
2 . 12 RodS 1834 seine Schönheit
2 . 12 WalL 1840 seine Schönheit
2 . 12 MolM 1865 seine Schönheit
2 . 12 GelF 1867 in Schönheit
2 . 12 FriH 1869 seiner Schönheit Gut und Habe
2 . 12 NeiA 1869 bloß deiner Schönheit Erbe

• Zug _N

2 . 12 JorW 1861 seine Züge

ZZZ

2 . 2 LacK 1820 in dem Schönheitplan
2 . 2 JorW 1861 in deine schöne Stirn
2 . 5 LacK 1820 all die Schönheitwonne
2 . 5 GilO 1871 all deine Zier
2 . 6 RegG 1836 dem Forscher nach den Reizen all, nach all dem frühen Reichtum
2 . 9 KanK 1803 dem Schönheitsbraucher
2 . 9 LacK 1820 auf des Blühens Verwendung
2 . 9 SimK 1867 deines Blühens Verwendung
2 . 99 RicK 1836 %
2 . 99 OrtE 1840 %
2 . 99 OrtE 1840 %
2 . 99 BodF 1862 %

besiege _V *2.1 ShaW 1609*

• befehden _V

2 . 1 GelF 1867 befehden

+ belagern _V

2 . 1 KanK 1803 belagern
2 . 1 TieL 1807 belagern
2 . 1 RicK 1836 belagern
2 . 1 FriH 1869 belagern

• berennen _V

2 . 1 GilO 1871 berennen

• lagern, sich _V

2 . 1 EscJ 1787 sich gelagert

• rücken _V

2 . 1 KraF 1872 rückend

+ umlagern _V

2 . 1 SchA 1826 umlagern
2 . 1 RodS 1834 umlagern
2 . 1 OrtE 1840 umlagern
2 . 1 MolM 1865 umlagern
2 . 1 SimK 1867 umlagert
2 . 1 TscB 1870 umlagern

ZZZ

2 . 1 LacK 1820 besetzt
2 . 1 RegG 1836 umnachten
2 . 99 TieD 1825 %
2 . 99 WalL 1840 %
2 . 99 JorW 1861 %
2 . 99 BodF 1862 %
2 . 99 NeiA 1869 %

blood _N *2.14 ShaW 1609*

+ Blut _N

2 . 12 OrtE 1840 mein Blut
2 . 13 OrtE 1840 das frische Blut
2 . 14 EscJ 1787 dein Blut
2 . 14 KanK 1803 dein Blut
2 . 14 TieL 1807 heiß Blut
2 . 14 LacK 1820 dein Blut
2 . 14 TieD 1825 dein Blut
2 . 14 SchA 1826 dein Blut
2 . 14 RodS 1834 dein Blut
2 . 14 RegG 1836 kaltem Blut
2 . 14 RicK 1836 dein Blut
2 . 14 WalL 1840 neues Leben und warmes Blut
2 . 14 JorW 1861 dein Blut
2 . 14 BodF 1862 dein Blut
2 . 14 MolM 1865 dein Blut
2 . 14 GelF 1867 das Blut
2 . 14 SimK 1867 dein Blut
2 . 14 FriH 1869 dein Blut
2 . 14 NeiA 1869 dein Blut
2 . 14 TscB 1870 dein Blut

2 . 14 TscB 1870 dein Blut
2 . 14 GilO 1871 dein Blut
2 . 14 KraF 1872 dein Blut

brow _N *2.1 ShaW 1609*

• Antlitz _N

2 . 1 KraF 1872 vor dein Antlitz

+ Braue _N

2 . 1 KanK 1803 deine Brauen
2 . 1 SchA 1826 deine Brauen
2 . 1 RicK 1836 deine Brauen
2 . 1 OrtE 1840 deine Brauen

• Haupt _N

2 . 1 RegG 1836 dein Haupt
2 . 1 TscB 1870 dein Haupt
2 . 1 GilO 1871 dein Haupt

+ Stirn _N

2 . 1 EscJ 1787 um deine Stirn
2 . 1 TieL 1807 Stirn und Wangen
2 . 1 LacK 1820 deine Stirn
2 . 1 RodS 1834 deine Stirn
2 . 1 MolM 1865 deine Stirn
2 . 1 GelF 1867 deine Stirn
2 . 1 SimK 1867 deine Stirn
2 . 1 FriH 1869 deine Stirn
2 . 1 NeiA 1869 die Stirn
2 . 2 JorW 1861 in deine schöne Stirn
2 . 2 BodF 1862 die reine Stirn

ZZZ

2 . 1 TieD 1825 du
2 . 10 WalL 1840 du

child _N *2.10 ShaW 1609*

+ Kind _N

2 . 10 EscJ 1787 dieses mein holdes Kind
2 . 10 KanK 1803 dies schöne Kind
2 . 10 TieL 1807 dies schöne Kind von mir
2 . 10 LacK 1820 dies schöne Kind
2 . 10 TieD 1825 dies schöne Kind
2 . 10 SchA 1826 dies mein Kind, so lieb
2 . 10 RodS 1834 dies Kind
2 . 10 RegG 1836 dies mein schönes Kind
2 . 10 RicK 1836 dies schöne Kind
2 . 10 OrtE 1840 dies mein holdes Kind
2 . 10 JorW 1861 dies mein holdes Kind
2 . 10 MolM 1865 dies holde Kind
2 . 10 GelF 1867 dies mein Kindlein
2 . 10 SimK 1867 dieses schöne Kind
2 . 10 GilO 1871 dies feine Kind
2 . 10 KraF 1872 dies mein schönes Kind
2 . 11 BodF 1862 in diesem jungen Blut, in meinem Kind

• Kleine _N

2 . 10 TscB 1870 in diesem Kleinen, an seinem Reiz

• Knabe _N

2 . 10 FriH 1869 mein schöner Knabe

• Sproß _N

2 . 10 NeiA 1869 dieser holde Sproß

+ Sprößling _N

2 . 10 WalL 1840 von meinem Sprößling

cold _A *2.14 ShaW 1609*

• erfrieren _V

2 . 13 JorW 1861 halb erfroren

• erkalten _V

2 . 14 TieL 1807 erkaltet
2 . 14 KraF 1872 erkalten

+ kalt _A

2 . 14 EscJ 1787 kalt
2 . 14 KanK 1803 kalt
2 . 14 LacK 1820 kalt
2 . 14 TieD 1825 kalt
2 . 14 SchA 1826 kalt
2 . 14 RodS 1834 kalt
2 . 14 RegG 1836 kaltem Blut
2 . 14 RicK 1836 kalt
2 . 14 WalL 1840 kalt
2 . 14 BodF 1862 kalt
2 . 14 MolM 1865 kalt
2 . 14 GelF 1867 noch so kalt
2 . 14 SimK 1867 kalt
2 . 14 FriH 1869 noch so kalt
2 . 14 NeiA 1869 kalt
2 . 14 GilO 1871 kalt

ZZZ

2 . 99 OrtE 1840 %
2 . 99 TscB 1870 %

couldst _V *2.10 ShaW 1609*

+ können _V

2 . 9 TieD 1825 könnte erfreuen
2 . 9 RodS 1834 könntest antworten
2 . 9 MolM 1865 könntest antworten
2 . 10 EscJ 1787 antworten könntest
2 . 10 SchA 1826 kannst erwidern
2 . 10 RegG 1836 könntest erwidern
2 . 10 OrtE 1840 kannst erwidern
2 . 10 GelF 1867 könntest sprechen
2 . 10 NeiA 1869 könntest sprechen
2 . 10 GilO 1871 sprechen kannst
2 . 10 KraF 1872 könntest sagen

ZZZ

2 . 8 TscB 1870 spräche

2 . 9 JorW 1861 dürfte erwidern
2 . 10 KanK 1803 antwortetest
2 . 10 TieL 1807 antwortest
2 . 10 LacK 1820 erwiderst
2 . 10 RicK 1836 erwiderst
2 . 10 WalL 1840 sagst
2 . 10 BodF 1862 erwidertest
2 . 10 SimK 1867 versetztest
2 . 10 FriH 1869 deine Antwort

count _N *2.11 ShaW 1609*

+ Rechnung _N

2 . 11 EscJ 1787 meine Rechnung
2 . 11 TieL 1807 die Rechnung
2 . 11 LacK 1820 die Rechnung
2 . 11 WalL 1840 Rechnung und Entschuldigung
2 . 11 JorW 1861 meines Alters Schuld und Rechnung
2 . 11 TscB 1870 die Rechnung
2 . 11 GilO 1871 meine Rechnung
ZZZ
2 . 11 TieD 1825 die Schuld
2 . 11 SchA 1826 meine Schuld
2 . 11 RegG 1836 meine Schuld
2 . 11 RicK 1836 meine Schuld
2 . 11 SimK 1867 mit der Schuld
2 . 11 KraF 1872 meine Schuld
2 . 99 KanK 1803 %
2 . 99 RodS 1834 %
2 . 99 OrtE 1840 %
2 . 99 BodF 1862 %
2 . 99 MolM 1865 %
2 . 99 GelF 1867 %
2 . 99 FriH 1869 %
2 . 99 NeiA 1869 %

days _N *2.6 ShaW 1609*

+ Tag _N

2 . 5 TscB 1870 der Schatz der sonnenhellen Tage und aller Reiz
2 . 6 EscJ 1787 alle der Glanz deiner fröhlichen Tage
2 . 6 KanK 1803 deiner frohen Tage Schätze
2 . 6 TieL 1807 der Hort von deinen frühen Tagen
2 . 6 LacK 1820 all der Reichtum, frischer Tage Reiz
2 . 6 TieD 1825 nach deiner Schönheit, nach deiner goldenen Tage reichem Hort
2 . 6 RicK 1836 deine Schönheit und deiner frohen Tage Eigentum
2 . 6 OrtE 1840 deiner frohen Tage ganzer Schatz
2 . 6 WalL 1840 all der Schatz aus schöner Tage Traum
2 . 6 SimK 1867 all die Schönheit der jungen Tage
ZZZ
2 . 5 SchA 1826 die Schönheit, die reiche Blüte deiner Jugendtage
2 . 5 RodS 1834 deine Schönheit und alle Schätze deines sonnigen Lenzes
2 . 5 MolM 1865 deine Schönheit und alle Schätze deines sonnigen Lenzes
2 . 5 GelF 1867 deine Reize, der reiche Schatz
2 . 5 NeiA 1869 nach all dem süßen Hauch der Schönheit
deiner besseren Zeit
2 . 5 KraF 1872 nach deiner Schönheit und nach dem Schatz
2 . 6 RegG 1836 dem Forscher nach den Reizen all, nach all dem frühen Reichtum
2 . 6 JorW 1861 die Schätze deines Frühlings
2 . 6 BodF 1862 der Jugend Schönheit
2 . 6 FriH 1869 deine Schätze aus schönem Wonnetag
2 . 6 GilO 1871 deines Frühlings stolzes Eigentum

deep _A *2.2 ShaW 1609*

+ tief _A

2 . 2 EscJ 1787 tiefe Gräben
2 . 2 LacK 1820 tief
2 . 2 RodS 1834 tief
2 . 2 RegG 1836 tief
2 . 2 OrtE 1840 tiefe Furchen
2 . 2 WalL 1840 tiefe Spur
2 . 2 BodF 1862 tiefe Falten
2 . 2 MolM 1865 tief
2 . 2 TscB 1870 tief

+ tief _A

2 . 7 EscJ 1787 in deinen tief eingesunkenen Augen
2 . 7 TieL 1807 in deiner tief versunkenen Augen Rand
2 . 7 SchA 1826 in diese Augen tief und krank
ZZZ
2 . 1 NeiA 1869 runzeln
2 . 2 KanK 1803 Gräben
2 . 2 TieL 1807 tieffurchend
2 . 2 TieD 1825 mit Furchen
2 . 2 SchA 1826 die Gräben
2 . 2 RicK 1836 Gräben
2 . 2 JorW 1861 ihr Zeichen
2 . 2 GelF 1867 Laufgräben
2 . 2 SimK 1867 Laufgräben
2 . 2 FriH 1869 Gräben
2 . 2 GilO 1871 Laufgräben

2 . 2 KraF 1872 Laufgräben
2 . 7 KanK 1803 in deinen hohlen Augen
2 . 7 LacK 1820 in dem versunkenen Auge
2 . 7 TieD 1825 in dem eingesunkenen Auge
2 . 7 RicK 1836 in deinen hohlen Augen
2 . 7 OrtE 1840 in hohlen Augen nur
2 . 7 WalL 1840 in dem eigenen hohlen Blick
2 . 7 BodF 1862 auf deine tiefgesunkenen Augen
2 . 7 GelF 1867 in meines hohlen Auges Gluten
2 . 7 SimK 1867 auf die Augenhöhlen
2 . 7 FriH 1869 auf die verfallenen Züge
2 . 7 NeiA 1869 in dieses hohle Auge
2 . 7 GilO 1871 in den hohlen Wangen
2 . 7 KraF 1872 in deinem eingesunkenen Auge
2 . 8 RodS 1834 in dem eingesunkenen Auge
2 . 8 RegG 1836 mit deines Auges Fall
2 . 8 JorW 1861 sind eingesunken
2 . 8 MolM 1865 in dem eingesunkenen Auge
2 . 8 TscB 1870 in dem matten und eingesunkenen Auge

deserved _V *2.9 ShaW 1609*

+ verdienen _V

2 . 9 EscJ 1787 würde verdienen

ZZZ

2 . 3 TieD 1825 ist
2 . 3 RegG 1836 ist
2 . 3 WalL 1840 ist
2 . 3 GelF 1867 ist
2 . 3 TscB 1870 ist
2 . 3 KraF 1872 ist
2 . 4 KanK 1803 ist
2 . 4 TieL 1807 ist
2 . 4 RicK 1836 ist
2 . 7 RodS 1834 wäre
2 . 7 MolM 1865 wäre
2 . 8 BodF 1862 wäre
2 . 8 SimK 1867 wäre
2 . 8 FriH 1869 wäre
2 . 8 NeiA 1869 wäre
2 . 9 SchA 1826 ist
2 . 9 OrtE 1840 steigt
2 . 9 GilO 1871 ist
2 . 12 LacK 1820 ist
2 . 99 JorW 1861 %

dig _V *2.2 ShaW 1609*

+ ziehen _V

2 . 2 KanK 1803 ziehen
2 . 2 RicK 1836 ziehen
2 . 2 GelF 1867 ziehen
2 . 2 SimK 1867 ziehend
2 . 2 FriH 1869 ziehen
2 . 2 NeiA 1869 ziehen
2 . 2 GilO 1871 ziehen
2 . 2 KraF 1872 ziehen

ZZZ

2 . 2 EscJ 1787 werden geschnitten haben
2 . 2 TieL 1807 tieffurchend
2 . 2 LacK 1820 tief
2 . 2 RodS 1834 tief
2 . 2 RegG 1836 tief
2 . 2 WalL 1840 furcht
2 . 2 JorW 1861 geprägt
2 . 2 MolM 1865 tief
2 . 2 TscB 1870 tief
2 . 99 TieD 1825 %
2 . 99 SchA 1826 %
2 . 99 OrtE 1840 %
2 . 99 BodF 1862 %

excuse _N *2.11 ShaW 1609*

+ entschuldigen _V

2 . 11 EscJ 1787 entschuldigen
2 . 11 KanK 1803 entschuldigen
2 . 11 FriH 1869 entschuldigt

+ Entschuldigung _N

2 . 11 RodS 1834 meine Entschuldigung
2 . 11 WalL 1840 Rechnung und Entschuldigung
2 . 11 MolM 1865 meine Entschuldigung

+ gutmachen _V

2 . 11 LacK 1820 macht gut

* versöhnen _V

2 . 11 NeiA 1869 mag versöhnen

ZZZ

2 . 11 TieL 1807 wird schlichten
2 . 11 GilO 1871 entschlägt
2 . 11 KraF 1872 entlastet
2 . 99 TieD 1825 %
2 . 99 SchA 1826 %
2 . 99 RegG 1836 %
2 . 99 RicK 1836 %
2 . 99 OrtE 1840 %
2 . 99 JorW 1861 %
2 . 99 BodF 1862 %
2 . 99 GelF 1867 %
2 . 99 SimK 1867 %
2 . 99 TscB 1870 %

eyes _N *2.7 ShaW 1609*

+ Auge _N

2 . 7 EscJ 1787 in deinen tief eingesunkenen Augen
2 . 7 KanK 1803 in deinen hohlen Augen
2 . 7 TieL 1807 in deiner tief versunkenen Augen Rand
2 . 7 LacK 1820 in dem versunkenen Auge
2 . 7 TieD 1825 in dem eingesunkenen Auge
2 . 7 SchA 1826 in diese Augen tief und krank
2 . 7 RicK 1836 in deinen hohlen Augen
2 . 7 OrtE 1840 in hohlen Augen nur
2 . 7 BodF 1862 auf deine tiefgesunkenen Augen
2 . 7 GelF 1867 in meines hohlen Auges Gluten
2 . 7 NeiA 1869 in dieses hohle Auge
2 . 7 KraF 1872 in deinem eingesunkenen Auge
2 . 8 RodS 1834 in dem eingesunkenen Auge
2 . 8 RegG 1836 mit deines Auges Fall
2 . 8 JorW 1861 mit meinen Augen
2 . 8 MolM 1865 in dem eingesunkenen Auge
2 . 8 TscB 1870 in dem matten und eingesunkenen Auge

• Augenhöhle _N

2 . 7 SimK 1867 auf die Augenhöhlen

• Wange _N

2 . 7 GilO 1871 in den hohlen Wangen

ZZZ

2 . 7 WalL 1840 in dem eigenen hohlen Blick
2 . 7 FriH 1869 auf die verfallenen Züge

fair _A *2.10 ShaW 1609*

+ hold _A

2 . 10 EscJ 1787 dieses mein holdes Kind
2 . 10 OrtE 1840 dies mein holdes Kind
2 . 10 JorW 1861 dies mein holdes Kind
2 . 10 MolM 1865 dies holde Kind
2 . 10 NeiA 1869 dieser holde Sproß

+ schön _A

2 . 10 KanK 1803 dies schöne Kind
2 . 10 TieL 1807 dies schöne Kind von mir
2 . 10 LacK 1820 dies schöne Kind
2 . 10 TieD 1825 dies schöne Kind
2 . 10 RegG 1836 dies mein schönes Kind
2 . 10 RicK 1836 dies schöne Kind
2 . 10 SimK 1867 dieses schöne Kind
2 . 10 FriH 1869 mein schöner Knabe
2 . 10 KraF 1872 dies mein schönes Kind

ZZZ

2 . 3 GelF 1867 das
2 . 3 TscB 1870 ist
2 . 4 BodF 1862 das
2 . 7 RodS 1834 es
2 . 8 WalL 1840 das
2 . 9 SchA 1826 ist
2 . 13 GilO 1871 das

feel _V *2.14 ShaW 1609*

+ empfinden _V

2 . 14 GilO 1871 empfinden

+ fühlen _V

2 . 13 JorW 1861 fühltest
2 . 14 EscJ 1787 fühlst
2 . 14 KanK 1803 fühlst
2 . 14 TieL 1807 gefühlt
2 . 14 LacK 1820 fühlst
2 . 14 TieD 1825 fühltest
2 . 14 SchA 1826 fühlst
2 . 14 RicK 1836 fühlst
2 . 14 SimK 1867 fühlst
2 . 14 NeiA 1869 fühltest
2 . 14 KraF 1872 fühltest

ZZZ

2 . 14 RodS 1834 ward
2 . 14 MolM 1865 ward
2 . 99 RegG 1836 %
2 . 99 OrtE 1840 %
2 . 99 WalL 1840 %
2 . 99 BodF 1862 %
2 . 99 GelF 1867 %
2 . 99 FriH 1869 %
2 . 99 TscB 1870 %

field _N *2.2 ShaW 1609*

• Aue _N

2 . 2 RodS 1834 deiner Schönheit Auen
2 . 2 MolM 1865 deiner Schönheit Auen

+ Feld _N

2 . 2 EscJ 1787 in das Feld deiner Schönheit
2 . 2 KanK 1803 in deiner Schönheit Feld
2 . 2 TieD 1825 deiner Schönheit Feld
2 . 2 SchA 1826 auf der Schönheit Feld
2 . 2 RegG 1836 deiner Schönheit Feld
2 . 2 RicK 1836 in deiner Schönheit Feld
2 . 2 WalL 1840 in deiner Schönheit Feld
2 . 2 SimK 1867 in deiner Schönheit Feld
2 . 2 NeiA 1869 in deiner Schönheit Feld

+ Flur _N

2 . 2 TieL 1807 deiner holden Schönheit Flur
2 . 2 GelF 1867 auf deiner Schönheit Flur

• Gefilde _N

2 . 2 TscB 1870 der Schönheit glatt Gefilde

• Land _N

2 . 2 FriH 1869 in deiner Schönheit Land

• Plan _N

2 . 2 GilO 1871 in der Schönheit Plan
2 . 2 KraF 1872 in deiner Schönheit Plan

zzz

2 . 2 LacK 1820 in dem Schönheitplan
2 . 2 JorW 1861 in deine schöne Stirn
2 . 99 OrtE 1840 %
2 . 99 BodF 1862 %

forty _NUM *2.1 ShaW 1609*

+ vierzig _NUM

2 . 1 EscJ 1787 vierzig Winter
2 . 1 KanK 1803 vierzig Winter
2 . 1 TieL 1807 vierzig Winter
2 . 1 LacK 1820 vierzig Winter
2 . 1 TieD 1825 den Druck von vierzig Wintern
2 . 1 SchA 1826 vierzig Winter
2 . 1 RegG 1836 vierzig Winter
2 . 1 RicK 1836 vierzig Winter
2 . 1 OrtE 1840 vierzig Winter
2 . 1 WalL 1840 eine vierzig Winter lange Zeit
2 . 1 JorW 1861 vierzig Winter
2 . 1 GelF 1867 vierzig Winter
2 . 1 FriH 1869 vierzig Jahre
2 . 1 TscB 1870 vierzig Winter
2 . 1 GilO 1871 vierzig Winter
2 . 1 KraF 1872 vierzig Winter

zzz

2 . 1 RodS 1834 fünfzig Winter
2 . 1 BodF 1862 ein halb Jahrhundert
2 . 1 MolM1865 fünfzig Winter
2 . 1 SimK 1867 ein halb Jahrhundert
2 . 1 NeiA 1869 Jahre

gazed _V *2.3 ShaW 1609*

• ansehen _V

2 . 4 KraF 1872 sieht mehr an

• anstaunen _V

2 . 3 TieD 1825 der Jugend angestaunter Schmuck

• Blick _N

2 . 3 EscJ 1787 alle Blicke

• schauen _V

2 . 3 KanK 1803 schön zu schauen
2 . 3 SchA 1826 blank zu schauen
2 . 3 RicK 1836 schön zu schauen
2 . 3 OrtE 1840 so blank zu schauen

zzz

2 . 3 TieL 1807 der Jugend stolz Panier, der Welt Verlangen
2 . 3 LacK 1820 ein Wunder
2 . 3 RodS 1834 deiner Jugend stolzes und bewundert Kleid
2 . 3 RegG 1836 so trachten
2 . 3 JorW 1861 deiner Jugend angestaunter Schmuck
2 . 3 BodF 1862 so bewundert
2 . 3 SimK 1867 so bewundert
2 . 4 WalL 1840 hoch bestaunt
2 . 4 GelF 1867 hoch entzückt
2 . 4 TscB 1870 deines Leibs heute angestaunt Gebilde
2 . 99 MolM1865 %
2 . 99 FriH 1869 %
2 . 99 NeiA 1869 %
2 . 99 GilO 1871 %

held _V *2.4 ShaW 1609*

+ achten _V

2 . 4 EscJ 1787 ein zerrissenes Gewand von wenig geachtetem Wert
2 . 4 GilO 1871 achtet

• gefallen _V

2 . 4 SimK 1867 nicht mehr gefällt

+ halten _V

2 . 4 KanK 1803 hält
2 . 4 RicK 1836 hält

- verachten _V

2 . 4 WalL 1840 nur verachtet

zzz

2 . 3 JorW 1861 wird entwertet sein
2 . 4 TieL 1807 nur unbeachtetes, zerfetztes Gewand
2 . 4 TieD 1825 nur ein zerrissenes Kleid und bald vergessen
2 . 4 FriH 1869 den Wert
2 . 99 LacK 1820 %
2 . 99 SchA 1826 %
2 . 99 RodS 1834 %
2 . 99 RegG 1836 %
2 . 99 OrtE 1840 %
2 . 99 BodF 1862 %
2 . 99 MolM1865 %
2 . 99 GelF 1867 %
2 . 99 NeiA 1869 %
2 . 99 TscB 1870 %
2 . 99 KraF 1872 %

lies _V *2.5 ShaW 1609*

• bleiben _V

2 . 5 WalL 1840 blieb
2 . 5 GilO 1871 blieb
2 . 6 BodF 1862 blieb
2 . 6 SimK 1867 blieb

+ liegen _V

2 . 5 FriH 1869 liege
2 . 5 TscB 1870 liegt

• sein _V

2 . 5 EscJ 1787 ist
2 . 5 KanK 1803 sei
2 . 5 RicK 1836 hin

zzz

2 . 3 TieD 1825 ist
2 . 3 RegG 1836 ist
2 . 3 GelF 1867 ist
2 . 3 KraF 1872 ist
2 . 4 TieL 1807 ist
2 . 5 JorW 1861 kam
2 . 9 SchA 1826 ist
2 . 10 RodS 1834 sei
2 . 10 MolM 1865 sei
2 . 12 LacK 1820 ist
2 . 99 OrtE 1840 %
2 . 99 NeiA 1869 %

livery _N *2.3 ShaW 1609*

• Gewand _N

2 . 3 GelF 1867 deiner Jugend stolz Gewand

• Kleid _N

2 . 3 WalL 1840 der Jugend stolzes Kleid
2 . 3 SimK 1867 deiner Jugend Kleid
2 . 3 FriH 1869 deiner Jugend Kleid, das wunderbare
2 . 4 RodS 1834 deiner Jugend stolzes und bewundert Kleid
2 . 4 KraF 1872 ein Kleid in Fetzen

+ Livree _N

2 . 4 OrtE 1840 nur verschossenen Livreen

• Prachtgewand _N

2 . 3 MolM1865 deiner Jugend stolzes Prachtgewand

+ Tracht _N

2 . 3 LacK 1820 der Jugend stolze Tracht

zzz

2 . 3 EscJ 1787 der stolze Schmuck deiner Jugend
2 . 3 KanK 1803 dein stolzer Jugendschmuck
2 . 3 TieL 1807 der Jugend stolz Panier, der Welt Verlangen
2 . 3 TieD 1825 der Jugend angestaunter Schmuck
2 . 3 SchA 1826 der Jugend stolzer Schmuck
2 . 3 RegG 1836 dein Jugendflor
2 . 3 RicK 1836 der Jugend stolzer Schmuck
2 . 3 JorW 1861 deiner Jugend angestaunter Schmuck
2 . 3 NeiA 1869 deiner Jugend jetzt so stolze Zier
2 . 3 GilO 1871 dein Jugendstaatskleid
2 . 4 TscB 1870 deines Leibs heute angestaunt Gebilde
2 . 99 BodF 1862 %

lusty _A *2.6 ShaW 1609*

+ frisch _A

2 . 6 LacK 1820 all der Reichtum, frischer Tage Reiz

+ froh _A

2 . 6 KanK 1803 deiner frohen Tage Schätze
2 . 6 RicK 1836 deine Schönheit und deiner frohen Tage Eigentum
2 . 6 OrtE 1840 deiner frohen Tage ganzer Schatz

+ fröhlich _A

2 . 6 EscJ 1787 alle der Glanz deiner fröhlichen Tage

zzz

2 . 5 TieD 1825 nach deiner Schönheit, nach deiner goldenen Tage reichem Hort
2 . 5 SchA 1826 die Schönheit, die reiche Blüte deiner Jugendtage
2 . 5 RodS 1834 deine Schönheit und alle Schätze deines sonnigen Lenzes
2 . 5 MolM1865 deine Schönheit und alle Schätze deines sonnigen Lenzes
2 . 5 GelF 1867 deine Reize, der reiche Schatz
2 . 5 NeiA 1869 nach all dem süßen Hauch der Schönheit deiner besseren Zeit
2 . 5 TscB 1870 der Schatz der sonnenhellen Tage und aller Reiz
2 . 5 KraF 1872 nach deiner Schönheit und nach dem Schatz
2 . 6 TieL 1807 der Hort von deinen frühen Tagen
2 . 6 RegG 1836 dem Forscher nach den Reizen all, nach all dem frühen Reichtum
2 . 6 WalL 1840 all der Schatz aus schöner Tage Traum
2 . 6 JorW 1861 die Schätze deines Frühlings
2 . 6 BodF 1862 der Jugend Schönheit
2 . 6 SimK 1867 all die Schönheit der jungen Tage
2 . 6 FriH 1869 deine Schätze aus schönem Wonnetag
2 . 6 GilO 1871 deines Frühlings stolzes Eigentum

made _V *2.13 ShaW 1609*

+ erneuen _V

2 . 11 TieD 1825 wird erneuen

+ erschaffen _V

2 . 13 TieD 1825 würdest erschaffen

+ erzeugen _V

2 . 13 TieL 1807 neu erzeugt

2 . 13 FriH 1869 wärst erzeugt

+ gebären _V

2 . 14 OrtE 1840 würdest geboren

+ neugeboren _A

2 . 14 JorW 1861 neugeboren

+ schaffen _V

2 . 13 LacK 1820 wirst geschaffen

2 . 13 SimK 1867 geschaffen

+ verjüngen _V

2 . 13 RegG 1836 verjüngt

zzz

2 . 13 EscJ 1787 würdest noch verjüngen

2 . 13 KanK 1803 erneuert

2 . 13 SchA 1826 verjüngen

2 . 13 RodS 1834 jung

2 . 13 RicK 1836 neu

2 . 13 WalL 1840 neues Leben und warmes Blut

2 . 13 BodF 1862 wirst verjüngt

2 . 13 MolM 1865 jung

2 . 13 GelF 1867 jung

2 . 13 NeiA 1869 würdest verjüngt

2 . 13 TscB 1870 neu geschaffen

2 . 13 GilO 1871 neue Jugend

2 . 13 KraF 1872 wie neugeboren

more _A *2.9 ShaW 1609*

+ viel _A

2 . 9 EscJ 1787 wie weit mehr Ruhm

2 . 9 KanK 1803 wie mehr

2 . 9 TieL 1807 mehr Lob

2 . 9 WalL 1840 mehr Ruhm wert

2 . 9 KraF 1872 wie mehr

zzz

2 . 3 TieD 1825 ist

2 . 3 GelF 1867 ist

2 . 9 LacK 1820 welches Lob

2 . 9 SchA 1826 wie höher

2 . 9 RodS 1834 Ruhm

2 . 9 RegG 1836 weit rühmlicher

2 . 9 RicK 1836 wie besser

2 . 9 OrtE 1840 steigt

2 . 9 MolM 1865 Ruhm

2 . 9 SimK 1867 viel besserer Stolz

2 . 9 FriH 1869 verbrauchter Schönheit höheren Preis

2 . 9 TscB 1870 deiner Schönheit Preis

2 . 9 GilO 1871 ist

2 . 99 JorW 1861 %

2 . 99 BodF 1862 %

2 . 99 NeiA 1869 %

new _A *2.13 ShaW 1609*

+ erneuen _V

2 . 11 TieD 1825 wird erneuen

+ gebären _V

2 . 14 OrtE 1840 würdest geboren

• jung _A

2 . 13 RodS 1834 jung

2 . 13 MolM 1865 jung

2 . 13 GelF 1867 jung

+ neu _A

2 . 12 OrtE 1840 neu

2 . 13 TieL 1807 neu erzeugt

2 . 13 LacK 1820 neu

2 . 13 TieD 1825 neu

2 . 13 RegG 1836 neu

2 . 13 RicK 1836 neu

2 . 13 SimK 1867 neu

2 . 13 FriH 1869 neu

2 . 13 TscB 1870 neu geschaffen

2 . 13 GilO 1871 neue Jugend

2 . 14 OrtE 1840 neu

+ neugeboren _A

2 . 14 JorW 1861 neugeboren

+ verjüngen _V

2 . 13 RegG 1836 verjüngt

zzz

2 . 13 EscJ 1787 würdest noch verjüngen

2 . 13 KanK 1803 erneuert

2 . 13 SchA 1826 verjüngen

2 . 13 WalL 1840 neues Leben und warmes Blut

2 . 13 BodF 1862 wirst verjüngt

2 . 13 NeiA 1869 würdest verjüngt

2 . 13 KraF 1872 wie neugeboren

now _ADV *2.3 ShaW 1609*

+ jetzt _ADV

2 . 3 LacK 1820 jetzt

zzz

2 . 3 EscJ 1787 jetzt

2 . 3 KanK 1803 jetzt

2 . 3 SchA 1826 nun
2 . 3 RegG 1836 jetzt
2 . 3 RicK 1836 jetzt
2 . 3 BodF 1862 jetzt
2 . 3 SimK 1867 nun
2 . 3 KraF 1872 jetzt
2 . 4 WalL 1840 jetzt
2 . 4 GelF 1867 jetzt
2 . 4 TscB 1870 deines Leibs heute angestaunt Gebilde
2 . 6 JorW 1861 nun
2 . 11 RodS 1834 jetzt
2 . 11 MolM1865 jetzt
2 . 99 TieL 1807 %
2 . 99 TieD 1825 %
2 . 99 OrtE 1840 %
2 . 99 FriH 1869 %
2 . 99 NeiA 1869 %
2 . 99 GilO 1871 %

old _A *2.11 ShaW 1609*

+ Alte _N

2 . 11 EscJ 1787 mein Alter
2 . 11 LacK 1820 mein Alter
2 . 11 RegG 1836 in dem Alter
2 . 11 GelF 1867 mein Alter
2 . 11 NeiA 1869 mit meinem Alter
2 . 11 GilO 1871 mein Alter

+ Alter _N

2 . 11 JorW 1861 meines Alters Schuld und Rechnung

• Greis _N

2 . 11 SchA 1826 noch den Greis
2 . 11 RicK 1836 mich, den Greis
2 . 11 OrtE 1840 ich als Greis
2 . 11 FriH 1869 mich als Greis
2 . 11 KraF 1872 mich, den Greis

+ alt _A

2 . 13 KanK1803 alt
2 . 13 LacK 1820 alt
2 . 13 TieD 1825 alt
2 . 13 SchA 1826 alt
2 . 13 RodS 1834 alt
2 . 13 RicK 1836 alt
2 . 13 WalL 1840 alt
2 . 13 BodF 1862 alt
2 . 13 MolM1865 alt
2 . 13 GelF 1867 alt
2 . 13 SimK 1867 alt
2 . 13 FriH 1869 noch so alt
2 . 13 NeiA 1869 alt
2 . 13 TscB 1870 alt

+ Alte _N

2 . 13 EscJ 1787 in dem Alter
2 . 13 GilO 1871 in dem Alter
2 . 14 OrtE 1840 in dem Alter
2 . 14 JorW 1861 in dem Alter

• Greis _N

2 . 13 RegG 1836 ein Greis

• veralten _V

2 . 13 TieL 1807 veraltet

zzz

2 . 11 TieD 1825 meinen Lenz
2 . 99 KanK1803 %
2 . 99 TieL 1807 %
2 . 99 RodS 1834 %
2 . 99 WalL 1840 %
2 . 99 BodF 1862 %
2 . 99 MolM1865 %
2 . 99 SimK 1867 %
2 . 99 TscB 1870 %
2 . 99 KraF 1872 %

own _A *2.7 ShaW 1609*

+ eigen _A

2 . 7 WalL 1840 in dem eigenen hohlen Blick

zzz

2 . 7 EscJ 1787 in deinen tief eingesunkenen Augen
2 . 7 KanK1803 in deinen hohlen Augen
2 . 7 TieL 1807 in deiner tief versunkenen Augen Rand
2 . 7 LacK 1820 in dem versunkenen Auge
2 . 7 TieD 1825 in dem eingesunkenen Auge
2 . 7 SchA 1826 in diese Augen tief und krank
2 . 7 RicK 1836 in deinen hohlen Augen
2 . 7 OrtE 1840 in hohlen Augen nur
2 . 7 BodF 1862 auf deine tiefgesunkenen Augen
2 . 7 GelF 1867 in meines hohlen Auges Gluten
2 . 7 SimK 1867 auf die Augenhöhlen
2 . 7 FriH 1869 auf die verfallenen Züge
2 . 7 NeiA 1869 in dieses hohle Auge
2 . 7 GilO 1871 in den hohlen Wangen
2 . 7 KraF 1872 in deinem eingesunkenen Auge
2 . 8 RodS 1834 in dem eingesunkenen Auge
2 . 8 RegG 1836 mit deines Auges Fall
2 . 8 JorW 1861 sind eingesunken
2 . 8 MolM1865 in dem eingesunkenen Auge
2 . 8 TscB 1870 in dem matten und eingesunkenen Auge

praise _N *2.8 ShaW 1609*

+ Lob _N

2 . 5 RegG 1836 ein ödes Lob, ein allverzehrendes Schmähen

2 . 7 TscB 1870 in Lob versteckte Klage

2 . 8 TieL 1807 klägliches Lob und schmachvoll nur zu sagen

2 . 8 GelF 1867 ewige Schmach, verschwenderisches Lob

2 . 8 KraF 1872 tiefe Schmach und ungedeihlich Lob

+ Ruhm _N

2 . 8 EscJ 1787 nagender Schimpf und unnützer Ruhm

2 . 8 KanK 1803 allverzehrende Schmach, Ruhm ohne Gedeihen

2 . 8 SchA 1826 armer, eitler Ruhm, trostlose Klage

2 . 8 RicK 1836 verzehrende Schmach, ganz unnützer Ruhm

2 . 8 WalL 1840 Schimpf und leeren Ruhmes Schaum

2 . 8 BodF 1862 ein schlechter Ruhm

2 . 8 SimK 1867 ein schlechter Ruhm, trostlose Klage

+ Rühmen _N

2 . 7 RodS 1834 ein törichtes Rühmen

2 . 7 MolM 1865 ein töricht Rühmen

+ Lob _N

2 . 9 TieL 1807 mehr Lob

2 . 9 LacK 1820 welches Lob

+ Preis _N

2 . 9 SchA 1826 genutzter Schönheit Preis

2 . 9 RicK 1836 genossener Jugend Preis

2 . 9 OrtE 1840 deiner Schönheit Preis

2 . 9 FriH 1869 verbrauchter Schönheit höheren Preis

2 . 9 TscB 1870 deiner Schönheit Preis

+ preisen _V

2 . 9 KraF 1872 wäre zu preisen

+ Ruhm _N

2 . 9 EscJ 1787 wie weit mehr Ruhm

2 . 9 RodS 1834 Ruhm

2 . 9 WalL 1840 mehr Ruhm wert

2 . 9 BodF 1862 zu dem Ruhm

2 . 9 MolM 1865 Ruhm

2 . 9 GilO 1871 Ruhm

+ rühmlich _A

2 . 9 RegG 1836 weit rühmlicher

ZZZ

2 . 3 TieD 1825 ist

2 . 3 GelF 1867 ist

2 . 7 JorW 1861 zu schlechtem Troste bittrer Scham

2 . 8 LacK 1820 Ruhmverschwendung und Schandengeiz

2 . 8 TieD 1825 ein ruhmlos, unersprießlich Wort

2 . 8 OrtE 1840 schmachvoll

2 . 8 FriH 1869 Verschwenderruhm und Todesschmach

2 . 8 NeiA 1869 Schande und Schmach und viel gewagt

2 . 8 GilO 1871 allverzehrende Schmach und Bettelruhm

2 . 9 KanK 1803 wie mehr

2 . 9 SimK 1867 viel besserer Stolz

2 . 99 JorW 1861 %

2 . 99 NeiA 1869 %

proud _A *2.3 ShaW 1609*

+ stolz _A

2 . 3 EscJ 1787 der stolze Schmuck deiner Jugend

2 . 3 KanK 1803 dein stolzer Jugendschmuck

2 . 3 TieL 1807

2 . 3 LacK 1820 der Jugend stolze Tracht

2 . 3 SchA 1826 der Jugend stolzer Schmuck

2 . 3 RodS 1834 deiner Jugend stolzes und bewundert Kleid

2 . 3 RicK 1836 der Jugend stolzer Schmuck

2 . 3 WalL 1840 der Jugend stolzes Kleid

2 . 3 MolM 1865 deiner Jugend stolzes Prachtgewand

2 . 3 GelF 1867 deiner Jugend stolz Gewand

2 . 3 NeiA 1869 deiner Jugend jetzt so stolze Zier

ZZZ

2 . 3 TieD 1825 der Jugend angestaunter Schmuck

2 . 3 RegG 1836 dein Jugendflor

2 . 3 OrtE 1840 dein Jugendkleid

2 . 3 JorW 1861 deiner Jugend angestaunter Schmuck

2 . 3 SimK 1867 deiner Jugend Kleid

2 . 3 FriH 1869 deiner Jugend Kleid, das wunderbare

2 . 3 GilO 1871 dein Jugendstaatskleid

2 . 3 KraF 1872 all dein Jugendstaat

2 . 4 TscB 1870 deines Leibs heute angestaunt Gebilde

2 . 99 BodF 1862 %

proving _V *2.12 ShaW 1609*

+ beweisen _V

2 . 12 KanK 1803 beweisend

2 . 12 LacK 1820 beweist

2 . 12 RicK 1836 beweisend

+ zeigen _V

2 . 12 OrtE 1840 zeige

• Zeuge _N

2 . 12 SchA 1826 seines Ursprungs Zeuge

• zeugen _V

2 . 12 RodS 1834 zeugte

2 . 12 MolM 1865 zeugte

ZZZ
2 . 99 EscJ 1787 %
2 . 99 TieL 1807 %
2 . 99 TieD 1825 %
2 . 99 RegG 1836 %
2 . 99 WalL 1840 %
2 . 99 JorW 1861 %
2 . 99 BodF 1862 %
2 . 99 GelF 1867 %
2 . 99 SimK 1867 %
2 . 99 FriH 1869 %
2 . 99 NeiA 1869 %
2 . 99 TscB 1870 %
2 . 99 GilO 1871 %
2 . 99 KraF 1872 %

say _V *2.7 ShaW 1609*

• Antwort _N
2 . 7 TscB 1870 die Antwort

• gestehen _V
2 . 7 RegG 1836 zu gestehn

+ sagen _V
2 . 5 SimK 1867 sagst wohl
2 . 7 EscJ 1787 sagtest
2 . 7 KanK 1803 zu sagen
2 . 7 LacK 1820 wird gesagt
2 . 7 TieD 1825 mußt sagen
2 . 7 SchA 1826 sagst
2 . 7 RodS 1834 sage nicht
2 . 7 RicK 1836 zu sagen
2 . 7 WalL 1840 zu sagen
2 . 7 MolM 1865 sage nicht
2 . 7 GilO 1871 zu sagen
2 . 7 KraF 1872 zu sagen
2 . 8 TieL 1807 klägliches Lob und schmachvoll nur zu sagen

+ sprechen _V
2 . 7 JorW 1861 sprich
2 . 7 GelF 1867 sprächest
2 . 7 NeiA 1869 sprächest
2 . 8 TscB 1870 spräche

ZZZ
2 . 7 FriH 1869 zeigen sollst
2 . 99 OrtE 1840 %
2 . 99 BodF 1862 %

see _V *2.14 ShaW 1609*

+ schauen _V
2 . 14 KraF 1872 schautest

+ sehen _V
2 . 14 EscJ 1787 sehen
2 . 14 KanK 1803 sehn
2 . 14 LacK 1820 siehst
2 . 14 TieD 1825 sähest
2 . 14 SchA 1826 sehn
2 . 14 RodS 1834 sähest
2 . 14 RicK 1836 siehst
2 . 14 BodF 1862 siehst
2 . 14 MolM 1865 sähest
2 . 14 SimK 1867 siehst
2 . 14 TscB 1870 sähest
2 . 14 GilO 1871 sehn

ZZZ
2 . 99 TieL 1807 %
2 . 99 RegG 1836 %
2 . 99 OrtE 1840 %
2 . 99 WalL 1840 %
2 . 99 JorW 1861 %
2 . 99 GelF 1867 %
2 . 99 FriH 1869 %
2 . 99 NeiA 1869 %

shall _V *2.11 ShaW 1609*

+ mögen _V
2 . 11 NeiA 1869 mag versöhnen

+ sollen _V
2 . 11 KanK 1803 soll sein
2 . 11 OrtE 1840 soll tun
2 . 11 JorW 1861 soll zahlen

ZZZ
2 . 11 EscJ 1787 wird abtragen
2 . 11 TieL 1807 zahlt
2 . 11 LacK 1820 macht voll
2 . 11 TieD 1825 tilgt
2 . 11 SchA 1826 tilgt
2 . 11 RegG 1836 tilgt
2 . 11 RicK 1836 zahle
2 . 11 GelF 1867 wägt auf
2 . 11 SimK 1867 tilgt
2 . 11 FriH 1869 zahlt
2 . 11 TscB 1870 gutzumachen weiß
2 . 11 GilO 1871 quitt
2 . 11 KraF 1872 tilgt
2 . 99 RodS 1834 %
2 . 99 WalL 1840 %
2 . 99 BodF 1862 %

2 . 99 MolM1865 %

shame _N *2.8 ShaW 1609*

+ Scham _N

2 . 7 JorW 1861 zu schlechtem Troste bittrer Scham

+ Schande _N

2 . 8 NeiA 1869 Schande und Schmach und viel gewagt

+ Schimpf _N

2 . 8 EscJ 1787 nagender Schimpf und unnützer Ruhm

2 . 8 WalL 1840 Schimpf und leeren Ruhmes Schaum

+ Schmach _N

2 . 8 KanK 1803 allverzehrende Schmach, Ruhm ohne Gedeihen

2 . 8 RicK 1836 verzehrende Schmach, ganz unnützer Ruhm

2 . 8 GelF 1867 ewige Schmach, verschwenderisches Lob

2 . 8 NeiA 1869 Schande und Schmach und viel gewagt

2 . 8 GilO 1871 allverzehrende Schmach und Bettelruhm

2 . 8 KraF 1872 tiefe Schmach und ungedeihlich Lob

+ Schmähen _N

2 . 5 RegG 1836 ein ödes Lob, ein allverzehrendes Schmähen

zzz

2 . 7 RodS 1834 ein törichtes Rühmen

2 . 7 MolM 1865 ein töricht Rühmen

2 . 7 TscB 1870 in Lob versteckte Klage

2 . 8 TieL 1807 klägliches Lob und schmachvoll nur zu sagen

2 . 8 LacK 1820 Ruhmverschwendung und Schandengeiz

2 . 8 TieD 1825 ein ruhmlos, unersprießlich Wort

2 . 8 SchA 1826 armer, eitler Ruhm, trostlose Klage

2 . 8 OrtE 1840 schmachvoll

2 . 8 BodF 1862 ein schlechter Ruhm

2 . 8 SimK 1867 ein schlechter Ruhm, trostlose Klage

2 . 8 FriH 1869 Verschwenderruhm und Todesschmach

small _A *2.4 ShaW 1609*

+ wenig _A

2 . 4 EscJ 1787 ein zerrissenes Gewand von wenig geachtetem Wert

zzz

2 . 3 JorW 1861 wird entwertet sein

2 . 3 TscB 1870 des Wertes beraubt

2 . 4 KanK 1803 wertlos

2 . 4 TieL 1807 nur unbeachtetes, zerfetztes Gewand

2 . 4 LacK 1820 allen Wert

2 . 4 TieD 1825 nur ein zerrissenes Kleid und bald vergessen

2 . 4 RicK 1836 wertlos

2 . 4 WalL 1840 nur verachtet

2 . 4 BodF 1862 wertlos, wie ein Kleid

2 . 4 GelF 1867 ein wertloses Fähnchen nur

2 . 4 SimK 1867 nicht mehr gefällt

2 . 4 FriH 1869 den Wert

2 . 99 SchA 1826 %

2 . 99 RodS 1834 %

2 . 99 RegG 1836 %

2 . 99 OrtE 1840 %

2 . 99 MolM1865 %

2 . 99 NeiA 1869 %

2 . 99 GilO 1871 %

2 . 99 KraF 1872 %

succession _N *2.12 ShaW 1609*

+ Abkunft _N

2 . 12 LacK 1820 durch Abkunft

2 . 12 RicK 1836 durch Abkunft

+ anerben _V

2 . 12 EscJ 1787 der ihm angeerbte Reiz

• Erbe _N

2 . 12 RegG 1836 Erben meiner

2 . 12 NeiA 1869 bloß deiner Schönheit Erbe

• erben _V

2 . 12 TieL 1807 sein geerbter Reiz

2 . 12 TieD 1825 der Reiz, von dir geerbt, er

2 . 12 GilO 1871 erbt

• Sproß _N

2 . 12 GelF 1867 ein Sproß von dir

- Ursprung _N

2 . 12 SchA 1826 seines Ursprungs Zeuge

+ vererben _V

2 . 12 KraF 1872 die vererbten Reize

zzz

2 . 12 JorW 1861 mein Vermächtnis

2 . 12 SimK 1867 mein Vermächtnis

2 . 99 KanK 1803 %

2 . 99 RodS 1834 %

2 . 99 OrtE 1840 %

2 . 99 WalL 1840 %

2 . 99 BodF 1862 %

2 . 99 MolM1865 %

2 . 99 FriH 1869 %

2 . 99 TscB 1870 %

sum _V *2.11 ShaW 1609*

- abtragen _V

2 . 11 EscJ 1787 wird abtragen

+ aufwiegen _V

2 . 11 GelF 1867 wägt auf

- tilgen _V

2 . 11 TieD 1825 tilgt

2 . 11 SchA 1826 tilgt

2 . 11 RegG 1836 tilgt

2 . 11 SimK 1867 tilgt

2 . 11 KraF 1872 tilgt

• tun _V

2 . 11 OrtE 1840 soll tun

+ vollmachen _V

2 . 11 LacK 1820

zzz

2 . 11 KanK 1803 soll sein

2 . 11 TieL 1807 zahlt

2 . 11 RicK 1836 zahle

2 . 11 JorW 1861 soll zahlen

2 . 11 FriH 1869 zahlt

2 . 11 TscB 1870 gutzumachen weiß

2 . 11 GilO 1871 quitt

2 . 99 RodS 1834 %

2 . 99 WalL 1840 %

2 . 99 BodF 1862 %

2 . 99 MolM 1865 %

2 . 99 NeiA 1869 %

sunken _V *2.7 ShaW 1609*

• einsinken _V

2 . 7 EscJ 1787 in deinen tief eingesunkenen Augen

2 . 7 TieD 1825 in dem eingesunkenen Auge

2 . 7 KraF 1872 in deinem eingesunkenen Auge

2 . 8 RodS 1834 in dem eingesunkenen Auge

2 . 8 JorW 1861 sind eingesunken

2 . 8 MolM 1865 in dem eingesunkenen Auge

2 . 8 TscB 1870 in dem matten und eingesunkenen Auge

• tiefsinken _V

2 . 7 BodF 1862 auf deine tiefgesunkenen Augen

• versinken _V

2 . 7 TieL 1807 in deiner tief versunkenen Augen Rand

2 . 7 LacK 1820 in dem versunkenen Auge

zzz

2 . 7 KanK 1803 in deinen hohlen Augen

2 . 7 SchA 1826 in diese Augen tief und krank

2 . 7 RicK 1836 in deinen hohlen Augen

2 . 7 OrtE 1840 in hohlen Augen nur

2 . 7 WalL 1840 in dem eigenen hohlen Blick

2 . 7 GelF 1867 in meines hohlen Auges Gluten

2 . 7 SimK 1867 auf die Augenhöhlen

2 . 7 FriH 1869 auf die verfallenen Züge

2 . 7 NeiA 1869 in dieses hohle Auge

2 . 7 GilO 1871 in den hohlen Wangen

2 . 8 RegG 1836 mit deines Auges Fall

tattered _V *2.4 ShaW 1609*

• abnutzen _V

2 . 4 RodS 1834 einem abgenutzten Rocke

2 . 4 MolM 1865 nur einem abgenutzten Rocke

• abschaben _V

2 . 4 SimK 1867 ein abgeschabt Gewand

+ Fetzen _N

2 . 4 KraF 1872 ein Kleid in Fetzen

+ morsch _A

2 . 3 TscB 1870 wie ein morsches Gewand

• mürbe _A

2 . 4 RegG 1836 ein mürbes Kleid

• schäbig _A

2 . 4 FriH 1869 als schäbiges Gewand

+ zerfallen _V

2 . 4 RegG 1836 zerfällt

+ zerfetzen _V

2 . 4 TieL 1807 nur unbeachtetes, zerfetztes Gewand

2 . 4 GilO 1871 den zerfetzten Rock, ihn

+ zerreißen _V

2 . 4 EscJ 1787 ein zerrissenes Gewand von wenig geachtetem Wert

2 . 4 TieD 1825 nur ein zerrissenes Kleid und bald vergessen

zzz

2 . 3 WalL 1840 welkes Kraut

2 . 4 KanK 1803 ein Fetzen

2 . 4 LacK 1820 kahles Kleid

2 . 4 SchA 1826 zu dem schlichten Kleide

2 . 4 RicK 1836 kahles Kleid

2 . 4 OrtE 1840 nur verschossenen Livreen

2 . 4 JorW 1861 welkem Kraute

2 . 4 BodF 1862 wertlos, wie ein Kleid

2 . 4 GelF 1867 ein wertloses Fähnchen nur

2 . 4 NeiA 1869 wie ein vergilbt Gewand nur

thriftless _A *2.8 ShaW 1609*

+ eitel _A

2 . 8 SchA 1826 armer, eitler Ruhm, trostlose Klage

- Gedeihen _N

2 . 8 KanK 1803 allverzehrende Schmach, Ruhm ohne

Gedeihen

+ öde _A

2 . 5 RegG 1836 ein ödes Lob, ein allverzehrendes Schmähen

• töricht _A

2 . 7 RodS 1834 ein törichtes Rühmen

+ unersprießlich _A

2 . 8 TieD 1825 ein ruhmlos, unersprießlich Wort

+ ungedeihlich _A

2 . 8 KraF 1872 tiefe Schmach und ungedeihlich Lob

+ unnütz _A

2 . 8 EscJ 1787 nagender Schimpf und unnützer Ruhm

2 . 8 RicK 1836 verzehrende Schmach, ganz unnützer Ruhm

+ verschwenderisch _A

2 . 8 GelF 1867 ewige Schmach, verschwenderisches Lob

zzz

2 . 7 JorW 1861 zu schlechtem Troste bittrer Scham

2 . 7 MolM 1865 ein töricht Rühmen

2 . 7 TscB 1870 in Lob versteckte Klage

2 . 8 TieL 1807 klägliches Lob und schmachvoll nur zu sagen

2 . 8 LacK 1820 Ruhmverschwendung und Schandengeiz

2 . 8 OrtE 1840 schmachvoll

2 . 8 WalL 1840 Schimpf und leeren Ruhmes Schaum

2 . 8 BodF 1862 ein schlechter Ruhm

2 . 8 SimK 1867 ein schlechter Ruhm, trostlose Klage

2 . 8 FriH 1869 Verschwenderruhm und Todesschmach

2 . 8 NeiA 1869 Schande und Schmach und viel gewagt

2 . 8 GilO 1871 allverzehrende Schmach und Bettelruhm

treasure _N *2.6 ShaW 1609*

• Eigentum _N

2 . 6 RicK 1836 deine Schönheit und deiner frohen Tage Eigentum

2 . 6 GilO 1871 deines Frühlings stolzes Eigentum

+ Hort _N

2 . 6 TieL 1807 der Hort von deinen frühen Tagen

2 . 6 TieD 1825 nach deiner Schönheit, nach deiner goldenen Tage reichem Hort

• Reichtum _N

2 . 6 LacK 1820 all der Reichtum, frischer Tage Reiz

2 . 7 RegG 1836 dem Forscher nach den Reizen all, nach all dem frühen Reichtum

+ Schatz _N

2 . 5 TscB 1870 der Schatz der sonnenhellen Tage und aller Reiz

2 . 6 KanK 1803 deiner frohen Tage Schätze

2 . 6 RodS 1834 deine Schönheit und alle Schätze deines sonnigen Lenzes

2 . 6 OrtE 1840 deiner frohen Tage ganzer Schatz

2 . 6 WalL 1840 all der Schatz aus schöner Tage Traum

2 . 6 JorW 1861 die Schätze deines Frühlings

2 . 6 MolM 1865 deine Schönheit und alle Schätze deines sonnigen Lenzes

2 . 6 GelF 1867 deine Reize, der reiche Schatz

2 . 6 FriH 1869 deine Schätze aus schönem Wonnetag

2 . 6 KraF 1872 nach deiner Schönheit und nach dem Schatz

zzz

2 . 5 SchA 1826 die Schönheit, die reiche Blüte deiner Jugendtage

2 . 5 NeiA 1869 nach all dem süßen Hauch der Schönheit deiner besseren Zeit

2 . 6 EscJ 1787 alle der Glanz deiner fröhlichen Tage

2 . 6 BodF 1862 der Jugend Schönheit

2 . 6 SimK 1867 all die Schönheit der jungen Tage

trenches _N *2.2 ShaW 1609*

• Furche _N

2 . 2 TieD 1825 mit Furchen

2 . 2 OrtE 1840 tiefe Furchen

2 . 2 NeiA 1869 Furchen

+ Graben _N

2 . 2 EscJ 1787 tiefe Gräben

2 . 2 EscJ 1787 tiefe Gräben

2 . 2 KanK 1803 Gräben

2 . 2 SchA 1826 die Gräben

2 . 2 RicK 1836 Gräben

2 . 2 FriH 1869 Gräben

+ Laufgräben _N

2 . 2 LacK 1820 Laufgräben

2 . 2 GelF 1867 Laufgräben

2 . 2 SimK 1867 Laufgräben

2 . 2 GilO 1871 Laufgräben

2 . 2 KraF 1872 Laufgräben

zzz

2 . 2 TieL 1807 tieffurchend

2 . 2 RodS 1834 tief

2 . 2 RegG 1836 tief

2 . 2 WalL 1840 furcht

2 . 2 JorW 1861 ihr Zeichen

2 . 2 BodF 1862 tiefe Falten

2 . 2 MolM 1865 tief

2 . 2 TscB 1870 tief

use _N *2.9 ShaW 1609*

- brachlegen _V

2 . 9 NeiA 1869 legtest nicht brach

+ Gebrauch _N

2 . 9 EscJ 1787 der Gebrauch deiner Schönheit

2 . 9 WalL 1840 Gebrauch der Schönheit

+ Nutzen _N

2 . 9 TieD 1825 der Schönheit Nutzen

+ nutzen _V

2 . 9 SchA 1826 genutzter Schönheit Preis

2 . 9 JorW 1861 genutzte Schönheit

+ Nutzung _N

2 . 9 KraF 1872 der Schönheit Nutzung

+ tätig _A

2 . 9 TieL 1807 tätiger Schönheit

- verbrauchen _V

2 . 9 FriH 1869 verbrauchter Schönheit höheren Preis

+ Verwendung _N

2 . 9 LacK 1820 auf des Blühens Verwendung

2 . 9 SimK 1867 deines Blühens Verwendung

+ wuchern _V

2 . 9 GilO 1871 du als wuchernder Verwalter der Schönheit

+ Zins _N

2 . 9 GelF 1867 Zins

zzz

2 . 9 KanK 1803 dem Schönheitsbraucher

2 . 9 RodS 1834 die Schönheit

2 . 9 RegG 1836 deine Schönheit

2 . 9 OrtE 1840 steigt

2 . 9 MolM 1865 die Schönheit

2 . 9 TscB 1870 deiner Schönheit Preis

2 . 99 RicK 1836 %

2 . 99 BodF 1862 %

warm _A *2.14 ShaW 1609*

• erwärmen _V

2 . 14 BodF 1862 erwärmt

• heiß _A

2 . 14 TieL 1807 heiß Blut

+ warm _A

2 . 13 JorW 1861 warm

2 . 14 EscJ 1787 warm

2 . 14 KanK 1803 warm

2 . 14 LacK 1820 warm

2 . 14 TieD 1825 warm

2 . 14 SchA 1826 warm

2 . 14 RodS 1834 noch warm

2 . 14 RicK 1836 warm

2 . 14 WalL 1840 neues Leben und warmes Blut

2 . 14 MolM 1865 noch warm

2 . 14 SimK 1867 warm

2 . 14 FriH 1869 warm

2 . 14 NeiA 1869 noch warm

2 . 14 TscB 1870 warm und rot

2 . 14 GilO 1871 warm

2 . 14 KraF 1872 warm

+ Wärme _N

2 . 14 RegG 1836 die Wärme

+ wärmen _V

2 . 14 GelF 1867 wärmte

zzz

2 . 13 OrtE 1840 das frische Blut

was _V *2.8 ShaW 1609*

+ sein _V

2 . 7 RodS 1834 wäre

2 . 7 MolM 1865 wäre

2 . 7 TscB 1870 wäre

2 . 8 EscJ 1787 wäre

2 . 8 KanK 1803 wäre

2 . 8 TieL 1807 wäre

2 . 8 TieD 1825 wäre

2 . 8 RicK 1836 es

2 . 8 OrtE 1840 wäre

2 . 8 WalL 1840 wäre

2 . 8 BodF 1862 wäre

2 . 8 GelF 1867 wäre

2 . 8 SimK 1867 wäre

2 . 8 NeiA 1869 wäre

2 . 8 GilO 1871 wäre

2 . 8 KraF 1872 wäre

+ sein _V

2 . 13 RegG 1836 es

zzz

2 . 3 TieD 1825 ist

2 . 3 WalL 1840 ist

2 . 3 GelF 1867 ist

2 . 3 TscB 1870 ist

2 . 3 KraF 1872 ist

2 . 4 RicK 1836 ist

2 . 6 RegG 1836 wäre

2 . 8 LacK 1820 wird sein

2 . 8 FriH 1869 wäre

2 . 9 SchA 1826 ist
2 . 12 LacK 1820 ist
2 . 12 OrtE 1840 neu
2 . 13 EscJ 1787 würdest noch verjüngen
2 . 13 KanK 1803 hieße
2 . 13 TieL 1807 hieße
2 . 13 RodS 1834 wärst
2 . 13 MolM 1865 wärst
2 . 13 SimK 1867 neu
2 . 13 FriH 1869 neu
2 . 13 GilO 1871 hieße
2 . 99 SchA 1826 %
2 . 99 JorW 1861 %
2 . 99 JorW 1861 %
2 . 99 BodF 1862 %
2 . 99 NeiA 1869 %

weed _N *2.4 ShaW 1609*

+ Gewand _N

2 . 3 TscB 1870 wie ein morsches Gewand
2 . 4 EscJ 1787 ein zerrissenes Gewand von wenig geachtetem Wert
2 . 4 TieL 1807 nur unbeachtetes, zerfetztes Gewand
2 . 4 SimK 1867 ein abgeschabt Gewand
2 . 4 FriH 1869 als schäbiges Gewand
2 . 4 NeiA 1869 wie ein vergilbt Gewand nur

+ Kleid _N

2 . 4 LacK 1820 kahles Kleid
2 . 4 TieD 1825 nur ein zerrissenes Kleid und bald vergessen
2 . 4 SchA 1826 zu dem schlichten Kleide
2 . 4 RegG 1836 ein mürbes Kleid
2 . 4 RicK 1836 kahles Kleid
2 . 4 BodF 1862 wertlos, wie ein Kleid

• Kraut _N

2 . 3 WalL 1840 welkes Kraut
2 . 4 JorW 1861 welkem Kraute

+ Rock _N

2 . 4 RodS 1834 einem abgenutzten Rocke
2 . 4 MolM 1865 nur einem abgenutzten Rocke
2 . 4 GilO 1871 den zerfetzten Rock, ihn

ZZZ

2 . 4 KanK 1803 ein Fetzen
2 . 4 OrtE 1840 nur verschossenen Livreen
2 . 4 GelF 1867 ein wertloses Fähnchen nur
2 . 4 KraF 1872 ein Kleid in Fetzen

winters _N *2.1 ShaW 1609*

• Jahr _N

2 . 1 FriH 1869 vierzig Jahre

+ Winter _N

2 . 1 EscJ 1787 vierzig Winter
2 . 1 KanK 1803 vierzig Winter
2 . 1 TieL 1807 vierzig Winter
2 . 1 LacK 1820 vierzig Winter
2 . 1 TieD 1825 den Druck von vierzig Wintern
2 . 1 SchA 1826 vierzig Winter
2 . 1 RodS 1834 fünfzig Winter
2 . 1 RegG 1836 vierzig Winter
2 . 1 RicK 1836 vierzig Winter
2 . 1 OrtE 1840 vierzig Winter
2 . 1 WalL 1840 eine vierzig Winter lange Zeit
2 . 1 JorW 1861 vierzig Winter
2 . 1 MolM 1865 fünfzig Winter
2 . 1 GelF 1867 vierzig Winter
2 . 1 TscB 1870 vierzig Winter
2 . 1 GilO 1871 vierzig Winter
2 . 1 KraF 1872 vierzig Winter

ZZZ

2 . 1 BodF 1862 ein halb Jahrhundert
2 . 1 SimK 1867 ein halb Jahrhundert
2 . 1 NeiA 1869 Jahre

worth _N *2.4 ShaW 1609*

+ Wert _N

2 . 3 TscB 1870 des Wertes beraubt
2 . 4 EscJ 1787 ein zerrissenes Gewand von wenig geachtetem Wert
2 . 4 LacK 1820 allen Wert
2 . 4 FriH 1869 den Wert

ZZZ

2 . 3 JorW 1861 wird entwertet sein
2 . 4 KanK 1803 wertlos
2 . 4 TieL 1807 nur unbeachtetes, zerfetztes Gewand
2 . 4 TieD 1825 nur ein zerrissenes Kleid und bald vergessen
2 . 4 RicK 1836 wertlos
2 . 4 WalL 1840 nur verachtet
2 . 4 BodF 1862 wertlos, wie ein Kleid
2 . 4 GelF 1867 ein wertloses Fähnchen nur
2 . 4 SimK 1867 nicht mehr gefällt
2 . 99 SchA 1826 %
2 . 99 RodS 1834 %
2 . 99 RegG 1836 %
2 . 99 OrtE 1840 %
2 . 99 MolM 1865 %

2 . 99 NeiA 1869 %
2 . 99 GilO 1871 %
2 . 99 KraF 1872 %

youth _N *2.3 ShaW 1609*

+ Jugend _N

2 . 3 EscJ 1787 der stolze Schmuck deiner Jugend
2 . 3 TieL 1807 der Jugend stolz Panier, der Welt Verlangen
2 . 3 LacK 1820 der Jugend stolze Tracht
2 . 3 TieD 1825 der Jugend angestaunter Schmuck
2 . 3 SchA 1826 der Jugend stolzer Schmuck
2 . 3 RodS 1834 deiner Jugend stolzes und bewundert Kleid
2 . 3 RicK 1836 der Jugend stolzer Schmuck
2 . 3 WalL 1840 der Jugend stolzes Kleid
2 . 3 JorW 1861 deiner Jugend angestaunter Schmuck
2 . 3 MolM1865 deiner Jugend stolzes Prachtgewand
2 . 3 GelF 1867 deiner Jugend stolz Gewand
2 . 3 SimK 1867 deiner Jugend Kleid
2 . 3 FriH 1869 deiner Jugend Kleid, das wunderbare
2 . 3 NeiA 1869 deiner Jugend jetzt so stolze Zier

ZZZ

2 . 3 KanK1803 dein stolzer Jugendschmuck
2 . 3 RegG 1836 dein Jugendflor
2 . 3 OrtE 1840 dein Jugendkleid
2 . 3 GilO 1871 dein Jugendstaatskleid
2 . 3 KraF 1872 all dein Jugendstaat
2 . 4 TscB 1870 deines Leibs heute angestaunt Gebilde
2 . 99 BodF 1862 %

7.12. Diagramme zur Analyse der Wortreihenfolgen

7.12.1. Datenbasis

AT_Pos	AT_Wx_ID	EscJ1787	KanK1803	TieL1807	LacK1820	TieD1825	SchA1826	RodS1834	RegG1836	RicK1836	OrtE1840	WalL1840	JorW1861	BodF1862	MolM1865	GelF1867	SimK1867	FriH1869	NeiA1869	TscB1870	GilO1871	KraF1872
0	1	-35	-36	-37	-38	-39	-35	-36	-37	-38	-39	-35	-36	-37	-38	-39	-35	-36	-37	-38	-39	-40
1	2	0	0	0	0	2	0	-36	0	0	0	1	0	-37	-38	0	-35	3	-37	0	0	0
2	3	0	0	0	0	2	0	0	0	0	0	1	0	-37	0	0	-35	3	-37	0	0	0
3	4	-35	-36	-37	-38	-39	-35	-36	-37	-38	-39	-35	-36	-37	-38	-39	-35	-36	-37	-38	-39	-40
4	5	2	-4	-4	-38	-39	-4	1	-37	-4	-4	-35	-36	-37	1	1	-4	-1	-37	-4	2	2
5	6	-35	-36	-37	-38	-39	-35	-36	-37	-38	-39	-35	-36	-37	-38	-39	-35	-36	0	-38	-39	-40
6	7	-1	-2	-3	-2	-39	-2	-2	-1	-2	-2	-35	4	4	-2	-2	-4	-4	-2	-1	-1	-1
7	8	-35	-36	-37	-38	-39	-35	-36	-37	-38	-39	-35	-36	-37	-38	-39	-35	-36	-37	-38	-39	-40
8	9	-35	-3	-37	-38	-39	-35	-36	-37	-3	-39	-35	-36	-37	-38	-1	-1	0	2	-38	5	0
9	10	-1	-36	-37	-2	-39	-35	-2	-1	-38	-2	2	-36	2	-2	-39	-35	-36	-37	-2	-39	-40
10	11	-1	-4	-37	-4	3	-4	-36	-37	-4	-2	-35	-36	-37	-38	-4	-4	-3	-1	-38	2	-3
11	12	-35	-36	-37	-38	-39	-35	-36	-37	-38	-39	-35	-36	-37	-38	-39	-35	-36	-37	-38	-39	-40
12	13	-35	-36	-37	-38	-39	-35	-36	-37	-38	-39	-35	-36	-37	-38	-39	-35	-36	-37	-38	-39	-40
13	14	-35	-36	-37	-38	-39	-35	-36	-37	-38	-39	-35	-36	-37	-38	-39	-35	-36	-37	-38	-39	-40
14	15	0	-4	-5	-38	-4	-4	-4	-3	-4	-39	-6	-36	2	-4	-4	-4	-3	-1	-5	-4	-3
15	16	-3	-4	-5	-38	-4	-4	-4	-3	-4	-39	-6	-36	-37	-4	-4	-4	-3	-1	-4	-4	-3
16	17	-35	-36	-37	-38	-39	-35	-36	-37	-38	-39	-35	-36	-37	-38	-39	-35	-36	-37	-38	-39	-40
17	18	7	-36	-5	-4	1	-4	-3	-37	-4	-39	0	-1	-37	-3	-3	-3	-2	0	-38	-39	-40
18	19	-35	-36	-37	-38	-39	-35	-36	-37	-38	-39	-35	-36	-37	-38	-39	-35	-36	-37	-38	-39	-40
19	20	2	-6	-6	-5	-39	-5	-4	-37	-5	-39	-1	-36	-37	-4	-4	-35	-36	1	-38	-39	-40
20	21	-35	-36	-37	-5	-39	-35	-2	-37	-38	0	-1	-36	-37	-4	-4	-5	-4	-37	-38	-39	1
21	22	-35	-36	-37	-38	-39	-35	-36	-37	-38	-39	-35	-36	-37	-38	-39	-35	-36	-37	-38	-39	-40
22	23	6	-4	-37	-38	-3	-3	-36	-37	-3	-4	-35	-36	-37	-38	-39	-35	-36	-37	-38	-39	4
23	24	-35	-36	-37	-38	-39	-35	-36	-37	-38	-39	-35	-36	-37	-38	-39	-35	-36	-37	-38	-39	-40
24	25	-35	-36	-37	0	-39	-35	-36	-37	-38	-39	-35	-36	-37	-38	-39	-35	-36	-37	-38	-39	-40
25	26	-35	-36	-37	-38	-39	-35	-36	-37	-38	-39	-35	-36	-37	-38	-39	-35	-36	-37	-38	-39	-40
26	27	9	-7	-8	-38	-10	-6	-4	-12	-6	-39	-35	-36	-37	-5	-14	-35	-36	-37	-14	-39	-40
27	28	-35	-36	-37	-38	-39	-35	-36	-37	-38	-39	-35	-36	-37	-38	-39	-35	-36	-37	-38	-39	-40
28	29	5	-36	-8	-38	-5	-35	-8	-1	-38	-39	-35	-36	-37	-9	-39	-8	-5	-37	-13	-5	-5
29	30	5	-36	-8	-8	-5	-4	-8	-5	-7	-39	-14	-6	-4	-9	-39	-8	-5	-4	-13	-5	-40
30	31	-35	-36	-37	-38	-39	-35	-36	-37	-38	-39	-35	-36	-37	-38	-39	-35	-36	-37	-38	-39	-40
31	32	6	-36	-37	-38	-39	-35	-36	-37	-38	-39	-35	-36	-37	-38	-39	-35	-36	-37	-38	-39	-40
32	33	7	-36	-37	-8	-39	-35	-36	-37	-38	-39	-35	-36	-37	-38	-39	-35	-12	-37	-14	-39	-40
33	34	5	-7	-37	-38	-39	-35	-36	-37	-6	-39	-8	-36	-37	-38	-39	-9	-36	-37	-38	-7	-40
34	35	-35	-36	-37	-38	-39	-35	-36	-37	-38	-39	-35	-36	-37	-38	-39	-35	-36	-37	-38	-39	-40
35	36	-35	-36	-37	-38	-39	-35	-36	-37	-38	-39	-35	-36	-37	-38	-39	-35	-36	-37	-38	-39	-40
36	37	4	-2	-37	-4	-1	-6	-13	-37	-1	-13	-9	-10	1	-14	-10	-11	-8	7	-38	-8	-2
37	38	-35	-36	-37	-38	-39	-35	-36	-37	-38	-39	-35	-36	-37	-38	-39	-35	-36	-37	-38	-39	-40
38	39	-35	-36	-37	-38	-39	-35	-36	-37	-38	-39	-35	-36	-37	-38	-39	-35	-36	-37	-38	-39	-40

7.12.2. Diagramme

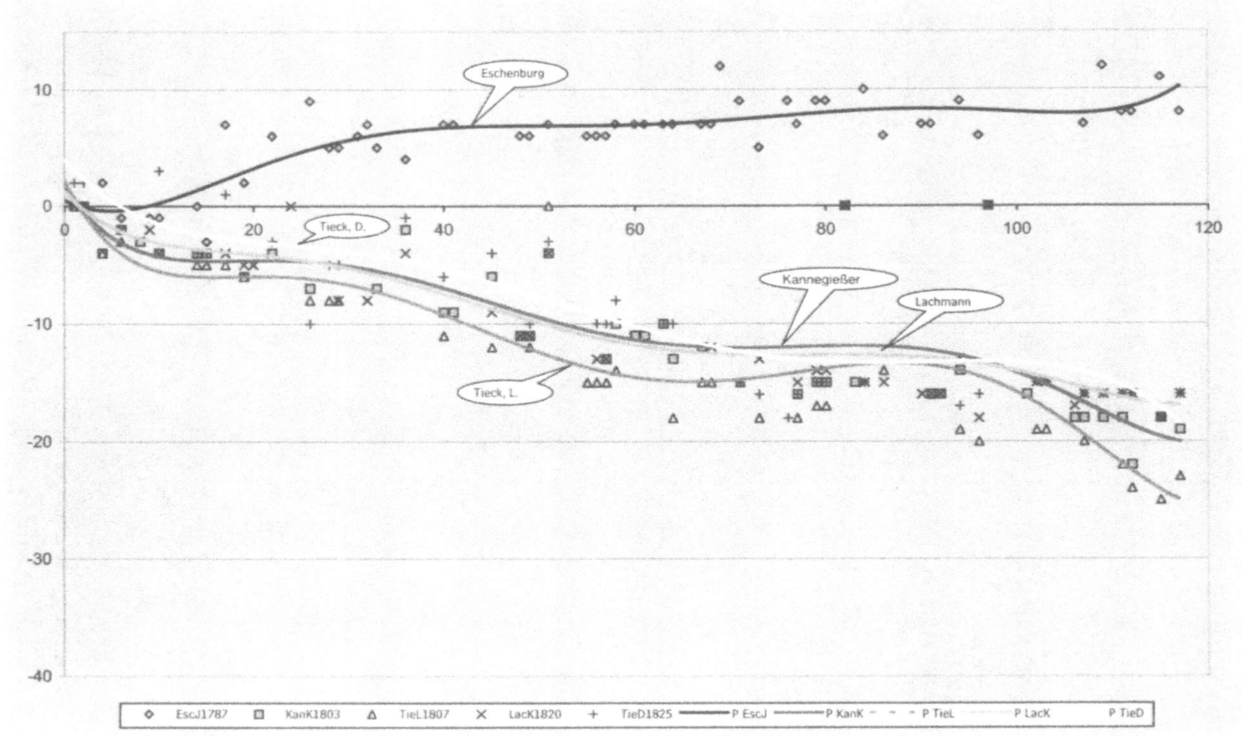

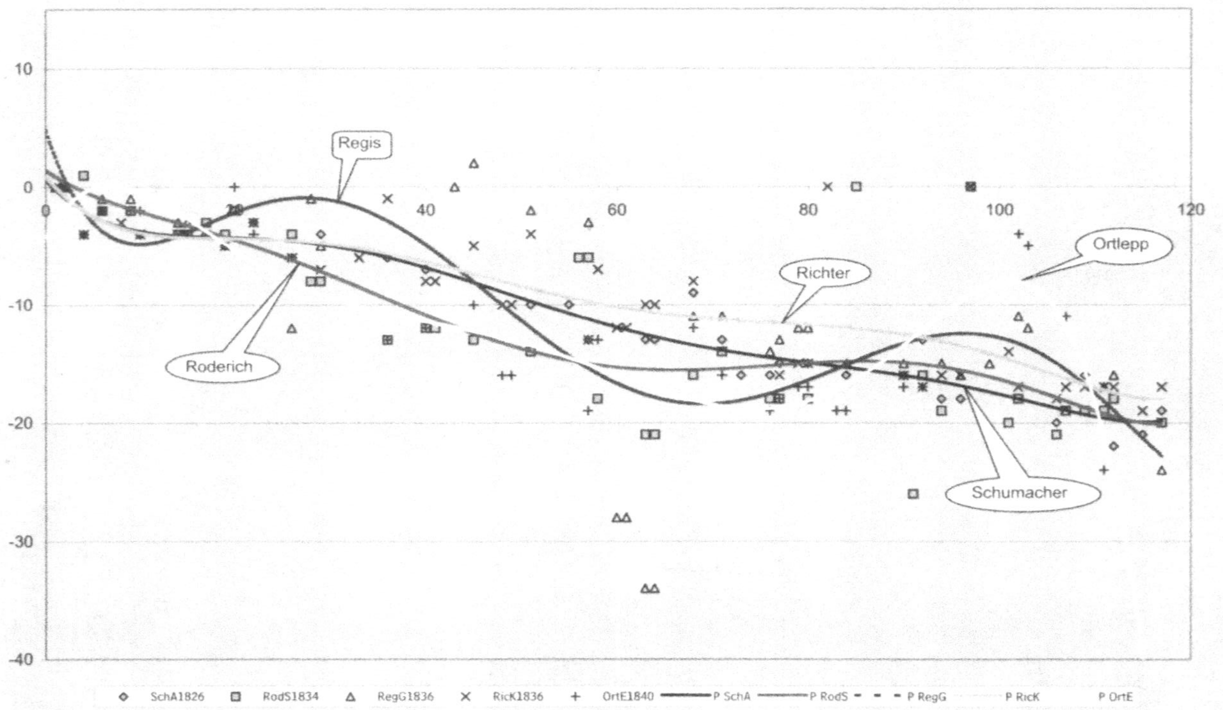

10
0
-10
-20
-30
-40
0
20
40
60
80
100
120
Regis
Roderich
Richter
Ortlepp
Schumacher
SchA1826
RodS1834
RegG1836
RicK1836
OrtE1840
P SchA
P RodS
P RegG
P RicK
P OrtE

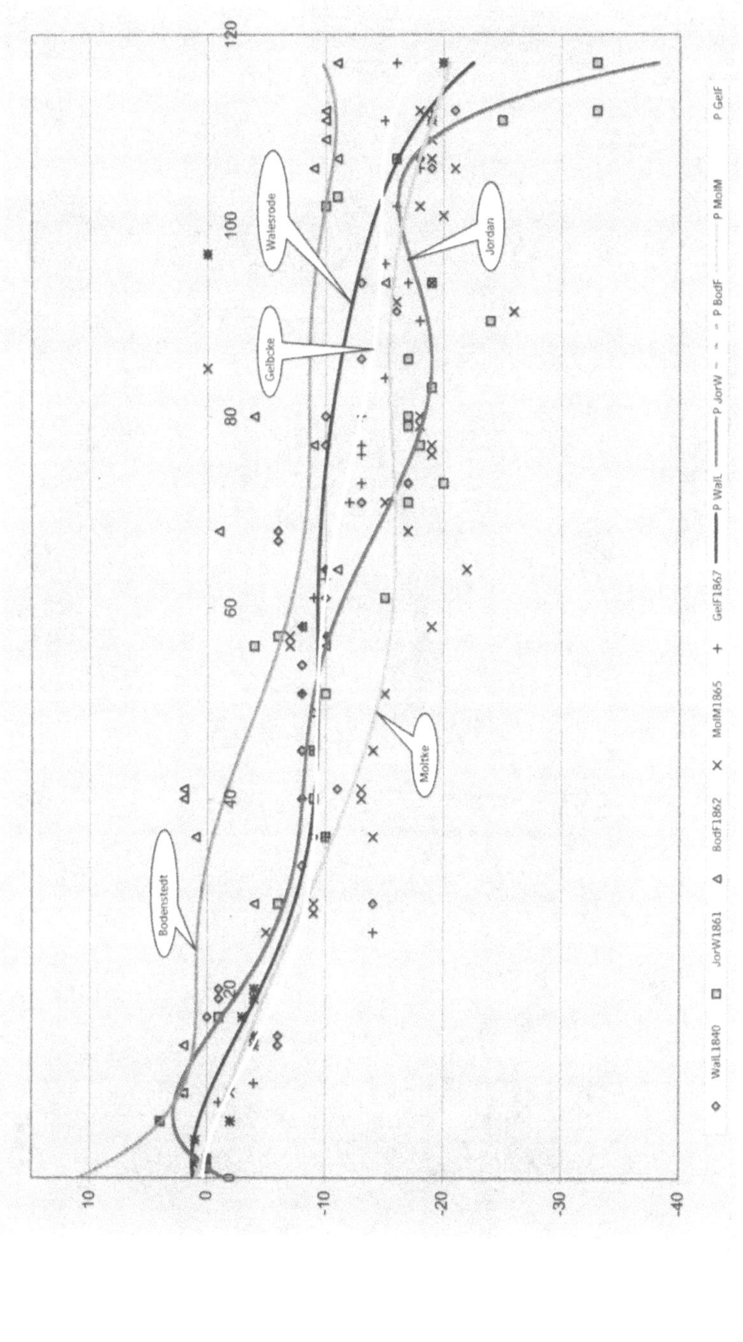
Bodenstedt
Gelbcke
Walesrode
Jordan
Moltke
WalL1840
JorW1861
BodF1862
MolM1865
GelF1867
P WalL
P JorW
P BodF
P MolM
P GelF

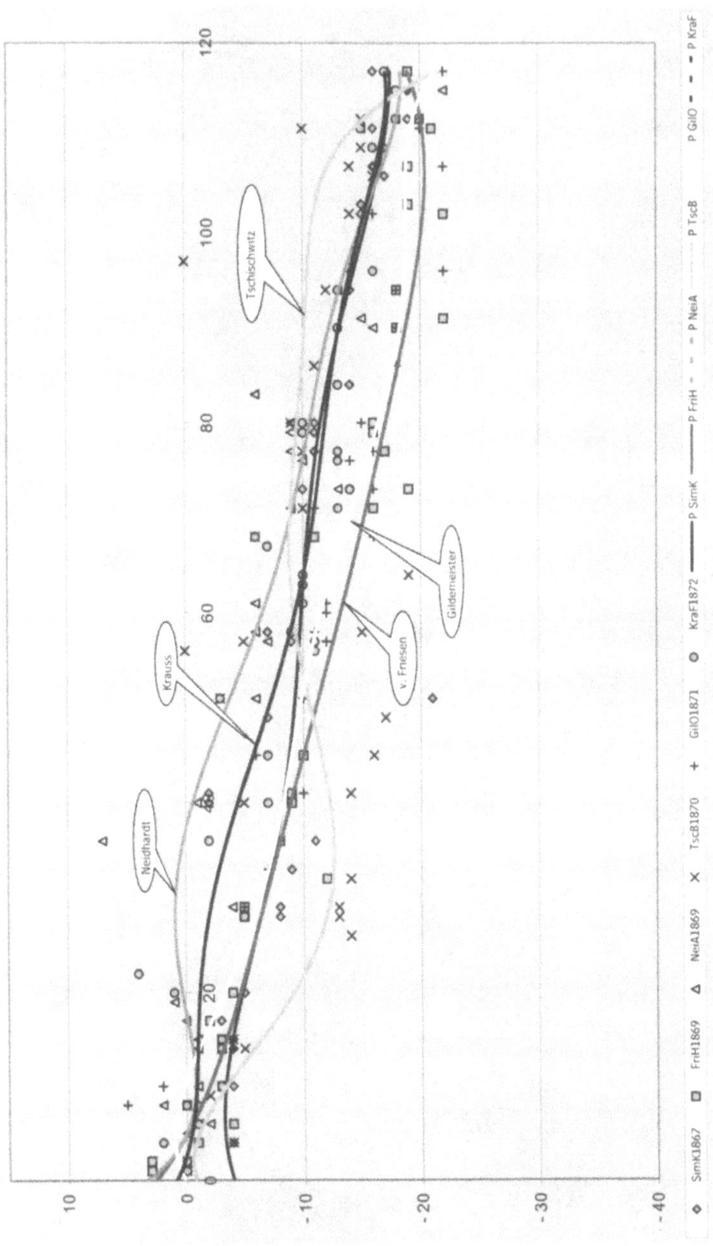

10
0
-10
-20
-30
-40
20
60
80
100
120
Neidhardt
Krauss
Tschischwitz
v. Friesen
Gildemeister
SimK1867
FriH1869
NeiA1869
TscB1870
GilO1871
KraF1872
P SimK
P FriH
P NeiA
P TscB
P GilO
P KraF

8. Register

8.1. Namenregister

8.2. Wortregister für Sonett 2

(Die Schreibung der Worte folgt BOOTH [2]1978)

LITERARISCHE STUDIEN

Herausgeber: Heinrich F. Plett

Band 1 Karin Vieweg-Marks: Metadrama und englisches Gegenwartsdrama. 1989.

Band 2 Wolfgang Cziesla: Aktaion polypragmon. Variationen eines antiken Themas in der europäischen Renaissance. 1989.

Band 3 Regina Gentz: Das erzählerische Werk Oscar Wildes. 1995.

Band 4 Beate-Maria Koll: Henry Peachams "The Garden of Eloquence" (1593). Historisch-kritische Einleitung, Transkription und Kommentar. 1996.

Band 5 Hartmut Ilsemann: Shakespeare Disassembled. Eine quantitative Analyse der Dramen Shakespeares. 1998.

Band 6 Jan-Mirko Maczewski: "Every bit doth almost tell my name." Computergestützte Übersetzungsforschung am Beispiel von Shakespeares Sonetten im Deutschen. 2002.